교원임용시험
전공체육 대비
[제1판]

기출문제
2002~2025

한승현
전공체육
기출문제집

한승현 편저

전공체육,
문제의 한계를 뛰어넘다!

박문각 임용 동영상강의 www.pmg.co.kr

박문각

머리말

루소는 자연의 섭리를 거스르지 않는 교육을 요구했다. 봄이 오면 눈이 녹고 꽃이 피어나듯이 아이들도 적당한 시기에 자연스러운 방법을 통해 가르침을 얻을 수 있다고 말한다.

이 책을 마주한 우리 모두는 합격을 간절히 원하고 있습니다. '어떻게든 합격만 할 수 있다면…' 이런 생각을 얼마나 많이 했던가요. 겪어보고 나서야 루소의 저 말을 이해할 수 있었습니다. 우리의 합격도 충분한 실력을 쌓게 되면 자연스럽게 그 길이 열린다는 것을 말이죠. 실력을 쌓는 일보다 합격을 더 간절히 바라고 있었으니 얼마나 바보스러웠을까 생각하면 부끄러워지네요. 겨울이 다 지나야 봄이 찾아오는 것처럼 우리의 수험생활도 실력을 쌓아올린 다음에 합격이 찾아올 터이니 조급한 마음보다 성실한 발걸음이 더 필요할 때입니다.

수험생의 삶은 외롭고 쓸쓸하며 끝없는 의심과의 싸움입니다. 누구의 도움도 없이 오직 자신의 발로만 걸어야 하기 때문이지요. 15년 전 저 역시 하루에도 몇 번씩 '내가 하고 있는 이 노력들이 제대로 된 것인가?'하는 의심과 싸워야 했습니다. 불안함과 한숨으로 채워지던 그 시간들이 아직도 생생하게 남아 있는 것을 보면 적지 않은 시간과 열정을 빼앗아 가는 것은 틀림없어 보입니다. 목적지에 다다랐을 때가 되어야 '옳게 찾아왔구나.'를 깨닫는 것처럼 그 의심은 합격의 순간이 되어서야 도망가더군요. 수험생이기에 필연적으로 찾아오는 의심을 피하기 어렵다는 것을 누구보다 잘 알고 있습니다. 그 의심을 이겨내는 데 조금이라도 제가 힘을 보탤 수 있다면 얼마나 좋을까요?

이 책은 여러분들이 의심 없이 길을 따라갈 수 있도록 설계되어 있습니다. 먼저 길을 걸어본 선배가 안내해주는 '옳은 길'이 될 터이니, 책 안에 놓인 이정표들을 살펴 우직하게 끝까지 걸으시기 바랍니다.

한승현 전공체육
기출문제집

우리에게 찾아온 오늘 하루는, 어제 죽은 이가 너무도 간절히 바라던 내일이었다.

우리는 시간 속을 살아갑니다. 시간의 의미를 의식하든 그렇지 못하든 우리는 그 시간의 굴레를 벗어내 버릴 수가 없습니다. 모두에게 똑같이 주어진 것이지만 저마다의 사용 방법에 따라 시간은 다르게 흘러갑니다. 한번 흘러가버린 시간은 절대로 다시 되돌아오지 않는다는 단순한 진리를 잘 알고 있으면서도 우리는 스스로 만들어낸 적당한 핑곗거리에 잘 포장해서 그 소중한 시간들을 무덤덤하게 놓아버리곤 합니다.

우리는 시간을 기억하면서 살아갑니다. 허나 우리가 함부로 놓아버린 시간들은 내 기억도, 추억도 잔인하게 내다버렸답니다. 내 기억 속에도 없는 내 인생의 일부분이 어떤 의미일까요? 어쩌면 이 페이지를 접한 여러분들에겐 지금이 인생에서 가장 중요한 시기일 것입니다. 지금의 이 시간을 스스로에게 어떤 형태로 각인시키느냐에 따라 여러분들의 인생벡터가 결정될 것이기 때문이지요. 지치고 힘들고 괴로운 수험생활임을 공감합니다. 지금의 고통이 아무리 크다고 한들 시간이 지나 버린 후에 찾아오는 후회의 고통보다 덜할 것이라는 예정된 진리를 되새겨주세요.

부디 이 책 안에서 머무르는 여러분들의 시간들이 좋은 씨앗이 되기를 소망합니다. 그리고 훗날 여러분들의 인생에서 피어난 화려한 꽃과 함께 지금의 이 시간을 추억할 때, 그 사람 한승현을 미소 지으며 떠올릴 수 있게 되길 기도합니다.

2025년 봄날 새벽 한승현

Guide

기출분석

❶ 교과교육학

항목	연도
학습목표영역	2002, 2006, 2008, 2009
교수기능 연습법, 발달단계	2002, 2008, 2018, 2019, 2021, 2023, 2024
체육교육과정 사조	2002, 2003, 2005, 2006, 2007, 2011, 2013, 2016, 2019, 2021, 2022, 2025
수준별 수업 구성	2002, 2007
피드백	2002, 2004, 2005, 2012, 2017, 2021
개정 교육과정	2003, 2005, 2007, 2008, 2010, 2011, 2012, 2013, 2014, 2015, 2017, 2019, 2020, 2021, 2022, 2023, 2024, 2025
수업 스타일	2003, 2005, 2006, 2007, 2008, 2009, 2010, 2011, 2012, 2013, 2014, 2015, 2016, 2019, 2020, 2023, 2024, 2025
Kounin 교수기술	2003, 2018, 2020, 2021
현장연구	2003, 2013
수업모형	2003, 2004, 2005, 2006, 2007, 2008, 2009, 2010, 2011, 2012, 2013, 2014, 2015, 2016, 2017, 2018, 2019, 2020, 2021, 2022, 2023, 2024, 2025
학습경험 계획, 수업규칙 개발, 목표 설정, 이원목적 분류표, 적극적 감독	2002, 2003, 2004, 2022
교육과정 통합	2005, 2006, 2007, 2010, 2019
체육교육과정 모형	2006, 2008, 2009, 2011, 2023
교육과정	2002, 2006, 2009, 2011, 2018
실제학습시간	2006, 2010, 2022
Shulman의 교사지식	2006, 2011, 2013, 2015, 2018, 2020, 2022
질문 유형	2007, 2017, 2022, 2025
체계적 관찰법, 수업 분석	2007, 2009, 2010, 2011, 2012, 2018, 2020, 2022, 2024
장학	2008, 2013
학습단서	2008, 2016, 2021
교육과정 변천	2009, 2011, 2018, 2025
Rink의 과제발달	2009, 2012, 2015, 2020
평가계획	2009, 2010, 2012, 2013
수행평가	2012, 2019
Dale의 경험의 원추	2012
운영행동과 지도행동	2012
학습자 관리전략	2015, 2016, 2018, 2019, 2021, 2022, 2023, 2025
학습유형 분류	2015
체육수업 과제체계	2017, 2025
수업운영 효율성 증진	2021
완전 교수사정 모델	2021, 2025

❷ 심리학

주제	연도
다차원 모형	2002
목표 설정, 목표 유형	2002, 2015
빙산형 프로파일	2003, 2015
자기효능감	2003, 2007, 2012, 2017, 2020, 2024
생리적 증상, 불안 감소 기법	2004, 2012, 2018, 2019
사회적 태만현상	2005, 2021
주의유형	2006, 2012, 2017, 2025
심상유형, 훈련	2007, 2015, 2023
유관이론	2008, 2012
수행루틴	2009, 2015
운동참여	2009, 2023, 2024
귀인이론	2010, 2013, 2017
카타스트로피 이론	2010, 2019
변화단계	2010, 2014, 2017, 2025
인지평가 이론	2011
불안과 운동수행곡선	2011, 2019, 2020, 2021, 2023, 2024
훈련 절차	2011
팀 구축	2013
과훈련 증후군	2014
러너스하이	2015
자결성이론	2016, 2021, 2023
유능성 동기이론	2016
몰입	2016, 2022, 2025
전환이론	2017
TARGET 전략	2020
Vealey의 스포츠자신감 이론	2020, 2025

❸ 운동학습과 제어

- 피드백 — 2002, 2005, 2020
- 전이 — 2003, 2013
- 연습방법 — 2005, 2006, 2012, 2022
- 운동학습 단계 — 2005, 2011, 2023
- 다이나믹 시스템이론 — 2005, 2014, 2024
- 운동행동 연구 — 2009
- 파지점수 — 2009
- 결과지식, 수행지식 — 2010, 2015
- 운동기술 — 2011, 2012, 2018, 2021, 2022
- 반응시간 — 2012, 2025
- 난이도지수 — 2013
- 구획연습, 무선연습 — 2016, 2019
- 운동숙련검사 — 2018
- 일반화된 운동 프로그램 — 2020, 2023
- 타이밍전략 — 2022

❹ 사회학

- 매체 스포츠 — 2003, 2010, 2012, 2013, 2021, 2025
- 사회학습이론 — 2004, 2025
- 계층형성과정 — 2004, 2008, 2009, 2010, 2014, 2020, 2023
- 갈등이론 — 2004, 2011, 2014
- 교육적 순기능, 역기능 — 2004
- 기능이론 — 2006, 2020
- 정치적 역할, 결합방법 — 2006, 2013, 2017, 2022
- 여성스포츠 — 2006, 2010, 2013, 2014, 2019, 2023
- 스포츠 참가 유형 — 2007, 2011, 2021, 2024
- 발달단계모형 — 2007, 2012, 2015, 2021, 2025
- 스포츠 전이 — 2008, 2017, 2023
- 계층이동 — 2008, 2013
- 스포츠 사회화 — 2009, 2010, 2013, 2022, 2023
- 아노미이론 — 2009, 2013, 2015, 2021
- 스포츠 조직 — 2011, 2013, 2015, 2019
- 일탈, 폭력 — 2012, 2014, 2017, 2018, 2020, 2021, 2022, 2023
- 집합행동 — 2012, 2013, 2014, 2022
- 상징적 상호작용론 — 2017
- 스포츠 규범 — 2017, 2025
- 근대스포츠의 특성 — 2016, 2018, 2020, 2024
- 스포츠의 특성 — 2014, 2016, 2022, 2025
- 프로스포츠의 제도 — 2020, 2024
- 상업주의 스포츠 — 2015, 2021, 2025
- 스트레스 관리훈련 — 2022
- 스포츠 세계화 — 2023

❺ 측정평가

- 실제성 평가: 2003, 2007
- 표준점수: 2003, 2010, 2012, 2013, 2014, 2020, 2021, 2023, 2025
- 이원목적 분류표: 2003
- 측정 척도: 2004, 2010, 2019, 2020
- 평가방법: 2004, 2007, 2008, 2010, 2012, 2019, 2021, 2022
- 신뢰도: 2006, 2020, 2022, 2024, 2025
- 객관도: 2007, 2008, 2009, 2012, 2023
- 평가의 일관성: 2007, 2011
- 집중경향치: 2008, 2019, 2023
- 타당도: 2008, 2009, 2012, 2020, 2021, 2025
- 평가원리: 2009
- 상관: 2013, 2016, 2020, 2021, 2022, 2023, 2025
- 고전검사이론: 2015, 2018
- 회귀분석: 2015, 2024
- t검정: 2018, 2021, 2022
- 문항분석: 2020, 2022
- 변이계수: 2021, 2023

❻ 생리학

- 호흡계: 2002, 2012, 2011, 2015, 2018, 2024
- 순환계: 2002, 2004, 2005, 2009, 2010, 2013, 2014, 2015, 2017, 2020, 2021, 2022, 2023, 2025
- 근육계: 2003, 2006, 2007, 2008, 2009, 2010, 2011, 2012, 2013, 2014, 2015, 2016, 2017, 2019, 2020, 2021, 2022
- 에너지 대사: 2004, 2005, 2008, 2011, 2013, 2014, 2016, 2018, 2019, 2020, 2023, 2025
- 내분비계: 2004, 2005, 2009, 2016, 2023
- 신경계: 2021, 2022
- 운동량: 2006, 2009, 2023
- 운동강도 측정: 2003, 2011, 2019, 2022, 2023
- 체형, 영양: 2012, 2017, 2025
- 체력 요소: 2003, 2007, 2009, 2010, 2011
- 훈련방법, 절차: 2004, 2013, 2014, 2015, 2017, 2021, 2024
- 스트레칭 방법: 2018
- 신체구성: 2019
- RICE 처치: 2020

❼ 체육사철학윤리

항목	연도
고려, 조선 시대 신체활동	2002, 2016, 2022
일제 강점기, 개화기 체육	2004, 2010, 2012, 2017, 2019
고대 그리스 제전경기	2004, 2012, 2022, 2025
자연주의 체육 목표	2005
아테네, 로마 체육 목표	2005, 2022
외래 스포츠 전개양상	2006, 2021
19세기 유럽 체조	2008, 2021
전국체육대회	2009
체육교사 양성기관	2009
체육 문화의 특징	2012, 2020
조선 시대 무과, 무예서	2013, 2023
동서양 야외 심신수련활동	2014
신체육, 인간움직임	2015, 2020, 2025
화랑도 체육	2018
YMCA	2018
페어플레이	2016
실용주의 교육	2002, 2020
본질주의, 진보주의, 실존주의	2006, 2007, 2011
신체관	2009, 2021, 2022, 2023
19세기 영국체육 발달	2009, 2023
미국 현대체육 발달 배경	2011, 2014
중세체육	2011, 2019, 2022
근대 올림픽 역사	2011, 2025
광복 이후 체육	2011
윤리이론	2019, 2020, 2024, 2025

❽ 역학

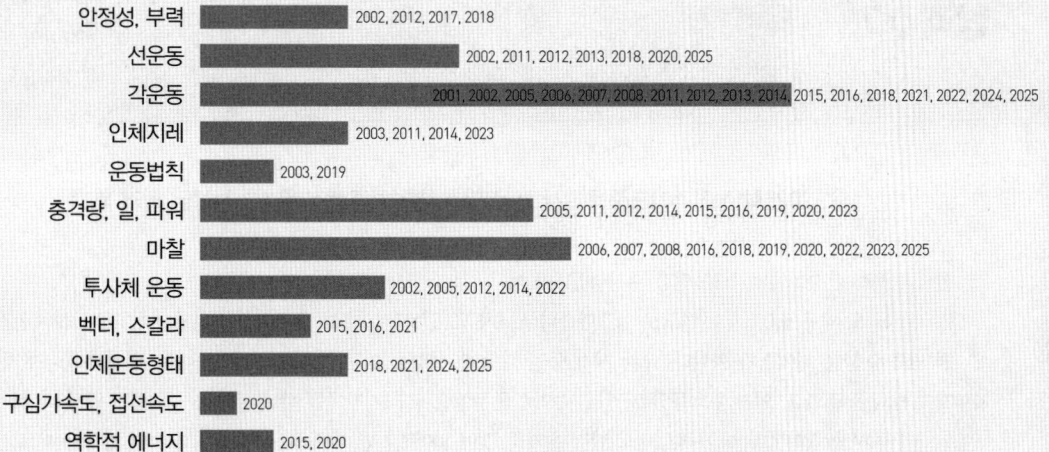

합격수기

2025학년도 경기도중등교사 체육 임용시험 최종합격 윤OO 선생님 합격 후기

안녕하세요. 한승현쌤의 직강, 인강 수강생입니다.

2025 경기도 임용에 0.3배수 정도로 합격했습니다. 1차 76.67로 컷 +7점, 최종 컷 +6점입니다. 저는 초수 합격 수기처럼 단번에 붙은 케이스가 아니라, 오랜 시간 동안 다양한 상황을 거쳐 합격하게 되었습니다. 열심히 공부했지만 초수, 재수 탈락을 겪었고, 이후 2년 동안 기간제 교사로 근무했습니다. 기간제를 하며 공부하기는 쉽지 않았고, 쉬며 1년 동안 공부해서 합격하게 되었습니다. 저도 합격 수기를 많이 읽어봤지만, 모두의 공부 방법과 처한 상황은 다르기 때문에 이 글도 가볍게 참고해 주시면 좋겠습니다. 이 글은 어디까지나 저의 생각, 공부 방법, 의견일 뿐이니까요.

1. 교육학 공부는 조금만
하루 1~2시간 정도면 충분하다고 생각합니다. 전공이 최우선입니다.

2. 공부: 전반기 기출 공부, 지엽적 공부 지양
기출을 공부하면서 어떤 부분에서 어떤 답이 나오는지를 분석해야 합니다. 그러다 보면 결국 중요한 것, 혹은 지엽적이더라도 키워드가 나온다는 것을 알 수 있습니다. 기출과 스포츠지도사 문제는 정말 중요합니다. 원서를 보는 분들도 많고, 원서도 함께 공부해서 합격하신 분들도 분명 계시겠지만, 저는 2024년에는 원서를 하나도 보지 않았습니다.

3. 예측하자
중요한 내용, 나올 것 같은 내용을 무조건 나온다고 예측하며 공부했습니다. 그것을 정확하게 암기하는 것이 중요하다고 생각합니다. 백지 인출, 문제 인출, 스터디 등의 방법으로 머리 아프게 인출하는 시간이 꼭 필요합니다.

4. 전반기 vs 후반기 전략
전반기: 생리학, 역학, 측정평가, 체육교육론(내용도 많고 점수 비중도 높음) 위주로 공부, 물론 1~2주 동안 모든 과목 보는 것을 목표로 했습니다.

후반기: 암기 과목 집중 + 회독(인출) 주기 줄이기 ex) 14일 → 10일 → 7일 → 5일

5. 모의고사 활용
솔직하게 모의고사 시즌에 공부가 잘 되어 있다면 주 2~3개의 모의고사, 그렇지 않거나 스타일이 안 맞는다면 편한 대로 하시면 됩니다. 공부하다 보면 문제 풀이나 모의고사 프린트도 많이 나오는데 프린트에 8/1, 8/7, 8/24 이런 주기로 기록하며 5번 정도 봤습니다. 참고로 저도 모의고사 점수(등수)가 잘 안 나왔으니 크게 신경쓰지 마세요!!

6. 청킹의 힘
저는 거의 모든 것을 청킹으로 외웠습니다. 승현쌤의 청킹이 최고입니다.

7. 본인의 실력을 파악해서 응시 지역의 실기를 미리 준비하자
물론 1차 점수가 제일 중요하지만, 2025년도는 2차의 변별력도 있었습니다.
(실연 16 / 나눔 8 / 개별면접 35.73 / 실기 24.8) 실기 빼고 다른 점수는 좋지 않습니다. 서울보다 경기도 실기가 쉬운 편이지만, 많이 하는 말처럼 실기장에는 실기 잘하는 사람이 많지 않습니다.

8. 되돌아보면 어떻게 했나 싶을 정도로 임용은 너무나 길고 힘든 시기입니다. 임용은 정말 1년의 마라톤입니다. 모두 힘내세요!

2025학년도 울산중등교사 체육 임용시험 최종합격 박OO 선생님 합격 후기

안녕하십니까 수험생 여러분, 삼수 끝에 체육 임용시험을 합격한 저의 공부 과정을 간략하게 소개하고자 수기를 쓰게 되었습니다. 이 시험을 공부하는 데 정도는 없으나 누구나 이야기하고 저 또한 가장 중요하다고 생각하는 두 가지만 말씀드리겠습니다.

첫 번째는 끈기와 멘탈 관리입니다. 저의 첫 번째 시험과 두 번째 시험의 결과는 불합격이었지만 컷에서 그리 멀지 않았습니다. 첫 번째 시험에는 컷에서 3점 차이로 떨어졌고 할만하겠다는 생각에 자만을 했습니다. 그것은 두 번째 시험의 패인이 되었습니다. 두 번째 시험에서는 컷에서 1점 차이로 떨어졌지만 이 차이를 극복하지 못하면 어떡하나 불안했습니다. 불합격 후에 누군가는 자만을, 누군가는 불안과 걱정을 할 것입니다. 하지만 이때 우리가 해야 할 일은 불합격한 원인을 분석하는 것입니다. 두 번의 불합격을 경험하고 저의 패인을 분석한 결과 아는 문제를 정말 많이 틀렸다는 사실을 발견했습니다. 사람 이름을 쓰라는 문제에 기호를 썼던 문제, 매 회독마다 당연한 듯이 보았던 이론의 명칭이 그 순간 기억나지 않았던 문제, 사칙연산을 실수했던 문제, 지문을 꼼꼼히 읽지 않아 단서를 놓친 문제 등이 그것들이었습니다. 우리는 시험에 떨어지면 꼭 그때 와서 1년 동안 보지도 않던 원서를 봐야 하나 고민하고 다른 모의고사를 풀어봐야 하나 고민합니다. 하지만 우리가 맞혀야 할 문제는 남들이 못 맞추는 문제가 아니라 남들이 모두 맞추는 문제입니다. 그런 문제들을 실수 없이 다 맞춘다면 저처럼 실수를 일삼는 사람보다 높은 점수를 받고 합격할 수 있습니다. 그리고 남들이 다 맞히는 문제들은 이미 한승현 교수님의 교재에 다 들어있으니 자신을 믿고 공부하되 꼼꼼함을 습관화해야 합니다. 꼼꼼함을 습관화하기 위해 저는 모든 기출문제와 모의고사를 볼 때 답으로 쓰라고 하는 것을 여백에 미리 적어놓고 지문을 읽었고 지문은 단 한 글자도 놓치지 않고 읽으며 버티는 힘을 길렀습니다. 최근 기출문제를 보면 지문의 길이가 계속 길어지고 있습니다. 갈수록 길어지는 지문을 꼼꼼히 다 읽어내는 힘을 반드시 길러서 시험장으로 가시길 바랍니다.

두 번째는 기출분석과 암기입니다. 저는 2002년 문제부터 2024년 문제까지 연도별로 하루에 한 회씩 풀었습니다. 문제를 푼 후에는 형광펜을 활용하여 기출분석을 했습니다. 기출문제의 지문, 문제 속의 중요한 단서와 답에 형광펜을 칠하고 교재에도 똑같은 문장을 찾아 형광펜을 칠했습니다. 교재에 빠진 문장이 있다면 교재에 기출문제의 내용을 그대로 필기하고 형광펜으로 칠했습니다. 저는 이 과정을 2회 진행했고 그 이후에는 이제 기출문제가 다 담겨있는 교재만 시험 전날까지 수없이 반복하며 암기했습니다. 교수님이 암기하기에 용이하도록 청킹을 많이 만들어 주시는 것이 암기에 도움이 되었습니다. 이렇게 청킹이 많으면 의미가 있나 하고 생각할 수 있지만 결국 교재를 통째로 다 암기할 수 있는 유일한 방법입니다. 더 많은 청킹을 만들어 시간을 단축하고 더 많이 회독하세요.

수험생 여러분, 저도 경험했던 힘든 시간을 보내고 있겠지만 지금보다 조금 더 스스로를 힘들게 해보시길 바랍니다. 아무리 힘들어도 지나면 느껴지지 않습니다. 남은 시간 스스로를 조금 더 힘들게 한다면 그 시간이 길진 않을 것입니다. 여러분의 합격을 기원합니다!

Contents

차례

- **PART 01** 교과교육학 · 16
- **PART 02** 심리학 · 178
- **PART 03** 운동학습과 제어 · 220
- **PART 04** 사회학 · 240
- **PART 05** 측정평가 · 302

한승현 전공체육
기출문제집

PART 06 생리학 • 372

PART 07 체육사철학윤리 • 446

PART 08 역학 • 498

● 정답 및 해설 • 570

한승현
전공체육
기출문제집

전공체육,
문제의 한계를 뛰어넘다!

PART 01

교과교육학

PART 01
교과교육학

001 체육과 교육목표는 심동적, 인지적, 정의적 영역으로 구성되어 있다. 이 중 Annarino(1980)가 주장하는 정의적 영역의 내용(하위 목표)을 6가지만 제시하시오. [3점] ²⁰⁰²

①
②
③
④
⑤
⑥

002 체육교육과정의 구성은 의도적이고 유목적적인 인간활동을 전제로 한다. 체계적인 교육과정 구성을 위한 일반적인 원리를 4가지만 제시하시오. [4점] ²⁰⁰²

①
②
③
④

003 좋은 체육교사가 되기 위해서는 끊임없는 자기개발이 요구된다. 교수기능의 향상을 위한 교수 연습법 중 '1인 연습', '동료 교수(peer teaching)', '마이크로티칭(microteaching)', '현장에서의 소집단 교수'를 각각 설명하시오. [4점] 2002

① 1인 연습 [1점] :

② 동료 교수 [1점] :

③ 마이크로티칭 [1점] :

④ 현장에서의 소집단 교수 [1점] :

004 개인의미 교육과정 모형(personal meaning model)의 가치 정향(value orientation)을 제시하고, 개념틀의 명칭과 그 특징을 설명하시오. [5점] 2002

① 가치 정향 [1점] :

② 개념틀의 명칭 [1점] :

③ 개념틀의 특징 [3점] :

005 중학교 체육교사인 신 교사는 성, 능력, 흥미, 장애 등과 같은 학생들의 개인차를 고려하는 7차 체육교육과정의 기본 방향을 수업 현장에 도입하고자 한다. 신 교사가 개인차를 고려한 수업 방법을 적용하고자 할 때 학습 목표, 학습 활동, 수업 시설 및 용기구, 학생 조직 측면에서의 방법을 간략하게 설명하시오. [4점] 2002

① 학습 목표 [1점] :

② 학습 활동 [1점] :

③ 수업 시설 및 용기구 [1점] :

④ 학생 조직 [1점] :

006 체육 실기수업에서 효율적인 운동기술 학습을 위하여 피드백을 부여할 때 적용해야 하는 피드백 제공 원칙을 5가지만 간략하게 설명하시오. [5점] 2002

①

②

③

④

⑤

007 체육수업에서 교사가 학생의 동기유발을 극대화시키기 위해 목표를 설정할 때 적용할 수 있는 원리를 6가지만 간략하게 설명하시오. [6점] 2002

①

②

③

④

⑤

⑥

008 제7차 교육과정에서 고등학교 2, 3학년에만 해당하는 특징을 제시하고, 체육과의 일반 선택 과목을 쓰시오. [총 2점] 2003

① 특징 [1점] :

② 일반 선택 과목 [1점] :

009 체육교육과정모형 중 움직임분석모형(움직임교육모형)과 체력교육모형(체력모형)의 공통적인 가치 정향(사조)을 쓰고, 교육목표영역에 기초하여 각 모형의 단점을 비교하시오. [총 3점] 2003

① 가치 정향 [1점] :

② 각 모형의 단점 [2점] :

010 Mosston의 수업 스펙트럼은 11가지 지도 스타일(teaching style)로 구성되어 있다. 다음 질문에 답하시오. [총 5점] 2003

10-1 지도 스타일을 구분하는 가정(기준)을 기술하시오. [1점]

• 지도 스타일을 구분하는 가정 :

10-2 다음은 몸의 안정성과 기저면의 크기 및 무게중심 위치의 관계를 학습하는 체육 수업 장면이다. 이 수업에서 교사가 사용하고 있는 지도 스타일의 명칭을 쓰시오. [2점]

> 교사의 발문 1 : 몸의 안정성에 대해 생각해 보세요. 그런 다음 몸으로 표현해 보세요.
> 학생의 반응 1 : 학생들은 다양한 동작으로 균형을 잡는다.
> 교사의 발문 2 : 조금 더 안정된 자세로 균형을 잡아 보세요.
> 학생의 반응 2 : 학생들은 안정된 동작으로 균형을 잡는다. 어떤 학생들은 다리를 벌리고 서 있고, 다른 학생들은 테니스 준비 자세에서 볼 수 있는 안정된 자세를 취한다.
> 교사의 발문 3 : 여러분이 지금 취한 동작이 가장 안정된 자세입니까?
> 학생의 반응 3 : 학생들은 좀 더 낮은 자세로 균형을 잡는다. 어떤 학생들은 바닥에 눕는다.
> 교사의 발문 4 : 이번에는 지금보다 약간 불안정한 자세를 취해 보세요.
> 학생의 반응 4 : 학생들은 기저면의 크기를 작게 하여 새로운 자세를 취한다. 어떤 학생들은 몸을 지지한 후 한쪽 손이나 발을 떼고, 다른 학생들은 누운 자세에서 머리를 들거나 두 다리를 든다.
> 교사의 발문 5 : 이제 가장 불안정한 자세를 취해 보세요.
> 학생의 반응 5 : 어떤 학생들은 발가락으로 선다. 다른 학생들은 누운 자세에서 머리와 두 다리를 동시에 든다. 또 다른 학생들은 반듯하게 누운 자세에서 옆으로 눕는다.
> — 이하 생략 —

• 지도 스타일의 명칭 :

10-3 다음 수업에서 교사가 사용하고 있는 지도 스타일의 명칭을 쓰시오. [2점]

> ◎ 소단원 : 평균대
>
> • 교사가 제시한 과제 내용 :
>   다음 움직임 요소들(A~D)의 순서를 변형하여 3가지 서로 다른 움직임을 평균대에서 구성하시오.
>   A. 점프하기   B. 걷기   C. 한 발로 균형 잡기   D. 브이(V)자 만들기
>
> • 학생들이 찾은 해답의 예 :
>   〈김수미〉   〈강수철〉   〈이대우〉
>   ① A-C-B-D   ① B-A-C-D   ① D-A-C-B
>   ② C-B-A-D   ② C-B-A-D   ② B-D-A-C
>   ③ A-D-B-C   ③ D-C-B-A   ③ B-D-C-A

• 지도 스타일의 명칭 :

011 동료교수(peer teaching)와 팀티칭의 개념을 간략하게 쓰고, 두 교수 전략의 공통적인 장점을 과제 제시 측면과 피드백 제공 측면에서 설명하시오. [총 4점] 2003

① 동료교수의 개념 [1점] :

② 팀티칭의 개념 [1점] :

③ 공통적인 장점 [2점] :

012 Kounin(1970)은 학습자의 수업 방해 행동을 예방하고 과제 지향적인 수업을 유지하는 데 유용한 교수 기술을 제시하였다. 다음 두 교사가 체육 수업에서 사용한 교수 기술을 Kounin의 분류에 따라 쓰시오. [총 4점] 2003

12-1 최 교사는 배드민턴 수업에서 짝과 함께 하이클리어 랠리 10회 수행을 과제목표로 제시하였다. [2점]

12-2 김 교사는 개별적으로 배구 토스를 지도하면서 나머지 학생들에게도 시선을 유지하였다. [2점]

013 학교에서 체육교사들이 당면하는 문제점을 이해·해결하기 위해 교사 스스로 연구 주체가 되어 수행하는 교사연구(teacher research)의 명칭을 쓰고, Kemmis와 McTaggart(1988)가 제안한 이 연구의 4단계 절차를 쓰시오. [총 3점] 2003

① 교사연구의 명칭 [1점] :

② 4단계 연구 절차 [2점] :

014 정 교사는 실제성(authenticity)을 강조하는 수행평가를 통해 학생들의 농구경기능력을 평가하고자 한다. 정 교사가 실시하고자 하는 14-1~14-4번 평가의 실제성을 AAHPERD 종합 농구기능검사와 비교하여 '높다', '낮다'로 답하시오. [총 4점] 2003

> AAHPERD 종합 농구기능검사
>
> 슈팅검사, 패스검사, 드리블 검사, 방어능력 검사 등으로 구성된 종합농구 기능 검사

14-1 10회 자유투 성공률을 평가한다. [1점]

14-2 교사가 농구시합 중의 경기능력을 평가한다. [1점]

14-3 동료 학생이 농구시합 중의 경기능력을 평가한다. [1점]

14-4 12미터 떨어진 벽의 표적지를 향해 농구공을 던지는 과제를 이용하여 패스의 정확성을 평가한다. [1점]

015 기능중심 수업 모형의 한계를 극복하기 위하여 새로운 게임수업 모형들이 개발되어 왔다. 그중의 하나인 이해중심 게임수업 모형에서 제시한 수업 과정을 각각 25자 이내로 쓰시오.

[5점] 2004

① 게임 소개:

② 게임 이해:

③ 전술 이해:

④ 전술 지식의 적용:

⑤ 기술 연습:

⑥ 실제 게임 수행:

016 체육 수업 후 교사는 학생의 과제 수행과 역할에 대하여 동작, 기호 또는 언어적인 형태의 피드백을 제공하게 된다. 다음은 피드백을 진술방식에 따라 A, B, C, D로 구분하여 각 진술방식의 기준과 수영수업에서 진술한 피드백의 예를 제시한 것이다. A, B, C, D 피드백의 진술방식을 빈칸에 쓰시오. [4점] 2004

	진술방식		기준과 실제 예
A	( )	기준	긍정적이거나 부정적 판단 언어로 진술
		예	"넌 다리 동작이 안 좋았어."
B	( )	기준	구체적인 정보가 없는 진술
		예	"아주 좋아.", "괜찮아."
C	( )	기준	기술적이고 사실적이지만 수정지시나 판단이 없는 진술
		예	"오늘은 5바퀴나 돌았구나."
D	( )	기준	실수를 알려주고 수정을 제공하는 진술
		예	"자유형을 할 때 양쪽으로 호흡하지 말아라."

017 준비운동을 마치고 박 교사는 미리 계획한 학습과제를 학생들에게 전달하였다. 학생들은 학습과제들을 연습하고 박 교사는 학생들의 연습활동을 지도·감독하면서 학습과제를 보완해 가려고 한다. 이 과정에서 박 교사가 해야 할 주된 일을 3가지만 쓰시오. [3점] 2004

①

②

③

018 초임인 정 교사는 학습 분위기가 산만한 2학년 5반 체육 수업에서 학생들의 행동을 관리하기 어려워 계획한 대로 수업을 하지 못하는 때가 많았다. 이러한 경우 효과적인 수업을 위한 학생 행동의 관리방안으로 수업규칙을 이용할 수 있다. 수업규칙을 개발할 때 고려해야 할 중요한 사항을 5가지만 쓰시오. [5점] 2004

① 규칙은 짧고 명확하여야 한다.

② 규칙은 학생의 연령수준에 적합한 언어나 기호로 전달한다.

③

④

⑤

⑥

⑦

019 체육 학습지도를 위해 학생들의 학습경험과 학습경험에 필요한 움직임 과제가 계획되어야 한다. 체육교사가 이러한 학습경험의 계획을 세울 때 고려해야 할 기준을 4가지만 쓰시오.
[4점] 2004

①

②

③

④

020 체육과 교육과정 모형인 발달단계모형과 체력교육모형의 사조(또는 가치 정향)를 3줄 이내로 기술하고, 이 모형들의 공통적인 한계점을 2줄 이내로 설명하시오. [4점] 2005

• 사조(가치 정향) :

• 한계점 :

021 체육과 교육과정의 통합적 접근 방법을 2가지 제시하고, 각 방법의 구체적인 전략 2가지를 각각 1줄 이내로 설명하시오. [6점] 2005

• 방법 1 :
  전략 1 :
  전략 2 :

• 방법 2 :
  전략 1 :
  전략 2 :

022~024 다음 교수·학습 과정안의 일부를 보고 물음에 답하시오. 2005

단계	과제	교수·학습 활동	시간
전개	모둠별 허들 연습	(허들 3개) / (허들 4개) / (허들 5개)	25분

022 위의 교수·학습 과정안은 박 교사가 모스턴(Mosston)의 티칭 스타일(teaching style)을 활용하여 작성한 것이다. 이 수업에서 각 모둠의 첫 번째 허들에서 마지막 허들까지의 전체 거리는 동일하다. 박 교사가 활용한 티칭 스타일의 명칭을 제시하고, 이 티칭 스타일과 제7차 교육과정의 편성·운영의 공통점을 3줄 이내로 설명하시오. [2점]

• 티칭 스타일의 명칭 :

• 공통점 :

023 박 교사가 활용한 티칭 스타일은 제7차 체육과 교육과정에서 강조하는 실제학습시간(academic learning time : ALT)을 증가시킬 수 있는 장점을 가지고 있다. 실제학습시간의 개념을 2줄 이내로 기술하고, 박 교사가 도입한 티칭 스타일이 실제학습시간을 증가시킬 수 있는 이유를 2줄 이내로 설명하시오. [3점]

• 개념 :

• 이유 :

024 박 교사가 허들 활동에 적용한 과제 설계 방식의 특징을 2줄 이내로 기술하고, 동일한 티칭 스타일에 기초하여 허들 활동에 적용할 수 있는 또 다른 과제 설계 방식의 사례를 1가지만 직접 설계하여 2줄 이내로 기술하시오. [2점]

• 박 교사의 과제 설계 방식 특징 :

• 과제 설계 방식의 사례 :

025~026 다음 글을 읽고 물음에 답하시오. 2005

> 교사 : 영희야, 철수의 패스에 문제가 있는 것 같다. 다시 연습하는 것을 주의 깊게 살펴보고 철수의 팔 동작에 무슨 문제점이 있는지 찾아봐라.
> (교사와 영희는 철수가 연습하는 것을 바라본다. 그리고 영희는 교사에게 다음과 같이 말한다.)
> 영희 : 철수는 패스를 할 때 팔꿈치를 너무 많이 굽혀요.
> 교사 : 철수가 팔꿈치를 펴지 못하고 있는데, 그것이 왜 좋지 않지?
> (영희는 잠시 생각하고 답을 한다.)
> 영희 : 왜냐하면 철수가 팔꿈치를 너무 많이 굽혀서 팔이 아니라 손에 공을 맞추기 때문에 공이 의도하는 곳으로 가지 못하는 것 같아요.
> (교사는 정답으로 인정하고 다음과 같이 말한다.)
> 교사 : 좋아. 지금 가서 철수에게 올바른 팔 동작을 이야기해라. 그리고 철수가 잘못된 동작을 다시 하지 않도록 지켜보도록 해라.

025 위의 상황은 배구 수업에서 교사와 학생 간에 이루어진 대화 내용이다. 이 수업에서 활용된 수업 모형의 명칭을 제시하고, 영희에게 부여된 역할과 그 역할에 해당되는 학습 영역의 1순위를 3줄 이내로 설명하시오. [3점]

• 수업 모형의 명칭 :

• 영희의 역할과 학습 영역의 1순위 :

026 앞의 배구 수업에 활용된 수업 모형이 개발되는 데 가장 큰 영향을 준 수업 모형의 명칭을 제시하고, 그 영향을 준 수업 모형의 특징을 의사결정과 수업 주도성 측면에서 3줄 이내로 기술하시오. [3점]

• 가장 큰 영향을 준 수업 모형의 명칭 :

• 가장 큰 영향을 준 수업 모형의 특징 :

027 다음의 수업 절차에 나타난 2가지 과제 구조 전략의 명칭을 순서대로 제시하고, 두 번째 전략의 주요 장점을 2줄 이내로 설명하시오. [3점] 2005

> ① 학생의 개인차를 고려하여 3~4명 정도로 소집단을 구성한다.
> ② 운동 기술 과제가 질문 형식으로 적혀 있는 '전문가 집단 용지'를 소집단의 구성원들에게 배부한다.
> ③ 소속된 소집단을 떠나 각자가 맡은 과제에 따라 전문가 집단으로 모여 탐구한다.
> ④ 각 전문가들은 자신의 소집단으로 돌아와 각자 탐구한 과제를 서로 가르쳐 준다.
> ⑤ 다른 소집단과의 경기를 위해 자체 순위를 정한다.
> ⑥ 각 소집단은 순위별로 학생들을 출전시켜 경기를 실시하고, 그 결과에 따라 점수를 부여하여 집단별 평가를 실시한다.

• 두 가지 과제 구조 전략의 명칭 :

• 두 번째 과제 구조 전략의 주요 장점 :

028 자기통제(자기조절) 피드백 정보제공 방식의 개념을 1줄 이내로 설명하고, 기존 피드백 정보제공 방식과 비교하여 이 방식의 장점을 2가지만 각각 1줄 이내로 기술하시오. [3점] 2005

• 자기통제(자기조절) 피드백 정보제공 방식의 개념 :

• 자기통제(자기조절) 피드백 정보제공 방식의 장점 :

029 김 교사는 수행평가를 적용하기 위하여 전통적인 배드민턴 쇼트서브 검사방법 (가)에 새로운 절차를 추가하여 검사방법 (나)를 개발하였다. (나)에 반영된 절차 ⓐ, ⓑ의 의미를 각각 1줄 이내로 설명하고, 이 의미들이 공통적으로 가지는 수행평가적 특징을 2가지만 2줄 이내로 기술하시오. [4점] 2005

> (가) 전통적인 배드민턴 쇼트서브 검사
> • A서브 구역에서 B서브 구역으로 5회 쇼트서브를 실시한다.
> • 서브가 네트를 넘지 못하면 0점으로 처리한다.
> • 셔틀콕이 떨어진 지점에 해당하는 점수를 합산하여 배드민턴 기능 점수로 활용한다.
>
>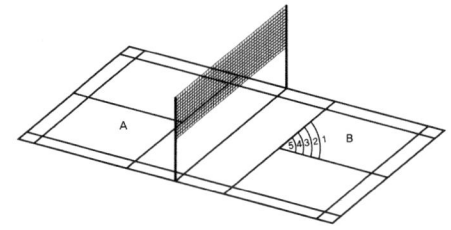
>
> (나) 새로운 배드민턴 쇼트서브 검사
> • A서브 구역에서 B서브 구역으로 5회 쇼트서브를 실시한다.
> • 서브가 네트를 넘지 못하면 0점으로 처리한다.
>   ⓐ 보조선(네트에서 50cm)과 네트 사이로 통과한 서브만 유효한 것으로 간주하고 보조선에 닿거나 위로 넘어가면 0점으로 처리한다.
>   ⓑ 5점 지역에 가까운 미스지역(C지역)은 실패일지라도 1점을 부여한다.
> • 셔틀콕이 떨어진 지점에 해당하는 점수를 합산하여 배드민턴 기능 점수로 활용한다.
>
>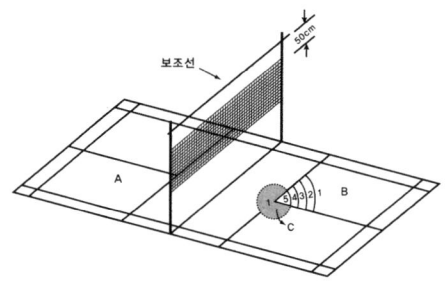

• ⓐ의 의미 :

• ⓑ의 의미 :

• 수행평가적 특징 :

030 다음은 강 교사와 권 교사가 각각 실행하고 있는 체육 교육과정 사조(가치 정향)를 나타낸다. 강 교사와 권 교사가 실행하고 있는 체육 교육과정 사조(가치 정향)를 쓰고, 두 교사의 사조를 모두 반영하는 체육 교육과정 모형의 명칭과 교사의 역할을 2가지만 쓰시오. [3점] 2006

구분	체육 교육과정 사조(가치 정향)
강 교사	• 학생들에게 운동 과학적 이론을 학년별 수준에 맞게 가르친다. • 학생들에게 운동 기술이나 체력 운동의 효율적인 수행을 강조한다.
권 교사	• 학생들에게 친구의 움직임을 관찰하고 피드백을 제공하도록 가르친다. • 학생들에게 잘못된 동작을 스스로 수정할 수 있는 방법을 가르친다.

• 강 교사의 교육과정 사조 :

• 권 교사의 교육과정 사조 :

• 체육 교육과정 모형의 명칭과 교사의 역할 :

031 다음은 배드민턴 단원에 적용한 개인의미추구 모형의 7가지 '움직임 과정' 영역을 순서에 관계없이 배열한 것이다. ㉮와 ㉯에 해당하는 '움직임 과정' 영역의 명칭을 쓰고, 그 개념을 각각 2줄 이내로 설명하시오. [4점] 2006

> • 하이 클리어와 드리븐 클리어를 구사하기 위해 정형화된 움직임을 수정할 수 있다.
> • 하이 클리어, 헤어핀, 드롭을 상황에 따라 다양하게 구사할 수 있다.
> • 경기 상황에서 사전 계획 없이 적합한 기술을 즉각적으로 수행할 수 있다.
> • ㉮ 배드민턴 경기 상황을 스스로 해석하여 창조적으로 움직임을 수행할 수 있다.
> • 시간과 공간을 고려하여 클리어와 드롭을 효율적으로 조절할 수 있다.
> • 클리어를 조화롭고 연속적으로 하기 위해 신체 동작을 배열할 수 있다.
> • ㉯ 배드민턴 그립의 종류와 신체 동작의 관련성을 알고 있다.

• ㉮의 명칭과 개념 :

• ㉯의 명칭과 개념 :

032 제7차 체육과 교육과정 내용 체계는 다음과 같이 학년이 올라갈수록 교육 내용이 분화되는 특징을 가지고 있다. 아래의 내용 체계를 조직하는 데 적용된 교육과정 유형을 쓰고, 이 유형의 장점과 단점을 각각 1가지만 쓰시오. [3점] 2006

구분	초등학교 3-4학년	초등학교 5-6학년	중학교 1학년 -고등학교 1학년 (7-10학년)
영역	체조 활동 게임 활동 표현 활동 보건	체조 활동 육상 활동 게임 활동 표현 활동 체력 활동 보건	체조 육상 수영 개인 및 단체 운동 무용 체력 운동 이론 보건

• 교육과정 유형 : (　　　　　) 교육과정

• 장점 :

• 단점 :

033 제7차 체육과 교육과정에서는 교수·학습 활동 시에 '대기 시간'과 '수업 운영 시간'을 줄이도록 권장하고 있다. 이러한 시간들을 줄임으로써 증가되는 2가지 시간(㉮와 ㉯)을 쓰고, ㉮, ㉯의 관계를 2줄 이내로 설명하시오. [2점] 2006

• 2가지 시간 : ㉮ (　　　　　)　　㉯ (　　　　　)

• ㉮와 ㉯의 관계 :

034 다음은 김 교사가 계획한 교수·학습 활동의 일부이다. 김 교사가 3차시와 5차시에서 활용한 체육 교육과정의 통합 전략을 각각 1줄로 쓰시오. [2점] 2006

3차시 교수·학습 활동	5차시 교수·학습 활동
• 농구 자유투 성공률과 공의 회전 및 슛 각도의 관계 조사 발표 및 토의 • 자유투 성공률과 공의 회전 및 슛 각도의 관계 탐색을 위한 자유투 연습 • 자유투 성공률에 영향을 미치는 다른 요인 설명 • 자유투 거리를 달리하여 개별 연습	• 축구 경기에서 페어플레이 사례 조사 발표 및 토의 • 페어플레이 의미 설명 • 모둠별 간이 경기 실시 • 모둠별 간이 경기를 통해 페어플레이 실천 강조 • 모둠별 경기 결과 발표 및 토의 • '오늘의 페어플레이 학생' 선정 및 시상

• 3차시 통합 전략:

• 5차시 통합 전략:

035 다음은 모스톤(Mosston)의 티칭 스타일에 대한 두 교사의 대화 내용이다. 김 교사의 주장이 안고 있는 문제점과 그에 대한 개선 방향을 각각 2줄 이내로 설명하시오. [3점] 2006

> 김 교사: 체육 수업에서 학생들이 자기 주도적 학습을 통해 창의력이나 문제 해결력 등을 기를 수 있는 수업이 좋다고 생각해. 앞으로 교사가 주도하여 모든 사항을 결정하는 체육 수업은 지양하고, 학생들이 수업에 관한 많은 사항을 결정함으로써 스스로 생각할 수 있는 기회를 갖게 하는 학생 중심의 티칭 스타일을 적용해야 해.
> 박 교사: 나는 학생들의 운동 기능 수준을 고려해 볼 때 중학생 때에는 기초 기능의 습득이 중요하다고 생각해. 그러므로 교사가 먼저 시범을 보이고 학생들이 모방할 수 있도록 기능 연습 시간을 가능한 많이 확보하는 수업이 바람직하다고 생각해.
> 김 교사: 모방 중심이나 교사 중심 수업은 모두 시대에 뒤떨어진 티칭 스타일이야. 창조적인 사고를 가능하게 하는 티칭 스타일을 수업에 적용하는 방법만이 체육 수업을 개선할 수 있다고 생각해.

• 문제점:

• 개선 방향:

036 다음은 배구 수업의 일부분이다. 배구 수업에 적용된 메츨러(Metzler)의 수업 모형과 모스톤(Mosston)의 티칭 스타일을 쓰고, 두 경우의 공통된 목적을 3가지만 쓰시오. [3점] 2006

> (전 시간 과제인 언더핸드 패스의 핵심적인 기능과 개념을 복습한다. 배구의 오버핸드 토스를 설명한다.)
> 교사 : 자! 이제 5분 동안 각자 토스 자세를 연습해 봅시다.
>   (학생들은 교사의 지시에 따라 자세를 각자 연습한다.)
> 교사 : 양 손의 모양이 삼각형이 되도록 하세요.
>   (학생들은 양 손의 모양을 삼각형으로 만든다.)
> 교사 : 그 상태에서 날아오는 공을 손으로 잡는데, 손가락만을 이용하여 잡아야 합니다.
>   (학생들은 손가락만 이용하여 날아오는 공을 잡으려고 노력한다.)
> 교사 : 여러분! 지금부터 각자 공 잡는 동작을 10회씩 연습해 봅시다.
>   (학생들이 10회의 반복 연습을 시작한다.)
> 교사 : 공을 잡을 때 손바닥이 공에 닿지 않도록 하세요.
>   (학생들은 공을 잡을 때 손바닥이 공에 닿지 않도록 연습한다.)

• 수업 모형 :

• 티칭 스타일 :

• 목적 ① :

  ② :

  ③ :

037 다음은 육상 수업의 일부분이다. ㉮에 들어갈 교사의 질문을 블룸(Bloom)이 분류한 교육 목표 수준 중 '지식'에 해당하는 내용으로 만들고, ㉯에 제시된 동현이의 지적에 해당하는 가장 높은 목표 수준의 명칭과 그 근거를 2줄 이내로 쓰시오. [4점] 2006

> 교사 : 자! 지난 시간에 배웠던 크라우칭 스타트에 대해서 복습을 하고 오늘 수업을 시작합시다.
> ㉮ _____?
> (교사의 질문에 대하여 바른 답을 한 규연에게 칭찬을 하고, 다음 내용으로 넘어간다.)
> 교사 : 그럼 누가 크라우칭 스타트 자세를 보여줄 수 있겠어요?
> (교사는 철수의 크라우칭 스타트 자세를 보고 다음 질문을 이어간다.)
> 교사 : 철수의 자세가 어떤지 말해 볼 사람?
> (㉯ 철수의 스타트 자세에서 나타난 문제점을 동현이가 중심선과 기저면의 역학적 원리를 바탕으로 정확하게 지적한다.)

• 교사의 질문 :

• 목표 수준의 명칭 :

• 근거 :

038 다음은 평소 노력하는 교사로 평가받는 김 교사에 관한 설명이다. 슐만(Shulman)이 제시한 교사가 갖추어야 할 지식의 범주에 근거하여, 김 교사가 갖추고 있는 지식 이외에 앞으로 보완해야 할 지식 2가지를 쓰고, 그 개념을 '농구'에 적용하여 각각 2줄 이내로 설명하시오.

[4점] 2006

김 교사의 수업 배경	• 담당 학급 : 중학교 2학년 1반 • 학생 수 : 남학생 20명, 여학생 20명 • 지도 내용 : 농구
김 교사가 갖추고 있는 지식	• 교육과정 지식(curriculum knowledge) • 지도 방법 지식(general pedagogical knowledge) • 교육 환경 지식(knowledge of educational contexts) • 교육 목적 지식(knowledge of educational goals) • 학습자와 학습자 특성 지식(knowledge of learners and their characteristics)

• 2가지 지식 범주 : ㉮ (　　　　　　　)　㉯ (　　　　　　　)

• 지식 개념의 적용 :

• 지식 개념의 적용 :

039 다음은 라일(Ryle)이 분류한 명제적 지식(Knowledge THAT)과 방법적 지식(Knowledge HOW)의 예시이다. 예시에서 명제적 지식과 방법적 지식에 해당하는 문장의 번호를 모두 찾아 쓰고, 명제적 지식과 '체육 이론 영역'의 연관에 대비하여 방법적 지식과 연관되는 체육 영역을 쓰시오. [3점] 2006

> ㉠ 영철이는 속근과 지근의 특성을 안다.
> ㉡ 영철이는 역학적 원리에 맞게 테니스 포핸드 발리를 할 수 있다.
> ㉢ 영철이는 축구 시합에서 규칙을 잘 지킨다.
> ㉣ 영철이는 스포츠과 건강의 관계를 설명할 수 있다.

• 명제적 지식과 연관된 문장의 번호 :

• 방법적 지식과 연관된 문장의 번호 :

• 방법적 지식과 연관되는 체육 영역 :

040 다음은 김 교사가 작성한 오래달리기의 단원 목표이다. 김 교사의 단원 목표에 반영된 체육 교육과정 사조(또는 가치 정향)와 이 사조가 가장 중시하는 교육과정의 원천, 그리고 이 사조의 영향을 받은 체육 교육과정 모형의 명칭을 쓰시오. [3점] 2007

- 학생들은 오래달리기를 하며 자기 몸의 소중함을 이해한다.
- 학생들은 자신의 능력을 고려하여 오래달리기의 기록 단축에 도전하는 목표를 수립한다.
- 학생들은 자신이 수립한 목표를 달성함으로써 긍정적인 자아 개념과 자신감을 기른다.

- 사   조 :

- 원   천 :

- 모형의 명칭 :

041 다음은 최 교사의 수업 일지 중 일부이다. ㉮와 ㉯의 수업 일지에 나타난 체육 교육과정의 통합 전략을 각각 쓰시오. [2점] 2007

> ㉮ ○월 ○일
>
> 오늘 배드민턴 수업에서는 서브 순서와 공격·수비 위치를 가르친 후 조별 복식 경기에 직접 참여하면서 경기 규칙과 전술을 익히도록 하였다. 또 경기 시작 전후에는 서로 인사하고, 경기 중에는 상대 선수를 존중하며 심판의 판정에 따르도록 강조하였다. 하지만 일부 학생들은 승리에 집착하면서 그러지 못하는 경우가 종종 있었다.
> …(중략)…
>
> ㉯ ○월 ○일
>
> 요즘 나는 기존에 내가 했던 방식과는 다른 수업 모형으로 축구를 가르친다. 오늘은 경기 중에 패스와 슛 기회를 많이 얻을 수 있는 움직임에 대해 설명해 주고 직접 경기에 참여하도록 하였다. 그러자 많은 학생들은 공간 개념을 이해하게 되면서 패스한 공을 받을 수 있는 공간으로 재빨리 이동하는 모습을 보여 주었다.
> …(중략)…

• ㉮의 통합 전략 :

• ㉯의 통합 전략 :

042 다음은 최 교사와 박 교사가 작성한 농구의 단원 계획안이다. 최 교사의 단원 계획안이 안고 있는 단점을 박 교사의 단원 계획안과 비교하여 1줄로 쓰고, 이 단점을 보완하기 위하여 박 교사가 도입한 수업 모형의 명칭과 그 특징을 5가지만 쓰시오. [4점] 2007

〈최 교사의 단원 계획안〉

차시	학습 내용	준비 자료
1	• 농구의 역사, 경기 규칙 및 방법 이해	교과서, 시청각 자료
2	• 캐치와 패스 연습	농구공, 고깔 장애물
3	• 패스 연습	
4	• 이동 패스 연습	
5	• 드리블 연습	
6	• 패스와 드리블 연습	
7	• 세트 슛 연습	
8	• 점프 슛, 레이업 슛 연습	
9	• 자유투 연습	
10	• 종합 평가	농구공

〈박 교사의 단원 계획안〉

차시	학습 내용	준비 자료
1	• 농구의 역사, 경기 규칙 및 방법 이해	교과서, 시청각 자료
2	• 패스와 드리블 연습	농구공, 고깔 장애물
3	• 슛 연습	
4	• 공격 및 수비 전술 연습	
5	• 팀 편성과 역할 분담 (감독, 주장, 선수, 경기기록원, 심판 등) • 경기 진행 방법 이해	농구공, 팀조끼, 호각, 점수판, 초시계, 경기 기록지
6		
7	• 팀별 리그전	
8		
9		
10	결승전	

• 최 교사가 작성한 단원 계획안의 단점 :

• 박 교사가 도입한 수업 모형의 명칭 :

박 교사가 도입한 수업 모형의 특징 : ① (   )

② (   )

③ (   )

④ (   )

⑤ (   )

043 다음은 박 교사가 농구 수업에서 체육관을 4개의 스테이션(station)으로 구분하여 모스톤(Mosston)의 티칭 스타일을 활용한 모습이다. 이 수업에서 박 교사가 활용한 4가지 티칭 스타일을 모사중심 티칭 스타일군에서 골라 각각의 명칭과 목적을 쓰시오. [4점] 2007

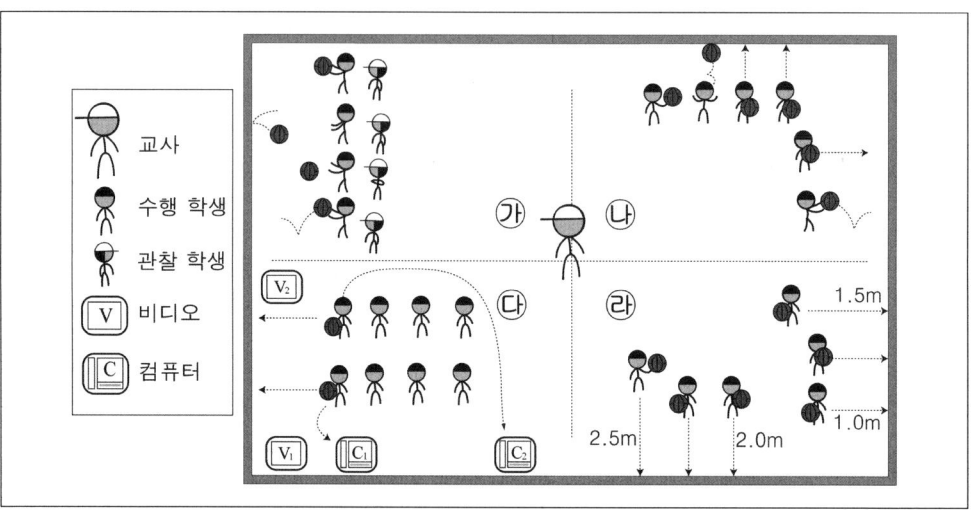

- 스테이션 ㉮의 티칭 스타일 명칭:
  목적:

- 스테이션 ㉯의 티칭 스타일 명칭:
  목적:

- 스테이션 ㉰의 티칭 스타일 명칭:
  목적:

- 스테이션 ㉱의 티칭 스타일 명칭:
  목적:

044 다음은 축구 수업에서 문 교사와 학생이 나눈 대화의 일부이다. ㉮를 회상형 질문으로 만들고, ㉯와 ㉰에 적용된 질문 유형의 명칭을 쓰고, ㉰에 적용된 질문 유형의 정의를 2줄 이내로 쓰시오. [4점] 2007

> 문 교사 : 먼저 지난 시간에 배웠던 내용을 복습해 봅시다. 지난 시간에 몇 가지 기초 기능을 실제 축구 경기 상황과 연관해 배웠습니다. 그 중에서도 드리블은 수비수가 가까이 있을 때와 멀리 있을 때 시선 조정이 중요합니다.
> ㉮ (   )?
> 학 생 1 : 수비수가 공을 가로채려 하니까 앞에 있는 수비수를 봐야지요.
> 문 교사 : 그렇지요, 맞습니다. 그럼 지금부터 프리킥을 다양한 방법으로 연습해 봅시다.
> (1모둠은 수비수 없이, 2모둠은 수비수 2명을, 나머지 모둠은 수비수 5명을 키커와 골대 사이에 세워 놓고 프리킥을 연습한다. 문 교사는 학생들을 다시 집합하게 한다.)
> 문 교사 : ㉯ 왜 프리킥을 할 때 키커와 골대 사이에 수비수가 많은 것이 좋을까요?
> 학 생 2 : 키커가 직접 슛을 할 때 골대가 잘 보이지 않게 하려고요.
> 문 교사 : 그래요, 맞습니다.
> …(중략)…
> 문 교사 : 자, 이제 여러분이 축구 경기에서 느꼈던 바를 솔직히 말해 볼까요? ㉰ 만약 경기 중에 수비수가 자신에게 심한 반칙을 했는데도 심판이 호각을 불지 않았을 경우 여러분은 어떻게 하겠습니까?
> 학 생 3 : 심판에게 따져야지요. 그리고 그 선수에게 욕이라도 해야지요.

• ㉮의 질문 :

• ㉯ 질문 유형의 명칭 :

• ㉰ 질문의 명칭 :
    정의 :

045 다음은 김 교사와 박 교사가 수업 개선에 필요한 자료(또는 근거)를 수집하기 위하여 시행한 체계적 수업 관찰의 기록지이다. 김 교사와 박 교사가 사용한 관찰 기록법의 명칭을 각각 쓰고, 각 교사의 수업에서 개선되어야 할 점을 기록지에 근거하여 2줄 이내로 설명하시오. [4점] 2007

〈표 1〉 김 교사의 기록지

교 사: 김○○   수업 내용: 육상(이어달리기)
관찰자: 김○○   날 짜: 11월 22일

피드백 대상	1	2	3	4	5	6	7	8	9	10	빈도	%
학급	✓	✓	✓		✓	✓	✓	✓			7	87
집단				✓							1	13
개인											0	0
피드백 성격												
긍정적								✓			1	13
중립적						✓					1	13
부정적	✓	✓	✓	✓	✓		✓				6	74
피드백 구체성												
일반적	✓	✓	✓	✓	✓			✓			6	74
구체적						✓	✓				2	26

〈표 2〉 박 교사의 기록지

교 사: 박○○   수업 내용: 맨손체조
관찰자: 박○○   날 짜: 11월 21일

2분	6분	10분	14분	18분	22분	26분	30분	34분	38분
MA	W	MA	W	MI	T	W	T	MA	W
MA	T	MI	W	MI	T	W	T	MA	T
MI	T	MI	W	W	T	MI	MI	MI	W
MI	T	MI	W	T	T	MI	MI	MI	T

…(이하 생략)…

행동	빈도	비율(%)
과제 참여(MA)	13	11
비과제 참여(MI)	31	26
대기(W)	40	33
이동(T)	36	30
계	120	100

- 김 교사가 사용한 기록법 명칭 :

   개선점 :

- 박 교사가 사용한 기록법 명칭 :

   개선점 :

046 다음은 ○○중학교의 체육 교과 협의회에서 혼성 학급 운영에 대하여 나눈 대화이다. 혼성 학급 운영에서 모둠 편성에 대한 박 교사의 한계점을 제7차 체육과 교육과정에 근거하여 2줄 이내로 설명하시오. 그리고 〈표 1〉의 진단 평가 결과를 토대로 강 교사의 모둠 편성 방식의 문제점을 쓰고, 최 교사의 모둠 편성 방식의 특징을 강 교사의 방식과 비교(단, 모둠의 개수는 비교하지 말 것)하여 2줄 이내로 설명하시오. [3점] 2008

> 강 교사: 박 선생님! 진단 평가를 해봤는데 혼성 학급의 모둠 편성은 어떻게 하는 것이 좋을까요?
> 박 교사: 제7차 체육과 교육과정을 보면 남녀 학생들이 적극적으로 함께 수업에 참여하도록 나와 있지 않습니까? 그러니까 당연히 남녀 학생들을 섞어 모둠을 편성하는 것이 좋을 것 같아요.
> 최 교사: 그래도 진단 평가 결과를 활용해서 학급의 특성을 고려한 다음에 모둠을 편성하는 것이 좋지 않을까요?
> 강 교사: 네, 조언 고맙습니다. 진단 평가 결과를 토대로 모둠 편성 방식을 계획해 보겠습니다.

〈표 1〉 진단 평가 결과

학생	성별	기능	흥미	학생	성별	기능	흥미
A	남	높음	높음	E	남	낮음	낮음
B	여	높음	낮음	F	여	낮음	높음
C	여	높음	높음	G	여	낮음	낮음
D	남	높음	낮음	H	남	낮음	높음

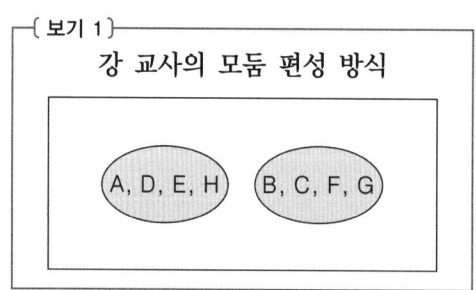

〔보기 1〕 강 교사의 모둠 편성 방식

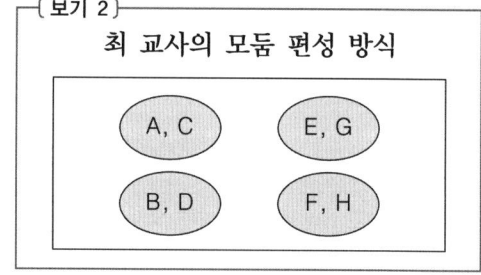

〔보기 2〕 최 교사의 모둠 편성 방식

• 박 교사의 한계점:

• 강 교사의 모둠 편성 방식의 문제점:

• 최 교사의 모둠 편성 방식의 특징(단, 모둠의 개수는 비교하지 말 것):

047 최 교사는 라반(Laban)의 개념틀을 활용하여 다음과 같이 농구 단원을 설계하고자 한다. 최 교사가 이 단원에서 활용하고자 하는 체육 교육과정의 모형 및 가치 정향을 각각 쓰고, 농구의 드리블을 소재로 ㉠ 방향(direction)과 ㉡ 수준(level) 차원의 개념이 적용된 학습 목표를 각각 1가지씩 쓰시오. [4점] 2008

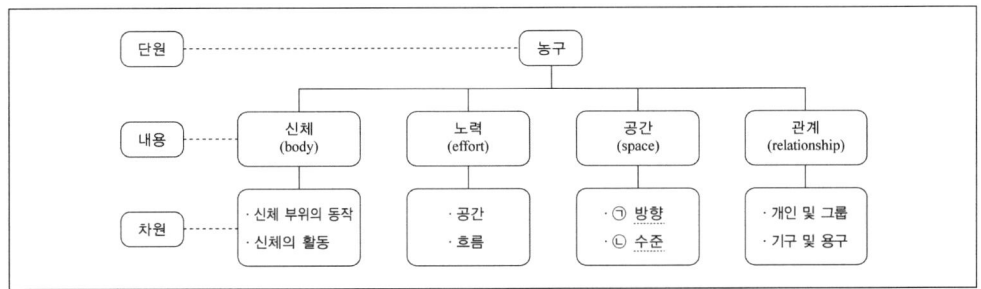

• 체육 교육과정의 모형 :

• 체육 교육과정의 가치 정향 :

• ㉠ 방향 차원의 목표 :

• ㉡ 수준 차원의 목표 :

048 다음은 박 교사와 정 교사가 작성한 농구 수업의 교수·학습 과정안 일부이다. 박 교사와 정 교사 중에서 수업 모형을 올바르게 활용한 교사는 누구인지 쓰고, 그 이유를 1줄로 설명하시오. 그리고 올바르게 활용하지 못한 교사가 선택해야 하는 바람직한 수업 모형과 교수 스타일의 명칭을 각각 쓰고, 그 이유를 2줄 이내로 설명하시오. [4점] 2008

박 교사		정 교사	
학습 목표	• 발문을 통한 바운드 패스의 움직임 원리 이해 및 적용	학습 목표	• 교수자와 학습자의 역할 이해를 통한 체스트 패스의 기능 습득
수업 모형	• 스포츠 교육 모형 활용	수업 모형	• 동료 교수 모형 활용
교수·학습 활동	• 팀 편성 및 역할 분담 • 팀별 리그 경기	교수·학습 활동	• 3인(관찰자 1인-수행자 2인) 1조 체스트 패스 연습

• 올바르게 활용한 교사 :

          이유 :

• 수업 모형의 명칭 :

• 교수 스타일의 명칭 :

• 이유 :

049 다음은 김 교사가 장 교사의 수업을 관찰한 후 동학년 협의회에서 나눈 대화이다. 장 교사가 활용한 개별화지도 모형의 주제와 ㉠에 해당하는 명칭을 쓰시오. 그리고 장학 주체 측면에서 김 교사가 실시한 장학의 명칭을 쓰고, 김 교사의 장학 내용에서 나타난 문제점을 2줄 이내로 설명하시오. [4점] 2008

> 김 교사: 오늘 장 선생님의 수업에서는 전체 학생을 대상으로 설명이나 시범이 없었고, 과제별 연습 시간이나 활용 내용도 이야기하지 않아서 교사의 역할이 거의 없었던 것 같은데, 어떻게 생각하십니까?
> 장 교사: 제가 이 수업에서 활용한 수업 모형은 개별화지도 모형입니다. 그래서 매 시간마다 ㉠ (　　　)을(를) 활용해서 학생들이 어떤 과제를 수행해야 하는지를 분명하게 알도록 하고 있습니다.
> 김 교사: 그래도 수업이 제대로 이루어지려면 교사가 적극적으로 개입해서 학생들이 해야 할 일을 일일이 설명해 주고 일률적으로 움직이도록 해야 하지 않겠습니까?
> 장 교사: 저는 이 모형을 활용하게 되면 수업 운영에 소비되는 불필요한 시간을 줄일 수 있고, 학생들에게 더 많은 피드백을 제공할 수 있으므로 보다 충실한 개별 지도가 이루어질 수 있다고 생각합니다.

• 개별화지도 모형의 주제:

• ㉠의 명칭:

• 장학의 명칭:

• 장학 내용의 문제점:

050 다음은 예비 체육교사들이 체육관에서 교수 기능 또는 교수 전략을 연습하는 장면이다. 〈가〉, 〈나〉, 〈다〉에서 이루어지고 있는 연습법의 명칭을 쓰고, 그 연습법의 특징을 각각 1줄로 설명하시오. [3점] 2008

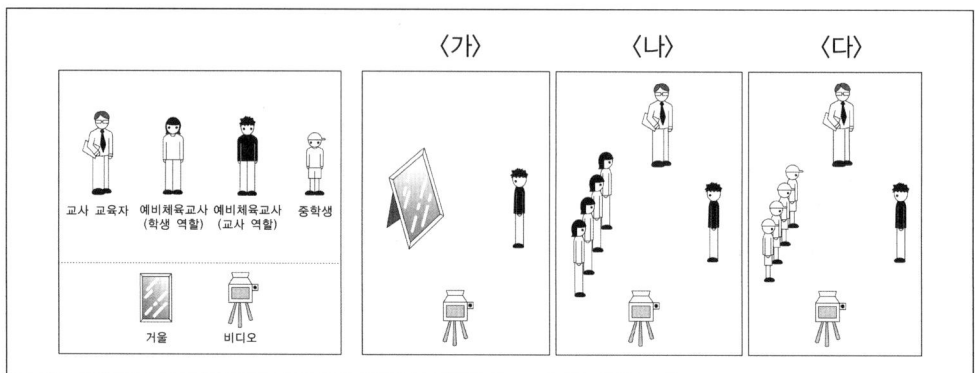

- 〈가〉의 명칭 :
    특징 :

- 〈나〉의 명칭 :
    특징 :

- 〈다〉의 명칭 :
    특징 :

051 다음은 김 교사와 최 교사가 정신과 신체의 관계에 대하여 학생들에게 설명한 내용이다. 인간의 정신과 신체의 관계에 대한 김 교사와 최 교사의 관점을 쓰고, 각 교사가 자신의 인간관에 비추어 강조하는 수업 목표를 블룸(Bloom)의 교육 목표 영역에 근거하여 쓰시오.

[4점] 2008

김 교사	인간의 정신과 신체는 원래 각각 다릅니다. 수학이나 과학 시간에는 지적 능력을 기르고 도덕 시간에는 인격을 함양하지요. 그러니까 체육 시간에는 신체 기능을 발달시키는 것이 제일 중요하다고 생각합니다.
최 교사	인간의 정신과 신체는 불가분의 관계에 있습니다. 그러니까 아무 생각 없이 뛰어다니지 말고 왜 이 동작을 하는지 생각하면서 운동해 보세요. 그러면 운동하면서 정신 수양도 할 수 있을 겁니다.

• 김 교사의 인간관 :
　　수업 목표 :

• 최 교사의 인간관 :
　　수업 목표 :

052 19세기를 전후하여 유럽에서 국가주의(또는 민족주의)를 바탕으로 고안된 가장 대표적인 신체 활동의 명칭을 쓰고, 당시에 이 신체 활동을 통해 이루고자 했던 목표를 2가지 쓰시오. 그리고 이 신체 활동이 본질주의 및 진보주의 체육 사조 중에서 어느 것과 관련성이 더 깊은지를 쓰고, 선택한 체육 사조에서 중점적으로 추구하는 체육과의 교육 목표 2가지를 쓰시오.

[5점] 2008

• 신체 활동의 명칭 :

• 당시 신체 활동을 통해 이루고자 했던 목표 : ①
　　　　　　　　　　　　　　　　　　　　　　②

• 관련성이 깊은 체육 사조 :

• 중점적으로 추구하는 체육과의 교육 목표 : ①
　　　　　　　　　　　　　　　　　　　　　　②

053 과제 전달 방식 중 학습 단서(cues)에 대한 설명으로 옳지 않은 것은? [1.5점] 2009

① 학습 단서를 올바르게 선택하기 위해서는 과제 내용을 이해해야 한다.
② 학습자의 연령이나 운동 수준에 따라 다른 종류의 학습단서가 필요하다.
③ 복잡한 과제에 관한 설명을 계열성 있게 조직하여 요약 단어로 제시할 수 있다.
④ 선택적인 학습 단서의 이용을 통해 학습자에게 제시되는 정보의 양을 조정해야 한다.
⑤ 개방 기능의 교수에 필요한 학습 단서의 선택은 동작 자체의 수행에 중점을 두어야 한다.

054 〈보기〉에 제시된 우리나라 체육과 교육과정의 특징을 변천 순서대로 바르게 배열한 것은?
2009

┌─ 보기 ┐
ㄱ. 체육과 내용 영역이 세분화되었고, 초등학교와 중학교에 순환운동과 질서운동이 새로운 영역으로 도입되었다.
ㄴ. 보건 및 체육의 명칭이 체육으로 통일되었고, 중·고등학교에 레크리에이션 영역이 추가되었다.
ㄷ. 체육과 내용을 심동적 영역, 인지적 영역, 정의적 영역으로 구분하여 설정하였다.
ㄹ. 체육과 명칭을 초등학교에서는 보건, 중·고등학교에서는 체육으로 하였다.

① ㄱ - ㄷ - ㄴ - ㄹ
② ㄷ - ㄱ - ㄹ - ㄴ
③ ㄷ - ㄴ - ㄹ - ㄱ
④ ㄹ - ㄴ - ㄱ - ㄷ
⑤ ㄹ - ㄴ - ㄷ - ㄱ

055 그림과 같은 수업조직 방법에 대한 설명으로 가장 적절한 것은? 2009

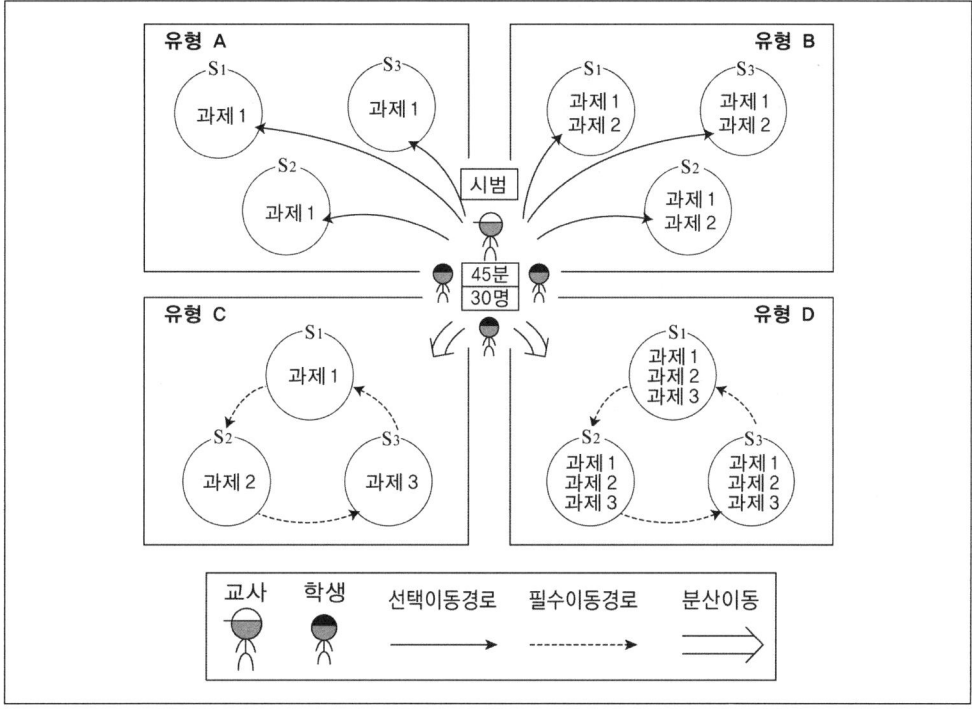

① A, B 유형에서는 학습자가 과제의 종류와 수행시간을 선택한다.
② C 유형에서는 과제마다 난이도를 다르게 제공하는 것이 중요하다.
③ D 유형은 각 스테이션마다 동일한 과제를 제시해야 한다.
④ 4개 유형은 스테이션마다 연습식 스타일을 사용하는 것이 가장 효과적이다.
⑤ 4개 유형은 학생 수의 적정성, 시간 및 공간의 효율성에 초점을 둔 것이다.

056 협동학습 모형(cooperative learning model)을 적용한 교수전략으로 옳지 않은 것은? 2009

① 모든 팀에게 동일한 학습 과제와 연습 시간을 주며, 팀 점수는 팀원의 개별 점수를 합하여 만든다.
② 각 팀에서 1등, 2등, 3등, 4등 점수를 받은 학생은 다른 팀의 같은 등수인 학생의 점수와 비교한다.
③ 팀원은 스스로 또는 다른 팀원의 도움을 받으면서 과제를 연습하고, 다른 팀원이 과제 수행 결과를 평가한다.
④ 각 팀원은 전문가 집단을 구성하여 학습 내용을 익히고 난 후 자신의 팀으로 돌아가 다른 팀원을 가르친다.
⑤ 교사의 체계적인 계획과 지도에 의해 학생들이 서로 짝을 이루어 역할을 교대하면서 상대방의 학습을 돕는다.

057 그림에 제시된 모스턴(Mosston)의 체육 수업 스타일에 대한 설명으로 옳지 <u>않은</u> 것을 〈보기〉에서 고른 것은? 2009

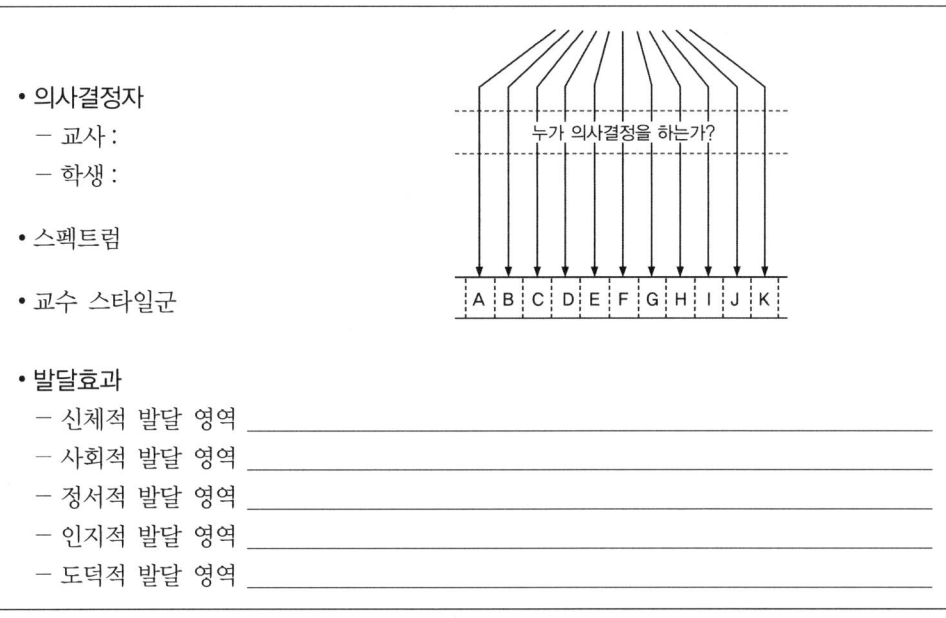

- 의사결정자
  - 교사 :
  - 학생 :
- 스펙트럼
- 교수 스타일군
- 발달효과
  - 신체적 발달 영역 _____
  - 사회적 발달 영역 _____
  - 정서적 발달 영역 _____
  - 인지적 발달 영역 _____
  - 도덕적 발달 영역 _____

┌ 보기 ┐
ㄱ. 스펙트럼 수업 틀을 개발하고 활용하는 이유 중 하나는 복합적인 교육 목표 때문이다.
ㄴ. A~E 스타일군에서는 가변적인 학습 주제, 개념, 원리, 전략으로의 지식이 주제로 선정될 수 있다.
ㄷ. F 스타일이 적합하게 적용될 수 있는 체육 분야의 주제는 움직임의 과학적 원리이다.
ㄹ. G 스타일에서 학습자는 특정 문제에 대한 다양한 설계, 해답, 반응을 발견하는 역할을 한다.
ㅁ. A~J 스타일군에서 학습자는 신체적, 사회적, 인지적, 도덕적 발달의 경로에서 동일하게 영향을 받는다.

① ㄱ, ㄴ, ㄹ   ② ㄱ, ㄴ, ㅁ
③ ㄴ, ㄷ, ㄹ   ④ ㄴ, ㄹ, ㅁ
⑤ ㄷ, ㄹ, ㅁ

058 모스턴(Mosston)의 체육 수업 스타일에 따른 교과내용 목표와 행동 목표를 바르게 제시한 것은? 2009

유형 \ 목표		교과내용 목표	행동 목표
①	상호 학습형	지정된 관찰자와 수행자의 역할을 반복함으로써 교과내용을 자기 것으로 소화해 낼 수 있다.	자신의 과제수행을 확인할 수 있는 평가 기준을 사용하며, 과제수행에 대한 정직성을 유지한다.
②	지시형	과제를 스스로 연습할 수 있으며, 이를 통하여 내용을 학습하고 내재화할 수 있다.	그룹의 기준에 맞추어 단체정신을 강화하며, 모두 일체가 되는 모습을 보인다.
③	포괄형	동일한 과제에서 학습자가 다양한 시작점을 선택할 수 있도록 여러 선택 사항을 제공한다.	초기 과제수행 수준을 선택하여 과제의 시작점에 필요한 의사결정을 경험한다.
④	연습형	제시된 모델을 빠르게 모방할 수 있으며, 정확하고 정밀하게 수행할 수 있다.	9가지 의사결정을 실시해봄으로써 학습자의 독자성을 초보적 수준에서 경험한다.
⑤	자기 점검형	과제를 독립적으로 수행할 수 있으며, 자신의 과제 수행에 대한 오류를 수정할 수 있다.	동료와 함께 피드백을 주고받는 방법과 사회적인 태도를 학습한다.

059 다음의 교사들이 제시한 과제를 링크(Rink)의 내용발달(content development) 과정에 따라 바르게 표현한 것은? 2009

> 김 교사: 그동안 연습한 체스트 패스, 바운드 패스, 훅 패스를 경기에서 사용해 보자.
> 이 교사: 각자 점프 슛 연습을 5회 실시한 후 2인 1조가 되어 친구가 패스하는 공을 받아서 점프 슛을 해 보자.
> 박 교사: 영철아! 지금 시도한 바운드 패스에서 손목과 손가락 스냅에 좀 더 신경 쓰면 좋겠다.

	김 교사	이 교사	박 교사
①	과제 응용	과제 확대	과제 세련
②	과제 응용	과제 세련	과제 확대
③	과제 확대	과제 응용	과제 세련
④	과제 세련	과제 응용	과제 확대
⑤	과제 세련	과제 확대	과제 응용

060 다음은 체계적 수업관찰 사례이다. 수업관찰 결과를 토대로 수업 개선을 위해 교사들이 협의할 내용으로 적절한 것을 〈보기〉에서 모두 고른 것은? 2009

수업: 최 교사　　내용: 테니스　　관찰: 이 교사
날짜: 11월 13일　　관찰지속 시간: 40분

행동		발생 빈도	백분율(%)
학생 지도	학급	40	70
	집단	7	12
	개인	10	18
기술 피드백	긍정적	10	22
	교정적	5	11
	부정적	30	67
사회적 행동	칭찬	5	14
	제지	30	86

─[보기]─
ㄱ. 이 관찰법을 사용하는 이유는 행동의 반복성과 지속성을 알 수 있기 때문이다.
ㄴ. "다음에는 공에서 눈을 떼지 말고 폴로 스루(follow through)를 해라"와 같은 피드백 제공을 늘려야 한다.
ㄷ. 사회적 행동에 대한 칭찬 빈도를 늘릴 필요가 있다.
ㄹ. "그런 형편없는 서브를 넣다니!"와 같은 피드백을 줄여야 한다.
ㅁ. 사회적 행동 제지 시에는 관대해야 한다.

① ㄱ, ㄷ, ㅁ
② ㄴ, ㄷ, ㄹ
③ ㄱ, ㄴ, ㄷ, ㄹ
④ ㄴ, ㄷ, ㄹ, ㅁ
⑤ ㄱ, ㄴ, ㄷ, ㄹ, ㅁ

061 개인의미추구 모형(personal meaning model)에 기초한 움직임 과정 영역의 구성요소인 유형화(patterning), 다양화(varying), 즉흥화(improvising)를 〈보기〉와 바르게 연결한 것은?

2009

---〔보기〕---
ㄱ. 움직임 기술을 성취하기 위해 신체 부위를 연속적이면서 조화로운 방식으로 사용하고 배열하는 것이다.
ㄴ. 움직이는 동안 신체 관련성과 자아를 인지하는 것이다.
ㄷ. 부과된 과제의 요구에 부응하기 위해 유형화된 움직임을 변형하는 것이다.
ㄹ. 개별적으로 운동 방식을 독특한 방식으로 고안하고 구성하는 것이다.
ㅁ. 공간적-시간적 관련성을 숙달함으로써 움직임 유형이나 기술을 효과적으로 수행할 수 있는 조절 능력을 획득하는 것이다.
ㅂ. 개별적으로 새로운 운동을 즉석에서 창안하거나 고안하는 것이다.

	유형화	다양화	즉흥화
①	ㄱ	ㄷ	ㄹ
②	ㄱ	ㄹ	ㅂ
③	ㄴ	ㄷ	ㅁ
④	ㄴ	ㅂ	ㄹ
⑤	ㄷ	ㄹ	ㅁ

062 〈보기〉는 크래스올(Krathwohl)이 주장한 체육의 정의적 목표를 근거한 예시이다. 낮은 목표 수준에서부터 높은 목표 수준까지 바르게 배열한 것은? [2.5점] 2009

---〔보기〕---
ㄱ. 학생은 기술과 운동수행의 향상을 위해 목표를 설정하고 노력할 수 있다.
ㄴ. 학생은 수업시간 이외 활동에서 게임 규칙과 예절을 지킬 수 있다.
ㄷ. 학생은 공정한 경기를 위해 규칙을 준수할 필요성을 설명할 수 있다.
ㄹ. 학생은 자신이 가장 좋아하는 춤에 대해 다른 학생의 설명을 잘 들을 수 있다.
ㅁ. 학생은 스포츠에서의 경쟁에 대해 찬성과 반대를 토론할 수 있다.

① ㄱ－ㄹ－ㄴ－ㄷ－ㅁ－ㄷ　　② ㄹ－ㄷ－ㅁ－ㄴ－ㄱ
③ ㄹ－ㅁ－ㄷ－ㄱ－ㄴ　　④ ㅁ－ㄷ－ㄱ－ㄴ－ㄹ
⑤ ㅁ－ㄹ－ㄱ－ㄴ－ㄷ

063 정 교사는 중학교 2학년 높이뛰기 수업을 설계하고자 한다. 정 교사의 교수·학습과 평가 계획이 지향하는 의도에 대한 설명으로 옳지 <u>않은</u> 것은? 2009

교수·학습 목표
• 높이뛰기의 과학적 원리 이해 및 적용 • 학생 자신에게 적합한 수준 설정과 도전

⇓

차시	교수·학습 활동	평가(준비자료)
1	높이뛰기의 과학적 원리 조사·탐색	(영상자료)
2	수준별 그룹편성 및 공중동작 연습	진단평가 (평가기록지)
3	도움닫기-수직점프 공중동작의 과학적 원리 적용	(과제활동지)
4	수준별 학습과 자기점검	자기평가 (평가기록지)
5	평가 및 수준별 그룹 재편성	동료평가 (평가기록지)
…(중략)…		
10	총괄평가	지필평가 포트폴리오평가 기록평가

① 학생의 성취도를 높이뛰기 기록 위주로 평가하려고 한다.
② 학생에게 높이뛰기의 수행 과정에 대한 피드백을 제공하려고 한다.
③ 교수·학습 목표, 교수·학습 활동, 평가를 일관성 있게 유지하려고 한다.
④ 수업 중 수시 평가를 통해 학생의 학습 과정에 대한 평가를 시도하고 있다.
⑤ 높이뛰기의 수준별 수업에 따른 평가를 시도하여 교수타당도를 높이려고 한다.

064 다음 중 최 교사의 물음에 적절한 답변을 〈보기〉에서 고른 것은? [2.5점] 2009

> 최 교사 : 박 선생님! 농구 수업을 설계하려고 하는데 체육과 교육과정 해설서에 제시된 예시들이 여학생들에게는 적합하지 않아서 고민입니다.
> 박 교사 : 저도 비슷한 경험이 있습니다. 그런데 요즘은 학교 실정에 맞게 교사 수준의 교육과정을 개발하는 역할이 더 강조되고 있으니, 체육교사는 국가수준 교육과정의 내용과 동일하게 운영하지 않아도 됩니다.
> 김 교사 : 맞습니다. 제7차 교육과정에서도 편성과 운영에 대한 현장의 자율성을 강조하고 있어요. 최 선생님이 교사 수준의 교육과정을 직접 개발해 보세요.
> 최 교사 : 그러면 제가 무엇을 할 수 있나요?

〔 보기 〕
ㄱ. 체육과 교육과정 해설서의 예시대로 수업을 한번 해 보는 것이 좋겠습니다.
ㄴ. 학생들이 농구 드리블을 스스로 학습할 수 있도록 농구 과제활동지를 제작해 보세요.
ㄷ. 수업참여도를 높일 수 있도록 농구 대신 넷볼을 선택하여 단원 지도 계획을 수립해 보세요.
ㄹ. 지역 교육청의 편성·운영 지침에 제시된 체육과 교육과정 운영 방안을 따라해 보세요.
ㅁ. 우선 학생들의 농구 드리블과 패스 기능에 대한 선수학습 정도를 파악하기 위해 학생 설문조사를 실시해 보세요.

① ㄱ, ㄴ, ㄹ ② ㄱ, ㄴ, ㅁ
③ ㄴ, ㄷ, ㄹ ④ ㄴ, ㄷ, ㅁ
⑤ ㄷ, ㄹ, ㅁ

065

다음은 동료 교사의 수업을 관찰한 후 작성한 참관록이다. (가)~(다)에 들어갈 말로 옳은 것은? 2010

일시	2009년 ○월 ○일	장소	체육관
참관 내용 및 의견	이번 체육 수업은 수업 전반에 걸쳐 효율적인 교수-학습이 이루어졌다고 생각합니다. 먼저 과제카드와 스테이션을 만들어 학생들이 서로 다른 학습과제를 동시에 연습하도록 한 ___(가)___ 수업은 학생들에게 큰 도움이 되었던 것 같습니다. 그러나 학생들이 과제 활동에 참여하는지 아니면 과제 이탈 행동을 하는지를 알아보기 위해 5분마다 과제 이탈 학생 수를 세어보는 ___(나)___ 을 사용하여 분석한 결과, 45명의 과제 이탈 학생이 나왔습니다. 학생들의 운동 참여 시간을 충분히 확보해주고 수업 관리와 조직을 더욱 철저히 하여 이런 과제 이탈 학생을 줄이는 것이 좋을 것 같습니다. 특히 수업 중에 학생의 수준별로 과제 난이도를 다양하게 선정하여 제시한 것은 교수-학습의 ___(다)___ 을 충분히 반영한 것으로 매우 인상적이었습니다.			

	(가)	(나)	(다)
①	적극적 (active)	사건기록법 (event recording)	통합성
②	과제식 (task)	시간표집법 (time sampling)	개별성
③	상호작용적 (interactive)	사건기록법	창의성
④	과제식	지속시간기록법 (duration recording)	개별성
⑤	적극적	시간표집법	개별성

066 다음은 초임 교사와 경력 교사의 대화이다. ㉠~㉢에 해당하는 술만(Shulman)의 교사 지식 유형으로 가장 적절한 것을 〈보기〉에서 고른 것은? 2010

> 초임 교사: ㉠ <u>우리 학교에는 높이뛰기 바와 매트가 1개 밖에 없고, 한 학급의 학생은 40명이 넘습니다.</u> 게다가 여학생들이 높이 뛰는 것 자체를 무서워해서 수업을 하기 힘이 듭니다.
> 경력 교사: 저는 침대 매트리스를 구해 높이뛰기 매트로 사용하고 있습니다. 높이뛰기 바 대신에 고무줄을 배드민턴 지주와 연결하여 다양한 높이에서 넘을 수 있도록 하고, ㉡ <u>여학생이 좋아하는 고무줄 넘기를 통해 발구르기를 할 때의 두려움을 극복하도록 합니다.</u> 그러면서 자기 수준에 맞게 도전하고 보다 성공적인 참여 경험을 가질 수 있도록 수업을 하고 있습니다. 만약 ㉢ <u>부족한 시설 때문에 높이뛰기를 하지 못할 경우에는 학년 초에 교과협의회를 통해 수업이 가능한 신체 활동으로 연간 계획을 수립하기 바랍니다.</u>

―{ 보기 }―
a. 내용 지식(content knowledge)
b. 지도 방법 지식(general pedagogical knowledge)
c. 내용 교수법 지식(pedagogical content knowledge)
d. 교육과정 지식(curriculum knowledge)
e. 학습자와 학습자 특성 지식(knowledge of learners and their characteristics)
f. 학습 환경에 대한 지식(knowledge of deucational contexts)

	㉠	㉡	㉢
①	b	c	a
②	e	a	d
③	f	c	d
④	e	b	f
⑤	f	c	b

067 다음은 김 교사와 송 교사가 체육 수업의 통합 방식에 대해 나눈 대화이다. ㉠~㉤에 대한 설명으로 옳지 <u>않은</u> 것은? 2010

> 김 교사 : 이번 핸드볼 활동에서는 경기 기능에 과학적 원리를 적용하고 사회적 자질을 가르치고 싶습니다.
> 송 교사 : 기존의 체육교육과정 모형이나 수업 모형의 통합 방식을 참고하면 좋을 것 같습니다. ㉠ <u>운동과 관련된 개념과 원리를 발견하고 실천하는 능력을 가르치는 방식</u>이 있습니다. 예를 들어 ㉡ <u>체육 교사가 핸드볼 슛을 가르칠 때 회전능률의 개념을 함께 가르치는 방법</u>이죠. 또한 ㉢ <u>경기와 관련된 전술을 기능과 함께 가르치는 방식</u>도 있습니다.
> 김 교사 : 사회적 자질은 어떤 방법으로 가르칠 수 있죠?
> 송 교사 : ㉣ <u>리그전을 운영하면서 핸드볼의 기술과 지식, 열정을 함께 가르치는 방식</u>이나 ㉤ <u>핸드볼 경기 후 그룹 토의를 하며 경기에서 느낀 점을 발표하고 책임감을 갖도록 하는 방식</u>을 활용할 수 있겠죠.

① ㉠은 운동 기능과 학문적 개념을 통합하는 방식으로, 개념중심모형에서 활용할 수 있다.
② ㉡은 운동 기능과 과학적 원리를 통합하는 공유형 통합의 방식으로, 움직임교육모형에서 활용할 수 있다.
③ ㉢은 운동 기능과 지적 기능을 통합하는 방식으로, 이해중심게임수업 모형에서 활용할 수 있다.
④ ㉣은 신체 활동의 심리적, 정의적, 인지적 측면을 통합하는 방식으로, 스포츠교육모형에서 활용할 수 있다.
⑤ ㉤은 운동 기능과 정의적 영역을 통합하는 방식으로, 책임감모형에서 활용할 수 있다.

068 〈보기〉는 탐구 수업에서 사용되는 전략 가운데 틸라선(Tillotson)의 문제 해결 과정 5단계를 '평균대에서 방향 바꾸기' 과제에 적용한 예시이다. 단계에 따라 바르게 연결한 것은?

[1.5점] 2010

─┤ 보기 ├──
ㄱ. 교사는 '방향 바꾸기'에 관련된 질문을 통하여 학생들이 해결해야 할 과제를 안내한다.
ㄴ. 교사는 학생들이 제자리에서 '방향 바꾸기'를 시도하는 과정에서 단서, 피드백, 보조 질문 등을 제공하고 관찰한다.
ㄷ. 교사는 학생들이 다양한 방법으로 '방향 바꾸기'를 수행한 후 자신의 문제 해결 과정에 대해 다른 학생에게 발표하게 한다.
ㄹ. 교사는 '방향 바꾸기'의 개념, 숙련해야 할 기술, 학생들을 순차적으로 고무시키는 방법에 대해 알고 있다.
ㅁ. 교사는 학생들이 이동하면서 앞, 옆, 뒤로 방향을 바꾸어 수행할 수 있도록 단서, 피드백, 보조 질문 등을 활용한다.

① ㄱ-ㄴ-ㄹ-ㅁ-ㄷ   ② ㄱ-ㄹ-ㄴ-ㄷ-ㅁ
③ ㄱ-ㄹ-ㄴ-ㅁ-ㄷ   ④ ㄹ-ㄱ-ㄴ-ㄷ-ㅁ
⑤ ㄹ-ㄱ-ㄴ-ㅁ-ㄷ

069 다음은 축구 활동에 적용한 수업 전략이다. 이러한 전략을 주로 활용하는 수업 모형에 대한 설명으로 옳은 것을 〈보기〉에서 고른 것은? [2.5점] 2010

수업 목표	공의 소유권 유지하기
과제 내용	패스 및 움직임의 타이밍 조절 기능 향상
수업 절차	게임 이해 → 전술 이해 → 의사결정 → 기술 연습 → 실제 게임 수행
질문과 답변	질문 : 공의 소유권을 지키기 위해서 어떻게 해야 하는가? 답변 : 수비수가 가까이 붙기 전에, 빈 공간으로 이동 중이거나 수비수에게 마크당하지 않은 팀 동료에게 패스한다.

─〔 보기 〕─
ㄱ. 과제는 교사가 주도적으로 제시하며 학습의 진도는 학생 스스로 결정하게 된다.
ㄴ. 구성주의 학습이론에 바탕을 두며 기능 연습에 앞서 전술적 이해를 강조한다.
ㄷ. 모든 학생은 모의 상황에서는 동일한 학습 속도로, 변형 게임에서는 수준별로 학습한다.
ㄹ. 교사는 연역적 질문을 통해 학생이 전술 문제를 해결할 수 있도록 한다.
ㅁ. 인지적, 정의적, 심동적 영역의 순으로 학습 영역의 우선순위를 둔다.

① ㄱ, ㄴ, ㄷ ② ㄱ, ㄴ, ㄹ
③ ㄴ, ㄷ, ㄹ ④ ㄴ, ㄹ, ㅁ
⑤ ㄷ, ㄹ, ㅁ

070 다음은 시덴탑(Sidentop)의 스포츠교육모형을 적용한 네트형 경쟁 활동의 차시별 계획안이다. 이 모형의 6가지 핵심 특성을 모두 반영하기 위해 7차시부터 포함해야 할 교수-학습 활동과 가장 거리가 먼 것은? 2010

차시	교수·학습 활동	비고
1	배구의 역사 이해, 경기 감상	
2	배구 기초 기능 연습 및 팀 편성	기능 수준을 고려한 팀 편성
3	배구 기초 기능 연습	
4	팀별 기능 연습	주장, 심판, 홍보 등의 역할 분담
5	팀별 전술 연습	연습 기간, 시합 기간 선정
6	팀별 연습 및 경기진행 연습	
7		
…(중략)…		
15		

① 득점, 반칙 등의 개인 기록과 팀의 승패에 대한 기록을 남긴다.
② 토너먼트나 리그전 등의 경기를 계획하고 경기의 규칙을 제정한다.
③ 개인 및 팀 기능을 향상시키기 위해 운동기능검사를 실시한다.
④ 모든 학생이 참여하는 결승전 행사나 다양한 형태의 이벤트를 마련한다.
⑤ 팀의 정체성을 드러낼 수 있는 다양한 깃발, 푯말 등을 만들어 분위기를 조성한다.

071 다음은 윤 교사가 작성한 수업 반성 일지이다. ㉠, ㉡에 해당하는 윤 교사의 수업 관리 행동과 상범이의 행동(㉢)에 해당하는 헬리슨(Hellison)의 책임감 발달 단계로 적절한 것은? 2010

> ○월 ○일
> 대부분의 아이들은 줄을 서서 자유투 연습을 했지만 상범이는 나의 눈을 피해 새치기를 하거나 다른 친구들을 방해하였다. ㉠ 나는 상범이와 시선을 마주치며 손짓으로 주의를 주었다. 하지만 상범이의 행동은 개선되지 않았고 ㉡ 나는 상범이에게 다른 친구에게 피해가 가지 않도록 줄 서는 행동을 5회 반복시켰다.
>
> ○월 ○일
> 그동안 나는 상범이에게 벌을 주기도 하고 점수나 체육 기구 이용권 같은 상을 주기도 했지만, 특별하게 달라지지는 않았다. 결국 나는 상이나 벌 보다는 상범이 스스로 자기를 돌아보게 하는 것이 중요하다는 것을 깨달았고 상범이와 지속적으로 대화를 나누면서 농구할 때의 자기 행동을 돌아보고 반성할 수 있도록 하였다. 물론 쉽지는 않았지만 상범이는 ㉢ 내가 일일이 시키지 않아도 스스로 알아서 줄을 서면서 농구 연습을 열심히 하는 모습을 보여주었다.

	㉠	㉡	㉢
①	긴장 완화 (tension release)	삭제 훈련 (omission training)	1단계
②	신호 간섭 (signal interference)	적극적 연습 (positive practice)	1단계
③	신호 간섭	적극적 연습	2단계
④	신호 간섭	삭제 훈련	2단계
⑤	접근 통제 (proximity control)	적극적 연습	2단계

072 그림은 모스턴(Mosston)의 체육 수업 스타일에 따른 교사와 학생의 역할 구조를 나타낸 것이다. ㉠~㉤에 대한 설명이 옳지 <u>않은</u> 것은? [2.5점] 2010

	지시형	연습형	상호 학습형	자기 점검형	포괄형	유도 발견형	수렴 발견형	확산 발견형	자기 설계형	자기 주도형	자기 학습형
과제 활동 전	교	교	교	교	교	교	교	교	교	학	학
과제 활동 중	㉠( )→( )		학수	학	㉢( )→( )		학		㉤( )→( )	학	학
과제 활동 후	교	㉡( )→( )	학	학	㉣( )→( )		학교		학	학	학

(교: 교사, 학: 학생, 수: 수행자)

① ㉠: 교사가 수업 운영 및 장소, 질문 등을 결정하는 것에서 학생이 결정하는 것으로 변화한다.
② ㉡: 교사가 운동 수행을 관찰하고 피드백을 제공하는 것에서 학생 관찰자가 학생 수행자에게 피드백을 제공하는 것으로 변화한다.
③ ㉢: 학생이 과제 활동 수준을 스스로 선택하는 것에서 교사가 학생에게 일련의 질문을 통해 학습 내용을 찾아가도록 유도하는 것으로 변화한다.
④ ㉣: 교사가 학생의 해결책에 대해 옳고 그름을 확인하는 것에서 학생의 다양한 해결책에 대해 중립적인 피드백을 제공하는 것으로 변화한다.
⑤ ㉤: 교사가 제시한 과제에 대한 해결책을 학생이 다양하게 찾아보는 것에서 교사가 제시한 공통 교과 내용에 대해 학생이 과제와 해결책을 스스로 설계하는 것으로 변화한다.

073 다음은 교사가 배드민턴 활동에서 활용한 평가 도구의 일부이다. 교사는 5차시에 걸쳐 리그전이 수행되는 동안 이 평가 도구를 활용하여 자료를 수집하고 그 결과를 총괄평가에 반영하였다. 이 평가 도구 및 평가 방식에 대한 설명으로 적절하지 <u>않은</u> 것은? 2010

경기 기록지

월 일 교시

코트번호	조	이름	경기 예절									경기 결과			
			절차 존중		상대 존중		심판항의	팀원 존중		예절총점	1차전		2차전	
			심판인사	상대인사	칭찬	욕설/무시		언어적격려	불평		승패	세트	승패	세트
1	1조	박○○	/	/		/		/		2	승	2:0	승	2:1
		홍○○		/	//					1				
	2조	신○○		/					///	-2	패	1:2	승	2:0
		김○○		/		/	/			-1				
	3조	이○○	/							1	패	0:2	패	0:2
		천○○	/			//	//	/		-2				

〈경기 진행 및 기록 방법〉
• 2개 조가 경기를 할 동안 나머지 1개 조는 심판과 기록원의 역할을 맡는다.
• 기록원은 경기 중 학생들의 경기 예절 실천 횟수와 경기 결과를 기록하고, 총점을 산출하여 교사에게 제출한다.

① 경기 분석 능력을 평가하였다.
② 상호평가 방식을 활용하였다.
③ 양적평가 도구를 활용하였다.
④ 학습의 과정을 평가하였다.
⑤ 팀의 경기 수행 능력을 평가하였다.

074 다음은 봉산탈춤 교수-학습 과정안의 일부이다. 이에 대한 설명으로 옳은 것을 〈보기〉에서 고른 것은? [2.5점] 2010

단계	학습 내용	교수·학습 과정	시간
전개	기본 춤사위 연습	• 봉산 탈춤의 기본 춤사위(불림, 고개잡이, 다리들기, 외사위)에 대한 전시 과제 확인 • 집단별 연습 　- 학습을 4개의 큰 모둠(가, 나, 다, 라)으로 나누고, 큰 모둠을 다시 2명씩 4개의 작은 모둠(A, B, C, D)으로 나눈다. 　- A 모둠끼리 모여 전문가 집단을 구성하고 '불림'을 집중적으로 학습한다. 　- 같은 방식으로 B 모둠을 '고개잡이', C 모둠은 '다리들기', D 모둠은 '외사위'에 대한 전문가 집단을 구성하여 학습한다. 　- 전문가 집단에서 배운 내용을 각자 속한 큰 모둠으로 돌아가 모둠원에게 가르쳐준다.	20분
	기본 춤사위의 연결 동작연습과 평가	• 학생 전체 기본 춤사위 연결 연습 • 관찰 평가 : 큰 모둠 내에서 작은 모둠별로 짝을 이룬 후 한 학생은 4가지 동작을 연결하여 표현하고 짝은 교사가 제시한 기준에 따라 표현의 정확성에 대해 평가하고 피드백을 제공함	15분
정리	질문 및 차시 예고	• 기본 춤사위에 대한 요약정리 • "다음 시간에는 기본 춤사위 외에 새로운 동작 4가지를 조합하여 총 64박자의 탈춤을 구성해야 하는데, 어떤 새로운 춤사위를 만들 수 있을까?"	5분

- 보기 -
ㄱ. 학생 팀-성취배분(STAD) 전략을 활용하여 모둠의 상호작용을 촉진하도록 하고 있다.
ㄴ. 직소(Jigsaw) 전략을 통해 과제를 수행하도록 하고 있다.
ㄷ. 포괄형 스타일(inclusive style)을 활용하여 다양한 난이도의 과제를 제시하고 있다.
ㄹ. 확산형 질문(divergent question)을 통해 학생들의 인지 작용을 촉진하도록 하고 있다.
ㅁ. 상호학습형 스타일(reciprocal style)을 활용하여 동료 간에 즉각적인 피드백을 제공하도록 하고 있다.

① ㄱ, ㄴ, ㄷ ② ㄱ, ㄴ, ㄹ
③ ㄴ, ㄷ, ㄹ ④ ㄴ, ㄹ, ㅁ
⑤ ㄷ, ㄹ, ㅁ

075 ○○중학교에서 근무하는 박 교사가 2학년 체육과 교육과정을 개발하고자 한다. 박 교사가 분석 또는 개발해야 할 문서를 교육과정의 상위 수준부터 하위 수준까지 바르게 배열한 것은? [1.5점] 2010

ㄱ. 실천중심 장학자료 및 편성·운영 지침
ㄴ. 2007년 개정 체육과 교육과정
ㄷ. 단원 계획안
ㄹ. ○○중학교 교육 계획서
ㅁ. 교수·학습 과정안

① ㄱ → ㄴ → ㄷ → ㄹ → ㅁ
② ㄱ → ㄹ → ㄴ → ㄷ → ㅁ
③ ㄱ → ㄹ → ㄴ → ㅁ → ㄷ
④ ㄴ → ㄱ → ㄹ → ㄷ → ㅁ
⑤ ㄴ → ㄹ → ㄱ → ㅁ → ㄷ

076 다음은 중등학교 체육과 교육과정의 변천과 관련된 대화이다. (가)~(다)에 들어갈 적절한 단어로 옳은 것은? 2011

> 김 교사 : 제가 학교에 발령받아 체육 수업을 할 때는 ⎡ (가) ⎤ 시기로 10월 유신이 있었고, 국민정신 교육을 강화하라고 했지요. 그래서 학기 초만 되면 체육과 교육과정에 제시된 질서 운동을 학생들에게 지도하는 것이 아주 중요한 과제였어요.
> 최 교사 : 그런 시절이 있었군요. 제가 존경하는 중학교 체육 선생님은 저희에게 처음으로 ⎡ (나) ⎤ 을/를 가르쳐 주셨어요. 그때가 제5차 교육과정 시기였어요.
> 윤 교사 : 저는 ⎡ (다) ⎤ 시기에 교직 생활을 시작했습니다. 그때는 교육 내용의 최적화와 축소라는 취지 하에 '필수'와 '선택'의 개념이 체육과 교육과정 내용에 도입되었습니다. 그래서 중학교 2학년 체조 영역에서 반드시 뜀틀 운동을 필수로 가르쳐야 했습니다.

	(가)	(나)	(다)
①	학문중심 교육과정	순환 운동	제4차 교육과정
②	학문중심 교육과정	체력 운동	제7차 교육과정
③	경험중심 교육과정	체력 운동	제6차 교육과정
④	경험중심 교육과정	평생 스포츠	제6차 교육과정
⑤	교과중심 교육과정	평생 스포츠	제7차 교육과정

077 다음 (가)~(다)의 학습 활동은 체육교육과정 모형에 따라 조직한 것이다. 각 학습 활동을 지도하기 위해 필요한 교사의 역할을 〈보기〉에서 바르게 고른 것은? 2011

(가) 여자 월드컵 축구 경기 동영상을 보면서 선수들이 킥을 할 때 변화되는 발과 무릎의 위치를 분석한다.
(나) 선수, 주장, 심판, 기록원 등의 다양한 역할을 경험하면서 시즌별 스포츠 경기에 참여한다.
(다) 친구들과 '코로브시카' 등과 같은 외국의 민속무용을 '강강술래'와 같은 우리나라의 민속무용과 비교하며, 문화적 다양성을 이해하고 존중한다.

〈보기〉
ㄱ. 교사는 사회 변화에 개인의 참여가 필요하다는 신념이 있어야 하며, 자기 관리 기술 및 자기 주도적인 태도 발달을 강조해야 한다.
ㄴ. 교사는 움직임의 구조와 과학적 원리에 대해 잘 알고 있어야 하며, 학생들에게 움직임의 개념을 다양한 상황에 활용할 수 있는 능력을 길러주어야 한다.
ㄷ. 교사는 스포츠와 관련된 지식과 기능뿐만 아니라 경기 전술, 규칙, 매너 등을 배울 수 있는 환경을 제공하고, 다양한 방식으로 스포츠를 변형해야 한다.

	(가)	(나)	(다)
①	ㄱ	ㄴ	ㄷ
②	ㄱ	ㄷ	ㄴ
③	ㄴ	ㄱ	ㄷ
④	ㄴ	ㄷ	ㄱ
⑤	ㄷ	ㄴ	ㄱ

078 체육수업 모형 중 학습 영역의 최우선 순위가 동일한 수업 모형을 〈보기〉에서 고른 것은? 2011

〈보기〉
ㄱ. 직접교수 모형
ㄴ. 개별화지도 모형
ㄷ. 협동학습 모형
ㄹ. 전술게임 모형
ㅁ. 탐구수업 모형
ㅂ. 동료교수 모형(학습자인 경우)

① ㄱ, ㄴ, ㅂ
② ㄱ, ㄷ, ㄹ
③ ㄴ, ㄷ, ㅁ
④ ㄴ, ㄹ, ㅁ
⑤ ㄹ, ㅁ, ㅂ

079 다음은 내용 숙달 가치 정향을 가지고 있는 박 교사의 진술문이다. 박 교사가 자신의 가치 정향을 실현하기 위해 선택할 수 있는 교육과정 모형, 수업 모형, 교수 스타일을 바르게 연결한 것은? [2.5점] 2011

> 저는 요즘 청소년들의 체력이 저하되고 있는 것이 안타깝습니다. 체력의 요소와 이를 증진할 수 있는 운동 방법을 정확히 아는 것이 중요한데, 요즘 청소년들은 이를 잘 모르고 있는 것 같습니다. 평소 우리 학생들이 체력 운동을 많이 힘들어하니 올해는 제가 체력 증진 프로그램 모듈을 만들어서 학생들이 스스로 운동할 수 있도록 지도하려고 합니다. 특히, 작년에는 학급 인원이 너무 많아서 학생의 체력 차이를 고려하지 못했는데, 이번에는 이를 해결할 방법을 찾아야겠습니다.

	교육과정 모형	수업 모형	교수 스타일
①	체력교육 모형	개별화지도 모형	포괄형
②	체력교육 모형	책임감지도 모형	포괄형
③	체력교육 모형	개별화지도 모형	자기설계형
④	발달단계 모형	책임감지도 모형	자기설계형
⑤	발달단계 모형	직접교수 모형	자검형

080 다음은 김 교사와 철수의 수업 중 대화이다. 이 수업 장면에서 김 교사가 농구 슛 지도에 활용한 교수 스타일에 대한 설명으로 옳은 것은? 2011

> 김 교사 : 농구에서 슛을 할 때 어느 정도 높게 던져야겠니?
> 철　　수 : 골대 높이보다 조금 높게 던져야 할 것 같아요.
> 김 교사 : 그럼 앞에서 수비수가 손을 들고 있는 상황을 연상해 봐. 이때 슛의 높이는 어떻게 해야 할까?
> 철　　수 : 수비수가 막지 못하게 높게 던져 포물선을 그리면서 들어가도록 해야 해요.
> 김 교사 : 맞았다. 그렇다면 공이 포물선을 그리려면 공의 어느 부분에 손의 힘이 전달되어야 좋을까?
> 철　　수 : 공의 밑 부분이요.
> 김 교사 : 그래. 그럼 공이 높은 포물선을 그리는 데 도움이 되는 동작이 또 있을까?
> 철　　수 : 무릎 반동을 이용하고, 팔꿈치를 위로 올려 손목 스냅으로 백스핀을 주면 도움이 될 것 같아요.
> 김 교사 : 아주 잘했다. 이제 연습을 해 보자.

① 교사는 주도적으로 확산형 질문을 설계해야 한다.
② 학습자와의 1:1 상황보다는 집단 학습에 사용될 때 더욱 효과적이다.
③ 과제 활동 후 교사와 학생의 지속적인 상호 작용이 이루어지지 않는다.
④ 학습 내용 중 탐색할 주제를 학습자들이 사전에 알고 있는 것이 효과적이다.
⑤ 지시형 스타일처럼 모든 과제 활동 전, 중, 후에 교사가 의사결정에 참여한다.

081 다음은 초임 교사의 수업 일지이다. 이 일지에 나타난 수업 활동에 대한 설명으로 옳지 <u>않은</u> 것은? 2011

일시: 2010년 ○월 ○일. 금요일. 3교시

학생들의 체력 증진을 위해 오늘부터 개인 줄넘기를 가르쳤다. 총 5차시를 계획했으며, 오늘 수업이 첫 차시였다.

…(중략)…

학습 목표를 ㉠ "5가지 줄넘기 동작 중 3가지 동작을 순서대로 각각 30회 이상씩 연속적으로 실시할 수 있다."로 설정하여 체력운동의 지루함을 극복하고 학습 동기를 고취시키고자 하였다. 먼저 첫 동작인 이중뛰기에 대한 시범을 보인 다음, 이 동작에 대한 인지를 강화하기 위해 ㉡ 동작을 통해 연상되는 이미지에 대해 질문하였다.

…(중략)…

수업이 진행되면서 많은 학생들이 이중뛰기 동작의 수행에 어려움을 느끼고, 좀 더 쉬운 동작인 ㉢ 외발뛰기를 하고 있었다. 수업 시작 후 30분이 지나자 학생들이 육체적, 심리적으로 많이 힘들어 하는 기색을 느낄 수 있었다. 이에 과제 활동을 중단하고, ㉣ 남은 시간 동안 어제 있었던 월드컵 결승 경기의 관람 태도에 대해 이야기를 해 주었다. 그러나 아직 수업 경험이 부족한 초임 교사인지라 수업 중 설명을 하는 데 당혹감을 느꼈다. 이러한 면을 개선하기 위해 ㉤ 다음 차시 때에는 수업을 촬영한 후 선배 체육 교사에게 화법에 대한 수업 지도를 받아야겠다.

---

① ㉠의 학습 목표는 메이거(R. Mager)의 '조건-기준-행동' 요소를 충족시킨다.
② ㉡의 질문 유형은 '확산형 질문'에 해당된다.
③ ㉢의 학습 내용은 '폐쇄 기능'에 속한다.
④ ㉣의 교수 행동은 '비기여 행동'에 속한다.
⑤ ㉤의 수업 장학은 '동료 장학'에 해당된다.

082 다음은 정 교사의 축구 수업을 개선하기 위해 실시한 동료 장학 결과이다. 이 자료를 해석한 것으로 옳지 <u>않은</u> 것은? 2011

〈동료 장학 전〉

관찰 내용		시간(분)
드리블 연습	적절한 드리블	10
	부적절한 드리블	10
전략 이해		5
과제 이탈		10
대기		10
이동		5
총 50분		

⇒

〈동료 장학 후〉

관찰 내용		시간(분)
드리블 연습	적절한 드리블	15
	부적절한 드리블	5
전략 이해		12
과제 이탈		8
대기		6
이동		4
총 50분		

① 실제 학습 시간이 증가되었다.
② 수업 운영 시간이 감소되었다.
③ 운동 참여 시간이 증가되었다.
④ 과제 참여 시간이 증가되었다.
⑤ 동료 장학의 효과가 나타났다.

083 다음은 체육 교사의 축구 지도 전문성 발달을 위해 계획하고 있는 연수 일정표이다. 슐만 (L. Shulman, 1987)의 교사 지식 범주 중 이 일정표에 나타나지 <u>않은</u> 것은? [1.5점] 2011

연수 일정	연수 내용
1주차	축구의 교육적 목적과 가치 이해
2주차	축구 경기의 역사 이해
3주차	축구 기본 기술 지도법의 실습
4주차	축구 응용 기술 지도법의 실습
5주차	축구 공격 전술의 계획
6주차	축구 심판법의 이해
7주차	축구 시설 및 기구 관리론

① 교육과정 지식, 내용 지식, 지도 방법 지식
② 내용 지식, 지도 방법 지식, 내용 교수법 지식
③ 교육 환경 지식, 교육 목적 지식, 내용 지식
④ 내용 교수법 지식, 교육과정 지식, 학습자와 학습자 특성 지식
⑤ 지도 방법 지식, 교육과정 지식, 학습자와 학습자 특성 지식

084 다음은 유 교사의 높이뛰기 수업에 대한 관찰 기록지의 일부이다. ㉠~㉤에 대한 설명으로 옳은 것은? 2011

높이뛰기 수업 관찰 기록지	
수업 교사: 유 ○○	관찰 교사: 김○○
날 짜: 10월 20일	시 간: 3교시

[관찰 내용]
- 높이뛰기 과제를 제시하기 위해 ㉠ 높이뛰기 동작에 대하여 시범을 보인 후 관련된 운동역학적 지식을 활용하여 설명함
- ㉡ "동렬아, 높이뛰기를 잘하는 사람과 못하는 사람은 어떠한 차이가 있을까?"라고 학생에게 질문함
- 운동 기능 수준에 따라 A, B, C모둠을 편성한 후 학생들에게 연습하도록 지시함
- 순회하면서 ㉢ "정우야, 공중동작 시 배를 내밀고 목을 당겨 활처럼 만들어야지."라는 말로 개별 피드백을 제공함
- ㉣ "병찬아, 연습을 해야 늘지, 쉬고 있으면 어떡하니! 빨리 너희 조로 가서 연습해. 알았지?"라고 말하면서 그늘에서 쉬고 있는 학생을 조치함
- ㉤ 병찬이가 그늘에서 나오고, 문태가 다시 그늘로 이동 하려고 하자 멀리서 손을 흔들어 제지함

① ㉠의 통합 전략은 포가티(R. Fogarty)의 '교과 간 통합'에 해당한다.
② ㉡의 질문은 '회상 질문(recall question)'에 해당한다.
③ ㉢의 피드백은 '가치직-일반직 피드백'에 해당한다.
④ ㉣의 교수 행동은 '운영 행동'에 해당한다.
⑤ ㉤의 교수 행동은 '접근 통제(proximity control)'에 해당한다.

085 배드민턴 수업의 학생 평가 계획 (가)~(라)에 대한 평가 방법으로 옳은 것은? 2012

(가) 학생들과의 자연스러운 대화를 통해 배드민턴 수업에 대한 학생들의 생각이나 느낌 등의 정보를 수집하여 수업 태도, 협동심, 책임감 등을 평가하고자 한다.

(나) 활동 과제를 해결하기 위해 학생이 각종 자료를 수집, 분석, 종합하여 작성한 배드민턴 연구 보고서를 평가하고자 한다. 단, 활동 과제의 범위가 넓을 경우 모둠별로 과제로 작성하게 할 예정이다.

(다) 배드민턴 실기 능력이 떨어지는 학생을 지속적, 객관적으로 살펴보기 위해서 체크리스트와 비디오 녹화를 활용하여 평가하고자 한다.

(라) 네트형 경쟁 활동에 대한 이해 및 배드민턴 경기 능력에 대한 학생의 변화·발전 과정을 전반적으로 평가하고 학생의 자기반성 및 평가도 촉진하고자 한다.

① (가) - 관찰법　　(다) - 면접법
② (가) - 면접법　　(다) - 프로젝트법
③ (나) - 포트폴리오　(라) - 프로젝트법
④ (나) - 프로젝트법　(라) - 포트폴리오
⑤ (다) - 면접법　　(라) - 관찰법

086 김 교사, 문 교사, 한 교사의 가치 정향과 주로 사용하는 체육 수업 모형을 나타낸 표이다. 교사들의 가치 정향과 수업 모형에 대한 설명 중 옳은 것만을 〈보기〉에서 있는 대로 고른 것은? [2.5점] 2012

	가치 정향	수업 모형
김 교사	• '스포츠를 삶의 축소판'이라 생각하고 평등과 정의를 강조하는 교육 • 수업에서 공동의 목적을 위해 협력하고 자기 책임감 함양을 강조하는 교육	• 교사-학생의 관계, 의사결정권 부여, 통합, 전이를 적용하여 교육함 • 상담시간, 그룹미팅, 반성의 시간 등으로 수업을 구성함
문 교사	• 학생이 운동 기능이나 과제 수행의 방법을 스스로 알 수 있도록 도와줌 • 학생이 체육활동을 하며 당면한 문제를 스스로 탐색하고 이를 해결할 수 있는 기회를 제공하는 기법 활용	• 질문을 통해 사고력과 문제 해결력을 증진하도록 함 • 학생이 활동 과제를 생각하고 움직이도록 하며 충분히 생각할 시간을 부여함
한 교사	• 환경의 총체적인 조화를 이루는 개인을 강조함 • 체육교육의 목표와 학생 개인의 목표를 모두 중시하는 교육	• 4~6명으로 구성된 팀을 기초로 활동함 • 활동 과제를 달성하기 위해 팀 구성원들이 서로를 배려하고 함께 배울 수 있도록 수업을 운영함

〈보기〉
ㄱ. 김 교사는 사회 공동체를 위한 학생들의 책임과 협력을 강조하는 가치 정향을 가지고 있다.
ㄴ. 문 교사는 자신감과 긍정적인 자기 개념을 강조하는 가치 정향을 가지고 있다.
ㄷ. 한 교사는 기본 움직임과 스포츠 기능을 강조하는 가치 정향을 가지고 있다.
ㄹ. 김 교사는 체계적인 절차에 따라 팀원이 서로 협력하여 학습과제를 수행하는 수업 모형을 주로 사용한다.
ㅁ. 문 교사는 문제해결자로서의 학습자 역할을 강조하는 수업 모형을 주로 사용한다.
ㅂ. 한 교사는 미리 계획된 학습과제의 계열성에 따라 학생이 수업진도를 결정하는 수업 모형을 주로 사용한다.

① ㄱ, ㅁ
② ㄱ, ㄴ, ㅁ
③ ㄱ, ㄹ, ㅂ
④ ㄱ, ㄴ, ㄹ, ㅁ
⑤ ㄴ, ㄷ, ㄹ, ㅂ

087 2011학년도 대한중학교 1학년 1학기 체육과 평가 계획표이다. 계획의 내용에 대한 설명 중 옳은 것만을 〈보기〉에서 있는 대로 고른 것은? 2012

학기	평가영역 (비율)	평가 내용	평가 요소	세부 비율	평가 방법
1학기	도전 활동 (45%)	−이해력 −도전정신 −경기 수행능력 −경기 분석 및 감상 능력	−속도/거리 도전의 역사, 과학적 원리의 이해	5%	지필 검사
			−장애물 달리기 경기방법의 이해 −장애물 넘기 동작	10%	지필 검사 운동기능검사 상호 평가
			−50m 장애물 달리기 기록 −장애물 달리기 경기 분석 −과거와 현대의 경기 감상	20%	운동기능검사 경기 분석 경기 감상
			−경기 도전과 인내심	10%	자기 평가 포트폴리오
	경쟁 활동 (40%)	−이해력 −선의의 경쟁 −경기 수행능력 −경기 분석 및 감상능력	−축구의 역사와 과학적 원리 −리더십과 팔로십 개념	5%	지필 검사
			−경기 중 트래핑, 드리블, 패스 동작 −트래핑, 콘 드리블 구간 통과 기록 −경기 중 선의의 경쟁 실천과 감상	25%	체크리스트 운동기능검사 경기 감상 포트폴리오
			−경기 전략 분석 및 승패 −리더십과 팔로십 실천 −축구 경기와 풋살 경기 비교 체험 및 감상	10%	상호 평가 경기 분석 경기 감상
	여가 활동 (15%)	−이해력 −운동수행 능력 −여가 실천능력 −감상능력	−청소년기 여가 문화의 특성 이해 및 감상	5%	지필 검사
			−인라인 롤러 주행 동작 −인라인 롤러 경주 순위 −여가 활동 체험을 통한 자기 이해 개념의 이해 및 실천	10%	운동기능검사 관찰 기록 학습 일지

┌ 보기 ┐
ㄱ. 교육과정 영역 내에서 평가 내용의 균형성을 확보하고 있다.
ㄴ. 양적 평가와 질적 평가를 병행할 수 있도록 계획하였다.
ㄷ. 평가 방법은 학습의 과정을 포함하여 평가하도록 계획하였다.
ㄹ. 교사 평가와 학생 평가를 병행함으로써 평가 방법의 다양화를 계획하였다.

① ㄱ, ㄴ ② ㄴ, ㄷ
③ ㄱ, ㄷ, ㄹ ④ ㄴ, ㄷ, ㄹ
⑤ ㄱ, ㄴ, ㄷ, ㄹ

088 다음은 유 교사의 배드민턴 수업을 일화 기록법에 의해 관찰한 내용이다. 데일(E. Dale)의 '경험의 원추'에 따른 설명으로 옳은 것만을 〈보기〉에서 있는 대로 고른 것은? [1.5점] 2012

일화 기록지	교사	유○○	관찰자	권○○
	수업내용	배드민턴	관찰기간	2011년 8월 ○○일~10월 ○○일

8월 ○○일 2교시 체육관
학생들이 체육관으로 들어온다. 학생들이 모둠별로 체조를 하고 유 교사 앞에 모둠별로 앉는다. 출결 확인 후 2학기 수업 내용이 배드민턴이라고 알려 준다. 미리 준비한 (가) <u>배드민턴 경기 동영상을 학생들에게 보여 준다.</u>

9월 ○○일 5교시 체육관
유 교사는 (나) <u>언더핸드 스트로크</u>에 대해 학생들에게 설명하고 철민이를 앞으로 불러 (다) <u>셔틀콕을 주고 받으며 언더핸드 스트로크 시범을 보인다.</u> 철민이를 들여보낸 후 두 명씩 짝지어 언더핸드 스트로크를 연습시킨다.

10월 ○○일 2교시 체육관
학생들에게 경기 방법을 설명하고 학생들은 모둠 대항 리그 방식으로 (라) <u>배드민턴 경기를 한다.</u> 모둠의 일부 학생들은 복식 경기를 하고 나머지 학생들은 관찰한다.

─〔 보기 〕──
ㄱ. (나)는 (다)보다 구체적이므로 학생의 이해도를 높일 수 있다.
ㄴ. (라)는 학생들에게 구체적 경험을 제공하여 학습 효과를 높일 수 있다.
ㄷ. (가)는 (다)보다 학생들에게 구체적 경험을 제공하므로 이해도를 높일 수 있다.
ㄹ. 학생들에게 경기를 관람하도록 하면 (가)보다 더 구체적 경험을 제공할 수 있다.

① ㄱ, ㄴ
② ㄱ, ㄷ
③ ㄴ, ㄹ
④ ㄱ, ㄷ, ㄹ
⑤ ㄴ, ㄷ, ㄹ

089 농구 스탠딩 슛에 대한 활동 과제를 순서 없이 나열한 것이다. 활동 과제 (가)~(마)의 종류로 옳은 것은? 2012

> (가) 림으로부터 5m 거리의 측면 위치에서 슛을 연습하게 한다.
> (나) 림으로부터 3m 거리의 다양한 위치에서 슛을 연습하게 한다.
> (다) 슛 동작의 설명과 시범을 보인 후 골 밑에서 슛을 연습하게 한다.
> (라) 골대 정면 3m 지점에 수비수 한 명을 세워두고 슛을 10회 시도하여 성공 횟수를 확인하게 한다.
> (마) 무릎, 팔꿈치를 순서대로 펴면서 손목 스냅을 이용하여 슛을 연습하게 한다.

① (가) − 확장   (다) − 정보
② (가) − 세련   (라) − 응용
③ (나) − 확장   (라) − 세련
④ (나) − 세련   (마) − 응용
⑤ (다) − 확장   (마) − 정보

090 김 교사와 이 교사가 연수와 자기 연찬 등을 통해 수업의 전문성을 발전시킨 과정을 단계별로 나타낸 표이다. 이에 대한 〈보기〉의 설명 중 옳은 것은? 2012

	김 교사	이 교사
초기 단계	• 계획적이지 못한 수업 • 구기 종목 위주의 자율 활동	• 방임적인 수업 운영 • 학생 선호 종목 위주의 활동
	⇩	⇩
발전 1단계	• 학생 개개인에게 과제 연습시간 부여 후 개별적 피드백 제공 • 학생의 질문에 대한 답변을 제공하고 학생의 수행에 관한 정보 수집 • 개인 연습 시 학생 간 대화 억제	• 목표 개념을 포함한 논리적, 계열적 질문 설계 • 연속적인 질문을 통해 학생들이 스스로 답변을 찾게 함 • 질문에 대한 해답을 말하지 않고 학습자의 반응을 기다리며, 지속적 피드백 제공
	⇩	⇩
발전 2단계	• 스포츠 경험을 통한 다양한 가치 학습 • 학습자의 다양한 역할 분담 및 참여 • 최소 20차시 이상의 수업 시수 권장	• 전략의 습득과 경기 상황에의 적용 • 주요 학습 과제는 기능 발달 연습, 모의 상황연습, 게임 형식, 정식 게임으로 구성 • 게임 수행 평가 도구를 주로 활용

─〔 보기 〕─

	발전 단계	김 교사	이 교사
ㄱ	1단계	연습형 교수·학습 스타일	상호 학습형 교수·학습 스타일
ㄴ	1단계	연습형 교수·학습 스타일	유도 발견형 교수·학습 스타일
ㄷ	1단계	유도 발견형 교수·학습 스타일	상호 학습형 교수·학습 스타일
ㄹ	2단계	전술 게임 모형	스포츠 교육 모형
ㅁ	2단계	스포츠 교육 모형	전술 게임 모형
ㅂ	2단계	협동 학습 모형	전술 게임 모형

① ㄱ, ㄹ
② ㄱ, ㅁ
③ ㄴ, ㄹ
④ ㄴ, ㅁ
⑤ ㄷ, ㅂ

091 대한중학교 송 교사의 수업 반성 일지에 나타난 피드백의 종류로 옳지 <u>않은</u> 것은? 2012

> 2학년 3반 수업 내용은 축구였다. 모둠별로 축구의 인스텝 킥 연습을 실시하였다. 숫돌이 모둠의 현경이가 인스텝 킥을 정확하게 수행한 후 친구와 손뼉을 치다가 나와 눈이 마주쳤다. (가) <u>나는 엄지손가락을 세워 보였다.</u> 그러자 현경이는 좋아했다.
>
> …(중략)…
>
> 한편, 지수가 인스텝 킥을 실축하자 나는 다시 차 보라고 하였다. 그러나 지수는 또 실축을 하였다. 이번에는 (나) <u>"지수야, 지금처럼 고개를 들면 안 돼!"</u> (다) <u>"고개와 허리를 약간 숙여 공에 시선을 고정해야 인스텝 킥이 정확해!"</u>라고 말해 주었다. 그랬더니 지수가 이번에는 성공하였다. (라) <u>"그래 잘했어!"</u>라고 지수를 칭찬하였다. 앞으로는 피드백을 줄 때 좀 더 구체적으로 제시해야겠다고 생각했다.

① (가) - 긍정적, 내재적 피드백　　(다) - 교정적, 구체적 피드백
② (가) - 일반적, 비언어적 피드백　(다) - 교정적, 외재적 피드백
③ (나) - 부정적, 언어적 피드백　　(다) - 언어적, 외재적 피드백
④ (나) - 구체적, 언어적 피드백　　(라) - 일반적, 긍정적 피드백
⑤ (나) - 외재적, 부정적 피드백　　(라) - 외재적, 긍정적 피드백

092 김 교사의 체육 수업에 대한 수업 컨설팅 보고서이다. 효율적인 체육 수업을 위한 개선 방안의 내용으로 옳은 것만을 〈보기〉에서 있는 대로 고른 것은? 2012

수업 컨설팅 보고서

- 컨설팅 대상자 : 김○○
- 컨설팅 일시/장소 : 2011년 3월 ○○일 5교시 / 대안고등학교 운동장
- 수업 관찰

관찰 요소	소요 시간 (분)	관찰 내용
수업 준비 점검(출결, 복장, 환자)	2	• 학기 초라 학습 분위기가 전반적으로 산만함 • 과제활동 대기 시간이 김 • 학생들이 비과제 행동을 많이 함 • 교구를 준비하고 정리하는 시간이 많이 소요됨
준비 운동	3	
과제 설명 및 시범	3	
수업 교구 준비	5	
과제 활동 참여 시간	12	
과제 활동 이동 시간	6	
과제 활동 대기 시간	7	
정리 운동	3	
학습 내용 정리 및 평가	3	
차시 예고	1	
수업 교구 정리	5	
총 수업 시간	50	

- 개선 방안

〔보기〕
ㄱ. 행동 규칙의 설정 및 지속적인 상기, 규칙 준수 여부에 따른 보상이나 처벌 방안 등을 통한 지도가 필요하다.
ㄴ. 학년 또는 학기 초부터 과제 참여 형태를 효율적으로 조직한다.
ㄷ. 학습 과제에 몰두하고 과제지향적인 태도를 갖도록 하는 교수 전략을 활용한다.
ㄹ. 수업 내용의 특성에 따라 수업 시간을 통합적으로 운영한다.

① ㄷ, ㄹ ② ㄱ, ㄴ, ㄷ
③ ㄱ, ㄷ, ㄹ ④ ㄴ, ㄷ, ㄹ
⑤ ㄱ, ㄴ, ㄷ, ㄹ

093 배구 수업에서 나타날 수 있는 교사의 운영 행동만을 〈보기〉에서 고른 것은? 2012

{ 보기 }
ㄱ. 2인 1조로 짝을 짓게 한다.
ㄴ. 짝과 함께 언더핸드 패스를 연습하게 한다.
ㄷ. 장난치는 학생은 지정 구역에 한동안 서 있도록 한다.
ㄹ. 언더핸드 패스 시 팔꿈치 동작을 수정하여 준다.
ㅁ. 배구공을 준비하는 학생과 정리하는 학생들을 지정한다.
ㅂ. 언더핸드 패스 거리를 멀리 하여 짝과 패스하도록 한다.
ㅅ. 학생들에게 배구의 언더핸드 패스에 대한 시범을 보인다.

① ㄱ, ㄴ, ㄹ
② ㄱ, ㄷ, ㅁ
③ ㄱ, ㄷ, ㅅ
④ ㄴ, ㄹ, ㅁ
⑤ ㅁ, ㅂ, ㅅ

094 다음은 체육 수업 개선을 위한 오 교사와 박 교사의 대화 내용이다. (가)~(다) 장학의 특성에 대한 설명으로 옳은 것만을 〈보기〉에서 있는 대로 고른 것은? 2013

A 장면	오 교사: 최근 국가 수준의 교육과정이 또 바뀌었는데, 무슨 말인지 도대체 이해가 되질 않는단 말이야! 박 교사: 그렇긴 해. 그럼 (가) 장학 담당자와 상의해 보면 어때? 오 교사: 좋은 생각이다. 고마워, 박 선생.
B 장면	박 교사: 지난 주 장학 담당자는 찾아뵈었어? 오 교사: 그래, 아주 좋은 정보를 많이 주시더라고. 일단 수업 중 내가 갖는 어려움을 먼저 극복하고, 새롭게 교육 과정을 개발해 보면 좋겠다고 하시더군. 그런데 정작 내 수업의 문제는 준비한 수업 내용을 다 끝내지도 못하고 수업종이 울려 버린다는 거야. 뭐가 잘못된 것인지……. 박 교사: 그래? 그럼 (나) 내가 자네 수업에 들어가서 수업을 관찰하고 분석할 수 있도록 도와주면 어떨까? 오 교사: 오! 그거 진짜 괜찮은 생각이야. 다음 주 수요일 7교시, 2학년 5반 수업이 있으니 들어와 줄 수 있겠어? 박 교사: 언제든지!
C 장면	오 교사: (혼잣말) 역시 주변의 도움을 받으니 좋군. 이제야 내 수업의 문제점이 무엇인지 알 것 같아. 내일은 (다) 수업 운영 기법에 관한 자료를 찾아보고, 내 수업에 대해 신중하게 반성해 봐야겠다.

〔보기〕
ㄱ. (가)는 전문가 장학(임상 장학)으로 수업 컨설팅의 측면에서 장학 담당자와 함께 심층적인 수업 분석이 이루어진다.
ㄴ. (가)는 전문가 장학(임상 장학)으로 교수(teaching)에 문제가 있는 초임 교사만을 대상으로 장학 담당자와 비공식적으로 이루어진다.
ㄷ. (나)는 동료 장학으로 서로의 수업을 평가하고 그 결과를 행정가에게 제공하여 수업을 보완·개선하는 데 목적이 있다.
ㄹ. (나)는 동료 장학으로 교사들이 갖는 문제를 해결하고 개선하기 위해 함께 협력하는 형태이다.
ㅁ. (다)는 자기 장학으로 수업 전문성을 향상하기 위해 교사 자신의 필요와 판단에 따라 독립적으로 실시된다.
ㅂ. (다)는 자기 장학으로 수업 개선을 위해 관련 서적이나 전문 자료를 스스로 탐독하여 자기 발전의 자료로 활용된다.

① ㄱ, ㄷ, ㅁ
② ㄱ, ㄹ, ㅁ
③ ㄴ, ㄹ, ㅂ
④ ㄱ, ㄹ, ㅁ, ㅂ
⑤ ㄴ, ㄷ, ㅁ, ㅂ

095 다음은 체육과 교육과정의 수준과 가치 정향에 대한 체육 교사들의 대화 내용이다. 세 교사의 대화 내용에 내포된 체육과 교육과정의 수준과 가치 정향으로 옳은 것은? [1.5점] 2013

> 김 교사: 체육과 교육과정은 교과서와 함께 교육청에서 보급하는 장학 자료를 보면 쉽게 이해됩니다. 특히 교과서에 나오는 신체 활동을 학생들이 능숙하게 수행할 수 있도록 하는 게 중요하다고 생각합니다.
> 이 교사: 표현 활동 영역에 제시된 활동들 대신에 학생들이 자신들의 흥미와 수준에 적합한 활동들을 선택하여 모둠별로 연습하고 발표하게 했어요. 그랬더니 학생들의 반응이 아주 좋았습니다. 체육 수업은 이렇게 학생들에게 도전감과 성취감을 경험하게 하는 것이 중요하다고 생각합니다.
> 박 교사: 학생들에게 축구 시합 동영상을 자세히 관찰하게 한 후에 드리블 방법을 학생들 스스로 찾아 연습하도록 지도했습니다. 사실 저는 학생들이 드리블을 능숙하게 하도록 직접 지도하는 것보다 학생들이 스스로 원리와 방법을 찾아 연습하도록 지도하는 것이 더 의미 있다고 생각합니다.

	〈김 교사〉		〈이 교사〉		〈박 교사〉	
	수준	가치 정향	수준	가치 정향	수준	가치 정향
①	이념적	내용숙달	이념적	자아실현	문서적	내용숙달
②	실천적	자아실현	문서적	학습 과정	문서적	학습 과정
③	문서적	사회 재건	실천적	학습 과정	이념적	학습 과정
④	문서적	내용숙달	문서적	자아실현	실천적	자아실현
⑤	문서적	내용숙달	실천적	자아실현	실천적	학습 과정

096 모스턴(M. Mosston)의 교수 스타일 중 '상호 학습형(reciprocal teaching) 스타일'에 대한 설명으로 옳은 것만을 있는 대로 고른 것은? 2013

> (가) 기존의 지식을 재생산해 내는 능력인 '모사(reproduction)'보다 새로운 지식을 생산해 내는 능력인 '창조(production)'를 강조한다.
> (나) 짝과 상호 작용하고 피드백을 주고받으며 연습하는 데 중점을 둔다.
> (다) 지적 능력 수준 차를 고려하여 우수한 학생과 부진한 학생이 짝을 이루도록 한다.
> (라) 교사의 계속적인 관찰이 없어도 짝과 함께 과제 활동지를 사용하여 학습을 지속할 수 있다.
> (마) 과제 수행 형태의 특성상 동료 교수(peer teaching) 모형과 유사성이 있으나, 주로 일시적인 과제 구조에서 활용된다는 점에서 차이가 있다.
> (바) 수행자가 동일한 오류를 반복하는 것이 보일 경우에, 교사는 학급 전체의 활동을 중지시키고 직접 시범이나 설명을 한 후에 과제 활동을 재개한다.

① (가), (나), (라)
② (가), (라), (바)
③ (나), (다), (바)
④ (나), (라), (마)
⑤ (가), (다), (마), (바)

097 다음은 김 교사의 체육 수업 일지 내용이다. (가)~(마)에 대한 설명으로 옳은 것만을 〈보기〉에서 있는 대로 고른 것은? [2.5점] 2013

체육 수업 일지

○○월 ○○일 수요일

'2009 개정 교육과정에 따른 체육과 교육과정'을 적용해 수업을 해 보았다. (가) <u>가르칠 단원이 영역형 경쟁이어서 농구의 슛을 지도했다.</u> (나) <u>농구 경기 중 슛에 관한 전술의 활용 능력을 지도하기에 적합한 체육 수업 모형을 적용하였다.</u>
(다) <u>체육관의 빔 프로젝터를 이용해 관련 동영상을 감상하고 슛을 연습했는데, 학생 수에 비해 농구공의 개수가 부족해서 배구공을 추가하여 활용하였다.</u> (라) <u>학생들에게 선생님의 수비를 피해 슛을 성공시킬 것을 목표로 제시하였더니 학생들의 수업 참여도가 높아졌다.</u> (마) <u>과제를 수행하기 전에 학생들에게 '슛을 할 때에는 손목의 스냅을 이용하는 것이 중요하다'라고 강조하였다.</u>

〈보기〉

ㄱ. (가)와 관련해 '2009 개정 교육과정에 따른 체육과 교육과정'의 영역형 경쟁 활동에서는 팀의 공동 목표를 위해 스스로의 역할에 책임을 다하는 '팀워크(teamwork)' 정신을 내용 요소로 제시하고 있다.
ㄴ. (나)의 체육 수업 모형은 '전술 게임 모형(tactical games model)'이며, 게임을 변형할 때에는 '과장성'을 배제하는 것이 중요하다.
ㄷ. (다)는 슐만(L. Shulman)의 교사 지식의 범주 중에서 '교육 환경 지식(knowledge of educational contexts)'과 관련된다.
ㄹ. (라)에는 브로피(J. Brophy)가 제안한 동기 유발 전략의 '필수 선행 조건'이 제시되어 있다.
ㅁ. (마)는 효율적인 수행을 위한 과제 핵심 정보인 '단서(cue)'를 제공한 예이다.

① ㄴ, ㄷ ② ㄴ, ㅁ
③ ㄱ, ㄷ, ㄹ ④ ㄷ, ㄹ, ㅁ
⑤ ㄱ, ㄷ, ㄹ, ㅁ

098 다음은 ○○중학교에서 2009 개정 교육과정에 따른 체육과 교육과정에 근거해 작성한 체육과 평가 계획서이다. 이 계획서에 대해 권 교사와 송 교사가 나눈 대화의 (가)~(라) 중 옳은 것만을 있는 대로 고른 것은? 2013

영역	영역형 경쟁-농구		평가 도구	루브릭(rubric)	
평가 내용	루브릭을 활용해 농구 기본 기능(드리블, 패스) 평가				
채점 기준	수준 기능	매우 잘함 (5점)	보통 (3점)		노력 요함 (1점)
	드리블	공을 쳐다보지 않고 손목의 스냅을 이용하여 드리블하며 공이 벗어나지 않는다.	공을 쳐다보지 않고 손목의 스냅을 이용하여 드리블하나 공이 벗어난다.		공을 쳐다보고 드리블하며 공을 자주 놓친다.
	패스	수비자의 움직임을 예측하여 정확하게 패스하고 상황에 맞게 적절한 방법으로 패스한다.	패스의 동작과 방향이 대체로 정확하나 상황에 맞는 적절한 패스를 하지 못한다.		패스가 부정확하고 상황에 맞는 적절한 방법으로 패스를 하지 못한다.

이름	드리블(5점)	패스(5점)	총점(10점)
김○○			
오○○			

권 교사 : 제가 '경쟁 활동' 영역의 평가를 위한 계획서를 작성해 보았습니다. 선생님께서 한번 검토해 주세요.
송 교사 : 평가 도구로 루브릭을 활용하셨군요! (가) <u>루브릭은 학생에게 학습에 대한 피드백을 제공해 주지 못하는 것이 단점이죠.</u>
권 교사 : 아 그런가요? 아무튼 저는 채점 기준 만드는 절차에 신경을 썼어요. 우선 (나) <u>평가 과제 성공 여부를 확인할 수 있는 수준을 정한 다음에 각 수준에 적합한 점수를 정했습니다.</u>
송 교사 : 그건 그렇고 이 계획서의 평가 내용은 2009 개정 교육과정에 따른 체육과 교육과정에 제시된 평가의 방향과 상반되는 것 같아요. (다) <u>2009 개정 교육과정에 따른 체육과 교육과정에 부합되게 보완하려면 농구 기능에만 편중하지 말고 가급적 다양한 평가 요소를 제시해야 할 것 같습니다.</u> 그렇지만 (라) <u>루브릭으로는 정의적 영역을 평가할 수 없습니다.</u>

① (가), (나) ② (나), (다)
③ (가), (나), (다) ④ (가), (다), (라)
⑤ (나), (다), (라)

099 다음은 ○○중학교의 체육 교사인 김 교사와 신 교사가 수업 개선 방법에 대해 나눈 대화 내용이다. (가)~(다)에 대한 설명으로 옳은 것만을 〈보기〉에서 있는 대로 고른 것은? 2013

김 교사 : 요즘 저는 체육 수업이 참 어려워요. 시간이 갈수록 어떻게 가르쳐야 잘 가르치는 것인지 잘 모르겠어요. 어떤 좋은 방법이 없을까요?

신 교사 : 선생님은 먼저 체육 수업 자체에 관심을 갖는 게 더 중요한 것 같아요. 저는 케미스(S. Kemmis)와 맥타가트(R. McTaggart)의 _____(가)_____ 을/를 활용하는데, 체육 수업 시간에 일어나는 문제점을 어떻게 인식하고 어떻게 해결할 것인지에 대한 아이디어를 얻기가 쉬웠어요. 아래 그림의 과정대로 해 보니 체육 수업이 개선되고 보람도 느껴지더군요.

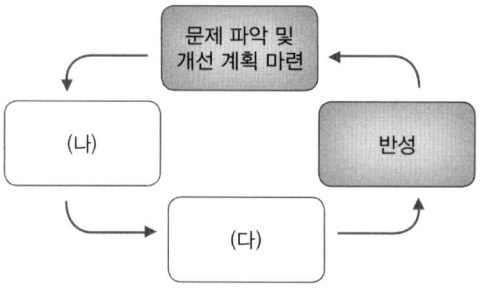

〔보기〕
ㄱ. (가)는 문제 중심 학습(problem-based learning)으로서, 체육 수업에서의 문제 상황과 관련된 다양한 자료를 수집하여 분석, 검토하고 해결하는 과정을 교사 스스로 해 나간다.
ㄴ. (가)는 현장 개선 연구 혹은 실행 연구(action research)로서, 체육 수업에서의 문제 상황을 개선할 목적으로 동료와 협동적으로 실행하는 반성적 탐구의 형태를 지닌다.
ㄷ. (나)에서는 체육 수업에서 발생되거나 예상되는 문제점이 무엇인지를 명확히 규정한다.
ㄹ. (나)에서는 체육 수업 개선을 위한 계획이 제대로 실천되었는지, 실행 결과가 문제 상황을 해결하였는지를 검토한다.
ㅁ. (다)에서는 비판적인 반성을 위한 자료를 수집하는 데 주력한다.
ㅂ. (다)에서는 의도하지 않은 사건들도 기록한다.

① ㄱ, ㄷ
② ㄴ, ㄹ, ㅁ
③ ㄴ, ㅁ, ㅂ
④ ㄱ, ㄷ, ㄹ, ㅁ
⑤ ㄴ, ㄹ, ㅁ, ㅂ

100 다음은 ○○중학교 체육과 교육과정에 대한 컨설팅 장학 협의회의 대화 내용이다. 2009 개정 교육과정 총론(교육과학기술부 고시 제 2012-31호) 및 2009 개정 교육과정에 따른 체육과 교육과정에 근거하여 괄호 안의 ㉠, ㉡, ㉢에 해당하는 내용을 차례대로 쓰시오. [2점] 2014

> 교 무 부 장 : 지금부터 본교 교육과정에 대한 컨설팅 장학을 진행하겠습니다. 검토 결과에 대해 위원님들의 의견을 주시기 바랍니다.
>
> 컨설팅 위원 A : 2012학년도, 2013학년도 ○○중학교 교육과정 편성을 비교해 보면, 입학년도에 따라 3년간 체육 수업 시수가 2012학년도 총 238시간, 2013학년도 총 272시간으로 편성되어 있는데, 이렇게 편성하게 된 배경을 설명해 주시기 바랍니다.
>
> 교 무 부 장 : 2012학년도 신입생의 경우 체육 교사 수급이 원활하지 않아 개정 교육과정에서 제시한 (㉠) % 이내에서 본교 자율로 감축하여 편성하였습니다. 2013학년도 신입생의 경우 2009 개정 교육과정 총론에 의거하여 체육 교과는 (㉡)을/를 감축하여 편성할 수 없기 때문에 총 272시간으로 편성하였습니다.
>
> 컨설팅 위원 B : 2014학년도 신입생의 체육과 교육과정 편성에 대한 내용을 말씀해 주세요.
>
> 체육교육 부장 : 체육 교과 협의회를 통해 2009 개정 교육과정에 따른 체육과 교육과정의 교수·학습 계획에 근거하여 중학교 3개 학년을 묶어 (㉢) 단위로 지도 계획을 수립하였습니다. 또한 3개 학년에 걸쳐서 중영역 15개 내용을 편성하였습니다.

101 다음은 모스턴(M. Mosston)의 체육 교수 스타일을 활용해서 김 교사와 이 교사가 제작한 창작 체조 과제 활동지이다. (가)와 (나)에 사용된 체육 교수 스타일의 명칭을 차례대로 쓰시오. [2점] 2014

(가) 김 교사가 제작한 과제 활동지

> 과제 활동 : 3분 창작 체조를 개발하시오.
>
> (1) 과제 부여 : 움직임의 표현 요소를 적용하여 8개 이상의 움직임 동작을 연결한 3분 창작 체조를 개발한다.
>
> (2) 과제 활동 지침 :
> ① 학생이 창작 체조 개발의 전체적 계획을 직접 수립하고 창작 체조 동작을 구상한다.
> ② 창작 체조 동작의 발상을 위해 창작 체조와 관련된 '질문 만들기'를 한다.
> ③ 창작 체조 동작 개발에 필요한 자료를 수집하고 창작 체조를 만든다.
> ④ 창작 체조 각각의 동작을 촬영하여 스스로 부족한 점을 찾아 보완한다.
> ⑤ 4차시에 걸쳐 지속적으로 수정하고 보완하여 창작 체조의 완성도를 높인다.

(나) 이 교사가 제작한 과제 활동지

> 과제 활동 : 3분 창작 체조를 연습한 후 보고서를 제출하시오.
>
> (1) 과제 부여 : 3분 창작 체조를 실시하면서 주어진 체크리스트를 작성하여 보고서로 제출한다.
>
> (2) 과제 활동 지침 :
> ① 창작 체조 동작을 순서대로 연습한다.
> ② 배부된 체크리스트에 제시된 기준은 동작의 정확성, 동작 간 연결성, 동작의 숙련도이다.
> ③ 3분 창작 체조를 실시하며, 주어진 체크리스트에 자신의 수준을 기입하고 느낀 점을 적어 보고서로 제출한다.

102 다음은 2009 개정 교육과정 총론(교육과학기술부 고시 제 2012-31호)에 의거하여 '학교스포츠클럽 활동'을 편성·운영하기 위해 개최한 ○○중학교의 체육 교과 협의회 회의록이다. 괄호 안의 ㉠, ㉡, ㉢에 해당하는 내용을 차례대로 쓰시오. (단, 교육과정에 명시된 용어로 기술함) [2점] 2014

〈○○중학교 체육 교과 협의회 회의록〉			
일 시	2013년 ○○월 ○○일(○요일)	장소	체육 교과 협의실
참석 교사	김○○, 이○○, 박○○, 조○○, 권○○		
안 건	'창의적 체험활동'의 '학교스포츠클럽 활동' 편성 및 운영에 대한 의견 수렴		
협의내용	○ '학교스포츠클럽 활동' 편성·운영 방침 　- '창의적 체험활동'의 4가지 영역 중 (㉠)(으)로 매 학기 편성하여 운영함 　- 학생 수요 조사 결과를 반영하여 학교 시설에서 운영 가능한 종목과 내용을 선정함 　- 종목과 내용은 학생들의 (㉡)이/가 보장되도록 다양한 종목을 개설함 　- 개설한 '학교스포츠클럽 활동' 종목의 내용, 시간 및 장소를 공지하고 학생 희망 종목을 반영하여 체육 활동을 조직함 ○ '학교스포츠클럽 활동' 시간 확보 　- (㉢)하여 '학교스포츠클럽 활동' 시수를 확보함 　※ 기존 교과 시간 부족으로 교과 시간을 감축할 수 없음 　※ 창의적 체험 활동 68시간에서도 시수를 사용할 수 없음 ○ '학교스포츠클럽 활동' 학년별 시간 편성 　- 3개 학년 동안 총 136시간을 운영해야 함 　- 학년별 시간 편성 　　• 1학년 주당 1시간　　• 2학년 주당 1시간　　• 3학년 주당 2시간		
기타 사항	교사들의 다양한 의견을 수렴하여 '학교스포츠클럽 활동'을 효율적으로 편성 및 운영하는 데 합의함		

103 다음은 표적/투기 도전 활동의 '플라잉디스크 골프' 단원 지도 계획서이다. 괄호 안의 ㉠, ㉡에 해당하는 말을 차례대로 쓰시오. 그리고 이 단원 지도 계획서에 적용된 체육 수업 모형에 대해서 슬라빈(R. Slavin)이 제시한 3가지 개념 중 그 개념이 교수·학습 활동에 잘못 적용된 1가지를 찾아 그 이유와 함께 서술하시오. [5점] 2014

대영역	도전 활동	중영역	표적/투기 도전	학년	2
신체활동		플라잉디스크 골프		전체 시수	12

차시	학습 내용	교수·학습 활동	교수 전략 (과제 구조)
1~2	• 플라잉디스크 골프의 이해	• 플라잉디스크 골프의 개념, 역사의 이해 • 플라잉디스크 골프의 경기 기능 및 방법의 이해 • 출석번호 순으로 5개 모둠으로 편성	
3~4	• 플라잉디스크 골프의 기초 기능 실천 - 플라잉디스크 골프의 기초 기능 연습 및 실천	• 기초 기능 연습 1 - 플라잉디스크 던지고 받기 연습 - 교사는 모둠별로 플라잉디스크 과제를 다르게 제시 - 모둠원은 각 모둠에 할당된 과제를 익힌 후 다른 모둠으로 가서 교수자가 되어 지도 • 기초 기능 연습 2 - 각 모둠의 동일 과제를 학습한 학생들끼리 모여 전문가 집단을 구성하여 연습 - 전문가 집단 모임 후 자신의 모둠으로 돌아가 학습한 내용을 모둠원에게 지도	(㉠)
5~7	• 플라잉디스크 골프의 과학적 원리와 적용 - 플라잉디스크 골프의 과학적 원리 이해 및 운동 수행 적용	• 플라잉디스크 골프의 과학적 원리 적용 - 플라잉디스크 비행의 과학적 원리 이해와 적용을 세부학습 과제로 나누어 제시 - 모둠에서 학습 과제를 선정하고 모둠원들은 학습 과제의 탐구계획 수립과 역할 분담 및 학습조사 - 단체 프로젝트 형식으로 모둠별 조사 내용을 발표 - 각 모둠에게 사전에 성취 수준 점수를 제시한 후 평가	집단연구 (GI)
8	• 플라잉디스크 골프 변형 경기 1 - 플라잉디스크 골프 퍼팅 경기	• 플라잉디스크 골프 퍼팅 경기 - 플라잉디스크 골프 퍼팅 연습 후 모둠별 경기 - 플라잉디스크 골프 퍼팅 경기 결과를 각 모둠의 같은 등위끼리 즉, 1등은 1등끼리, 2등은 2등끼리 점수를 비교 - 같은 등위에서 높은 점수를 얻은 학생에게 일정한 상점 부여 - 플라잉디스크 골프 퍼팅 경기 모둠 등위 판정	(㉡)

9~11	• 플라잉디스크 골프의 경기 기능 이해 및 실천	…(생략)…	
12	• 플라잉디스크 골프 변형 경기 2	…(생략)…	

104 다음은 ○○중학교 1학년 3반 체육 수업의 일화 기록지이다. 시덴탑(D. Siedentop)의 학습자 관리 전략에 근거하여 밑줄 친 ㉠, ㉡에 해당하는 전략의 명칭을 순서대로 쓰시오. [2점] 2015

○○중학교 1학년 3반 체육 수업 일화 기록지

일시 : 2014년 ○월 ○일 수요일 5교시
관찰자 : 수석 교사

수업 초반에는 학생들이 모둠별로 즐겁게 탈춤 동작을 연습하였다. 한창 수업이 진행되는 중에 갑자기 3명의 학생들이 과제에 참여하지 않고 장난을 치기 시작했다. 김 교사는 눈짓으로 주의를 주었지만 학생들은 개의치 않았고, 심지어 다른 모둠의 연습까지 방해했다. 이에 김 교사는 학생들을 불러 한 번 더 주의를 주었다. 하지만 학생들은 잠시 수업에 참여하는 듯하다가 다시 방해 활동을 계속했다.

한참을 고민한 김 교사는 원활한 수업을 진행하기 위해 학습자 관리 전략을 적용했다. 우선 ㉠ 김 교사는 수업 방해 행동을 한 3명의 학생들을 연습에 참여시키지 않고 10분간 수업 장소로부터 떨어진 곳에서 수업 참관을 하게 했다. 그리고 앞으로 ㉡ 수업 방해 행동을 할 때마다 기록하고, 누적 기록이 3회가 되면 이들이 좋아하는 농구 스포츠클럽 대회 출전을 금지하기로 했다. 10분 후 학생들이 연습 장소로 돌아와 과제에 열심히 참여하자 김 교사는 학생들을 칭찬하고 격려해 주었다.

105 다음은 A교육청과 B교육청에서 실시한 연수의 형태와 내용을 비교한 표이다. 슐만(L. Shulman)이 분류한 교사 지식을 근거로 밑줄 친 ㉠, ㉡, ㉢에 해당하는 지식의 명칭을 순서대로 쓰고, 메츨러(M. Metzler)가 구분한 명제적, 절차적, 상황적 지식 중에서 이 연수를 통해 체육 교사가 얻을 수 있는 지식을 A 교육청과 B 교육청을 비교하여 서술하시오. [5점] 2015

주관		A 교육청		B 교육청
연수 형태		체육 교과의 직무 연수		체육 교과의 직무 연수
연수 내용	이론 강의	• 2009 개정 교육과정: 총론, 각론 • 청소년 특성과 상담: 개념, 종류, 사례 • 체육 학습 환경: 교구, 교재 개발 • 교육과 체육 교육의 철학: 교육 목적, 가치 • 5가지 신체 활동 영역의 내용: 역사, 규칙, 과학적 원리 • 교수·학습 방법과 평가: 교수 학습 전략, 수행 평가	이론 강의	• 2009 개정 교육과정: 총론, 각론 • 청소년 특성과 상담: 개념, 종류, 사례 • 체육 학습 환경: 교구, 교재 개발 • 교육과 체육 교육의 철학: 교육 목적, 가치 • 5가지 신체 활동 영역의 내용: 역사, 규칙, 과학적 원리 • 교수·학습 방법과 평가: 교수 학습 전략, 수행 평가
		• 5가지 신체 활동 영역의 내용: 웨이트 트레이닝, 육상, 배구, 댄스 스포츠, 골프 기능	실기 실습	• 5가지 신체 활동 영역의 내용: ㉠ 웨이트 트레이닝, 육상, 배구, 댄스 스포츠, 골프 기능연습
		• 일반적 학습 과제 제시 방법: 설명, 발문 • 일반적 학습 환경 유지 방법: ㉡ 모둠 구성, 수업 운영, 학습자 관리 전략 • 일반적 동기 유발 방법: 의사소통, 동기 유발 전략 • 일반적 수업 관찰 방법: 체계적 관찰과 피드백	수업 실연	• 일반적 학습 과제 제시 방법: 설명, 발문 연습 • 일반적 학습 환경 유지 방법: 모둠 구성, 수업 운영, 학습자 관리 전략 연습 • 일반적 동기 유발 방법: 의사소통, 동기 유발 전략 연습 • 일반적 수업 관찰 방법: 체계적 관찰과 피드백 연습
		• 체육 교수 스타일: 개념, 특징, 의사결정 구조, 분류 • 체육 수업 모형: 개념, 특징, 종류, 과제 구조 • 반성적 체육 수업 모형: 개념, 특징, 순환 구조	실제 수업	• 체육 교수 스타일 적용: 배구 경기 규칙, 과학적 원리, 경기 방법과 같은 교과 내용과 모둠 구성, 학습자 관리, 학습 과제 제시와 같은 교수 방법을 고려하여 수업 상황에 맞게 체육 교수스타일로 통합하고 재구성해서 적용

	• 체육 수업 모형 적용: ⓒ 육상 경기 규칙, 과학적 원리, 경기 방법과 같은 교과 내용과 모둠 구성, 학습자 관리, 학습 과제 제시와 같은 교수 방법을 고려하여 수업 상황에 맞게 체육 수업 모형으로 통합하고 재구성해서 적용 • 반성적 체육 수업 모형 적용: 실제 수업 후 수업 비평과 함께 문제 파악 – 실행 – 관찰 – 반성의 순환적 전략 적용

106 (가)는 홍 교사가 동료 교사와 체육 수업에 대해 나눈 대화 내용이고, (나)는 홍 교사의 배구 수업 진행 장면이다. 〈보기〉의 지시에 따라 서술하시오. [5점] 2015

(가) 홍 교사가 동료 교사와 체육 수업에 대해 나눈 대화

> 홍 교사: 그동안 저의 체육 수업은 학생들의 다양한 특성을 제대로 반영하지 못한 것 같습니다. 나름대로 학생들의 운동 기능이나 체력, 성차를 고려하여 수업을 하려고 했지만 모든 학생들에게 고른 기회를 주지는 못한 것 같습니다.
> 정 교사: 학생들이 학습 유형을 선택하여 연습을 하도록 하면 어때요? 다양한 학습 스테이션을 활용해서요.
> 홍 교사: 좋은 생각입니다. 제가 다음 주부터 배구 수업을 하려고 하는데요. 학생들의 학습 유형을 어떻게 알아볼 수 있을까요?
> 정 교사: 학생들에게 배구를 배웠던 경험과 선호하는 학습 방식에 대해 사전에 설문 조사를 해 보는 것은 어떨까요?

(나) 홍 교사의 수업 진행 장면

> 홍 교사: 지난 시간 리시브에 이어 오늘부터 서브를 배우겠습니다. 앞으로 2주간 ㉠ <u>언더핸드 서브부터 시작해서 플랫 서브, 좀 더 잘하는 학생들은 스파이크 서브까지 배우겠습니다.</u> 지금부터 언더핸드 서브에 대해 설명을 하겠습니다.
> …(중략)…
> 자! 그러면 이제부터 학습 스테이션으로 이동할 겁니다. 지난 주에 설문 조사를 한 내용을 바탕으로 선생님이 서브를 다양하게 학습할 수 있도록 3가지 학습 스테이션을 구성해 보았어요. 선생님이 신호를 하면 자신이 선택한 학습 스테이션으로 이동하여 연습하면 됩니다. 특히, 신체 운동형 학습 스테이션을 선택한 학생은 ㉡ <u>개인별로 체육관 벽으로부터 2미터 떨어진 곳에서 벽에다 소프트 발리볼을 가지고 언더핸드 서브를 넣는 연습부터 하세요. 어느 정도 동작에 익숙해지면 거리를 5미터로 늘리고, 마지막에는 배구공을 가지고 연습하세요.</u> 자! 지금부터 연습을 시작해 봅시다.

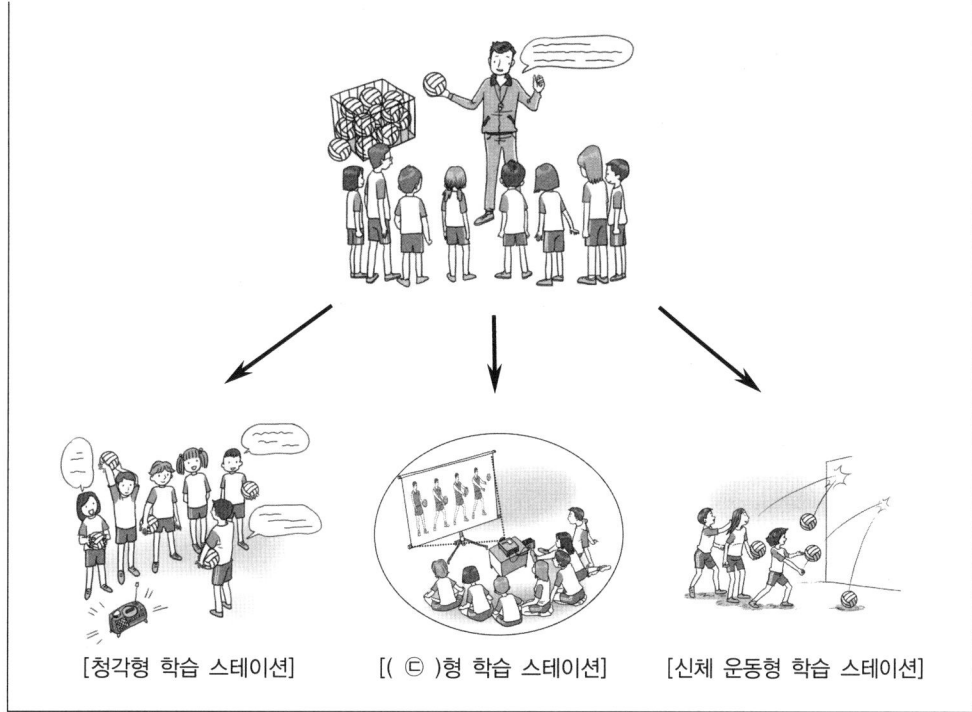

[청각형 학습 스테이션]　　[(ⓒ)형 학습 스테이션]　　[신체 운동형 학습 스테이션]

─{ 보기 }─
1) 링크(J. Rink)의 학습 내용의 발달(content development) 과정에 근거하여 밑줄 친 ㉠, ㉡에 해당하는 확대 과제 유형을 순시대로 쓰시오.
2) 바비와 스와싱(W. Barbe & R. Swassing)의 학습 유형 분류에 근거하여 괄호 안의 ⓒ에 해당하는 용어를 쓰시오.
3) (가)와 (나)에 나타난 홍 교사의 교수·학습 방법의 의미를 2009 개정 교육과정에 따른 체육과 교육과정의 '교수·학습 운영 계획'에 근거하여 2가지만 서술하시오.

107 다음은 서 교사가 작성한 영역형 경쟁 스포츠 활동 단원 계획서의 일부이다. 〈보기〉의 지시에 따라 서술하시오. [10점] 2015

영역형 경쟁 스포츠 활동 단원 계획서

(가) 단원 목표
- 영역형 경쟁 스포츠 활동의 변천 과정과 역사적 의미를 이해한다.
- 영역형 경쟁 스포츠 활동의 경기 방법과 유형별 경기 기능, 전략을 이해하고 창의적으로 적용한다.
- 영역형 경쟁 스포츠 활동의 경기 유형, 인물, 사건 등을 감상하며 비교 분석을 한다.
- 영역형 경쟁 스포츠 활동에 참여하면서 규칙을 준수하고 정정당당하게 경기에 임하는 페어플레이 정신을 기른다.

(나) 학생의 학습 유형 특성

구분	경쟁적 > 협력적	회피적 > 참여적	의존적 > 독립적
특성	• 다른 친구들보다 잘하고자 하는 마음이 강함 • 서로 겨루고 시합하는 것을 좋아함	• 축구 활동을 하고자 하는 의지가 낮음 • 다른 친구들과 함께 참여하는 것을 꺼려함	• 수업 과정에서 주로 교사의 지시에 의존하여 활동함 • 자신감이 부족한 편임

(다) 단원 교수·학습 내용(신체활동 : 축구)

차시	교수·학습 내용
1	영역형 경쟁 스포츠 활동의 변천 과정과 역사적 의미 이해
2	패스의 기능 연습
…	
5	수준별 드리블(제자리, 지그재그, 이동) 선택과 연습
6	슛 동작을 동료끼리 관찰하고 평가하기
…	
11	공격 시 상대에 대한 다양한 전략 만들기
12	팀별 리그전

〈 보기 〉

1) 모스턴(M. Mosston)이 주장한 다양한 수업 스펙트럼(교수 스타일)이 필요한 이유 3가지와 각 이유에 해당하는 내용을 단원 계획서에서 찾아 각각 서술하시오. (단, 다양한 수업 스펙트럼이 필요한 이유 중에 '개인 스타일의 주장'은 제외하며, 이유를 구체적으로 제시하되 교수 스타일의 역할을 포함하여 쓸 것)
2) 라이크먼과 그레이샤(S. Reichman & A. Grasha)가 제시한 학습 선호 분류 차원(dimension)을 근거로 단원 계획서의 (나)처럼 학습 유형을 구분하는 기준을 각각 서술하시오. (단, '의존적/독립적' 유형 구분의 기준은 제외함)

108 다음은 학교스포츠클럽 농구반 지도교사인 박 교사와 최 교사가 농구반 주장인 현우에 대해 나눈 대화 내용이다. 〈보기〉의 지시에 따라 서술하시오. [10점] 2015

> 박 교사: 최 선생님, 요즘에 현우가 연습할 때는 잘하다가 시합에 들어가면 결정적인 실수를 종종 하곤 하는데요. 특히 작년 결승전 경기에서 마지막 자유투 2개를 어이없이 실패해서 진 후, 경기가 잘 풀리지 않으면 소리를 지르고 팀원들에게 짜증을 내기도 합니다. 최근에는 연습 시간에도 늦고, 팀원들과도 싸우는 일이 많아졌습니다.
> 최 교사: 현우가 실전에서 제 실력을 잘 발휘할 수 있도록 먼저 상담을 해 보는 것은 어떨까요? 경기가 잘 풀릴 때를 상상해 보고, 자신의 모습이 머릿속에 잘 그려지는지 물어보세요. 가능하면 자세하게 그 순간의 상황과 기분 등을 설명해 보도록 하고요.
> 박 교사: 머릿속으로 자신의 성공 장면을 떠올린다고요? 그게 잘될까요?
> 최 교사: 처음부터 잘되기는 어렵죠. 자신에게 익숙한 장면부터 차근차근 그리는 연습을 하다 보면 점점 뚜렷한 상을 그릴 수 있게 될 겁니다. 머릿속에 자신이 원하는 상을 그릴 수 있는 기술을 심상(imagery)이라고 하죠. 예전에는 시각만을 강조했는데, 최근에는 ㉠ 운동감각, 청각, 촉각 등 다른 감각 영역까지 포괄하는 개념으로 발전했습니다.
> 박 교사: 그렇군요.
> 최 교사: 그리고 자유투와 같은 폐쇄 기능 기술은 ㉡ 프리샷 루틴(pre-shot routine)을 만들어 평소에 반복연습을 시키면 결정적인 순간에 잘 흔들리지 않아요. 프리샷 루틴 안에 조금 전에 말씀드린 성공적인 수행을 떠올리는 심상을 연결하면 더 좋고요.
> 박 교사: 네, 아주 좋을 것 같습니다. 최 선생님께서 좀 더 구체적으로 가르쳐 주시면 감사하겠습니다. 그리고 현우가 연습 시간에 늦고, 다른 팀원들과 다투면서 주장으로서의 책임감도 많이 부족한데, 어떻게 지도하면 좋을까요?
> 최 교사: 농구반 연습을 할 때 현우가 책임감을 기를 수 있도록 헬리슨(D. Hellison)의 개인적·사회적 책임감 모형을 적용해 보면 어떨까요?
> 박 교사: 아! 네, 그렇군요. 이 모형의 주제인 ㉢ 통합, ㉣ 전이, ㉤ 권한 위임을 활용하면, 책임감을 기르는 구체적인 지도 방법을 계획할 수 있을 것 같습니다.

─〔보기〕─
1) 박 교사가 현우에게 심상을 활용하여 농구의 자유투를 지도할 때 밑줄 친 ㉠을 활용하는 사례를 1가지만 제시하고, 밑줄 친 ㉡에 해당하는 2가지 구성 요소의 명칭과 의미를 각각 서술하시오.
2) 밑줄 친 ㉢, ㉣, ㉤의 개념과 농구반 활동에서 이를 적용할 수 있는 구체적인 지도 방법을 순서대로 서술하시오. (단, 농구반 활동 중에 연습은 '직접 체험 활동' 상황으로 제한함)

109 다음은 유 교사의 배구 수업에 대한 일화 기록지이다. 밑줄 친 ㉠에 해당하는 예방적 수업 운영 활동을 쓰고, ㉡과 같이 운동 기능이나 과제의 중요한 특징을 전달하기 위하여 사용하는 단어나 구를 일컫는 용어를 제시하시오. [2점] 2016

체육 수업 일화 기록지

일시 : 2015년 ○월 ○일(월) 3교시
관찰 : 박○○ 교사

2학년 1반 3교시 수업이 시작됐다. 유 교사는 배구 3차시 오버핸드 패스 수업임을 알렸다. ㉠ 학생들은 학기 초에 연습한 대로 정해진 집합 장소와 위치에 모였다. 교사는 빈자리를 확인하며 신속히 출석을 확인하였고, 체육복 미착용 학생은 복장 점검표에 표시하였다. 유 교사는 '네트를 사이에 두고 파트너와 오버핸드 패스하기'라는 학습 과제를 제시하고 설명했다. 특히, 손을 이마 위로 올리는 동작은 '이마', 손을 삼각형으로 만드는 동작은 '삼각', 공을 받는 동작은 '당겨', 공을 내보낼 때 스냅을 사용하는 동작은 '튕겨'로 설명하였다. 그리고 학생들이 빈손으로 오버핸드 패스 동작을 ㉡ '이마', '삼각', '당겨', '튕겨'의 순으로 쉽게 익힐 수 있도록 구령을 붙여 재인식시켰다.

110 다음은 김 교사가 작성한 체육 수업에 대한 반성 일지와 행동 계약서이다. 괄호 안의 ㉠에 해당하는 행동계약서의 구성 요소와 ㉡에 누락된 내용을 순서대로 쓰시오. [2점] 2016

체육 수업 반성 일지

요즘 3반 학생들의 수업 방해 행동이 부쩍 늘었다. 학기 초에 체육복을 잘 착용하고 과제 활동 중에는 잡담 및 장난을 금지하기로 규칙을 정했으나 잘 지켜지지 않았다. 수업 중 과제 활동 장소로 이동할 때에는 잡담하느라 이동 시간이 늘었다. 학생들의 수업 방해 행동을 바로잡으려고 노력했으나 뜻대로 되지 않았다. …(중략)… 수업 방해 행동을 해결하기 위해서 박 교사에게 조언을 구했다. 박 교사는 수반성(contingency)을 활용하여 '행동계약서'를 작성해 보라고 하였다. 김 교사는 박 교사의 조언에 따라 3반 수업에서 사용할 행동계약서를 작성하였다.

〈행동계약서〉

◦ 3반 학생들과 김○○ 교사는 다음 계획을 4주 동안 진행하는 것에 동의합니다.
◦ 3반 학생들은 다음과 같이 행동합니다.
  • 모든 과제 활동에 열심히 참가합니다.
  • 수업에 참여할 때 체육복을 항상 착용합니다.
  • 과제 활동을 위해 이동할 때 잡담하지 않고 빠르게 이동합니다.

――――― (㉠) 체계 ―――――

◦ 김○○ 교사는 다음과 같이 수행합니다.
  • 3반 학생들이 위의 3가지를 잘 수행할 경우 스티커를 줍니다.
  • 4주간 모은 스티커가 10장이 넘은 학생은 게시판에 우수 학생으로 게시합니다.
  • 우수 학생이 속한 모둠에게는 점심시간 체육관 및 교구 우선 사용권을 줍니다.

㉡

교사 : 김○○ (서명)
교감 : 황○○ (서명)

111 다음은 농구 단원 계획서에 대한 체육 교사들의 대화이다. 단원 계획서와 대화에서 나타나는 하 교사의 가치 정향 명칭을 쓰고, 해당하는 가치 정향에서 강조되는 특성을 체육 교과의 교육 목표와 내용 측면에서 각각 1가지씩 서술하시오. [4점] 2016

> 하 교사: 이번에 농구 수업을 하려고 해요. 단원 계획서를 작성했는데 한번 검토해 주세요.
> 이 교사: 네. 알겠습니다. 단원 계획서를 작성할 때 어디에 중점을 두셨나요?
> 하 교사: 저는 체육 교과 내용 지식을 전달하고 충실히 익히는 것이 중요하다고 생각하여 아래와 같이 농구 단원 계획서를 작성했어요.

단원 계획서					
영역		경쟁 활동/ 영역형		학년	1학년
신체 활동		농구		총 시수	15차시
목 표		농구 수행 원리를 이해할 수 있다. • 농구 기술을 능숙하게 발휘할 수 있다. …(중략)…			
차시	단계	수업 내용	수업 활동		지도상의 유의점
1	지식 습득	…(중략)…			

2	기능 습득	• 패스의 움직임 원리와 충격량
		• 패스 기술
		  -체스트 패스의 기본 자세
		  -체스트 패스의 스텝
		  -1대 1 체스트 패스
		  -이동 체스트 패스
		• 캐치 기술
		  -캐치의 기본 자세
		  -캐치의 스텝
		  -가슴 높이로 날아오는 공 캐치
			• 원리 설명
			• 기술 시범과 반복 연습
					• 기초 지식의 반복 설명
					• 효율적인 지도 전략으로 연습 활동 구성
					• 구체적인 피드백 제공
					• 기술 수준에 따라 단계별 연습 실시
					• 기준 미통과자에 대한 추가 연습 실시

3~14		…(중략)…			
15	평가	• 농구 움직임 원리와 기초 지식 • 농구 기술	• 지필 평가 • 실기 평가		• 기준 미통과자에 대한 추가 과제 부여 및 재평가

112 다음은 체육 수업에서 사용한 모스톤(M. Mosston)의 교수 스타일 과제 활동지이다. 밑줄 친 ㉠, ㉡의 명칭을 순서대로 쓰고, 아래 과제 활동지에 근거하여 두 스타일의 공통점과 차이점을 각각 1가지씩 서술하시오. [5점] 2016

과제 활동지

- 학급 : 3학년 1반
- 성명 : 김○○
- 날짜 : 2015년 ○월 ○일
- 스타일 : ____㉠____
- 과제 활동지 번호 : 5
- 학습 주제 : 웨이트 트레이닝
- 학생 유의사항 : 선생님이 제시한 과제를 1회 시기에 20번씩 3회 연습할 것. 자신의 과제 수행과 수행 기준을 비교할 것. 수행 성취 여부를 ○, △, X로 기록할 것

과제 설명	팔굽혀펴기 : 두 팔을 벌려 엎드리고 팔을 굽혀 가슴이 바닥에 닿을 정도로 내려갔다 올라온다.		
목표	20번씩 3회		
1회 시기	20번	성취	○
2회 시기	20번	성취	○
3회 시기	20번	성취	X
피드백(자기 평가)	2회 시기까지 정확한 자세 실시, 3회 시기는 자세가 부정확함		

과제 활동지

- 학급 : 3학년 4반
- 성명 : 박○○
- 날짜 : 2015년 ○월 ○일
- 스타일 : ____㉡____
- 과제 활동지 번호 : 9
- 학습 주제 : 웨이트 트레이닝
- 학생 유의사항 : 선생님이 제시한 과제를 1회 시기에 20번씩 3회 연습할 것. 자신의 과제 수행과 수행 기준을 비교할 것. 수행 성취 여부를 ○, △, X로 기록할 것

과제 설명	팔굽혀펴기 : 두 팔을 벌려 엎드리고 팔을 굽혀 가슴이 바닥에 닿을 정도로 내려갔다 올라온다.		
목표	무릎과 다리의 위치		
1회 시기	무릎 대고 20번		
2회 시기	무릎 펴고 20번	○	
3회 시기	한 발 들고 20번		○
피드백(자기 평가)	수준 2에서 과제를 시작했음. 수준 3까지 성공했고, 자세는 양호했음		

113 다음은 전술 게임 모형 중심의 중학교 축구 단원의 계획서이다. 트로페(R. Thorpe), 벙커(D. Bunker), 알몬드(L. Almond)가 고안 한 전술 게임 모형(또는 이해중심 게임수업 모형)에 근거하여 〈작성 방법〉에 따라 서술하시오. [4점] 2016

		단원 계획서	
차시	전술 문제	학습 활동	
1	○게임 분류 확인 ○주요 전술과 기술	• 축구 관련 동영상 시청 • 게임 분류 체계 및 축구 특징 확인 • 모둠 편성 후 주요 전술과 기술 목록화	
		…(중략)…	
7	○소유권 유지	• 게임 형식 − 3 대 1 소유권 유지 게임 − 골키퍼 없음, 드리블 금지, 소극적 수비・게임 이해 − 공의 소유권을 유지하기 위해 어떻게 움직여야 하는가? ┌─── (㉠) ───┐ − 2 대 1 패스 연습, 소극적 수비 − 3 대 1 패스 연습, 소극적 수비 └──────────┘ ┌─── (㉡) ───┐ − 3 대 2 소유권 유지 게임 − 골키퍼 없음, 드리블 금지, 적극적 수비 └──────────┘	
		…(중략)…	
16	○정식 게임	• 11대 11 정식 축구 경기	
		…(하략)…	

┌─〔작성 방법〕────────────────────────────┐
• 괄호 안의 ㉠에 해당하는 수업 단계의 명칭을 쓰고, 과제 구조 측면에서 그 특징을 제시할 것
• 괄호 안의 ㉡에 해당하는 수업 단계의 명칭을 쓰고, 과제 구조 측면에서 그 특징을 제시할 것
└──────────────────────────────────┘

114 다음은 체육 교사들의 대화이다. 모형 중심 체육 수업 관점에 근거하여 〈작성 방법〉에 따라 박 교사와 정 교사의 교수·학습 방법 설계의 문제점과 해결 방안을 논하시오. [10점] 2016

> 김 교사: 축구 수업에서 체육 수업 모형을 하나 선택해서 적용해 보려 합니다. 선생님들의 생각은 어떠세요?
>
> 박 교사: 뭘 그렇게 복잡하게 가르치려 해요. 축구 수업을 하는 순서는 대개 정해져 있어요. 드리블, 패스, 슛 등과 같은 기초 기능을 순서대로 가르치고, 학생들의 기능 수준이 어느 정도 되면 경기하는 식으로 수업을 전개하면 돼요. 그리고 한 차시 수업에서는 시범을 정확하게 보이고, 학생들을 연습시키면 돼요. 저는 이를 다른 수업에도 적용하고 있어요. 선생님도 이런 방식으로 수업해 보세요. 몇 번 가르치다 보면, '아! 이렇게 가르치면 어떤 종목에도 적용할 수 있겠구나!' 하는 자신만의 노하우가 생길 거예요.
>
> 정 교사: 저는 교수 전략만 잘 세우면 된다고 봐요. 한 차시 수업은 발문이나 과제 제시, 과제 연습과 피드백, 학습자 관리, 평가 등으로 구성되는데, 교수 전략은 각각의 수업 활동에서 교사와 학생이 수행해야 하는 역할을 명확히 해 줘요. 단원의 계획보다는 한 차시 수업에서 상황에 맞는 교수 전략들을 그때그때 사용해도 수업 목표를 달성할 수 있어요.
>
> …(하략)…

─〔작성 방법〕─
- 체육 수업 모형의 개념을 제시할 것
- 박 교사와 정 교사의 문제점을 각각 1가지씩 순서대로 제시할 것
- 각각의 문제점에 대한 해결 방안을 제시할 것

115 다음은 영역형 경쟁 단원 농구 수업에서 최 교사와 학생들이 나눈 대화 내용이다. 메츨러(M. Metzler)가 제시한 분류에 근거하여, 밑줄 친 ㉠에 해당하는 질문의 유형을 쓰고, 밑줄 친 ㉡에 해당하는 피드백의 유형을 제공자 차원에서 쓰시오. [2점] 2017

> 최 교사 : 이번 시간에는 농구의 공격법 중의 하나인 속공을 배우겠습니다. 속공은 상대팀이 수비 대형을 갖추기 전에 빠르게 공격하는 것을 의미합니다. 속공을 할 때 공을 가진 선수는 기본적으로 무엇을 해야 할까요?
> 은 영 : 자기 팀 선수의 위치와 상대팀 선수의 위치를 확인해야 합니다.
> 최 교사 : ㉠ 그러면 수비 리바운드를 잡은 후 속공하는 방법에는 어떤 것들이 있을까요?
> 성 훈 : 긴 패스로 연결하여 골밑슛을 하거나, 빠른 드리블로 돌파하여 레이업 슛을 할 수도 있습니다.
> 최 교사 : 그렇습니다. 빠른 공격을 위해서는 긴 패스나 드리블 돌파로 슛까지 연결할 수 있습니다. 그러면 지금부터 긴 패스를 받아 레이업 슛으로 연결하는 속공법을 연습해 보겠습니다.
>
> …(중략)…
>
> 최 교사 : ㉡ (경희의 레이업 슛 동작을 관찰한 후) 슛을 할 때 팔꿈치가 많이 굽혀지는구나. 팔꿈치를 쭉 펴면서 다시 한번 슛을 해 보자.
> 경 희 : 선생님, 팔꿈치를 쭉 펴니까 골이 더 잘 들어가요.

116. 다음은 김 교사가 그리핀(L. Griffin), 미첼(S. Mitchell), 오슬린(J. Oslin)의 게임 수행 평가 도구(GPAI)를 활용하여 학생들의 축구 경기 수행 능력을 평가한 결과이다. 밑줄 친 ㉠, ㉡의 순위별 학생 이름을 순서대로 각각 쓰시오. [2점] 2017

〈축구 경기 수행 능력 평가표〉

구분 이름	의사결정		기술 실행		보조	
	적절함	부적절함	효율적임	비효율적임	적절함	부적절함
민서	///	//	///	/	///	//
선욱	////	///	//	///	///	///
정민	///	/	///	-///	////	////

※ '/'과 '−'는 횟수를 의미함

〈순위표〉

구분 \ 순위	1위	2위	3위
㉠ 게임 참여 점수			
㉡ 게임 수행 점수			

117 다음의 (가)는 박 교사의 기록 도전 단원 계획서이고, (나)는 박 교사가 3차시 수업 과정에서 학생과 나눈 대화 내용이다. 〈작성 방법〉에 따라 서술하시오. [5점] 2017

(가) 박 교사의 이어달리기 단원 계획서

영역	기록 도전(이어달리기)		학년	2학년	총 시수	8차시
단원 목표	1. 이어달리기의 역사와 특성을 이해할 수 있다. 2. 이어달리기의 과학적 원리를 이해하고 경기 기능에 적용할 수 있다. …					

차시	내용 요소	교수·학습 활동	
		학습 과제	지도 중점
1	역사와 특성	• 이어달리기의 유래와 변천 과정, 효과와 특성	
2	경기 기능과 과학적 원리	• 단거리 달리기 기록 측정과 모둠 편성	수준별 3개 모둠 편성
3		• 과학적 원리를 적용한 출발법, 중간질주 연습 • 모둠별 이어달리기 기록 측정	기록 단축 목표, 연습 계획의 작성
4		• 배턴 주고받기(제자리, 걸어가며, 달려가며 주고받기) 연습	
5	인내심	• 이어달리기 선수의 끈기 있는 노력에 관한 영상 시청	인내심 발휘 동기 유발
6	(㉠)	• 400m 이어달리기 경기 규칙 이해 및 적용 • 개인 특성에 따른 주자 배치, 신호 및 거리 조절 방법 구안	
7		• 컨트롤 마크 활용법, 효율적인 배턴 주고받기 영상 분석	상황별 문제점 분석 및 개선
8	…	• 모둠별 이어달리기 단축 기록 비교 및 평가	

평가		
평가 내용	평가 요소	평가 방법(도구)
이해력	• 이어달리기의 역사와 특성, 과학적 원리, 경기 규칙 및 방법 이해 • 과학적 연습 방법, 경기 전략 구상	지필 검사 모둠별 보고서
운동 수행 능력	• 개인 단거리 달리기 기록 • 모둠별 이어달리기 경기 기록 변화 및 단축 기록	개인 운동 기능 검사 모둠 경기 수행 기능 검사

(나) 박 교사가 3차시 수업 과정에서 학생과 나눈 대화

박 교사 : 오늘은 A, B, C 모둠별로 400m 이어달리기 5회, 개인별로 출발법 10회, 20m 중간 질주 10회 실시하는 것을 목표로 연습해 보자.
학생들 : (학생들은 연습을 시작한다. 연습 과정에서 A 모둠의 학생들은 이어달리기를 200m 구간에서 하고 있고, 개인 연습도 목표 횟수를 줄여 연습한다.)
박 교사 : (A 모둠의 연습 장면을 관찰한 후) ⓒ <u>너희 모둠은 개인 기록과 체력 수준이 가장 낮으니, 이어달리기는 200m 구간에서 연습하고, 출발법은 3회, 10m 중간질주는 5회를 목표로 연습해 보자.</u>
…(중략)…
박 교사 : (연습을 하지 않고 돌아다니면서 장난을 치는 등 수업 규칙을 지키지 않는 B 모둠의 학생들을 보며) 얘들아, 다른 모둠은 열심히 하는데, 너희는 제대로 하지 않는구나. 너희들 때문에 다른 모둠이 방해가 되고 있는 것 같다.
학 생 : 선생님, 날씨가 너무 더워서 힘이 들어요. 그늘에 가서 쉬게 해 주시면 안 될까요?
박 교사 : (웃으며) 그래, 좋다. ⓒ <u>만약 너희 모둠이 수업 규칙을 잘 지키면 그렇게 하도록 해 주마.</u>

― 작성 방법 ―
- 2015 개정 교육과정에 따른 체육과 교육과정의 '내용 체계'를 근거로, 괄호 안의 ㉠에 해당하는 '내용 요소'를 쓰고, 도전 영역의 '평가 방법 및 유의 사항'의 내용 중 (가)의 '평가'에 반영되지 않은 1가지를 찾아 서술할 것(단, 동작 도전, 투기 도전의 유의 사항은 제외함)
- 시덴탑(D. Siedentop)의 '체육수업 생태의 과제 체계'를 근거로, 밑줄 친 ⓒ, ⓒ의 타협 방식의 명칭을 각각 쓰고, 밑줄 친 ⓒ의 타협 방식에서 박 교사가 사용한 전략을 서술할 것

118 다음의 (가)는 박 교사가 동작 도전 단원을 지도하며 기록한 수업 반성 일지이고, (나)는 전통 표현 단원에서 메츨러(M. Metzler)의 동료 교수 모형을 적용하여 작성한 단원 계획서의 일부이다. 〈작성 방법〉에 따라 논술하시오. [10점] 2017

(가) 박 교사의 수업 반성 일지

> 2016년 ○월 ○일
>
> 마루 운동은 학생들이 어렵고 익숙하지 않은 동작을 배워야 하기 때문에 교사의 세심한 지도가 필요하다. 그래서 나는 ㉠ 직접 교수 모형의 방식으로 모든 학생들에게 개별 지도를 충실하게 하려고 노력했지만, 단원을 마칠 때까지 개별적인 지도가 잘 이루어지지 않았다. 학생 수가 너무 많아 나 혼자 모든 학생을 일일이 지도하는 것이 생각보다 힘들었다. 전통 표현 단원에서는 이를 해결할 수 있는 방법을 찾아야 하는데….

(나) 전통 표현 단원 계획서의 일부

> 〈단원 계획서〉
>
> - 영역 : 표현(전통 표현)   • 신체 활동 : 우리나라의 전통 무용(탈춤)
> - 대상 : 1학년   • 총시수 : 12차시   • 장소 : 무용실
> - 교수·학습 방법
> 1) 내용 선정 : 교사가 학습 내용과 평가 기준 목록을 전달하면, 개인교사(tutor)는 학습 과제의 순서를 정한다.
> 2) 수업 운영 : 교사가 운영 계획과 수업 규칙을 정하고, 개인교사는 연습 장소를 정하고 학습자를 안내한다.
> 3) 참여 형태 : ㉡ 학생들이 개인교사, 학습자의 역할을 할 수 있도록 2인 1조로 짝을 구성하며, 인원이 짝수가 안 될 때는 3인 1조로 구성한다.
> 4) 학습 진도 : 교사가 학습자의 연습 시작과 지속 시간을 결정한다.
> 5) 상호 작용 : ㉢ 교사는 개인교사와 상호 작용하며, 개인교사와 학습자의 상호 작용을 관리한다.
> …(하략)…

⎡**작성 방법**⎤
- 서론, 본론, 결론의 형식을 갖추되, 본론은 다음 4가지를 포함하여 논술하고, 서론과 결론은 본론과 연계성을 갖도록 제시할 것
- 밑줄 친 ㉠을 해결할 수 있는 동료 교수 모형의 장점을 제시할 것
- 단원 계획서의 '교수·학습 방법'에서 메츨러(M. Metzler)의 동료 교수 모형의 수업 주도성 특성과 다른 2가지를 찾아 바르게 제시할 것
- 밑줄 친 ㉡처럼 짝을 만들 때, 링크(J. Rink)가 제시한 또래 교수(peer teaching) 전략에서 과제 전달 효과를 높이기 위해 주로 활용하는 짝 구성 방법을 쓰고, 모스턴(M. Mosston)의 상호 학습형 스타일에서 짝과의 의사소통 발달을 위해 수업 초기에 활용하는 짝 구성 방법과 사회적 발달을 촉진하기 위해 활용하는 짝 구성 방법을 각각 제시할 것
- 밑줄 친 ㉢의 방식 2가지를 수업의 주도성을 고려하여 구체적으로 제시할 것

119 다음은 김 교사의 축구 수업에 대한 관찰 일지이다. 밑줄 친 ㉠에 해당하는 학습자 관리 전략을 쓰고, 링크(J. Rink)의 학습 내용 발달 과정에 근거하여 밑줄 친 ㉡에 해당하는 과제 유형을 제시하시오. [2점] 2018

○○중학교 1학년 7반 축구 수업 관찰 일지

일시 : 2017년 ○○월 ○○일(금) 5교시
관찰자 : 이○○

학생들이 A, B 2개의 모둠으로 나뉘어 축구 인스텝킥 연습을 한다. A 모둠 학생들이 골대와 15m 떨어진 지점에서 킥을 하면 B 모둠 학생들은 축구 골대 뒤에 서서 A 모둠 학생들에게 다시 공을 굴려 준다.
대부분의 학생들이 과제에 열심히 참여한다. 그러나 B 모둠 일부 학생들이 A 모둠으로 공을 정확히 굴리지 않고 일부러 엉뚱한 곳으로 굴린다. 김 교사가 학생들에게 여러 번 주의를 준다. 그럼에도 ㉠ <u>학생들이 장난을 멈추지 않자 김 교사는 학생들에게 공을 정확히 굴리는 행동을 반복적으로 실시하게 한다.</u> 학생들이 더 이상 장난을 치지 않고 공을 정확하게 굴리자 김 교사는 학생들을 칭찬한다.
…(중략)…
김 교사가 학생들의 킥 연습 동작을 지켜본다. 일부 학생들이 정확한 동작으로 킥을 하지 못한다. 김 교사가 이들을 한데 불러 모은 후, ㉡ <u>"상체가 뒤로 젖혀지지 않게 앞으로 살짝 숙여서 킥을 하세요", "공을 좀 더 끝까지 지켜보고 킥을 하세요"</u>라고 말한다. 자리로 돌아간 학생들이 정확한 동작으로 킥을 하려고 노력한다.

120 다음은 교사의 얼티미트 수업 준비 노트이다. 괄호 안의 ㉠과 ㉡에 알맞은 학습 활동의 명칭을 쓰시오. [2점] 2018

<수업 준비 노트>

학습 활동	방법
(㉠)	• 얼티미트 경기가 진행되는 동안 티칭 모멘트가 발생하면 언제든지 경기를 중단할 수 있음 • 경기 중 특정 장면을 반복 수행하여 경기상황에 대한 다른 시각을 가질 수 있게 함 • 얼티미트 경기 점수를 기록하지 않고 특정 규칙을 적용하지 않음
(㉡)	• 정식 게임을 단순화한 형태이며, 게임에서 많이 반복되는 한두 가지의 기능 측면에 초점을 둠 • 단순한 디스크 던지기 기능 연습에서 완전한 형태의 얼티미트 경기로 이어주는 가교 역할을 함 • 포어핸드 던지기, 백핸드 던지기를 활용한 게임으로 기능을 습득함
변형 게임	• 학생들이 많이 움직이도록 경기장 크기를 확장함 • 학생들이 디스크를 던지고 받을 기회를 늘리기 위해 경기 인원수를 축소함 • 다양한 전략과 전술을 사용하도록 득실점의 규칙을 바꿈

121 다음 (가)와 (나)는 수석교사가 신규교사의 체육 수업을 관찰한 기록의 일부이다. 〈작성 방법〉에 따라 순서대로 서술하시오. [4점] 2018

(가)

체육 수업 관찰 기록지

- 주요 관찰 내용 : 교사의 피드백 제공
- 피관찰 교사 : 이○○ • 차시 : 3/12 • 학습 활동 : 축구 패스
- 관찰자 : 박○○ • 관찰 시작 : 9시 5분 • 관찰 종료 : 9시 40분
- 관찰 지속 시간 : 35분 • 날짜 : 2017. ○○. ○○.
- 관찰 대상 행동

긍정적 피드백	부정적 피드백	칭찬	역정
卌 /	卌 卌 卌 卌 卌 ///	卌 卌	卌 卌 卌
6	28	10	15

- 자료 요약

…(하략)…

(나)

체육 수업 관찰 기록지

- 수업 활동 : 축구 패스
- 대상 : ○○중학교 1학년 3반 24명
- 일시 : 2017년 ○○월 ○○일 수요일 5교시
- 관찰자 : 박○○

준비 운동 후 모둠 편성을 바로 시작한다. 교사 주도로 3명을 한 모둠으로 하여 8개 모둠이 구성되고, 모둠별 활동 장소와 패스 과제가 주어졌다. 교사는 모둠별로 돌아가며 패스 과제를 설명하고 시범보인다. 다양한 종류의 패스를 8개 모둠에서 동시에 진행하는 방식으로 수업이 조직·운영된다. 아웃사이드 패스와 같이 난이도가 높은 연습 과제를 수행해야 하는 모둠에서는 어려움을 겪고 있고, 모둠 간 활동 공간이 겹치는 현상이 자주 발생하기도 한다. ㉠ 너무 많은 모둠과 과제로 나누어져 수업이 운영되므로 대기 시간이 많아지는 등 비효율적으로 전개된다.

10분이 경과하자, 일부 모둠에서 과제 수행을 게을리 하고 과제를 이탈하는 학생이 늘어난다.
…(하략)…

―〈작성 방법〉――
- (가) 관찰법의 명칭을 쓰고, (가) 관찰법의 특징을 관찰 행동의 결과를 분석하는 요인을 포함하여 기술할 것
- 쿠닌(J. Kounin)의 주장에 근거하여 밑줄 친 ㉠과 같은 상황을 설명하는 용어를 쓰고, 수업 운영 측면에서 ㉠의 문제점을 기술할 것

122 다음의 (가)는 시기별 고등학교 체육 교과 편성의 주요 변화를 나타낸 자료이고, (나)는 시기별 체육과 교육과정의 특징에 대한 교사와 교육 실습생과의 대화이다. 〈작성 방법〉에 따라 순서대로 서술하시오. [4점] 2018

(가)

시기	교육과정의 특징
(A)	• 고등학교 선택 교육과정에서는 교과 영역이 기초, 탐구, 체육·예술, 생활교양으로 구분되었다. 체육은 체육·예술 교과 영역에 속하고, 운동과 건강생활, 스포츠 문화, 스포츠 과학 과목이 개발되었다
(B)	• 10학년은 국민 공통 교육과정의 일환으로 체육 과목이 편성되었고, 11~12학년은 선택 교육과정으로 운동과 건강생활, 스포츠 문화, 스포츠 과학 과목이 개발되었다.
(C)	• 고등학교 과목은 공통 과목과 선택 과목으로 이원화되었고, 체육은 선택 과목에 편성되었다. 체육, 운동과 건강, 스포츠 생활, ㉠ 체육 탐구 과목이 개발되었다.

(나)

> 교 사: 체육과 교육과정은 (A), (B), (C) 시기별로 어떤 특징을 가지고 있나요?
> 김○○: (A) 시기에는 '신체 활동 선택 예시'에서 '신체 활동 활용 예시'로 바뀌었습니다. 또한 이 시기에는 학년군별, 영역별, 내용별로 성취기준이 제시되었습니다.
> 이○○: (B) 시기는 체육과 교육과정 내용 영역을 건강 활동, 도전 활동, 경쟁 활동, 표현 활동, 여가 활동으로 구성하였습니다. 또한 이 시기에는 인지적 영역, 심동적 영역, 정의적 영역의 내용이 통합되어 제시되었습니다.
> 박○○: (C) 시기의 성취기준은 내용 체계의 핵심 개념과 학년별 내용 요소가 융합한 형태로 진술되었습니다.

─〔작성 방법〕─
• (가)의 (A), (B), (C)를 시기순(과거 → 현재)으로 배열하고, 밑줄 친 ㉠의 내용 영역을 기술할 것
• (나)의 시기별 체육과 교육과정의 특징에 대한 밑줄 친 응답 중에서 잘못된 1가지를 찾아 바르게 수정하여 기술할 것

123 다음은 고등학교 교사들의 안전 영역 수업에 관한 대화 내용이다. 〈작성 방법〉에 따라 순서대로 서술하시오. [5점] 2018

> A 교사: 지난해 운동 손상을 입었던 학생들이 많았는데 걱정이에요.
> B 교사: 맞아요. 2018학년도 신입생들에게는 '운동 손상의 예방과 대처'에 대한 이해와 실천 능력을 기르는 데 중점을 두어야겠어요.
> A 교사: 그럼 1학년 신입생들에게 체육과 선택 과목 중 어떤 과목이 가장 적절할까요?
> C 교사: 저는 체육 과목이 가장 적절하다고 봅니다.
> B 교사: 그런데 2015 개정 체육과 교육과정을 보니 체육 과목에서는 '돌연히 발생할 수 있는 심정지에 대비하기'위한 (㉠)을 내용 요소로 강조하고 있던데요.
> C 교사: 그런가요? 그럼 '운동 손상의 예방과 대처'를 강조한 과목은 무엇인가요?
> B 교사: (㉡) 과목이 있는데, 우리가 가르칠 내용 요소와 일치합니다.

─〈작성 방법〉─
- 괄호 안의 ㉠에 들어갈 안전 영역의 내용 요소를 쓰고, ㉠에 적합한 '교수·학습 방법 및 유의 사항'을 서술할 것
- 괄호 안의 ㉡에 들어갈 과목명을 쓰고, 해당 과목의 안전 관련 영역 내용 요소 1가지를 쓸 것 (단, 대화에서 언급한 내용 요소는 제외함)

124 다음 (가)는 중등 체육과 1급 정교사 자격연수에서 '체육교사의 수업 전문성'이라는 주제로 이루어진 강의 자료이고, (나)는 강사와 연수생 사이에 진행된 대화의 일부이다. (가)와 (나)를 참고하여 체육 교사의 수업 전문성 발달 과정을 〈작성 방법〉에 따라 논술하시오. [10점]

2018

(가)

1) 수업 전문성 발달

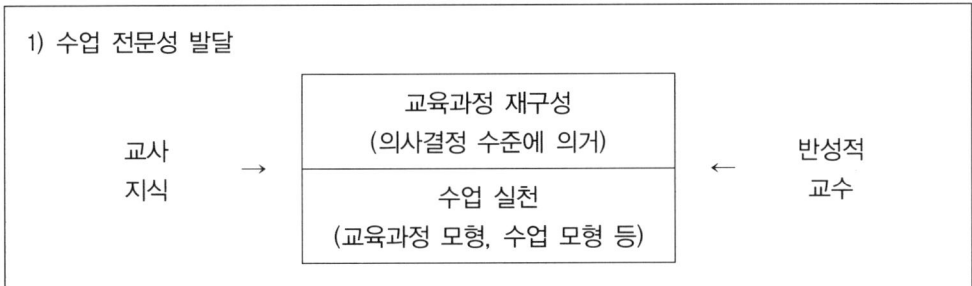

(나)

김 교사 : 저는 무엇보다 새로운 교육과정을 적용하는 게 어려워요. ㉠ 국가 수준의 교육과정을 단순히 따라하는 게 아니라 교육과정을 재구성하여 저만의 체육 수업을 계획하여 실천하고 싶어요. 선생님은 교육과정을 어떻게 구성하시나요?

박 교사 : 저 또한 교육과정을 학교나 학생의 입장에서 재구성하여 적용하려고 노력합니다. 이 과정에서 가장 중요한 출발점은 체육교사가 수업을 통해 학생들에게 무엇을 어떻게 가르칠 것인지 결정하는 것이라고 생각합니다. 선생님은 어떻게 생각하세요?

김 교사 : 저는 요즘 학생들이 서로 더불어 살아가는 기술이 부족하다고 생각합니다. 체육수업은 이런 학생들에게 협력하는 방법을 배울 수 있도록 도움을 주어야 한다고 봅니다. 저는 이를 실현할 수 있는 교육과정 모형이나 수업 모형에 관심을 갖고 있습니다.

박 교사 : 저도 학생들에게 더불어 생활하는 방법을 가르치기 위해 집단을 활용하는 교육과정 모형이나 수업 모형을 적극 활용하고 있습니다.

김 교사 : 동료 교수 모형, ㉡ 협동 학습 모형, 스포츠 교육 모형은 집단 학습이 가능한 특징이 있죠. 그런데 모형을 수업에 실제적으로 적용하는 게 쉽지 않더라고요.

박 교사 : 저도 어려움이 많았어요. 동료 교사와 수업에 대해 토론하고, 학회 등에 참석하면서 ㉢ 각 학년의 발달 단계에 적합한 내용과 프로그램에 대한 지식도 증가하고, 저만의 ㉣ 내용 교수법 지식(PCK : Pedagogical Content Knowledge)을 얻게 되었습니다. 이를 통해 교사 지식과 수업 모형도 적절히 적용할 수 있게 되었습니다. 선생님도 수업연구모임이나 학회 활동에 참여해 보세요.

김 교사 : 예, 알겠습니다. 저는 우선 학교에서 수업 전문성을 높이고 싶은데 좋은 방법이 없을까요?

박 교사 : ㉤ 수업을 성찰하고 반성적 교수·학습 방법을 활용해 보셨으면 합니다. 선생님의 수업 전문성 향상에 큰 도움이 될 겁니다.

┌─[작성 방법]───
│ • 서론, 본론, 결론의 형식을 갖추되, 본론은 다음 4가지를 포함하고, 서론과 결론은 본론과
│   연계성을 갖도록 논술할 것
│ • 밑줄 친 ㉠의 교육과정 명칭을 의사결정 수준에 따른 교육과정 분류에 근거하여 쓰고, 이
│   수준에서 개발할 교육과정 문서 2가지를 제시할 것
│ • 밑줄 친 ㉡의 학습과정에서 협동적인 학습을 촉진하는 기본 요인 2가지를 존슨, 존슨과 호루백
│   (D. Johnson, R. Johnson&E. Holubec)의 주장에 근거하여 기술할 것
│ • 슐만(L. Shulman)이 주장한 교사 지식의 분류에 근거하여 밑줄 친 ㉢에 해당하는 명칭을
│   쓰고, 밑줄 친 ㉣의 개념을 기술할 것
│ • 밑줄 친 ㉤의 과정에서 이루어지는 반성의 2가지 유형을 숀(D. Schön)의 주장에 근거하여
│   기술할 것
└──

125 다음은 2015 개정 체육과 교육과정 표현 영역 '현대 표현의 역사와 특성' 단원의 수업에 대한 교육 실습생의 교육 실습 일지이다. 시덴탑(D. Siedentop)의 주장에 근거해서 밑줄 친 ㉠에 해당하는 교수기능 발달단계의 명칭과 ㉡에 해당하는 교수기능 연습법을 순서대로 제시하시오. [2점] 2019

교 육 실 습 일 지

2018년 ○○월 ○○일(금) 2교시 ○학년 ○반

〈교육 실습생 성찰〉
오늘은 아이들과 현대 표현의 역사와 특성에 관해 '라인 댄스와의 만남'이라는 주제로 수업을 했다. 단원 계획에 맞는 교수·학습 지도안도 작성하고, 수업에 필요한 지도 자료와 학습 자료를 꼼꼼히 준비했다. 하지만, 수업은 내 계획대로 진행되지 않았다.
나름 수업 준비를 철저히 했다고 생각했지만, ㉠ 학생들과 상호 작용하는 것이 쉽지 않았다. 의사를 전달하는데 필요한 어휘가 부족했고, 전과 다른 방식으로 의사소통을 하는 것이 어색했다. 특히 수업 중에 학생들을 칭찬하는 것이 어려웠다.
수업 내내 어색하고 혼란스러웠으며, 어떻게 내가 수업을 하고 나왔는지조차 모를 정도였다. 뭔가 대책을 세워서 다음 수업에서는 보완을 해야겠다.

〈지도 교사 의견〉
많이 당황하고 힘들었겠지만 지금 상황은 모든 교사가 겪는 과정이니 너무 자책하진 마세요. 조금만 노력하면 그 단계는 단기간에 극복할 수 있습니다. 다양한 교수기능 연습법을 활용하면 좋습니다. ㉡ 거울 앞에 서서 비언어적 행동을 연습하고, 수업 중 사용한 언어를 다시 들어볼 수 있도록 녹음기를 활용할 수 있습니다. 또한 자신이 가르치는 장면을 분석하기 위해 비디오 시스템을 활용하는 것도 좋은 방법입니다.

126 다음은 A 체육교사의 교직 생활 성찰 일지이다. 〈작성 방법〉에 따라 순서대로 서술하시오.

[4점] 2019

> 오랜 교직 생활을 거치며 체육교육에 대한 생각도 변화되고, 수업 방식도 바뀌었다.
> 초임기는 주로 학생들이 건강하고, 운동을 잘하고, 체육적 지식을 많이 알도록 가르치는 것이 제일인 줄 알았다. 때문에 체력과 운동기능, 스포츠, 체육 관련 지식 등을 가르치고자 노력하였다. 하지만, 그 시절에는 수업 방법도 다양하지 못하였고, 일제식 수업과 ㉠ 직접교수모형을 주로 사용하였다.
>
> …(중략)…
>
> 중년기에는 학생 개인의 발달도 중요하지만, 사회적 덕목이나 규범의 학습이 더욱 강조되어야 한다고 생각하였다. 때문에 협동심, 참여, 타인 존중 등 사회적 책무성을 중시하였다. 스포츠는 사회의 축소판이기에 스포츠 활동을 통해 사회적 덕목을 효과적으로 가르칠 수 있다고 믿고 지도하였다. 그 당시 책임감 발달을 위해 헬리슨(D. Hellison)이 개발한 개인적·사회적 책임감모형을 적용하기도 하였다.
>
> …(중략)…
>
> 점점 경륜이 쌓이면서(숙련기) 학생들이 자아를 발견하고, 자기관리 능력을 키워 전인적으로 성장하길 기대하였다. 체육 수업을 통해 학생들이 성취를 경험하고, 자신감과 긍정적 자아개념을 형성하는 것을 의도하였다. 그런 경험들을 토대로 심동적, 인지적, 정의적 영역의 통합적 발달을 추구하였다. 수업 방식으로는 학생들의 적성과 개인차를 존중하며, ㉡ 개별화 지도모형과 수준별 수업을 실시하였다.
> 개별화지도모형을 적용함에 있어서, ㉢ 학생들이 2가지 이상의 기준 과제에서 습득한 기능을 조합하여 연습할 수 있는 리드-업 게임이나 변형 게임을 제공하며 수업을 진행하였다.

〔작성 방법〕
- A 체육교사의 중년기와 숙련기에 나타난 교육과정 운영에 대한 가치 정향의 명칭을 순서대로 쓸 것
- 밑줄 친 ㉠, ㉡의 과제 제시 방법의 특징을 기술할 것
- 메츨러(M. Metzler)의 주장에 근거하여, 개별화지도 모형을 적용하기 위한 6가지 과제 중 밑줄 친 ㉢에 해당하는 과제의 명칭을 쓸 것

127 다음은 박 교사의 체육 수업 상황을 기술한 것이다. 〈작성 방법〉에 따라 순서대로 서술하시오.

[4점] 2019

> - 학년-반 : 2학년 5반
> - 내　　용 : 이어달리기
> - 장　　소 : 운동장
> - 일　　시 : 2018년 6월 ○○일 2교시

〈상황 1〉
날씨가 더워 학생들의 육상 수업 참여 태도가 나빠지자, 박 교사는 1차시에 학생들과 함께 작성한 문서를 보여 주며, "6월부터는 날씨가 더워 35분 동안 육상 연습을 하고, 10분 동안 자율 활동을 하기로 약속했지요. 대신 약속한 대로 더워도 열심히 연습해야 합니다. 그늘에서 쉬지 말고요. 알겠지요?"라고 말한다. 그 후 200m 구간에서 이어달리기 배턴 터치 방법을 지도한다.

〈상황 2〉
박 교사는 과학교사와 관성의 법칙에 대한 개념을 지도하기로 사전 합의하였고, 체육 시간에 학생들이 이 내용을 배웠는지 확인한다. 그 후 수업 내용을 상기시키며, 배턴 터치 구간에서 관성의 법칙을 어떻게 적용해야 하는지 설명하고 시범을 보인다.

〈상황 3〉
과제 제시 시간에 몇몇 학생들이 ㉠ 장난을 치며 일탈행동을 보이자, 박 교사는 ○○학생을 손가락으로 가리키며 수업을 진행한다. 이후 수업 분위기를 긍정적으로 유도하고자 ㉡ 가벼운 유머를 곁들이며 수업을 진행한다.

〔작성 방법〕
- 시덴탑(D. Sidentop)의 행동수정 전략에 근거하여, 〈상황 1〉에 적용한 행동수정 방법을 쓸 것
- 포가티(R. Fogarty)의 통합 방식에 근거하여, 〈상황 2〉에 적용한 통합 방식의 명칭과 개념을 기술할 것
- 온스틴과 레빈(A. Ornstein & D. Levine)이 제시한 수업 예방 행동에 근거하여, 밑줄 친 ㉠, ㉡에 해당하는 교수 기능을 쓸 것

128 (가)는 윤 교사, 민 교사의 전문성 발전을 단계별로 나타낸 표이고, (나)는 (A)에 해당하는 수업 상황 중 질문과 관련한 교사의 행동 평정표이다. 〈작성 방법〉에 따라 순서대로 서술하시오. [5점] 2019

(가) 교사 전문성 발전 단계

단계	윤 교사	민 교사
초기 단계	• 방임적인 수업 중심 • 계획적이지 못한 수업	• 학생 선호 종목 중심 • 지시적이고 명령적인 수업
발전 단계 1 (교수 스타일 탐색)	(A) • 목표, 개념 중심의 논리적, 계열적 질문 설계 • 스스로 답변을 찾게 하는 계열적 질문 제공 • 수용적 분위기 제공	(B) • ㉠ 교사, 관찰자, 수행자 역할 설정 • 학생들 간의 역할 교대, 상호 작용 중시 • 관찰자 수행 과정에 사회화 과정 중시 • 학습자의 수준에 맞는 과제 활동지 작성 제공
발전 단계 2 (수업 모형 탐색)	(C) • 질문자로서의 교사, 문제해결자로서의 학습자 • 사고력, 문제해결력, 탐구력 증진 • 다양한 형태의 질문 제공 • 학생의 창의적 대답을 중시	(D) • 학생 상호 간의 교수·학습 활동 중시 • 학생은 개인교사, 학습자 역할 수행 • 개인교사는 관찰, 피드백 제공 • 상호작용에 의한 사회성 학습

(나) 교사 행동 평정표

교사의 행동	전혀	가끔	보통	자주	항상
☐ 학생이 답변을 할 때까지 기다렸다.	1	2	3	4	5√
☐ 질문에 대해 해답을 말해줬다.	1√	2	3	4	5
☐ 학습자 반응에 피드백을 제공했다.	1	2	3	4√	5
☐ 확산적인 질문을 제공했다.	1	2	3	4	5√

┌ 작성 방법 ┐
• (A)와 (C)에 해당하는 교수 스타일, 수업 모형을 순서대로 기술하고, (C)에서 강조하는 학습 목표의 최우선 영역을 기술할 것
• 밑줄 친 ㉠의 교사, 관찰자, 수행자 간 의사소통 방향과 역할에 대해 기술할 것
• (나)의 교사 행동 평정표를 보고, 교사의 행동 중 규칙에 벗어나는 행동을 찾아 수정할 것

129 다음은 ○○중학교에서 유 교사가 2015 개정 체육과 교육과정을 반영한 도전 영역 단원의 교수·학습 및 평가를 계획하면서 체육부장인 장 교사와 나눈 대화의 일부이다. 앞으로 전개될 유 교사의 도전 영역 수업의 교수·학습 및 평가 계획에 대해 〈작성 방법〉에 따라 논술하시오. [10점] 2019

유 교사 : 부장님, 제가 2015 개정 체육과 교육과정을 반영한 도전 영역의 단거리 달리기의 교수·학습 및 평가를 계획하고 있습니다. 이와 관련해서 조언을 부탁드립니다.

장 교사 : 교육과정의 내용 중 어떤 점을 반영해서 도전 영역 단원을 지도하고 싶으세요?

유 교사 : 우리 학교의 체육 수업 실태와 교육과정을 분석해 본 결과, 2015 개정 체육과 교육과정의 교수·학습의 방향 중 체육과 역량 함양을 지원하는 교수·학습, 맞춤형 교수·학습 방법의 선정과 활용, 학습자 특성을 고려한 수준별 수업에 관한 내용을 반영하고 싶습니다.

장 교사 : 유 선생님은 단거리 달리기 수업을 통해서 학생들이 어떤 역량을 함양하면 좋겠어요?

유 교사 : 단거리 달리기를 선택하여 교수·학습할 경우, ㉠ 자신의 신체적 수준을 이해하고 받아들이면서도 지속적이고 적극적인 단거리 달리기 연습을 통해 새롭게 설정한 목표를 달성할 수 있는 능력을 길러주고 싶습니다.

…(중략)…

장 교사 : 유 선생님께서 적용하고 싶은 수업 모형과 스타일, 전략, 수업 기법이 있나요?

유 교사 : 예, 저는 교수 전략 중 ㉡ 협력교수법을 적용하고 싶습니다.

장 교사 : 왜 협력교수법을 적용하고 싶으세요?

유 교사 : 그 이유는 우리 학교가 남녀공학이고, 통합 학급도 있어서 ㉢ 학습자 특성인 흥미, 체력, 성차를 고려한 수준별 수업에 어려움이 많습니다. 마침 도전 영역을 지도하는 시기에 사범대학 학생들의 교육 봉사활동이 있어서 해당 학생에게 지원교사 역할을 부여하면 협력교수법의 특성을 잘 살릴 수 있는 좋은 수업이 될 것 같습니다.

…(중략)…

장 교사 : 우리 학교의 특성상 교수·학습 활동이 이루어질 때 학생들에게 평등한 학습 기회를 제공했으면 좋겠습니다.

유 교사 : 아, 그건 미처 생각하지 못했습니다. ㉣ 교사로 인해 체육수업에서 발생할 수 있는 불평등 요소를 파악한다면 평등한 학습 기회를 제공하는데 도움이 될 것 같습니다.

…(중략)…

장 교사 : 그럼, 평가는 어떻게 구상하고 있나요?

유 교사 : 예, 교육과정 내용을 반영하여 학습의 결과뿐만 아니라 학습의 과정을 포함하여 평가하고자 합니다. ㉤ 스마트 기기를 활용해서 학생들의 수행 과정을 영상과 기록으로 남긴 자료와 최종 산출물로 제작한 UCC를 평가 자료로 활용한 평가를 할 예정입니다.

장 교사 : 유 교사의 수업에 대한 열정에 감동했습니다. 앞으로 계획한 수업이 잘 이루어지고, 수업 개선을 위한 반성적 체육 수업을 기대하겠습니다.

┌─{작성 방법}───
│ • 서론, 본론, 결론의 형식을 갖추되, 본론은 다음 5가지를 포함하여 논술하고, 서론과 결론은
│   본론과 연계성을 갖도록 제시할 것
│ • 밑줄 친 ㉠의 내용에 가장 부합하는 2015 개정 체육과 교육과정의 체육 교과 역량을 제시할 것
│ • 밑줄 친 ㉡에서 집단 편성과 지원교사 측면의 장점을 각각 1가지 제시할 것(단, 학습자 특성을
│   고려한 수준별 수업 상황을 전제로 함)
│ • 밑줄 친 ㉢에서 2015 개정 체육과 교육과정 문서상 추가해야 할 학습자 특성 2가지를 제시
│   할 것
│ • 밑줄 친 ㉣을 내퍼-오웬(G. Napper-Owen)의 주장에 근거하여 상호 작용과 언어 사용 측면
│   에서 각각 1가지 제시할 것
│ • 밑줄 친 ㉤에 해당하는 수행평가 방법을 제시할 것
└──

130 다음은 2019학년도 ○○중학교에서 작성한 체육 교과 협의회 회의록이다. 〈작성 방법〉에 따라 순서대로 서술하시오. [4점] 2020

체육 교과 협의회 회의록			
일시	2019년 ○○월 ○○일	장소	체육 교과 협의실
참석교사	김○○, 이○○, 정○○, 송○○		
안건	자유학기제 지원을 위한 체육교사들의 의견 수렴		
협의내용	• 수업 활동 영역 지원 　－진로 탐색 활동, 주제 선택 활동, 동아리 활동, 예술·체육활동 중 체육 교과에서 지원 가능한 영역을 선택함 • 수업 설계 　－블록타임제를 고려하여 체육교사와 외부 강사의 팀티칭이 요구됨 　－중간·기말고사 등 일제식 평가를 실시하지 않고 (㉠) 중심의 평가를 실시함 • 수업에서 실시할 신체활동 선정 　－소프트 발리볼을 선택함 • 수업에서 활용할 교수·학습 방법 　－수업에서 학생들의 경기 기능 향상을 위해 ㉡ <u>언더 및 오버핸드 패스 과제를 통해 학습한 기능을 실제로 활용하거나 평가하기 위한 과제(예를 들어, 기능이 숙달된 학생들을 대상으로 서브와 스파이크 없이 진행하는 3 대 3 게임 등)</u>을 구성할 것 　－수업에서 학생들의 인성 함양을 위해 개인적·사회적 책임감 모형(TPSR) 적용이 요구됨		
유의사항	• 개인적·사회적 책임감 모형 적용 시 유의점 　－수업 중에 존중, 노력, 협동을 내면화하고, 수업 후에는 자신의 행동을 되돌아볼 수 있도록 지도가 요구됨 　－㉢ <u>학생들이 체육관에서 배운 책임감을 방과 후 학교나 지역사회에서 연계하여 적용할 수 있도록 지도가 요구됨</u> 　－가치 실천과 더불어 ㉣ <u>신체 활동의 생활 속 실천력 강화</u>가 이루어지도록 지도가 요구됨		

〔작성 방법〕
- 괄호 안의 ㉠에 해당하는 용어를 2015 개정 교육과정 총론에 근거하여 쓸 것
- 밑줄 친 ㉡에 해당하는 과제 명칭을 링크(J. Rink)의 내용 발달에 근거하여 쓸 것
- 밑줄 친 ㉢과 관련된 헬리슨(D. Hellison)의 개인적·사회적 책임감 모형의 주제를 1가지 쓰고, 밑줄 친 ㉣을 위한 교수·학습 방향을 2015 개정 중학교 체육과 교육과정의 '교수·학습의 방향'에 근거하여 서술할 것

131 다음의 (가)와 (나)는 모스턴(M. Mosston)의 교수 스타일을 요약한 것이다. 〈작성 방법〉에 따라 순서대로 서술하시오. [4점] 2020

모스턴의 교수 스타일

(가) (㉠) 스타일

- 학생의 역할은 특정 문제에 대한 다양한 설계/해답/반응을 발견하는 것이다.
- 학생은 자극 속에서 인지 부조화 상태를 겪고 다양한 해법을 매개하는 과정에서 다양한 반응을 생성한다.
- 교사는 발견의 역치를 넘어 (㉡)의 단계로 학생들을 이끈다.
- 교사는 최선의 해답을 찾기 위해 특정 해답들을 선택하고 다른 해답들을 버리는 과정을 거친다.

(나) (㉢) 스타일

- 과제가 수준별 학습을 지향할 때 활용이 가능하다.
- 학생은 교사가 안내한 과제 수준의 출발 지점을 스스로 선택한다.
- 학생은 교사가 마련한 평가 기준에 기초하여 과제 수행을 점검한다.
- 교사는 학생이 선택한 과제 수준에 대하여 가치적 피드백 제공을 지양한다.

〔작성 방법〕
- 괄호 안의 ㉠, ㉡에 해당하는 명칭을 순서대로 쓸 것
- 괄호 안의 ㉢에 해당하는 명칭을 쓰고, 이 교수 스타일에서 과제 수행 전, 중, 후 의사결정 주체를 순서대로 서술할 것

132 다음의 (가)는 박 교사의 수업 반성 일지이고, (나)는 교수·학습 지도안의 일부이다. 〈작성 방법〉에 따라 순서대로 서술하시오. [4점] 2020

(가) 수업 반성 일지

> 학생들의 배구 기초 기능이 향상되어 경기를 하였으나 많은 학생들이 경기 규칙을 몰라 우왕좌왕하는 모습을 보였다. ㉠ <u>경기규칙에 관한 수업을 충분히 한 후, 이에 관한 지필 평가를 실시하여 모든 학생들이 90점을 넘었을 때 경기를 해야겠다.</u>
> …(중략)…
> 스파이크 기능에도 관심을 기울여야겠다. ㉡ <u>스파이크 기능을 어려워하는 학생들이 이해하기 쉽게 "독수리가 하늘로 비상하기 위해 날개를 쫙 펴듯이 상체를 숙이고 팔을 뒤로 힘껏 뻗는 자세를 취한 후 점프해야 한다"라는 비유를 활용해 지도해야겠다.</u> 또한 수업 중 학생들이 활발한 상호작용과 협동을 할 수 있게 해야겠다.

(나) 교수·학습 지도안

영역 신체활동	㉢ 네트형 경쟁 배구	학년	3학년	차시	6/14
교수·학습 과정					시간

- 전개
- 직소 Ⅰ(Jigsaw Ⅰ) 모형을 활용하여 배구 기초 기능을 다음과 같이 연습함

   1단계
   - 학급을 A, B, C 3개의 큰 모둠으로 나눈다.
   - 각각의 큰 모둠 안에서 다시 4개의 작은 모둠 ⓐ, ⓑ, ⓒ, ⓓ를 만든다.
   - ⓐ는 언더핸드 패스, ⓑ는 오버핸드 패스, ⓒ는 서브, ⓓ는 블로킹을 학습하는 역할을 맡는다.

   2단계
   - (㉣)

   3단계
   - 2단계에서 학습한 내용을 본래의 큰 모둠으로 돌아가 모둠원들에게 가르친다.

   …(하략)…

35분

〔작성 방법〕
- 밑줄 친 ㉠에 해당하는 용어를 메츨러(M. Metzler)의 모형 중심 체육 수업의 과제 전개 전략에 근거하여 쓰고, 밑줄 친 ㉡에 해당하는 슐만(L. Shulman)의 교사 지식의 명칭을 쓸 것
- 밑줄 친 ㉢에 해당하는 정의적 내용 요소의 명칭을 2015 개정 중학교 체육과 교육과정의 '내용 체계'에 근거하여 쓸 것(단, '페어플레이', '팀워크'는 제외할 것)
- 괄호 안의 ㉣에 들어갈 활동을 애론슨(E. Aronson)의 직소 Ⅰ 모형에 근거하여 서술할 것

133 다음은 2019학년도 ○○중학교 최 교사의 학교스포츠클럽 활동 반성 일지이다. 〈작성 방법〉에 따라 순서대로 서술하시오. [4점] 2020

학교스포츠클럽 활동 반성 일지

일시 : 2019년 ○월 ○일 화요일

오늘 교육과정 운영위원회에 참석했는데, 2020년도에 입학하는 학생들은 3년간 136시간의 학교스포츠클럽 활동을 이수하는 것으로 결정되었다.
- 교과(군) 시수를 감축하여 68시간 확보
- (㉠) 시수를 34시간 순증하여 확보
- 기존 (㉠) 시간에서 34시간을 배정

…(중략)…

오늘 수업에서 과제에 참여하지 않고 그늘에서 잡담을 하고 있는 철수에게 "딴 짓하고 있구나!"라고 말하곤 하였다. ㉡ <u>딴짓하는 학생에게 선생님이 안 보고 있는 것 같아도 다 보고 있다는 사실을 수시로 알렸다. 마치 머리 뒤에도 눈이 있는 것처럼 학생들이 느낄 수 있도록 하였다.</u>

…(중략)…

나의 학교스포츠클럽 활동 수업을 동료 교사인 박 교사가 아래와 같이 체계적 관찰법 중 (㉢) 기록법을 활용하여 분석해 주었다.

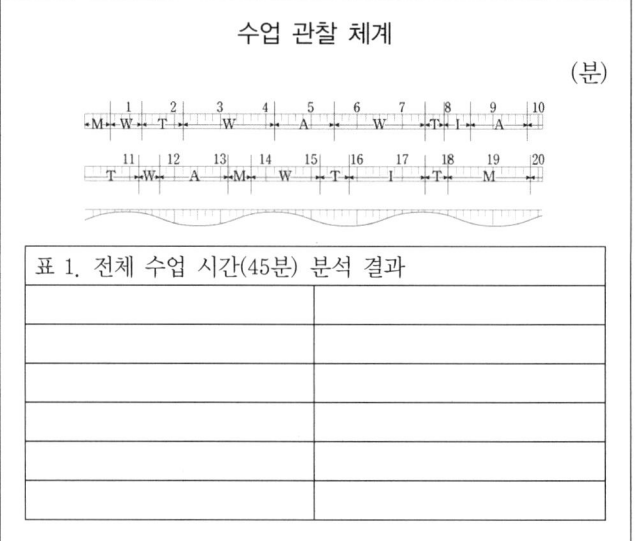

분석 결과, ㉣ <u>전체 수업 시간 중 67%가 수업운영 시간으로 소요되었음을 알 수 있었다.</u>

〔작성 방법〕
- 괄호 안의 ㉠에 해당하는 명칭을 2015 개정 교육과정 총론에 근거하여 쓸 것
- 밑줄 친 ㉡에 해당하는 쿠닌(J. Kounin)의 예방적 수업운영 전략의 명칭을 쓸 것
- 괄호 안의 ㉢에 해당하는 명칭을 쓰고, 밑줄 친 ㉣을 바탕으로 교수 효율성 측면에서 최 교사가 개선해야 할 점을 서술할 것(단, 증가 및 감소시켜야 할 시간과 관련지을 것)

134 다음의 (가)는 수업 계획에 관한 교사들의 대화 내용이고, (나)는 박 교사의 단원 계획서이다. 〈작성 방법〉에 따라 순서대로 서술하시오. [4점] 2020

(가) 수업 계획에 관한 교사들의 대화 내용

> 김 교사 : 새 학기에 배드민턴 수업을 하려고 해요. 이번 수업으로 학생들이 배드민턴 문화 전반을 잘 이해했으면 해요.
> 박 교사 : 그러면 시덴탑(D. Siedentop)의 스포츠 교육 모형을 적용한 수업을 해보면 어떨까요? 저도 이 모형으로 배드민턴 수업을 했었는데, 학생들의 반응이 참 좋았어요. 그런데 우선 스포츠 교육 모형의 학습 선호도를 잘 파악해야 해요. 스포츠 교육 모형에서 학습 선호도는 자기 팀 안에서는 협력적, 상대 팀에 대해서는 (㉠)인 성향의 학생들에게 적절해요. 수업 설계와 운영 시 이를 참고하면 도움이 될 거예요.
> 김 교사 : 그렇군요. 제가 참고할 만한 자료가 있을까요?
> 박 교사 : 제가 스포츠 교육 모형을 적용하여 재구성한 배드민턴 단원 계획서를 드릴게요. ㉡ 학생들의 전인적 발달을 위한 통합적 수업을 운영하는 데에 도움이 될 거예요.

(나) 박 교사의 단원 계획서

영역	네트형 경쟁		학년	3학년	총 시수	16차시
단원 목표	배드민턴의 역사와 특성을 이해할 수 있다. …(하략)…					
모형의 특성	시즌, 팀 소속, 공식 경기, 결승전 행사, 기록 보존, 축제화					

차시	학습 과제	학습 활동	
		(㉢)	(㉣)
1	• 배드민턴의 역사, 특성, 가치의 이해		• 역사 자료 읽기 • 경기 동영상 감상하기
2~8	• 기초 기능 연습 및 평가, 팀 편성 • 팀별 기능 및 전술 연습 • 경기 규칙 및 운영 방법 습득 • 임무 역할(심판, 기록자 등)의 학습 • ㉤ 팀원으로서의 임무 수행 • 경기 일정 수립 • 예선 리그	• 클리어, 드라이브, 스매시, 푸시, 드롭, 헤어핀 연습하기	• 경기 규칙 조사하기 • 시즌 운영에 대해 토론하기
13~16	• 결승 리그 및 결승전 • 축제 운영	• 경기 기능 및 전술 보강 연습하기	• 깃발, 풋말 제작하기 • 소감문 쓰기

─[작성 방법]─
- 괄호 안의 ㉠에 들어갈 용어를 쓸 것(단, 라이크먼과 그레이샤(S. Reichmann & A. Grasha)의 학습 선호 분류 차원에 근거할 것)
- 괄호 안의 ㉢, ㉣에 해당하는 학습 활동의 명칭을 밑줄 친 ㉡을 고려하여 순서대로 쓸 것(단, 2015 개정 중학교 체육과 교육과정의 '교수·학습의 방향'에 근거할 것)
- 스포츠 교육 모형에서 밑줄 친 ㉤의 학습 활동이 목표로 하는 학습 영역 3가지를 우선 순위에 따라 중요한 것부터 순서대로 서술할 것

135 다음은 ○○중학교 건강 영역의 교수·학습 지도안의 일부이다. 괄호 안의 ㉠에 해당하는 수업 모형의 명칭을 쓰고, 밑줄 친 ㉡에 해당하는 수업 운영 활동을 시덴탑(D. Siedentop)의 '수업 운영 효율성 증진을 위한 교수 기술'에 근거하여 쓰시오. [2점] 2021

[교수·학습 지도안]

- 학습 목표 : 정확한 자세로 다양한 스쿼트 동작을 실시할 수 있다.
- 적용 수업 모형 : (㉠) 모형
- 수업 형태 : 실시간 쌍방향 원격수업
- 수업 준비물 : 카메라, 마이크, 스피커, 관찰용 모니터, 쌍방향 원격수업이 가능한 컴퓨터 또는 스마트 기기
- 수업 전 공지 사항 : ㉡ 원격수업 플랫폼 게시판에 수업 시간, 활동 내용, 쌍방향 원격수업 준비 사항, 활동 공간에 대한 내용, 원격수업 예절에 대한 내용을 공지한다.

[학습 단계 및 활동 내용]

학습단계	활동 내용
1단계 (전시 과제 복습)	지난 시간에 배운 내용에 대한 학생들의 학습 정도를 파악한다.
2단계 (새로운 과제 제시)	교사는 카메라 앞에서 설명, 시범, 영상을 활용해 다양한 스쿼트 동작의 정확한 실시 방법에 대해 안내한다.
3단계 (초기 과제 연습)	학생들은 각자 컴퓨터 또는 스마트 기기 앞에서 교사의 설명, 시범에 따라 스쿼트 기본 동작을 80% 이상 정확하게 실시할 수 있도록 연습한다.
4단계 (피드백 및 교정)	교사는 모니터를 통해 학생의 활동을 관찰 하면서 긍정적 피드백과 교정적 피드백을 제공한다.
5단계 (독자적인 연습)	학생들은 각자 컴퓨터 또는 스마트 기기 앞에서 다양한 스쿼트 동작을 90% 이상 정확하게 실시할 수 있도록 연습한다.
6단계 (본시 복습)	교사는 학습한 스쿼트 동작에 대해 학생들이 얼마나 알고 있는지 질문을 통해 확인하고, 본시 학습은 전에 학습한 내용을 토대로 한 것임을 알려 준다.

136 다음의 (가)는 수업 개선을 위해 교사들이 나눈 대화 내용이고, (나)는 최 교사의 수업 개선안이다. 〈작성 방법〉에 따라 순서대로 서술하시오. [4점] 2021

(가) 교사들의 대화

> 최 교사 : 김 선생님! 학생들의 학습 과정과 결과를 반영해 교수기술을 개선해 나가는 방법은 없을까요?
> 김 교사 : (㉠) 사정 모델을 활용해 보세요. 이 모델은 교수 과정, 학습 과정, 학습 결과를 사정의 범주로 삼고, 교수 환경의 복잡성(교수 과정 ↔ 학습 과정 ↔ 학습 결과)을 강조하는 모델이에요. 또한, 학습 과정과 단기적·장기적 학습결과를 각각 과정과 결과 피드백으로 활용하며, 수업을 지속적으로 개선하는 데 적합한 모델이에요.
> …(하략)…

(나) 최 교사의 수업 개선안

…(상략)…

- 대기 시간
  - 분석과 문제 : 모든 학생들이 같은 공간에서 동일한 학습 내용을 수행했기 때문에, 대기 시간 비율이 높게 나타난 것으로 판단됨
  - 개선 방안 : 한 명의 교사가 서로 다른 학습 내용을 동시에 가르칠 수 있는 (㉡) 교수 전략에 따라, 학습 공간을 2가지 혹은 그 이상으로 분리하여 운영할 필요가 있음. 각 (㉡)의 학습 내용을 서로 다르게 설계하고 학습 활동 시간을 동일하게 운영할 계획임
- 피드백
  - 분석과 문제 : 학생의 성공 경험이 낮게 나타났음. 피드백의 전체 양과 학생의 기능 수준(숙련, 초보)에 따른 피드백은 제공 수칙에 부합함. 그러나 피드백 유형별 제공 비율을 분석한 다음의 〈표〉에서처럼 ㉢ 피드백 제공 수칙에 부합하지 않는 2가지 문제가 있음

유형	내용		시기		양식		
	일반적 피드백	구체적 피드백	즉각적 피드백	지연된 피드백	언어 피드백	비언어 피드백	결합된 피드백
제공 비율	72%	28%	24%	76%	14%	12%	74%

〔작성 방법〕
- 괄호 안의 ㉠에 해당하는 사정 모델의 명칭을 시덴탑(D. Siedentop)의 주장에 근거하여 쓸 것
- 괄호 안의 ㉡에 해당하는 용어를 쓸 것
- 밑줄 친 ㉢의 개선 방안을 메츨러(M. Metzler)가 주장한 피드백 제공 수칙에 근거하여 서술할 것

137 다음은 ○○중학교 김 교사의 스포츠 표현 교수·학습 지도안의 일부이다. 〈작성 방법〉에 따라 순서대로 서술하시오. [4점] 2021

- 교육과정 분석

교육과정 영역	표현	단원명	스포츠 표현
신체활동	음악 줄넘기	단원의 주제	음악 줄넘기 작품 개발 및 감상

- 교과 역량
    - 신체와 움직임을 매개로 생각과 느낌을 표현하고 수용하는 (㉠) 능력 향상에 중점을 둔다.
    …(중략)…

- 기능분석

기능	학습의 초점
탐구하기	스포츠 표현의 역사와 특성, 표현 동작 원리, 창작 작품 구성 방안 등을 탐구하기
신체 표현하기	표현 동작과 원리에 따라 신체 움직임을 표현하기
감상하기	다른 모둠의 창작 작품을 심미적·비판적으로 감상하기
(㉡)	신체 또는 움직임을 매개로 서로의 생각을 나누며 타인을 이해하고 공감하기

…(중략)…

- 교수·학습 운영 방안
    - 학습자 경험 분석 : 음악 줄넘기의 신체적 및 정서적 경험은 충분하나, 창작 과정에서 요구되는 다양한 절차에 관한 지적 경험은 부족한 편이다. 지적 경험의 부족 문제에 대한 교수·학습 운영 방안을 계획한다.
    - 수업 용·기구 분석 : 학습 도구(줄넘기)는 최소 2~3개 학급을 동시에 운영할 수 있을 정도로 충분하다.
    - ㉢ 교수·학습의 중점 사항 : 줄넘기 동작을 반복 연습하면서 건강 체력을 증진할 수 있도록 한다.

- 교수·학습 방법의 주안점
    - (가) 학생들 스스로 창작 작품과 관련된 학습 내용을 파악하며, 창작 과제를 적극적으로 해결할 수 있도록 교수·학습 환경을 조성한다. 특히, 학생들이 창작 활동에 관심을 가질 수 있는 과제 제시 방법과 자신감을 높일 수 있는 동기 유발 전략을 활용하고, 창작 과정을 스스로 탐색하며 이해할 수 있는 탐구적 교수·학습 자료를 제공한다.
    …(하략)…

〔작성 방법〕
- 괄호 안의 ㉠, ㉡에 해당하는 명칭을 2015 개정 중학교 체육과 교육과정에 근거하여 순서대로 쓸 것
- ㉢의 문제점을 2015 개정 중학교 체육과 교육과정의 '교수·학습 운영 계획'에 근거하여 서술할 것
- (가)에서 의도하는 교수·학습의 방향을 2015 개정 중학교 체육과 교육과정의 '교수·학습의 방향'에 근거하여 제시할 것

138 다음은 '스포츠 클라이밍'에 대해 교사들이 나눈 대화 내용이다. (나)에 해당하는 지도 방법을 쓰고, 이 방법을 과다하게 사용했을 때 나타나는 피드백 측면의 문제점을 살모니, 슈미트와 월터(A. Salmoni, R. Schmidt & C. Walter)의 주장에 근거하여 서술하시오. 2021

> 이 교사 : 위험하지는 않나요?
> 김 교사 : ㉠ 인공 암벽을 올라가는 동작은 충분한 교육과 적절한 등반 기술이 없다면 위험할 수 있기 때문에 안전하게 가르치기 위해서는 연습을 많이 해야 합니다.
> 이 교사 : 학생들을 지도할 때도 신경을 많이 써야 할 것 같습니다.
> 김 교사 : 그래서 처음 배우는 학생들의 경우, 지도자가 등반 전 교육부터 몸을 직접 잡아 주면서 정확한 동작을 유도하고, 등반 시에는 동작의 구체적인 부분까지 자세하게 설명을 해 주어야 합니다. 또한 높은 곳을 무서워하는 학생은 낮은 곳에서 연습하도록 해야 하며 떨어질 때를 대비하여 안전 밧줄도 사용해야 합니다. [나]
> 이 교사 : 그렇게 하면 학생들이 심리적으로 안정된 상태에서 배우고 연습하는 데 도움이 될 수 있겠네요.

139 다음의 (가)는 전술 게임 모형을 적용한 김 교사의 축구 수업 계획서이고, (나)는 동료 교사의 수업 평가서이다. 괄호 안의 ㉠에 해당하는 학습 과제의 명칭을 쓰고, 밑줄 친 ㉡에 해당하는 교사 행동을 쿠닌(J. Kounin)의 '수업 흐름을 방해하는 교사 행동'에 근거하여 쓰시오.

[2점] 2021

(가) 김 교사의 축구 수업 계획서

- 전술적 문제 : 공의 소유권 유지
  …(중략)…
- 학습 활동
  - 게임 형식(소유권 유지 게임)
    * 3대 3 경기
    * 규칙 : 3회 규칙(공을 가진 사람은 3회까지만 공을 건드릴 수 있음), 소극적 수비(수비수는 적극적으로 공을 빼앗지 못함) 외의 규칙은 일반 축구 규칙과 동일
    * 게임 이해를 위한 설명 : 전술적 문제에 초점을 둔 질문
  - (㉠)
    * 상황 : 2대 1 패스 상황(1명 수비수)
    * 초점 : 인사이드 패스, 공을 갖지 않은 사람의 빈 공간 움직임
  - 변형 게임
    * 적극적 수비 인정, 그 외는 게임 형식과 동일
  …(하략)…

(나) 동료 교사의 수업 평가서

- 학생의 학습 활동 참여 측면
  - 학생들은 학습 활동에 흥미를 가지고 적극적으로 참여함
    …(중략)…
- 교사의 수업 지도 측면
  - 전반적으로 내용을 압축해 설명하면서 집중하지 않는 학생들을 동시에 관리하는 모습이 돋보임. 그러나 ㉡ 게임 중에 교사가 학생들의 경기를 임의로 중단하고 지도함으로써, 수업 흐름을 끊는 행동을 자주 함
  …(하략)…

140 다음의 (가)는 체육 수업 모형의 효과성에 대한 메츨러(M. Metzler)의 주장이다. 괄호 안의 ㉠, ㉡에 해당하는 체육 수업 모형의 명칭을 순서대로 쓸 것. (단, 개인적·사회적 책임감 모형, 스포츠 교육 모형은 제외할 것) [1점] 2021

(가) 라이크먼과 그레이샤(S. Reichmann & A. Grasha) 연구에 근거한 메츨러의 주장

> "참여적 학생에게는 (㉠) 모형, 동료교수 모형, 탐구수업 모형이 효과적이고, 회피적 학생에게는 (㉡) 모형, 직접교수 모형, 전술게임 모형이 효과적이다."

141 다음은 ○○고등학교 배드민턴 수행평가 자료의 일부이다. 〈작성 방법〉에 따라 순서대로 서술하시오. [4점] 2021

- 평가 방법 및 절차
  1) 게임 수행 능력 평가
     - 평가 도구: 그리핀, 미첼과 오슬린(L. Griffin, S. Mitchell & J. Oslin)의 게임 수행 평가 도구(GPAI)

[배드민턴 GPAI의 구성 요소와 준거]

구성 요소	준거
(㉠)	상대 코트 엔드라인 쪽으로 클리어샷을 한다. 서비스 라인 가까운 곳으로 드롭샷을 한다. 상대 선수를 코트 전후로 움직이게 한다.
의사결정	샷의 종류와 위치를 적절하게 결정한다.
기초(base)	(㉡)

- 대진표에 따라 같은 상대와 1, 2차 게임을 실시한다.
- GPAI를 활용하여 게임 수행 점수를 산출하고 평가한다.

[게임 수행 능력 평가 결과]

번호	이름	게임수행점수	
		ⓒ 1차 점수	㉢ 2차 점수
1	강○○	77	83
2	김○○	65	58
⋮	⋮	⋮	⋮
25	한○○	71	75

…(중략)…

2) 배드민턴 개인 기능(하이클리어) 수행평가
 - 관찰자는 수행자의 하이클리어에 대한 내용 요소를 평가한다.

수행 기준 / 내용 요소	상	중	하	평가
기본 자세	신체의 중심을 낮추고 체중을 발 앞쪽에 실리도록 하며, 시선을 상대에게 둔다.	신체의 중심을 낮추고 체중을 발 앞쪽에 실리도록 하지만, 시선을 상대에게 두지 못한다.	신체의 중심이 높고 체중이 발 앞쪽에 실리지 못하고, 시선을 상대에게 두지 못한다.	( )
그립	⋮	⋮	⋮	( )
백스윙	⋮	⋮	⋮	( )

[가]

…(하략)…

작성 방법
- 괄호 안의 ㉠에 해당하는 구성 요소를 쓰고, 괄호 안의 ㉡에 해당하는 준거를 서술할 것
- 밑줄 친 ⓒ과 ㉢의 상관을 활용하여 검사 도구의 양호도를 추정하는 방법의 명칭을 쓸 것
- (가)에 해당하는 평가 도구의 명칭을 쓸 것

142 다음은 체육과 전문적 학습 공동체 워크숍에서 교사들이 나눈 대화 내용이다. 〈작성 방법〉에 따라 순서대로 서술하시오. [4점] 2021

> 최 교사 : 오늘 워크숍 주제는 예고한 것처럼 ⊙ 체육과 교육과정 의사결정에 영향을 미치는 3가지 요인(원천), 가치 정향, 체육 교육과정 모형입니다. 먼저 선생님들께서 생각하고 계신 체육 교육과정의 목적은 무엇이고, 그에 맞는 체육 교육과정 모형을 말씀해 주시겠습니까? 아울러 교사 수준의 교육과정을 개발하실 때 어떤 점을 고려하시는지에 대해서도 설명해 주시기 바랍니다.
> 장 교사 : 체육 교육과정 목적 중, 학생들의 체력을 향상하는 것이 가장 중요하다고 생각합니다. 그래서 모든 학생의 체력 수준 향상, 활기찬 미래의 생활 방식을 준비 [가] 하는 것, 웰니스를 강조하는 모형을 저는 선호합니다.
> 유 교사 : 저도 장 선생님과 생각이 같습니다. 그래서 저는 교사 수준의 교육과정을 개발할 때, 학생이 자신의 수준에 맞게 자기 주도적으로 체력을 향상하도록 개별화 지도 모형을 자주 활용합니다. ⓒ 개별화지도 모형은 일일 수업 계획에 대한 부담이 적고, 수업 시간 운영이 비교적 쉬운 편이죠.
> …(하략)…

─〔작성 방법〕─
- 밑줄 친 ⊙을 주잇과 베인(A. Jewett & L. Bain)의 주장에 근거하여 쓸 것
- (가)에 해당하는 체육 교육과정 모형이 근거하고 있는 가치 정향의 명칭을 쓰고, 밑줄 친 ⊙ 중에서 무엇을 제일 우선으로 하는지 서술할 것
- 밑줄 친 ⓒ의 이유를 메츨러(M. Metzler)의 주장에 근거하여 단원 계획 수립 측면에서 서술할 것

143 다음은 김 교사의 수업 일지이다. 〈작성 방법〉에 따라 순서대로 서술하시오. [4점] 2022

[2020년 5월 ○○일 수업 일지]

5월에는 동작 도전 활동 중 구르기 수업을 실시하였다. 먼저 학생들에게 앞구르기와 뒤구르기 시범을 보여 준 다음 학생들에게 각자 연습하고 피드백을 받으며 독자적인 연습을 통해 구르기의 완성도를 높여가게 하였다. 그런데 학급별로 편차가 있었다. 내가 가르치는 6개 반 중 2개 반은 구르기를 잘해서 조금 더 어려운 과제를 제시하기도 했다. 하지만 4개 반은 뒤구르기 수업이 원활하게 이루어지지 않았다. 그러다 보니 학생들이 ㉠ 난이도가 적절한 과제에 높은 성공률을 보이며 과제에 참여하는 시간이 현저하게 줄어들었다. 나는 최대한 개별적으로 더 많은 피드백을 제공하려고 노력했지만 학생 수가 많다 보니 모든 학생들에게 피드백을 바로 줄 수 없었다.

[2021년 5월 ○○일 수업 일지]

올해 구르기 수업은 학생들이 서로 가르치고 배울 수 있는 기회를 제공하는 수업 모형을 활용하였다. 작년 구르기 수업에서 발견되었던 문제점을 개선하기 위해, 학생들을 2인 1조로 구성하고 (㉡) 역할과 학습자 역할로 구분하여 12차시의 수업을 진행하였다. (㉡) 역할의 학생들은 학습자 역할의 학생들을 지속적으로 관찰하며 피드백을 제공하였는데, 특히 실수 교정 기회와 실수 교정 시기 측면에서 효과적이었다. 학생들은 역할을 교대하며 수업을 진행하였고, 이를 통해 체육 수업에 더욱 적극적으로 참여하는 모습을 보였다. 이번 수업이 성공한 이유는 학생, 특히 (㉡) 역할을 맡은 학생들이 자신들에게 주어진 역할에 충실하여, 기존 수업의 피드백 문제를 개선할 수 있었기 때문이었다. [가]

─〔작성 방법〕─
- 밑줄 친 ㉠에 해당하는 명칭을 시덴탑(D. Siedentop)의 학습 시간 개념 분류에 근거하여 쓸 것
- (가)에 해당하는 체육 수업 모형의 명칭을 메츨러(M. Metzler)의 주장에 근거하여 쓸 것
- 괄호 안의 ㉡에 해당하는 명칭을 쓰고, 교사와 ㉡ 역할 학생 간의 수업 초기 상호 작용 특징을 메츨러(M. Metzler)의 수업 주도성 측면에서 서술할 것

144 다음은 두 교사의 대화 내용이다. 〈작성 방법〉에 따라 순서대로 서술하시오. [4점] 2022

[2021년 9월 ○○일 대화 내용]

김 교사: 코로나19로 인해 학생들의 신체 활동 참여 시간이 눈에 띄게 줄어든 것 같아요. 그동안 저는 수행 지식의 습득에 집중해 수업을 진행했는데, '무엇'에 해당하는 것만으로는 적용 능력을 키울 수 없는 것 같아요. ㉠'무엇'뿐만 아니라 '어떻게'와 관련된 능력도 함께 길러줘야 할 것 같아요. 그리고 수업에서는 학생들이 다양한 상황에서 문제를 탐색하고 합리적으로 해결해볼 수 있는 기회를 제공하고 싶어요.

정 교사: 코로나19로 인간의 이동이 제한되면서 자연 환경이 더 좋아졌다는 기사들을 보며, 인간도 세계의 한 구성원이라는 것을 느꼈어요. 이러한 내용을 수업과 연결해 보면, ㉡교과·사회·학습자의 요구를 조화롭게 반영해, 교과 내용의 지식체계, 학습자의 요구와 흥미, 사회적 요구를 균형 있게 고려하는 수업을 개발할 필요가 있어요. 또한, 수업에서 배운 지식이 미래에도 관련되도록 가르치려고 해요.

김 교사: 저의 가치 정향은 어떤 체육 교육과정 개발 모형과 연결할 수 있을까요?

정 교사: 움직임 분석 모형이 가능할 것 같아요. 움직임 분석 모형은 라반(R. Laban)의 움직임 개념틀에 따라 '내 몸이 무엇을 하고 있는가?', '내 몸이 어떻게 움직이고 있는가?', ㉢'내 몸이 어디로 움직이는가?', '어떠한 관계가 벌어지는가?'의 4가지 질문을 바탕으로 삼고 있어요.

[2021년 10월 ○○일 대화 내용]

김 교사: 수업을 하다 보니 학생의 사고를 촉진할 수 있는 방법을 설계하는 것이 너무 어려운 것 같아요.

정 교사: 학생의 사고를 촉진하는 것은 질문과 관련이 돼요. 어떤 질문을 제시하느냐에 따라 자극되는 사고 과정이 다를 수 있거든요. 예를 들어, ㉣"최대 운동 강도의 60%에 해당 하는 자신의 목표 심박수는 얼마인가?"와 ㉤"농구 경기에서 경기 종료 2분을 남겨 놓고 3점을 앞서고 있다면 어떤 공격 전략을 사용할 것인가?"라는 질문으로 각각 시작하는 수업에서, 학생들은 서로 다른 사고 과정을 경험하게 돼요.

⎡작성 방법⎤

- 밑줄 친 ㉠, ㉡에 해당하는 가치 정향의 명칭을 주잇과 베인(A. Jewett & L. Bain)의 주장에 근거하여 순서대로 쓸 것
- 밑줄 친 ㉢에 해당하는 움직임 요소를 쓸 것
- 밑줄 친 ㉣, ㉤에 해당하는 질문을 통해 학생들이 경험하는 사고 과정의 차이를 모스톤과 애슈워스(M. Mosston & S. Ashworth)의 사고 과정 경로에 근거하여 순서대로 서술할 것

145 다음은 협동학습 모형을 적용한 강 교사의 지도 계획 초안이다. 메츨러(M. Metzler)의 주장에 근거하여 〈작성 방법〉에 따라 순서대로 서술하시오. [4점] 2022

1. 지도 계획의 초점
   - 수업의 주제 : 서로를 위해 서로 함께 배우기
   - 슬라빈(R. Slavin)이 제시한 협동학습 모형의 3가지 기초 개념들 중 (㉠) 개념에 따라, 모든 팀원들이 자신의 역할과 임무를 충실히 수행하여 팀 점수에 기여할 수 있도록 하고, 이를 통해 모든 팀원들이 과제 수행을 위해 노력하도록 함
   - 협동학습 모형의 과제 구조는 직소(Jigsaw)를 비롯해 여러 가지가 있기에, 다양한 과제 구조를 활용해 차시별 학습 활동을 계획하도록 함

2. 학습 활동 계획(안)

(가) 학습 활동 계획 1안	(나) 학습 활동 계획 2안
• 팀 구성 : 4개의 팀(팀당 5명)으로 구성함 • 과제 학습지 : 학습 과제, 쉬운 것에서부터 어려운 단계로 정리한 학습 내용(축구 경기의 규칙, 기술, 전술), 과제별 수행 기준을 중심으로 구성함 • 과제 활동 | 과제	내용
동영상 시청	동영상을 시청하며 축구 경기의 규칙, 기술, 전술 등 이해
기술 시범	축구 기술을 팀원들에게 시범 보이며 기술의 명칭과 특성 이해
전술 토론	공격과 수비 상황의 전술적 문제에 대한 토론 | - 개별화 학습을 결합해 운영함 - 개인 혹은 팀원들과 도움을 주고받으며 과제를 수행함 - 수행 기준(과제별 퀴즈 정답률 70% 이상)을 달성하면 다음 과제로 이동함 • 팀 성적 : 팀원이 획득한 점수를 합산해 팀 점수를 산출함	• 팀 구성 : 4개의 팀(팀당 5명)으로 구성함 • 연습 과제 : 왕복 드리블 과제(2m 거리로 설치된 5개의 콘을 방향 전환 드리블로 왕복하기) • 과제 활동 | 단계	내용
1차 연습	왕복 드리블 과제를 연습한 후, 개인별 왕복 기록을 측정함
1차 평가	개인의 기록 점수를 합산해 팀 점수를 산출하여 발표함
팀 토의	과제 활동에 대해 토의함. 이때 교사는 상호 작용을 높일 수 있는 방안을 조언함
2차 연습	1차 연습과 동일하게 실시함. 각 팀은 모든 팀원이 1차 점수보다 높은 점수를 얻을 수 있도록 서로 도움을 주고받음
2차 평가	1차 평가와 동일한 방식으로 실시함 | • 최종 점수 : 1차와 2차의 획득 점수를 비교해, 향상 정도에 따라 팀의 최종 점수를 산출함

─〔작성 방법〕─
- 괄호 안의 ㉠에 해당하는 용어를 쓸 것
- (가), (나)에 해당하는 과제 구조의 명칭을 순서대로 쓸 것
- (가), (나)의 계획으로 수업을 진행할 때, 정의적 영역과 함께 우선적으로 강조해야 하는 학습 영역을 순서대로 서술할 것

146 다음은 교육 실습 중 예비 교사와 실습 지도 교사의 대화 내용이다. 〈작성 방법〉에 따라 순서대로 서술하시오. [4점] 2022

[2021년 5월 14일 대화 중]

지도 교사 : 선생님, 2교시에 했던 2반 댄스스포츠 수업을 참관하실 때 특이한 점을 느끼셨나요? 2반은 다른 반과 조금 달라요. 학생들의 기능 수준도 낮으며, 수업의 참여도 소극적인 편이라 수업을 진행하는 데 어려움이 많아요. 그래서 항상 수업을 할 때는 학생들의 수준, 상태, 태도 등을 파악해야 합니다. ──[가]

예비 교사 : 교사가 알아야 할 교사 지식은 참 많은 것 같아요.

지도 교사 : 또한 수업을 계획하기 전에는 운동장의 크기, 체육관의 활용 여부, 체육 수업이 가능한 공간 등을 확인하여 원하는 종목의 수업을 진행할 수 있는지 고려해야 합니다. 수업하고자 하는 종목의 용·기구들이 학교에 구비되어 있는지도 확인해야 합니다. 아, 우리 학교 후문은 뒷산 트래킹 코스로 연결됩니다. 이곳을 활용하여 수업을 진행할 수 있으니 참고하세요. ──[나]

[2021년 5월 21일 대화 중]

지도 교사 : 선생님, 마지막 주에 공개 수업을 하시던데요. 어떤 내용의 수업을 하실 건가요?

예비 교사 : 저는 (㉠) 경쟁 활동을 계획하고 있어요. 활동 종목으로는 2015 개정 체육과 교육과정 문서에서 (㉠) 경쟁의 신체활동 예시로 제시되어 있는 플로어볼을 하려고 해요.

…(중략)…

지도 교사 : 지난주에 계속 참관하셔서 아시겠지만 1학년은 학생들의 운동 기능 수준도 다양하며, 특수교육대상 학생들도 포함되어 있습니다. 또한 체육관이 작고 남여 성비의 차이가 있으니 규칙의 변형도 고려하면서 공개 수업을 준비하세요.

예비 교사 : 알겠습니다. 2015 개정 체육과 교육과정 문서를 보면, 교수·학습 활동을 계획할 때에는 ㉡ 성취기준에 보다 쉽게 도달할 수 있도록 영역의 특성과 학습 주제, 학생의 특성 및 가용 자원, 학습 환경을 고려해야 함을 알 수 있습니다. 예를 들면, 경기장의 형태와 사용하는 도구, 신체활동에 참여하는 인원수와 조직의 형태, 실행 규칙 등을 변형할 수 있다고 명시되어 있습니다. 이를 바탕으로 경기장과 플로어볼 용·기구, 경기 규칙 등을 변형하여 변형된 플로어볼 수업의 교수·학습 활동을 계획하겠습니다.

〔작성 방법〕
- (가), (나)에 해당하는 교사 지식의 명칭을 슐만(L. Shulman)의 주장에 근거하여 순서대로 쓸 것
- 괄호 안의 ㉠에 해당하는 명칭을 2015 개정 체육과 교육과정 문서에 근거하여 쓸 것
- 밑줄 친 ㉡이 의도하는 교수·학습 활동 계획을 2015 개정 체육과 교육과정의 '교수·학습 활동 계획'에 근거하여 서술할 것

147 다음은 김 교사의 수업 연구 노트의 일부이다. 〈작성 방법〉에 따라 순서대로 서술하시오.

[4점] 2022

○ 문제 의식 : 수업이 자주 중단되어, 체계적 관찰 기법을 활용해 문제의 원인을 파악하고 문제를 개선하기 위한 계획을 세울 필요가 있음
○ 수업 관찰 계획 및 실행
  • 관찰 기법 선정 : 규칙적인 시간 간격에 따라 전체 학생을 짧은 시간 동안 관찰하여 특정 행동 범주에 참여한 학생의 수를 기록하는 (㉠)을/를 활용해, 3분마다 10초씩 전체 학생 중 수업 방해 행동을 한 학생의 수를 기록하고자 함
  …(중략)…
○ 관찰 결과 : 일부 학생들의 수업 방해 행동으로 인해 수업이 중단되는 것으로 확인됨
○ 학생 관리 계획
  • 교사 행동
    - ㉡ 과제를 설명하면서 수업 방해 행동을 하는 학생에게 시선이나 손짓 등을 이용해 제지함
    - 학생의 학습 활동을 중단시키지 않고 계속해서 수업을 활발하게 전개함
    - 계획된 수업의 흐름에 따라 수업을 최대한 부드럽게 진행함
  • 수업 방해 학생의 행동 수정 계획
    - 학생의 행동 특성

학생	(가) 행동 특성
정○○	• 교사가 시범을 보이거나 설명을 할 때 떠드는 행동을 하며 수업을 방해함 • 벌점 받는 것을 싫어함 • 수업 활동 중 게임 활동을 좋아함 • 주의를 몇 번 주었으나 행동이 개선되지 않음
김○○	• 모둠 활동 중 동료 학생들에게 욕을 하며 학습을 방해함 • 수업 용·기구 정리를 싫어함 • 농구 학교스포츠클럽의 학교 대표로, 2주 후에 있을 지역 예선 대회에 참가하고자 하는 열망이 매우 강함 • 방해 행동을 계속하여 벌점이 쌓여 있음

    - 행동 수정 계획 : ㉢ 정○○은 타임아웃(time-out) 전략에 따라, ㉣ 김○○은 보상 손실 전략에 따라 행동을 수정하고자 함

〔작성 방법〕
• 괄호 안의 ㉠에 해당하는 체계적 관찰 기법의 명칭을 시덴탑(D. Siedentop)의 주장에 근거하여 쓸 것
• 밑줄 친 ㉡에 해당하는 교수 기능의 명칭을 쿠닌(J. Kounin)의 예방적 수업 운영 전략에 근거하여 쓸 것
• 밑줄 친 ㉢, ㉣에 해당하는 행동 수정 계획의 수반성(contingency)을 시덴탑(D. Siedentop)의 주장에 근거하여 순서대로 서술할 것(단, 수반성 내용은 (가)에 근거하여 작성할 것)

148 다음은 교사가 전국 학교스포츠클럽 볼링 대회에서 우승을 하고 돌아온 학생 선수를 상담한 내용의 일부이다. 〈작성 방법〉에 따라 순서대로 서술하시오. [2점] 2022

> 교사 : 열심히 훈련해서 좋은 결과가 나왔네요. 축하해요.
> 학생 : 감사합니다. 그런데 경기 내내 스트레스를 받아서 너무 힘들었어요.
> 교사 : 무슨 일이 있었나요?
> 학생 : ㉠ 훈련할 때는 저의 이전 기록보다 더 높은 점수를 받으려는 목표를 세웠고, ㉡ 대회를 앞두고는 다른 선수들보다 잘해서 우승을 하고 싶었어요. 그런데 막상 경기장에 들어가니 '다른 선수들은 다 잘하는데 나만 실수하면 어떡하지?'라는 부정적인 생각이 자꾸 떠올랐어요. 제가 아무리 잘해도 상대방이 더 잘하면 패하잖아요. 긴장을 해서 그런지 몸도 뻣뻣하고, 심장도 터질 것 같았어요. 비록 점수는 제 실력보다 낮게 나왔지만, 우승을 해서 다행이었어요.
> 교사 : 그랬군요. 운동할 때 스트레스 대처에 도움이 될 수 있는 스미스(R. Smith)의 스트레스 관리 훈련(SMT : Stress Management Training)을 가르쳐 줄게요. 스트레스 관리 훈련은 다음과 같은 단계로 구성됩니다.

―〈작성 방법〉―
- 밑줄 친 ㉠, ㉡에 해당하는 내용을 엘리엇과 맥그리거(A. Elliot & H. McGregor)의 성취목표 이원 분류법에 근거하여 순서대로 쓸 것

149 다음의 (가)는 일반 고등학교 A와 일반 고등학교 B각각이 2015 개정 교육과정 총론(교육부 고시 제2022-2호)에 따라 개발한 2023학년도 입학생 교육과정 편제표 중 체육 교과에 해당하는 부분이고, (나)는 이에 대해 학교체육 컨설턴트들이 나눈 대화 내용이다. 괄호 안의 ㉠, ㉡에 해당하는 내용을 순서대로 쓰시오. [2점] 2023

(가) 두 일반 고등학교의 교육과정 편제표

[A 고등학교 2023학년도 입학생 교육과정 편제표]

교과영역	교과	과목		기준학점	운영학점	학점 수						총이수학점	필수이수학점
		과목유형	세부과목명			1학년		2학년		3학년			
						1학기	2학기	1학기	2학기	1학기	2학기		
체육·예술	체육	일반선택	체육	5	4	2	2					10	10
		일반선택	운동과 건강	5	6			3	3				

[B 고등학교 2023학년도 입학생 교육과정 편제표]

교과영역	교과	과목		기준학점	운영학점	학점 수						총이수학점	필수이수학점
		과목유형	세부과목명			1학년		2학년		3학년			
						1학기	2학기	1학기	2학기	1학기	2학기		
체육·예술	체육	일반선택	체육	5	6	3	3					10	10
		일반선택	운동과 건강	5	2			1	1				

(나) 컨설턴트들의 대화

김 컨설턴트 : 두 학교의 교육과정 편제표를 확인해 보니 A고등학교의 3학년과 B고등학교의 2학년이 2015 개정 교육과정의 학점 배당 기준을 충실하게 반영하지 않은 것 같군요.

이 컨설턴트 : 그렇습니다. A고등학교의 경우 체육 교과는 학점을 (㉠)마다 편성하게 되어 있는데 그렇지 않아요. B고등학교의 경우 일반 선택 과목인 '운동과 건강'은 (㉡)학점 범위 내에서 증감하여 편성·운영할 수 있는데 이를 지키지 않고 있습니다.

150 다음의 (가)는 개인 의미 추구 모형의 개념틀인 '목표-과정 개념틀(Purpose-Process Curriculum Framework : PPCF)'의 목표 개념 체계에 관한 그림이고, (나)는 PPCF의 움직임 과정 범주 체계에 따른 테니스 활동 내용이다. 〈작성 방법〉에 따라 순서대로 서술하시오. [4점] 2023

(가) PPCF의 목표 개념 체계

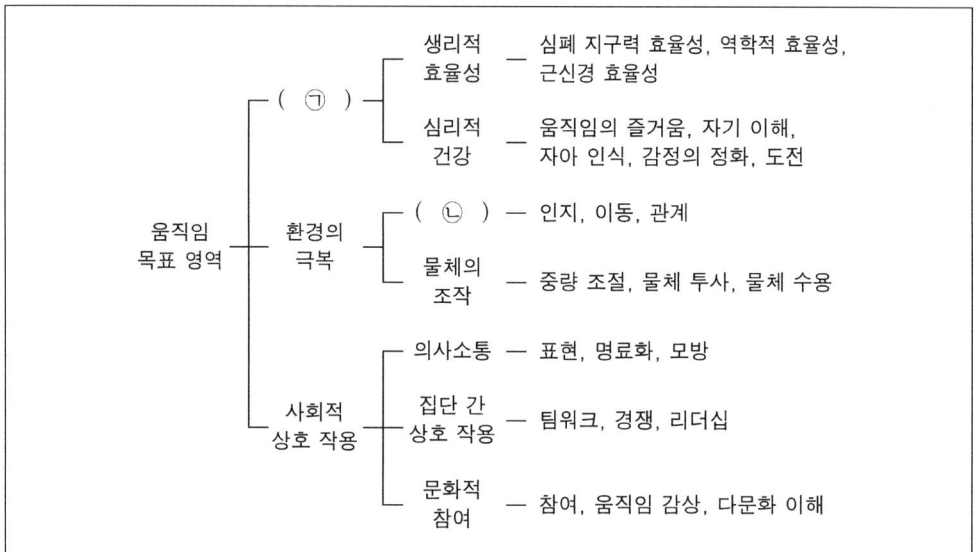

(나) PPCF의 움직임 과정 범주 체계에 따른 테니스 활용 내용

움직임 과정 범주		활동 내용
기본 움직임	지각화 (perceiving)	㉣ 테니스 동작을 수행하기 위해 연속적이며 조화로운 방식으로 신체 부위를 사용하고 배열할 수 있다.
	유형화 (patterning)	㉤ 시간과 공간을 고려하여 테니스 동작을 유연하고 효과적으로 수행할 수 있는 조절 능력을 획득할 수 있다.
응용 움직임	적용화 (adapting)	㉥ 테니스 동작의 종류와 신체 동작의 관련성을 알 수 있다.
	세련화 (refining)	㉦ 상황에 따라 유형화된 테니스 동작을 변형하거나 수정할 수 있다.
(㉢) 움직임	다양화 (varying)	개인적으로 독특한 운동 방식을 다양하게 고안하고 구성할 수 있다.
	즉흥화 (improvising)	경기나 실전 연습 상황에서 새로운 테니스의 동작이나 전략을 즉흥적으로 창안할 수 있다.
	구성화 (composing)	경기 상황을 스스로 해석하여 창의적인 테니스 동작이나 전략을 개발하여 수행할 수 있다.

─〔작성 방법〕──────────────────────────────
• 괄호 안의 ㉠, ㉡에 해당하는 용어를 순서대로 쓸 것
• 괄호 안의 ㉢에 해당하는 용어를 쓸 것
• ㉣~㉥을 PPCF의 움직임 과정 범주와 활동 내용이 일치하도록 재배치하여 순서대로 서술할 것

151 다음은 김 교사의 단원과 차시 계획의 일부이다. 〈작성 방법〉에 따라 순서대로 서술하시오.

[4점] 2023

〈단원계획〉

○ 교육과정

내용요소	네트형 경쟁 스포츠의 (㉠)와/과 (㉡)
성취기준	[9체03-10] 네트형 경쟁 스포츠에서 활용되는 유형별 (㉠)와/과 (㉡)을/를 이해하고 운동 수행에 적용하며, 운동 수행 과정에서 나타나는 문제점을 분석하고 해결한다.

○ 단원 설계의 주안점
  - 탐구 수업 모형을 적용한 별도의 차시를 두어 운동 수행 과정의 문제점 분석 및 해결에 관한 학습 경험을 제공하도록 함

…(하략)…

〈탐구수업 모형을 적용한 차시 계획〉

○ 교수·학습 활동 설계 - 틸라선(J. Tillotson)의 5단계 문제 해결 과정 활용

단계	교수·학습 활동
문제의 규명	배워야 할 개념이나 기능, 준비된 질문을 통해 학생의 흥미와 관심을 유발하기
…	
문제에 대한 (㉢)	문제 해결을 시도하는 학생에게 단서, 피드백, 보조 질문 등을 제공하며 관찰하기
…	

…(중략)…

○ 수업 주도성(통제) 프로파일 계획

[가]
항목	주요 내용
내용 선정	학생 자신이 직접 탐색하고 해결할 내용을 스스로 결정함
수업 운영	교사가 수업 관리 계획과 특정한 수업 절차를 결정하되, 일정 부분은 학생이 결정할 수 있도록 함
과제 제시	학생이 수업에서 탐구할 질문을 스스로 설정하여 제시함
참여 형태	학생이 가능한 해답들을 탐색하고 다른 학생과 협력하며 새로운 시도를 해 보도록 함
상호 작용	교사는 학생의 사고력을 자극하고 학생이 움직임 유형을 탐색하도록 질문을 활용함

…(하략)…

〔작성 방법〕
- 괄호 안의 ㉠, ㉡에 해당하는 용어를 2015 개정 체육과 교육 과정에 근거하여 순서대로 쓸 것
- 괄호 안의 ㉢에 해당하는 용어를 쓸 것
- 메츨러(M. Metzler)의 주장에 근거하여, (가)에서 잘못 계획된 항목을 2가지 찾아, 주도성의 주체 측면에서 주요 내용을 수정하여 서술할 것(단, 항목과 주요 내용을 서로 연결하여 작성할 것)

152 다음은 수석 교사와 초임 교사가 나눈 대화 내용이다. 〈작성 방법〉에 따라 순서대로 서술하시오. [4점] 2023

> 수석 교사: 지난번 수업 나눔이 끝나고 선생님께서 마지막에 하셨던 말씀을 기억하시나요?
> 초임 교사: 그럼요. ㉠ <u>대학에서 배워 알고 있다고 생각했던 교수 기능을 실제 수업에서 발휘하지 못해 아쉽고, 특히 교사로서 학생들과 상호 작용하는 것이 낯설고 아직은 어색해 어려움을 겪고 있다</u>고 말했습니다.
> 수석 교사: 오늘 수업을 보니, 이전의 문제들이 많이 해결되었어요. 이제는 다음 단계로 진입한 것 같아요. …(중략)… 그런데 궁금한 교수 기능이 있나요?
> 초임 교사: 운동 기능 과제 개발과 학습자 관리 방법에 대해 궁금해요.
> 수석 교사: 과제 개발을 위해서는 기능의 종류를 확인해야 해요. 운동 기능은 환경의 안정성에 따라 달라지는데, 예를 들어, 같은 농구 종목이라도 자유투와 달리 드리블은 (㉡) 기능이에요. …(중략)… 이것은 농구 드리블을 발달적 분석에 따라 개발한 과제 계획이에요. 각 과제는 운동 기능 향상이라는 공통 목적이 있지만 각 과제마다 특성이 다르므로 과제를 개발할 때 유의해야 해요.

> ○ 과제 계획
>   − 정해진 공간에서 평소에 주로 사용하는 손으로 드리블하기
>   − ㉢ <u>손가락으로 공을 누르듯이 드리블하기</u>
>   − 정해진 공간에서 양손을 번갈아 가며 드리블하기
>   − 천천히 이동하며 양손으로 드리블하기
>   …(하략)…

> 수석 교사: 학습자 관리 방법은 다양하지만, 학생이나 집단, 또는 학급 전체의 관리에 대한 권위를 부여하기 위해 행동 수정 전략을 공식화할 필요가 있어요. 시덴탑(D. Siedentop)은 4가지 행동 수정 전략의 공식화 방법을 제안하였는데, 그 중 (㉣)은/는 행동을 정의하고, 보상을 결정하며, 수반성을 확립하는 데 학생이 직접 참여한다는 면에서 행동 공표라는 공식화 방법과 차이를 보여요. 그리고 (㉣)은/는 학생들에게 자기 관리 기술에 이르는 방법을 가르쳐 준다는 점에서 행동 공표에 비해 한 차원 향상된 단계에요. 특히, 이 방법을 적용할 때는 참가하는 모든 사람이 서명해야 한다는 것을 기억해야 해요.
>   …(하략)…

―[작성 방법]―
- 밑줄 친 ㉠에 해당하는 교수 기능 발달 단계의 명칭을 시덴탑(D. Siedentop)의 주장에 근거하여 쓸 것
- 링크(J. Rink)의 주장에 근거하여, 괄호 안의 ㉡에 해당하는 기능의 명칭을 쓰고, 밑줄 친 ㉢과 같은 과제 개발 시 교사가 어디에 관심(초점)을 두어야 하는지 서술할 것
- 괄호 안의 ㉣에 해당하는 명칭을 쓸 것

153 다음은 스포츠 교육 모형을 적용한 수업 설계의 일부이다. 〈작성 방법〉에 따라 순서대로 서술하시오. [4점] 2023

• 단원 계획

차시	교수·학습 활동	지도 시 유의점
1	스포츠 교육 모형 및 야구의 소개	원격 수업 플랫폼 활용
2	팀을 구성하고, 팀의 특성을 고려하여 팀명, 팀 구호, 팀 엠블럼 설정	미술 교과 표현 영역의 핵심 개념인 '제작'을 통합해 팀 티칭을 활용하여 지도
3~7	시즌 전 야구의 과학적 원리 및 경기 기능 숙달	팀별로 협동학습 실시
8~12	시전 전 야구의 경기 방법 및 경기 전술 숙달	팀별로 협동학습 실시
13~19	정규시즌(공식경기) 운영	• 학생들은 시즌을 조직하고 운영하는 의사 결정에 참여 • (㉠)
20	결승전 행사 실시	모든 학생의 적절한 역할 수행 및 축제 분위기 조성

• 평가표

평가 요소		평가 준거	평가 도구
(㉡)	기본 기능	야구에 필요한 기본 기능을 갖추고 있다.	체크리스트
	규칙과 전략지식	야구 경기에 필요한 경기 방법과 전략을 이해할 수 있다.	지필 검사
	게임수행 능력과 전술	실제 야구 경기에서 경기 상황에 맞게 경기 기능과 전술을 발휘할 수 있다.	GPAI
	(㉢)	야구 경기에 참여하면서 자신의 역할에 책임을 다하고 팀의 공동 목표를 이루기 위해 노력한다.	체크리스트
	바람직한 스포츠행동	야구 경기에 최선을 다하고 열정적으로 참여할 수 있다.	체크리스트
임무학습에 대한 평가	임무지식	자신의 임무에 관한 지식을 알고 있다.	구술시험
	기술 수행	유연한 경기 운영을 위해 자신의 임무에 필요한 기술을 갖추고 있다.	체크리스트
	게임 중 실제평가	실제 경기가 진행되는 동안 자신의 임무를 책임감 있게 수행할 수 있다.	체크리스트

─〔작성 방법〕────────────────
• 단원 계획에 스포츠 교육 모형의 핵심적인 6가지 특징이 모두 반영되도록 괄호 안의 ㉠에 해당하는 내용을 쓸 것
• 괄호 안의 ㉡, ㉢에 해당하는 평가 요소를 순서대로 쓸 것(단, ㉢은 2015 개정 체육과 교육과정의 '내용 요소'에 근거 할 것)
• 이 수업에서 종목(내용)을 선정할 때 교사가 선택할 수 있는 방법 2가지를 메츨러(M. Metzler)의 주장에 근거하여 서술할 것

154 다음의 (가)는 두 교사가 나눈 대화 내용이고, (나)는 정 교사가 작성한 수업 연구 노트의 일부이다. 〈작성 방법〉에 따라 순서대로 서술하시오. [4점] 2023

(가) 두 교사의 대화

> 김 교사: 성별, 흥미, 기능이나 체력, 신체적 장애 등과 같이 학습자의 다양한 특성을 수업에 고려하기 위해서는 다양한 교수 스타일의 적용이 필요하지만, 일부 학생들의 학습에 대한 책임감이 크지 않아 스타일 적용에 어려움이 많았어요.
>
> 정 교사: 제 경험상 다양한 스타일을 적용하기 위해서는 학생들 대부분의 책임감 수준(단계)이 최소한 (㉠) 수준 이상은 되어야 할 것 같아요. (㉠) 수준에서 나타나는 특징은 참여(노력)이고, 이 수준의 의사결정과 행동 사례로는 자기 동기 부여 등이 있어요. 저는 학년 초에 학생들의 책임감 수준을 확인하고, 책임감이 부족한 학생들의 책임감 수준을 높이려고 해요.
>
> …(하략)…

(나) 정 교사의 수업 연구 노트

> 모스톤과 애슈워스(M. Mosston & S. Ashworth)의 교수 스타일에 제시된 ( ) 스타일에 관한 내용을 바탕으로 수업을 설계하고자 함
>
> ○ 개요
> • 이 스타일은 학습자가 과제를 수행하고 스스로 평가하도록 하는 특징을 보임
> …(중략)…
> • 학습자는 과제를 독립적으로 수행하고, 교사가 마련한 평가 기준에 따라 자신의 과제 수행을 스스로 점검할 수 있어야 함
> * 단, 초기 난이도(시작점)의 선택권은 부여하지 않음
>
> ○ 다른 스타일과의 관계
> • 이 스타일은 (㉡) 스타일과 (㉢) 스타일에서 발전된 스타일임
> • 이전 차시에서 서로 다른 스타일을 적용한 수업을 통해 학습자 역할을 배울 수 있음. 과제를 독립적으로 수행하는 방법은 (㉡) 스타일을 적용한 수업에서 배우고, (㉢) 스타일을 적용한 수업에서는 평가 기준을 활용하고 다른 학생에게 피드백을 제공하는 방법을 경험하며 자기 평가 기술을 배울 수 있음
>
> ○ 과제 활동 및 평가 기준 설계 시 주의 사항
> • 이 스타일은 움직임 자체보다 움직임 결과로 수행의 최종 결과를 확인할 수 있는 과제에 적합함. 평가 기준 역시 ㉣움직임 수행의 최종 결과를 바탕으로 수행 능력을 평가할 수 있는 내용으로 설정하는 것이 적절함. 육상 멀리뛰기 종목의 경우, 폼(자세)보다 (㉤)을/를 바탕으로 평가 기준을 설정하는 것이 더 타당함
> …(하략)…

─{ 작성 방법 }─
- 괄호 안의 ㉠에 해당하는 책임감 수준(단계)을 헬리슨(D. Hellison)의 개인적·사회적 책임감 모형에 근거하여 아라비아 숫자로 쓸 것
- 괄호 안의 ㉡, ㉢에 해당하는 교수 스타일의 명칭과 각 스타일의 '과제 활동 전, 중, 후 의사 결정 구조(주체)'를 서로 연결하여 순서대로 서술할 것
- 괄호 안의 ㉤에 해당하는 내용을 밑줄 친 ㉣에 근거하여 쓸 것

155 다음은 예비 교사와 지도 교사의 대화이다. 2022 개정 교육과정 및 2022 개정 체육과 교육과정에 근거하여 괄호 안의 ㉠에 해당하는 연도와 ㉡에 해당하는 용어를 순서대로 쓰시오.

[2점] 2024

예비 교사: 선생님 질문이 있습니다. 2022 개정 체육과 교육과정은 학교 현장에 언제부터 적용이 되나요?
지도 교사: 좋은 질문입니다. (㉠)년 3월 1일부터 중·고등학교 1학년에 적용됩니다.
예비 교사: 이번 교육과정에서 두드러진 변화는 무엇이 있나요?
지도 교사: 체육과의 내용은 운동, 스포츠, 표현 영역으로 구성되는데, 이 중 스포츠 영역의 분류가 흥미롭습니다. 특히, 환경적 맥락에 따라 활동 특성이 나타나는 (㉡)은/는 가정, 집 주변, 지역사회 등의 생활 환경 및 산, 강, 바다, 하늘 등의 자연 환경을 고려한 스포츠 활동입니다. 이는 우리 학생들이 스포츠 활동을 통해 지속 가능한 환경을 고민할 수 있다는 점에서 의미가 있습니다.

156 다음의 (가)는 예비 교사의 교육 실습 일지이고, (나)는 지도 교사의 교육 실습 총평의 일부이다. 〈작성 방법〉에 따라 순서대로 서술하시오. [4점] 2024

(가) 예비 교사 박○○의 교육 실습 일지

[2023년 ○○월 ○○일]
나는 수업 전에 항상 스스로 다짐한다. '학생들과 한 약속을 지키자.', '약속한 행동에 대해 한결같은 모습을 보여주자.' 등이다. 작년 교육봉사 과정에서 어떤 날은 학생들의 장난을 잘 받아주다가, 어떤 날은 화를 내는 등 기분에 따라 변덕이 심해서 학생들이 당황해했던 기억이 있다. 이번에는 모순된 행동을 하지 않아야 겠다. [A]

[2023년 △△월 △△일]
중학교 현장에 오니 대학교에서 배웠던 이론을 실제 수업에서 적용해 볼 수 있어서 좋았다. 지도 교사인 김 선생님은 나의 부족한 점을 파악하고 고쳐 주려고 노력하신다. 어제는 시덴탑(D. Siedentop)의 교수 기능 연습법 중 2가지를 선택하여 다음과 같이 지도해 주셨다. 특히, 김 선생님은 ⊙ 연습법과 ⓒ 연습법이 마이크로 티칭과 다르다는 점을 주지시켜 주셨다.

〈교수 기능 연습법〉

지도 일정 및 내용	예비 교사 및 학생 배치도
• 일시 : □□월 □□일 방과 후 • 장소 : 운동장 • 대상 : 예비 교사 1인과 2학년 1반 학생 8명 • 연습 시간 : 10분 • 내용 : 예비 교사의 교수 기능 연습	⊙ 연습법 예비 교사 ⬭⬭⬭⬭⬭⬭⬭⬭ 중학생
• 일시 : □□월 □□일 방과 후 • 장소 : 운동장 • 대상 : 예비 교사 1인과 2학년 1반 학생 전원 (24명) • 연습 시간 : 10분 • 내용 : 예비 교사의 교수 기능 연습	ⓒ 연습법 예비 교사 ⬭⬭⬭⬭⬭⬭⬭⬭ ⬭⬭⬭⬭⬭⬭⬭⬭ ⬭⬭⬭⬭⬭⬭⬭⬭ 중학생

(나) 지도 교사 김○○의 교육 실습 총평

항목	수업 내용의 특징
교수·학습	ⓒ 박 선생님의 경우 GPS 기기를 활용하여 축구 시합 시 학생 개인별 이동 동선 및 활동량 정보를 파악하고 분석함. 이 정보를 모든 학생들이 소지한 태블릿 PC를 통해 전달하고, 분석하는 시간을 가졌음. 이때, 학생들의 집중력은 매우 높았음. 또한 통합수업 교수·학습 방안을 체계적으로 계획하고 이를 충실히 실행하기 위해 노력함
평가	ⓔ 학생들의 축구에 대한 개인별 기능 차이를 파악하여 평가 등급을 알려주었음. 이를 기반으로, 학생들이 도달해야 하는 정도를 다양하게 설정하였다. 학생들이 의욕을 가지고 평가에 임할 수 있었음. 예를 들면, 학생의 기록을 토대로, 출발점과 도달점을 설정하여 흥미를 유도하였음

{작성 방법}
- (가)에서 시덴탑(D. Siedentop)이 제시한 교사-학생 상호작용 기능(skills) 6가지 중 [A]에 해당하는 기능을 쓰고, 교수 기능의 연습 목적 측면에서 밑줄 친 ㉠ 연습법과 ㉡ 연습법의 주된 차이점을 서술할 것
- (나)에서 밑줄 친 ㉢에 해당하는 교수·학습 내용을 2022 개정 체육과 교육과정의 '교수·학습 방향'에 근거하여 쓸 것
- (나)의 밑줄 친 ㉣에 해당하는 평가 내용을 2022 개정 체육과 교육과정의 '평가의 방향'에 근거하여 쓸 것

157 다음은 예비 교사와 교수의 대화이다. 〈작성 방법〉에 따라 순서대로 서술하시오. [4점] 2024

> 교　　수: 체육 교과 교재 연구 및 지도법 수업을 시작하겠습니다.
> …(중략)…
> 예비 교사: 교수님, 저희가 찾아야 할 정답이 체육 수업 모형중 하나인가요?
> 교　　수: 맞습니다.
> 예비 교사: 그럼 내용 선정을 학생이 결정하나요?
> 교　　수: 아닙니다. 내용 선정은 교사가 결정합니다.
> 예비 교사: 음 …… 과제 활동에 개인으로 참여하나요? 팀으로 참여하나요?
> 교　　수: 팀으로 참여하는 모형입니다.
> 예비 교사: 그렇다면 선수 및 비선수의 역할을 경험하는 모형인가요?
> 교　　수: 아닙니다.
> 예비 교사: ㉠ 그 모형의 수업통제(주도성) 프로파일에서 참여 형태가 2가지인가요?
> 교　　수: 네. 맞습니다. 적절한 질문을 하며 정답을 잘 찾아가고 있습니다.
> 예비 교사: 마지막으로 학습 선호도가 ⓐ 참여적, ⓑ 협력적, ⓒ 경쟁적, ⓓ 의존적 학생들에게 적용되는 모형인가요?
> 교　　수: 학습 선호도 4가지 중 3가지는 맞지만 1가지는 틀립니다.
> 예비 교사: 학생 팀-성취 배분(STAD), 팀 게임 토너먼트(TGT)와 같은 과제 구조로 운영되는 모형인가요?
> 교　　수: 맞습니다.
> 예비 교사: 교수님이 제시해 주신 오늘 수업 질문의 정답은 ○○ 모형인가요?
> 교　　수: 정답입니다. 교수자가 지속적인 질문을 하는 게 아니라 학습자가 질문을 하며 답을 찾아갔던 오늘 수업은 모스턴과 애슈워스(M. Mosston & S. Ashworth)의 (㉡) 스타일을 변형한 방식입니다. (㉡) 스타일은 교사의 단일 질문에 따라 1가지 정답을 찾기 위해 학생이 스스로 질문하고 답을 찾는 사고 과정을 경험하며 이루어집니다. 다양한 교수 스타일과 수업모형을 이해하는 것도 중요하지만 학교 상황에 맞게 적용하여 가르칠 수 있어야 합니다.

─〔작성 방법〕─
- 밑줄 친 ㉠의 2가지 참여 형태를 메츨러(M. Metzler)의 주장에 근거하여 각각 서술할 것
- 밑줄 친 ⓐ~ⓓ 중, 옳지 않은 1가지를 찾아 기호를 쓰고, 내용을 바르게 고쳐 쓸 것
  (단, 라이크먼과 그레이샤(S. Reichmann & A. Grasha)의 주장에 근거하여 작성할 것)
- 괄호 안의 ㉡에 공통으로 해당하는 교수 스타일의 명칭을 쓸 것

158 다음의 (가), (나)는 메츨러(M. Metzler)의 체육 수업 모형을 적용한 수업일지이다. (가)에 해당하는 모형의 학습 영역 중 1순위를 쓰고, (나)에 해당하는 모형에서 밑줄 친 ㉠에 알맞은 교사 전문성의 하위 영역을 쓰시오. [2점] 2024

(가)

[2023년 ○○월 ○○일 일지]

이번 학기 농구 수업에서 활용한 체육 수업 모형의 주제는 '수업진도는 학생이 결정한다. 가능한 빨리, 필요한 만큼 천천히'이다. 이 모형을 통해 학생들은 스스로 수업을 진행하는 방법을 배울 수 있었다. 이를 위해서 학생들을 위한 수업 교재, 학습 과제, 평가 등이 포함되어 있는 개인 학습지 제작이 필수적이었다. 과거에는 이를 두꺼운 책으로 제작 및 배포하여, 학생들이 수업 중에 활용하기가 조금 어려웠다. 이번에는 모든 학생들에게 지급된 태블릿 PC에 개인 학습지를 탑재하여, 학생들이 좀 더 수월하게 내용을 확인할 수 있었다.

(나)

[2023년 △△월 △△일 일지]

이번 축구 수업에서는 학생들이 책임감을 가지는 과정을 학습할 수 있도록 설계하였다. 그 과정은 학생들의 책임감 수준을 파악하는 것에서부터 시작하였다. 이를 바탕으로 학생들의 책임감 수준에 적합한 수업 내용을 계획하였다. 예를 들면, 책임감 있는 행동을 할 수 있는 학생들에게는 스스로 연습할 수 있는 개인 공간을 확보해 주었다.

이번 수업은 이 모형에서 제시한 교사 전문성 측면에서 잘 진행된 것 같다. 특히, 학생들의 정서적 성숙 수준 등을 파악하기 위해 노력하였다. 그리고 ㉠ 학생들의 성격, 태도 및 행동 등에 영향을 미치는 다양한 외부 요소, 즉 가정, 사회, 학교 등에 대한 이해를 높이기 위해 노력하였다. 또한, 이 모형을 제대로 적용하기 위해서는 학생들과의 대화가 중요하다고 판단하여, 개인별, 그룹별 미팅을 자주 실시하여 학생들과의 라포(rapport) 형성을 위해 노력하였다.

159 다음은 모스턴과 애슈워스(M. Mosston & S. Ashworth)의 체육 교수 스타일을 적용한 수업의 일지이다. 〈작성 방법〉에 따라 순서대로 서술하시오. [4점] 2024

(가) 높이뛰기 수업 일지

과제 활동	의사 결정자	수업 진행 시 주의 사항
전	교사 중심	• 교사는 높이뛰기 과제를 선택함 • ⓐ 교사는 높이뛰기의 다양한 난이도를 준비하고 제공함
중	학생 중심	• ⓑ 학습자는 높이뛰기 난이도를 스스로 결정하고, 결정한 난이도에 대해 교사에게 점검을 받음 • 교사는 순회하면서 학습자의 안전을 점검함
후	학생 중심	• ⓒ 학습자는 과제활동지에 기초하여 자신의 과제 수행을 평가함

※ 수업 반성
지금까지의 수업은 기초 기능을 습득하고 경기 방법과 규칙을 익히는 (㉠) 능력을 발달시키는 데 초점을 두었지만, 다음 단원에서는 발견 역치를 넘어 합리적 사고와 문제 해결 활동을 통해 (㉡) 능력을 발달시키도록 해야겠음

(나) 농구 수업 일지

과제 활동	의사 결정자	수업 진행 시 주의 사항
전	교사 중심	• ⓓ 교사는 교육과정 내에서 교과 내용을 선정함
중	학생 중심	• ⓔ 교사는 학습자의 수준을 고려하여 학습 주제를 결정함 • ⓕ 학습자가 스스로 선택한 농구 학습 프로그램을 주도적으로 계획함 • 학습자 자신이 농구 학습 프로그램을 계획하는데 필요한 질문과 수업 진행 방식을 스스로 선택함
후	학생 중심	• 학습자가 선정한 농구 학습 프로그램에 따른 결과를 확인하고, 수정한 후, 교사와 공유함

※ 수업 반성
이 스타일의 학습 목표 중 하나인 자율성을 교사뿐만 아니라 학생들도 알 수 있도록 지도해야겠음. 학생들은 이번 수업에서 개별 농구 학습 프로그램을 계획 및 적용하고, 이 프로그램의 적용이 어려우면 새로운 대안 프로그램을 만드는 등 능동적으로 수업에 임했음

┌─ 작성 방법 ─
• (가) 스타일에 근거하여 밑줄 친 ⓐ~ⓒ 중에서 옳지 않은 1가지를 찾아 기호를 쓰고, 내용을 바르게 고쳐 서술할 것
• (가)에서 ㉠과 ㉡에 해당하는 용어를 발견 역치를 기준으로 각각 쓸 것
• (나)에 해당하는 체육 교수 스타일의 명칭을 쓰고, (나) 스타일에 근거하여 밑줄 친 ⓓ~ⓕ 중에서 옳지 않은 1가지를 찾아 기호를 쓰고, 내용을 바르게 고쳐 서술할 것

160 다음은 체육교과연구회 교사들의 대화이다. 〈작성 방법〉에 따라 순서대로 서술하시오.

[4점] 2024

> 김 교사 : 오늘은 2022 개정 교육과정에 관하여 이야기를 나눠 보려고 합니다. 선생님들께서는 2022 개정 교육과정과 2022 개정 체육과 교육과정의 변화에 대해서 설명해 주십시오.
>
> 최 교사 : 우선 체육 교과 역량의 변화가 있습니다. 기존 4개의 체육 교과 역량에서 움직임 수행 역량, 건강 관리 역량, 신체 활동 문화 향유 역량의 3개로 변화되었습니다. 체육과가 추구하는 삶은 이러한 3가지 신체활동 역량을 갖춤으로써 실현된다고 제시되어 있습니다. 신체활동 역량은 총론이 추구하는 인간상을 실현하는 기반이 되며, 2022 개정 체육과 교육과정의 문서 내용에서 (㉠)은/는 건강한 삶을 위해 다양한 건강 관련 문제를 적극적, 주도적으로 해결하는 과정에서 학습될 수 있다고 제시하고 있습니다.
>
> 박 교사 : ㉡ 2022 개정 교육과정의 편성·운영 기준을 살펴보면 중학교에서는 학교스포츠클럽 활동에서 3년간 총 이수 시간의 변화가 있습니다. 학교스포츠클럽 활동을 어떻게 운영할 것인지 고민입니다.
>
> 김 교사 : 2022 개정 교육과정의 고등학교 내용에 따르면 체육 교과(군)는 일반선택, 진로선택, 융합선택에서 총 7개의 과목이 있던데요. 이 중에서 1학점으로 운영할 수 있는 과목에는 무엇이 있나요?
>
> 최 교사 : 우선 체육 교과(군)의 기본학점은 3학점입니다. 하지만 (㉢) 과목은 1학점으로 운영이 가능합니다.

─〔작성 방법〕──
• 괄호 안의 ㉠에 해당하는 내용을 2022 개정 체육과 교육과정에 근거하여 쓸 것
• 밑줄 친 ㉡의 내용을 2015 개정 교육과정과 비교하여 서술할 것
• 괄호 안의 ㉢에 해당하는 과목 2가지를 제시하고, ㉢ 과목의 학점 배당기준을 2022 개정 교육과정에 근거하여 서술할 것

161 다음의 (가)는 체육 교사들의 수업 관찰 기록지이며, (나)는 수업 관찰 결과에 대한 대화이다. 〈작성 방법〉에 따라 순서대로 서술하시오. [4점] 2024

(가) 수업 관찰 기록지

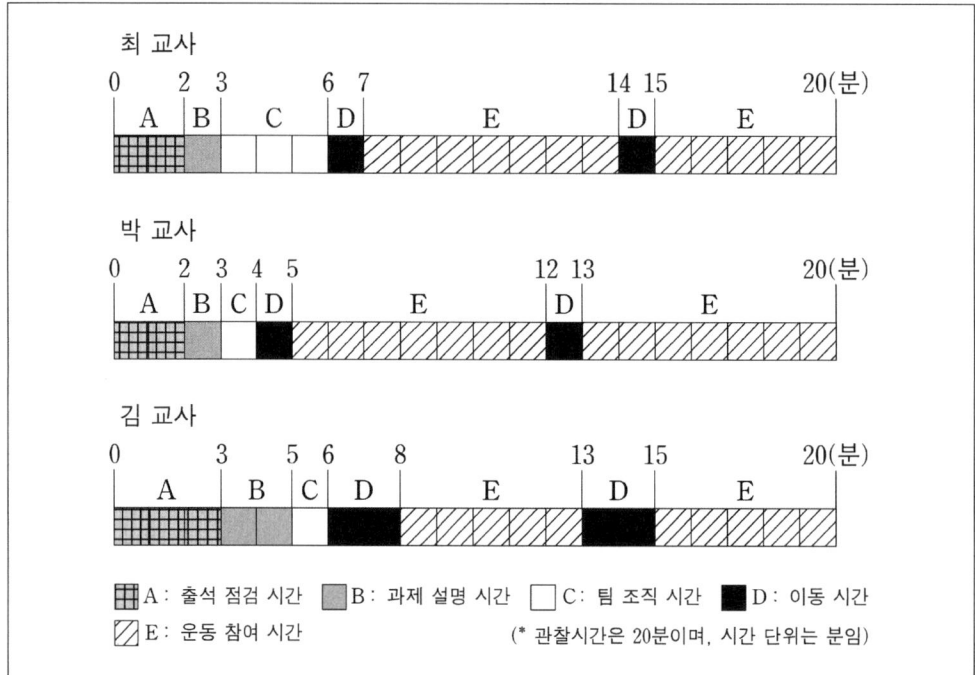

(나) 교사들의 대화

박 교사: 선생님, 수업을 할 때마다 ㉠ <u>김○○ 학생이 과제에 참여하지 않고 핸드폰 게임을 자주 합니다.</u> 이 학생에게 핸드폰 게임을 하지 않고 과제에 참여하도록 하고 싶은데 좋은 방법이 있을까요?

수석 교사: 박 선생님, 김○○ 학생에게 부적절한 행동의 감소 기술 중 하나인 삭제 훈련 방법을 적용해 보는 건 어떨까요?

…(중략)…

수석 교사: 김 선생님은 과제 지도 시에 어려움은 없나요?

김 교사: 학생들에게 과제를 지도할 때, 일부 학생들이 과제에 집중하지 않는 경우가 있습니다. 그래서 ㉡ <u>수업 중 한 학생을 지목해서 시범을 보이게 함으로써 학생들을 집중시키거나, 활동 과제에 대한 기대감을 불러일으켜 모든 학생들이 과제에 몰두하도록 지도하고 있습니다.</u>

수석 교사: 네. 학생들을 집중시키는 것도 중요하지만 도입 부분에서 수업 내용을 설명할 때는 (㉢)을/를 해야 합니다. (㉢)이/가 이루어지면 학습지도, 시범, 토론 등의 수업 내용이 학생들에게 정확하게 전달되며, 수업 내용 전달 시간까지 절약됩니다.

┌ 작성 방법 ┐
- (가)에서 수업 운영 시간을 적게 사용한 교사부터 순서대로 쓸 것
- (나)의 밑줄 친 ㉠에서 나타난 김○○ 학생의 행동을 수정할 수 있는 구체적인 삭제 훈련 방안을 1가지 서술할 것(단, 시덴탑(D. Siedentop)의 행동 수정 전략에 근거하여 작성할 것)
- (나)의 밑줄 친 ㉡의 내용에 해당하는 교수기능을 쿠닌(J. Kounin)의 예방적 수업 운영 전략에 근거하여 쓰고, 괄호 안의 ㉢에 공통으로 해당하는 내용을 로젠샤인과 프로스트(B. Rosenshine & N. Frust)의 주장에 근거하여 쓸 것

162 다음은 수업 컨설팅 자료이다. 메츨러(M. Metzler)의 주장에 근거하여, (가)의 각 단계에 알맞게 (나)의 내용이 연결되도록 ⓐ~ⓓ의 기호를 순서대로 쓰고, 괄호 안의 ㉠, ㉡에 들어갈 요소를 순서대로 쓰시오. [2점] 2025

[수업 컨설팅 자료]

- 단원 목표 : 전술 게임 모형을 적용한 탁구 단식 경기를 통해 경기 방법 및 경기 기능 숙달하기
  …(중략)…

- 과제 제시 방법

(가) 과제 제시 단계	(나) 내용
초기 게임 형식	ⓐ 교사는 학생들이 배울 움직임 패턴을 설명하고, 시범을 보이며, 언어적 단서를 제공한다.
기술 연습	ⓑ 게임 단계를 설정하고, 게임이 시작되기 전 학생들이 해결해야 하는 전술 문제들을 부과하여 제시한다.
변형 게임	ⓒ 정식 게임의 전술 및 수행의 복잡성을 줄인 게임을 고안하여 제시한다.
정식 게임	ⓓ 게임 형식이 원형 게임과 어떻게 관련되는지, 전술적 측면에서 왜 중요한지를 설명한다.

- 컨설턴트의 의견
  전반적으로 전술 게임 모형을 잘 적용한 탁구 단원을 운영하고 있음. 장애 학생들과 일반 학생들이 함께 참여할 수 있도록 탁구 단식 경기를 운영하고 있는 모습이 인상 깊었음.
  정식 게임 차시에서는 GPAI(Game Performance Analysis Instrument)를 활용하여 실시함. GPAI의 7가지 게임 수행 요소 중에서 탁구 단식 경기에 활용할 수 있는 돌아오기, 의사 결정하기, (㉠), (㉡) 총 4가지를 적절하게 활용하고 있음. 하지만 과제 제시 방법을 잘못 이해하고 있어 이 부분의 검토가 필요함.

163 다음은 예비 교사가 2022 개정 체육과 교육과정(교육부 고시 제2022-33호)을 정리한 노트 및 예비 교사와 담당 교수가 나눈 대화이다. 〈작성 방법〉에 따라 서술하시오. [4점]

(가) 예비 교사의 노트

○ 학년군별 내용 요소의 선정 원리
 - 가치·태도 요소 : ⓐ 개인 → 대인 → 사회 순으로 계열화함
 - 지식·이해의 방법적 지식 관련 과정·기능 요소 : ⓑ 수용 → 실천 → 지속 순으로 계열화함
  …(중략)…

○ 체육과 목표
 - 체육과가 추구하는 세 가지 삶을 영위할 수 있도록 ⓒ 가치를 내면화하여 실천하는 것으로 제시함

○ 체육과 내용 체계
 - 내용 영역 : ⓓ 신체활동 형식에 따라 운동, 스포츠, 표현 영역으로 분류함
 - 영역별 핵심 아이디어 : ⓔ 신체활동 형식의 개인적, 사회적 가치, 활동의 원리와 맥락, 실천 및 활용 방식에 따라 설정함
 - 내용 요소 : ⓕ 지식·이해, 과정·기능, 가치·태도로 범주화함
  …(중략)…

[A]

○ 단원의 운영
 - 교수·학습 활동 계획 시, 학생들의 사전 학습 경험(신체활동 경험과 지적, 정서적 경험 포괄)과 특성 등을 고려하고, 학생들이 평등한 학습 기회를 보장받도록 노력해야 함
  …(하략)…

[B]

(나) 예비 교사와 담당 교수의 대화

예비 교사 : 교육과정이 바뀐다고 해도 수업이 바뀌는 건 아닌 것 같아요. 교육과정이 바뀌어도 수업에서 축구나 농구, 육상 등의 종목을 가르치는 건 같잖아요.

담당 교수 : 수업이 바뀌지 않는다는 건 교육과정을 수업에 적용하지 않고 수업을 관습적으로 해왔기 때문이라고 생각해요. 여기 화면에 있는 표를 한번 볼까요? 같은 스키 종목이라도, ㉠ 개정 시기의 스키 수업에서는 여가 활동과 건강의 관계를 파악하며 신체 활동을 자율적으로 탐색하고 실천할 수 있도록 가르쳐야 하지만, ㉡ 개정 시기의 스키 수업에서는 지속 가능한 환경을 위한 스포츠 활동에 초점을 두어 가르쳐야 해요. 다른 예로, 같은 축구 종목이라도, ㉢ 개정 시기의 축구 수업에서는 축구의 경기 방법과 규칙, 기능에 초점을 두어야 한다면, ㉣ 개정 시기에서는 영역형 경쟁에 대한 종합적인 이해, 수행, 감상에 초점을 두는 축구 수업을 해야 해요.

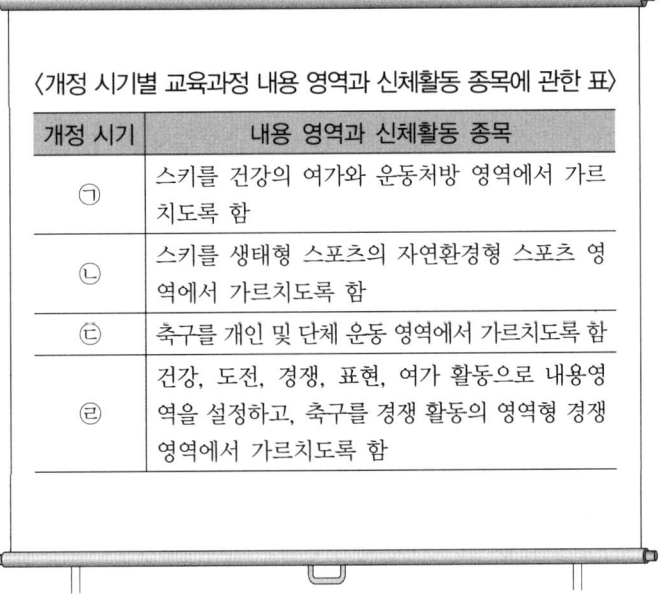

〈개정 시기별 교육과정 내용 영역과 신체활동 종목에 관한 표〉

개정 시기	내용 영역과 신체활동 종목
㉠	스키를 건강의 여가와 운동처방 영역에서 가르치도록 함
㉡	스키를 생태형 스포츠의 자연환경형 스포츠 영역에서 가르치도록 함
㉢	축구를 개인 및 단체 운동 영역에서 가르치도록 함
㉣	건강, 도전, 경쟁, 표현, 여가 활동으로 내용영역을 설정하고, 축구를 경쟁 활동의 영역형 경쟁 영역에서 가르치도록 함

┌─ 작성 방법 ─
• 2022 개정 체육과 교육과정에 근거하여, [A]의 밑줄 친 ⓐ~ⓕ 중 <u>잘못된</u> 내용 2가지를 찾아 바르게 고쳐 서술할 것
• 2022 개정 체육과 교육과정에 근거하여, [B]에 해당하는 단원의 운영 항목을 제시하고, (나)의 표에 제시된 ㉠~㉣을 교육과정의 개정 시기 순(과거 → 현재)으로 나열할 것(단, 기호만 제시할 것)

164 다음은 예비 교사의 교육실습 일지 내용이다. 〈작성 방법〉에 따라 서술하시오. [4점] 2025

[○○월 ○○일 교육실습 일지]

교육실습 마지막 주에 진행할 연구수업을 대비하기 위해 학생들과 함께 수업을 진행했다. ㉠ 구르기 수업을 하는 과정에서 전체 학생들이 나의 시범을 보고 호각 소리에 맞추어 앞·뒤 구르기 동작을 반복하면서 정확하게 수행할 수 있도록 지도하였다. 이 과정에서 지도 선생님께서 다양한 발문의 종류를 설명해 주셨다.

특히 학생들에게 다양한 질문을 할 때, ㉡ '축구경기에서 페어플레이를 하며 경기에 참여하는 것과 팀의 승리를 위해 페어플레이를 하지 않아야 하는 경우 어떤 것을 선택할 것인가?'와 같은 선택이나 태도 등에 관한 표현을 요구하는 질문을 활용할 것을 조언해 주셨다. 이러한 질문의 경우에는 정답이 없기 때문에 학생들이 부담을 덜 가질 수 있다고 하신 점을 되새겨야겠다.

[△△월 △△일 교육실습 일지]

오늘은 수업 초반부에 유도발견형 스타일을 적용하며 지속적인 질문을 통해 내가 원하는 방향으로 학생들을 이끌어가는 수업 방법을 활용하였다. 학생들은 나의 계열적 질문에 따라 인지적 사고를 하며 수업에 참여했다.
후반부에는 수렴발견형 스타일을 적용하여 나의 단일 질문에 따라 학생들이 [가] 각각 다른 방식으로 해답을 찾아가도록 수업을 적용했다. 두 가지 스타일의 수업 방법을 적용할 때에는 질문의 설계가 중요하다는 것을 다시 한번 경험할 수 있었다.

※ 지도 교사의 조언: 수업 관찰에 따른 몇 가지 내용을 말씀드릴 테니 한번 고민해 보세요. 우선 유도발견형 스타일로 수업을 진행하면서 ⓐ 학생들에게 피드백을 자주 제공하며 수업하시는 모습을 보았습니다. 또한 ⓑ 수용적이며 인내하는 분위기를 조성하고 유지하는 모습을 관찰하였습니다. 마지막으로 ⓒ 질문을 하고 답하는 과정에서 답을 찾지 못하는 학생에게 정답을 알려 주며 친절하게 설명해 주시는 모습을 볼 수 있었습니다.

─〔작성 방법〕─
- 모스턴과 애슈워스(M. Mosston & S. Ashworth)에 근거하여, 밑줄 친 ㉠에 해당하는 교수 스타일의 명칭을 쓰고, 베어드(H. Baird) 등의 주장에 근거하여, 밑줄 친 ㉡에 해당하는 발문의 명칭을 쓸 것
- 모스턴과 애슈워스(M. Mosston & S. Ashworth)에 근거하여, [가]에 나타난 두 교수 스타일의 특징을 행동기대 측면에서 상호 비교하여 서술하고, 밑줄 친 ⓐ~ⓒ의 내용 중 유도발견형 스타일에서 교사의 행동으로 적합하지 않은 1가지를 찾아 내용을 바르게 고쳐 서술할 것

165 다음은 김 교사의 농구 수업 계획안과 교사들의 대화이다. 〈작성 방법〉에 따라 서술하시오.
[4점] 2025

(가) 김 교사의 농구 수업 계획안

○ 차시별 내용 계획 : 게임 기능 발달 단계

단계	차시	내용
통제능력 획득	1~2	드리블
	3~4	패스

…(중략)…

○ 단원의 교수·학습 방법 계획 : 직접 교수 모형
  - 수업 모형의 6단계 절차에 따라 수업을 진행함
  - ㉠ 초기 과제 연습과 ㉡ 독자적인 연습 단계에서는 학습 진도의 수업 통제 프로파일을 고려해야 함

…(중략)…

○ 독자적인 연습 단계의 교수·학습 활동 계획
  - 스테이션 교수 전략 기반 설계

| 스테이션 간 과제 | • 수업에서 배운 기능들로 과제 설정
• 복잡하지 않은 기능들로 과제 설정
• 계열적인 구조의 기능들로 과제 설정
• 스테이션별 연습 시간을 동일하게 설정 | [A] |

* 스테이션 간 이동은 팀으로 이동

…(하략)…

(나) 교사들의 대화

김 교사 : 제가 농구 수업 계획안을 구성해 봤는데 어떤가요?
권 교사 : 선생님은 링크(J. Rink)의 게임 기능 발달 단계에 따라 단원을 설계하셨는데, 저는 다른 접근을 취하는 전술 게임 모형을 더 선호해요. 이 모형은 (㉢)와/과 인지 학습 이론을 기초 이론으로 삼아요. 이 이론들은 학습자가 단순히 사실을 기억하거나 정적 기술(static skill)을 수행하는 것이 아니라, 사전 지식을 통해 새로운 학습이 이루어지며 이해가 촉진된다고 봐요. 특히, 게임 형식에서 전술 문제를 활용하고, 운동 수행 혹은 기술 학습 전 인지 학습을 강조하는 것은 (㉢) 학습이론에 바탕을 두고 있음을 보여줘요.

…(하략)…

─ 작성 방법 ─
- 메츨러(M. Metzler)의 주장에 근거하여, 밑줄 친 ㉠과 ㉡의 학습 진도에서 나타나는 특성을 주도성 측면에서 순서대로 서술하고, 괄호 안의 ㉢에 들어갈 이론의 명칭을 쓸 것
- 쥬잇과 베인(A. Jewett & L. Bain)의 주장에 근거하여, (가)에 나타나는 김 교사의 가치 정향 명칭을 쓸 것
- 링크(J. Rink)의 주장에 근거하여, [A]에서 학습의 효과성을 저해하는 내용을 1가지 찾아 수정하여 서술할 것

166 다음은 예비 체육 교사들이 교육실습 중에 SNS에서 나눈 대화이다. 〈작성 방법〉에 따라 서술하시오. [4점] 2025

교육실습 잘하고 있어? 난 어제부터 담당 선생님이 수업을 해 보라고 하셔서 시작했는데 너무 재밌어!
박○○

최○○
난 지난 주부터 하고 있어! 근데 내가 실습 중인 A 중학교에서 내년부터 3년간 이수해야 할 체육 수업을 238시수로 운영한다고 교무부장님이 말씀하시는데, 이렇게 해도 되는 건가?

○ A 중학교 (2025학년도 입학생 기준)

교과 (군)	1학년		2학년		3학년		기준 수업 시수
	1학기	2학기	1학기	2학기	1학기	2학기	
체육	51	51	34	34	34	34	238

권○○
내가 실습 중인 B 중학교에서는 내년 신입생들의 3년간 체육 수업을 306시수로 운영한다고 하던데? 왜 이렇게 차이가 많이 나는 거지?

○ B 중학교 (2025학년도 입학생 기준)

교과 (군)	1학년		2학년		3학년		기준 수업 시수
	1학기	2학기	1학기	2학기	1학기	2학기	
체육	51	51	51	51	51	51	306

김○○
얘들아! 내가 작성한 단원 계획서 좀 봐 줄래? 다음 주에 교생 대표로 연구수업을 하게 돼서 준비하고 있어.

○ C 중학교 3학년 1학기 치어리딩 단원 계획서

단원의 목표	- 치어리딩 수업을 통해 표현 활동의 문화를 이해하고, 다양한 동작들을 창의적으로 수행할 수 있으며, 표현 작품을 창작하고 감상·비평할 수 있다.
단원의 배경	- 치어리딩 수업은 2학년 1학기 표현 영역 중 신체활동 예시로 제시된 ⓒ <u>댄스스포츠</u> 수업 경험을 바탕으로 이루어짐.
시기	활동 내용
4월	표현 활동의 감상 및 비평, 표현 활동의 역사와 문화 이해
5월	치어리딩의 기본 동작 설명 및 연습
6월	모둠별 치어리딩 작품 창작 발표 및 감상

· 평가의 방향 중 학습자의 성장 과정을 반영한 다양한 평가를 반영
첫째, ⓐ <u>수업 전·중·후로 평가하여 결과뿐만 아니라 학습과정을 평가할 수 있도록 구성함.</u>
둘째, ⓑ <u>학습자의 성취수준은 교사평가, 동료평가, 자기평가 등 다양한 주체가 평가하도록 설계함.</u>
셋째, ⓒ <u>개인별 동작 평가와 모둠별 발표 등 다양한 평가방법 및 도구를 활용하여 심동적 영역의 평가를 실시함.</u>

─〔작성 방법〕─
- 2022 개정 교육과정(교육부 고시 제2022-33호)에 근거하여, A와 B 중학교 체육교육과정의 운영 가능 여부를 판단하고 그 이유를 각각 서술할 것
- 2022 개정 체육과 교육과정(교육부 고시 제2022-33호)에 제시된 신체활동 예시를 근거로 하여, 밑줄 친 ㉠이 포함된 세부 영역의 명칭을 쓸 것
- 2022 개정 체육과 교육과정(교육부 고시 제2022-33호) 중 평가의 방향에 근거하여, 밑줄 친 ⓐ~ⓒ 중 개선해야 할 내용을 1가지 찾아 바르게 고쳐 서술할 것

167 다음은 교생 실습생 수업 평가회이다. 〈작성 방법〉에 따라 서술하시오. [4점] 2025

[수업 평가회]

김 교사: 오늘 최○○ 교생 선생님의 발표 수업이 있었습니다. 수업에 대해 서로 많은 이야기를 나누었으면 좋겠습니다.

박 교사: 지난번 교생 선생님의 수업 관찰 결과, 수업 초기의 운영 시간이 길다는 문제가 있었는데, 이번 시간에 보니 시작 시간에 맞춰 학생들의 최초 활동을 미리 정해 운영하고, ㉠ 집합 대형을 학생의 번호 순으로 지정된 위치에 서도록 함으로써 수업 초기 운영 시간을 줄일 수 있었던 것 같아요.

…(중략)…

김 교사: 교생 선생님! 실제 상황에서 교수 기능을 사정하는 방법은 활용하는 정보에 따라 서로 다르고, 수업 운영 장면을 변인으로 하는 사정을 '분석적 교수 단위'의 사정이라고 해요. …(중략)… 교수 사정은 교사가 제대로 가르치고 있는지 확인하는 중요한 방법인데, 교수 능력을 종합적으로 사정할 수도 있어요. 이때는 수업 과정에서 학생의 학습 성취도에 대한 직접적인 근거를 제공하는 '실제 학습 시간'이나, '성공적으로 참여한 학습 과제의 시행 횟수', '학생의 반응 기회' 등을 활용할 수 있어요. 이러한 변인으로 실제 교수를 사정하는 것을 (㉡) 변인 사정이라고 해요.

…(중략)…

박 교사: 선생님이 정○○ 학생과 대화할 때, ㉢ 학생의 이야기를 들으면서 눈을 마주치고, 몸을 기울여 잘 들으려는 태도나 표정을 보이며, 학생의 말에 관심을 기울이고 있다는 것을 보여 수는 선생님의 모습이 인상적이었어요. 그리고 지난 수업 시간에 연습 활동에 열심히 참여하지 않았던 손○○ 학생이 이번 수업에서는 연습에 열심히 참여하는 게 보였는데 어떻게 하셨어요?

최 교생: 학생에게 열심히 하지 않은 이유를 물어보니, 친하지 않은 친구와 함께 연습했기 때문이라고 말하더라고요. 그래서 ㉣ 친한 친구와 짝을 맺어 주어, 연습 활동에 열심히 참여할 수 있도록 했어요.

─〔작성 방법〕─
• 시덴탑(D. Siedentop)의 주장에 근거하여, 밑줄 친 ㉠에 해당하는 수업 운영의 효율성을 높이기 위한 교수 기술을 쓸 것
• 시덴탑(D. Siedentop)의 주장에 근거하여, 괄호 안의 ㉡에 들어갈 용어를 쓰고, 밑줄 친 ㉢에 해당하는 의사 수용 기능을 쓸 것
• 도일(W. Doyle)의 주장에 근거하여, 밑줄 친 ㉣에서 최 교생이 시도하고 있는 과제 체계 간 타협 방법을 서술할 것(단, 교사가 학생에게 기대하는 과제 체계와 허용한 과제 체계의 각 명칭을 포함할 것)

**한승현
전공체육
기출문제집**

전공체육,
문제의 한계를 뛰어넘다!

PART

02

심리학

PART 02 심리학

001 다차원 리더십 모형(multidimensional model of leadership ; Chelladurai, 1990)이 제시하고 있는 지도자 행동의 3가지 유형(요인)을 쓰고, 체육 수업에서 학습자의 수행력과 만족도를 증가시키기 위한 지도자 행동 유형 간의 관계를 설명하시오. [5점] 2002

• 지도자 행동 유형 [3점] : ①
　　　　　　　　　　　②
　　　　　　　　　　　③

• 지도자 행동 유형 간의 관계 [2점] :

002 다음 내용을 읽고 질문에 답하시오. [총 8점] 2003

> 박 교사는 적절하게 처방된 1회 운동이 기분 상태를 개선하여 정신적으로 건강한 상태에 이르게 한다는 사실을 알고, 학생들이 직접 이 상태를 경험할 수 있도록 낮은 강도로 30분간 달리기 운동을 실시하고자 하였다. 그러나 오래달리기 참가 경험이 부족한 많은 학생들이 성공적으로 운동을 할 수 있다는 자기 확신이 부족해 보여서 박 교사는 망설이게 되었다.

2-1 박 교사는 오래달리기에 앞서 학생 각자의 자기효능감(self-efficacy)을 증대시킬 필요성이 있다는 것을 깨달았다. Bandura(1977)가 주장한 자기효능감에 영향을 미치는 4가지 요인을 제시하시오. [4점]

①
②
③
④

2-2 오래달리기 운동 직후 학생들은 Morgan(1979)이 제시한 빙산형 프로파일(iceberg profile)의 기분 상태를 경험할 것으로 기대된다. 이 프로파일에서 평균보다 낮은 점수를 나타내는 부정적 기분 상태 요인을 4가지만 제시하시오. [4점]

①
②
③
④

003 교내 특별활동 농구 동아리인 덩크슛 팀이 지방자치단체에서 개최하는 길거리 농구대에 처녀 출전하게 되었다. 시합 당일 정 교사는 학생들이 불안하고 긴장되어 있음을 발견하고는 불안감을 감소시키는 조치를 취하고자 한다. 이와 관련하여 다음 질문에 답하시오. [총 6점]

2004

3-1 과도한 불안으로 인해 학생들에게서 나타날 수 있는 생리적 반응(증상)을 4가지만 쓰시오.

[3점]

①
②
③
④

3-2 학생들의 불안감을 감소시키기 위하여 정 교사가 취할 수 있는 방법을 4가지만 쓰시오.

[3점]

①
②
③
④

004 다음 글을 읽고 페널티킥 각 단계에 일치하는 니데퍼(Nideffer)의 주의집중 형태를 쓰시오.

[4점] 2006

> 김 교사는 체육 시간에 여학생에게는 율동적이고 미적인 활동이 적합하다고 판단하여 댄스스포츠를 연습시키고, 남학생에게는 축구 페널티킥을 연습시켰다. 김 교사는 남학생에게 축구 페널티킥 과정을 아래와 같이 설명하였다.
>
> ㉮ 공을 페널티킥 위치에 가져다 놓으면서 골대의 위치를 확인한다.
> ㉯ 뒤로 물러서면서 킥의 종류, 방향 등을 구상한다.
> ㉰ 머릿속으로 슛의 상(image)을 그려 본다.
> ㉱ 자신감을 가지고 공에 시선을 집중한다.

㉮ (   )   ㉯ (   )

㉰ (   )   ㉱ (   )

005 김 교사가 영철이와 같은 학생들에게 자신감을 길러 주기 위해 활용할 수 있는 방법을, 반두라(Bandura)의 자기효능감 이론에 근거하여 4가지를 쓰시오. [4점] 2007

> 영철이는 축구를 매우 좋아하고 항상 자신의 포지션에서는 자신감 있는 경기를 한다. 그러나 유독 마지막 승부를 결정지어야 하는 승부차기만은 키커(kicker)로 나서려 하지 않는다.

①

②

③

④

006 다음은 뜀틀 수업에서 학생들이 해 볼 수 있는 2가지 심상 유형이다. 〈그림 1〉과 〈그림 2〉에 해당하는 심상 유형의 명칭을 쓰고, 각 유형의 개념을 1줄로 설명하시오. [4점] 2007

〈그림 1〉　　　　　〈그림 2〉

• 〈그림 1〉의 심상 유형 명칭 :
　　　　　　　　개념 :

• 〈그림 2〉의 심상 유형 명칭 :
　　　　　　　　개념 :

007 다음 글을 읽고 야구팀에 효과적인 지도자의 특성(리더십 스타일)을 피들러(Fiedler)의 리더십 유관성 모델(contingency model of leadership) 이론의 관점에 근거하여 쓰고, 그와 같은 지도자의 특성이 위의 야구팀에 효과적인 이유를 상황적 호의성(situational favorability)을 결정하는 3가지 요인을 포함하여 2줄 이내로 설명하시오. [3점] 2008

> ○○고등학교의 야구팀 선수들은 김 코치를 신뢰하고 존경한다. 이 팀은 운영 절차가 분명하고 수행 과제가 명확하다. 또한, 김 코치는 학교의 적극적인 지원에 힘입어 선수들의 선발 및 상벌 등에 대하여 강력한 결정권을 갖고 있다.

• 지도자의 특성(리더십 스타일) :

• 효과적인 이유 :

008 그림은 운동참여 권고 포스터를 붙인 후 운동참여율의 변화를 조사한 결과이다. 이에 대한 해석으로 가장 적절한 것은? 2009

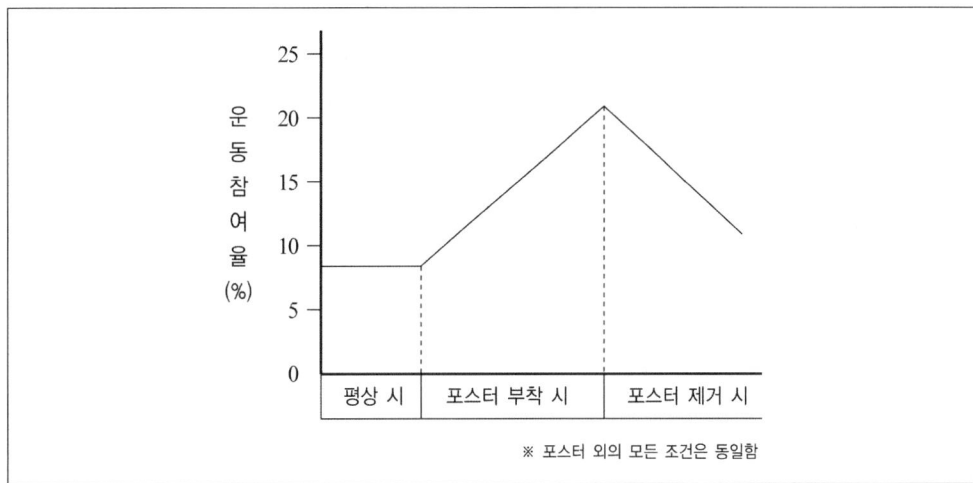

① 개인적 의지는 운동참여율 증가에 필수적 요인이다.
② 활동에 대한 선택권 부여가 운동참여율을 증가시킨다.
③ 물질적 보상이 운동참여율 증가에 긍정적인 영향을 미친다.
④ 환경적 자극 제공이 운동참여율 증가에 긍정적인 영향을 미친다.
⑤ 참여율 피드백 제공이 운동참여율 증가에 긍정적인 영향을 미친다.

009 다음과 같은 일련의 행동 절차를 지칭하는 것으로 가장 적절한 것은? 2009

- 골프 드라이브샷을 위해 티의 위치를 결정한다.
- 티를 꽂고 그 위에 볼을 올려놓는다.
- 바람의 방향과 속도를 파악한 후 목표지점을 설정한다.
- 2회의 연습 스윙을 하면서 공이 목표지점으로 날아가는 장면을 생각한다.
- 어드레스한 후 자신만의 일관성 있고 습관화된 전형적인 몸동작을 하면서, 한 번 더 목표지점을 확인한다.
- 호흡을 가다듬고 난 후 스윙을 한다.

① 연습의 법칙(law of exercise)
② 내현적 모델링(covert modeling)
③ 수행 루틴(performance routine)
④ 최고 또는 절정경험(peak experiences)
⑤ 주의집중 주의분리(concentration-dissociation)

010 다음은 시합에서 졌을 때 나타나는 심리 반응과 관련된 설명이다. (가), (나)에 들어갈 단어로 가장 적절한 것은? 2010

- 시합에서 졌을 때 (가) 와/과 같이 통제 가능한 요인에 귀인하면 미래에 대한 기대감을 높일 수 있다. 패배 상황에서 이 요인에 귀인했을 때 학생은 포기나 절망보다는 희망을 가질 수 있고, 미래에는 현재와 다른 수행을 할 수 있다는 믿음을 갖게 된다.
- (나) 이/가 높은 학생들은 시합에서 졌을 때 실망하거나 좌절하지 않고 긍정적인 태도를 유지하는 경향이 높다. 이들은 타인과의 비교가 아니라 자신과의 비교를 통해서 성공을 정의하기 때문에 패배에 따른 심리적 타격을 덜 받는다.

	(가)	(나)
①	능력	자아 성향
②	기분	내적 동기
③	운	무동기
④	과제난이도	외적 동기
⑤	노력	과제 성향

011 박 교사는 불안과 운동 수행에 관한 카타스트로피(catastrohe) 이론에 근거하여 체육 실기 평가 시 학생의 불안을 조절하고자 한다. 가장 적절한 방법은? [2.5점] 2010

① 운동 기능이 낮은 학생의 경우 인지 불안을 높여 준다.
② 인지 불안이 높을 때 신체적 각성이 적정 수준을 넘지 않게 한다.
③ 과거에 최고 기록을 보였을 때의 불안 수준을 찾아 유지하게 한다.
④ 과도한 불안으로 수행이 급격하게 추락하면 즉시 다시 시도하게 한다.
⑤ 불안을 긍정적으로 해석하여 불쾌한 감정을 유쾌한 감정으로 바꾸게 한다.

012 그림은 프로차스카와 디클레멘테의 '행동변화의 통합 이론 모형'을 적용하여 학생의 운동 변화 단계에 따른 특성을 나타낸 것이다. (가), (나)의 변화 양상을 보이는 요인으로 적절한 것은?

2010

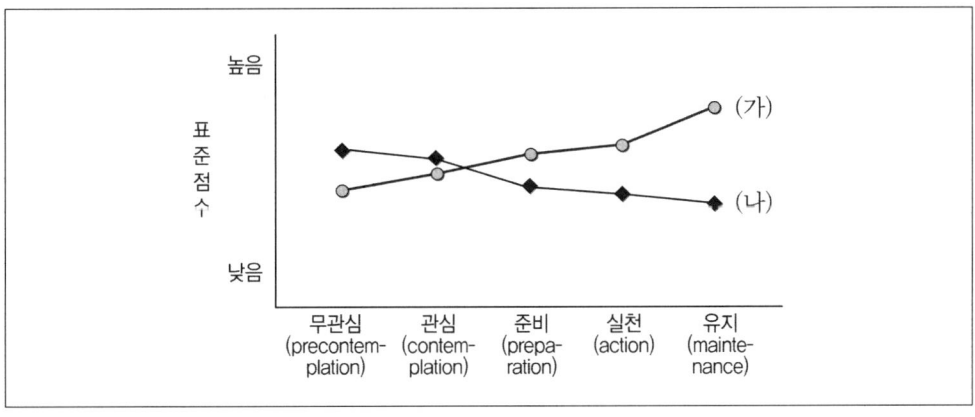

	(가)	(나)
①	운동 자기효능감	운동 자결성 (self-determination)
②	최대 산소 섭취량	운동 자기효능감
③	외적 동기	운동에 따른 손실 인식 (perceived cost)
④	운동 자결성	외적 동기
⑤	운동에 따른 손실 인식	최대 산소 섭취량

013 다음은 심리 기술 훈련 계획표이다. 이 계획표의 기본 내용 중 옳지 않은 것은? [1.5점] 2011

○○중학교 양궁부 심리 기술 훈련 계획표	
목표	2011년 ○○○기 대회 대비 자신감 증진을 통한 기록 향상
훈련 장소	숙소, 교실, 양궁장
기본 내용	• 훈련 기간: 6개월 • 훈련 시간: 월·수·금요일, 연습 전·후 15분씩 • 훈련 절차: 교육 → 연습 → 습득 단계의 순서로 진행 • 훈련 방법: 빌리(R. Vealey)의 목표 설정, 심상, 신체 이완, 사고 조절 • 훈련 대상: 주전과 비주전을 포함한 팀 전원

① 훈련 기간
② 훈련 시간
③ 훈련 절차
④ 훈련 방법
⑤ 훈련 대상

014 다음은 불안과 운동 수행에 관련된 그래프이다. (가)~(다)에서 설명하고 있는 내용에 가장 적합한 그래프를 고른 것은? 2011

(가) 팔굽혀펴기, 축구, 양궁 중에서 양궁을 잘하기 위해 필요한 최적의 각성 수준을 설명하는 그래프

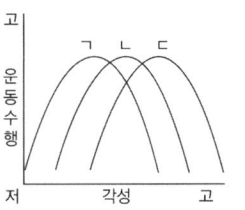

(나) 체육 실기 시험 전에 실수를 미리 염려하면 할수록 운동 수행에 방해가 됨을 설명하는 그래프

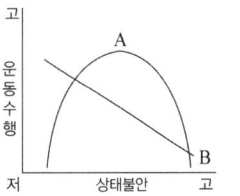

(다) 체육 시험을 잘 보고 싶은 동기 때문에 각성 수준이 높아지는 것을 불안으로 생각할 수 있음을 설명하는 그래프

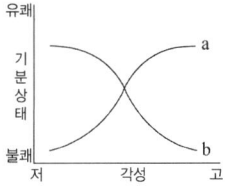

	(가)	(나)	(다)
①	ㄱ	A	a
②	ㄱ	B	b
③	ㄴ	A	a
④	ㄴ	B	a
⑤	ㄷ	B	b

015 그림은 데시(E. Deci)와 라이언(R. Ryan)의 인지 평가 이론을 나타낸 것이다. (가)~(라)를 설명하는 적합한 상황을 〈보기〉에서 바르게 고른 것은? ²⁰¹¹

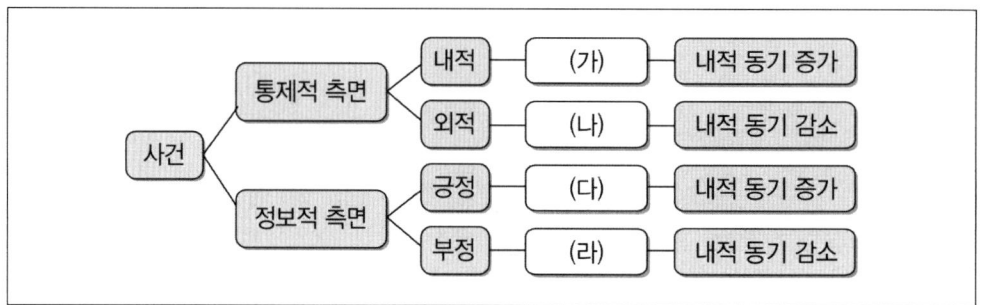

─〔 보기 〕─
ㄱ. 솔하는 휴식시간에도 자발적으로 연습하여 새로 배운 테니스 발리 기술을 습득하였다.
ㄴ. 홍길동 선수는 요즘 이유 없이 힘이 빠져 운동을 계속할지 망설이고 있다.
ㄷ. 철수는 수영을 잘한다는 체육 선생님의 칭찬을 받고 기분이 좋아졌다.
ㄹ. 영수는 선배의 눈치 때문에 억지로 야간 훈련에 참가하였다.
ㅁ. 김영희 선수는 실업팀에 입단하고 싶었지만 실력 부족으로 실패하였다.

	(가)	(나)	(다)	(라)
①	ㄱ	ㄴ	ㅁ	ㄹ
②	ㄱ	ㄹ	ㄷ	ㅁ
③	ㄴ	ㅁ	ㄷ	ㄹ
④	ㄷ	ㄱ	ㅁ	ㄹ
⑤	ㄷ	ㅁ	ㄹ	ㄱ

016 축구 경기 중에 이루어지는 〈보기〉의 상황을 니드퍼(R. Nideffer)의 주의 집중 유형 (가)~(라)와 옳게 연결한 것은? 2012

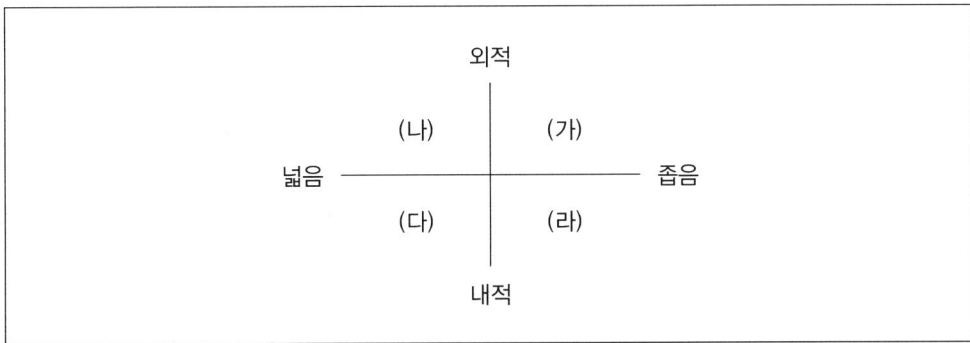

┌ 보기 ┐
ㄱ. 자신이 수행해야 할 다양한 작전을 계획한다.
ㄴ. 빈 공간에 있는 특정 선수에게 공을 패스한다.
ㄷ. 골을 성공시키는 장면을 마음속으로 시연한다.
ㄹ. 수비수의 방어가 허술한 위치에 있는 동료 선수가 누구인지를 찾는다.

	(가)	(나)	(다)	(라)
①	ㄴ	ㄱ	ㄷ	ㄹ
②	ㄴ	ㄹ	ㄱ	ㄷ
③	ㄷ	ㄹ	ㄱ	ㄴ
④	ㄹ	ㄱ	ㄴ	ㄷ
⑤	ㄹ	ㄱ	ㄷ	ㄴ

017 정 교사가 기록한 심리 상담 내용의 일부이다. 상담 기록지의 심리 훈련 기법 (가)와 (나)에 대한 〈보기〉의 설명으로 옳게 연결한 것은? [1.5점] 2012

〈선수 상담 기록지〉
- 상담 일시 : 2011. 00. 00.(목) 16:00
- 상담 장소 : 배드민턴부실
- 성   명 : 김○○

◦ 심리적 문제
  - 각성 상태가 지나치게 높음.
  - 경기 중 과도한 불안을 호소함.
  - 패배의식에 사로잡혀 있음.

◦ 효과적인 심리 훈련 기법
  (가) 인지 재구성 훈련
  (나) 바이오피드백(biofeedback) 훈련

〔보기〕
ㄱ. (가) 동작 수행을 상상하여 가상훈련을 하도록 돕는다.
ㄴ. (나) 비합리적인 신념을 이상적인 신념으로 변화하도록 돕는다.
ㄷ. (다) 긴장된 근육을 수축시킨 후 점진적으로 이완 상태에 도달하도록 돕는다.
ㄹ. (라) 감지 장치를 이용하여 인체의 자율신경계 반응을 자각시켜 조절하도록 돕는다.

① (가) - ㄱ   (나) - ㄴ
② (가) - ㄱ   (나) - ㄷ
③ (가) - ㄴ   (나) - ㄱ
④ (가) - ㄴ   (나) - ㄹ
⑤ (가) - ㄷ   (나) - ㄹ

018 박 교사가 팀 성적을 주제로 핸드볼부 선수들과 나눈 대화이다. 그루버(J. Gruber)와 그레이(G. Gray)의 분류에 근거한 (가)~(마)에 대한 설명으로 옳은 것만을 〈보기〉에서 있는 대로 고른 것은? [1.5점] 2012

> 박 교사 : 우리 팀이 최근 들어 성적이 저조한 이유가 무엇일까?
> 경　 수 : 우리 팀 선수들이 너무 모래알 같아요. 그러다 보니 (가) <u>저 또한 소속감이 별로 없어요.</u>
> 형　 민 : 애들이 전체적으로 (나) <u>핸드볼에 대한 관심이 떨어진 것 같아요.</u>
> 박 교사 : 다른 친구들은 어떻게 생각하니?
> 준　 혁 : (다) <u>저는 요즘 슬럼프 같아요. 3학년인 제가 실력 발휘를 못해 속상해요.</u>
> 박 교사 : 그럼 내가 어떻게 하면 좋을까?
> 경　 수 : 선생님께서 저희들에게 칭찬을 더 많이 해주셨으면 좋겠어요. (라) <u>인정받으면 누구나 좋잖아요.</u>
> 박 교사 : 너희들 모두 (마) <u>핸드볼 팀의 구성원으로 자부심을 갖기를 바라는 것 같구나.</u>

─〔 보기 〕─
ㄱ. (가)는 사회적 응집성을 의미한다.
ㄴ. (나)는 과제 응집성을 의미한다.
ㄷ. (다)는 사회적 응집성을 의미한다.
ㄹ. (라)는 과제 응집성을 의미한다.
ㅁ. (마)는 과제 응집성을 의미한다.

① ㄱ, ㄴ　　　　　　　　　② ㄴ, ㄷ
③ ㄱ, ㄴ, ㄷ　　　　　　　④ ㄱ, ㄹ, ㅁ
⑤ ㄴ, ㄷ, ㄹ

019 다음은 중학교 2학년 이○○의 심리 상태를 나타낸 것이다. 와이너 (B. Weiner)의 귀인 이론에 근거한 체육 교사의 지도 방법으로 옳은 것은? [1.5점] 2013

> 이○○은 친구들보다 운동을 잘하지 못하는 것을 항상 자신의 능력이 부족한 탓으로 여긴다. 결국 이○○은 체육 수업에 소극적으로 참여하고, 운동에 대하여 학습된 무기력 상태가 되었다.

① 통제 가능한 요인 중 개인 능력에 귀인할 수 있도록 지도한다.
② 통제 가능한 요인 중 개인 노력에 귀인할 수 있도록 지도한다.
③ 통제 불가능한 요인 중 운에 귀인할 수 있도록 지도한다.
④ 통제 불가능한 요인 중 개인 노력에 귀인할 수 있도록 지도한다.
⑤ 통제 불가능한 요인 중 개인 능력에 귀인할 수 있도록 지도한다.

020 김 교사는 축구 동아리의 응집력을 향상시키기 위해 캐론(V. Carron) 등의 팀 구축(team building) 모형을 적용하고자 한다. (가)~(라)에 해당하는 팀 구축 모형 요인으로 옳은 것은? [2.5점] 2013

> 김 교사는 먼저 (가) 학생들에게 축구팀의 이름과 유니폼을 정하게 하였다. 또한 (나) 매주 한 번씩 팀 미팅을 열어 각자의 역할과 이에 따른 책임을 논의하게 하였고, (다) 파트너 활동을 통해 서로에 대해 알 수 있는 시간을 갖도록 하였다. 그리고 (라) 3학년 학생들이 팀에 익숙하지 않은 신입생들을 위해 방과 후 시간을 이용하여 도와주도록 하였다.

	(가)	(나)	(다)	(라)
①	집단 환경	집단 과정	집단 구조	집단 구조
②	집단 환경	집단 구조	집단 과정	집단 과정
③	집단 환경	집단 구조	집단 구조	집단 과정
④	집단 구조	집단 과정	집단 환경	집단 환경
⑤	집단 구조	집단 환경	집단 과정	집단 구조

021 다음은 '과훈련 증후군'에 관한 박 교사의 수업 자료이다. 괄호 안의 ㉠, ㉡에 해당하는 명칭을 차례대로 쓰시오. [2점] 2014

과훈련 증후군(overtraining syndroome)의 이해

1. 과훈련
   장기간의 강도 높은 훈련으로 선수들이 적응을 못하고 결국 수행력이 감소되는 결과를 초래하는 것을 의미한다. 모건(W. Morgan) 등은 과훈련을 '매우 많은 운동량을 비정상적으로 수행하는 훈련 과정'으로 정의하였다.

2. (㉠)
   와인버그와 굴드(R. Weinberg & D. Gould)는 (㉠)을/를 '과훈련으로 인해 선수들이 일상적인 훈련을 소화하기 어렵고 이전의 경기 수행력에 도달할 수 없는 상태'로 정의하였다. (㉠)은/는 과훈련에 대한 하나의 반응으로 간주할 수 있으며, 강도 높은 훈련에 따른 생리적인 부정적 반응과 감정이 합쳐진 상태를 의미한다.

3. (㉡)
   '스포츠 참가에 대한 부정적 반응'으로, 계속되는 과훈련 스트레스가 축적되어 적극적으로 참여하던 스포츠에서 떠나는 것을 의미한다. 스미스(R. Smith)에 의하면 (㉡)은/는 단순히 스포츠를 중단하는 것뿐 아니라, 심리적, 정서적으로도 고갈되는 것을 의미한다. 이러한 증상은 스포츠에 대한 긍정적인 가치 감소, 타인과의 관계에서 부정적인 태도 형성, 비인격화, 운동 성취의 결여 등과 관련 있다.

022 다음은 행동변화를 설명하는 '단계적 변화 모형'의 주요 구성 개념에 관한 내용이다. 괄호 안의 ㉠, ㉡에 해당하는 용어를 차례대로 쓰시오. [2점] 2014

> '단계적 변화 모형'에 관한 주요 구성 개념 중 (㉠)은/는 의도한 행동을 했을 때 주어지는 이익(pros.)과 그에 따라 발생 하는 손실(cons.)을 비교하여 평가하는 것을 의미하며, 자니스와 만(I. Janis & L. Mann)에 의해서 개발된 모델에 기초를 두고 있다. 예를 들어 운동을 통하여 즐거움, 건강 증진 등을 인식한다면 이익에 해당하지만, 시간 투자, 장비 구입 부담 등의 인식은 손실에 해당한다.
> 프로차스카와 디클레멘테(J. Prochaska & C. DiClemente)의 '단계적 변화 모형'에 기초할 때, (㉡) 단계에서는 이익과 손실이 거의 같다고 본다.

023 다음은 운동의 심리적 효과에 관한 신문 칼럼의 일부이다. 괄호 안의 ㉠, ㉡에 해당하는 용어를 순서대로 쓰시오. [2점] 2015

운동의 심리적 효과

일반적으로 운동의 심리적 효과로 불안의 감소나 우울증의 완화를 이야기한다. 이는 부정적인 심리 상태에서 벗어나는 효과이다. 그러나 운동의 효과는 부정의 감소에 그치지 않고 긍정의 확장이라는 적극적인 관점으로 이해되어야 한다. 그 대표적인 예로 운동을 하면 기분 상태 검사(POMS : Profile of Mood States)의 여섯 가지 요인 중 (㉠)이/가 상승하는 것으로 알려져 있다(그림 1).

한편, 긍정적인 정서는 운동이 끝난 후에만 나타나는 것이 아니라 운동을 하는 동안에도 극도의 행복감으로 나타나기도 한다. 이 현상을 (㉡)(이)라고 하는데 이를 연구한 여러 운동 심리학자들은 (㉡)을/를 표현하는 단어로 희열감, 편안함, 우아함, 파워 등을 제시했다. 이는 긍정 심리학자 칙센트미하이(M. Csikszentmihalyi)가 주창한 몰입(flow)의 개념과 매우 유사하다.

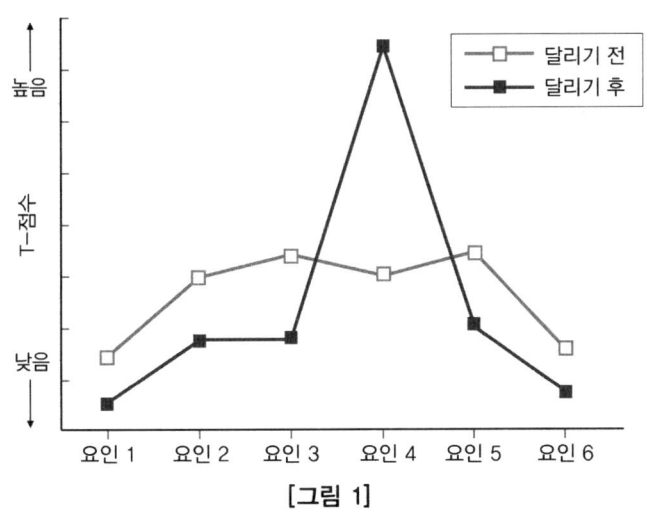

[그림 1]

024 다음은 학교스포츠클럽에 참가하고 있는 학생들의 SNS 대화이다. 대화 내용을 참고하여 〈작성 방법〉에 따라 서술하시오. [4점] 2016

> 준용 : 하루도 운동을 하지 않으면 죄책감이 느껴져……. 그래서 학교스포츠클럽을 통해 꾸준히 운동을 하려고 해.
> 민재 : 나는 운동에 소질이 없어서 학교스포츠클럽에 참여하기 싫었는데, 참여하지 않으면 친구와 놀 시간이 없을 것 같아서 축구부에 가입하기로 했어. 혼자 있는 것은 너무 심심해.
> 수정 : 나는 살이 너무 쪄서 걱정이야. 그래서 체중 감량을 위해 방송댄스 학교스포츠클럽에 가입했어. 방송댄스를 열심히 해서 아이돌처럼 예쁜 몸매를 만들 거야.

〔작성 방법〕
- 데시(E. Deci)와 라이언(R. Ryan)의 '자기결정성연속체' 중 민재와 수정에게 해당하는 외적 동기의 규제 유형을 순서대로 제시할 것
- 민재의 자기결정성을 높이기 위하여 유능성 욕구를 충족시킬 수 있는 교사의 중재 전략을 하터(S. Harter)의 '유능성동기이론'에 근거하여 서술할 것

025 다음은 박 교사의 중학교 1학년 높이뛰기 수업에 참가한 학생들의 수업 소감문 일부이다. 소감문을 읽고, 〈작성 방법〉에 따라 서술하시오. [4점] 2016

> 학생 A : 나는 키가 작아서 높이뛰기에 자신이 없다. 오늘 110cm의 높이를 넘으라는 과제가 주어졌는데, 내겐 너무 높은 것 같다. 친구들은 다들 잘 넘는데 나만 못하는 것 같아 속상했다.
> 학생 B : 나는 높이뛰기를 잘 못한다. 그리고 왜 체육 수업에서 높이뛰기를 배워야 하는지 모르겠다. 일상생활에서 자주 접하는 종목도 아닌데……. 체육 수업 시간에는 내가 잘하는 축구만 배웠으면 좋겠다.
> 학생 C : 아마도 높이뛰기 실력은 내가 우리 반에서 최고일 것이다. 보통 130cm정도는 기본으로 넘는데, 오늘 수업 목표인 110cm는 언제 어디서든 눈 감고도 넘을 수 있다.
> 학생 D : 오늘 높이뛰기 수업 목표는 110cm를 넘는 것이었다. 나는 10번 시도해 8번을 성공했다. 발 구르기 동작에 좀 더 집중했더라면 10번 모두 성공했을 것이다. 너무 재미있어 시간 가는 줄 몰랐다.

학생	A	B	C	D
정서적 특성	㉠	무관심	㉡	몰입

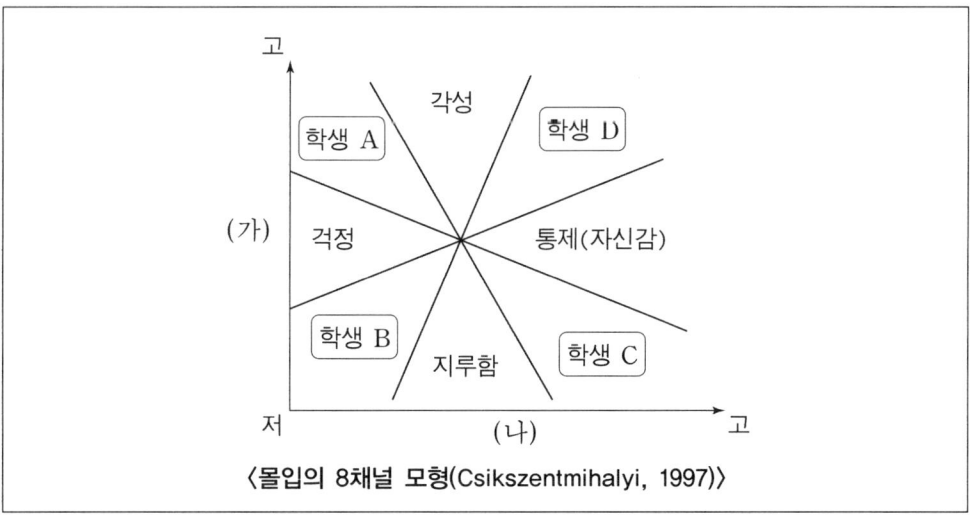

〈몰입의 8채널 모형(Csikszentmihalyi, 1997)〉

─〔작성 방법〕─
- ㉠, ㉡에 해당하는 정서적 특성을 칙센트미하이(M. Csikszentmihalyi)의 몰입(flow) 모형에 근거하여 순서대로 제시할 것
- (가), (나)에 해당하는 결정 요인을 활용하여 A와 C 학생의 몰입 경험을 유도하기 위한 교사의 지도전략을 서술할 것

026 다음은 전국체육대회에 참가해 개인 최고의 성적을 거둔 고등학교 사격 선수 명진이와 사격부 담당 교사인 김 교사가 대회가 끝난 후 나눈 대화이다. 와이너(B. Weiner)의 귀인 이론에 근거하여 밑줄 친 ㉠, ㉡의 귀인 유형을 3가지 차원으로 각각 쓰시오. [2점] 2017

김 교사: 명진아, 전국체전 때 정말 잘했어. 첫 메달 딴 거 축하해.
명 진: 고맙습니다.
김 교사: 네가 참가 했던 대회 기록 중에서 가장 좋은 기록이었지?
명 진: 네, ㉠ 운이 좋았죠.
김 교사: 운이라니? 넌 사격 선수로서 재능이 뛰어나. 특히 큰 대회에 나가서도 떨지 않잖아.
명 진: 그냥 평소에 연습하던 대로 했는데 운이 따랐던 것 같아요.
김 교사: 이번 대회는 준비도 많이 했잖아? 연습 때 집중도 많이 했고. 무엇보다 ㉡ 네가 평소에 흘린 땀의 결과라고 생각해.
명 진: 그렇긴 했지만 평소 잘하던 다른 학교 선수들이 이번 대회에서는 부진했어요.
김 교사: 명진아, 성공이나 실패의 원인을 어떻게 설명하는가는 정말 중요하단다. 이번 메달은 우연히 딴 게 아니라 네가 노력해서 얻은 거야.
명 진: (활짝 웃으며) 선생님 이야기를 들으니 더 뿌듯해지네요.

027 다음은 운동행동을 설명하는 변화단계 이론의 의사결정 균형(decisional balance)을 보여주는 그래프이다. 〈작성 방법〉에 따라 순서대로 서술하시오. [4점] 2017

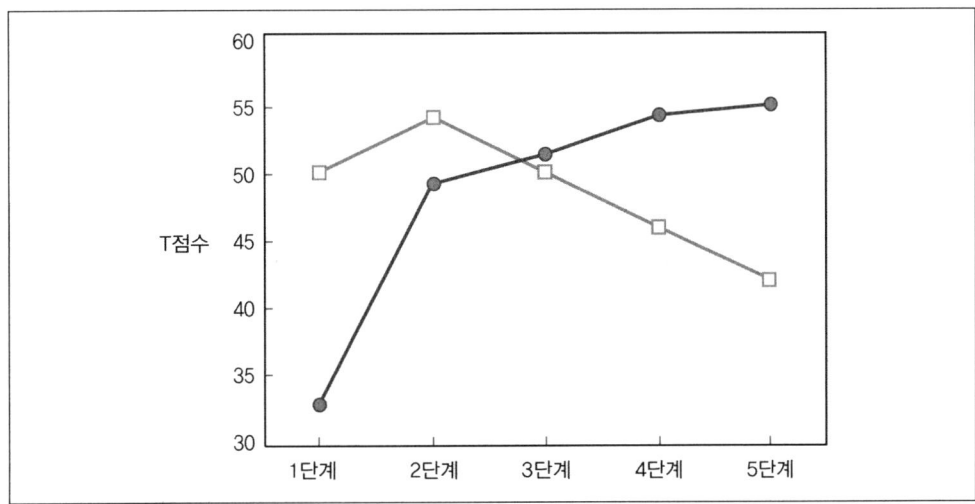

─〔작성 방법〕──────────────────────────
• 변화단계 이론의 3단계 명칭을 제시할 것
• 그래프를 보고 2단계와 3단계의 차이를 비교하여 서술할 것
• 반두라(A. Bandura)의 자기효능감 이론에 근거하여 운동 실천 및 지속을 위한 중재 전략을 2가지 제시할 것

028 다음은 수상 안전 교육에서 누워 뜨기를 배우면서 체육 교사와 학생이 나눈 대화이다. 〈작성 방법〉에 따라 순서대로 서술하시오. [4점] 2017

> 교사: 우리 몸을 떠받쳐 주는 부력을 잘 이용하면 힘들이지 않고 오랫동안 물에 떠 있을 수 있어. 우선 누워 뜨기를 배워 보자. 힘을 빼고 편안히 누워 봐.
> 학생: (양팔을 몸통에 붙인 자세로 누워 뜨기를 하다가 일어서며) 선생님, 다리 쪽이 내려가면서 몸 전체가 회전하네요.
>
>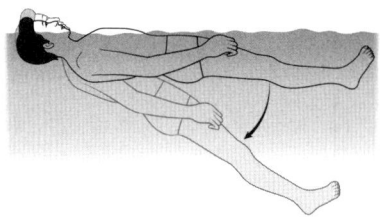
>
> 교사: 그건 ㉠ <u>몸에 회전력이 작용하기 때문인데</u>, ㉡ <u>팔다리의 자세를 바꾸면 그러한 현상을 해결할 수 있어</u>. 그럼 몸이 회전하지 않고 균형을 유지하면서 누워 뜨기 자세를 유지할 수 있을 거야.
> 학생: (교사의 자세 교정 설명을 따라 하면서) 아 정말 그러네요. 하지만 물도 차갑고 긴장이 되어서 그런지 몸이 굳는 것 같아요.
> 교사: 그럼 호흡을 깊고 느리게 하며 ㉢ <u>천장의 한 지점을 바라보면서 집중해 보자</u>. 어때? 물에 닿는 몸의 차가운 느낌이 사라지고 긴장이 좀 풀리지?

〔작성 방법〕
- 니데퍼(R. Nideffer)가 제시한 주의유형 분류의 2가지 기준을 쓰고 이에 근거해 밑줄 친 ㉢의 주의 유형을 쓸 것

029 다음의 (나)는 학교스포츠클럽에 참가하고 있는 주훈이가 시합 후에 쓴 수행 일지의 일부이다. 〈작성 방법〉에 따라 순서대로 서술하시오. [4점] 2017

(나) 주훈이의 수행 일지

> 2016년 ○○월 ○○일
>
> 오늘은 내 축구 인생 최고의 날이다. 체육 선생님께 프리킥의 원리에 대한 설명을 듣고 매일 연습했는데 드디어 기회를 얻었다. 평소 연습한 대로만 차면 들어갈 것 같아 '연습 때처럼 차자.' 라는 마음으로 공을 놓았다. 그런데 공을 놓는 순간 '못 넣으면 어떡하지?'라는 생각이 갑자기 들었다. 숨이 가빠지고 심장 소리가 들리는 것 같았다.
> 평소처럼 공을 차기 전에 심호흡을 길게 했다. 긴장될수록 즐긴다는 기분으로 경기하라던 선생님의 조언이 떠올랐다. ⓒ 그 말씀대로 프리킥하는 순간을 긍정적으로 생각하니 분명히 긴장이 많이 되었는데도 불구하고 금방 기분이 좋아졌다. 흥분이 되고 기대감이 생기면서 기분 좋은 떨림을 느꼈다. 연습 때와 같이 완벽하게 휘어 들어가던 공을 떠올리면서 자신 있게 찼더니 상상했던 대로 공이 휘어져 골대 안으로 들어갔다. 정말 최고의 순간이었다.

─〈작성 방법〉─
- 밑줄 친 ⓒ에 나타난 각성과 감정의 관계를 설명하는 커(S. Kerr)의 불안이론의 명칭을 쓰고 핵심 주장을 서술할 것

030 다음 (가)는 마튼스(R. Martens) 등이 개발한 경쟁 상태 불안 검사지(CSAI-2:Competitive State Anxiety Inventory-2)를 활용한 K 선수의 검사 결과의 일부이며, (나)는 K 선수의 불안을 극복하기 위한 교사의 의견이다. 〈작성 방법〉에 따라 순서대로 서술하시오.

[4점] 2018

(가)

다음 문항을 읽고 현재 느낌에 해당하는 것에 √표 하시오.

문항 번호	문항	전혀 안 그렇다	조금 그렇다	그렇다	매우 그렇다
①	이 경기가 걱정스럽다.	1	2	3	4√
②	몸이 굳어지는 것 같다.	1	2	3√	4
③	내 자신의 능력이 의심스럽다.	1	2	3	4√
④	속이 메스꺼움을 느낀다.	1	2	3	4√
⑤	목표에 도달할 수 있을까 걱정이 된다.	1	2	3√	4
⑥	손에 축축하게 땀이 난다.	1	2	3	4√

※ 상태 자신감에 해당하는 문항은 제외하였음

(나)

교사: 슐츠(J. Schultz)가 제시한 (㉠)을/를 추천합니다. 이 방법은 자신이 느끼고자 하는 감각에 주의를 기울이는 데 초점을 두고 있습니다. 구체적인 단계는 다음과 같습니다.

단계	활동 내용
1	무거움을 느낌
2	(㉡)
3	심장 박동에 집중함
4	호흡에 집중함
5	복부에 집중함
6	이마에 집중함

─〔작성 방법〕─
- (가) 검사지에서 측정한 2가지 요인의 명칭과 각각의 요인에 해당하는 문항 번호를 모두 골라 제시할 것
- (나)에서 괄호 안의 ㉠에 들어갈 알맞은 명칭을 쓰고, 괄호 안의 ㉡에 해당하는 활동 내용을 서술할 것

031 다음은 박 교사가 학생 선수를 상담하고 각성과 수행의 관계를 정리한 기록이다. 선수 A, B, C와의 상담 내용 전체를 설명하는 가설, 선수 D와의 상담 내용을 설명하는 가설을 순서대로 쓰시오. [2점] 2019

상담 내용

선수 A : 긴장된 시합에서 오히려 기록이 잘 나온다. 긴장되지 않은 시합은 집중이 안 되고, 기록도 잘 안 나온다. 긴장된 시합을 즐기는 편이고, 큰 시합에서 최고 기록이 나왔다.

선수 B : 긴장이 적당하면 집중도 잘 되고 몸도 가벼워진다. 딱 집중할 만한 것에만 집중되는 것 같다. 너무 편안하면 목표 의식이 사라져 잘 안 되고, 지나치게 긴장하면 조급해져 실력 발휘가 어렵다.

선수 C : 연습 때나 시합 때나 긴장하지 않고 아주 편안해야 기록이 잘 나온다. 조금이라도 긴장되면 몸이 굳어져 잘 안 된다. 그래서 시합 전에 예민해지지 않으려고 노력한다.

선수 D : 시합 걱정을 안 할 때는 몸이 적당하게 긴장되어야 시합을 가장 잘 한다. 하지만 걱정을 많이 할 때 몸이 많이 떨리거나 심박동이 빨라지면 순간적으로 되던 것도 안 된다.

032 (가)는 교육 실습생의 수업을 관찰하고 작성한 동기 분위기 체크리스트이고, (나)는 심리기술 향상 계획표의 일부이다. 〈작성 방법〉에 따라 순서대로 서술하시오. [4점] 2019

(가) 동기 분위기 체크리스트

☑ 노력과 협동을 강조	☐ 경쟁에서 승리 중시
☐ 타 학생과 비교한 평가	☑ 노력과 향상도 평가
☑ 의사결정에 학생 의견 반영	☐ 교사 주도의 의사결정

(나) 심리기술 향상 계획표

목적	◦ 높이뛰기 수업에서 학생의 자신감과 불안 조절력 향상
적용 방법	◦ 시간: 매 수업마다 10분 ◦ 빈도: 주 3회 ◦ 절차: 교육 단계 → 습득 단계 → 연습 단계
적용 기법	◦ 자신감 향상 • 동작을 상상할 때 느낌을 생생하게 살리기 • 학생이 원하는 성공 장면을 떠올리기 • ㉠ 심상의 효과에 관한 제이콥슨(E. Jacobson)의 심리신경근 이론 설명 ◦ 불안 조절력 향상 • ㉡ 과도한 불안 반응을 보인 학생은 다음 단계를 고려하여 맞춤식으로 지도 • 1단계: 매트에 착지하고 편안함 느끼기 • 2단계: 도약하여 매트에 착지하고 편안함 느끼기 • 3단계: 낮은 높이에 도전하고 편안함 느끼기 • 4단계: 교사가 보는 앞에서 목표에 도전하고 편안함 느끼기
평가 도구	◦ 심리기술: CSAI-2, 심상능력 설문지

─〔작성 방법〕─
• 교육 실습생이 조성한 동기 분위기의 명칭을 제시하고, 이 동기 분위기로 인하여 향상될 학생의 성취목표 성향을 제시할 것
• 밑줄 친 ㉠의 핵심 개념을 서술할 것
• 밑줄 친 ㉡에 적용된 볼페(J. Wolpe)의 기법을 제시할 것

033 다음은 농구 스포츠클럽을 지도하는 교사와 학생들 간의 대화이다. 〈작성 방법〉에 따라 순서대로 서술하시오. [5점] 2019

> 유나 : 오늘 시합에서 수비할 때 상대의 속임수 동작 때문에 공격을 제대로 막지 못했어요. 슈팅 전에 유인 동작이 있었는데 끌려가는 바람에 실제 슈팅은 그냥 쳐다보다 놓쳤어요. 어떻게 그럴 수 있지요?
> 교사 : 농구뿐만 아니라 축구에서도 공격자가 수비자를 따돌릴 때 쓰는 방법이지요. 공을 잡고 왼쪽으로 움직이는 척하다가 갑자기 오른쪽으로 공격하면 오른쪽을 막는데 시간이 지연되어 놓치게 되지요. 이처럼 ㉠ <u>첫 번째 유인 동작에 속으면 바로 이어지는 실제 동작에 대한 수비 반응이 늦어지고 말아요</u>. ㉡ <u>공격수의 유인 동작은 속아 넘어가도록 그럴듯해야 해요</u>. 공격수는 이 원리를 잘 활용하면 큰 이득을 볼 수 있어요.
> 현숙 : 농구는 이번 학기에 처음인데 슈팅을 더 잘하고 싶어요. 저는 슈팅 연습을 할 때 성공률을 높이려고 ㉢ <u>자유투를 한 지점에서 반복하여 연습합니다</u>.
> 교사 : 맥락간섭을 고려해서 ㉣ <u>거리를 달리하여 연습</u>을 하면 더 좋을 것 같아요.
>
> …(중략)…
>
> 강주 : 저는 의지력은 있는데 실행력이 부족한가 봐요. ㉤ <u>스포츠 클럽에 출석하겠다고 마음을 먹어도 이런 저런 일이 생기면 못 가는 때가 많아요</u>. 마음은 먹었는데 실천으로 이어지지 못해 스트레스를 받아요.

─〔작성 방법〕
- 밑줄 친 ㉠에 해당하는 개념을 쓰고, ㉠이 성공적으로 이루어지기 위해 밑줄 친 ㉡과 함께 갖춰야 할 조건 1가지를 설명할 것
- 밑줄 친 ㉣의 연습 방법의 효과를 밑줄 친 ㉢과 비교하여 '수행'과 '학습' 측면에서 설명할 것
- 아이젠(I. Ajzen)의 계획된 행동 이론에 근거해서 밑줄 친 ㉤에 대한 대책 조언을 서술할 것

034 다음은 로버츠(G. Roberts) 등의 TARGET 전략을 적용한 교사의 수업 반성 일지이다. 밑줄 친 ㉠, ㉡에 적용된 원칙의 명칭을 순서대로 쓰시오. [2점] 2020

교사의 수업 반성 일지

학교스포츠클럽 전국대회를 앞두고 축구팀의 응집력을 높이는데 TARGET 전략이 효과적일 것 같다. 우선 TARGET 전략에 포함된 6가지 원칙 중 서로 다른 원칙을 1주차와 2주차에 각각 1가지씩 적용하였다.

〈1주차〉
수업 활동에 관한 결정을 내릴 때 꼭 학생들에게 의견을 물으려고 노력했다. ㉠ 학생들이 자율적인 의사결정 능력을 갖고 있다고 믿어주고 선택권을 많이 부여하면 학생 한 명 한 명이 스스로 결정 내리는 능력이 좋아질 것으로 기대된다.
학생들이 스스로 리더십을 발휘할 수 있도록 강조했다. 리더십을 향상시킬 기회가 학생 한 명 한 명에게 고르게 돌아갈 수 있도록 역할을 교대하게 지도했다.

〈2주차〉
기술과 작전의 숙달에 필요한 연습 스케줄은 학생들이 서두르지 않도록 여유를 두었다. 학생 개개인이 현재의 기술 수준에서 ㉡ 상급의 기술과 작전으로 넘어가기 전에 충분한 연습 기간을 갖게 했다.
시합을 앞두고 준비 기간의 압박을 느끼지 않고 연습하도록 했다. 약점이 단기간에 보완되기 어려우면 장기적으로 기간을 넉넉하게 잡고 연습해도 된다는 점을 강조했다.

035 다음은 학교스포츠클럽 축구 대회가 끝난 후 교사와 학생이 나눈 대화 내용이다. 〈작성 방법〉에 따라 순서대로 서술하시오. [4점] 2020

> 학생: 저는 이번 대회에서 체력이나 기술은 괜찮다고 생각했는데 자신감의 변동이 심했던 것 같아요.
> 교사: 그럴 수 있어요. 대회가 다가오면 부담감이 커지니까 자신감을 잘 관리해야 해요.
> 학생: 저는 평소에 운동 능력은 타고났고, 무슨 대회든 나가면 이길 수 있다는 확신을 갖고 있었어요.
> 교사: 대회 당일에 어떤 일이 있었나요?
> 학생: ㉠ 예선전과는 달리 결승전이라서 그랬는지 경기장에 들어서는 순간 제가 잘할 수 있다는 믿음이 줄어들었던 것 같아요. 패스도 슛도 정확하지 않았고 결정적으로는 승부차기 때 실축까지 했죠.
> 교사: 그때 어떻게 했더라면 좋았을까요?
> 학생: 당시를 되돌아보면 그 순간에 잘할 수 있다고 나 자신을 믿었어야 했어요. 선생님이나 친구들로부터 긍정적인 말을 들었더라면 좋았을 것 같아요. ㉡ '할 수 있어!', '예전에도 걱정했는데 오히려 잘했었잖아. 마음 편하게 해!'라는 말이 좋아요.
> 교사: 앞으로 대회에 자주 나가게 되니, ㉢ 커(J. Kerr)가 제시한 각성과 감정 사이의 관계를 설명하는 이론을 알아두면 좋겠어요. 대회가 다가오거나 경기 중에는 각성이 높아져요. 각성이 높아지면 불안을 느끼는데 이 이론을 잘 적용하면 경기 불안을 신속하게 관리할 수 있어요.

〔작성 방법〕
- 밑줄 친 ㉠에 해당하는 용어를 비일리(R. Vealey)의 스포츠 자신감 모형에 근거하여 쓸 것
- 밑줄 친 ㉡에 해당하는 자기효능감 원천의 명칭을 반두라(A. Bandura)에 근거하여 쓸 것
- 밑줄 친 ㉢의 명칭을 쓰고, 경기에서 불안을 관리하는 방법을 커(J. Kerr)가 제시한 감정(정서) 용어를 사용하여 서술할 것

036 다음은 '스포츠 클라이밍'에 대해 교사들이 나눈 대화 내용이다. (가)에 해당하는 외적 동기 규제 유형을 데시와 라이언(E. Deci & R. Ryan)의 자기 결정 이론(self-determination theory)에 근거하여 쓰시오. [1점] 2021

이 교사: 우리 학교에 곧 실내 암벽 등반 시설이 생긴다니 벌써부터 기대가 됩니다.
김 교사: 저는 이미 스포츠 클라이밍을 배우고 있어요.
이 교사: 아! 그래요? 왜 배우게 되셨어요? 학생들한테 인기 있는 선생님이 되시겠어요.
김 교사: 수업을 하게 된다면 학생들한테 잘하는 모습을 보이고 싶은 마음도 있습니다. ⎤
그리고 체육 교사가 시범을 제대로 보이지 못하면 왠지 교사로서 책무를 다하지 ⎬ [가]
못한 것 같기도 하고, 솔직히 아이들한테 체면도 안 설 것 같아서 배우기 시작 ⎥
했습니다. ⎦

037 다음은 교내 축제에서 무용 발표회를 마치고, 교사와 학생들이 나눈 대화 내용이다. 〈작성 방법〉에 따라 순서대로 서술하시오. [4점] 2021

> 윤희: 오늘 공연은 교내 발표회라 편하게 생각했는데, 평소 잘하던 동작도 틀렸어요. 이상하게 공연과 상관없는 것까지 눈에 들어오고 신경이 쓰여 공연에 집중하기 어려웠어요.
> 현주: 저는 반대로 처음 공연을 해 보는 거라 너무 힘들었어요. 무대에서 긴장한 나머지 다른 친구들의 움직임을 못 보고 방해하는 실수를 반복했어요.
> 교사: 윤희는 각성 수준이 낮다 보니 너무 많은 상황에 주의를 기울여 불필요한 정보까지 관심을 가진 것이고, 현주는 각성 수준이 지나치게 높아 시야가 좁아져 필요한 정보까지도 놓친 상황이구나. 이럴 때는 적절한 각성 수준을 유지해야 주의가 집중되어 최고의 수행을 기대할 수 있단다. ⎱[가]
> 현주: 저는 너무 불안했어요. 잘할 수 있을지에 대한 걱정이 심해져서 공연 중에 갑자기 제가 해야 할 동작이 전혀 생각나지 않았고, 나중에는 움직일 수조차 없었어요. 그래서 결국 중간에 내려오고 말았어요.
> 교사: 그랬구나. 갑자기 공연을 못 한다고 해서 선생님도 걱정을 많이 했었는데, 이제는 괜찮니?
> 현주: 예. 좀 괜찮아졌고, 아까는 왜 그랬는지 모르겠어요.
> 교사: 이러한 경우에는 ㉠ 인지 불안, 신체적 각성, 수행의 관계를 3차원 구조로 설명하는 하디(L. Hardy)의 모형을 알아 두면 도움이 될 것 같구나. 너희들이 이해하기 쉽게 2차원 형태로 그림을 그렸으니 같이 한번 살펴보자.
>
>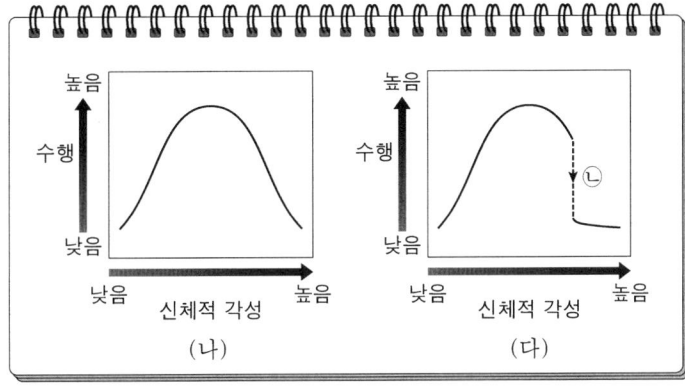

┌─〔작성 방법〕
• (가)에 해당하는 이스터브룩(J. Easterbrook)의 가설 명칭을 쓸 것
• 밑줄 친 ㉠에 해당하는 모형의 명칭을 쓸 것
• (나), (다)를 인지 불안 측면에서 서로 비교하여 쓰고, ㉡ 현상을 (다)의 변인들을 이용하여 서술할 것

038 다음은 탁구 수업을 하면서, 교사와 학생이 나눈 대화 내용이다. 〈작성 방법〉에 따라 순서대로 서술하시오. [4점] 2022

> 교사: '자동 탁구 볼 머신'을 활용해서 2주 동안 탁구 수업을 진행할 예정이다. 1주차에는 탁구를 처음 해 보는 학생들도 있어서 기본 기술을 향상시키는 연습을 실시할 것이고, 익숙해진 2주차에는 다음 달에 개최될 교내 체육 대회를 대비하는 연습을 진행할 것이다.
>
> • 연습 과제: 탁구 공 치기
>
>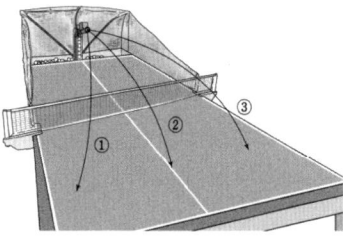
>
> • 연습 계획
>
> | 주차 | 연습 방법 | 연습 내용 |
> |---|---|---|
> | 1 | (㉠) | ①번 방향 30회, ②번 방향 30회, ③번 방향 30회씩 총 90회 치기 |
> | 2 | (㉡) | ①, ②, ③번 방향으로 무작위로 날아오는 공 총 90회 치기 |
>
> [시작일]
>
> 교사: 오늘 볼 머신을 처음 사용해서 수업을 했는데, 어땠나요?
> 학생: 탁구는 처음 배우는 거라 자신이 없었어요. 더구나 볼 머신을 이용해서 수업을 하니까 공이 멈추지 않고 계속 나와서 너무 어려웠어요. 다른 학생들은 잘하는데 저만 못하는 것 같아서 긴장했었어요. 침착해지려고 노력해도 소용이 없었고, 연습에 전혀 집중할 수가 없었어요.
> 교사: 오늘 (㉢) 정서 경험을 한 것 같은데, 맞나요?
> 학생: 네, 그런 것 같아요.

[종료일]

교사 : 오늘까지 볼 머신을 사용한 수업을 했는데, 어땠나요?

학생 : 연습을 하면 할수록 점점 자신감이 생겼어요. 특히 볼 머신을 사용해서 일정한 곳에 떨어지는 공을 반복적으로 치는 연습을 하니 탁구 실력이 금방 느는 것 같았어요. 그래서 이제는 무작위로 오는 공도 잘 칠 수 있어요. 오늘은 공을 하나도 놓치지 않으려고 연습에 몰두하다 보니, 수업 시간이 너무 빠르게 지나간 것 같아요.

교사 : 오늘은 연습에서 (ㄹ) 정서 경험을 했군요.

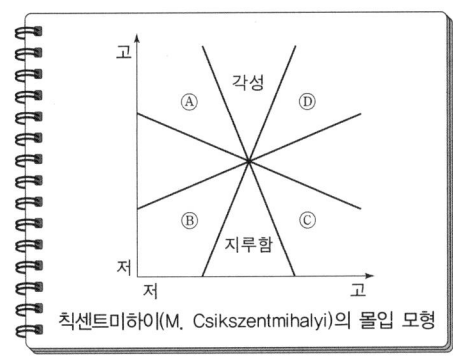

칙센트미하이(M. Csikszentmihalyi)의 몰입 모형

―〔작성 방법〕―
- 괄호 안의 ㉠에 해당하는 명칭을 셰이와 모건(J. Shea & R. Morgan)의 실험에서 제시된 연습 방법에 근거하여 쓸 것
- 괄호 안의 ㉡에 해당하는 연습 방법이 파지와 전이에서 효과적임을 설명하는 용어를 바티그(W. Battig)의 주장에 근거하여 쓸 것
- 괄호 안의 ㉢, ㉣에 해당하는 용어를 위치(Ⓐ~Ⓓ)와 함께 순서대로 쓰고, ㉢에서 ㉣로 바뀐 이유를 몰입 모형의 변인을 이용하여 서술할 것

039 다음은 스포츠 심리 상담사 자격증이 있는 체육 교사와 학생 선수들의 상담 내용이다. 〈작성 방법〉에 따라 순서대로 서술하시오. [4점] 2023

> A 학생 선수 : 선생님, 제가 다음 시합을 대비해서 심상 훈련 (이미지 트레이닝)을 하려고 합니다. 심상 훈련과 관련하여 제가 실제로 적용하면 좋은 과학적 이론이나 원리에는 어떤 것이 있을까요?
> 체육 교사 : 심상의 과학적 원리를 설명하는 이론 중 바이오 정보 이론(bio-informational theory)을 적용한 심상 훈련을 하면 좋을 것 같아요. 이 심상 이론은 랭(P. Lang)에 의해 소개되었는데 심상 또는 이미지가 뇌의 장기 기억에 저장되어 있는 구체적인 전제(proposition)라는 가정을 하지요. 이 심상은 날씨, 관중, 시설 등과 같이 심상 해야 할 상황을 나타내는 전제와 ㉠ <u>특정 상황에서 근육의 긴장감, 호흡, 심장의 박동과 같이 내부적으로 느끼는 심상의 결과로 나타나는 전제</u>로 구성되어 있어요. 바이오 정보 이론에서는 이 2가지 전제를 모두 포함한 심상을 했을 때 모든 감각의 동원이 이루어지기 때문에 심상의 (㉡)이/가 높아질 수 있습니다.
> B 학생 선수 : ㉢ <u>예전에는 타석에 섰을 때 심장이 아주 빠르게 뛰기도 하고 삼진을 당할까봐 많이 긴장했었는데</u>, 선생님이 알려주신 이완 기법이나 자생 훈련, 호흡법 덕분에 전체적으로 많이 안정되었습니다.
> 체육 교사 : 그래, 많이 좋아졌다니 다행이네요. 그런데 얼굴을 다쳤나 보군요.
> B 학생 선수 : 예, 선생님. 제가 한 달 전 시합에서 투수가 던진 공에 얼굴을 맞았습니다. 상처 부위는 어느 정도 회복이 되었는데, 타석에 들어서서 타격 연습을 할 때마다 야구 공에 제 몸이 또 맞지는 않을까 너무 두렵고 무서워요. 어떻게 하면 이런 상태를 극복할 수 있을까요?
> 체육 교사 : 이런 경우에는 행동주의 치료 과정에서 널리 활용되고 있는 볼페(J. Wolpe)의 임상 기법을 한번 써 보면 좋겠어요. 예를 들면, 타석에서 타격 연습을 할 때 몸에 맞아도 아프지 않은 탁구공에서부터 테니스공, 그리고 야구공의 순 [가] 으로 몸 쪽 공에 대처할 수 있을 때까지 반복적으로 연습하면, 투수가 던지는 야구공에 대한 두려움이나 공포를 낮출 수 있을 겁니다.

〔작성 방법〕
- 밑줄 친 ㉠에 해당하는 전제의 명칭을 쓸 것
- 괄호 안의 ㉡에 해당하는 용어를 쓸 것
- (가)에 해당하는 기법의 명칭을 쓰고, 밑줄 친 ㉢ 상황에 (가) 기법을 적용할 때 기대되는 심리적 효과를 스필버거(C. Spiel berger)가 제시한 불안의 2가지 개념 분류에 근거하여 서술할 것

040 다음은 스포츠 심리학의 이론에 관해 두 교사가 나눈 대화 내용이다. 〈작성 방법〉에 따라 순서대로 서술하시오. [4점] 2023

> 김 교사 : 박 선생님, 스포츠 심리학 학위 취득을 축하드립니다. 학위 논문은 어떤 이론을 바탕으로 쓰셨나요?
> 박 교사 : 감사합니다. 저는 데시와 라이언(E. Deci & R. Ryan)의 자기결정(self-determination) 이론을 바탕으로 논문을 썼어요.
> 김 교사 : 자기결정 이론에 대해서 예전에 언뜻 배운 것 같기는 한데, 저에게 조금 더 자세히 설명해 줄 수 있으실까요?
> 박 교사 : 자기결정 이론은 인간의 행동을 설명하는 동기 이론으로 여러 개의 소이론(mini-theory)이 발표되면서 발전하고 있어요. 그 중에서 첫 번째로 언급된 소이론은 ⊙ 유능감과 자율성이 내적 동기의 중요한 요인이라고 가정하고, 사람들이 내재적으로 동기화되었을 때 자신이 하고자 하는 행위에 자유롭게 참여한다는 이론입니다. 주로 내적 동기에 영향을 주는 요인에 초점을 맞추고 있다고 할 수 있어요. 위 이론을 토대로 체육 수업에 참여하는 학생들의 내적 동기를 높이기 위해서는 학생들이 체육에 대한 유능감을 느끼고 자신의 의지에 따라 참여하는 것이 중요합니다.
> 김 교사 : 아 그렇군요. 높은 내적 동기를 가진 학생들이 많으면 좋겠지만, 현실적으로는 ⓒ '단지 선생님이 시키니까 혹은 체육 성적을 얻기 위해서'와 같은 이유로 체육 수업에 참여하는 학생들도 있는 것 같습니다.
> 박 교사 : 예. 안타깝지만 위와 같은 이유로 학생들은 체육 수업에 대한 자율성이나 자기결정 수준이 가장 낮은 상태가 되고, 선생님의 지시나 겉으로 나타나는 보상에 의해서만 수업에 참여할 가능성이 높을 것 같네요.
> 김 교사 : 학생들의 운동에 대한 내적 동기가 높아지면, 학생들이 향후 성인이 되어서도 운동 참가에 긍정적 인식을 가질 것으로 보입니다. 혹시 운동 참가 실천과 관련된 이론에 대해서도 말씀해 주실 수 있을까요?
> 박 교사 : 저는 에이젠(I. Ajzen)이 주장한 계획된 행동 이론에 관심이 많아요. 이 이론에는 합리적 행동 이론에 (ⓒ) 요인이 새로 추가되었는데요. 합리적 행동 이론은 4가지 요인들로 구성되는데, 이 중 '행동에 대한 태도'와 '주관적 규범' 요인이 나머지 2가지 요인 중 1가지 요인에만 직접적인 영향을 미칩니다. 이에 반해, 계획된 행동 이론에 추가된 (ⓒ) 요인은 ⓔ 나머지 2가지 요인 모두를 직접적으로 설명하고 있어서, 합리적 행동 이론에서 설명하지 못한 부분을 보완하는 데 큰 역할을 하였습니다.

─〔작성 방법〕
- 밑줄 친 ⊙에 해당하는 이론의 명칭을 쓸 것
- 밑줄 친 ⓒ에 해당하는 외적 동기 유형의 명칭을 쓸 것
- 괄호 안의 ⓒ에 해당하는 요인을 쓰고, 밑줄 친 ⓔ에 해당하는 두 요인 간의 관계를 서술할 것(단, 두 요인의 명칭을 포함할 것)

041 다음은 양궁 대회 준비 과정에서 교사와 학생이 나눈 대화이다. [가]의 내용에 해당하는 각성·수행 관련 모형의 명칭을 쓰고, 괄호 안의 ㉠에 해당하는 기법의 명칭을 쓰시오. 2024

학생: 지난 번 올림픽 양궁 중계에서 한 선수가 경기 내내 우렁찬 소리로 '파이팅'을 외치면서 시합하는 장면을 봤어요. 굉장히 긴장한 것처럼 보였지만 우수한 성적을 거두는 장면이 인상적이었어요. 저는 원래 긴장하지 않고 차분한 상태를 유지하며 경기에 임했었는데, 지난 번 TV 시청 후 저도 '파이팅'을 외치면서 긴장한 상태로 경기를 해보고 있어요. 그런데 도리어 평소보다 안 좋은 결과가 나오고 있어서 걱정이에요. 사람마다 운동을 잘 할 수 있는 긴장 수준이 다른가 봐요. [가]

교사: 그렇단다. 개인에 따라 긴장 수준이 낮을 때 운동을 잘하는 사람도 있고, 높은 수준일 때 잘 하는 사람도 있어서 개인차를 고려해야만 하지. 너는 긴장 수준을 낮춰야 할 것 같고, 이런 경우 수인(R. Suinn)의 (㉠) 기법을 알아두면 좋을 것 같구나. 이 기법은 이완과 심상을 복합적으로 사용하여 긴장 수준을 조절하는 방법으로, 이완을 심상보다 먼저 진행하는 것이 특징이란다. 우선 경기에 참가하기 전에 편하게 앉아서 조용한 음악을 듣거나 명상으로 몸을 이완시키도록 해 보렴. 그 다음 이전에 잘했던 경기장면의 영상을 보면서, 실제 경기를 하는 것처럼 심상을 한다면 도움이 될 거다.

042 다음은 학생들을 대상으로 '방과 후 플로깅(plogging) 프로그램'을 기획하고 있는 교사의 일지 내용이다. 〈작성 방법〉에 따라 순서대로 서술하시오. [4점] 2024

○ 2월 28일
  - '방과 후 플로깅 프로그램'을 2학기 중에 운영하기로 함
  - 플로깅은 쓰레기를 주우며 조깅하는 활동을 말하며, 체육 및 환경교육의 일환으로 관심 받고 있음

○ 4월 8일
  - 한 달여 동안 준비를 하다 보니 직접 참가해 볼 마음이 생김
  - 나에게 도움이 되는지 아직 확신이 서질 않아서 참여를 미루고 있음   [가]
  - 학교 업무가 많아서 시간도 부담됨

○ 8월 6일
  - 매일 퇴근 후 플로깅 운동에 참여 중임(이제 3개월 정도 됨)
  - 플로깅 운동의 효과를 알아봄 : 에케카키스와 페트루첼로(P. Ekkekakis & S. Petruzzello)의 연구에서 제시된 2차원 원형 모형을 활용함(내 정서 변화 과정을 알게 됨)

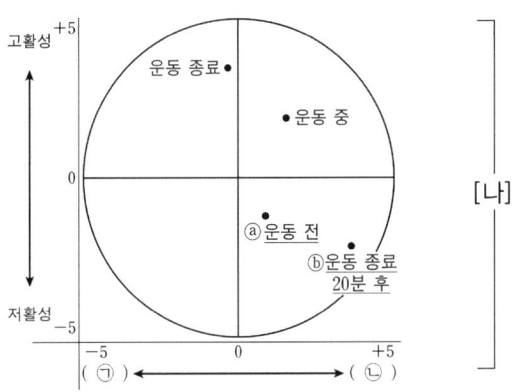

[나]

  - 플로깅 운동을 통해 건강도 증진되었고, 내가 환경을 보호할 수 있다는 자기효능감도 갖게 됨
  - 학생들의 자기효능감 향상에도 도움이 될 듯함

○ 10월 10일
  - 다음 주 첫 플로깅 수업을 앞두고 내일은 교실에서 사전 교육을 진행할 예정임(자기효능감 향상 전략을 마련함)

  > • 활동 목표 설정하기 → 계획대로 실천하고, 목표 달성 확인하기
  > • ㉢ <u>유사한 플로깅 운동 모범사례 알아 보고 공유하기</u>
  > • 신체적・정서적 측면에서 운동의 긍정적 효과 이해하기
  > • 교사는 학생들에게 격려와 지지 제공하기

─⟨작성 방법⟩─
- [가]에 해당하는 단계를 프로차스카와 디클레멘테(J. Prochasca & C. DiClemente)가 제시한 변화단계 이론에 근거하여 쓸 것
- [나]에서 괄호 안의 ㉠과 ㉡에 해당하는 정서 용어를 순서대로 쓰고, [나]의 변인들을 이용하여 밑줄 친 ⓑ를 밑줄 친 ⓐ와 비교하여 서술할 것
- 밑줄 친 ㉢에 해당하는 자기효능감의 원천을 반두라(A. Bandura)의 이론에 근거하여 쓸 것

043 다음은 육상 경기대회를 앞둔 학생이 일기 형식으로 쓴 훈련일지이다. 〈작성 방법〉에 따라 서술하시오. [4점] 2025

> 일주일 후에 육상 시합인데 내가 잘 할 수 있을지 걱정이 많이 된다. 더군다나 개인적으로 연습할 시간이 충분하지 않아서 심리적인 준비라도 제대로 하려고 한다. 그중 하나가 조용한 장소에서 시간이 날 때마다 트랙이나 코스를 떠올리면서 실제 심박수의 증가를 경험하고 출발선에서도 긴장하지 않는 모습을 떠올리는 훈련을 하는 것이다. ㉠ 이 훈련 방법은 이미지 자체와 신체적 변화나 생리적 변화, 그리고 이미지의 의미를 통해 내가 가지는 이미지를 통합함으로써 실제와 같은 이미지트레이닝을 하는 데 도움을 주는 것 같다.
>
> …(중략)…
>
> 지금까지 훈련하면서 가장 힘들었던 점은 목표로 정한 연습 기록에 도달하지 못하고 좌절할 때였다. 그래서 지난주부터 체육 선생님이 말씀해 주신 대로, ㉡ 연습 기록에 도달하지 못하고 실패하더라도 달리기 기록을 향상하기 위해 집중하고 실패에 대한 좌절감을 스스로 극복해서 더 잘 할 수 있다는 믿음을 가지다 보니 자신감이 점차 높아지는 것 같다.
>
> …(중략)…
>
> 일주일 후 내가 참가하는 종목은 800m이다. 출발 후 120m까지는 세퍼레이트 코스(separate course)를 달리지만, 120m 지점부터 오픈 코스(open course)로 달려야 한다. 경기 당일 내가 몇 번 레인인지가 결정이 되면, ㉢ 120m 지점에서 경기에 유리한 안쪽 레인을 점령하기 위해 한꺼번에 트랙 안쪽으로 달리게 될 다른 여러 선수들의 움직임을 주시하여 서로 부딪히지 않고 달릴 수 있는 주의(attention) 전략을 세워야겠다.

〔작성 방법〕
- 아센(A. Ashen)이 주장한 밑줄 친 ㉠에 해당하는 이론을 쓸 것
- 빌리(R. Vealey)등의 다차원 스포츠자신감 이론 모형을 토대로 밑줄 친 ㉡에서 설명하는 스포츠자신감의 유형을 쓸 것
- 니데퍼(R. Nideffer)의 주의 유형에 근거하여, 밑줄 친 ㉢의 상황에서 최상의 수행을 위한 학생의 주의 전략을 서술할 것

한승현
전공체육
기출문제집

전공체육,
문제의 한계를 뛰어넘다!

PART

03

운동학습과 제어

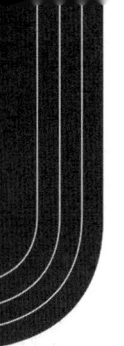

PART 03
운동학습과 제어

001 체육교사는 운동학습에서 발생하는 전이(transfer)를 적극적으로 고려하여 수업을 계획해야 한다. 전이와 관련된 다음 질문에 답하시오. [총 5점] 2003

1-1 전이의 방향에 따른 전이 유형을 2가지 제시하시오. [1점]

①
②

1-2 전이의 양에 따른 전이 유형을 3가지 제시하시오. [2점]

①
②
③

1-3 전이에 영향을 미치는 요인을 3가지만 제시하시오. 단, 학습자 개인차 요인은 제외하시오. [2점]

①
②
③

002 체육교사는 운동기술의 연습방법을 선택할 때 운동기술 특성을 고려할 필요가 있다. 운동학습 관점에서 운동기술 특성을 구성하는 2가지 요소를 제시하고, 각 요소의 개념을 1줄 이내로 기술하시오. [4점] 2005

- 요소 1 :
    개념 :

- 요소 2 :
    개념 :

003 번스타인(Bernstein)이 제시한 운동학습 단계를 순서대로 쓰고, 그의 운동학습 단계를 바탕으로 형성된 이론의 명칭을 쓰시오. [3점] 2006

• 운동학습 단계 :

• 이론의 명칭 :

004 김 교사는 학생들에게 테니스의 포핸드 스트로크 동작을 3개의 부분 동작으로 나누어 분습법으로 연습시키고자 한다. 전습법에 비하여 분습법이 더 효과적으로 적용될 수 있는 운동 과제의 특성을 2가지 쓰고, 반복적 분습법을 〈보기〉와 같은 형식으로 아래의 그림에 그려 넣으시오. [3점] 2008

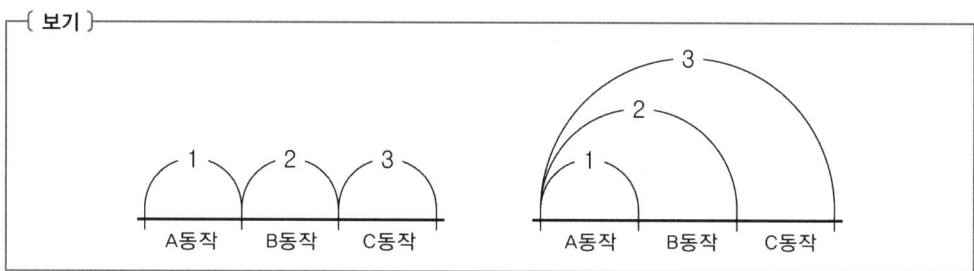

• 운동 과제의 특성 : ①
　　　　　　　　　 ②

• 반복적 분습법(반드시 순서 표시) :

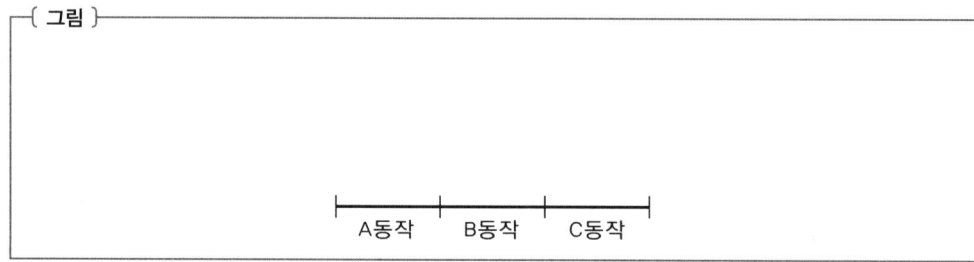

005 인간의 운동행동 연구에 관련된 이론에 대한 설명으로 옳지 않은 것은? 2009

① 다이내믹 시스템 이론(dynamic system theory)은 신경 체계의 조절을 고려하지 않고 유기체와 환경의 물리적 체계의 상호관계만을 강조한다는 단점이 있다.
② 반사 이론(reflex theory)은 외부 자극에 의해서 운동행동이 생성된다는 이론으로 움직임의 결과에 관심을 갖는 행동주의적 접근에서 비롯되었다.
③ 도식 이론(schema theory)에서의 회상도식(recall schema)은 피드백 정보를 통하여 잘못된 동작을 평가하고 수정하며 느린 움직임을 조절하기 위하여 동원된다.
④ 폐쇄회로 이론(closed-loop theory)에서는 기억되어 있는 동작에 대한 참조 준거와 실제 동작 간의 오류에 대한 정보가 운동행동의 조절에 활용된다고 본다.
⑤ 생태학적 이론(ecological theory)은 자세 유지, 이동 운동, 캐칭과 배팅처럼 시각의 기능이 중요한 운동 수행의 원리를 설명하는 데 매우 유용하다.

006 그림은 회전판추적과제를 이용하여 연습수행(가)을 실시하고 10분이 경과한 후 파지검사 (나)를 실시한 결과이다. 이에 대한 설명으로 옳지 않은 것은? 2009

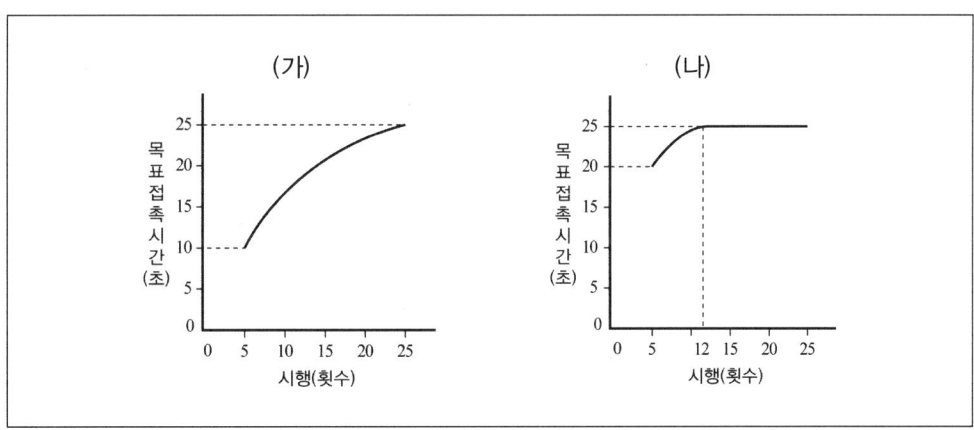

① 차이 점수는 5초이다.
② 백분율 점수는 25%이다.
③ 저장 점수는 12시행이다.
④ 절대파지 점수는 20점(초)이다.
⑤ 연습시행 동안 수행 점수의 변화 폭은 15초이다.

007 그림은 테니스 서브 연습을 마친 학생에게 보여준 결과지식(knowledge of results)이다. 서브할 때마다 결과를 매번 제시하는 것에 비해 이 방법을 사용할 때 기대되는 효과로 가장 적절한 것은? 2010

테니스 서브 기록지	
서버 : 최○○	기록자 : 정○○

※ 서브 횟수 : 20회

※ 기록 방법 : 공의 낙하 지점에 표시(•)

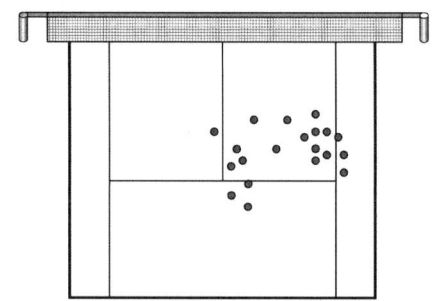

① 피드백의 상대 빈도를 낮출 수 있다.
② 피드백의 절대 빈도를 높일 수 있다.
③ 피드백의 지연 간격을 줄일 수 있다.
④ 피드백에 의존하는 경향을 높일 수 있다.
⑤ 서브 동작의 협응에 관한 정보를 제공할 수 있다.

008 다음 학자들이 제시한 운동 학습 단계와 그 단계의 특징으로 옳지 않은 것은? 2011

① 피츠(P. Fitts)와 포스너(M. Posner)의 자동화(자율화) 단계에서는 의식적 주의가 크게 요구되지 않은 상태에서 일관적인 동작을 할 수 있다.
② 피츠와 포스너의 연합 단계에서는 과제 수행을 위한 전략을 선택하고 일부 동작의 오류를 확인할 수 있다.
③ 번스타인(N. Bernstein)의 자유도 풀림 단계에서는 사용 가능한 자유도를 늘리고, 이를 결합하여 기능적 단위로 만든다.
④ 번스타인의 반작용 활용 단계에서는 관성이나 마찰력을 이용하여 다양한 환경에 적합한 동작을 숙련시킨다.
⑤ 젠타일(A. Gentile)의 고정화 및 다양화 단계에서는 개방 운동을 일관적으로 수행할 수 있도록 고정화시킨다.

009 체육 교사들의 수업에 관한 대화 (가)~(라)에 대한 설명으로 옳은 것만을 〈보기〉에서 있는 대로 고른 것은? [2.5점] 2012

> 김 교사 : 다음 주부터 테니스 수업이죠?
> 박 교사 : 네. 그런데 테니스가 상당히 어려운 종목이라 걱정이네요.
> (가) 테니스 경험이 거의 없는 학생들이거든요.
> 김 교사 : (나) 움직이는 공을 달려가서 라켓으로 맞춘다는 것이 참 어려운 일이죠.
> 박 교사 : (다) 네. 그래서 첫 시간에는 서브, 발리, 스트로크 중에서 기본적인 포핸드 스트로크만 지도하려고 해요.
> 김 교사 : (라) 포핸드 스트로크 자세를 세부적으로 구분해서 가르치면 좋을 것 같아요.
> 박 교사 : (마) 신체적, 언어적, 시각적으로 다양한 방법을 사용하여 학생들의 기능이 향상될 수 있도록 도와주는 게 중요할 것 같아요.

〔 보기 〕
ㄱ. (가) 분습법을 활용하는 것이 효과적이다.
ㄴ. (나) 폐쇄 운동 기술을 의미한다.
ㄷ. (다) 무선 연습을 통하여 맥락 간섭 효과를 감소시켜야 한다.
ㄹ. (라) 분산법을 실시하려고 한다.
ㅁ. (마) 가이던스 기법을 활용하려고 한다.

① ㄱ, ㄷ
② ㄱ, ㅁ
③ ㄷ, ㄹ
④ ㄱ, ㄴ, ㄹ
⑤ ㄴ, ㄹ, ㅁ

010 다음은 농구 수업과 관련된 김 교사의 수업 반성 일지 내용이다. 밑줄 친 내용에 대한 설명 중 옳은 것만을 〈보기〉에서 있는 대로 고른 것은? 2013

> 〈수업 반성 일지〉
>
> 2012년 ○월 ○○일
>
> 농구 수업에 참여하는 모든 학생들은 오른손잡이이며, 이미 오른손 레이업 슛을 익힌 상태이다. 학생들에게 왼손으로도 레이업 슛을 할 수 있도록 지도했다. 왼손 레이업 슛을 지도하면서 흥미로운 점을 발견하였다. <u>오른손 레이업 슛을 잘하는 학생이 왼손 레이업 슛을 배우는 상황에서, 학습 초기에 스텝 타이밍이나 손과 다리의 협응 등에서 어려움을 겪는다는 점이다. 왜 이런 것일까?</u>

─┤보기├─
ㄱ. 학습 초기의 과제 내 부적 전이 때문이다.
ㄴ. 오른손과 왼손 레이업 슛 동작의 공간적 위치 변화로 나타나는 인지적 혼란 때문이다.
ㄷ. 오른손과 왼손 레이업 슛을 배우는 상황은 비슷하지만, 두 동작의 특성이 다르기 때문이다.
ㄹ. 오른손 레이업 슛 동작 학습에서 형성된 지각과 동작의 연합을 다시 새롭게 구성해야 하는 어려움 때문이다.

① ㄱ, ㄴ
② ㄷ, ㄹ
③ ㄱ, ㄴ, ㄹ
④ ㄴ, ㄷ, ㄹ
⑤ ㄱ, ㄴ, ㄷ, ㄹ

011 다음은 박 교사와 동수의 대화 내용이다. 다이나믹시스템 이론(dynamic system theory)에 근거할 때, 밑줄 친 ㉠이 의미하는 것과 ㉡에 적용된 원리를 쓰고, 이를 근거로 ㉢을 설명하시오. (단, 대화 내용 중 폼은 협응 구조(coordinative structure)를 의미함) [5점] 2014

> 동 수: 선생님, 포환 던지기와 야구공 멀리 던지기의 폼(form)이 왜 다르죠?
> 박 교사: 그건 무게 차이 때문이야. 너도 알다시피 포환은 야구공보다 훨씬 무겁잖아. 만약 포환을 야구공 던지는 폼으로 던지면 어깨만 다치고 멀리 날아가지 않아.
> 동 수: 그럼, 무게 때문에 폼이 변할 수밖에 없다는 말씀이세요?
> 박 교사: 그래 맞아. 포환이나 야구공은 멀리 던지려는 목적은 같지만, ㉠ <u>공의 무게가 다르기 때문에 폼이 달라질 수밖에 없는 거란다.</u>
> 동 수: 좀 더 자세히 설명해 주세요.
> 박 교사: ㉡ <u>테니스공과 야구공처럼 무게 차이가 크지 않은 경우에는 던지는 폼이 유사하지만, 포환처럼 일정 값(임계치) 이상으로 무거워질 경우 전혀 다른 폼으로 급격하게 바뀌지.</u> 이러한 현상을 일종의 안정성과 관련된 상변이(phase transition)라고 한단다.
> 동 수: 아, 그렇군요. 그럼 이러한 원리가 다른 활동에도 똑같이 적용되나요?
> 박 교사: 당연하지. 자, 이제부터 ㉢ <u>걷기와 달리기 동작</u>에 적용해 볼까?

012 다음은 정 교사와 민희가 뜀틀 수업에서 찍은 영상을 보면서 나눈 대화 내용이다. 밑줄 친 ㉠에 해당하는 보강 피드백의 지식명칭과 ㉡에 해당하는 목표 유형을 순서대로 쓰시오. [2점]

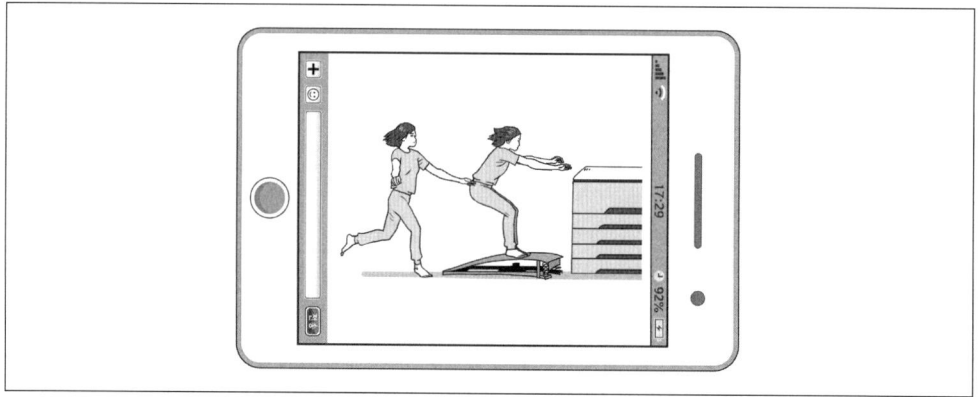

정 교사 : 민희야, 네 동작을 좀 봐. (정지 동작을 보여 주며) ㉠ <u>구름판을 밟을 때, 몸의 무게 중심이 구름판 반력의 작용선보다 앞에 있어야 하는데 무게 중심이 계속 작용선보다 뒤에 있잖아.</u>
민　　희 : 정말 그러네요. 그런데 막상 뜀틀을 하려고 하면 가슴이 답답하고 심장이 두근거려요. 그리고 수행 평가 점수를 잘 받아야 한다는 생각을 하면 더 그래요.
정 교사 : 불안한 마음이 들면 자신감도 떨어지지. 그래서 구름판 앞에서 엉덩이가 뒤로 빠지는 동작이 나오는 거야.
민　　희 : 그럼 어떻게 해요?
정 교사 : 여러 가지 방법이 있지만 우선 목표 설정을 통해서 불안을 줄이고 자신감은 높여 보자. 다음 시간에는 5단 뜀틀을 넘어 좋은 수행 평가 점수를 받겠다는 목표 대신에 ㉡ <u>구름판에 발을 딛는 위치나 손을 짚는 자세를 정확히 하겠다는 목표를 세워 봐.</u>

013 다음은 구드(S. Goode)와 매길(R. Magill)의 실험과 동일하게 설계한 배드민턴 서브 연습 활동이다. A 모둠에 해당하는 연습 방법의 명칭을 쓰고, ㉠과 같은 결과의 원인을 설명하는 바티그(W. Battig)의 학습 현상 용어를 제시하시오. [2점] 2016

┌─〔연습 활동〕─────────────────────────────────
1. 연습 대상 : 중학교 1학년 배드민턴 초보자
2. 연습 과제 : 3가지 배드민턴 서브(쇼트, 롱, 드라이버) 유형
3. 연습 방법
   가. 연습의 가변성을 고려하여 2개 모둠으로 나누고 2가지 연습 방법을 적용
   나. 모둠별 연습 내용
     • A 모둠 : 3가지 서브를 3주간 매주 1가지씩 연습
     • B 모둠 : 3가지 서브를 모든 차시마다 무작위로 연습
   다. 서브 연습은 매 차시당 36회 시행, 총 324회 연습
4. 연습 기간 : 3주간, 매주 3차시 연습

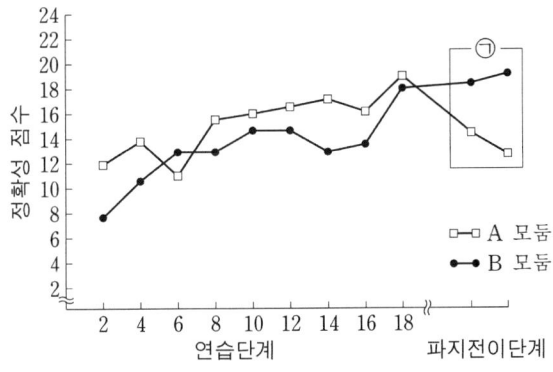

〈구드(S. Goode)와 매길(R. Magill)의 실험 결과〉

014 다음은 레슬링 지도 교사와 학생 선수 간의 대화 내용이다. 〈작성 방법〉에 따라 순서대로 쓰시오. [2점] 2018

> 지도 교사 : 전국체전이 얼마 남지 않았어. 이번 레슬링 경기의 첫 상대는 A 고등학교 선수라는 거 알지? 지난 대회 때는 경기 전부터 상대를 이기려는 생각에 스트레스를 많이 받았던 것 같더구나. 그래서 경기 결과도 좋지 않았던 것 같고.
> 학생 선수 : 맞아요, 선생님. 지난번에는 지나친 승부욕 때문에 스트레스를 많이 받고, 그 때문에 경기 결과도 별로 좋지 않았던 것 같아요. ㉠ <u>이번에는 상대와의 승패를 떠나 지난 1년간 연습한 기술을 잘 발휘해야겠다는 목표로 경기에 임할 거예요.</u>

―〔작성 방법〕―
- 환경의 안정성 분류 기준에 따른 레슬링 경기의 운동 기술 유형을 쓸 것
- 밑줄 친 ㉠에 해당하는 성취목표성향이론의 목표성향 유형을 쓸 것

015 다음은 교사와 학생이 축구 골키퍼의 기술에 대해 나눈 대화 내용이다. 〈작성 방법〉에 따라 순서대로 서술하시오. [4점] 2018

> 교사 : 오늘부터는 지난번과 다른 방식으로 연습해 보자. ㉠ <u>공받기, 공쳐내기, 공차기로 나눠서 연습할 거야. 총 30분 동안 우선 공받기 10분을 하고 이어서 공쳐내기 10분을 한 다음 공차기 10분으로 마무리하도록 하자.</u>
> 학생 : 예, 선생님. 그런데 내일 운동장을 사용할 수 없다는데 어떻게 하지요?
> 교사 : 내일은 체육관에서 핸드볼 공으로 골 막는 연습을 할 거야. 이 연습은 축구 골키퍼 기술 향상에도 도움이 될 거야. 왜냐하면 ㉡ <u>핸드볼과 축구의 골키퍼 기술 간에는 정적 전이가 일어날 가능성이 높거든.</u>
> …(중략)…
> 교사 : 골키퍼가 페널티 킥 상황에서 어디를 보고 공의 방향을 예측하는지 알아보기 위해선 시각차단기법을 활용하면 좋아.
> 학생 : 그래요? 어떻게 측정하는지 예를 들어 설명해 주시면 좋겠어요.
> 교사 : 그래. 예를 들어 A 학생에게 ㉢ <u>〈그림 1〉과 같이 페널티 킥 상황에서 80개의 동영상을 20개씩 나누어 특정 부분을 가리고 보여 주었어.</u> 그리고 이때 A 학생이 공의 방향을 얼마나 잘 예측하는지 측정해 보니 〈그림 2〉와 같은 결과가 나왔어. 이처럼 시각차단 기법을 사용하면 중요한 시각 단서를 알 수 있어.

{ 자료 }

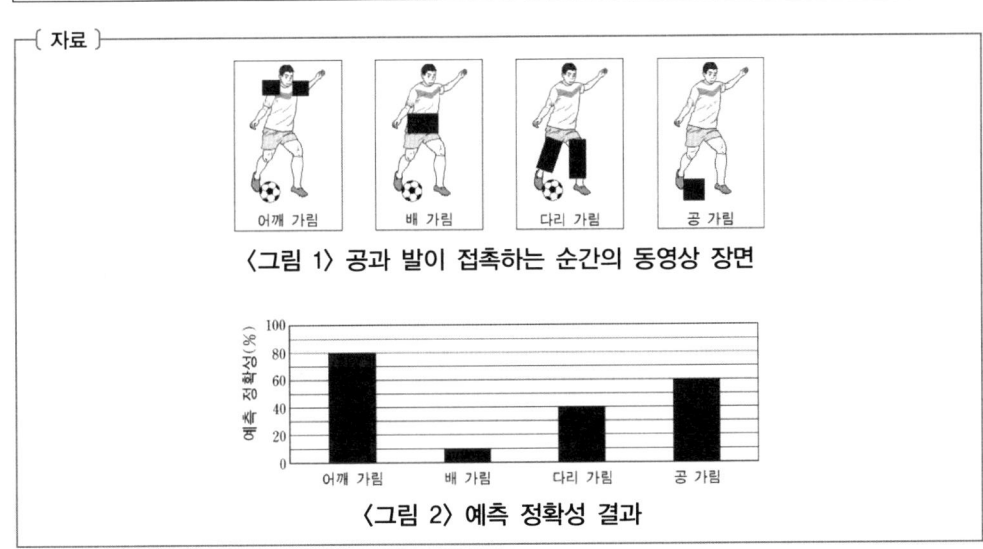

〈그림 1〉 공과 발이 접촉하는 순간의 동영상 장면

〈그림 2〉 예측 정확성 결과

{ 작성 방법 }
- 밑줄 친 ㉠에 해당하는 맥락간섭 수준에 따른 연습방법의 명칭을 쓰고, 밑줄 친 ㉡의 이유를 설명하는 손다이크(E. Thorndike)의 이론을 제시할 것
- 밑줄 친 ㉢에 해당하는 시각차단기법의 유형을 쓰고, 〈그림 2〉에서 시각 단서의 중요도를 높은 순서부터 차례대로 제시할 것(A 학생의 응답 시간은 동일하다고 가정함)

016 다음은 스마트폰을 활용한 디스크 골프 수업 내용의 일부이다. 〈작성 방법〉에 따라 순서대로 서술하시오. [4점] 2020

(가) 플라잉 디스크 던지기
- 과제: GPS센서가 장착된 플라잉디스크를 50m 거리의 원형 목표 지역을 향해 10회 던진다.
- 방법: 스마트폰 화면에는 낙하 위치가 순차적으로 점(•)으로 표시된다. 낙하 위치의 결과지식(knowledge of result)을 ㉠ 수용범위(bandwidth) 피드백 방법과 ㉡ 요약(summary) 피드백(요약 길이가 5) 방법으로 제공한다.

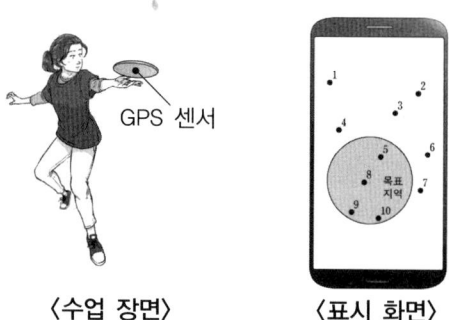

〈수업 장면〉　　〈표시 화면〉

(나) 동작 분석하기
- 과제: 던지기 동작이 자동화 된 후에, 총 소요 시간이 2초인 보통 속도(동작 A)와 1초인 빠른 속도(동작 B)로 디스크를 던지는 동안 이를 스마트폰으로 촬영한다.
- 방법: 던지기 동작에서 팔 동작을 준비, 테이크 백, 포워드 스윙, 팔로우 스루의 4개 동작 요소로 구분한다. ㉢ 각 동작 요소에 소요되는 시간이 전체 동작에서 차지하는 비율은 2개의 속도 조건(동작 A, B)에서 변하지 않고 그대로 유지됨을 확인한다.

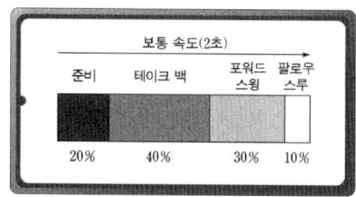

〈보통 속도일 때 소요 시간 비율〉

―〔작성 방법〕―
- (가)의 과제에서 밑줄 친 ㉠을 제공하는 방법을 서술할 것
- (가)의 과제에서 밑줄 친 ㉠과 ㉡의 방법으로 제공된 피드백의 상대 빈도를 %로 순서대로 쓸 것
- 밑줄 친 ㉢에 해당하는 불변 특성의 명칭을 슈미트(R. Schmidt)의 일반화된 운동프로그램 이론에 근거하여 제시할 것

017 다음은 '스포츠 클라이밍'에 대해 교사들이 나눈 대화 내용이다. 밑줄 친 ⊙의 특성을 젠타일 (A. Gentile)의 운동 기술 분류 중 '환경적 맥락' 차원으로 쓰시오. [1점] 2021

이 교사 : 우리 학교에 곧 실내 암벽 등반 시설이 생긴다니 벌써부터 기대가 됩니다.
김 교사 : 저는 이미 스포츠 클라이밍을 배우고 있어요.
이 교사 : 아! 그래요? 왜 배우게 되셨어요? 학생들한테 인기 있는 선생님이 되시겠어요.
김 교사 : 수업을 하게 된다면 학생들한테 잘하는 모습을 보이고 싶은 마음도 있습니다. 그리고 체육 교사가 시범을 제대로 보이지 못하면 왠지 교사로서 책무를 다하지 못한 것 같기도 하고, 솔직히 아이들한테 체면도 안 설 것 같아서 배우기 시작 했습니다. [가]
이 교사 : 위험하지는 않나요?
김 교사 : ⊙ 인공 암벽을 올라가는 동작은 충분한 교육과 적절한 등반 기술이 없다면 위험할 수 있기 때문에 안전하게 가르치기 위해서는 연습을 많이 해야 합니다.

018 다음은 교내 축구 대회를 준비하면서 교사와 학생들이 나눈 대화 내용이다. 밑줄 친 ㉠ 현상의 이론적 근거가 되는 법칙과 괄호 안의 ㉡에 해당하는 용어를 순서대로 쓰시오. [2점] 2022

교사 : 대회 준비하느라 수고가 많구나. 연습하면서 어려운 점은 없었니?
민규 : 페널티킥 연습을 하고 있는데 정확성이 떨어져요.
교사 : 선생님이 봤을 때 민규는 너무 빠른 속도로 공을 차서 정확성이 떨어지는 것 같구나. 지금보다 조금 느린 속도로 공을 찬다면 정확성을 더 높일 수 있을 거야. 일반적으로 운동 속도가 빨라지면 정확성이 감소하는데, 이러한 현상을 ㉠ 속도-정확성 상쇄(speed-accuracy trade off)라고 한단다.
정우 : 선생님, 저는 골키퍼라 페널티킥 때 공을 잘 막고 싶어요. 저도 민규처럼 더 느린 속도로 움직이면 잘 막을 수 있을까요?
교사 : 이 현상에는 예외도 있단다. 상대가 페널티킥을 할 때 공을 잘 막기 위해서는 방어 동작 속도를 최대한 빠르게 해야 하는데, 날아오는 공을 막는 골키퍼의 방어 동작은 (㉡)와/과 관계가 있단다. (㉡)은/는 움직이는 자극에 대한 탐색 및 예측에 영향을 받고, (㉡)의 정확성이 많이 요구되는 경우에는 속도-정확성 상쇄 현상이 적용되지 않을 수 있단다. 즉, 페널티킥 방어 동작을 빨리해서 운동 시간이 단축되면 정보 처리를 위한 탐색 시간이 상대적으로 늘어나, 날아오는 공의 방향과 위치에 대한 예측력이 높아진단다.

019 다음은 10일 동안 3점 슛을 연습한 농구반 학생과 교사가 나눈 대화 내용이다. 괄호 안의 ㉠, ㉡에 해당하는 명칭을 순서대로 쓰시오. [2점] 2023

> 교사 : 10일간의 연습에서 3점 슛 성공률을 분석해 보니, 성공률이 중간 시기에 정체를 보이네요. 이러한 현상을 운동학습 이론에서는 (㉠) 현상이라고 해요. 이 현상의 특징은 슛 성공률이 양적으로 정체를 보이더라도 슛과 관련된 새로운 협응 구조가 형성되거나, 다양한 질적 변화가 계속된다는 것입니다. 그리고 수행 특성이 아니라 측정 방법이 지니는 한계 때문에 이 현상을 대변하는 학습 곡선의 유형이 만들어지기도 한다고 해석해요. 솔직히 이 시기에 학생이 많이 피곤해 보이기도 하고 의욕도 없어 보여서 걱정이 되었지만, 연습의 중단이나 휴식까지는 고려할 필요가 없다고 판단했었어요.
> 학생 : 예. 그때는 체력적으로 조금 힘들기도 했고, 더 잘하고 싶다는 동기도 부족했던 것 같아요. 또 손목 스냅을 적극적으로 활용한 슈팅을 하고 싶어서 노력을 했었는데, 그게 제 뜻대로 되지 않았었습니다. …(중략)… 이제는 다양한 위치에서 3점 슛 성공률을 높일 수 있도록 연습하려고 합니다.
> 교사 : 다음 3점 슛 연습은 일반화된 운동 프로그램(generalized motor program)의 원리를 이용하여 다양한 지점에서 움직임 형태를 조절하는 데 초점을 두도록 합시다. 이렇게 연습하면 3점 슛 동작을 할 때마다 일반화된 운동 프로그램에 사용된 불변 매개 변수(요소의 순서, 시상, 상대적인 힘 등)와 가변 매개 변수(전체 지속 시간, 전체 힘, 근육 선택 등)들을 간단하게 기억하고, 반복 연습을 통해 3점 슛 동작에 대한 많은 정보들을 모아 과거에 수행했던 동작과 그때마다 채택했던 매개 변수들 간의 관계를 추정할 수 있는 대표적인 상을 만들 수 있어요. 슈미트(R. Schmidt)는 일반화된 운동 프로그램을 (㉡) 이론으로 구체화하였는데, 이 이론을 접목한 연습을 한다면 다양한 지점에서 3점 슛 성공률을 높일 수 있고, 새로운 환경이나 시합 상황에도 잘 적응할 수 있어요.

020 다음은 트레드밀 운동에 대해 교사들이 나눈 대화이다. 〈작성 방법〉에 따라 순서대로 서술하시오. [4점] 2024

박 교사 : TV를 보면서 트레드밀에서 뛰면 평소보다 오래 뛰는 경우가 있는데 왜 그렇습니까?

김 교사 : 마라톤 선수들을 연구한 결과, 자신의 심장박동, 호흡, 그리고 근육 감각에 집중하여 달리는 선수가 있는 반면, ㉠ <u>경기 중 마음속으로 노래를 부르거나, 주변 환경에 집중을 하는 선수도 있는 것</u>으로 나타났습니다. 트레드밀을 이용한 일부 연구에서는 후자의 방법이 경기력을 더 향상시킨다는 사례도 보고되고 있습니다. 트레드밀에서 오랫동안 달리기를 했다면 힘이 들었을 텐데, 영상에 관심을 두고 있으면 피로감을 덜 지각하게 되어 운동 지속에 도움이 되었다고 볼 수 있습니다.

박 교사 : 트레드밀에서 걷다가 속도를 빠르게 하면 걷기보다 달리기가 더 편해지는 순간이 있는데 그 이유가 뭘까요?

김 교사 : 우선 협응에 대한 이해가 필요합니다. 협응은 수행하려는 동작의 목적에 따라 형성되는 머리·몸통·사지의 상대적인 움직임 패턴입니다. (㉡) 이론에서는 신체의 특성과 신체에 작용하는 내·외적 힘을 고려하여 인간의 운동체계를 설명하고 있으며, 협응의 변화를 비선형성의 원리로 설명하고 있습니다. 이 경우에는 트레드밀에서 ㉢ <u>안정적으로 걷다가 속도가 증가함에 따라 협응구조가 불안정하게 되고, 어느 순간 새로운 움직임 패턴인 달리기 형태가 나타나면서 협응구조가 안정되기</u> 때문입니다.

─〔작성 방법〕─
• 밑줄 친 ㉠에 해당하는 주의 집중과 관련된 용어를 모건과 폴록(W. Morgan & M. Pollock)의 연구에 근거하여 쓸 것
• 괄호 안의 ㉡에 해당하는 이론의 명칭을 쓸 것
• 밑줄 친 ㉢이 설명하는 현상의 명칭을 쓰고, ㉢의 현상에서 자유도의 변화 과정을 서술할 것

021 다음은 체육관에서 교사와 학생이 나눈 대화이다. 깁슨(J. Gibson)의 주장에 근거하여 밑줄 친 ㉠에 해당하는 용어를 쓰고, 힉(Hick)의 법칙을 근거로 괄호 안의 ㉡에 들어갈 용어를 쓰시오.

[2점] 2025

> 학생: 선생님 어제 체육관에서 재미있는 모습을 봤어요. 농구 선수인 A와 축구 선수인 B가 나란히 공 앞에 서서 공을 위로 들어 올리는데, A는 손을 이용해서 공을 집어 올리는 데 반해 B는 발로 공을 튕겨서 올렸어요. 농구 선수인지 축구 선수인지에 따라 공을 들어 올리는 방법이 달랐습니다.
> 교사: 그래. 비슷한 예로, 작은 공을 들어올리기 위해 사람은 손으로 잡는 행위를 하거나 양발을 맞대는 행위를 취하기도 하지. 그렇다면 개는 공을 어떻게 들어 올릴까?
> 학생: 당연히 손발을 쓸 수 없기 때문에 입을 사용하지 않을까요?
> 교사: 맞아. ㉠ A와 B 혹은 사람과 개가 같은 목적을 위해 하는 행위가 다르게 나타나는 것은 행위자가 환경과 맺고 있는 관계 차이 때문이지. 특히 A와 B의 관계는 행위자의 행동 능력과 환경의 물리적 속성에 의해 결정이 되었다고 할 수 있어. 특정한 활동이 발생할 수 있도록 하는 수행자의 특성과 환경적 특성 사이의 상호적합도 역시 이 상황을 설명할 수 있는 논리이지.
> 학생: 잘 알겠습니다. 그런데 저 같은 경우 농구를 더 잘하기 위해서 고민을 할 때가 많습니다. 특히, 상대 코트에서 드리블을 할 때 수비수가 대인방어를 해 오면 제대로 대처가 되지 않으면서 동작이 느려지는 경우가 많아요. 이때 제 머릿속에는 계속 드리블을 할 것인지, 동료에게 패스를 할 것인지, 아니면 슛을 할 것인지 여러 가지 대안들이 떠올라서 바로 대치를 못하는 것 같아요. 코치님의 말씀으로는 자극 반응 대안 수의 로그함수적 변화와 같은 비율로 (㉡)이/가 증가하는 경우라고 하시던데, 맞을까요?
> 교사: 그래, 맞아. 그럴 때는 일단 패스를 우선적으로 한다고 가정하고, 상대 수비수의 움직임에 따라 각각 다른 동료 공격수에게 패스하는 연습을 지속적으로 하면, (㉡)의 증가를 막을 수 있을 거야.

**한승현
전공체육
기출문제집**

전공체육,
문제의 한계를 뛰어넘다!

PART

04

사회학

PART 04 사회학

001 핫(hot) 매체스포츠와 쿨(cool) 매체스포츠의 특성을 각 항목별로 '높다'와 '낮다'로 답하시오.
[총 4점] 2003

- 핫 매체스포츠 [2점]
  ① 스포츠의 정의성(definition) :
  ② 수용자의 감각 몰입성 :
  ③ 경기장의 확산 정도 :

- 쿨 매체스포츠 [2점]
  ① 수용자의 감각 참여성 :
  ② 경기자 행동경로의 확산 정도 :
  ③ 경기 진행 속도 :

002 체육과 유사한 개념으로 쓰이는 용어들이 있다. 아래 용어들에 알맞은 개념을 각각 60자 이내로 쓰시오. [4점] 2004

① 놀이 :

② 게임 :

③ 스포츠 :

④ 레크리에이션 :

003 스포츠사회화의 과정을 설명하는 이론 중 사회학습이론은 특정 개인이 어떻게 사회적 행동을 습득하고 수행하는가를 규명하려는 이론이다. 사회학습이론에 근거하여 스포츠 참가자의 역할 학습에 영향을 미치는 사회화 과정의 요인을 3가지만 쓰시오. [3점] 2004

①

②

③

004 스포츠 계층은 스포츠라는 특정 사회체계 내에서 권력, 부, 사회적 평가, 심리적 만족 등이 특정 집단이나 개인 및 종목에 차별적으로 배분되어 상호서열의 위계적인 체계를 이루고 있는 현상을 의미한다. 이러한 스포츠 계층과 관련된 다음 질문에 답하시오. [총 5점] 2004

4-1 스포츠 계층은 일반적으로 공통적인 사회과정을 거치면서 형성된다. 그 형성 과정을 순서대로 쓰시오. [3점]

4-2 다음 내용을 읽고 Tumin이 제시한 5가지 사회계층의 현상(특성)을 토대로 알맞은 스포츠 계층의 특성을 빈칸에 쓰시오. [2점]

	스포츠 계층의 특성	특성의 예
①		특정 스포츠를 처음 시작한 상류 지배계급은 그 스포츠가 하류층이나 대중에게 관심을 끌게 되면 더 이상 그 스포츠를 즐기지 않는다.
②		스포츠 제도 내에는 연봉계약이나 신인 선수 모집 시 보수책정에 관한 규범과 관행이 존재한다.

005 다음 상황에 나타난 문제점에 대하여 링글만(Ringelman)이 집단역학과 관련하여 설명한 개념을 제시하고, 이를 극복하기 위한 방안을 2가지만 각각 1줄 이내로 기술하시오. [3점]

2005

> A고교 축구팀은 국내에서 포지션별로 가장 우수한 선수급으로 구성되어 있음에도 불구하고, 성적은 항상 중위권에 머물고 있다.

• 개념 :

• 극복 방안 :

006 다음 글은 스포츠사회학에서 강조하는 스포츠의 교육적 순기능 중 한 가지와 밀접한 관계가 있다. 그 순기능을 제시하고, 제시한 순기능의 특징에 대하여 3줄 이내로 설명하시오.

[4점] 2005

> 학교의 모든 교육 프로그램은 학생의 잠재력을 계발시키는 데 중점을 두고 있다. 이러한 의미에서 스포츠는 교육의 수단이 되어 학생을 최적의 상태에서 육체적, 정신적, 사회적으로 건강하게 성장시키는 역할을 담당하고 있다.

• 순기능 :

• 특징 :

007 스포츠사회학적인 측면에서 상업주의가 학원 스포츠에 미치는 부정적인 영향을 3가지만 각각 1줄 이내로 기술하고, 스포츠 상업주의를 비판하는 스포츠 사회학의 대표적인 이론을 제시하시오. [4점] 2005

• 부정적인 영향:

• 이론:

008 스포츠사회학자 맥킨토시(McIntosh)는 다음과 같이 말하였다. 다음 글을 참조하여, 국가 수준에서 스포츠의 정치적인 역할에 대한 3가지 관점과, 이러한 관점을 설명하는 정치와 스포츠의 결합 방법을 1가지만 쓰시오. [4점] 2006

> 국제적인 수준의 선수는 자신의 의사와는 상관없이 국가와 동일시되기 때문에 스포츠에서 승리를 거두는 것은 정치적으로 중요한 의미를 띠게 된다.

• 스포츠의 정치적인 역할에 대한 관점

①

②

③

• 스포츠와 정치의 결합 방법:

009 김 교사의 성에 따른 수업 내용 선정을 지지하는 스포츠사회학 이론의 명칭을 쓰고, 김 교사의 판단 및 태도 형성에 영향을 미치는 사회적 근원을 3가지만 쓰시오. [4점] 2006

> 김 교사는 체육 시간에 여학생에게는 율동적이고 미적인 활동이 적합하다고 판단하여 댄스스포츠를 연습시키고, 남학생에게는 축구 페널티킥을 연습시켰다. 김 교사는 남학생에게 축구 페널티킥 과정을 아래와 같이 설명하였다.
>
> ㉮ 공을 페널티킥 위치에 가져다 놓으면서 골대의 위치를 확인한다.
> ㉯ 뒤로 물러서면서 킥의 종류, 방향 등을 구상한다.
> ㉰ 머릿속으로 슛의 상(image)을 그려 본다.
> ㉱ 자신감을 가지고 공에 시선을 집중한다.

• 스포츠사회학 이론의 명칭 :

• 사회적 근원 : ①
　　　　　　　 ②
　　　　　　　 ③

010 카이와(Caillois)가 분류한 4가지 놀이 유형을 쓰고, 그중에서 '스포츠 경기'와 '스키'가 속하는 놀이 유형을 각각 쓰시오. [4점] 2007

• 4가지 놀이 유형 : ① (　　　　　)　　② (　　　　　)
　　　　　　　　　 ③ (　　　　　)　　④ (　　　　　)

• 스포츠 경기가 속하는 놀이 유형 : (　　　　　)

• 스키가 속하는 놀이 유형 : (　　　　　)

011 구트만(Guttmann)이 제시한 근대 스포츠의 특성 중에서 위의 3가지 상황과 가장 관련이 있는 특성을 각각 2줄 이내로 설명하시오. [3점] 2007

〈상황 1〉 우리나라의 공식적 야구 경기는 대한야구협회에서 제정한 규칙에 따른다. 대한야구협회는 필요에 따라 규칙을 개정하고 이를 담은 규정집(rule book)을 발간하여 배포한다.
〈상황 2〉 과거 야구팀의 코칭은 감독 1인이 전담하였으나 근래에는 감독 이외에도 투수 코치, 타격 코치, 수비 코치 등이 분담한다.
〈상황 3〉 근래의 야구 경기 중계에서 투수 방어율의 경우, 주자 1루에서의 방어율, 주자 1·2루에서의 방어율, 주자 만루에서의 방어율 등과 같은 새로운 통계치가 사용된다.

• 〈상황 1〉에 나타난 근대 스포츠의 특성 :

• 〈상황 2〉에 나타난 근대 스포츠의 특성 :

• 〈상황 3〉에 나타난 근대 스포츠의 특성 :

012 다음 글을 읽고 터크만(Tuckman)이 제시한 스포츠 집단의 발달 과정에 근거하여 현재 위의 동아리가 처한 단계와 바로 다음 단계의 명칭을 쓰고, 각 단계의 특징을 2줄 이내로 쓰시오. [4점] 2007

A중학교의 학생들은 가을에 있을 아마추어 배구 대회에 참가하여 입상을 목표로 배구 동아리를 만들었다. 동아리가 만들어진 후 구성원들은 호감이나 우애로써 정보를 교환했지만, 점차 구성원 간에 의견이 상충하면서 불만이 나타났다.

• 현재 위의 동아리가 처한 단계의 명칭 :
　　　　　　특징 :

• 바로 다음 단계의 명칭 :
　　　　　　특징 :

013 캐년(Kenyon)이 제시한 3가지 스포츠 참가 유형 중 영희에 해당하는 참가 유형의 명칭을 쓰고, 그 개념을 2줄 이내로 설명하시오. [2점] 2007

> 영희는 복싱에서 맹활약을 펼치고 있는 최○○ 선수를 무척 좋아한다. 그러나 영희는 복싱을 해 보지 않았고 그와 관련된 일을 하는 것도 아니며 복싱의 역사, 규칙, 기술 등에 대해서 잘 알고 있는 것은 더욱 아니다. 그냥 복싱 이야기만 나오면 좋아하고 최○○ 선수에 대해 열광한다.

- 영희의 참가 유형 명칭 :
  개념 :

014 정 감독에게 나타난 사회 이동 현상의 2가지 유형을 쓰고, 스포츠의 계층 형성과 관련하여 정 감독이 얻게 된 사회적 희소가치(scarce values)를 3가지 쓰시오. [3점] 2008

> 정 감독은 20세에 프로 야구팀의 후보 선수로 입단한 후 45세에 팀의 감독이 되었고, 팬들의 인기와 존경을 얻게 되어 삶의 행복감을 느끼게 되었다.

- 사회 이동 현상의 유형 ① :
                    ② :

- 사회적 희소가치 : ①
                  ②
                  ③

015 다음 글을 읽고 스포츠를 통한 사회화에 있어서 전이의 일반적 특성을 연구한 스나이더(Snyder)의 이론적 관점에서 볼 때, 위의 김 교사가 주장하는 특정 조건이 무엇인지 쓰고, 스포츠를 통한 사회화에 있어서 전이를 결정하는 요인을 3가지 쓰시오. [4점] 2008

> 최 교사는 학생들이 스포츠에 참여함으로써 스포츠맨십이나 페어플레이 정신을 갖게 되고, 나아가서 민주 시민 의식, 도덕성, 협동심 같은 사회성이 함양된다고 주장한다. 그러나 김 교사는 스포츠 상황과 같은 특수한 맥락에서 학습된 태도가 일상적 상황으로 전이되는 것은 특정 조건 하에서만 가능하다는 다소 다른 의견을 보인다.

• 특정 조건:

• 결정 요인: ①
　　　　　　②
　　　　　　③

016 다음은 ○○일보에 실린 프로야구 포스트시즌 입장수입에 관한 기사의 일부이다. 입장수입에 영향을 미치는 사회적 요인과 기사 내용에 나타난 스포츠의 특성을 각각 바르게 제시한 것은?

2009

> "2차전도 매진, PS 입장수입 38억 신기록…
> 6차전 가면 50억 원 돌파"
>
> 2008년은 한국 프로야구 흥행 돌풍의 해이다. 이제 포스트시즌은 50억 원짜리 돈 잔치가 될 전망이다. 한국야구위원회(KBO)는 27일 두산-SK의 한국시리즈 2차전이 시작된 지 12분만인 오후 6시 12분에 3만 400장의 입장권이 모두 매진됐다고 밝혔다. 이날 판매된 입장권 수입만 4억 7742만 원으로 포스트시즌 누적 입장수입은 모두 38억 4802만 원에 이른다. 6차전 이상 갈 경우 50억 원대의 입장수입이 보장된다. 인기는 물론 경제적인 측면에서도 '흥행대박'이 터지는 것이다.
> 이날 경기로 올 포스트시즌 입장수입은 이미 지난해의 36억 3271만 원을 넘어섰다. 한국 프로야구 포스트시즌 흥행의 역사가 새로 만들어진 것이다. 작년에 이어 다시 맞붙은 SK-두산 중 어느 팀이 한국시리즈 우승을 거머쥘지 숨 막히는 챔프 레이스에 대한 관심이 한층 고조되고 있다.
>
> — ○○일보, 2008년 10월 29일자 —

	사회적 요인	스포츠의 특성
①	팬의 관심도	비생산성
②	날씨	규칙성
③	경기의 중요도	불확실성
④	경기장의 크기	분리성
⑤	구단의 성격	허구성

017 스포츠사회화에 관한 설명으로 옳은 것은? 2009

① 스포츠에서의 탈사회화는 특정 연령층에서만 일어나는 것은 아니다.
② 운동기능에 대한 참가자 개인의 자아인지는 스포츠를 통한 사회화의 전이에 영향을 미치지 않는다.
③ 건강, 돈, 승리와 같은 외적 보상은 스포츠 활동을 통한 내적 즐거움과는 달리 스포츠 활동에 대한 개입을 감소시킨다.
④ 스포츠로의 사회화는 스포츠에 참가하는 그 자체만을 의미하기보다는 참가를 통하여 어떤 가치나 태도를 학습하는 것을 의미한다.
⑤ 스포츠를 통한 사회화는 개인의 노력에 의해서 이루어지는 특성이 강하기 때문에 사회화 주관자의 위력과 위광의 영향을 거의 받지 않는다.

018 다음은 머턴(Merton)의 아노미 이론(anomie theory)을 적용하여 스포츠 일탈을 설명한 것이다. (가), (나)에 들어갈 단어로 가장 적절한 것은? 2009

> 현대사회의 스포츠는 ____(가)____ 수준이 매우 높은 특성을 가진 조직체계로 규정할 수 있다. 왜냐하면 스포츠에서 추구하는 문화적 목표인 승리에 대한 사회적 압력은 대단히 높으나 승리를 성취하기 위한 구조적 기회인 수단은 여러 가지 스포츠 규범에 의해 제한되기 때문이다. 이와 같은 스포츠에서의 목표와 수단 간의 괴리는 ____(나)____ 을(를) 유발하여 여러 가지 일탈 행동을 발생시킨다.

	(가)	(나)
①	사회적 규범	역할 갈등
②	통제	분노
③	구조적 역기능	긴장
④	경쟁적 보상	역할 갈등
⑤	동조	긴장

019 〈보기〉를 스포츠 계층의 형성과정 순서대로 바르게 배열한 것은? 2009

─┤ 보기 ├─
ㄱ. 필요한 인재를 적재적소에 효율적으로 배치하는 과정으로 역할 수행이 팀 전체에 미치는 영향과 효과에 따라 달라진다.
ㄴ. 특정 지위에 적절한 자원을 배분하는 과정으로 스포츠 내에서 한 개인이 차지하고 있는 지위나 특성 수준에 따라 달라진다.
ㄷ. 감독, 코치, 선수와 같은 사회적 지위에 특정한 역할이 정해짐으로써 다른 지위와 구별되게 하는 과정이다.
ㄹ. 서로 다른 위치에 지위를 적절하게 배열하는 과정으로 선수나 감독이 얻는 명성이 이 과정을 판단하는 요소가 될 수 있다.

① ㄱ - ㄴ - ㄹ - ㄷ
② ㄱ - ㄹ - ㄷ - ㄴ
③ ㄷ - ㄱ - ㄹ - ㄴ
④ ㄷ - ㄹ - ㄱ - ㄴ
⑤ ㄷ - ㄹ - ㄴ - ㄱ

020 다음은 프로축구 리그 우승팀 결정전에서 승리한 팀에 관한 신문기사의 일부이다. 이에 대한 설명으로 옳은 것은? 2010

(가) 경기장에는 양 팀의 서포터즈를 비롯한 2만여 관중이 입장하여 예측 불허의 승부를 지켜보았다.
(나) 이 팀의 감독은 이번 우승으로 선수, 코치, 감독으로 우승을 기록한 국내 1호 축구인이 되었다.
(다) 초등학생 팬에게 최우수선수상을 받은 A 선수에 대한 평가를 묻자, "너무 멋져요, 나도 열심히 축구를 해서 A 선수처럼 훌륭한 선수가 되고 싶어요"라고 말했다.
(라) 프로 입문 10년차인 B 선수는 무명의 설움을 떨치고 득점왕에 올라 내년도에는 올 시즌보다 300% 인상된 연봉을 받을 것으로 보인다.
(마) 이 팀의 C 선수는 항상 천 원권 지폐 3장을 양말 속에 넣고 경기에 참가했다고 한다.

① (가)는 스포츠 참가 유형의 분류 기준에 따르면 인지적 참가 또는 이차적 직접참가이다.
② (나)는 스포츠에 있어서 세대 간 상승이동이다.
③ (다)의 초등학생 팬의 말은 스포츠 계층 형성의 한 과정인 '평가'의 요소 중 호감(preferability)에 해당한다.
④ (라)와 같이 운동선수의 능력 및 팀 기여도에 따른 차별적 보상 체계를 지지하는 스포츠 계층 이론은 갈등이론이다.
⑤ (마)의 의사 종교적 행위 중 마법(witchcraft)에 해당한다.

021 맥루한(McLuhan)의 매체 이론을 적용한 스포츠매체와 매체 스포츠를 바르게 설명한 것을 〈보기〉에서 고른 것은? 2010

{ 보기 }
ㄱ. 핫(hot) 스포츠매체는 메시지의 정의성이 높기 때문에 이를 수용하는 스포츠 팬은 높은 감각의 참여와 몰입 상태로 스포츠를 간접적으로 즐긴다.
ㄴ. 쿨(cool) 매체 스포츠는 경기자의 행동반경이 넓고 경기장에서의 확산 정도가 높아서 스포츠 자체의 정의성이 낮다.
ㄷ. 핫 매체 스포츠를 관람하는 스포츠 팬은 낮은 감각의 몰입과 참여를 통하여 스포츠 메시지를 심리적 부담 없이 쉽게 수용할 수 있다.
ㄹ. 쿨 스포츠매체의 스포츠 메시지를 수용하는 스포츠 팬은 높은 감각의 참여 및 몰입을 통하여 수용하고자 하는 메시지를 제공받는다.
ㅁ. 핫 매체 스포츠 유형으로는 주로 동적이며 수비 측과 공격 측이 구분되지 않는 단체 경기의 스포츠 종목이 많다.

① ㄱ, ㄴ, ㄷ
② ㄱ, ㄴ, ㅁ
③ ㄴ, ㄷ, ㄹ
④ ㄴ, ㄹ, ㅁ
⑤ ㄷ, ㄹ, ㅁ

022 스나이더(Snyder)와 스프라이처(Spreitzer)가 제시한 스포츠 개입(commitment)의 요소와 거리가 먼 것을 〈보기〉에서 고른 것은? 2010

{ 보기 }
ㄱ. 중요 타자(significant others)의 인정으로 생긴 만족감
ㄴ. 생활 양식 개선에 따른 여가 기회의 확대
ㄷ. 지위 상실, 불명예 등과 같은 부정적 제재로부터의 회피
ㄹ. 이용 시설의 근접성, 편리성 등과 같은 환경에 대한 만족감
ㅁ. 승리, 금전 등과 같은 외적 보상에 대한 기대감

① ㄱ, ㄴ
② ㄴ, ㄹ
③ ㄴ, ㅁ
④ ㄷ, ㄹ
⑤ ㄷ, ㅁ

023 다음의 진술에 반영된 페미니즘(feminism) 관점에 가장 가까운 것을 〈보기〉에서 고른 것은?

2010

> (가) 남성이 지배하고 있는 스포츠와는 별도로 여성의 신체에 적합한 새로운 형태의 스포츠를 창안하여 여성의 위상을 확보해야 한다.
> (나) 여성의 스포츠 참가 제한이 계급적, 성적 차별과 편견의 결과이기 때문에 이러한 차별과 편견을 불식시켜야 여성의 스포츠 참가 기회를 확대할 수 있다.
> (다) 남녀의 스포츠 참여 기회를 균등하게 만드는 데 주된 관심이 있으며, 이 관점을 지지하는 운동의 영향으로 나타난 대표적 사례는 미국의 Title IX이다.

─〔 보기 〕─
ㄱ. 자유주의적 페미니즘(liberal feminism)
ㄴ. 급진주의적 페미니즘(radical feminism)
ㄷ. 사회주의적 페미니즘(socialist feminism)

	(가)	(나)	(다)
①	ㄱ	ㄴ	ㄷ
②	ㄱ	ㄷ	ㄴ
③	ㄴ	ㄱ	ㄷ
④	ㄴ	ㄷ	ㄱ
⑤	ㄷ	ㄱ	ㄴ

024 다음 학자들이 주장한 놀이의 특성으로 옳은 것은? 2011

① 메이어(K. Meier)는 놀이가 필수적인 활동이며, 타인과의 관계 개선에 도움이 된다고 설명하였다.
② 카이와(R. Caillois)가 제시한 놀이의 분류에서 스키와 같은 모험 스포츠는 이링크스(Ilinx)에 해당된다.
③ 호이징가(J. Huizinga)는 놀이가 일상의 생활과 동일한 공간과 시간에서 행해지는 특성이 있다고 주장하였다.
④ 노바크(M. Novak)는 인간이 놀이에 몰입하게 되는 이유를 놀이가 현실적이면서 외재적인 특성을 갖고 있기 때문이라고 설명하였다.
⑤ 피아제(J. Piaget)는 놀이가 인간의 외적 동기에 의해 비롯되며, 인간의 정신적 발달에 따라 더욱 단순한 구조를 띤다고 설명하였다.

025 다음 대화에서 나타나는 스포츠에서의 현상과 가장 관계가 깊은 사회학 이론과, 이러한 현상으로 인하여 변화된 스포츠의 영역으로 옳은 것은? 2011

> 학 생: 선생님, 어제 텔레비전에서 배구 경기를 봤는데, 이상한 점이 있었어요. 왜 우리나라 배구 국가대표팀 유니폼에 ○○은행의 이름이 새겨져 있어요?
> 윤 교사: 그건 이번에 배구협회가 마케팅 팀을 신설하면서 국가대표팀 유니폼에 ○○은행 이름을 넣을 수 있는 권리를 팔아서 그래. 이제 배구협회는 그 수익금으로 협회를 안정적으로 운영할 수 있게 되었지.

	사회학 이론	변화된 영역
①	비판이론	스포츠의 조직
②	비판이론	스포츠의 내용
③	갈등이론	스포츠의 조직
④	갈등이론	스포츠의 내용
⑤	비판이론	스포츠의 구조

026 그림은 교내 축구 대회에 출전하는 학급 대표팀의 출전 과정을 보여 준다. 선형모형에 따른 집단 발달 단계에 근거할 때 (가)~(라)에 들어갈 내용을 〈보기〉에서 찾아 바르게 제시한 것은?

2011

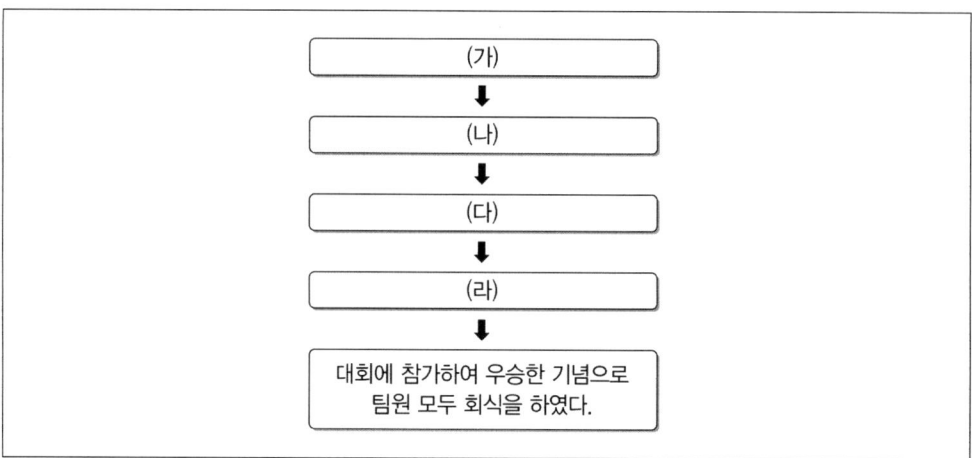

{ 보기 }
ㄱ. 팀의 공격 및 수비 전술에 대한 연습을 집중적으로 실시하였다.
ㄴ. 모든 선수가 힘을 합쳐 대회에서 우승을 하자고 다짐하였다.
ㄷ. 팀 공격 전술에 대한 이견이 제기되어 이에 대하여 논의하였다.
ㄹ. 각 포지션별로 주전 및 후보 선수를 선발하였다.

	(가)	(나)	(다)	(다)
①	ㄴ	ㄱ	ㄹ	ㄷ
②	ㄴ	ㄹ	ㄱ	ㄷ
③	ㄷ	ㄴ	ㄹ	ㄱ
④	ㄹ	ㄱ	ㄷ	ㄴ
⑤	ㄹ	ㄷ	ㄴ	ㄱ

027 다음은 축구 경기 관람 보고서이다. 이 보고서의 ㉠~㉤에 대한 설명으로 옳은 것을 〈보기〉에서 고른 것은? [2.5점] 2011

> 최초로 3억 원의 우승 상금이 걸려 양 팀 간의 치열한 경기가 예상되는 올 시즌 프로축구 챔피언 결정전이 개최되었다. 이 경기에는 ㉠ 국내 최고령 축구 선수인 45세의 ○○○선수가 주전으로 출전하여 화제를 모았다.
> 전반 시작 1분 만에 ㉡ A팀의 선수가 B팀의 주 공격수에게 고의적인 반칙을 하였으며, 그 공격수는 반칙으로 인한 부상으로 바로 교체되었다. 이에 ㉢ 흥분한 B팀의 서포터들이 경기장으로 빈병을 던져 경기가 잠시 중단되기도 하였다. 이후 경기가 과열되어 ㉣ 양 팀 간의 보복성 반칙이 난무하였다.
> 경기 결과, B팀이 1:0으로 승리하였으며, 경기 후 ㉤ 열광한 B팀의 서포터들이 승리에 도취되어 인근에 주차된 차량 지붕에 올라가 차량을 훼손한 사건이 있었다.

─〔보기〕─
ㄱ. ㉠은 스포츠 일탈 중 부정적 일탈에 해당한다.
ㄴ. ㉡은 스포츠 폭력의 원인 중 운동 선수의 역할 사회화와 가장 관련이 높다.
ㄷ. ㉢은 페데리코(R. Federico)가 분류한 활동적 관중의 집합 행동 유형 중 표출 군중에 해당한다.
ㄹ. ㉣은 스포츠 폭력의 형태 중 적대적(개인적) 공격에 해당한다.
ㅁ. ㉤은 스미스(M. Smith)가 분류한 관중 행동 유형 중 쟁점성 관중 행동에 해당한다.

① ㄱ, ㄴ   ② ㄱ, ㄷ
③ ㄴ, ㅁ   ④ ㄷ, ㄹ
⑤ ㄹ, ㅁ

028 김 교사가 수립한 여자 농구부 지도 방침이다. (가)~(다)에 대한 설명으로 옳은 것만을 〈보기〉에서 있는 대로 고른 것은? [2.5점] 2012

2012학년도 한국중학교 여자 농구부 지도 방침

(가) 경기력 향상과 선수의 만족감 고양
- 상황적 특성, 선수의 특성을 모두 고려
- 상황적 요구와 선수의 선호도를 반영한 의사결정 및 실천

(나) 생활 지도 철저
- 선수의 유해 지역 출입 통제
- 모범적인 친구를 통한 멘토링 확대

(다) 성(性)적 불평등 해소
- 남자 운동부와 동등한 장학 혜택 요구
- 우수한 성적 획득 시 학교의 지원 확대 요청

〈보기〉
ㄱ. (가)는 상황적 행동 이론으로 설명된다.
ㄴ. (나)는 낙인이론(Labeling theory)으로 설명된다.
ㄷ. (다)는 급진적 페미니즘(Radical feminism)으로 설명된다.

① ㄱ
② ㄴ
③ ㄱ, ㄴ
④ ㄴ, ㄷ
⑤ ㄱ, ㄴ, ㄷ

029 스포츠와 사회 제도의 관계를 주제로 학생들이 신문 기사를 스크랩한 것이다. (가)~(라)에 관한 〈보기〉의 설명으로 옳은 것만을 있는 대로 고른 것은? 2012

〈건호의 과제물〉

〈민정의 과제물〉

―{ 보기 }―
ㄱ. (가)에서 남북 체육 교류는 스포츠가 국위선양을 위한 도구로 활용되고 있음을 보여주는 사례이다.
ㄴ. (나)에서 국가대표 팀이 이겼을 때 국민이 감격의 눈물을 흘리는 것은 스포츠와 정치의 결합 방법 중 동일화를 의미한다.
ㄷ. (다)에서 맥루한(M. McLuhan)의 매체 이론을 스포츠에 적용할 경우, 축구는 정의성(definition) 및 관람자의 감각 참여성이 높은 쿨(Cool) 스포츠이다.
ㄹ. (라)에서 대중매체가 스포츠 경기 방송을 통하여 관중에게 흥미를 제공하는 것은 대중매체의 통합적 기능을 의미한다.

① ㄴ
② ㄹ
③ ㄱ, ㄴ
④ ㄴ, ㄷ
⑤ ㄷ, ㄹ

030 아래의 〈문제 2〉에서 제시된 현상의 특성과 구체적 사례를 기술한 수험생의 답안지 내용 중 옳은 것은? 2012

> 20○○학년도 중등교사 신규임용후보자 선정경쟁시험
>
> 〈문제 2〉아래 현상의 특성을 제시하고, 이에 대한 구체적 사례를 기술하시오.
>
> 이 현상은 스포츠라는 특정 사회 체계 내에서 개인의 사회적, 문화적, 생물학적 특성에 따라 권력, 부, 사회적 평가, 심리적 만족 등이 특정 집단 및 종목에 차별적으로 배분되어 상호 서열의 위계적 체계를 이루고 있는 것을 말한다.
>
> 답안지
>
> <u>특성</u>　　　　　　　　　<u>구체적 사례</u>
> ㄱ. 영향성 − 감독이 되기 위해서는 기능뿐만 아니라, 운동 경력, 인격 등과 같은 특성이 요구됨
> ㄴ. 다양성 − 미국의 경우 1900년대 초까지 흑인은 권투를 제외한 프로 스포츠 참가가 불가능하였으나, 현대 사회에서는 선수의 노력 여하에 따라 사회적 상승이동이 가능함
> ㄷ. 보편성 − 우리나라의 경우 상류층은 골프, 하류층은 걷기에 참여하는 비율이 상대적으로 높음
> ㄹ. 사회성 − 중세 시대에는 귀족과 상류 계층이 주로 스포츠 활동에 참가하였으나, 오늘날에는 누구나 참가할 수 있음
> ㅁ. 고래성(古來性) − 여러 나라에서 인기 스포츠와 비인기 스포츠로 구분되며, 스포츠 종목 내에서도 체중 및 능력에 따라 '급'이 구분됨

① ㄱ　　　　　　　　　② ㄴ
③ ㄷ　　　　　　　　　④ ㄹ
⑤ ㅁ

031~032 김 교사가 민수 어머니와 상담한 내용 중 일부이다. 각 문항의 질문에 답하시오. 2012

┌─────────────────────────────┐   ┌─────────────────────────────┐
│   상담 일지   │   │   상담 일지   │
│   2010년 ○○월 ○○일   │   │   2019년 ○○월 ○○일   │
│   진주 어머니 면담 14:20   │   │   진주 어머니 면담 17:30   │
│ [어머니 의견]   │   │ [어머니 의견]   │
│ • 소심한 성격 탓에 친구가 없음 │ 약 1년 후 │ • 성격이 밝아져 친구가 많아짐 │
│ • 부모의 맞벌이로 주로 혼자 있음│ ⇨   │ • 의사소통 능력이 향상됨   │
│ • 지나친 인터넷 사용으로 비만임 │   │ • 축구를 지나치게 좋아함   │
│ [교사 의견]   │   │ [교사 의견]   │
│ • 자신감 향상이 필요함   │   │ • 자신감이 크게 향상됨   │
│ • 체형관리가 요구됨   │   │ • 보기 좋은 체형으로 변함   │
│ • 방과 후 축구 활동을 권유함 │   │ • 교우 관계가 원만해짐   │
└─────────────────────────────┘   └─────────────────────────────┘

031 〈보기〉는 민수의 변화 과정을 기술한 것이다. 이에 대한 스포츠사회학적 설명으로 옳지 <u>않은</u> 것은?

---{ 보기 }---
ㄱ. 방과 후 축구 활동 초기에는 기능 수준은 낮지만 참여 자체에 만족함
ㄴ. 교사의 기술 지도로 인하여 실력이 향상되고, 친구가 많아짐
ㄷ. 점차 축구 활동에 적극적으로 참여하였고, 축구팀에서 주도적인 학생으로 성장함
ㄹ. 승리에 대한 과도한 집착으로 반칙을 사용하는 경우가 발생함
ㅁ. 할 일을 하지 않으면서까지 축구에 몰입하는 경우가 발생함

① ㄱ에서 민수는 비조직적 스포츠에 참가하고 있음을 알 수 있다.
② ㄴ에서 사회 학습 이론에 따르면 민수는 교사와 코칭을 통해 축구 기술을 습득하고 있음을 알 수 있다.
③ ㄷ에서 민수의 태도 변화는 역할 행동에서 비롯되었음을 알 수 있다.
④ ㄹ에서 민수의 행동은 머튼(R. Merton)의 아노미 이론에 따르면 혁신에 해당된다.
⑤ ㅁ에서 민수의 행동은 이차적 일탈 참가에 해당된다.

032 상담 일지 내용 (가)와 관련하여 김 교사는 반두라(A. Bandura)의 자기효능감(self-efficacy) 이론을 기초로 민수의 자신감을 향상시켰다. 김 교사가 활용한 전략으로 옳은 것을 〈보기〉에서 고른 것은?

> 〈 보기 〉
> ㄱ. 간이 게임을 통하여 경쟁 기회를 제공하였다.
> ㄴ. 동료들과 연습을 통하여 협동심을 유발시켰다.
> ㄷ. 칭찬과 격려를 통하여 축구 수행에 도움을 주었다.
> ㄹ. 골대와의 거리를 좁혀서 슛 성공 경험을 제공하였다.
> ㅁ. 잘하는 학생의 시범을 통하여 성공 장면을 보여 주었다.
> ㅂ. 신체적, 정서적인 각성을 통해 최상의 컨디션을 유지시켰다.

① ㄱ, ㄴ, ㄷ, ㄹ ② ㄱ, ㄴ, ㅁ, ㅂ
③ ㄱ, ㄹ, ㅁ, ㅂ ④ ㄱ, ㄷ, ㄹ, ㅁ
⑤ ㄷ, ㄹ, ㅁ, ㅂ

033 다음은 김○○의 스포츠 활동 경험 일기이다. (가)~(라)의 경험에 해당되는 카이와(R. Caillois)의 놀이 유형을 〈보기〉에서 찾아 바르게 연결한 것은? [1.5점] 2013

〈스포츠 활동 경험 일기〉

• 2012년 ○월 ○○일 : 번지점프
학교에서 방과 후 스포츠 활동으로 놀이 공원에 갔다. 선생님께서 (가) 제비뽑기를 하여 번지점프를 할 순서를 정한다고 하셔서 우리는 모두 동의하였다.
…(중략)…
맨 나중에 뽑히기를 바랐지만 불행히도 내가 제일 먼저 할 사람으로 뽑혔다. (나) 나는 무서웠지만 어차피 뽑힌 것이니까 다른 친구들보다 더 멋진 폼으로 뛰어내리려고 마음먹었다. 무서웠지만 태어나 처음 경험해 본 번지점프의 짜릿함은 지금도 잊을 수가 없다.

• 2012년 ○월 ○○일 : 배드민턴 대회
학교스포츠클럽 대표로 배드민턴 대회에 참가하였다. (다) 규칙을 지키며 정정당당하게 이기기 위해 최선을 다했다. 그리고 결국 나는 경기에서 이겼다. 너무 기뻐 응원해 준 친구들을 향해 (라) 마치 유명 선수가 된 것처럼 윙크 세리머니를 했다.

〈보기〉
ㄱ. 아곤(agon)　　　　　ㄴ. 아레아(alea)
ㄷ. 미미크리(mimicry)　　ㄹ. 이링크스(ilinx)

	(가)	(나)	(다)	(라)
①	ㄱ	ㄴ	ㄴ	ㄷ
②	ㄴ	ㄱ	ㄱ	ㄷ
③	ㄴ	ㄱ	ㄹ	ㄹ
④	ㄷ	ㄱ	ㄱ	ㄷ
⑤	ㄷ	ㄹ	ㄱ	ㄴ

034 다음은 방과 후 스포츠 참가에 대한 박 교사와 김○○의 대화이다. (가)~(마)에 대한 설명 중 옳은 것만을 〈보기〉에서 있는 대로 고른 것은? [1.5점] 2013

> 박 교사 : 지금도 방과 후에 배드민턴을 하고 있니?
> 김 ○○ : 아니오. 예전엔 배드민턴을 많이 했는데, 운동하다가 무릎을 크게 다쳐 (가) 배드민턴을 그만두었어요.
> 박 교사 : 그런데, 배드민턴은 누구한테 배운 거니?
> 김 ○○ : (나) 아빠, 엄마한테 처음으로 배웠고 진짜 열심히 했어요.
> 박 교사 : 무엇 때문에 배드민턴을 그렇게 열심히 한 거니?
> 김 ○○ : (다) 저는 배드민턴 자체가 즐거웠어요.
> 박 교사 : 그럼 언제 부상을 당한거니?
> 김 ○○ : 좀 됐어요. 저보다 잘하는 사람과 시합을 하고 싶었어요. 그래서 (라) 기능도 향상시키고 대회에 나가서 우승 하려고 학교 운동부에 소속되어 주기적으로 참가하여 운동했어요. 어느 날 경기하다가 무릎을 크게 다쳐 수술을 받게 된 거예요.
> 박 교사 : 많이 힘들었겠구나.
> 김 ○○ : 예, (마) 한동안 운동을 못했다가 요즘은 배드민턴 대신 수영을 하고 있어요.

〔 보기 〕
ㄱ. (가)는 스포츠로부터의 탈사회화에 해당된다.
ㄴ. (나)는 스포츠 참가에 대한 중요 타자의 영향에 해당된다.
ㄷ. (다)는 스나이더(E. Snyder)와 스프라이처(E. Spreitzer)의 스포츠 개입의 정도 중 '노력'에 해당된다.
ㄹ. (라)는 스포츠 참가 수준 중 조직적 스포츠 참가에 해당된다.
ㅁ. (마)는 스포츠로의 재사회화에 해당된다.

① ㄱ, ㄴ
② ㄱ, ㄹ
③ ㄴ, ㄷ, ㅁ
④ ㄱ, ㄴ, ㄹ, ㅁ

035 다음은 스포츠와 상업주의 및 정치에 대한 내용이다. (가)~(마)에서 옳은 것을 고른 것은?
2013

(가) 상업주의는 경기의 흥미를 유도하기 위한 경기 규칙의 변화에 영향을 미친다.
(나) 상업주의는 개·폐회식의 의전 행사, 치어리더의 연기 등의 스포츠 경기 기획 및 조직 방식에 영향을 미친다.
(다) 상업주의는 위험, 과감성, 스타일 등의 영웅적 가치보다는 선수의 동작, 재능, 노력, 탁월성 등의 심미적 가치에 대한 중요도를 증가시킨다.
(라) 스포츠는 제도적 특성 때문에 진보적인 성향을 지니며 현 질서를 변화시키려는 경향이 있다.
(마) 국제 수준의 스포츠는 국내 문제를 반영하는 사회·정치적 반사경 역할을 한다.

① (가), (나), (마)
② (가), (다), (라)
③ (나), (다), (라)
④ (나), (라), (마)
⑤ (다), (라), (마)

036 머튼(R. Merton)이 제시한 '목표-수단 불일치에 의해 개인에게 주어지는 긴장 해소 방법'과 이를 스포츠에 적용한 사례의 설명으로 옳은 것은? [1.5점] 2013

(가) '동조'는 문화적 행동 목표를 수용하지만, 이를 성취하기 위한 수단은 거부하는 행위이다. 이의 예로는 고의적 경기 규칙 위반과 담합에 의한 승부 조작 등이 있다.
(나) '혁신'은 문화적으로 규정된 성공적인 목표와 그 목표를 성취하기 위한 수단을 모두 수용하는 행위이다. 이의 예로는 규칙 허용 범위 내에서의 지연작전이나 파울 작전 등이 있다.
(다) '의례주의'는 문화적으로 승인된 목표의 수용을 부정하는 반면, 목표에 도달하기 위한 수단과 방법은 수용하는 행위이다. 이의 예로는 승패에 집착하지 않고 참가에 의의를 두는 것 등이 있다.
(라) '반역' 또는 '반란'은 문화적 목표와 합법적 수단을 모두 거부하지만, 새로운 목표와 수단을 주창함으로써 적극적으로 사회 변혁을 시도하는 행위이다. 이의 예로는 엘리트 스포츠 풍토를 배격하고 생활체육 운동으로의 전환을 추구하는 것 등이 있다.
(마) '도피주의'는 문화적으로 승인된 목표와 사회적으로 용인되는 수단을 모두 부정함으로써 스트레스에 적응하는 행위이다. 이의 예로는 유명 선수가 프로 스포츠의 배금주의(拜金主義)와 비인간적 처사에 반발하여 유니폼을 벗고 은퇴한 경우 등이 있다.

① (가), (나), (라)
② (가), (나), (마)
③ (나), (다), (라)
④ (나), (라), (마)
⑤ (다), (라), (마)

037 다음은 체육 수업에서의 성차별에 대한 정○○과 민○○의 대화 내용이다. (가)~(라)에 대한 설명으로 〈보기〉에서 옳은 것만을 있는 대로 고른 것은? 2013

> 정○○ : 체육 수업에서 항상 피구만 하니까 너무 재미없어. 여자도 축구나 야구 같은 수업을 하면 좋을 텐데······.
> 민○○ : 완전 동감! (가) 여자라고 축구나 야구를 못하라는 법도 없지. 체육 선생님께 우리도 남학생들과 동등하게 축구, 야구에 참가하게 해 달라고 말씀드려 볼까?
> 정○○ : 그래, 사실 축구, 야구 같은 운동을 남자들만 해야 한다는 생각도 문제고, (나) 여자는 남자보다 운동을 못하고 운동에 대한 흥미도 없다는 생각도 문제야.
> 민○○ : 맞아. 더 근본적인 문제는 (다) 여자들이 남자가 하는 운동을 하면 주변의 시선이 곱지 않아 만류하기도 하고, 심지어 혐오스럽게까지 보는 경우도 있어.
> 정○○ : 우리 부모님께서도 (라) 언니와 내게 인형 놀이, 소꿉놀이 세트를 사 주시고, 앉아서 조용히 노는 것을 좋아하셨어. 그런데 남동생에게는 축구공, 야구 글러브를 사 주시고, 나가서 뛰어놀라고 하셨던 기억이 나.
> 민○○ : 나도 그랬어. 이제라도 축구나 야구 한번 해 봤으면 좋겠어.

〔보기〕
ㄱ. (가)는 페미니즘(feminism)과 관련된다.
ㄴ. (나)는 여성 스포츠에 대한 편견에 해당된다.
ㄷ. (다)는 여성의 스포츠 일탈에 해당된다.
ㄹ. (라)는 스포츠에서의 차별적 성 역할 사회화에 해당된다.

① ㄱ, ㄷ
② ㄷ, ㄹ
③ ㄱ, ㄴ, ㄹ
④ ㄴ, ㄷ, ㄹ
⑤ ㄱ, ㄴ, ㄷ, ㄹ

038 다음은 스포츠 사회 현상에 관한 신문 기사이다. (가)~(라)에 대한 설명으로 〈보기〉에서 옳은 것만을 있는 대로 고른 것은? [2.5점] 2013

(가)

2012년 ○○월 ○○일 　　　　　○○일보

**올림픽 금메달리스트 김○○ 선수
포상금 · 후원금 두둑**

올림픽에서 금메달을 획득한 김○○ 선수는 정부로부터 포상금과 기업의 각종 후원금을 받게 돼 부와 명예를 거머쥐게 되었다. 경제적으로 어려웠던 시절을 극복하고 따낸 금메달이어서… (이하 생략)

(나)

2012년 ○○월 ○○일 　　　　　○○신문

**Again 2002, 대형 태극기
관중석 뒤덮어**

2002년 월드컵이 개최된 지 10주년, 이를 기념하기 위해 한일전 축구 경기를 개최하였다. 애국가가 울려 퍼지면서 대형 태극기가 관중석을 뒤덮었다. 태극마크를 단 선수들과 우리 국민들… (이하 생략)

(다)

2012년 ○○월 ○○일 　　　　　○○스포츠

올림픽 경기 볼거리 풍성

한국 선수들이 기대 이상의 선전을 펼치면서 시청률이 높아지고 있다. 시청자들을 위해 흥미진진한 경기의 주요 장면들과 결과들을 모아서 방영하여 시청자들의 마음을 사로잡고 있다. (이하 생략)

(라)

2012년 ○○월 ○○일 　　　　　○○일보

**축구 경기에서 패한 국가의 관중들
경기장 밖에서 집단 난동 벌여**

정치 · 경제적으로 대립관계에 있는 국가 간의 경기에서 패한 국가의 관중들이 경기장 기물을 파손하더니, 경기장 밖에서 상대 국가의 관중들과 집단 난투극을 벌이는 사태가 벌어졌다. (이하 생략)

〈 보기 〉

ㄱ. (가)는 올림픽에서 금메달을 획득한 선수들에게 포상금이나 후원금 등을 줌으로써 스포츠를 통한 사회적 상승 이동의 통로를 제공하는 사례를 나타낸다.
ㄴ. (나)의 대형 태극기, 애국가, 태극 마크는 스포츠와 정치의 결합 중 '상징'에 해당된다.
ㄷ. (다)는 대중 매체가 스포츠에 대한 일반 대중의 욕구를 충족시켜주는 기능을 보여 주는 것이다.
ㄹ. (라)는 스미스(M. Smith)의 스포츠 관중 행동 유형을 적용하여 분류할 경우 무쟁점성 관중 행동에 해당된다.

① ㄱ, ㄷ　　　　　　　　② ㄱ, ㄹ
③ ㄱ, ㄴ, ㄷ　　　　　　④ ㄴ, ㄷ, ㄹ
⑤ ㄱ, ㄴ, ㄷ, ㄹ

039 다음은 민수가 '아마추어 학생 배드민턴 선수권 대회'에 참가한 과정이다. 캐롤린 토마스(C. Thomas)가 제시한 '스포츠 참가의 5단계'에 근거하여 괄호 안의 ㉠, ㉡에 해당하는 단계의 명칭을 차례대로 쓰시오. [2점] 2014

(㉠)

- 이 단계에서 참가자의 심적 상태는 목표가 승리냐 즐거움의 추구냐에 따라 달라지며, 목표에 따라 참가를 위한 준비 과정이나 스포츠 체험에 대한 의미의 근거도 달라진다. 이 단계의 초점은 목표 설정, 실현 가능성 타진 등이다.

〈참가 신청서 제출 장면〉

(㉡)

- 이 단계에서 신체는 체험으로부터 분리된 것이 아닌 체험 그 자체가 되며 '주체로서의 신체(body as a subject)'의 경험을 하게 된다. 그리고 자발적 스포츠 체험자는 기분 전환의 경지를 초월하여 '주체와 객체'의 통합체가 된다.

〈경기에 참여 중인 장면〉

040 다음은 놀이 및 게임과 구별되는 스포츠의 특성에 관한 설명이다. 괄호 안의 ㉠, ㉡에 해당하는 말을 차례대로 쓰시오. [2점] 2014

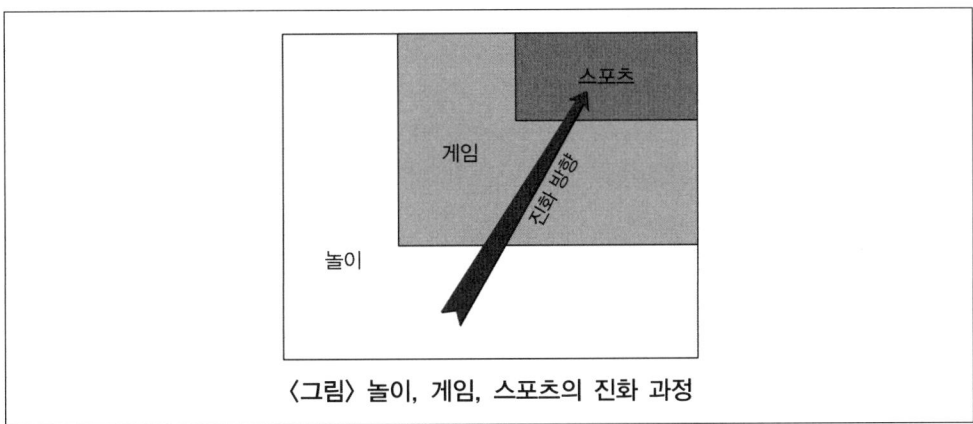

〈그림〉 놀이, 게임, 스포츠의 진화 과정

스포츠의 진화론적 관점에 따르면, 스포츠는 놀이에서 기원하였으며 중간 발전 단계라 할 수 있는 게임의 형태를 거쳐 발전하게 되었다. 스포츠가 놀이, 게임에서 진화됨에 따라 놀이나 게임의 여러 가지 특징을 공유하면서 발전함과 동시에 고유한 특징을 지니게 되었다. 특히, 스포츠의 (㉠)은/는 놀이 및 게임과 구별되는 스포츠의 중요한 특징으로서, 사회적 과정, 의무, 혹은 실체가 사회적 사고 및 행동의 규칙과 동등한 지위를 지니게 되는 제 과정을 말한다. 스포츠 사회학자인 코클리(J. Coakley)는 이에 대한 요소로서 활동 규칙의 표준화, 공식 규정 위원회의 규칙 시행, 활동의 조직적·전문적 측면의 강조, (㉡)을/를 제시하고 있다.

041 다음은 '경기장 폭력'에 관한 신문 기사 내용이다. (가)의 내용을 가장 잘 설명하는 집합행동 이론의 명칭을 쓰고, (나)의 내용에 해당하는 스포츠 폭력 유형을 스미스(M. Smith)의 주장에 근거하여 쓰시오. [2점] 2014

○○ 신문

제 ○○○○호　　　　　　　　　　　　　　　　20○○년 ○○월 ○○일

프로야구 ○○-□□전 '경기장 폭력'으로 얼룩져⋯⋯.

(가) 어제 열린 프로야구 ○○-□□전은 '경기장 폭력'으로 인해 프로야구를 사랑하는 팬들의 눈살을 찌푸리게 했다. ○○팀 일부 관중들의 소란은 어제 오늘의 일이 아니다. 평소 사회에 대한 불만이 많은 일부 관중들이 ○○팀의 서포터즈를 자청하면서 그동안의 폭력 사건을 주도해 왔다. 사실 그들은 야구장이라는 익명성이 보장되는 공간에서 자신들의 처지나 상황에 대한 불만을 쏟아내고 있다. 그들은 야구장을, 평소에 지니고 있던 자신의 난폭한 성향을 반사회적 폭력 행동으로 표출할 수 있는 최적의 장소로 여기는 것 같다.

(나) 한편 ○○-□□전에서는 선수간 폭력도 심심치 않게 발생하는데, 그 주요 원인이 투수들의 빈볼(bean ball)로 인한 시비이다. 야구 경기에서 투수가 타자의 머리 부근으로 던지는 위협구를 의미하는 빈볼은 분명 규칙을 위반하는 것이지만, 유용한 경기 전략의 일부로 인식되어 암묵적으로 용인되는 경우도 있다. 이러한 행동은 일반적으로 상대방의 보복적 행동으로 이어지기도 한다.

042 다음은 스포츠에서의 불평등 현상에 대한 예비 체육 교사들의 대화이다. 불평등 현상에 대해 잘못 설명하고 있는 두 사람을 찾아 잘못된 내용을 바르게 고치시오. [5점] 2014

> 미희 : 스포츠에서 대표적인 불평등은 성차별이라고 생각해. 그래서 자유주의적 여성주의자(liberal feminist)들은 여성에 대한 균등한 기회 부여를 강조해 왔지. 1972년 미국의 Title Ⅸ 법안은 자유주의적 여성주의의 영향을 받은 사례라고 할 수 있어.
>
> 정수 : 사회 계층에 따라서도 불평등은 존재한다고 생각해. 우리나라의 경우, 골프는 상류층이 하류층에 비해 상대적으로 많이 참가하고 있다는 사실을 어느 조사에서 본 적이 있어. 그래서 부르디외(P. Bourdieu)의 자본 개념을 적용할 때 스포츠는 경제 자본으로 분류되지.
>
> 형용 : 선수와 구단의 관계에 있어서도 불평등은 존재하는 것 같아. 우리나라의 현행 신인 드래프트 제도(draft system)는 선수 입장에서 볼 때 불평등한 규정이라고 할 수 있어.
>
> 영수 : 종목 간 불평등도 만만치 않은 것 같아. 대부분의 나라에는 인기 스포츠와 비인기 스포츠가 존재하지. 그리고 일반적으로 인기 종목의 선수들이 비인기 종목 선수들에 비해 연봉도 높은 편이지. 이는 스포츠 계층의 특성 중 다양성이라고 할 수 있어.
>
> 희정 : 미국 스포츠에서는 인종 간 차별이 중요한 문제 같아. 미국에서 흑인은 1900년대 초까지만 해도 권투를 제외한 프로스포츠에는 참가가 불가능했어. 이러한 불평등 문제는 갈등이론이나 비판이론의 주요 주제 중 하나이지.

043 다음은 중학교 학교스포츠클럽 지도교사인 박 교사가 작성한 연습 일지 내용이다. 터크만(B. Tuckman)이 제시한 집단발달의 선형 모형(Linear Model)에 근거하여 밑줄 친 ㉠, ㉡에 해당하는 발달 단계의 명칭을 순서대로 쓰시오. [2점] 2015

날짜	내용
2014.03.07.	이번 시즌에 처음으로 학생들과 미팅을 했다. 우리는 서로 소개하는 시간을 가졌다. 지난해 교육감배 결승까지 올랐던 2학년과 3학년 학생들은 오랜만에 운동장에 나와서 그런지 자기들끼리 모여 즐겁게 떠들고 있다. 반면에 새로 축구팀에 들어온 1학년 학생들은 서로를 잘 몰라 분위기가 서먹서먹하다. 팀원들끼리 화합할 수 있는 분위기를 조성해야겠다.
2014.04.05.	포지션을 결정했으며, 주전과 후보 선수를 선발했다. 연습도 순조롭게 진행되고 있으며, 1학년 학생들도 팀에 차츰 적응해 가고 있다. 신입생 중에 영진이는 1학년이지만 바로 시합에 들어가도 좋을 만큼의 기량을 가지고 있다. 한국중학교와의 연습 경기에서는 주전인 2학년 민호를 대신해 두 골이나 넣었다.
2014.05.24.	주장인 3학년 유찬이가 대한중학교와의 경기에서 무릎을 다쳤다. 생각보다 부상의 정도가 심해 앞으로 남은 경기 출전이 불투명해졌다. 팀의 구심점이었던 유찬이가 빠지면 나머지 선수들이 동요할 수 있다. 더욱이 주전으로 뛰고 있는 1학년 영진이와 2학년 학생들 간에 갈등이 생기고 있어 걱정이다.
2014.07.08.	㉠ 유찬이가 빠진 상황에서 1학년과 2학년 학생들 사이에 문제가 발생했다. 연습 중 1학년 영진이와 단짝인 정우가 상급생들의 훈련 지시에 반발하고, 무단이탈을 했다. 학생들끼리 해결하기를 기다렸지만 갈등은 더 심해지고 있다. 영진이는 전화를 받지 않고 정우는 축구를 그만두겠다고 한다.
2014.08.18.	팀의 주장인 유찬이가 목발을 짚고 연습 시간에 나왔다. 유찬이는 1학년과 2학년 학생들에게 작년 시즌에 겪었던 팀의 어려움과 이를 극복한 이야기를 하며 시즌 초반에 함께 세웠던 팀 목표를 이루기 위해 팀원 간에 화합해 줄 것을 당부했다. 유찬이의 설득에 1학년과 2학년 학생들이 모두 마음을 열었고, 시즌 초반에 함께 세웠던 교육감배 우승이라는 팀 목표를 위해 함께 뛰기로 다짐했다.
2014.09.23.	㉡ 주전 선수와 후보 선수 모두 자신의 역할을 정확히 이해하고 있으며 훈련 효과도 좋다. 유찬이도 재활을 마치고 팀에 합류했다. 오랜만에 함께 뛰는 주장이 힘들어하니 후배들이 밝은 표정으로 파이팅을 외친다. 모든 선수들이 경기력 향상을 위해 최선을 다하고 있다. 어느 팀을 만나도 이길 것 같은 기분이다.
2014.11.15.	라이벌인 한국중학교와의 교육감배 결승전에서 3:2로 이겼다. 작년 결승전에서 우리 팀을 이기고 우승한 팀이라 의미가 더욱 각별했다. 경기 후 유찬이는 결승전에서 멋진 활약을 한 영진이에게 자신이 중학교 대표로 뛴 마지막 경기를 멋지게 장식하게 해줘서 고맙다는 말을 전하며 울먹였다. 최고의 시즌이었고, 최고의 마무리였다.

044 다음은 학교스포츠클럽에 참여하고 있는 민수의 일기이다. 〈보기〉의 지시에 따라 서술하시오.
[5점] 2015

일기장

2014년 ○○월 ○○일

나는 원래 이렇게 힘들게 축구를 하지는 않았다. 그저 공을 차고 뛰어다니는 게 좋았을 뿐이다. 지난해 축구를 좋아하는 친구들끼리 자발적으로 ㉠ 학교스포츠클럽 축구팀을 만들었을 때 우리는 축구를 하는 것만으로도 매우 행복했다. 축구를 좋아하는 아이들이 모여 공을 차면서 대회에도 나가 다른 학교 학생들과 시합을 하는 것이 신기하기도 했고 뿌듯하기도 했다. 그런데 올해 부임하신 체육 선생님께서 클럽을 맡은 후 많은 것이 달라졌다. 선생님께서는 ○○그룹 ㉡ 프로축구 구단에서 뛰었던 프로축구 선수 출신답게 새로운 기술과 전술을 체계적으로 가르쳐 주신다. 하지만 연습 때마다 열심히 했는데도 그것밖에 못하냐고 꾸중하시고 시합 때 실수라도 하면 야단을 치신다. 체육 선생님께서는 시합에서 늘 이겨야 한다고 말씀하시고, 우리의 목표는 우승이라고 강조하신다.

2014년 ○○월 ○○일

오랜만에 시합을 했다. ㉢ 체육 선생님은 승리만을 강조하지만, 나는 이기는 것보다는 경기에 참여하는 자체가 중요하다고 생각한다. 2:0으로 졌지만 기분이 나쁘지 않았다. 학교스포츠클럽 대회에서 꼭 이겨야만 하는지 모르겠다. 축구클럽 활동을 계속해야 할지 고민이다.

〈 보기 〉
1) 블라우와 스콧(P. Blau & W. Scott)이 조직의 주 수혜자를 기준으로 구분한 스포츠 조직 유형 중 밑줄 친 ㉠, ㉡에 해당하는 명칭을 순서대로 쓰시오.
2) 머튼(R. Merton)이 제시한 목표-수단 불일치에 대한 개인의 긴장 해소 방법에 근거하여 밑줄 친 ㉢에 해당하는 긴장 해소 방법의 명칭과 특징을 서술하시오.

045 다음은 학생과 교사의 대화이다. 구트만(A. Guttmann)의 '근대 스포츠를 규정하는 7가지 요소'에 근거하여, 밑줄 친 ㉠, ㉡에 해당하는 요소를 순서대로 쓰고, 그 특징을 각각 서술하시오. [4점] 2016

선생님, 어제 저녁 TV에서 프로야구 경기를 보았어요. 해설자가 투수의 방어율을 얘기하던데, 방어율이 뭐죠?

투수의 능력을 나타내는 지표 중의 하나로 간단하게 얘기하면 한 경기당 투수가 얼마나 실점을 했는가를 나타내는 지표란다. 방어율 이외에도 야구에서는 ㉠ <u>투수의 경기력을 나타내기 위한 많은 지표들</u>이 있단다. 이러한 지표가 기록화(기록 추구)의 전제 조건이 되지.

그러면 홀드와 세이브도 지표에 해당하나요?

홀드와 세이브도 투수의 능력을 나타내는 지표가 되지. 이러한 지표는 투수의 역할과 관련이 있단다. 프로야구는 한 시즌 동안 많은 경기를 해야 하기 때문에 ㉡ <u>선발 투수와 중간 계투, 그리고 마무리 투수로 나누어 역할을 분담</u>하는 것이 훨씬 효과적이지.

046 다음은 ○○고등학교 학생회 회의록의 일부이다. 맥루한(M. McLuhan)의 매체 이론에 근거하여 밑줄 친 ㉠, ㉡에 해당하는 매체의 명칭과 특징을 순서대로 서술하시오. [4점] 2016

> 회　장 : 우리 학교 대표 팀이 이번 전국학교스포츠클럽 창작댄스 대회에서 우승했습니다. 전교생에게 이 소식을 구체적으로 어떻게 알리면 좋을지 의견을 주세요.
> 학생 1 : 저는 우승 소식을 대회에 참가한 학생들의 인터뷰 내용과 함께 ㉠ 교내 신문을 통해 홍보했으면 좋겠습니다.
> 학생 2 : 교내 신문도 좋지만, 대회 장면과 인터뷰를 담은 동영상이 있으니, 이를 편집해서 학교 홈페이지에 올리고 ㉡ 교내 TV 방송을 통해 알리면 어떨까요?
> 회　장 : 매우 좋은 생각입니다. 또 다른 의견이 있는지요?
> 학생 3 : 이번에 홍보할 때, 우리 학교 특수학급 학생들이 방과 후 줄넘기 수업에서 익힌 기량을 축제 때 발표할 예정이라는 내용도 포함했으면 합니다.
> 　　　　　　　　　　　　　　…(중략)…
> 회　장 : 그럼… 여러분의 의견대로 동영상을 신속히 제작하여 학교 홈페이지와 교내 TV 방송을 통해 우리 학교 팀의 우승 소식을 알리는 것으로 하겠습니다.

047 다음은 올림픽과 정치의 관계에 대한 수업 자료이다. 〈작성 방법〉에 따라 순서대로 서술하시오. [5점] 2017

올림픽과 정치의 관계
- 근대 올림픽은 국제 친선 및 세계 평화의 실현을 목적으로 1896년 처음 개최됨
- 국가주의 및 민족주의(nationalism)적 성향이 강화되면서 올림픽의 정치화가 심화됨
- 올림픽 기간 중 테러가 발생하기도 하고, 동서 이데올로기 갈등이 표출되기도 함
- 올림픽을 통해 국가 간 긴장 완화의 계기가 마련되어 국제 평화에 이바지하기도 함

㉠ 베를린 올림픽	( ) 올림픽
성화 봉송	㉡ 검은 구월단 사건
㉢ 모스크바 올림픽	㉣ 시드니 올림픽
개막식	캐시 프리먼 400m 우승 세리머니

─〔작성 방법〕─
- ㉠ 경기 대회의 주된 정치적 목적을 기술하고, 올림픽 경기 대회에서 국가주의나 민족주의적 성향이 드러나는 공식적 의례(ritual)의 내용 1가지를 제시할 것
- 밑줄 친 ㉡이 발생한 올림픽 경기 대회의 명칭을 쓰고, ㉢ 경기 대회에서 미국을 비롯한 서방 국가들의 보이콧이 국제정치에서 어떠한 수단으로 이용되었는지를 스포츠 사회학적 측면에서 기술할 것
- ㉣ 경기 대회에서 일어난, 남북 관계 개선을 의미하는 상징적인 사건에 대하여 기술할 것

048
다음은 송 교사가 작성한 청소년의 스포츠사회화 과정에 관한 현장개선연구 계획서를 요약한 내용이다. 〈작성 방법〉에 따라 순서대로 서술하시오. [4점] 2017

현장개선연구 계획서 요약

주제: 청소년의 스포츠 사회화 과정 연구

1. 서론
   1) 연구의 필요성
      - 사회는 인간 행위와 사회 세계의 관계에서 나타나는 의미, 상징들에 의해 구성되는 실체임
      - 인간은 복잡한 상징 조작의 동물이며, 자신이 부여한 의미에 기반을 두고 행위를 함 그리고 그 의미는 타인과의 교류를 통해 사회적으로 꾸준히 재생산됨
      - 인간은 사회제도나 규칙을 무비판적으로 수용하는 수동적 존재가 아니라 사고하고 해석하며 의미를 부여하는 성찰적 존재임
      - 따라서 청소년들이 스포츠 참가와 관련된 의미와 정체성을 어떻게 발전시키는지, 그러한 의미와 정체성이 그들의 행위와 타인들과의 관계에 어떻게 영향을 미치는지를 살펴볼 필요가 있음
   2) 목적: 청소년의 스포츠 사회화 과정에 대한 심층적 이해
2. 연구 방법
   1) 연구 참여자: ○○고등학교 학교스포츠클럽에 규칙적으로 참가하고 있는 1학년 남학생 5명, 여학생 5명
   2) 연구 기간: 2017년 3월~12월
   3) 자료 수집 방법: 심층 면담 및 참여 관찰
   4) 자료 분석 방법: 질적 분석 방법
3. 연구 내용
   1) 연구 참여자의 학교스포츠클럽 참가 의미
   2) 학교스포츠클럽 참가가 연구 참여자의 정체성 형성에 미치는 영향
   3) 연구 참여자가 학교스포츠클럽에 참가하는 과정에서 겪는 친구들과의 협동, 경쟁, 갈등의 양상

┌─ 작성 방법 ─
- 송 교사가 현장개선연구에 적용한 이론적 관점을 스포츠 사회학에서 활용되는 이론을 중심으로 제시하고, 이 이론의 기본 가정이 갖는 일반적인 한계점 1가지를 기술할 것
- 스나이더(E. Snyder)의 주장에 근거하여 스포츠를 통한 사회화의 전이에 영향을 미치는 요인 2가지를 기술할 것

049 다음은 교사와 학생의 대화이다. 〈작성 방법〉에 따라 순서대로 서술하시오. [4점] 2018

교사: 어떤 스포츠를 좋아하나요?
학생: 예전에는 프로야구를 좋아했는데, 요즘에는 스포츠에 별로 관심이 없어요.
교사: 왜 그렇죠?
학생: 몇 년 전에 ○○팀이 3년 연속 우승했잖아요. ㉠ 여러 팀들의 실력이 비슷해서 우승을 번갈아 가면서 해야 박진감도 있고 흥미진진하잖아요. 그리고 매 경기마다 누가 이길지 몰라야 더 재밌잖아요. 그런데 ○○팀하고만 붙으면 승부가 뻔한 거예요. 그러다 보니 야구에 대한 흥미도 떨어지고, 자연스럽게 안 보게 되더라고요.
교사: 그런데 ○○팀은 왜 그렇게 잘했다고 생각하나요?
학생: ○○팀은 투수 왕국이었어요. ㉡ ○○팀은 선발 투수와 중간 투수, 원포인트 구원 투수, 마무리 투수들이 확실하게 구분돼서, 저마다 자기 역할들을 워낙 잘했던 것 같아요. 그 당시 팀 방어율이 압도적인 1위였거든요. 거기에다 팀타율도 1위였으니 상대할 팀이 없었죠.

〔작성 방법〕
- 밑줄 친 ㉠에 해당하는 스포츠의 본질적 특성을 쓰고, 이러한 특성을 보장하기 위해 우리나라 프로야구에서 시행하고 있는 제도를 2가지 기술할 것
- 밑줄 친 ㉡에 해당하는 근대스포츠의 특성을 구트만(A. Guttmann)의 주장에 근거하여 서술할 것

050 다음은 스포츠 경기 문화의 변화에 대한 교사의 수업 자료이다. 〈작성 방법〉에 따라 순서대로 서술하시오. [4점] 2018

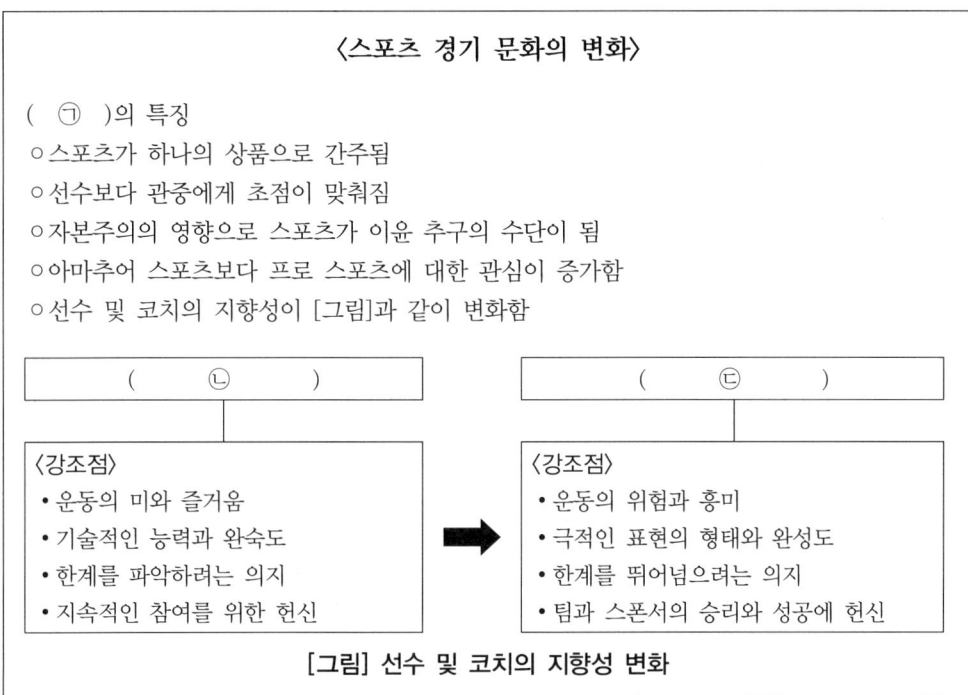

― 작성 방법 ―
- 괄호 안의 ㉠에 알맞은 용어를 쓰고, 코클리(J. Coakley)의 주장에 근거하여 ㉠이 발전하기 위한 조건을 2가지 기술할 것
- 코클리(J. Coakley)의 주장에 따라, 괄호 안의 ㉡, ㉢에 들어갈 용어를 포함하여 선수 및 코치의 지향성의 변화를 서술할 것

051 다음은 스포츠 조직의 특성에 대한 설명이다. 〈작성 방법〉에 따라 순서대로 서술하시오. [4점]
2019

> (가) 스포츠 조직에서 직무에 관한 규칙과 절차를 명기하는 이유는 조직 내에서 발생하는 변화와 충격을 줄이기 위해서이다. 예를 들면, ㉠ <u>대한체육회</u>는 생활체육테니스 대회를 주관하였다. 생활체육위원회의 김 위원장은 경기 운영을 총괄했지만, 대회 당일 불의의 사고로 결근해서, 협회가 대회 진행에 어려움을 겪었다. ㉡ <u>이러한 예측 불가능한 경우를 대비해 전년 대회의 운영 일지와 진행 일정을 토대로 대회 운영 매뉴얼을 작성하여 누구나 차질 없이 다음 대회를 진행할 수 있도록 준비하였다.</u>
> (나) 스포츠 조직은 타 분야의 조직에 비해 일반적으로 선수 개인, 팀 그리고 조직에 대한 광범위한 자료 및 문서를 보유하고 있다.
> (다) 볼(D. Ball)에 따르면, 스포츠만큼 주도면밀하게 공식적으로 자료가 축적되는 활동은 거의 없다. 더욱이 공개적인 정보의 많은 부분은 상당히 정확하고 정량적인 측정 양식으로 수록된다. 점수, 팀 순위, 타율뿐만 아니라 리드의 현황, 팀 성원의 변동 사항, 개인적 인적 사항 등이 포함된다.

─〔작성 방법〕─
- (가), (나), (다)에서 공통적으로 설명하고 있는 스포츠 조직의 특성을 쓰고, 이러한 특성이 갖고 있는 중요성 1가지를 기술할 것
- 밑줄 친 ㉠에 해당하는 스포츠 조직의 수준을 카플로(T. Caplow)의 분류에 따라 쓸 것
- 밑줄 친 ㉡과 관련된 스포츠 조직 특성의 관료주의적 성향을 기술할 것

052 (가)는 스포츠에서 젠더(성) 역할의 사회적 특징이고, (나)는 스포츠에서 젠더(성) 불평등 관점에 대한 체육교사의 직무 연수 자료이다. 〈작성 방법〉에 따라 순서대로 서술하시오.

[4점] 2019

(가) 스포츠에서 젠더(성) 역할의 사회적 특징

- 젠더(성) 역할 (㉠) : 여자아이가 축구공을 갖고 놀면 부모는 꾸짖으며 제재를 가하고, 인형을 갖고 놀거나 무용을 하면 칭찬을 통해 아이의 젠더(성) 역할에 대한 선택을 강화한다. 이처럼 아이들은 사회적으로 기대되는 일정한 행동 양식을 배우고 그에 적합한 역할을 수행한다.
- 젠더(성) 역할 (㉡) : 여성은 부드럽고 섬세한 신체와 아름다운 외모에 의하여 가치를 부여받게 된다. 이러한 특성은 운동 경기에서 요구되는 신체적 강인함, 근력 및 순발력과는 양립불가능한 것으로 간주된다. 이와 같이 대립되는 남성성과 여성성의 특성은 하나의 선상 양극단에 위치하게 된다.
- 젠더(성) 역할 (㉢) : 결혼한 남자 선수의 경우 사회적으로 운동선수라는 직업 정체성과 그에 대한 성취가 기대되기 때문에 출산과 육아에 대한 부담 없이 선수 생활을 하는 반면, 여자 선수는 출산과 육아에 대한 사회적 기대 때문에 결혼을 망설이거나 결혼 후 선수 생활의 지속을 고민하게 된다.

(나) 스포츠에서 젠더(성) 불평등 관점

자유주의 관점	• 자유주의 사상에 기초해 남녀 간의 젠더(성) 불평등 해소를 주장한 관점이다. • 스포츠에서 대표적인 사례로 1972년 미국의 타이틀 나인(Title Ⅸ)을 들 수 있다.
마르크스주의 관점	• 젠더(성) 불평등의 원인은 생산 수단과 부의 소유 여부에 의해 결정된다고 주장한 관점이다. • 여성의 스포츠 참가와 발전을 보장하기 위해서는 경제적 변혁과 재구성이 선결되어야 한다.
(㉣) 관점	• 젠더(성) 불평등의 원인은 여성의 생리적, 생물학적 조건에 의해 발생한다고 주장한 관점이다. • 여성의 스포츠 참가 제약 원인은 가부장적 가족제도가 만든 여성의 임신, 출산 그리고 육아와 관련된 생리적 특성에 의한 젠더(성) 차별 때문이다.

〔작성 방법〕
- 괄호 안의 ㉠, ㉡, ㉢에 해당하는 개념을 순서대로 쓸 것
- 자유주의 관점에 근거하여, 스포츠에서 젠더(성) 불평등이 발생하는 원인을 기술할 것
- 괄호 안의 ㉣에 해당하는 관점을 쓰고, 이 관점에 근거해 보틸리어와 센 지오바니(M. Bourilier & L. San Giovanni)가 제시한 스포츠에서 젠더(성) 불평등 문제를 해결할 수 있는 방안 1가지를 기술할 것

053 다음은 사회계급과 스포츠의 관계에 대해 교사와 학생이 나눈 대화 내용이다. 괄호 안의 ㉠, ㉡에 해당하는 용어를 순서대로 쓰시오. [2점] 2020

> 교사 : 지난 시간에는 베블렌(T.Veblen)이 소개한 유한계급의 특징에 대해 살펴봤어요. 유한계급은 생산 활동에 종사하지 않으면서 자신의 재산으로 소비만 하는 계급을 의미하죠. 그럼 이들이 스포츠와 여가를 즐기는 이유에 대해 누가 말해볼까요?
>
> 학생 : 유한계급은 입장료가 5,000만 원에 달하는 폴로(polo) 경기를 보러 간다거나, 연간 유지비가 수천억 원에 달하는 요트 팀을 개인적으로 운영하기도 합니다. 베블렌은 이러한 행위를 (㉠) 소비라고 불렀습니다.
>
> 교사 : 그럼 오늘은 부르디외(P. Bourdieu)가 분류한 자본의 개념을 통해 스포츠 참가와 계급 간에 어떠한 관련이 있는지 알아보겠어요. 우리는 화폐나 부동산과 같은 것만 자본이 된다고 생각하는데, 부르디외는 조기 축구회와 같은 스포츠클럽도 하나의 자본이라고 봤어요. 다시 말해서 친구나 여타 다른 관계로 형성된 연결망도 자본이 된다는 것이죠. 스포츠클럽은 스포츠를 즐기기 위해 참가한 사람들의 집단이기도 하지만, 비즈니스를 위한 통로로도 이용된다는 거죠. 이처럼 집단 내에서 신뢰를 바탕으로 서로가 서로를 지지해 주는 멤버십과 같은 무형의 인간관계를 부르디외는 (㉡) 자본이라고 불렀어요.

054 다음은 스포츠 폭력 예방 교육을 위한 교사 연수 자료이다. 〈작성 방법〉에 따라 순서대로 서술하시오. [4점] 2020

스포츠 폭력 예방 교육

가. 일탈로서의 폭력에 대한 스포츠 사회학적 관점
  ○ 폭력은 일탈을 규정하는 접근 방법에 따라 다르게 해석될 수 있습니다.
    1) (㉠) 접근
      • 폭력은 명확하게 규칙으로 금지하고 있기 때문에 행사하면 안 됩니다.
      • 폭력은 공정한 스포츠 환경 조성이라는 이상적 기준이 위배됩니다.
      • 폭력은 사회의 보편적 정서에 위배됩니다.
    2) 구성주의적 접근
      • 폭력은 특정 스포츠 집단의 정상적인 규범으로 인정될 때는 일탈로 보지 않을 수 있습니다.

…(중략)…

나. 폭력에 대한 경각심 필요
  ○ 경기 후 관중과 말싸움을 하다가 화가 나서 주먹을 휘두르는 행위와 같이 명백한 범죄에 해당되는 폭력도 문제지만, ㉡ 경기 도중 상대가 예측 불가능한 상황에서 상대 선수를 일부러 가격해 큰 부상을 입히는 행위도 큰 문제입니다. 이는 공동체 정신에도 위배됩니다.

…(중략)…

다. 스포츠 폭력 예방 교육의 활용
  ○ 사전에 폭력의 위험성을 알려 선수들로 하여금 서로를 존중하고 공존하는 대상으로 인식하게 함으로써 폭력을 예방합니다.
  ○ 폭력 행위에 대한 징계 사례를 공유하여 어떠한 처벌이 내려지는지 인지시킬 필요가 있습니다. ㉢ 이를 통해 문화적 가치와 규범을 확인해 줌으로써 사회 질서를 회복하고 안정시키는 기회로 삼아야 합니다.

〔작성 방법〕
• 괄호 안의 ㉠에 해당하는 명칭을 쓰고, 이에 근거해서 폭력을 저지른 선수를 통제하는 방법을 서술할 것
• 밑줄 친 ㉡에 해당하는 명칭을 스미스(M. Smith)가 분류한 폭력의 유형에 근거하여 쓸 것
• 밑줄 친 ㉢의 근거가 되는 스포츠사회학의 거시 이론 명칭을 쓸 것

055 다음의 (가)는 근대 스포츠의 특성, (나)는 프로 스포츠에서 시행되는 제도에 관한 읽기 자료이다. 〈작성 방법〉에 따라 순서대로 서술하시오. [4점] 2020

(가) 근대 스포츠의 특성
- 구트만(A. Guttmann)은 근대 스포츠의 특성을 다음의 2가지를 포함하여 7가지로 규정함

근대 스포츠의 특성	내용
(㉠)	• 경기 규칙을 제정하고 각종 기록을 관리하며 이를 인정하는 전문 기구가 등장함 • 국내(대한체육회, 한국프로야구위원회 등) 및 국제(IOC, FIFA 등) 수준에서 각종 대회를 조직하고 진행하는 다양한 스포츠 조직이 등장함
㉡ 전문화	• 야구, 미식축구의 경우 선수의 역할이 세분화, 전문화됨(예: 야구의 선발, 중간, 마무리 투수) • 선수뿐만 아니라 코치의 역할이 세분화, 전문화되어 선수들의 기량 발전에 크게 기여함

(나) 프로 스포츠에서 시행되는 제도
- 스포츠의 상업화와 함께 다양한 제도가 도입됨

제도	내용
(㉢)	• 정의: 선수가 특정 조건을 충족할 경우 다른 팀과 계약할 수 있는 권리 • 배경: 보류 조항에 대한 선수들의 반발
샐러리 캡 (salary cap)	• 정의: (㉣) • 배경: 선수들의 몸값 상승으로 인한 팀 재정 악화에 대한 우려

[작성 방법]
- 괄호 안의 ㉠에 해당하는 용어를 쓸 것
- 밑줄 친 ㉡이 나타난 이유를 프랑크푸르트 학파가 제시한 도구적 합리성(이성)의 개념에 근거하여 서술할 것
- 괄호 안의 ㉢에 해당하는 제도의 명칭을 쓰고, ㉣에 해당하는 내용을 서술할 것

056 다음은 '팀 응집력과 운동 수행'에 관한 체육탐구 수업에서 교사와 학생이 나눈 대화 내용이다. 괄호 안의 ㉠, ㉡에 해당하는 명칭을 순서대로 쓰시오. [2점] 2021

교사 : 줄다리기에서 개인이 최대로 당길 수 있는 힘이 100이라고 가정했을 때, 인원이 2명, 3명, 8명으로 늘어나면 당길 수 있는 힘이 어떻게 달라질까요?

학생 : 2명일 때 200, 3명일 때 300, 8명일 때는 800이겠죠?

교사 : 실제로 100여 년 전에 진행된 연구 결과에 따르면, 화면의 그래프와 같이 인원수가 늘어날수록 개인 수행 능력 평균율이 낮아진다고 합니다. 이러한 현상을 연구자의 이름을 붙여 (㉠) 효과라고 합니다.

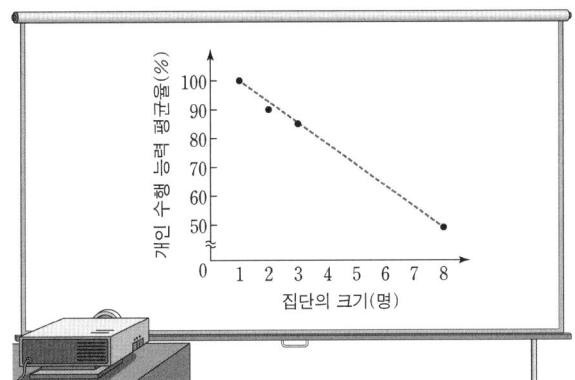

학생 : 왜 이러한 현상이 나타나는 거예요?

교사 : 슈타이너(I. Steiner)라는 학자는 이를 과정 손실이라는 개념으로 설명하고 있어요. 과정 손실에는 조정 손실과 동기 손실이 있는데, 조정 손실은 모든 팀원들이 열심히 하려고 했지만 서로 손발이 맞지 않는 경우를 말해요. 동기 손실은 다음과 같은 사례에서 잘 드러납니다.

교사 : 이렇게 집단 내에서 발생하는 동기 손실을 심리 용어로 (㉡)(이)라고 해요. 팀 운동에서는 이러한 현상을 극복하기 위해 여러 가지 전략이 필요합니다.

…(하략)…

057 다음은 체육 수업에서 발생한 학생들 간의 갈등에 대한 토론 수업 내용이다. 〈작성 방법〉에 따라 순서대로 서술하시오. [4점] 2021

철민: 요즘 수업 중에 무조건 이기려고만 하는 몇몇 친구들 때문에 다툼이 종종 일어나고 있습니다. 그 친구들이 ㉠ 수단과 방법을 가리지 않고 이기려고 하다 보니 거친 파울을 많이 저지르곤 합니다.

민수: 저도 누구 못지않게 승부욕이 강한 편입니다. 이따금 어떻게든 이기기만 하면 되는 거 아닌가 하는 생각도 합니다. 그러나 경기를 이겨서 얻는 기쁨보다 친구들에게 반칙을 일삼는 문제아로 찍히는 게 더 싫습니다. 그리고 정정당당한 경쟁을 통해 승리를 추구하는 것이 스포츠의 진정한 가치라고 생각합니다. 또한 경기에서 반칙을 저지르다 보면 일상생활에서도 편법을 쓰는 게 몸에 밸 수도 있을 것입니다. [가]

수미: 저는 문제를 일으키는 몇몇 친구들보다 다른 친구들의 태도가 문제라고 생각합니다. 체육 시간에 다툼이나 반칙이 발생하면 우리 반 아이들 대부분은 몇몇 친구들 탓으로 돌립니다. 그들에 대한 선입견이 있어서 잘못이 없는 경우에도 무조건 그 친구들이 잘못했을 거라고 생각해요. 그래서 그 친구들이 자포자기하는 심정으로 반칙이나 거친 행동을 더 하게 되는 것 같아요. 어쩌면 우리 모두가 그 친구들을 갈등이나 반칙을 일삼는 문제아들로 내몰고 있는지도 모릅니다.

―〔작성 방법〕―
- 밑줄 친 ㉠과 같은 일탈 행동의 유형을 머튼(R. Merton)의 아노미 이론에 근거하여 쓸 것
- 민수의 주장을 뒷받침하는 사회학적 일탈 이론의 명칭을 쓰고, 이 이론의 내적 요소에 해당하는 문장을 (가)에서 찾아 서술할 것
- 수미의 주장을 뒷받침하는 사회학적 일탈 이론의 명칭을 쓸 것

058 다음은 스포츠 시청 경험에 관한 현미의 발표 내용이다. 〈작성 방법〉에 따라 순서대로 서술하시오. [4점] 2021

저는 여가 시간에 스포츠 경기를 TV로 자주 시청합니다. 특히 축구를 좋아해서 주말에 방송되는 프로 축구 경기를 빼놓지 않고 보고 있어요. ㉠ 요즘 공부나 친구 관계 때문에 스트레스를 많이 받고 있는데, 시원한 골 장면을 시청하면 평소의 불안이나 욕구 불만, 스트레스 등이 한꺼번에 해소되는 것 같아요. 저에게는 축구 경기를 보는 것이 최고의 여가 활동이에요.
㉡ 축구는 그 자체로 정말 재미있는 스포츠인 것 같아요. 축구를 보다 보면 시간 가는 줄 모르겠어요. 야구는 공격과 수비가 나누어져 있어서 조금 지루한 감이 있거든요. 반면 축구는 선수들이 90분간 쉴 새 없이 운동장을 누비잖아요.
더군다나 최근 프로 축구는 훨씬 더 재미있어요. 하위 팀들의 전력이 많이 향상되어 상·하위 팀들의 전력 차이가 별로 없거든요. 팀 순위가 매주 바뀔 정도로 엎치락뒤치락 하고 있는 상황이에요. 또한 뛰어난 신인 선수들이 많아진 데다, 실력이 좋은 외국인 선수들이 영입되어 우리나라 프로 축구 수준이 한층 높아진 것 같아요. [가]

─〔작성 방법〕─
- 밑줄 친 ㉠에 해당하는 스포츠 시청 욕구를 캐츠, 구레비치와 하스(E. Katz, M. Gurevitch, & H. Hass)의 개인차 이론에 근거하여 제시할 것
- 밑줄 친 ㉡의 이유를 맥루한(M. McLuhan)이 제시한 미디어 분류 기준 3가지를 포함하여 서술할 것
- 코클리(J. oakley)가 주장한 '스포츠가 관중의 흥미를 유발하는 요인' 중, (가)의 내용에 해당하는 2가지 요인을 쓸 것

059 다음은 ○○중학교 학교스포츠클럽 운영과 관련한 교사 성찰 일지의 일부이다. 〈작성 방법〉에 따라 순서대로 서술하시오. [4점] 2021

> 2020. 05. △△.
> 학교스포츠클럽 축구 종목을 담당하게 되어 운영 방안에 대해 고민해 보았다. 스포츠 교육 모형의 3가지 주요 목적 중에서 다양한 스포츠 문화를 보존, 보호, 증진할 수 있는 방향으로 스포츠에 참가하고, 그에 맞게 행동할 수 있으며, 스포츠 공동체의 일원으로 지역, 국가 또는 국제 스포츠 발전에 적극적으로 참여할 수 있는 (㉠) 스포츠인의 양성에 역점을 두려고 한다.
>
> 2020. 08. ××.
> 축구 클럽을 결성한 지 3개월이 지났다. 초기에 발생했던 구성원 간의 포지션 및 역할 갈등은 점차 해소되었다. 시간이 지나면서 팀원들은 자신의 실력에 맞는 포지션을 선택하기 시작했다. 또한 자신이 팀 내에서 어떠한 역할을 담당해야 하는지도 알게 되었다. 그러자 우리 팀에 대한 애착과 결속력이 점차 강해졌다. [가]
>
> 2020. 09. ○○.
> 축구 클럽의 실력이 점차 향상되어 다른 클럽 팀과의 경기에서 승률이 점차 높아졌다. 반면, 의도치 않은 문제들이 발생하기 시작했다. 승리에 맛을 들이면서 일부 학생들은 점차 축구에 매달리는 경향이 강해졌다. ㉡ 심지어 공부나 자기 할 일은 등한시한 채 방과 후에 오로지 축구 연습에만 매달렸다. 일상생활에 지장을 줄 정도였고 해당 학부모들이 불만을 제기하기 시작했다.
>
> 2020. 09. □□.
> 일부 학생들의 부적절한 행동에 대해 심각성을 느껴 체육 교과 협의회를 개최하였다. 회의 결과 학부모와 상담을 통해 가정에서 칭찬 카드를 발급할 수 있도록 하였고, 일정 수 이상의 칭찬 카드를 제출한 학생에게 포지션 배정의 우선권을 주기로 했다. 이를 통해 학생들의 행동에 변화가 있었으면 한다. [나]

─〔작성 방법〕─
- 괄호 안의 ㉠에 해당하는 내용을 쓸 것
- (가)에 해당하는 집단 발달 단계를 투크만(B. Tuckman)의 선형모형에 근거하여 서술할 것
- 케년과 슈츠(G. Kenyon & Z. Schutz)의 스포츠 참가 유형 분류에 따라 밑줄 친 ㉡에 해당하는 유형을 쓰고, (나)에서 사용하고 있는 행동 수정 전략의 명칭을 쓸 것

060 다음의 (가)는 스포츠의 정치적 속성, (나)는 정부가 스포츠 육성에 개입하는 방식에 대한 교사 연수 자료이다. 괄호 안의 ㉠, ㉡에 해당하는 용어를 순서대로 쓰시오. [2점] 2022

(가) 스포츠의 정치적 속성 – 에티즌과 세이지(D. Eitzen & G. Sage)

속성	내용
대표성	스포츠 참가자는 특정 사회 조직을 대표하며, 조직에 강한 충성심을 보인다. 스포츠 경기에서 동반되는 의식이나 활동은 참가자들의 충성심을 상징적으로 재확인하는 수단이다.
권력 투쟁	스포츠가 점진적으로 조직화됨에 따라 많은 스포츠 팀, 리그, 선수, 행정 기구가 출현하였으며, 이들 집단은 각각의 특성에 따라 불평등하게 배분된 권력을 획득한다.
(㉠)	스포츠는 국가를 위해 국가 홍보의 역할을 하고, 이에 대한 보상으로 국가는 스포츠에 일종의 혜택을 부여한다.
긴장 관계	스포츠 경기가 정치적 표현의 장으로 기능하면서, 외교적 관계에서 자국의 이해 관계를 위해 상대 국가와 긴장 관계를 갖는다.
보수성	스포츠는 기본적으로 현존하는 질서를 지지하고 유지하려는 경향이 있기 때문에 규칙이나 관습이 잘 바뀌지 않는다.

(나) 정부가 스포츠 육성에 개입하는 방식 – 그릭스(J. Grix)
- 스포츠 (㉡) 모델 : 전문(엘리트) 스포츠와 생활 스포츠에 대한 정부 투자 근거를 설명하는 동시에, 국가 이미지 향상과 생활 스포츠 확산의 효과를 얻을 수 있음

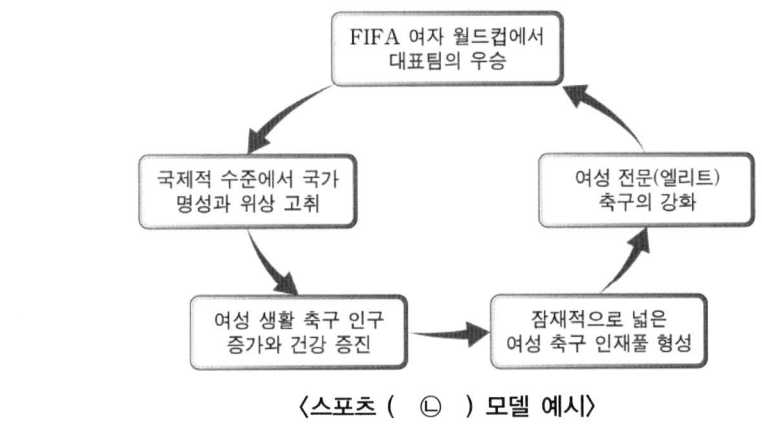

〈스포츠 (㉡) 모델 예시〉

061 다음은 전국 고등학교 학교스포츠클럽 축구 대회를 마치고 학생들이 나눈 대화 내용이다. 〈작성 방법〉에 따라 순서대로 서술하시오. [4점] 2022

> 병욱: 올해 전국 고등학교 학교스포츠클럽 축구 대회에서 우리 학교는 조별 리그부터 한 경기도 지지 않고 결승전에 진출했어. 사실 준결승에서 만난 ○○고등학교와의 경기가 고비였는데, 경기 당일에 폭우가 쏟아져서 ㉠ 동전 던지기로 승리 팀을 결정하게 됐어. 다행히 우리 학교가 이겨서 결승까지 진출했지. 결승 상대는 우리 학교가 작년 대회 준결승에서 0 대 2로 패했던 △△고등학교였는데, 경기 종료 3분을 남기고, 미드필더인 윤성이가 골을 넣어 우리 학교가 전국 학교스포츠클럽 대회에서 처음으로 우승을 했어.
>
> 윤성: 결승 골을 넣고 너무 기뻐서, 응원하는 친구들과 선생님들이 있는 응원석으로 달려가 ㉡ 손흥민 선수가 하는 사진 찍기 세리머니를 따라서 했어.
>
> 하윤: 올해 우리 학교가 우승한 이유는 ㉢ 체육 선생님께서 과학적인 훈련 프로그램을 준비해 우리들의 체력과 기술을 향상시키고, 영상 장비를 활용해 다른 고등학교의 전력을 분석함으로써, 각 학교에 대응할 수 있는 적합한 전술을 잘 준비해 주신 것 때문이라고 생각해.
>
> 선영: 하지만, 나는 선생님께서 우리 팀이 우승한 후에 크게 칭찬해 주실 줄 알고 기대했는데, 그렇지 않아서 많이 화가 났었어. 그런데 며칠 후, 주전 선수가 아니어서 팀 우승에 크게 공헌하지 못한 나에게, 선생님께서 "네가 아니었으면 우리가 우승 하지 못했을 거야."라고 기대하지 않았던 칭찬을 해 주셔서, 앞으로 학교스포츠 클럽 활동을 더 열심히 해야겠다고 다짐했어. ⎫[가]⎭

─〔작성 방법〕─
- 밑줄 친 ㉠, ㉡에 해당하는 놀이 유형의 명칭을 카이와(R. Caillois)의 분류에 근거하여 순서대로 쓸 것
- 밑줄 친 ㉢에 해당하는 스포츠 제도화 요소(속성)를 코클리(J. Coakley)의 주장에 근거하여 서술할 것
- (가)에 해당하는 교환 이론의 기본 명제를 호만스(G. Homans)의 주장에 근거하여 쓸 것

062 다음의 (가)는 스포츠에서 나타나는 군중 행동 유형, (나)는 스포츠 집합 행동 이론에 대한 읽기 자료이다. 〈작성 방법〉에 따라 순서대로 서술하시오. [4점] 2022

(가) 군중 행동 유형

폭도 유형	사례
(㉠)	• 프로야구 경기에서 홈 팬들이 팀 패배에 격앙되어 경기 후, 원정 팀 선수단 버스를 파손하고 방화를 함 • 구 소련의 키예프에서 홈 팀의 패배에 격분한 축구 팬들이 원정 팀인 모스크바 선수단과 팬들을 태운 열차에 테러를 함

(나) 스포츠 집단 행동 이론

이론	내용
전염이론	• 개인이 군중 속에 포함되면 일종의 일체감이 형성되어 일상적인 사고나 감정과는 다른 행동을 하게 됨 • ㉡ 집합 행동은 구성원들 간의 관계를 통해 사회 심리적 과정과 메커니즘에서 비롯됨. 개인 행위가 타인 행위를 자극하거나 반응하는 상호 작용적 사회 과정임. 마치 눈덩이가 굴러가듯이 아주 사소한 싸움이라도 전체 관중들을 흥분시키는 사건으로 확대됨 • 1972년 미네소타 체육관에서 열린 대학 농구 결승전에서 홈 팀의 패배 상황에 분노한 관중들의 난동에 자극된 홈 팀 선수들이 남은 시간 동안 고의적으로 난폭한 반칙을 범함. 관중과 선수 모두에게 발생한 전염 효과가 폭력 사태를 초래함
(㉢) 이론	• 집합 행동이 어떻게 진행되는지 그 과정을 설명하는데 중점을 둠 • 집합 행동은 ㉣ 구조적 유인(유발성), 구조적 긴장, 일반화된 신념, 촉진 요인, 행동을 위한 참여자의 동원, 사회 통제 기제의 6단계를 거치면서 순차적으로 발생함 • 1985년 벨기에 브뤼셀에서 열린 유럽 축구 선수권 대회 결승전에서 발생한 관중 폭동에 대해 맥퍼슨, 커티스, 로이(B. McPherson, J. Curtis, & J. Loy)가 이 집합 행동 이론의 관점을 적용해 분석함

⎡ 작성 방법 ⎤
• 괄호 안의 ㉠에 해당하는 유형의 명칭을 페더리코(R. Federico)의 폭도 차원 재분류에 근거하여 쓸 것
• 밑줄 친 ㉡에 해당하는 사회 심리적 메커니즘의 명칭을 르봉(G. LeBon)의 이론에 근거하여 쓸 것
• 괄호 안의 ㉢에 해당하는 이론의 명칭을 쓰고, 밑줄 친 ㉣의 단계에서 집합 행동을 발생시키는 선행 요건을 스멜서(N. Smelser)의 주장에 근거하여 서술할 것

063 다음은 교사가 전국 학교스포츠클럽 볼링 대회에서 우승을 하고 돌아온 학생 선수를 상담한 내용의 일부이다. 〈작성 방법〉에 따라 순서대로 서술하시오. [2점] 2022

> 교사: 그랬군요. 운동할 때 스트레스 대처에 도움이 될 수 있는 스미스(R. Smith)의 스트레스 관리 훈련(SMT: Stress Management Training)을 가르쳐 줄게요. 스트레스 관리 훈련은 다음과 같은 단계로 구성됩니다.
>
> [스트레스 관리 훈련]
>
> | 단계 | 내용 |
> |---|---|
> | 처치 전 평가 | 선수 개인의 스트레스 유발 상황과 개인적인 특성을 파악한다. |
> | 처치 근거 설명 | 훈련에 대한 이론적 정보를 제공한다. |
> | 기술 습득 | 인지적 기법과 이완을 습득하여 통합적 대처 기술을 학습한다. |
> | (ⓒ) | (ⓒ) |
> | 훈련 후 평가 | 여러 측정 도구를 활용하여 프로그램의 효과를 평가한다. |
>
> ─〔작성 방법〕─
> • 괄호 안의 ⓒ에 해당하는 단계의 명칭을 쓰고, 괄호 안의 ⓒ에 해당하는 내용을 서술할 것

064 다음은 '여성 스포츠 참여의 역사적 사건'에 대한 보고서이다. 괄호 안의 ⊙, ⓒ에 해당하는 명칭을 순서대로 쓰시오. [2점] 2023

[1967년 보스턴 마라톤 대회]

성명 : 박○○

20대 여성 캐서린은 1967년 보스턴 마라톤 대회에 참가하였다. 당시 '남자만 출전할 수 있다'는 규정이 없었음에도 불구하고 대회 조직위원회 관계자들이 그녀를 막아섰고, 그녀는 우여곡절 끝에 완주했지만 실격으로 처리됐다. 이후 1972년 미국에서 남녀 교육 균등 법안(Title IX)이 제정되는 등 이 사건은 남성과 여성의 특성에 따라 활동 영역이 구분되어 있던 당시의 사회적 인식을 바꾸는 계기가 되었다. …(중략)… 이처럼 '남성과 여성의 특성을 양극단에 위치시키는 현상'을 (⊙)(이)라고 한다. 한나(J. Hanna)는 남성다움과 여성다움으로 세분화하여 이 현상을 구체적으로 설명하였다.

[(ⓒ) 선언]

성명 : 장○○

모든 여성이 스포츠 전 분야에 관여할 수 있는 기회를 최대로 확대하고, 이를 가치 있게 인식하는 스포츠 문화 조성을 목적으로 1994년 국제올림픽위원회(International Olympic Committee)와 영국스포츠위원회(British Sports Council)의 후원을 받은 여성과 스포츠에 관한 국제 워킹 그룹(The International Working Group on Women & Sport)이 개최한 '제1회 IWG 여성과 스포츠에 관한 세계 회의(1st IWG World Conference on Women & Sport)'에서 (ⓒ) 선언을 발표하였다. 관계자들은 이 선언을 통해 모든 영역의 스포츠에서 여성과 남성이 동등하게 스포츠 문화를 향유할 수 있는 토대를 만들 것을 결의하였다. 이 선언은 스포츠의 모든 면에서 여성의 참여를 확대하고 여성 스포츠 문화를 발전시키는 계기를 만들었다.

065 다음은 교육청 주관 학교스포츠클럽대회 평가회에서 교사와 장학사가 나눈 대화 내용이다. 〈작성 방법〉에 따라 순서대로 서술하시오. [4점] 2023

> 교 사: 어느 날 한 학생이 찾아와 탁구에 흥미가 있다며 방과 후 수업에 개설된 탁구반에 들어가도 되는지 물었습니다. 평소 말수가 적고 소극적이었던 이 학생은 점차 탁구반 친구들과 어울리며 평소 보지 못했던 활발한 모습을 보였습니다. 특히, 친구들의 가치와 태도에 부합하게 행동하는 등 탁구반 생활에 적응하기 위해 노력한다는 생각이 들었어요.
> 장학사: 흥미로운 사례네요. 켐퍼(T. Kemper)가 제시한 준거집단 이론(reference group theory)에 따르면, 그 학생은 친구 등 또래(peer)에 해당하는 (㉠) 집단이 보이는 행동, 태도를 자신이 따라야 하는 준거로 삼은 것으로 볼 수 있겠습니다. 그 학생이 더욱 적극적으로 탁구반 활동에 임하게 된 계기가 있었나요?
> 교 사: 음……. 이 학생이 꼼꼼하고 차분한 성격이라 친구들의 추천으로 총무가 되어 일정 관리와 출결을 담당하게 되었어요. 이후 성실히 총무 역할을 수행하여 친구들에게 많은 신뢰를 얻게 된 것은 물론, 더욱 적극적으로 탁구반 활동에 참여하게 되었습니다.
> 장학사: 네, 이 학생은 탁구반에서 안정된 지위를 부여받아 총무 역할을 수행하게 된 것으로 볼 수 있겠네요. 총무로 참여하면서 자신의 능력 및 행동과 관련된 형식적인 기대를 팀원들로부터 부여받은 대표적 사례라고 볼 수 있습니다. 이를 토톤과 나르디(R. Thorton & P. Nardi)는 (㉡) 단계라고 하였지요.
> 교 사: ㉢ 더 주목할 점은 학생이 실력 향상을 위해 스스로 집 근처 탁구장에 찾아가서 레슨을 받고 동호회에서도 활동하기 시작했다는 점입니다. 아울러 학교에서도 열심히 활동에 참여하며 기량이 급상승하였습니다.
> 장학사: 고무적인 일입니다.
> 교 사: 최근 이 학생이 동호인 대회에도 출전하게 되었는데요. ㉣ 이 학생은 학생으로서 학교생활을 충실히 하고 싶고, 선수로서 대회에도 참가하여 좋은 성적을 거두고 싶어 하는데, 학교 수업을 빠지고 대회에 참가해야 할지를 고민하고 있습니다.

─〔작성 방법〕─
- 괄호 안의 ㉠에 해당하는 집단의 명칭을 쓸 것
- 괄호 안의 ㉡에 해당하는 단계의 명칭을 쓰고, 밑줄 친 ㉢에 해당하는 '스포츠를 통한 사회화에서 나타나는 전이의 일반적인 특성'을 스나이더(E. Snyder)의 주장에 근거하여 서술할 것
- 밑줄 친 ㉣에 해당하는 '일탈의 구조적 근원'을 코클리(J. Coakley)의 주장에 근거하여 쓸 것

066 다음은 '스포츠에 나타나는 계층·계급' 및 '스포츠와 세계화'에 대한 온라인 수업 자료이다. 〈작성 방법〉에 따라 순서대로 서술하시오. [4점] 2023

[스포츠에 나타나는 계층·계급]

스포츠 계층의 역사성 (고래성)	• 노예제, 신분제, 능력제 시대로의 변천 과정에서 스포츠에 대한 인식이 변화해 왔음 • 남아프리카공화국은 인종 차별 정책인 (㉠)(으)로 인해 IOC로부터 '참가 중지' 처분을 당해서 올림픽에 불참하게 되었고, 1992년 바르셀로나 올림픽이 되어서야 복귀할 수 있었음
스포츠 계급과 문화자본	• 몸에 각인된 행동거지, 생각하고 말하고 행동하는 방식과 같이 학습된 기질을 부르디외(P. Bourdieu)는 (㉡)(이)라고 명명하였으며, 이를 통해 문화자본이 형성된다고 함 • 중산층 부모들이 자녀를 축구 클럽에 보내 그곳에서 강조하는 다양한 실천 논리를 자녀에게 주입함으로써 부모 세대가 가져왔던 계급 논리를 아이들이 체화할 수 있도록 만드는 것이 (㉡)의 한 사례임
사회 이동	• 현대 사회에서 스포츠는 사회 이동의 수단이 됨 • ㉢ 박지성 선수는 평범한 가정에서 태어나 유럽 리그에 진출하여 크게 성공함

[스포츠와 세계화]

세계화	• 세계와 지역의 균형적인 상호 교류를 추구하는 이상적인 개념임 • 메이저리그 구단들이 미국이 아닌 다른 국가의 스타선수를 영입하여 해당 국가에 메이저리그를 전파하고 홍보함 • 정치, 경제, 문화 등 다양한 분야에서 시간, 공간이 압축되어 세계가 일체화되어 가는 것임
(㉣)	• 국가와 기업, 조직 등이 전 세계에 걸쳐 자신들의 힘과 영향력, 그리고 수익을 추구한다는 현실적인 개념임 • 메이저리그는 여러 나라 출신의 스포츠 스타를 광고 모델로 선정하고, 메이저리그 관련 상품을 해당 국가의 문화와 기호에 맞추어 개발하여 보급함 • 전 세계적인 시장을 가지고 있는 초국가적 기업은 상품과 브랜드의 동질성을 강조하는 한편, 지역 맞춤형 전략을 통해 판매를 촉진함

─〔작성 방법〕────────────────────────────
• 괄호 안의 ㉠에 해당하는 명칭을 쓰고, 괄호 안의 ㉡에 해당하는 용어를 쓸 것
• 밑줄 친 ㉢에서 나타나는 사회 이동의 유형을 기든스(A. Giddens)의 주장에 근거하여 '방향'과 '시간(기간)'의 측면에서 서술할 것
• 괄호 안의 ㉣에 해당하는 용어를 앤드류와 리처(D. Andrews & G. Ritzer)의 주장에 근거하여 쓸 것

067 다음은 교사 연수회 발표 내용이다. 〈작성 방법〉에 따라 순서대로 서술하시오. [4점] 2024

신 교사 : 과거 서구인들은 즉흥적이고 충동적으로 자신의 감정을 폭력적으로 표출하는 것을 당연시하였습니다. 그러나 시대가 변하면서 이러한 행동은 야만스러운 것으로 취급받게 되었습니다. 따라서 이제는 스스로 충동을 억제하고 매너 있는 행동을 해야만 하는 시대로 진화해 왔습니다. 오늘날의 스포츠 또한 서구사회의 [가] 이러한 역사적 과정을 거치며 스스로의 절제력을 바탕으로 무분별한 공격성의 표출을 자제하는 모습으로 탈바꿈하게 되었습니다. 그 결과 스포츠에서 유혈 사태는 줄어들었으며, 폭력성도 완화되었습니다.

…(중략)…

스포츠 상업화의 영향으로 선수들은 자신의 생계를 위해 신체적 고통 및 부상의 위험을 무릅쓰고 경기에 참가합니다. 그리고 일부 선수들은 대회 우승이나 새로운 기록을 수립하기 위해 불법적인 약물을 복용하는 경우도 있습니다. 선수들은 [나] 스포츠 경기 자체에 대한 의미나 즐거움을 망각한 채, 자신의 신체를 물질적 보상을 얻기 위한 도구적 수단으로 인식하기도 합니다.

류 교사 : 오늘날 미디어는 더 많은 이윤을 얻기 위해 세계적인 국제 대회나 리그 경기를 독점하여 유료 채널을 통해 중계하고 있습니다. 이로 인해 중계방송을 보고 싶어도 볼 수 없는 시청자가 늘어나게 됩니다. 우리나라의 경우 특정 방송사가 지난 2010년 밴쿠버동계올림픽 등을 독점 중계하면서 논란이 발생했습니다. 그래서 이러한 논란을 해소하기 위해 우리나라는 법제화를 통해 올림픽과 월드컵같이 ㉠ 국민적 관심이 높은 주요 국제 대회를 대다수의 국민들이 무료 혹은 저렴한 비용으로 시청할 수 있는 권리를 보장하고 있습니다.
프로스포츠에서도 아래와 같이 다양한 제도가 마련되고 있습니다. 그러나 이 제도들은 도입 취지와는 다른 용도로 이용되기도 합니다.

제도	내용
최저 연봉제	• 도입 취지 : ⓐ 리그의 경기 수준 평준화 도모 • 구단운영비 절감을 위한 방법으로도 이용됨.
샐러리 캡	• 도입 취지 : ⓑ 구단 재정 운영의 안정성 확보 • 고액연봉의 선수가 늘어날수록 나머지 선수들은 자신의 가치보다 낮은 연봉을 받게 될 수 있음.
트레이드	• 도입 취지 : ⓒ 구단 경기력 보강의 용이성 확보 • 고액연봉의 선수를 방출하는 방법으로도 이용됨.

─〔작성 방법〕
• (가)의 현상을 설명하는 용어를 엘리아스(N. Elias)의 주장에 근거하여 쓸 것
• (나)의 내용이 의미하는 현상을 브롬(J. Brohm)이 제시한 용어에 근거하여 쓸 것
• 밑줄 친 ㉠의 명칭을 쓰고, ⓐ~ⓒ 중 옳지 않은 1가지를 찾아 기호를 쓰고, 내용을 바르게 고쳐 서술할 것

068 다음은 고등학교 체육대회 평가회에서 교사들이 나눈 대화이다. 〈작성 방법〉에 따라 순서대로 서술하시오. [4점] 2024

> 부장 교사 : 이번 체육대회는 뜻깊었습니다. 여학생들의 요청에 따라 개최한 여자 축구 리그가 성공적으로 마무리되었습니다. ㉠ 과거 스포츠가 등장한 초기에는 성, 인종 등에 따라 경기 참가가 금지되었거나 제한적으로 허용되었는데, 이제는 누구나 원하면 경기 참가의 기회가 주어지는 시대가 되었습니다. 올림픽에서도 여성의 스포츠 참가 확대에 대한 요구에 따라 1900년 파리올림픽에서 여성 종목이 처음 등장하였습니다. 이후 1984년 LA올림픽의 마라톤 종목, 1992년 바르셀로나 올림픽의 유도 종목, 2012년 런던올림픽의 복싱 종목 등 다양한 종목에서 여성의 참가가 허용되었습니다. 특히 2012년 런던 올림픽은 ㉡ 성평등 측면에서 역사적으로 최초의 올림픽이라는 평가를 받고 있습니다.
>
> 윤 교사 : 저는 이번 체육대회가 성공적으로 개최된 이유는 학생들이 선생님에게 의존하지 않고 자발적으로 선수로서의 역할뿐만 아니라, 감독, 심판, 경기 기록원, 경기 진행 요원 등의 대회 진행에 필요한 역할을 해 주었기 때문이라 생각합니다. [가]
>
> 장 교사 : 저는 이번 체육대회 기간 동안 같은 반 학생들이 똘똘 뭉치는 모습을 보며 뿌듯했습니다.
> 평소에는 학생들이 각자의 학업에 열중하느라 같은 반 친구들과의 유대감을 가질 수 있는 기회가 적었습니다. 그런데 이번 체육대회를 통해 학생들이 자신의 학급을 상징하는 깃발을 만들고 표어를 함께 외치면서 하나가 되는 모습을 보게 되었습니다. 마치 2002년 한·일월드컵 당시 하나가 되어 응원 [나] 했던 붉은 악마를 보는 듯 했습니다. 그런 의미에서 이번 체육대회는 과거에 사람들이 종교를 중심으로 결속하였듯이 같은 반 학생들을 하나로 모으는 데 필요한 역할을 충실히 수행한 것 같습니다.
> 체육대회 이후에 같은 반 친구들 간의 갈등도 줄어들고 반 분위기도 매우 좋아진 것 같습니다.

─〔작성 방법〕
- 밑줄 친 ㉠에 해당하는 근대 스포츠의 특징을 거트만(A. Guttmann)의 분류에 근거하여 쓰고, 밑줄 친 ㉡의 이유를 참가 종목과 관련하여 서술할 것
- [가]에 해당하는 스포츠 참가 유형을 캐년(G. Kenyon)의 참가 내용의 특성에 따른 분류에 근거하여 쓸 것
- [나]에서 '체육대회'가 의미하는 것을 뒤르켐(E. Durkheim)이 제시한 용어로 쓸 것

069 다음의 (가)는 ○○ 중학교 체육 교과 협의회 내용 중 일부이며, (나)는 체육 수업에서 학생과 교사가 나눈 대화이다. 〈작성 방법〉에 따라 서술하시오. [4점] 2025

(가) 체육 교과 협의회

박 교사 : 지난 학기에 실시한 체력증진 프로그램 결과가 매우 긍정적으로 나타났어요. 저희가 학생들의 전반적인 체력 수준을 높이고자 한 프로그램 기획 의도에 따라 마지막 시간에 측정한 학생들의 체력 수준이 프로그램 참가 전과 비교하여 평균 25% 이상 향상된 것으로 나타났습니다.

최 교사 : 네, 선생님. 이번 프로그램 결과는 머튼(R. Merton)이 구조기능주의 이론에서 사회 현상 및 제도 분석을 행위의 의도에 따라 두 가지 기능으로 나눈 주장으로 해석할 수 있어요. 이에 따르면, 학생들의 체력이 향상된 결과는 의도되고, 동의되고, 기대 되었던 (㉠) 기능으로 이해할 수 있어요.

박 교사 : 네. 다만, 몇몇 학생들은 운동이 너무 힘이 들었던 기억 때문에 체육과 스포츠에 대한 호감도가 프로그램 참가 전과 비교해 감소한 것으로 조사되었습니다. 이 부분은 어떻게 해석할 수 있나요?

최 교사 : 네. 이 부분은 (㉡) 기능으로 해석할 수 있어요. 머튼은 이것을 의도되지 않고, 동의되지 않고, 기대되지 않았던 기능으로 설명합니다. 결국 몇몇 학생의 체육 수업에 대한 흥미가 떨어진 사실은 저희 체력증진 프로그램의 계획이나 의도와 다르게 나타난 결과인 것이죠.

최 교사 : 그렇군요.

권 교사 : 저는 전교 학생들에게 홍보하기 위해 저희 학교에서 매 학기 발간하고 있는 '○○인의 슬기로운 학교생활'에 체력 향상 결과표와 인터뷰 내용을 실으면 좋을 것 같습니다. 특히, 이 매체는 인쇄미디어로서 뉴스의 정보를 강조하고, 명확한 정보와 자료를 제공하는 특징이 있기 때문입니다.

김 교사 : 네, 선생님. 좋은 방법인 것 같습니다. 저는 체육 활동에 소극적인 학생들이 더 많이 참가할 수 있는 방법을 생각했어요. 그런 의미에서 체육 수업에 흥미와 호감도를 높일 수 있는 많은 시청각 자료를 만들었어요. 그리고 그 영상들을 체육관 내 TV를 통해 지속적으로 방영하려고 합니다.

권 교사 : 네 선생님. 학생들이 관심 있게 볼 것 같아요.

김 교사 : 선생님께서 선택한 매체는 제가 선택한 매체와 비교하면, 정보의 정밀도와 진실성이 높은 것이죠?

권 교사 : 네, 그렇습니다. 메시지의 정의성(정밀성)이 높다는 특성이 있고요, 이외에도 ㉢ <u>다른 특성</u>이 있죠.

(나) 학생과 교사의 대화 내용

김 교사 : 이번 학기에 실시한 야구 수업에 대해 대화해 볼까요?
…(중략)…
정○○ 학생 : 저는 야구를 처음 접했던 기억을 떠올렸어요. 첫 수업 때 가까운 사람에게 공을 던지는 것조차 어려웠던 기억이 나요. 하지만 기능이 뛰어난 친구를 보면서 배웠고, 야구부 동아리 활동을 하면서 선배의 동작을 보고 따라 하면서 자연스럽게 현재 기술이 완성된 것 같아요. 특히, 우리 반의 김○○ 학생과 야구부 동아리의 이○○ 학생이 대표적인 역할 모델이 되었어요. [A]
최○○ 학생 : 선생님, 저는 무엇보다도 야구 경기를 한 학기 동안 리그로 할 수 있어서 학교 생활이 매우 행복했어요.
박○○ 학생 : 맞아요, 선생님. 학기 말에 있었던 결승전은 정말 환상적이었어요. 전교생이 야구장에 나와서 각자 응원하는 팀을 열심히 응원했었죠. 저는 기쁨과 흥분에 가득차서 춤추고 기뻐하는 학생들의 장면이 아직까지 잊혀지지 않아요. [B]
김 교사 : 그래요. 저도 아직 기억이 생생하네요. 모든 학생들이 경기 분위기에 따라 감정이 다소 격화되어 흥분을 하기도 했었죠. 그리고 경기가 끝나고 모두 즐거워하며 교실로 돌아갔었죠.

─〔작성 방법〕─
• 괄호 안의 ㉠, ㉡에 해당하는 명칭을 순서대로 쓸 것
• 매루한(M. McLuhan)이 제시한 이론에 근거하여 밑줄 친 ㉢에 해당하는 특성을 2가지 서술할 것
• 사회학습이론을 통해 레너드(W. Leonard)가 주장한 개념에 근거하여 [A]에 나타난 스포츠 역할 학습 방법(기제)의 명칭을 쓰고, [B]의 대화에 나타난 군중의 명칭을 블루머(H. Blumer)의 주장에 근거하여 쓸 것

070 다음은 학교스포츠클럽대회 후 학생과 체육 교사가 나눈 대화이다. 〈작성 방법〉에 따라 서술하시오. [4점] 2025

교사	: 이번 학교스포츠클럽대회에서 우리 ○○ 고등학교 스포츠동아리가 참가한 종목의 결과입니다. 대회에 참가하지 않았던 무용반과 ㉠ 등산반을 제외하고 매우 좋은 결과가 나왔네요. 그중에서 농구는 1위, 축구는 2위의 성적을 거두었어요.
김○○ 학생	: 저희 팀원들이 하나가 되어 멋진 플레이를 펼쳐서 좋은 성적이 나온 것 같습니다. 저희 팀은 ㉡ 전통적으로 훈련기간과 시간이 정해져 있고, 시합 당일 함께 이동한다는 회칙이 있기 때문에, 오전 6시에 학교에 모여 함께 경기장으로 이동하자고 사전 회의에서 정했었죠? 그런데 몇몇 학생이 함께 경기장으로 이동하지 않고, 각자 경기장에 늦게 도착하면서 팀원 사기가 떨어지지 않을까 걱정했어요.
교사	: 그래요. 속상한 점이 있었군요. 스포츠 동아리가 구성되고, 계속해서 긍정적인 과정과 결과를 만들어 나가는 것은 쉽지 않아요. 스포츠 팀이 발달해 나가는 과정은 크게 3가지 요구 수준에서 발생하는 팀원 간의 관계성에 따라 불규칙적으로 나타나요. 특히, 팀원으로의 포섭, 통제, 팀원 간의 영향성에 따라 대인관계 변화가 발생하죠. 그리고 팀이 안정되는 과정에서 집단 내의 갈등, 긴장, 불만족 등도 발생하기 마련이죠. [가]
	…(중략)…
김○○ 학생	: 학교스포츠클럽대회 농구 결승전에서 정○○ 학생이 보여준 덩크 슛은 이번 대회 최고의 장면이었어요. 경기를 관람한 관중들뿐 아니라 대회에 같이 참가한 선수들 사이에서도 엄청 유명해진 것 같더라고요.
강○○ 학생	: 정○○ 학생이 덩크 슛을 성공했을 때 관중의 반응이 엄청 뜨거웠지만, 우리 팀이 이번 대회에서 새롭게 시도하였던 수비 전략에 관중들이 더 많은 갈채를 보내 줬으면 하는 아쉬움이 있었어요. [나]
교사	: 네, 충분히 이해해요. 그러한 현상은 스포츠 내용의 변화를 단적으로 보여주는 부분이라고 볼 수 있어요. 스포츠 관중이 팀, 코치, 선수가 행하는 복잡한 전술, 전략 등에 관심을 두기보다는 화려한 기술에 열광하고 지지하는 현상으로 나타난다는 것이죠.

〔작성 방법〕
- 맥킨토시(P. McIntosh)가 제시한 스포츠 분류에서, 밑줄 친 ㉠이 해당하는 명칭을 쓰고, 모트(P. Mott)가 유형화한 내용에 근거하여 밑줄 친 ㉡에 해당하는 규범의 명칭을 쓸 것
- 슈츠(W. Schutz)의 주장에 근거하여 [가]에서 의미하는 스포츠 집단 발달 모형의 명칭을 쓸 것
- [나]의 대화에 나타난 상업주의로 인한 스포츠의 가치적 변화를 코클리(J. Coakley)의 주장에 근거하여 서술할 것

071 다음은 1반 체육 수업에 대한 두 체육 교사의 대화이다. 〈작성 방법〉에 따라 서술하시오.
[4점] 2025

> 김 교사 : 이번 학기 체육 수업을 통해 1반 학생들은 집단적인 차원이나 개인적인 차원에서 서로 친하게 지내고, 모두 잘 어울릴 수 있는 반 구성원으로서의 능력을 가지게 된 거 같아요.
> 박 교사 : 저도 그렇게 생각합니다. 1반 학생들은 체육 수업참여와 관련된 관심과 가치를 자주 같이 나누며, 같은 반 구성원들이 하나라는 느낌으로 일치단결하고 뭉치는 것 같아요. 또한, 같은 반 친구로서의 자긍심을 통해 자신이 속해 있는 1반이 중요하다는 느낌을 가질 수 있도록 서로 지원하고 존중하는 모습은 보기가 좋아요. ┐[가]
> 김 교사 : 전반적으로 1반 학생들의 체육 수업에 대한 동기라든지 태도가 우수합니다. 학생들이 체육 수업을 흥미와 즐거움을 일으키는 도전적인 활동으로 인식하고 완전히 몰입된 최적의 심리 상태를 보여줄 때가 많아요. 이러한 결과로, 학생들은 체육 수업의 즐거움으로부터 만족을 느끼며, 만족 자체가 내적인 보상으로 작용하여 체육 수업에 대한 관심이 지속적으로 동기화되고 있습니다.
> 박 교사 : ㉠ 김 선생님이 말씀하신 학생들의 모습에서 칙센트미하이(M. Csikszentmihalyi)가 주장한 몰입의 결과 단계에 해당하는 요인을 엿볼 수가 있네요. 학생들의 체육 수업에 대한 태도나 인식이 이렇게만 된다면 언제나 재미있고 즐거운 체육 수업이 될 수 있을 것 같은 기분 좋은 느낌이 듭니다.
> 김 교사 : 저는 1반 학생 개개인의 성격이 운동을 실천하는 데 어느 정도 상관관계가 있다고 생각합니다. 특히, 코스타와 맥크레(P. Costa & R. McCrae)가 집대성한 5가지 성격 특성(Big 5 personality traits) 요인과 운동실천의 관계 연구들을 흥미롭게 본 적이 있어요.
> 박 교사 : 저도 그 연구결과에 관심이 있어 살펴보았는데, 성격요인이 운동실천과 정적이거나 부적인 관계가 있다는 내용이었습니다. 아울러, 운동실천과 관계가 있는 성격 요인은 5가지 성격 특성뿐 아니라 아이젱크(H. Eysenck)의 성격 모형에서도 찾아볼 수 있었어요.
> 김 교사 : 맞습니다. ㉡ 코스타와 맥크레의 5가지 성격 특성 요인 모형 중에는 아이젱크의 성격 모형 요인이 포함되어 있고, 운동실천과도 관계가 있어요.

─〔작성 방법〕─
• 캐런(A. Carron)이 주장하는 집단의 지향 목표에 따른 분류에 근거하여, [가]에서 설명하고 있는 응집력의 명칭을 쓸 것
• 밑줄 친 ㉠에 해당하는 요인을 쓸 것
• 밑줄 친 ㉡의 2가지 모형에 공통적으로 나타나는 운동실천 관련 성격 요인 2가지를 제시하고, 각 요인의 운동실천과 정적·부적 관계에 대해서 서술할 것

**한승현
전공체육
기출문제집**

전공체육,
문제의 한계를 뛰어넘다!

PART

05

측정평가

PART
05
측정평가

001 검사도구의 양호도를 나타내는 두 가지 기준은 신뢰도와 타당도이다. 신뢰도의 개념을 설명하고, 체력검사에서 사용할 수 있는 가장 적절한 신뢰도 추정법의 명칭과 그 방법을 설명하시오. [4점] 2002

① 신뢰도의 개념 [2점] :

② 신뢰도 추정법의 명칭 [1점] :

③ 신뢰도 추정법에 대한 설명 [1점] :

002 학교체육평가의 새로운 경향인 준거지향검사(절대평가)는 규준지향검사(상대평가)가 갖는 교육적 문제점을 극복할 수 있는 장점을 가지고 있다. 규준지향검사와 비교하여 준거지향검사의 장점을 2가지만 설명하시오. [4점] 2002

①

②

003 학생체력왕을 선발하기 위하여 1600미터 달리기, 팔굽혀펴기, 제자리멀리뛰기, 50미터 달리기, 앉아윗몸앞으로굽히기의 5개 항목으로 구성된 체력검사를 실시하였다. 5개 항목의 측정치를 합산하여 종합체력점수를 산출하려고 한다. 다음 질문에 답하시오. [총 4점] 2003

3-1 측정치의 원점수를 직접 합산할 수 없는 이유를 설명하시오. [2점]

3-2 각 항목의 측정치를 합산하기 위한 가장 합리적인 방법을 쓰시오. [2점]

004 운동능력보다는 건강을 강조하는 건강관련체력검사를 개발하고자 한다. 다음 질문에 답하시오. [총 4점] 2003

4-1 최우선적으로 포함시켜야 할 체력 요인을 1가지만 쓰시오. [1점]

4-2 각 검사항목과 준거검사의 상관계수로 추정하는 타당도의 명칭을 쓰시오. [1점]

4-3 건강관련체력검사의 결과를 사용하여 개인의 건강상태를 평가하고자 한다. 준거에 따른 분류에 기초하여 가장 타당한 평가방법을 쓰시오. [2점]

005 윤 교사는 2원 분류표를 이용하여 체계적으로 축구 단원을 평가하고자 한다. 다음과 같이 2원 분류표를 작성할 때 ①, ②에 해당하는 차원의 명칭을 쓰시오. [총 2점] 2003

① ＼ ②		지식	기능	태도
축구	드리블	%	%	%
	패스	%	%	%
	슛	%	%	%
	경기	%	%	%

①

②

006 체육수업 중에 학생이 학습하는 과정을 관찰하면서 수행평가를 하고자 한다. 다음 질문에 답하시오. [총 4점] 2004

6-1 측정하고자 하는 대상의 속성이나 능력을 의미하는 변인은 그 형태나 특성에 따라 4가지 척도로 분류된다. 척도의 종류를 제시하고 척도에 따른 변인(변수)의 예를 빈칸에 1가지만 쓰시오. [2점]

	척도의 종류	변인(변수)의 예
①		
②		
③		
④		

6-2 체육수업에서 실시되는 수행평가에서는 다양한 평가기법을 사용하여 종합적인 평가가 이루어지도록 해야 한다. 평가기법을 평가주체에 따라 분류할 경우 ① (   )와(과) ② (   )로(으로) 구분할 수 있다. ①, ②에 알맞은 평가기법을 쓰시오. [2점]

①

②

007 다음 그림은 두 집단 ㉮, ㉯를 대상으로 얻은 윗몸일으키기 검사의 점수분포를 제시한 것이다. 이때 두 분포는 점선을 중심으로 좌우 대칭이다. 두 집단 간 윗몸일으키기 수준의 공통점과 차이점을 집중경향치(central tendency)와 변산도치(variability)의 관점에서 3줄 이내로 설명하시오. [2점] 2005

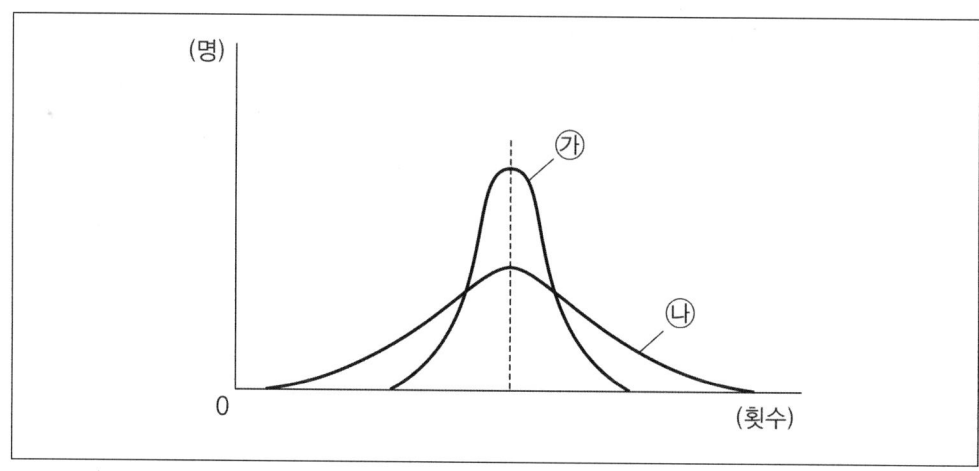

008 50m 달리기 검사 중 다음과 같은 상황에서 오차들이 발생하였다. 각 오차들이 검사도구 (50m 달리기)가 갖추어야 할 도구적 특성에 미친 영향을 각각 1줄 이내로 설명하시오. [3점]
2005

오차 상황 1	일부 학생들이 달릴 때 뒷바람이 강하게 불었다.
오차 상황 2	50m 달리기 검사를 모두 마친 후 실제 거리를 확인한 결과 49m로 밝혀졌다.
오차 상황 3	기록 측정자인 교사가 일부 학생들이 골인 지점을 통과할 때 초시계를 조금 늦게 눌렀다.

• 오차 1의 영향:

• 오차 2의 영향:

• 오차 3의 영향:

009 박 교사는 중학교 2학년 농구 단원 평가 항목으로, 교사의 패스에 의한 레이업 슛 검사를 선정하였다. 검사 자체 영역, 검사 환경 영역에서 신뢰도에 영향을 미치는 요인 1가지와 그 이유를 1줄로 쓰시오. [3점] 2006

영역	요인
수행자(학생)	개인의 능력, 소질, 동기, 컨디션, 사전 경험, 검사에 대한 기억, 피로 등
검사 자체(속성)	( )
검사 환경(조건)	( )
검사자(평가자)	검사에 대한 이해력, 친숙도, 검사 경험, 검사자 수 등

• 검사 자체(속성) 요인 :
　　　　　　　이유 :

• 검사 환경(조건) 요인 :
　　　　　　　이유 :

010 체력 검사에서 상체(팔과 어깨 부위)의 근지구력을 측정할 때, 남학생(턱걸이)과 여학생(오래 매달리기)의 검사 항목이 다른 이유를 2줄 이내로 설명하시오. [3점] 2006

011 김 교사는 축구 기능 평정 척도(항목별 10점)를 제작하고, 타당도를 확인하기 위해 실험 설계법을 적용하여 다음과 같은 자료를 얻었다. 자료 분석 결과를 설명하고, 평정 척도 평가(분석 결과 해석)와 항목 수정 방향을 각각 1줄 이내로 쓰시오. [4점] 2006

기능검사요인과 항목		실험 집단 (우수군) 합 점수 평균	비교 집단 (일반군) 합 점수 평균	평균의 동일성에 대한 t 검정		
				t	자유도	유의확률
드리블	• 20m 직선 주로 스피드 드리블 • 20m 지그재그 드리블(왼발, 오른발) • 5m 방향 전환 드리블	24.37점	15.37점	12.29	58	.000
패스	• 1:1 런닝 패스 • 롱킥 패스 • 논스톱 패스	17.97점	17.87점	.11	58	.911
슈팅	• 20m슈팅 • 터닝 슛 • 헤딩 슛	23.40점	14.70점	7.03	58	.000

• 분석 결과 :

• 평정 척도 평가(분석 결과 해석) :

• 항목 수정 방향 :

012 다음은 정 교사가 수립한 농구 단원 계획서 〈표 1〉와 실제로 평가한 내용 〈표 2〉이다. 정 교사의 단원 계획서를 보고 정 교사가 실제로 평가한 내용의 문제점을 평가의 원리에 근거하여 3가지만 쓰시오. [3점] 2007

〈표 1〉 정 교사의 단원 계획서

단원 목표	• 레이업 슛의 방법을 이해할 수 있다. • 레이업 슛을 정확하게 할 수 있다. • 농구 경기를 통해 협동심을 기를 수 있다.		

…(중략)…

평가 내용 및 기준	레이업 슛	상	달려온 속도를 효율적으로 이용하고 레이업 슛을 성공한다.
		중	달려온 속도를 효율적으로 이용하지 못하고 레이업 슛을 성공한다.
		하	달려온 속도를 효율적으로 이용하지 못하고 레이업 슛을 성공하지 못한다.

〈표 2〉 정 교사가 실제로 평가한 내용

평가 내용 및 기준	체스트 패스	상	무릎과 팔 동작이 정확하고 상대방에게 정확하게 패스한다.
		중	무릎과 팔 동작이 정확하나 상대방에게 부정확하게 패스한다.
		하	무릎과 팔 동작이 부정확하고 상대방에게 부정확하게 패스한다.

①

②

③

013 다음은 김 교사가 2005년도와 2006년도에 실행한 농구 실기 평가이다. 2005년도의 실기 평가와 비교하여 김 교사가 2006년도에 실행한 실기 평가의 특징과 장점을 각각 2가지씩 쓰시오. [2점] 2007

〈표 1〉 2005년도 실기 평가

실기 평가 종목	평가 날짜	세부 평가 내용
농구	7/10	농구 자유투 성공 횟수

〈표 2〉 2006년도 실기 평가

실기 평가 종목	평가 날짜	세부 평가 내용
농구	6/5	체스트 패스와 바운드 패스의 동작과 정확도 1차 평가
	6/13	체스트 패스와 바운드 패스의 동작과 정확도 2차 평가
	6/20	자유투와 레이업 슛 동작과 성공 횟수 1차 평가
	6/27	자유투와 레이업 슛 동작과 성공 횟수 2차 평가
	7/3	농구 간이 게임에서의 패스와 슛 능력 평가
	7/10	농구 경기 수행 능력 평가

• 특징 : ①

②

• 장점 : ①

②

014 다음은 핸드볼 스탠딩 슛의 정확성을 평가하는 모습이다. (단, 공과 목표물의 크기, 평가 횟수는 동일함) 손 교사와 유 교사가 사용한 평가 도구(목표물)의 차이점을 1줄로 쓰고, 손 교사의 평가 도구와 비교하여 유 교사가 사용한 평가 도구의 장점과 이 장점을 가장 잘 설명하는 평가 도구의 양호도 명칭을 쓰시오. [3점] 2007

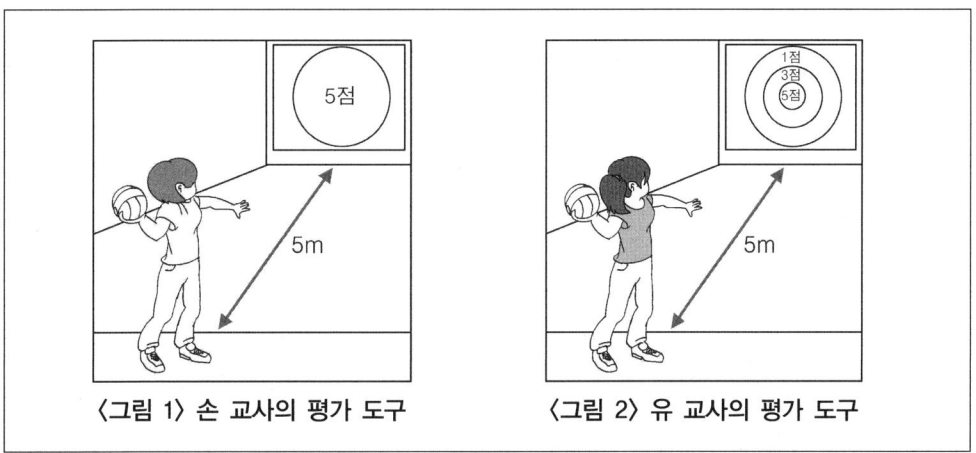

〈그림 1〉 손 교사의 평가 도구   〈그림 2〉 유 교사의 평가 도구

• 두 평가 도구(목표물)의 차이점 :

• 유 교사가 사용한 평가 도구의 장점 :

  양호도의 명칭 :

015 다음은 박 교사가 상호 평가를 활용하여 작성한 평가 결과표이다. 박 교사가 2006년도에 새롭게 도입한 평가 방법(또는 전략)을 2가지 쓰고, 박 교사가 이 방법(또는 전략)을 활용한 이유를 1줄로 설명하시오. [3점] 2007

〈표 1〉 2005년도 탈춤 동작 평가 결과표

상호 평가자 평가 대상자	박○○	이○○	오○○	합계 점수	평균 점수
최○○	8	10	6	8+10+6=24	8점
유○○	4	6	8	4+6+8=18	6점
박○○	7	10	10	7+10+10=27	9점
… (이하 생략) …					

〈표 2〉 2006년도 탈춤 동작 평가 결과표

상호 평가자 평가 대상자	유○○	김○○	오○○	정○○	박○○	합계 점수	평균 점수
홍○○	8	10	8	6	8	8+8+8=24	8점
고○○	4	6	7	8	9	6+7+8=21	7점
송○○	9	6	10	8	10	9+10+8=27	9점
… (이하 생략) …							

- 평가 방법(전략) : ①
                         ②

- 이   유 :

016 홍 교사와 최 교사는 배드민턴 수업을 실시하고, 학기 말에 다음과 같이 평가하였다. 홍 교사와 최 교사가 사용한 검사법의 명칭을 참조 준거에 따라 구분하여 쓰시오. 그리고 교육관과 학생들의 관계 측면에서, 2가지 검사법의 특징을 비교하여 각각 1줄로 설명하시오.

[4점] 2008

홍 교사	평가 목적	• 학생들의 학습 목표 달성 여부를 파악하고, 이를 기초로 지도법을 개선하고자 한다.
	평가 방법	• 학습 목표에 비추어 교사가 작성한 평가 기준표에 따라 평가하였다. • 평가 기준 이상의 학생은 '성공'으로, 평가 기준 이하의 학생은 '실패'로 판정하였다.
최 교사	평가 목적	• 학생들의 운동 기능을 서열화하여 학업 성취도를 제고하고, 학급 대표 5명을 선발하고자 한다.
	평가 방법	• 전체 학생들을 대상으로 리그전을 실시하여 승률로 평가하였다. • 상위 5명을 학급 대표로 선발하였다.

• 홍 교사의 검사법 :

• 최 교사의 검사법 :

• 교육관의 비교 : 홍 교사 (   ),
　　　　　　　　　최 교사 (   )

• 학생들의 관계 비교 : 홍 교사 (   ),
　　　　　　　　　　　최 교사 (   )

017 다음은 강 교사가 '협동 학습 모형'을 활용하여 배구 단원을 지도한 후 작성한 단원 평가 결과표이다. 협동 학습 모형을 활용한 배구 단원에서 우선으로 고려해야 하는 평가 영역을 블룸(Bloom)의 목표 영역에 근거하여 쓰고, 이 모형과 관련하여 강 교사가 실시한 평가의 문제점을 위의 평가 결과표에서 찾아 2줄 이내로 설명하시오. 그리고 이 문제점과 관련된 타당도의 명칭을 쓰고, 이를 개선하기 위하여 평가 계획 시 작성해야 할 양식의 명칭을 쓰시오.

[4점] 2008

단원 평가 결과표

○학년 ○반

번호	평가 성명 내용	지필 평가	수행평가				합계
		경기 규칙	패스 성공 횟수	스파이크 자세	출석	복장	
1	최○○	15	26	27	8	9	85
2	박○○	20	20	24	7	8	79

• 평가 영역 :

• 강 교사가 실시한 평가의 문제점 :

• 타당도의 명칭 :

• 평가 계획 시 작성해야 할 양식의 명칭 :

018 다음은 김 교사가 학기 초에 실시한 운동 기능 진단 검사의 결과이다. A와 B 학급의 검사 결과를 평균치, 표준편차, 편포를 이용하여 1줄로 비교 설명하시오. 그리고 이 결과를 토대로 수준별 수업이 더 필요한 학급을 쓰고, 그 이유를 1줄로 설명하시오. [3점] 2008

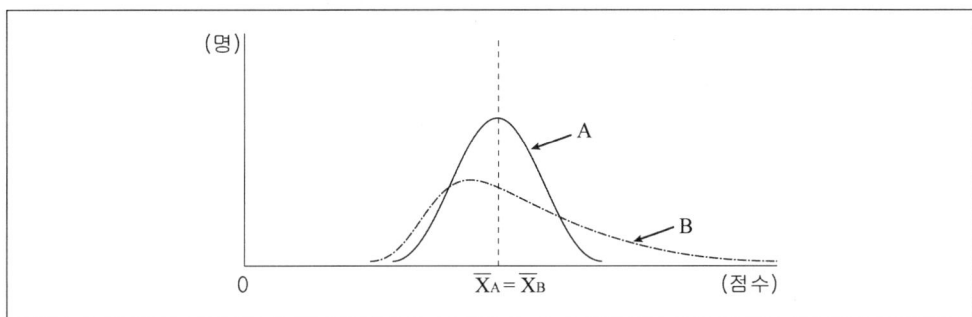

• 검사 결과 비교 :

• 수준별 수업이 필요한 학급 :

• 수준별 수업이 필요한 이유 :

019 다음은 3명의 교사가 학생들의 한국 무용 능력을 검사한 결과표이다. (단, 교사 3명은 서로 모르는 관계였고, 검사 시행 당일 간단한 평가 지침을 전달받고 검사에 임하였다.) 결과를 토대로 이 검사에서 나타난 문제점을 1줄로 쓰고, 이와 같은 문제를 예방하기 위한 방법을 평가 기준과 검사자 측면에서 각각 1줄로 설명하시오. [3점] 2008

검사자 학생	박 교사	이 교사	최 교사
홍○○	45	35	57
이○○	56	55	43
김○○	35	56	46
⋮	⋮	⋮	⋮
정○○	34	32	54

박 교사와 이 교사의 검사 결과 상관 계수(r) = 0.25
이 교사와 최 교사의 검사 결과 상관 계수(r) = 0.24
박 교사와 최 교사의 검사 결과 상관 계수(r) = 0.18

• 문제점 :

• 예방법 ① 평가 기준 측면 :

　　　　② 검사자 측면 :

020 다음은 김 교사가 실시한 체육과 평가의 일부와 평가에 대한 학생들의 문제 제기 내용이다. 여기에 나타난 학생 평가의 문제점을 가장 잘 지적한 것은? 2009

교수·학습 목표	체조의 매트운동 단원에서 회전운동의 과학적 원리를 이해할 수 있다.
교수·학습 활동	• 교사는 체육교과서에 있는 내용을 요약 및 정리하여 유인물을 제작하고 학생들에게 배포하였다. 요약한 유인물의 내용은 수업시간에 다루지 않았다. • 학생은 교사가 배부한 유인물을 토대로 스스로 공부하여 시험을 준비하였다.
평가	5지 선다형 지필평가
문제 제기 내용	"유인물에 요약되어 있어도 선생님께서 가르쳐주지 않아서 문제를 잘 풀지 못했습니다. 왜 지필평가는 수업 시간에 가르쳐 주지 않고 매번 유인물만 외워서 시험을 치러야 하나요?"

① 과제 중심의 수행 평가 방법을 적용하여야 한다.
② 선다형 지필평가로 회전운동의 과학적 원리를 평가하는 것은 타당도가 떨어진다.
③ 이론수업에서 다루지 않은 내용을 평가하는 것은 평가의 타당도를 저하시킨다.
④ 유인물의 내용을 지필평가에서 다루지 않을 때는 평가의 신뢰도가 저하된다.
⑤ 학교에서 이론수업이 정상적으로 이루어지지 않는 것은 교사의 전문성 결여 때문이다.

021 그림은 학생들의 성취도에 대한 교사들의 평가 결과이다. 평가 내용, 대상의 조건이 동일한 것으로 가정할 때 이에 대한 해석으로 옳지 <u>않은</u> 것은? 2009

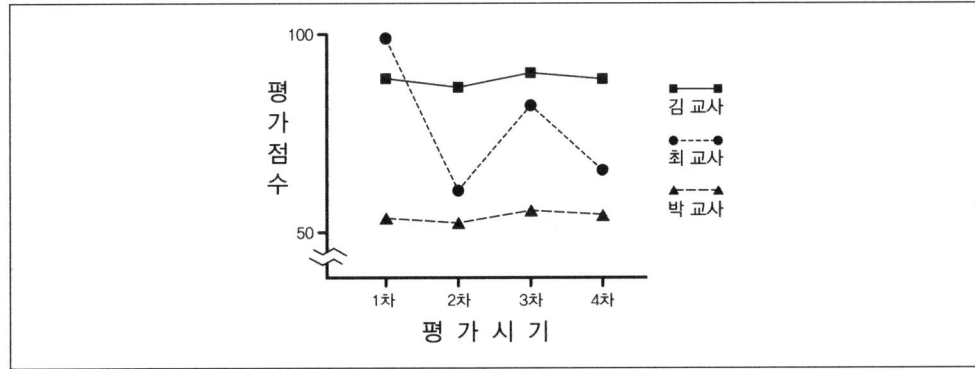

① 최 교사는 편파적 판정을 내릴 가능성이 높다.
② 박 교사는 성적을 낮게 부여하는 경향이 있다.
③ 김 교사와 박 교사는 평가의 일관성을 보여 주고 있다.
④ 김 교사는 비교적 타당도가 높은 평가를 실시하고 있다.
⑤ 김 교사와 박 교사가 동일한 학년을 평가한다면 객관도 문제가 발생할 수 있다.

022 다음은 농구 수업에서 학생들이 게임을 할 때 보여 주는 기술과 전술에 대한 의사 결정 정도를 평가하기 위한 도구이다. 교사가 평가 준거(criterion) 요소를 결정할 때 가장 중요하게 고려해야 할 것은? [2.5점] 2009

평가 준거 학생	공격		방어		패스		의사결정	
	효과적	비효과적	효과적	비효과적	효과적	비효과적	적절	부적절
철수	∨∨∨	∨	∨∨∨∨	∨	∨∨∨∨	∨	∨∨∨∨	∨
현식	∨		∨∨	∨	∨∨	∨		∨
영철	∨∨∨∨	∨∨	∨∨∨	∨∨	∨∨∨	∨∨	∨∨∨	∨∨
⋮	⋮	⋮	⋮	⋮	⋮	⋮	⋮	⋮

① 전술게임모형에서 제시하고 있는 준거
② 기존에 개발된 게임수행평가도구(GPAI)
③ 측정의 신뢰도를 높일 수 있는 평가 내용
④ 교사가 수업에서 학생들에게 지도할 내용
⑤ 개인차를 확실히 구분 지을 수 있는 상대평가 내용

023 〈보기〉는 체육 측정에서 얻어진 자료에 관한 설명이다. 척도(scale)의 속성을 바르게 적용한 것을 고른 것은? 2010

┌─ 보기 ─────────────────────────────────
│ ㄱ. 50m 달리기에서 1등과 5등의 달리기 능력 차이는 11등과 15등의 차이와 같다.
│ ㄴ. 표준화된 시합불안검사에서 25점과 20점의 차이는 15점과 10점의 차이와 같다.
│ ㄷ. 오래달리기걷기 기록이 5분에서 4분 30초로 줄면 기록이 10% 단축된 것이다.
│ ㄹ. 축구 포지션을 공격 1, 수비 2로 코딩했을 때 포지션의 평균은 1.5이다.
└───────────────────────────────────────

① ㄱ, ㄴ ② ㄱ, ㄷ
③ ㄴ, ㄷ ④ ㄴ, ㄹ
⑤ ㄷ, ㄹ

024 다음은 중학교 남자 선수와 일반 학생을 무선 표집하여 높이뛰기 도약 시 신체 중심의 가속도를 비교한 자료이다. (가)는 두 집단의 차이를 알아보기 위해 유의수준 5%에서 t-검정을 한 결과이며, (나)는 가속도와 시간의 관계를 나타낸 것이다. 이에 대한 설명으로 옳지 <u>않은</u> 것은? (단, 두 집단의 신장과 몸의 질량은 동일하다고 가정함) 2010

(가)

집단	평균	표준편차	t값	p
선수(n=10)	48.0	2.49	7.963	0.001
일반학생(n=10)	29.2	10.92		

(나)

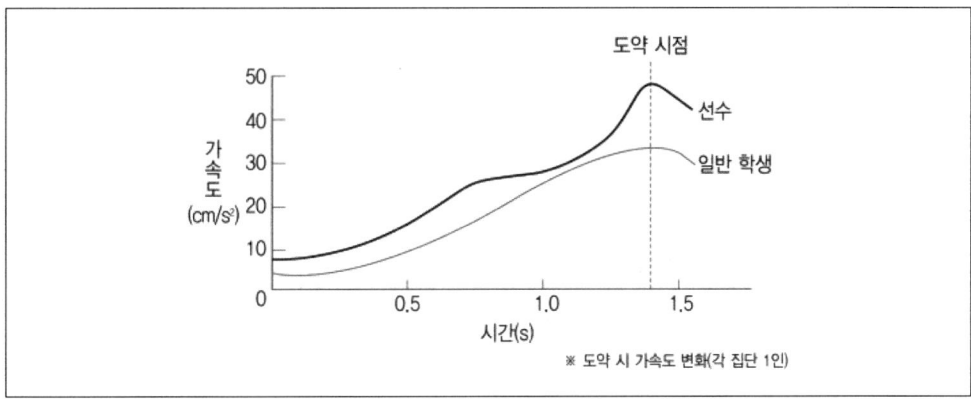

※ 도약 시 가속도 변화(각 집단 1인)

① 두 집단의 가속도는 통계적으로 유의한 차이가 있다.
② 가속도가 증가하면 파워도 증가한다.
③ 두 집단 간 t-검정은 동분산 가정의 성립 여부에 따라 t값이 달라질 수 있다.
④ 가속도에 대한 양측검정의 대립가설은 "두 집단의 가속도는 차이가 있다."이다.
⑤ (가)의 결과를 얻기 위한 올바른 통계 기법은 대응표본 t-검정(paired t-test)이다.

025 다음은 한 학생의 3종목 체력 점수를 학습 평균과 비교한 자료이다. 이 자료를 잘못 해석한 것은? 2010

종목	기록	학급평균	표준편차	T점수
오래달리기걷기(초)	510	510	120	50
앉아윗몸앞으로굽히기(cm)	15	12	6	55
제자리멀리뛰기(cm)	260	210	50	60

① 3종목 중 상대적으로 잘한 종목은 제자리멀리뛰기이다.
② 백분위 점수로는 제자리멀리뛰기가 가장 높다.
③ 이 학생의 3종목 체력 점수는 학급에서 중간 이상이다.
④ Z점수로 가장 높은 점수를 받은 종목은 제자리멀리뛰기이다.
⑤ 학급의 학생 중 55%가 이 학생보다 앉아윗몸앞으로굽히기를 더 잘한다.

026 그림은 체육교사가 농구 수업에서 사용한 과제 카드이다. 이 카드에 근거하여 평가 내용을 바르게 선택한 교사는? 2011

027 다음은 배구 수업에서 평가를 받은 학생들의 대화이다. 대화를 토대로 철수의 선생님이 실시한 평가의 문제점을 바르게 지적한 것은? [2.5점] 2011

> 영희: 난 이번 체육 시험에서 생각보다 높은 점수를 받아서 기분이 좋아. 선생님이 3월에 나누어 주신 평가 기준 봤지? 배구 경기에 대한 이해, 기본 기능, 경기 능력이 평가 내용에 포함되었더라.
> 철수: 그 기준은 나도 알지. 그런데 난 수업 중 시합을 할 때는 패스와 서브를 모두 성공했는데, 지난 월요일과 수요일 수업 중 시험에서는 서브 15개 중에 8개만 성공했어. 15개가 최고 점수 기준인데 공이 정해진 구역을 7번이나 벗어나 버렸어. 그래서 점수가 낮아.
> 영희: 저런, 속상했겠다. 넌 경기를 참 잘하는데 시험 때는 실력 발휘를 제대로 못했구나.
> 철수: 응. 실수를 많이 했어. 어제 수업 시간 중 시합에서도 패스와 서브 실력을 제대로 발휘 했는데 점수에 반영되지 않아 아쉬워. 다음 수업 중 시험에서는 서브를 꼭 최소한 13개 이상 성공해서 높은 점수를 받고 싶어.

① 형성 평가를 실시하지 않고 총괄 평가를 실시하였다.
② 양적 평가를 실시하지 않고 질적 평가를 실시하였다.
③ 평가 계획표를 미리 작성하지 않고 실기 평가를 실시하였다.
④ 준거 지향 평가를 실시하지 않고 규준 지향 평가를 실시하였다.
⑤ 실기 수행 능력의 실제성을 고려하지 않고 평가를 실시하였다.

028 다음은 홍 교사가 작성한 평가 일지 중 일부이다. 2007년 개정 체육과 교육과정의 평가 방향에 의거할 때, 홍 교사의 고민을 해결할 수 있는 방안만을 〈보기〉에서 모두 고른 것은?

[1.5점] 2011

> 2011년 5월 12일   야구   7/15차시   2학년 10반
>
> 야구 수업에서 학생들이 자신의 포지션에 대한 역할 수행을 하는데 있어서 어느 정도의 책임감을 가지고 있는지 평가하는 것은 어렵다. 출석여부, 복장 상태, 수업 준비물을 체크리스트로 평가하는 기존 방식만으로는 한계를 느낀다. 자신의 포지션별 역할에 대한 책임감을 바르게 이해하고, 이를 어떻게 실천하고 있는지 좀 더 다양하게 평가하려면 무엇을 고려해야 할지 고민이다.

〔보기〕
ㄱ. 책임감의 실천 태도를 평가하기 위해 상호 평가를 추가한다.
ㄴ. 책임감의 실천 과정을 스스로 평가하기 위한 자기 평가지를 추가한다.
ㄷ. 책임감의 실천 결과를 평가하기 위해 보고서를 추가한다.
ㄹ. 포지션별 역할 수행에 대한 이해력을 평가하기 위해 지필검사를 추가한다.

① ㄱ, ㄴ
② ㄱ, ㄷ
③ ㄱ, ㄴ, ㄹ
④ ㄴ, ㄷ, ㄹ
⑤ ㄱ, ㄴ, ㄷ, ㄹ

029 다음은 김 교사가 36명을 무선(random)으로 선정한 후 제자리멀리뛰기를 실시하여 얻은 결과이다. 성별과 운동 참여 여부가 기록에 미치는 영향을 알아보기 위하여 실시하는 통계 분석에 대한 설명으로 옳은 것은? (단, 변량분석을 위한 기본 가정들이 모두 충족되었음)

2011

(단위 : cm)

	운동 참여	운동 비참여
남학생	230, 205, 240, 220, 198, 260, 235, 238, 215	201, 198, 176, 185, 192, 220, 195, 198, 190
여학생	180, 169, 202, 178, 182, 185, 185, 178, 190	160, 172, 154, 168, 172, 152, 164, 158, 162

① 독립변인의 요인(factor)은 4개이다.
② 종속변인의 척도 수준은 서열척도이다.
③ 분석을 위하여 모수(parametric) 통계기법을 이용한다.
④ 평균 차이 검증을 위하여 기술통계(descriptive statistics)를 실시한다.
⑤ 독립변인의 상호 작용 효과를 일원변량분석(one-way ANOVA)으로 검증한다.

030 그래프는 김 교사와 정 교사가 3회에 걸쳐 실시한 체육 지필 평가의 결과를 보여 준다. 김 교사 시험의 난이도와 변별도를 정 교사 시험과 비교한 것으로 옳은 것은? (단, 4집단 간 표준편차와 모든 평가 시기 전 두 교사의 학생 간 학습 능력은 동일함) 2011

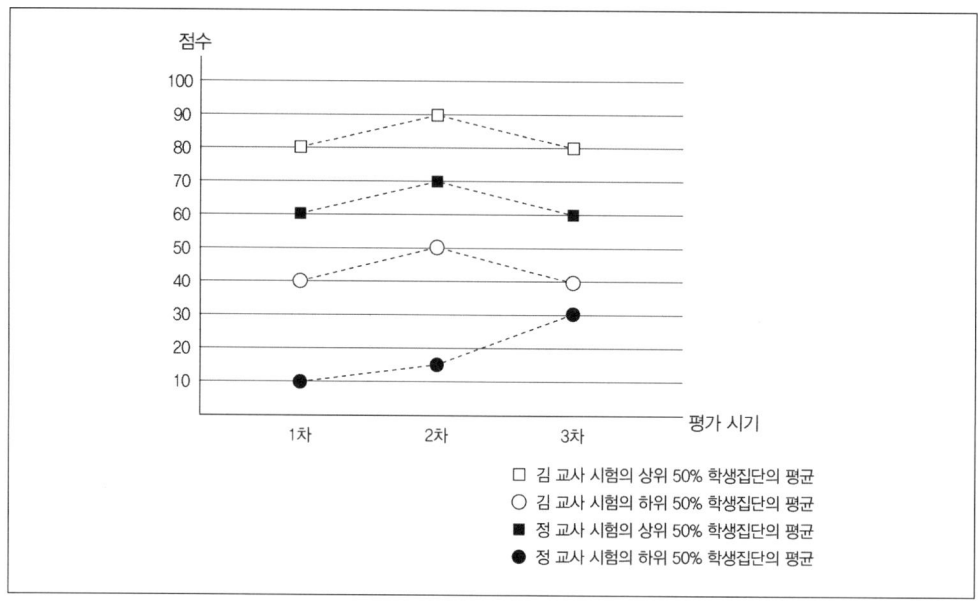

① 김 교사 시험이 항상 더 어렵다.
② 김 교사 시험의 변별력이 항상 더 작다.
③ 1차 시험에서 김 교사 시험이 더 어렵다.
④ 2차 시험에서 김 교사 시험의 변별력이 더 크다.
⑤ 3차 시험에서 김 교사 시험의 변별력이 더 크다.

031 한국중학교 체육 교과 협의록의 일부이다. (가)와 (나)에 알맞은 검증방법을 〈보기〉와 옳게 연결한 것은? [1.5점] 2012

체육 교과 협의록

참석자 : 김 교사, 이 교사, 박 교사

- 배경
  - 학생들의 건강 개선을 위한 신체 활동 기초 자료를 확보하고자 함
  - 보행 계수기(만보기)를 착용시켜 자료를 수집하고자 함
- 안건
  - 보행 계수기 구입건 및 타당도 분석 방법 토의
- 논의결과
  - 보행 계수기의 타당도를 확인한 후, 일괄 구매하기로 결정함
  - 내용타당도, ㉠ 공인타당도, ㉡ 예언타당도 측면에서 검증함

〔 보기 〕
ㄱ. 보행 계수기를 새로운 상황에서 적용할 때 일반화할 수 있는 근거를 확보하기 위하여 메타적 분석을 적용함. 측정 조건, 유형, 시기 등에서 도구의 타당도를 확인함
ㄴ. 관련 분야의 전문가 의견을 구하여 보행 계수기의 측정 원리가 중학생들의 신체 활동량을 측정하려는 목적에 적합한지를 검토함
ㄷ. 동일 시점에서 수집한 보행 계수기 자료와 준거 검사로서 호흡 가스 분석기 자료의 상관을 통해 보행 계수기가 신체 활동량을 측정하기에 타당한지를 확인함
ㄹ. 학생들의 보행수와 신체 활동 에너지 소비량 간의 높은 상관 계수를 바탕으로 보행수 자료를 수집하여 신체 활동 에너지 소비량을 추정함

	(가)	(나)
①	ㄱ	ㄴ
②	ㄱ	ㄹ
③	ㄴ	ㄱ
④	ㄷ	ㄱ
⑤	ㄷ	ㄹ

032 〈보기〉의 대화 내용에 비추어 보고서에 나타난 두 학생의 '(가) 훌륭한 스포츠 행동'에 관한 기록이 서로 다른 이유로 옳은 것은? 2012

모둠활동 보고서

모둠명 : 스마트   모둠장 : 최○○

모둠활동 내용
'울트라'모둠과 '2PM짱'모둠이 농구 경기를 하는데 기록을 포함한 모든 운영을 우리 모둠이 맡음

창환이의 기록지

이름	득점	반칙	훌륭한 스포츠 행동
은정	2	0	3회
정남	0	1	1회
남수	1	0	3회
수현	0	1	2회

재홍이의 기록지

이름	득점	반칙	훌륭한 스포츠 행동
은정	2	0	1회
정남	0	1	1회
남수	1	0	0회
수현	0	1	1회

〔 보기 〕

창환 : 재홍아! 네가 기록한 '훌륭한 스포츠 행동'의 횟수가 나랑 완전히 다르네! 난 정확하게 기록했는데 왜 이럴까?
재홍 : 넌 '훌륭한 스포츠 행동'이 뭐라고 생각하니?
창환 : 우리 팀, 상대 팀 할 것 없이 모든 선수들을 격려하고 배려하는 행동으로 보고, 그때마다 기록했어.
재홍 : 난 경기 중에 넘어진 상대 선수를 일으켜 세워 주는 것과 같이 상대 팀에게 스포츠맨십을 발휘하는 행동으로 봤는데…….

① 두 학생이 변인을 질적으로 기록하고 있기 때문이다.
② 두 학생이 서로 다른 리커트 척도를 사용하고 있기 때문이다.
③ 두 학생이 변인을 서로 다르게 정의하고 있기 때문이다.
④ 두 학생이 서로 다른 측정 척도를 사용하고 있기 때문이다.
⑤ 두 학생 간 높은 객관도 수준에서 변인을 기록하고 있기 때문이다.

033 다음은 김 교사가 제안하는 여자 축구팀 선발 원칙이다. 김 교사의 원칙에 따라 〈보기〉에 제시한 학생들의 선발 여부를 옳게 결정한 것은? [2.5점] 2012

〈축구팀 선발 원칙〉
☑ 체력 검사 항목으로 심폐 지구력과 민첩성을 선정
☑ 왕복 오래달리기, 사이드 스텝 검사 실시

모집단 특성	평균	표준편차
왕복 오래달리기(회)	55	5
사이드 스텝(회)	34	3

(단, 정상 분포를 가정함)

두 검사에서 모두 상위 2.5% 이상에 해당하는 학생을 선발합니다.

─〔보기〕─

개인 측정 결과	은희	지숙	유리	은혜
왕복 오래달리기(회)	68	66	67	70
사이드 스텝(회)	44	41	47	42

① 은희, 지숙, 유리, 은혜 모두 선발
② 은희, 유리, 은혜는 선발, 지숙은 탈락
③ 은혜와 은희는 선발, 유리와 지숙은 탈락
④ 유리와 은희는 선발, 은혜와 지숙은 탈락
⑤ 유리와 은혜는 선발, 은희와 지숙은 탈락

034 다음은 김 교사가 시행한 학생 간 동료 평가의 예비 검사 결과이다. 모둠별 동료 평가 결과 (가)~(라)의 학생 간 평가 일치도를 높은 순서부터 정렬한 것으로 옳은 것은? 2013

학생 간 동료 평가를 위한 예비 검사

- 목적: 축구 슛 동작의 학생 간 동료 평가가 일관성 있게 이루어질 수 있는지를 확인하고자 함
- 방법:
  1. 각 모둠별 두 명의 학생이 50명의 학생을 대상으로 축구 슛 동작을 '잘함'과 '미흡함'으로 구분하여 평가
  2. 두 학생 간 평가 결과를 2×2 분할표를 이용하여 일치도 산출
- 모둠별 동료 평가 결과:

(가) A모둠의 평가 결과

		학생 1의 평가	
		잘함	미흡함
학생 2의 평가	잘함	21	8
	미흡함	2	19

(나) B모둠의 평가 결과

		학생 3의 평가	
		잘함	미흡함
학생 4의 평가	잘함	8	15
	미흡함	22	5

(다) C모둠의 평가 결과

		학생 5의 평가	
		잘함	미흡함
학생 6의 평가	잘함	11	13
	미흡함	14	12

(라) D모둠의 평가 결과

		학생 7의 평가	
		잘함	미흡함
학생 8의 평가	잘함	18	8
	미흡함	10	14

① (가) > (나) > (라) > (다)
② (가) > (라) > (다) > (나)
③ (나) > (다) > (라) > (가)
④ (다) > (라) > (나) > (가)
⑤ (라) > (다) > (가) > (나)

035 다음은 임 교사가 작성한 학교 스포츠클럽의 하키부 여학생 최○○에 대한 개인별 맞춤 훈련 지침이다. 임 교사의 지침에 따라 〈보기〉에 제시한 최○○의 '에너지 소비량' (가)와 '다음 날 훈련 강도' (나)로 옳은 것은? [2.5점] 2013

개인별 맞춤 훈련 지침

최○○

신체 활동 에너지 소비량을 근거로 하여 에너지 소비가 많았던 다음날은 약한 강도의 훈련을 시키며, 그렇지 않은 날은 일반 강도의 훈련을 시키고자 함

…(중략)…

개인별 신체 활동 에너지 소비량 산출 방법
- MET점수를 이용한 간접 추정
- 체계적 관찰을 통해 실제 하키 훈련 시간 측정
- <u>하키 훈련의 표준 운동 강도는 8MET</u>

※ 1MET=1kcal/kg/hour로 함(3.5mℓ O_2/kg/min에서 유도됨)

개인별 다음 날의 훈련 강도 결정 방법
1. 개인별 에너지 소비량 산출
2. 팀 평균 800kcal, 표준편차 100kcal와 비교
3. 표준점수(z) + 2SD 이상 : 다음 날 <u>약한</u> 강도로 훈련
   표준점수(z) + 2SD 미만 : 다음 날 <u>일반</u> 강도로 훈련

〔 보기 〕

체중(kg)	하키 훈련 시간	에너지 소비량(kcal)	다음 날 훈련 강도
60	2시간	(가)	(나)

	(가)	(나)
①	880	일반 강도
②	960	약한 강도
③	960	일반 강도
④	1040	약한 강도
⑤	1040	일반 강도

036 교사와 김○○이 학교 스포츠클럽 농구팀의 코트 위치별 득점을 주제로 나눈 대화이다. 〈보기〉의 그래프에 대한 김○○의 분석으로 옳지 <u>않은</u> 것은? 2013

교 사: 그동안 우리 팀 전적이 어떻게 되니?
김○○: 20게임 치렀는데 13승 7패입니다.
  그런데 우리 팀의 득점이 주로 어느 위치에서 이루어졌는지 알 수 있나요?
교 사: 그럼, 알 수 있지. 코트의 득점 위치를 구분해서 x축에 위치별 득점을, y축에 전체 득점을 놓고 위치별 득점과 전체 득점 간의 상관계수를 산출하면 알 수 있어.
김○○: 코트를 좌측과 우측으로 나누고 득점을 2점과 3점으로 구분해서 분석하겠습니다.

〔보기〕

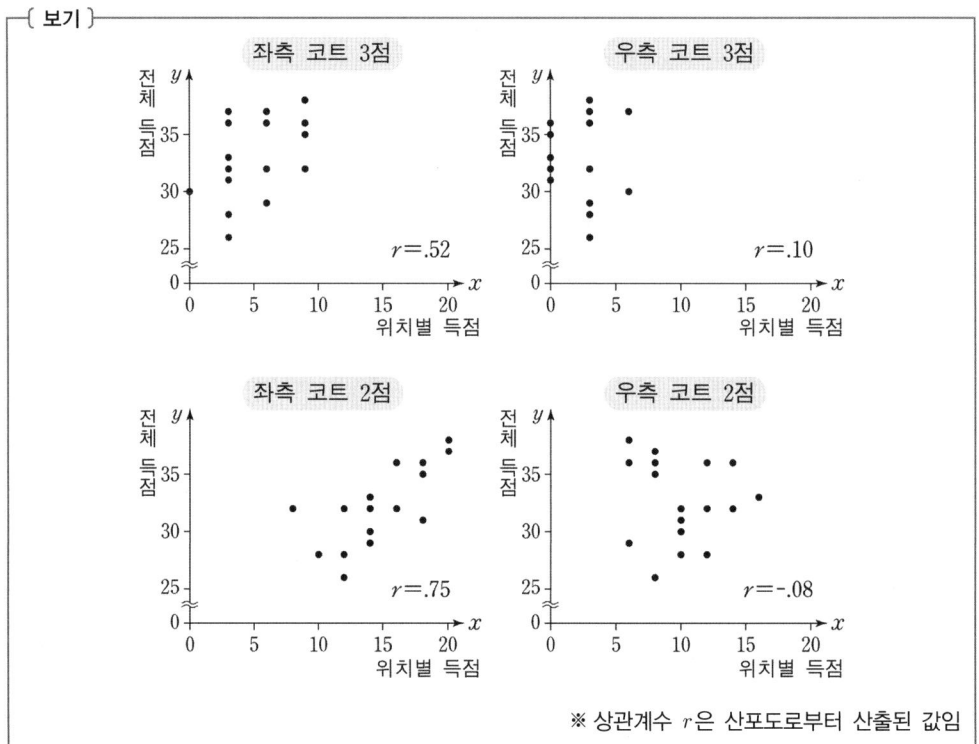

※ 상관계수 r은 산포도로부터 산출된 값임

① 좌측 코트 3점 득점과 전체 득점은 52% 관련되어 있다.
② 좌측 코트 3점 득점은 전체 득점과 정적 상관이 있다.
③ 좌측 코트 2점 득점이 네 개의 코트 중에서 전체 득점과 상관이 가장 높다.
④ 좌측 코트 2점 득점이 많을수록 전체 득점이 많은 경향이 있다.
⑤ 우측 코트 2점 득점과 우측 코트 3점 득점은 전체 득점과 상관이 매우 낮다.

037 다음은 김 교사와 류 교사가 ○○중학교 '학교 스포츠클럽의 교육적 효과'를 검증하기 위해 나눈 대화이다. (가)~(마)에 대한 설명으로 옳은 것만을 〈보기〉에서 있는 대로 고른 것은?

2013

> 김 교사: 학교 스포츠클럽이 활성화되니 학생들 얼굴이 밝아 보여서 좋아요.
> 류 교사: 그럼요, 학교는 학생들이 신체 활동을 할 수 있는 좋은 공간이잖아요.
> 김 교사: 체육 활동이 성적뿐만 아니라 인성에도 좋은 영향을 미친다는데 우리 학교도 확인해 보면 좋을 것 같아요.
> 류 교사: 좋은 생각이네요. 우선 (가) 현재 학교 스포츠클럽에 참가하는 학생들과 참가하지 않는 학생들을 두 집단으로 구분하여 자료를 수집하는 것이 어떨까요?
> 김 교사: 한 집단에 30명씩 배정하도록 하죠. 인성은 어떻게 측정할 수 있죠?
> 류 교사: (나) 5점 리커트(Likert) 척도로 구성되어 있는 인성 검사도구가 저에게 있어요.
> 김 교사: 그럼 (다) 연구 가설은 '학교 스포츠클럽의 참가 여부에 따라 인성은 차이가 있을 것이다.'로 하면 되겠네요.
> 류 교사: (라) 유의도 수준은 5%로 설정하여 검증하면 될 것 같아요. 분석 방법은 어떻게 할까요?
> 김 교사: (마) 두 집단 간 인성 차이를 분석할 수 있는 방법을 적용하면 될 듯합니다. 좋은 프로젝트가 되겠군요.

─〈보기〉─
ㄱ. (가)는 단순 무선 배정을 계획하고 있다.
ㄴ. (나)는 비율 척도이므로 가감승제가 가능하다.
ㄷ. (다)는 양방 검증의 가설을 수립하고 있다.
ㄹ. (라)는 제1종 오류 수준을 의미한다.
ㅁ. (마)는 종속(또는 대응) 표본(paired sample) t-검정을 적용하여 분석한다.

① ㄷ, ㄹ
② ㄹ, ㅁ
③ ㄱ, ㄴ, ㄷ
④ ㄴ, ㄷ, ㄹ
⑤ ㄷ, ㄹ, ㅁ

038 다음은 김 교사가 학생들의 '건강 생활 습관'을 분석한 결과이다. 괄호 안의 ㉠에 해당하는 용어와 ㉡에 해당하는 값(수치)을 차례대로 쓰시오. [2점] 2014

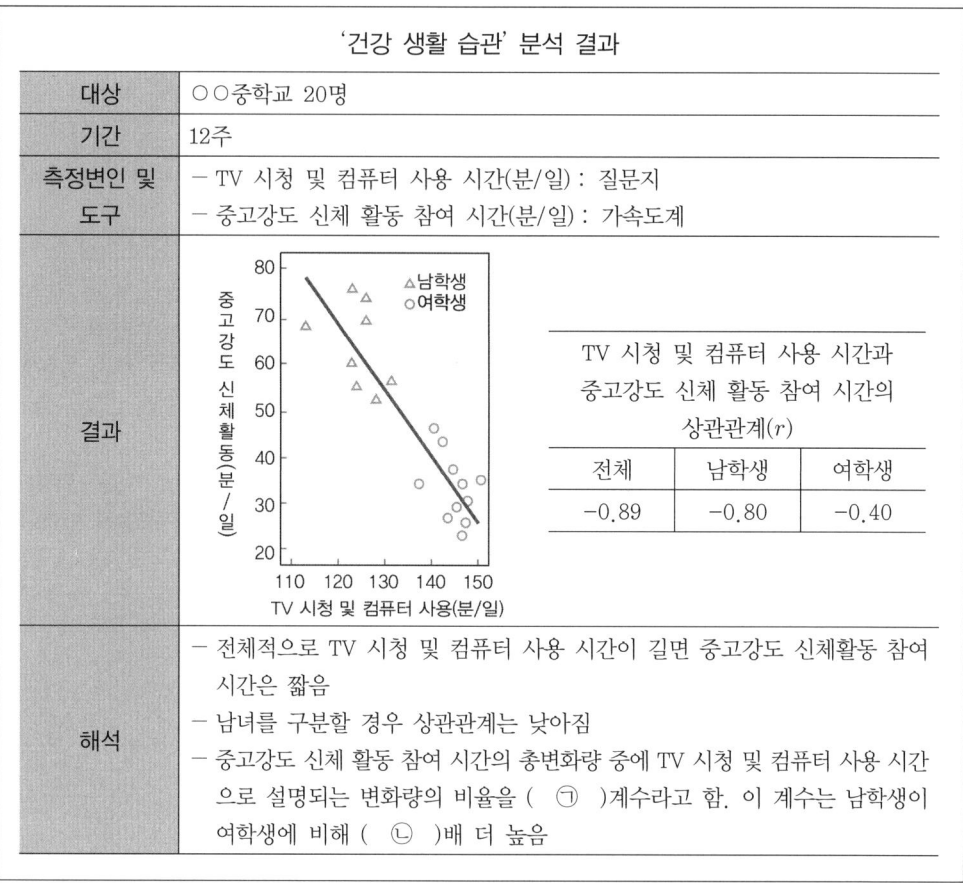

'건강 생활 습관' 분석 결과	
대상	○○중학교 20명
기간	12주
측정변인 및 도구	- TV 시청 및 컴퓨터 사용 시간(분/일) : 질문지 - 중고강도 신체 활동 참여 시간(분/일) : 가속도계
결과	(그래프 및 상관관계 표: 전체 −0.89, 남학생 −0.80, 여학생 −0.40)
해석	- 전체적으로 TV 시청 및 컴퓨터 사용 시간이 길면 중고강도 신체활동 참여 시간은 짧음 - 남녀를 구분할 경우 상관관계는 낮아짐 - 중고강도 신체 활동 참여 시간의 총변화량 중에 TV 시청 및 컴퓨터 사용 시간으로 설명되는 변화량의 비율을 (㉠)계수라고 함. 이 계수는 남학생이 여학생에 비해 (㉡)배 더 높음

039 다음은 전국 학교스포츠클럽 창작 댄스 대회 심사 결과이다. 제시된 '표준정상분포곡선 수표'에 근거하여 심사위원 A와 B가 이○○에게 부여한 개인 점수의 백분위 차이를 구하시오. (단, 소수점 이하 둘째 자리까지 제시함) [2점] 2014

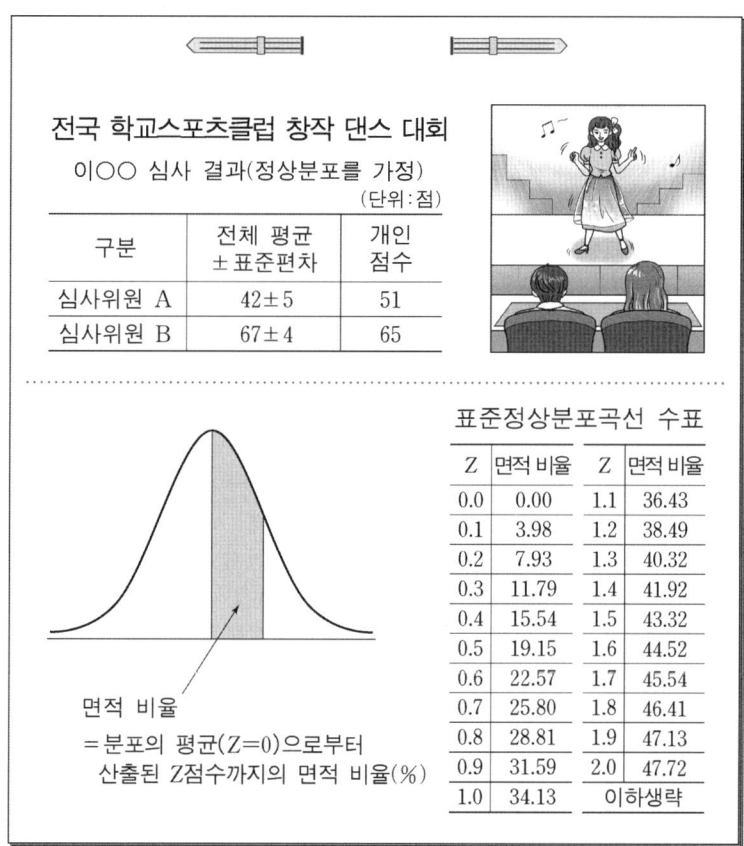

040 〈참고 자료 1〉에서 밑줄 친 ㉠, ㉡의 내용을 계산된 신뢰도 계수와 성취기준 점수를 포함하여 기술하고, 〈참고 자료 2〉에서 괄호 안의 ㉢, ㉣에 해당하는 평가 방법을 차례대로 쓰시오.

[논술형의 일부] 2014

〈참고 자료 1〉 '신체 활동 및 건강과 체력'에 대한 이해력 성취 기준 점수의 신뢰도 검증 예시

	성취 기준 점수의 신뢰도 검증 결과
신뢰도 검증 절차와 측정 결과	• 학생들의 '신체 활동 및 건강과 체력'에 대한 이해력을 측정하기 위하여 이해 능력 검사를 활용함(총 10문항, 10점 만점) • 학생들의 능력을 고려하여 성취 기준을 8점으로 설정함 • 이 성취 기준 점수가 학생들의 능력을 일관성 있게 분류하는지 확인하기 위해 신뢰도 검증을 실시하고자 함 • 10명의 학생에게 '신체 활동 및 건강과 체력'의 이해력 검사를 2차에 걸쳐 실시함 〈표 1〉 학생들의 '신체 활동 및 건강과 체력'에 대한 이해력 검사 결과 (단위: 점) | 구분 | 소영 | 문정 | 솔하 | 은혜 | 서진 | 채은 | 석중 | 승준 | 지민 | 강태 | |---|---|---|---|---|---|---|---|---|---|---| | 1차 검사 | 6 | 10 | 5 | 5 | 10 | 6 | 9 | 7 | 9 | 9 | | 2차 검사 | 9 | 8 | 9 | 5 | 10 | 9 | 6 | 9 | 3 | 9 | • 얻어진 측정값을 이용하여 설정된 성취 기준 점수에 대한 신뢰도(일치도 또는 합치도) 계수를 계산함
결과 해석	• ㉠ 문제점 : _____. • ㉡ 해결 방안 : _____. (단, 신뢰도 계수는 0.80이어야 함)

Ⅳ. 평가 결과의 활용
⑴ 개인 평가 결과를 정리하여 학부모에게 통보한다. (〈참고 자료 2〉 참조)
⑵ 학생이 신체 활동 수행계획을 수립할 수 있도록 지도한다.

〈참고 자료 2〉 개인 평가 결과지 예시

○○중학교 2학년 건강 활동 개인 평가 결과지

이름 : 최○○   학년 : 2학년 1반   기간 : 20○○년 1학기

…(중략)…

결과	'신체 활동 참여 증진 프로그램' 결과	(㉢)		(㉣)	
	(그래프: 진단 평가(1주) 40, 형성 평가(6주) 약 88, 총괄 평가(12주) 약 64 / 20○○년 1학기)	중고강도 신체 활동 참여 시간(분/일)	성취 등급	○○중학교 중고강도 신체 활동 참여 시간	
				백분위	분/일
		90분 이상	우수	>99	180
				95	100
				75	60
		60분 이상	보통 (성취)	50	40
				25	30
				5	20
		60분 미만	미흡	<1	10
				평균치	50
				표준편차	20

해석	− 최○○의 주당 하루 평균 중고강도 신체 활동 참여 시간은 평균보다 높습니다. − 자세히 살펴보면, 최○○의 중고강도 신체 활동 참여 시간은 진단 평가 시 성취 기준보다 낮았습니다(40분/일). 하지만, 형성 평가 시 신체 활동량이 증가(90분)하여 [우수 등급]까지 성취하였고, 총괄 평가 시 상대적으로 감소(64분)하였으나 성취 기준치에 도달하고 있습니다. 지속적인 신체 활동으로 건강을 유지하세요!

041 다음은 ○○중학교 체육 교과 협의회 회의록이다. 괄호 안의 ㉠에 해당하는 회귀식과 ㉡에 해당하는 에너지 소비량의 추정 결과를 순서대로 쓰시오. [2점] 2014

○○중학교 체육 교과 협의회 회의록

2014.○○.○○.

안건	축구 종목의 블록 타임 수업의 진행 여부 결정을 위한 연구 결과 토의
배경	• 지난 교과 협의에서 최○○ 선생님께서 축구 종목을 진행하기에 45분 수업 시간이 짧다는 의견과 함께 90분 블록 타임 수업을 제안하였음 • 박○○ 선생님은 90분 블록 타임으로 축구 종목을 진행하는 경우에 학생들의 에너지 소비량이 지나치게 높아서 다른 활동에 부정적 영향을 미칠 것이라는 의견을 개진하였음 • 이에 따라 수업 시간과 학생들의 에너지 소비량의 관계를 확인하여 축구 종목의 블록 타임 수업의 진행 여부를 결정하기로 함
참석자	윤○○ 선생님, 조○○ 선생님, 최○○ 선생님, 추○○ 선생님, 박○○ 선생님
협의내용	• 수업 시간(독립변수)과 에너지 소비량(종속변수)의 관계를 근거로 회귀식을 개발함 〈회귀분석 결과 요약〉 | 모형	비표준 회귀계수	유의확률
---	---	---
(상수)	100	
수업 시간	5	.001	 종속변수 : 에너지 소비량 회귀식 $\hat{Y}$ = (㉠) 45분 에너지 소비량 = 325kcal 90분 에너지 소비량 = (㉡)kcal (가) 수업 시간에 따른 에너지 소비량의 회귀선
협의결론	• 블록 타임 수업의 진행 여부에 대하여 다음과 같이 만장일치로 합의함

042 다음은 두 교사 간의 e-메일 대화 내용이다. 괄호 안의 ㉠, ㉡에 해당하는 용어를 순서대로 쓰고, 밑줄 친 ㉢에 해당하는 이유와 ㉣에 해당하는 단점을 기술하시오. [5점] 2015

김 선생님 안녕하세요?
낮에 학교에서 말씀드렸던 대로 학생 평가와 관련하여 두 가지 상의드릴 내용이 있습니다.

첫 번째는 학생들의 체력 평가를 위해 체지방을 측정하는데, 측정할 때마다 값이 달라 당황스럽습니다. 같은 학생을 동일한 방법으로 2회 반복하여 측정하였음에도 두 값에 차이가 있습니다. 제가 무엇을 잘못하고 있는 것인지요?

두 번째는 내년 신입생에게 시행할 수영 실기 평가 방법에 관한 내용입니다. 올해에는 자유형 25m 수행에 대한 성취도만 평가하였습니다. 그런데 지체 장애를 가지고 있는 2반의 최○○을 포함한 일부 학생들이 수업에 매우 적극적으로 참여하였지만, 과거에 수영을 배워 본 경험이 없었기 때문에 완주하지 못하여 좋은 평가를 받지 못했습니다. 그래서 내년 신입생부터는 향상도를 평가에 반영하는 것이 어떤지 의견을 드립니다.
올해 발령받은 후 처음 시행하는 학생 평가라서 모르는 것이 많습니다. 잘 가르쳐 주십시오.

↳ 답장

최 선생님 학교 일들이 재미있지요?

첫 번째, 체지방을 측정할 때마다 다른 값이 나오는 것은 당연한 일입니다. 선생님 잘못이 아니라 측정오차가 원인이지요. 고전검사 이론에 따르면 관찰 점수는 (㉠)와/과 오차 점수의 합이고, 신뢰도는 전체 관찰 점수 분산 중에서 (㉡)이/가 차지하는 비율로 설명할 수 있습니다. 따라서 측정오차 때문에 측정할 때마다 값이 달라지는 것이지요. 다음 주에 재검사 신뢰도를 확인해 봅시다.

두 번째, 향상도를 반영한 평가는 학생들의 학습 동기를 고취할 수 있다는 점에서 매력적이라고 생각합니다. 그러나 ㉢ 향상도 평가는 숙련자에게 불리할 수 있으며, ㉣ 향상도를 평가에 중요하게 반영한다는 사실을 학생들이 사전에 인지할 경우 단점도 있을 수 있습니다.
계속 논의하면서 더 좋은 학생 평가 방법을 만들어 봅시다.

043
다음은 걷기 운동의 효과를 분석하기 위한 체육 수업 컨설팅 내용이다. 괄호 안의 ㉠, ㉡에 해당하는 명칭을 순서대로 쓰시오. [2점] 2016

<체육 수업 컨설팅>

수석 교사: 이번 걷기 운동 프로그램이 학생들의 체지방 감량에 미친 효과는 어떻게 알아보나요?

초임 교사: 그 효과를 알아보기 위해 1일 평균 걸음 수와 체지방 감량 정도를 측정했습니다. 그런데 <측정 결과표>에 나타난 것과 같이 극단값이 존재해서 1일 평균 걸음 수 순위와 체지방 감량 순위 간의 상관을 분석하는 것이 좋을 것 같습니다. 지난번에 체중과 신장 간의 관계 분석에 이용했던 (㉠)상관분석을 적용하면 어떨까요?

수석 교사: 분석은 가능하지만, 이 경우는 (㉡)상관분석을 하는 것이 더 적절합니다.

<측정 결과표>

번호	1일 평균 걸음 수	체지방 감량 정도(g)
1	7,200	300
2	5,000	800
3	4,500	600
4	6,700	500
5	3,800	100
6	9,900	1,400
7	6,600	400
8	4,200	200
9	7,100	700
10	7,000	600

044 다음은 체육 중점 고등학교의 체육 기말 평가에 대한 최 교사와 정 교사의 대화이다. 괄호 안의 ㉠, ㉡에 해당하는 명칭을 순서대로 쓰시오. [2점] 2016

> 최 교사 : 이번 학기 학생들의 총점 분포도가 지나치게 오른쪽으로 편중되어 나타났어요. 시험이 너무 쉬웠나 봐요. 이 경우 어떤 지수를 집중경향치로 선택해야 하나요?
> 정 교사 : 그림과 같은 분포의 경우에는 (㉠)을/를 집중경향치로 선택하는 것이 더 적합해요.
> 최 교사 : 분포의 퍼진 정도를 나타내는 분산도는 지난 학기와 같이 표준편차를 사용하려는데, 적절할까요?
> 정 교사 : 아닙니다. 이번 학기처럼 성적이 그림과 같은 분포일 경우는 (㉡)을/를 사용하는 것이 더 적절합니다.
>
>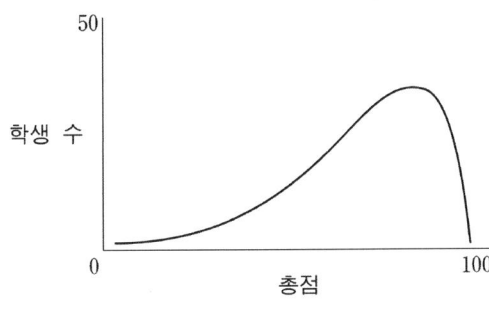

045 다음은 1학기 창작댄스와 농구 실기 평가에 대한 체육 교사 간의 대화 내용이다. 〈작성 방법〉에 따라 서술하시오. [4점] 2016

강 교사: 선생님, 이번에 평가한 창작댄스의 동료 평가 결과를 확인했는데 문제가 많아요.
황 교사: 어떻게 평가하셨죠?
강 교사: 저는 학생들을 A, B, C의 세 모둠으로 나눠 한 모둠을 다른 두 개의 모둠이 평가하도록 했어요. 예를 들어 A모둠이 창작댄스를 발표할 때 B모둠과 C모둠이 동시에 A모둠의 작품을 평가하도록 했어요.
황 교사: 그런데 평가 결과에 어떤 문제가 있었나요?
강 교사: 네. A모둠에 대한 B모둠과 C모둠의 평가가 너무 달라 점수 차이가 컸어요. 학생들은 공정하지 않다며 동료 평가에 대한 불만이 컸어요.
…(중략)…
강 교사: 선생님! 지난번에 실시한 농구 평가도 문제가 있었어요. 선생님은 저와 다르게 농구의 전술 이해도를 슛 성공률로 평가하셨더라고요?
황 교사: 슛을 잘하면 전술을 잘 이해하고 있다고 볼 수 있는 거 아닌가요? 저는 전술 이해도를 경기 중에 평가하기 어려워서 슛 성공률로 평가했어요.
강 교사: 저는 그렇게 생각하지 않아요. 전술 이해도는 경기 중에 학생들의 의사 결정, 공간 활용, 의사소통 여부를 평가 하는 것이 더 적절하다고 보거든요.

─〔작성 방법〕─
• 대화 내용에 근거하여 신뢰도 측면의 문제점을 찾고 해결 방안을 제시할 것
• 대화 내용에 근거하여 타당도 측면의 문제점을 찾고 해결 방안을 제시할 것

046 다음의 (가)는 체육 교사가 남녀 학생 간 체육 수업 만족도의 차이를 조사한 결과이고, (나)는 x^2 분포표의 일부이다. 〈작성 방법〉에 따라 순서대로 서술하시오. [4점] 2017

(가) 성별에 따른 체육 수업 만족도

만족 여부 \ 성별	남학생	여학생	전체
만족	75명	60명	135명
불만족	25명	40명	65명
전체	100명	100명	200명

x^2(chi-square)값 = 5.13   자유도(df : degree of freedom) = 1

(나) x^2 분포표

자유도(df) \ 유의수준(a)	$a=0.10$	$a=0.05$	$a=0.01$
1	2.71	3.84	6.63
2	4.61	5.99	9.21
3	6.25	7.81	11.34

※ 각 셀에 들어 있는 값은 유의수준(a)에 해당하는 x^2 값을 나타냄

┌─[작성 방법]─
• 유의수준 1%에서 검정통계량과 임계값을 제시하고, 이에 근거하여 통계적 의사결정을 기술할 것
• 유의수준 5%에서 검정통계량과 임계값을 제시하고, 이에 근거하여 통계적 의사결정을 기술할 것

047 다음의 (가)는 ○○고등학교 학생건강체력평가 결과이고, (나)는 표준정규분포곡선과 표준정규분포표의 일부이다. (나)를 근거로 김민수 학생의 오래달리기-걷기와 제자리멀리뛰기 기록이 상위 몇 %인지를 각각 산출하여 순서대로 쓰시오. (단, 소수점 이하 둘째 자리까지 제시함) [2점] 2017

(가) 학생건강체력평가 결과

체력평가 항목 성 명	오래달리기-걷기(초)	제자리멀리뛰기(cm)	…
이철수	405	235	…
김민수	350	260	…
박영수	360	250	…
⋮	⋮	⋮	…
전체평균 ± 표준편차	400 ± 50	242 ± 10	…

※ 각 체력평가 항목 결과는 표준정규분포를 가정함

(나) 표준정규분포곡선과 표준정규분포표

• 표준정규분포곡선

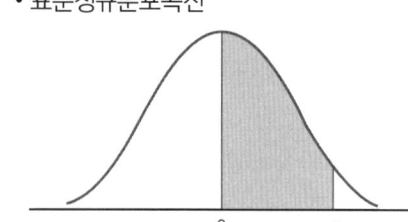

※ 표준정규분포표의 면적비율(%)은 표준정규분포곡선에서 0부터 Z까지의 면적비율(%)을 나타냄

• 표준정규분포표

Z	면적 비율(%)	Z	면적 비율(%)
⋮	⋮	0.00	0.00
-2.00	47.72	0.10	3.98
-1.90	47.13	0.20	7.93
-1.80	46.41	0.30	11.79
-1.70	45.54	0.40	15.54
-1.60	44.52	0.50	19.15
-1.50	43.32	0.60	22.57
-1.40	41.92	0.70	25.80
-1.30	40.32	0.80	28.81
-1.20	38.49	0.90	31.59
-1.10	36.43	1.00	34.13
-1.00	34.13	1.10	36.43
-0.90	31.59	1.20	38.49
-0.80	28.81	1.30	40.32
-0.70	25.80	1.40	41.92
-0.60	22.57	1.50	43.32
-0.50	19.15	1.60	44.52
-0.40	15.54	1.70	45.54
-0.30	11.79	1.80	46.41
-0.20	7.93	1.90	47.13
-0.10	3.98	2.00	47.72
0.00	0.00	⋮	⋮

048 다음은 ○○중학교의 체육지필고사 결과를 토대로 문항을 분석한 결과의 일부이다. 괄호 안의 ㉠, ㉡에 해당하는 용어를 순서대로 쓰시오. [2점] 2017

(가) 문항특성곡선 그래프

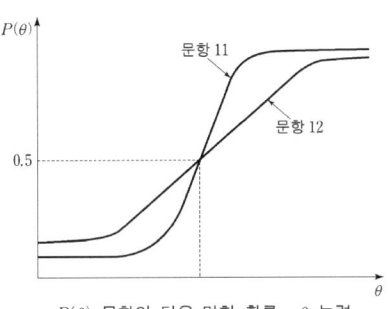

※ 각 문항은 문항반응이론의 가정을 모두 충족함

(나) 문항분석결과
- 문항 11번이 문항 12번보다 (㉠)이/가 상대적으로 더 높게 나타남
- (㉠) 이외의 문항 모수인 문항난이도와 (㉡)을/를 고려하여 추가 분석할 필요가 있음

049 다음은 문항 배점이 1점인 체육 지필검사의 일부이다. 고전검사이론을 적용하여 괄호 안의 ㉠, ㉡에 들어갈 알맞은 값을 순서대로 쓰시오. [2점] 2018

번호	이름	문항 1	문항 2	…	문항 10	총점
1	강○○	1	1	…	1	10
2	김○○	1	1	…	1	9
3	이○○	1	1	…	1	9
4	이○○	1	1	…	1	8
5	권○○	0	1	…	1	8
6	노○○	1	1	…	1	7
7	한○○	1	0	…	1	7
8	오○○	1	1	…	1	7
9	김○○	1	1	…	1	7
10	최○○	1	1	…	1	7
11	고○○	1	1	…	1	6
12	추○○	1	1	…	1	6
13	진○○	1	1	…	1	6
14	함○○	1	0	…	0	6
15	최○○	0	0	…	0	6
16	이○○	1	1	…	1	5
17	고○○	0	0	…	0	5
18	김○○	0	0	…	0	5
19	이○○	0	0	…	1	5
20	박○○	1	0	…	0	4
문항난이도 지수		0.75	0.65	…	(㉠)	
*문항변별도 지수		0.4	0.8	…	(㉡)	

*단, 문항변별도 지수는 상위 집단(상위 25%)과 하위 집단(하위 25%) 간 정답률 차이를 의미함

050
다음은 농구 동아리 경기 기록지의 일부이다. 〈작성 방법〉에 따라 순서대로 서술하시오. [4점]

2018

농구 동아리 경기 기록 분석

○○고등학교

(가) A팀과 B팀 간의 농구 기록 차이 분석

경기력 변인	팀	학생수	평균	표준편차	t값	유의 확률
2점슛 성공 횟수	A 팀	5	5.4	0.55	−3.536	0.008
	B 팀	5	7.4	1.14		
3점슛 성공 횟수	A 팀	5	2.2	0.84	−2.714	0.027
	B 팀	5	4.0	1.22		
자유투 성공 횟수	A 팀	5	3.0	1.22	1.206	0.262
	B 팀	5	2.2	0.84		
수비 리바운드 성공 횟수	A 팀	5	7.0	1.00	3.773	0.005
	B 팀	5	4.8	0.84		
공격 리바운드 성공 횟수	A 팀	5	5.0	0.70	−5.715	0.001
	B 팀	5	7.8	0.84		
가로채기 성공 횟수	A 팀	5	3.2	0.83	0.959	0.367
	B 팀	5	2.4	1.67		

※ t 검정 방법의 모든 기본 가정을 만족하였음

(나) 학생별 자유투 결과 분석
- 학생별 일치도를 알아보기 위해 자유투 검사를 2회 실시하여 유관표를 작성함

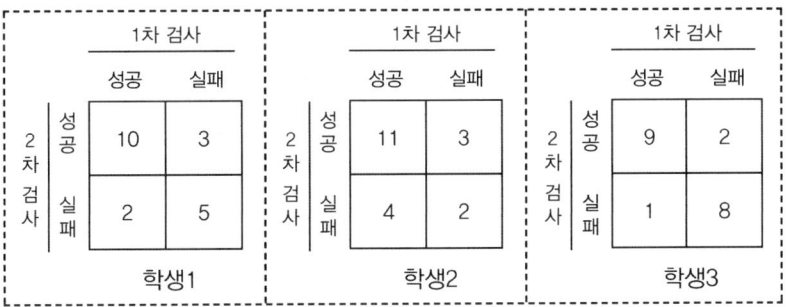

※ 각 유관표 안의 숫자는 자유투 빈도임

─〔작성 방법〕─
- (가)에서 사용한 t검정 방법의 명칭을 쓰고, A팀이 B팀에 비해 부족한 경기력 변인부터 순서대로 쓸 것(단, 유의 수준 5%에서 통계적으로 유의한 경기력 변인에 근거하여 판단함)
- (나)에 제시된 유관표를 보고, 일치도가 높은 학생부터 순서대로 제시할 것

051 (가)는 교사들이 학교에서 실시한 설문조사 결과를 보고 나눈 대화이고, (나)는 학생 건강체력 측정 결과를 보고 나눈 대화이다. 괄호 안의 ㉠, ㉡, ㉢에 해당하는 용어를 순서대로 쓰시오. [2점] 2019

(가) 설문조사 결과에 대한 대화

⟨철수의 집단 응집력 측정⟩

문항 내용	전혀 그렇지 않다	그렇지 않다	보통 이다	그렇다	매우 그렇다
1. 우리 팀 선수들은 서로 친하게 지낸다.	1	2	3	4✓	5
2. 우리 팀 선수들은 팀의 목표를 잘 알고 있다.	1	2	3	4✓	5
3. 우리 팀 선수들은 상대방의 이야기를 잘 들어준다.	1	2	3	4✓	5

⟨영수의 집단 응집력 측정⟩

문항 내용	전혀 그렇지 않다	그렇지 않다	보통 이다	그렇다	매우 그렇다
1. 우리 팀 선수들은 서로 친하게 지낸다.	1	2✓	3	4	5
2. 우리 팀 선수들은 팀의 목표를 잘 알고 있다.	1	2✓	3	4	5
3. 우리 팀 선수들은 상대방의 이야기를 잘 들어준다.	1	2✓	3	4	5

김 교사 : 철수가 리커트(Likert) 척도에 응답한 점수의 평균은 4점이고, 영수는 2점이니 철수가 영수보다 2배나 더 응집력이 좋다고 생각하는 것 같습니다.

박 교사 : 원칙적으로 리커트 척도는 질적인 (㉠) 척도입니다. 따라서 응답한 학생들 점수의 평균을 산출하여 비교하고 분석하는 것에는 부적절합니다. 선생님 해석은 척도를 가감승제할 수 있는 양적인 (㉡) 척도로 잘못 적용하신 것입니다.

(나) 학생 건강 체력 측정 결과에 대한 대화

성명 \ 체력항목	심폐지구력 왕복오래달리기(회)	근지구력 윗몸말아올리기(회)
강태훈	35	32
김태민	33	30
⋮	⋮	⋮
⋮	⋮	⋮
김민수	30	30
평균	37	31
표준편차	2	1

오 교사: 태훈이는 왕복오래달리기가 35회, 윗몸말아올리기가 32회로 심폐지구력이 더 좋은 것 같습니다.

최 교사: 측정 횟수를 표준화하여 상대적으로 비교해 봐야지요. 표준점수(Z점수)에 10을 곱하고 50을 더해서 더 편리하게 상대적 수준을 볼 수 있는 (ⓒ)을/를 계산해 보면, 태훈이는 왕복오래달리기가 40, 윗몸말아올리기가 60으로 산출됩니다. 따라서 태훈이는 근지구력이 심폐지구력보다 상대적으로 더 좋다고 볼 수 있습니다.

052 다음은 농구 자유투 검사 기준 설정에 대한 두 교사의 대화 내용이다. 괄호 안의 ㉠에 해당하는 용어와 ㉡에 해당하는 수치를 순서대로 쓰시오. [2점] 2019

이 교사: 이번 농구 종목의 수행평가는 학생의 성취기준 도달 여부로 판단하는 (㉠) 평가를 하기로 했습니다. 자유투 10회 시도 시 몇 회 성공을 합격 기준으로 판단하는 것이 타당할까요?

강 교사: (㉠) 평가 합격 기준을 설정하는 방법이 있습니다. 우선 농구 교육을 미수료한 학생 20명과 수료한 학생 20명을 대상으로 자유투를 10회씩 실시하여 다음 표와 그림을 작성합니다.

농구 자유투 성공 수(회)	농구 교육 미수료 학생(명)	농구교육 수료 학생(명)
0	1	0
1	3	0
2	5	0
3	6	1
4	3	1
5	1	3
6	1	6
7	0	4
8	0	3
9	0	1
10	0	1

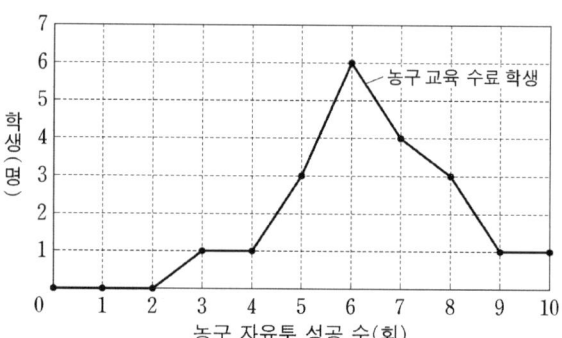

농구 교육 미수료 학생 빈도 분포 곡선까지 완성되면, 수료한 학생 빈도 분포 곡선과 교차하는 지점에서 가까운 자유투 성공 수를 (㉠) 평가 기준으로 가정하고 유관표를 작성합니다. 이들 중에서 분류정확확률이 상대적으로 가장 높게 나온 자유투 성공 수가 타당한 (㉠) 평가 기준이 되는 것입니다.

이 교사: 분류정확확률을 계산해보니, 자유투를 10회 시도할 때 (㉡)회 이상 성공하면 합격으로 판단하는 것이 좋겠습니다.

053 (가)는 학급별 체육 수행평가 결과표의 일부이고, (나)는 (가)를 근거로 한 전체 학급의 수행평가 항목별 점수 분포이다. 그리고 (다)는 (가)의 A반과 B반의 수행평가 총점 분포이다. 〈작성 방법〉에 따라 순서대로 서술하시오. [4점] 2019

(가) 학급별 체육 수행평가 결과표

학급	번호	수행평가 항목별 점수				총점
		슛 자세	드리블 자세	팀 기여도	학습 태도	
A	1	17	18	13	19	67
	2	18	18	15	19	70
	3	16	18	18	20	72
	⋮	⋮	⋮	⋮	⋮	⋮
B	1	17	18	16	19	70
	2	17	17	14	18	66
	3	16	14	15	19	64
	⋮	⋮	⋮	⋮	⋮	⋮

※ 각 수행평가 항목별 최고 점수는 20점임
※ 각 수행평가 항목 점수는 모두 정규 분포를 가정함
※ 위 수행평가 항목 점수 이외의 점수는 반영되지 않음

(나) 전체 학습의 수행평가 항목별 점수 분포

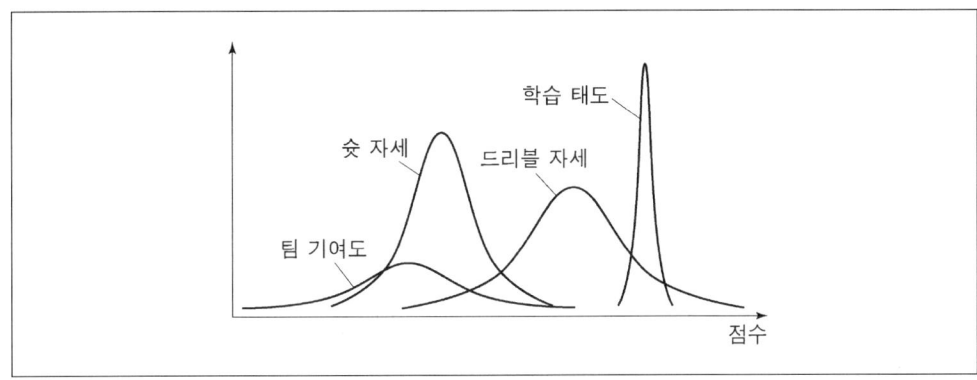

(다) A반과 B반의 수행평가 총점 분포

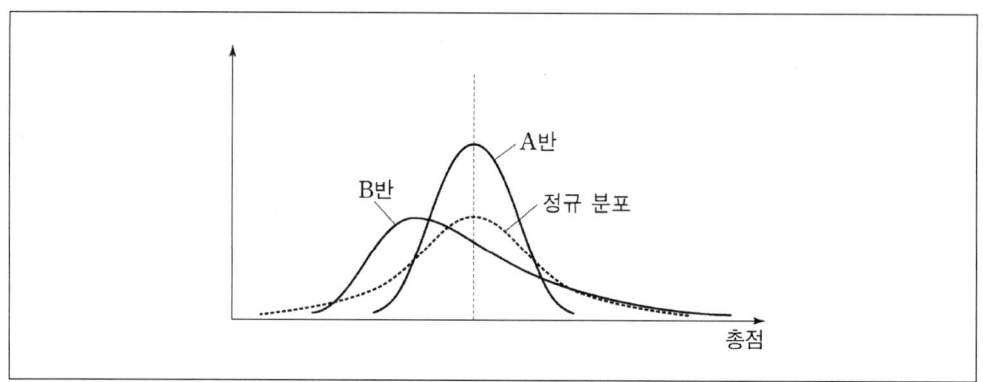

┌─[작성 방법]─────────────────────────────────────┐
• (나)에서 상대적으로 변별도가 가장 낮아 수행평가 결과에 크게 영향을 미치지 못하는 수행평가 항목을 찾아 쓸 것
• (다)의 B반 분포에서 중앙값, 평균값, 최빈값을 비교해서 작은 값부터 순서대로 쓸 것
• (다)에서 A반의 분포 모양 명칭을 첨도의 평첨, 중첨, 급첨 중에 선택하여 쓰고, B반의 분포 모양 명칭을 정적 편포, 부적 편포 중에 선택하여 쓰고, A반과 B반 중 수준별 수업이 더 많이 요구되는 반을 선택하고 그 이유를 서술할 것
└───┘

054 다음은 ○○중학교에서 실시한 운동기능 검사 결과에 대해 박 교사와 김 교사가 나눈 대화 내용이다. 괄호 안의 ㉠, ㉡에 해당하는 용어를 순서대로 쓰시오. [2점] 2020

박 교사 : 김 선생님, 운동기능 검사는 끝났나요?
김 교사 : 네, 선생님. 이번 체육 수업에서 실시한 운동기능 검사 점수를 근거로 운동기능이 숙달되지 않은 학생 집단 (가)와 운동기능이 숙달된 학생 집단 (나)로 나누었어요. 그런 다음에 Ⓐ와 같이 두 집단 간 교차가 되는 점수를 숙달 여부의 판단을 위한 기준 점수(cut-off score)로 정했어요.
박 교사 : 학교스포츠클럽 대회가 얼마 안 남았는데 대회에 출전할 학생들은 선발하셨나요?
김 교사 : 아니요. 그렇지 않아도 대회가 얼마 남지 않아서 걱정입니다. 이번에는 학교 간 대회이기 때문에 운동기능이 상대적으로 우수한 (나) 집단에서 Ⓑ수준 이상인 학생들을 선발하려고 합니다. 이를 위해 운동기능 검사 점수의 백분위 수를 근거로 정해지는 선발 기준인 (㉠)을/를 사용하려고 합니다.

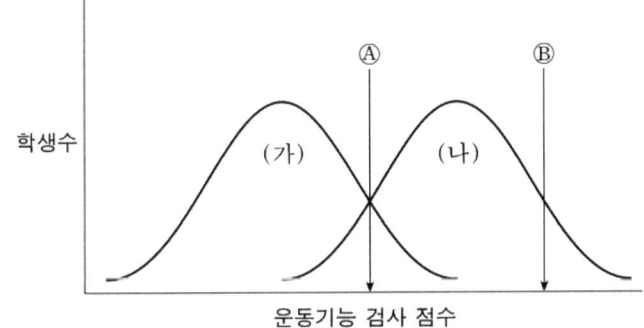

김 교사 : 그런데 걱정이네요. 적용할 검사를 결정하기 전에 검사가 타당한지, 신뢰로운지 그리고 우수한 학생(예 : 상위 25%)과 우수하지 않은 학생(예 : 하위 25%)을 구별해 내는 특성인 (㉡)을/를 가지고 있는지를 확인해야 하거든요.

055 다음은 박 교사가 2종류의 보행수 측정 기기를 사용해 얻은 자료이다. 〈작성 방법〉에 따라 순서대로 서술하시오. [4점] 2020

보행수 측정 분석 자료

(가) 측정 방법
- A학생이 ㉮형 보행수 측정 기기와 ㉯형 보행수 측정 기기를 동시에 착용하고 1주일 동안 매일 1회 보행수를 측정함
  ※ ㉮형 보행수 측정 기기는 준거 기기임
- 2종류 측정 기기의 신체 착용 위치, 측정 시간 등 모든 측정 조건은 동일함

요일	㉮형 측정 기기의 보행수 (ⓐ)	㉯형 측정 기기의 보행수 (ⓑ)	보행수의 차이 (ⓒ=ⓑ-ⓐ)	㉠ 요일별 보행수(㉯형) -1주일 평균 보행수(㉯형) (ⓔ=ⓑ-ⓓ)
월	5,518	4,435	-1,083	-773
화	4,540	4,309	-231	-899
수				
목		…(중략)…		
금				
토	3,304	3,312	+8	-1,896
일	7,107	8,212	+1,105	+3,004
평균	5,212	ⓓ 5,208	-4	(㉡)

(나) 자료 분석 결과
- 두 기기 간의 보행수 차이(ⓒ)의 방향(+, -)과 크기는 ㉯형 측정 기기의 (㉢)에 대한 판단 근거이다.
- ㉣ ㉮형 측정 기기와 ㉯형 측정 기기로 측정한 보행수 간의 상관계수는 .87이다.

〈작성 방법〉
- 월요일부터 일요일까지 ㉠에 해당하는 값들의 명칭을 쓸 것
- 괄호 안의 ㉡에 해당하는 값을 쓰고, ㉡값으로 점수(보행수)의 흩어진 정도를 파악하기 불가능한 이유를 서술할 것
- 괄호 안의 ㉢에 해당하는 명칭과 밑줄 친 ㉣로 확인할 수 있는 타당도 유형의 명칭을 순서대로 쓸 것

056 다음은 교사학습공동체에서 교사들이 BMI(체질량 지수) 수준과 질병위험률 간 상관관계에 대한 자료를 보고 나눈 대화 내용이다. 〈작성 방법〉에 따라 순서대로 서술하시오. [4점] 2020

최 교사: 오늘 BMI 수준과 질병위험율 자료를 보았는데요. 이런 자료 분포에서는 상관계수 (r) 값이 0에 가깝다고 알고 있어요. 그러면 비만과 질병위험률 간에는 관계가 없다는 건가요?
황 교사: 그래요? BMI가 높으면 질병위험율이 높을 텐데요? 자료를 한번 봅시다.
최 교사: 두 변인 간 관계 형태가 그래프와 같이 생겼어요.

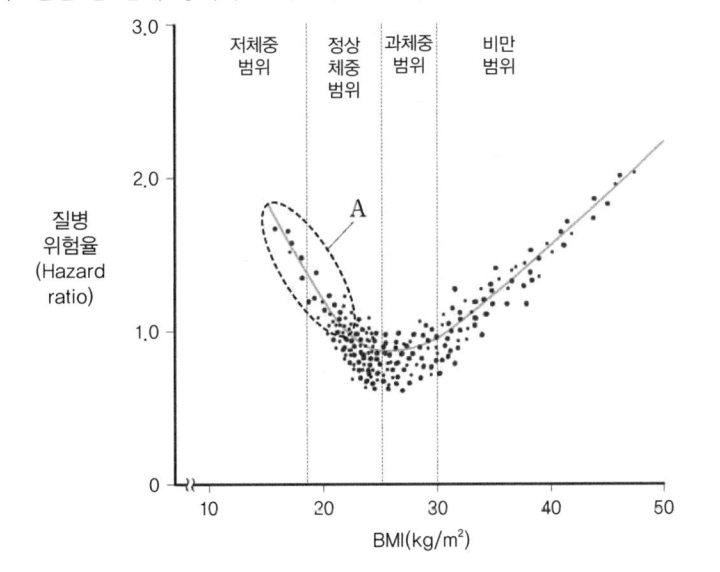

─〔작성 방법〕─
- 위 그래프의 A 범위 자료만으로 상관계수를 산출하였을 때 예상되는 상관계수의 부호를 제시하고, 부호의 의미를 서술할 것
- 저체중에서 비만 범위까지의 전체 자료에서 상관계수가 0에 가깝게 산출되는 이유를 자료 분포 형태에 근거하여 서술할 것
- 상관계수 산출에 주로 사용되는 비율척도의 특성을 설명하되, 다른 척도들(명명, 서열, 동간)에는 없는 수리적 특성을 서술할 것

057 다음은 팔굽혀펴기 분석 결과에 대해 교사들이 나눈 대화 내용이다. 괄호 안의 ㉠에 해당하는 값과 ㉡에 해당하는 용어를 순서대로 쓰시오. [2점] 2021

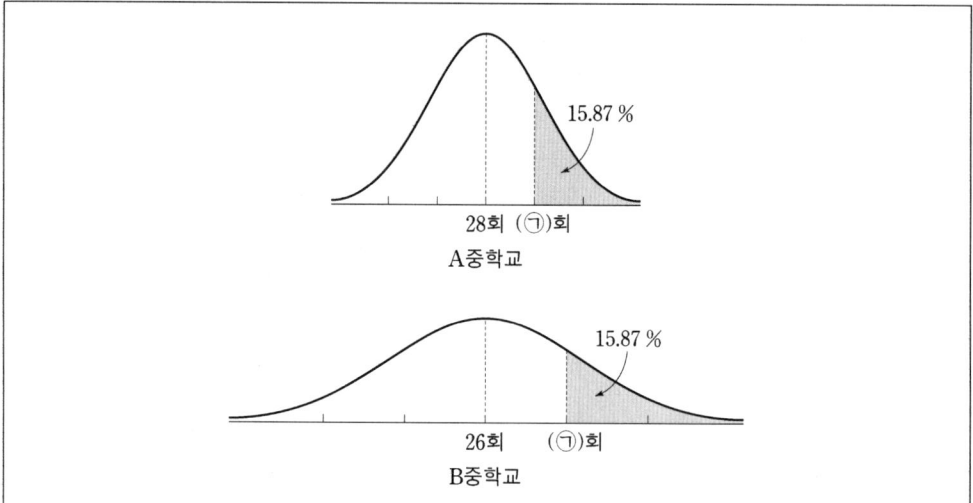

정 교사 : 팔굽혀펴기 평균 기록은 A중학교가 B중학교보다 높아 A중학교 학생들의 근지구력 수준이 B중학교 학생들보다 더 높은 것으로 판단됩니다.

박 교사 : 꼭 그럴까요? 평균은 A중학교가 높지만 A중학교의 표준편차(3회)가 B중학교의 표준편차(5회)보다 작아서 (㉠)회보다 많은 횟수를 기록한 학생들의 비율은 두 학교가 같습니다.

…(중략)…

정 교사 : 두 학교의 동일한 학생들에게 1차 측정과 같은 조건에서 팔굽혀펴기 검사를 반복하여 측정해도 동일한 결과가 나올까요?

박 교사 : 반복 측정 결과에 따른 검사 점수가 통계적으로 유의한 차이가 있는지는 (㉡)을/를 이용하여 알 수 있습니다. (㉡)은/는 검사 점수의 신뢰도와 표준편차를 이용하여 산출되는데, 이것을 활용한 신뢰 구간으로 학생들의 검사 점수를 비교할 수 있습니다.

058 다음의 (가)는 경기력 검사에 대해 교사들이 나눈 대화 내용이고, (나)는 농구 경기력 검사 점수를 분석한 결과이다. 〈작성 방법〉에 따라 순서대로 서술하시오. [4점] 2021

(가) 교사들의 대화

> 유 교사 : 농구 경기력 검사 도구 개발과 관련하여 경험이 많으신 선생님께 도움을 받고 싶습니다.
> 이 교사 : 네. 좋습니다. 먼저 농구 경기력의 검사 항목을 선정하고, ㉠ <u>선정된 검사 항목이 경기력을 검사하는 중요한 요소로 구성되었는가를 농구 전문가인 김 교사의 주관적인 의견을 들어 타당도를 확인해야 합니다.</u>
> 유 교사 : 검사의 타당도를 계량적으로 확인하는 방법도 있나요?
> 이 교사 : 검사 총점과 검사 항목의 점수 간 상관으로 타당도를 추정할 수 있습니다. (나)에서 농구 경기력을 타당하게 측정하는 데 기여도가 가장 큰 검사 항목은 (㉡)입니다.
> …(중략)…
> 유 교사 : 농구 경기력 검사의 타당도를 추정하는 다른 방법은 없을까요?
> 이 교사 : ㉢ <u>농구 경기력 수준이 높은 집단과 낮은 집단의 농구 경기력 점수를 비교하여 타당도를 추정할 수 있습니다.</u>

(나) 농구 경기력 검사 총점과 검사 항목별 점수 간 상관 분석 결과

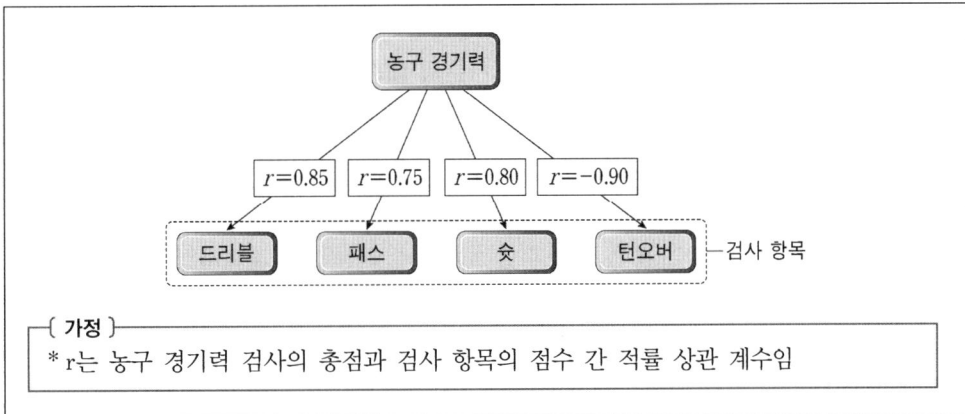

┌─ 가정 ─
│ * r는 농구 경기력 검사의 총점과 검사 항목의 점수 간 적률 상관 계수임

┌─〈작성 방법〉─
│ • 밑줄 친 ㉠의 방법으로 추정한 타당도 유형의 명칭을 쓸 것
│ • 괄호 안의 ㉡에 해당하는 검사 항목의 명칭을 쓰고, 이 항목의 결정 계수를 제시할 것
│ • 밑줄 친 ㉢의 방법으로 추정한 타당도 유형의 명칭을 쓸 것

059 다음의 (나)는 차 교사의 연구 결과이며, (다)는 교사들이 나눈 대화 내용이다. 〈작성 방법〉에 따라 순서대로 서술하시오. [4점] 2021

(나) 차 교사의 실험 연구 결과

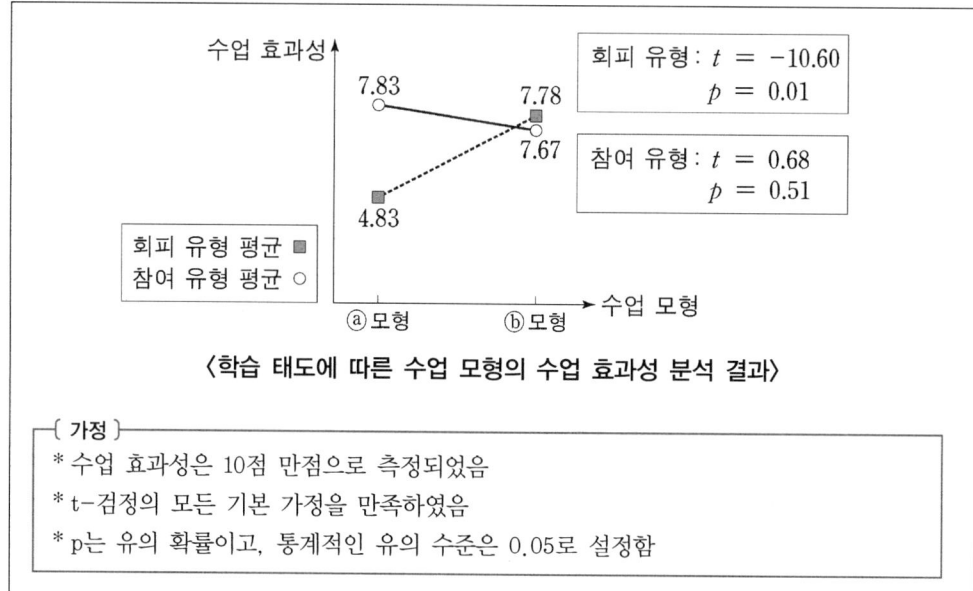

〈학습 태도에 따른 수업 모형의 수업 효과성 분석 결과〉

― 가정 ―
* 수업 효과성은 10점 만점으로 측정되었음
* t-검정의 모든 기본 가정을 만족하였음
* p는 유의 확률이고, 통계적인 유의 수준은 0.05로 설정함

(다) 차 교사의 연구 결과에 대한 교사들의 대화

차 교사: 학습 태도의 유형(회피, 참여)에 따라 2가지 수업 모형을 적용한 후, 학생들의 수업 효과성이 차이가 있는지를 알아보았습니다.

전 교사: 수고하셨네요. (나)의 분석 결과를 보니 학습 태도가 (㉢) 유형인 경우에는 ㉣ 수업 모형에 따라 수업 효과성이 통계적으로 유의하게 차이가 있군요.

차 교사: 맞습니다. (나)에서 학습 태도의 유형에 따라 수업 모형별 수업 효과성의 차이가 다르기 때문에 학습 태도는 (㉤) 변인입니다.

― 작성 방법 ―
• 괄호 안의 ㉢의 명칭을 쓰고, 밑줄 친 ㉣의 근거를 서술할 것
• 괄호 안의 ㉤에 해당하는 명칭을 쓸 것(단, 독립 변인은 제외할 것)

060 다음의 (가)는 배드민턴 내용 지식 검사에 대해 교사들이 나눈 대화 내용이고, (나)는 문항 내용별 정답자 수를 분석한 결과이다. 〈작성 방법〉에 따라 순서대로 서술하시오. [4점] 2022

(가) 교사들의 대화

> 진 교사 : 이번에 실시한 배드민턴 내용 지식 검사의 각 문항에 대한 적절성을 검토하고 싶습니다. 어떠한 방법이 있을까요?
> 강 교사 : 고전검사이론의 문항 분석 기법을 적용하는 방법이 있습니다. 먼저, ㉠ 문항 난이도를 통해 문항의 쉽고 어려운 정도를 확인할 수 있습니다.
> 진 교사 : 그럼, ㉡ 문항 변별도에 대한 정보도 알 수 있을까요?
> 강 교사 : 네. (나)를 살펴보면 (㉢)을/를 측정하는 문항 내용이 변별도 지수가 가장 낮은 것으로 확인됩니다.
> 진 교사 : 그렇군요. 분석 결과를 토대로 문항 구성을 다시 고려해 봐야 할 것 같습니다.

(나) 배드민턴 내용 지식 검사의 문항 내용별 정답자 수

번호	문항 내용	정답자 수	상위집단의 정답자 수	하위집단의 정답자 수
1	역사	73	22	11
2	경기방법	78	23	13
3	시설 및 기구	69	20	10
4	과학적 원리	65	20	15
5	경기 전략	61	19	11

〔가정〕
- 검사에 참여한 학생의 수는 100명임
- 상위 집단과 하위 집단은 학생들의 점수 총점을 기준으로 상위 25%와 하위 25%로 구분하였음

〔작성 방법〕
- 밑줄 친 ㉠의 지수(값)가 가장 높게 나타난 문항 내용을 쓸 것
- 밑줄 친 ㉡의 개념을 서술할 것
- 괄호 안의 ㉢에 해당하는 문항 내용과 변별도 지수(값)를 함께 쓸 것

061 다음의 (가)는 김 교사의 교사 전문성 신념에 관한 내용이고, (나)는 현장 개선 연구 보고서의 일부이다. 〈작성 방법〉에 따라 순서대로 서술하시오. [4점] 2022

(가) 김 교사의 교사 전문성 신념

> (㉠)적 실천주의
> • 지식은 실제 속에 있으며, 이론과 실천은 분리되지 않는다.
> • 교사의 역할을 이론의 적용자로 규정한 기능적 합리주의와 달리, 교사는 지식의 소비자이자 생산자이다.

(나) 현장 개선 연구 보고서

> ○ 주제 : 건강체력교실 프로그램 개선
> ○ 문제 파악
>   • 운영 기간 : 2021년 1학기
>   • 평가 항목 및 종목 : 학생건강체력평가 항목 중 왕복오래달리기, 앉아윗몸앞으로굽히기, 악력, 제자리멀리뛰기
>
> | 평가 항목 | 종목 | 단위 |
> | --- | --- | --- |
> | 심폐지구력 | 왕복오래달리기 | 회 |
> | 유연성 | 앉아윗몸앞으로굽히기 | cm |
> | 근력 및 근지구력 | 악력 | kg |
> | 순발력 | 제자리멀리뛰기 | cm |
>
>   • 분석 및 결과
>   − 분석 : 최근 10년간 학생건강체력평가의 측정 결과(4개 항목)를 전집으로 가정하여 단일 표본 t-검정을 실시함
>   − 결과 : 여학생의 체력 수준이 모든 항목에서 전집 평균치보다 낮게 나타남
> ○ 프로그램 개선 계획
>   • 여학생 신체활동 특성을 반영한 건강체력교실 프로그램 개발
>   …(중략)…
> ○ 실행
>   • 운영 기간 : 2021년 2학기
>   …(중략)…
> ○ 실행 결과
>   • 평가 시기와 목적
>
> | 구분 | 시기 | 목적 |
> | --- | --- | --- |
> | 진단평가 | 프로그램 실행 전(8월 말) | 학생의 현재 체력 수준 파악 |
> | (㉡) | 프로그램 실행 후(11월 중순) | 학생의 성취도, 프로그램 효과성 등의 종합적 판단 |
>
>   …(중략)…

• 결과

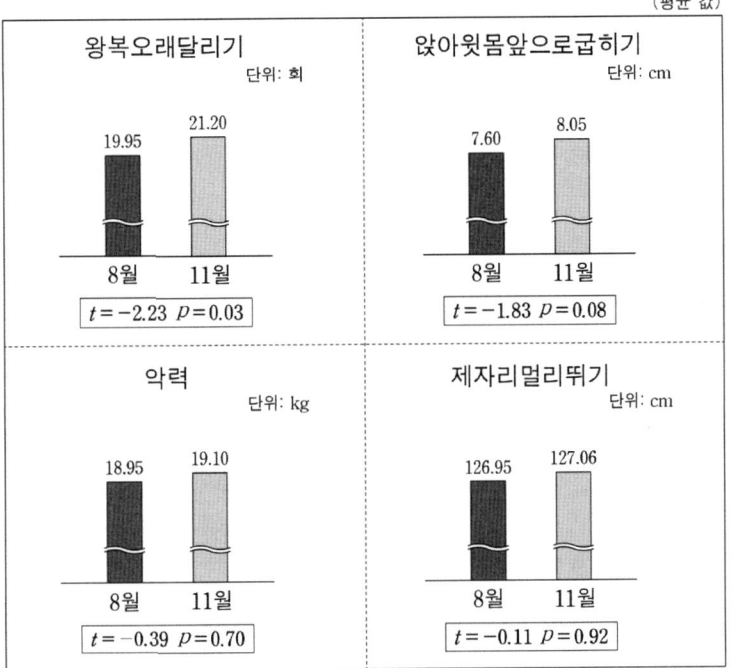

⟨ⓒ 학생건강체력평가 항목별 반복 측정 결과⟩

─〔 가정 〕─
- t-검정의 모든 가정을 만족하였음
- ② p는 유의확률이고, 통계적인 유의수준은 0.05로 설정함

─〔 작성 방법 〕─
- 괄호 안의 ㉠에 해당하는 용어를 숀(D. Schön)의 주장에 근거하여 쓸 것
- 괄호 안의 ㉡에 해당하는 평가의 명칭을 쓸 것
- 밑줄 친 ㉢에서 적용한 t-검정 유형의 명칭을 쓰고, ㉢에서 통계적으로 유의한 차이를 나타낸 측정 항목을 밑줄 친 ㉣에 근거하여 서술할 것

062 다음은 윤 교사의 왕복오래달리기 검사에 관한 분석 보고서이다. 〈작성 방법〉에 따라 순서대로 서술하시오. [4점] 2022

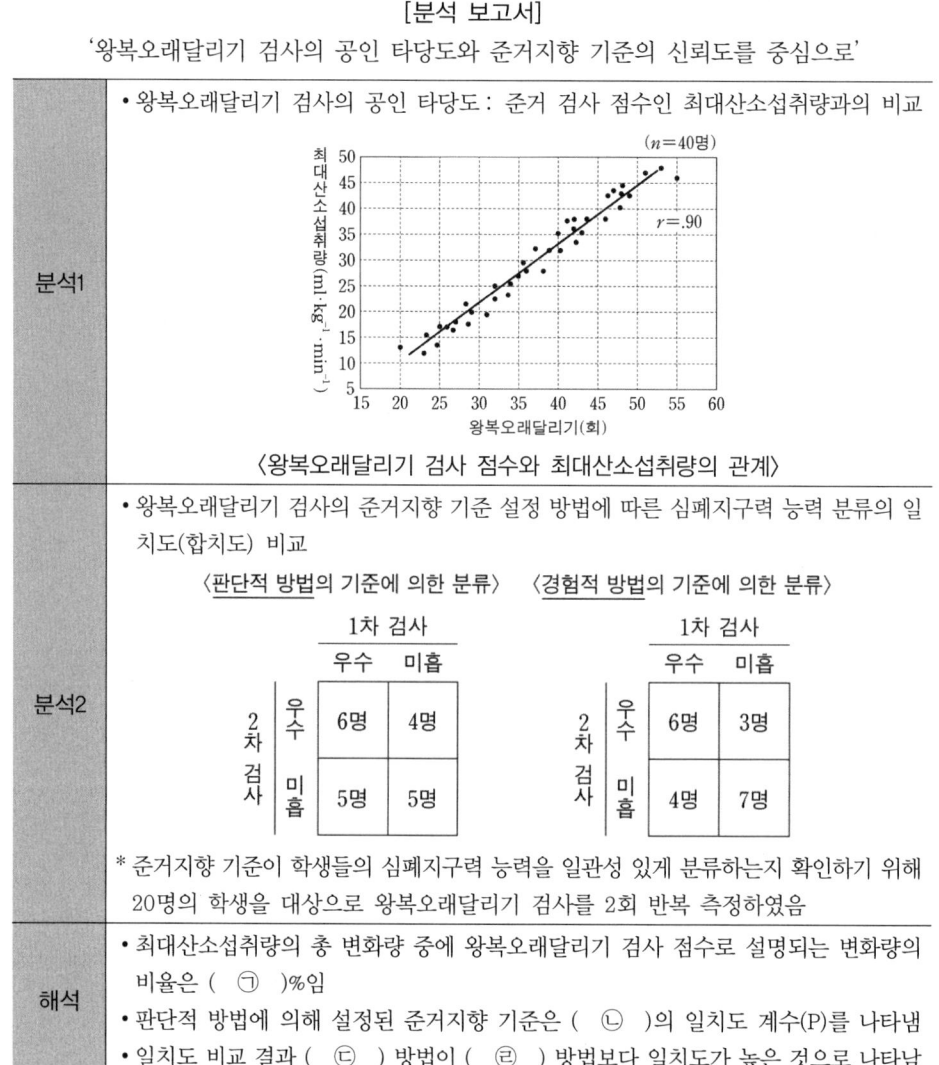

─〔작성 방법〕────────────────────────
• 괄호 안의 ㉠에 해당하는 값을 쓸 것
• 괄호 안의 ㉡에 해당하는 값을 쓸 것
• 괄호 안의 ㉢, ㉣에 해당하는 명칭을 순서대로 쓰고, ㉣ 방법의 준거지향 기준 설정 방법에 대해 서술하시오.

063 다음은 교육 실습 중 예비 교사와 지도 교사가 나눈 대화 내용이다. 괄호 안의 ㉠, ㉡에 해당하는 용어를 순서대로 쓰시오. [2점] 2023

> 예비 교사 : 이번 표현 활동 수행평가에 대해 제가 부여한 점수와 선생님이 부여한 점수에 차이가 있음을 발견했습니다. 학생 평가 시 교사 간에 동일한 점수를 산출하는 것이 중요하다고 느꼈습니다.
> 지도 교사 : 평가자 간 (㉠)을/를 말하는군요. 이는 같은 대상자에 대해 두 명 이상의 평가자가 동일한 점수를 부여하는 정도로 정의하며, 평가자의 주관성, 오류, 편견의 영향을 받게 됩니다. 교사가 부여한 점수에 따라 학생들의 성취 수준이 평가되기 때문에 평가자 간 (㉠)은/는 매우 중요하다고 할 수 있습니다.
> 예비 교사 : 그럼, 평가자 간 (㉠)은/는 어떻게 확인하나요?
> 지도 교사 : 평가자가 두 명인 경우에는 두 평가자가 부여한 점수들 간 (㉡) 분석을 통해 추정할 수 있습니다.
>
> 표현 활동 수행평가 결과
>
> | 학생 | 평가점수(점) | |
> |---|---|---|
> | | 예비교사 | 지도교사 |
> | 강○○ | 80 | 66 |
> | 김○○ | 82 | 77 |
> | 박○○ | 90 | 81 |
> | 오○○ | 90 | 78 |
> | 윤○○ | 82 | 67 |
> | 이○○ | 75 | 65 |
> | 조○○ | 95 | 90 |
> | 진○○ | 88 | 83 |
> | 최○○ | 93 | 88 |
> | 한○○ | 93 | 95 |

064

(가)는 학생건강체력평가 측정 결과에 대해 교사들이 나눈 대화 내용이고, (나)는 측정 결과이다. 〈작성 방법〉에 따라 순서대로 서술하시오. [4점] 2023

(가) 교사들의 대화

> 오 교사 : 선생님, 남학생의 측정 결과에서 중심 경향값을 살펴보면 (㉠) 검사 종목의 점수 분포가 정적 편포의 모양을 나타냅니다. 점수 분포가 편포 현상을 나타낼 때에는 상대적으로 극단값의 영향을 덜 받는 분산도 측정치인 (㉡)을/를 통해 측정 결과를 보다 자세하게 설명할 수 있습니다. (나)의 측정 결과표에 (㉡)에 대한 정보도 추가적으로 제시하면 좋을 것 같습니다.
>
> 윤 교사 : 좋습니다. 여학생의 측정 결과에서 분산도를 살펴보면 제자리멀리뛰기 검사의 표준편차가 가장 크게 나타났네요. 반면, 앉아윗몸앞으로굽히기 검사의 표준편차가 가장 낮게 나타났습니다. 이 결과를 통해 검사 종목별 분산도를 비교할 수 있습니다.
>
> 오 교사 : 측정 요소 및 단위가 서로 다른 검사의 표준편차를 직접 비교하는 것은 적절하지 않습니다. 특히, 측정 단위는 같더라도 평균치가 클수록 표준편차도 커지는 경향이 나타나기 때문에 결과 해석 시 주의가 요구됩니다. 이런 경우 상대적 분산도에 해당하는 (㉢) 계수를 산출하여 분산의 정도를 비교하는 것이 적절합니다.

(나) 측정 결과

검사단위 (단위)	남학생 측정 결과			여학생 측정 결과		
	평균	표준편차	중앙값	평균	표준편차	중앙값
악력(kg)	35	7	30	20	4	20
앉아윗몸앞으로굽히기(cm)	6	6	10	10	2	10
제자리멀리뛰기(cm)	185	20	185	150	15	150
왕복오래달리기(회)	46	12	46	30	9	30

─〔작성 방법〕
- 괄호 안의 ㉠에 해당하는 검사 종목을 쓸 것
- 괄호 안의 ㉡에 해당하는 용어를 쓸 것
- 괄호 안의 ㉢에 해당하는 용어를 쓰고, 여학생의 측정 결과 에서 ㉢ 계수가 가장 큰 검사 종목과 가장 작은 검사 종목을 계수의 값과 함께 서술할 것(단, 계수의 값은 백분율(%)로 제시할 것)

065 다음은 학생의 축구 기술 평가 결과지이다. 〈작성 방법〉에 따라 순서대로 서술하시오. [4점]

2023

[축구 기술 평가 결과지]

성명 : 진○○

○ 결과 요약

진○○ 학생의 패스 기술은 '보통'입니다. 패스 점수를 표준점수인 (㉠)(으)로 변환하여 계산할 경우 50점을 나타냅니다. 슛 기술은 '우수' 등급입니다. 점수 빈도 분포에서 진○○ 학생의 슛 점수가 속한 급간까지의 누적(누가) 학생 수는 195명입니다. 즉, 슛 점수 90점은 (㉡) 백분위에 해당합니다. 드리블 기술은 (㉢)등급입니다.

○ 측정 결과

구분	진○○학생		동일 학년 200명	
측정항목	점수	평가 등급	평균($\overline{X}$)	표준편차(s)
패스	71	보통	71.0	4.0
슛	90	우수	80.2	5.0
드리블	86	(㉢)	80.0	6.0

※ 결과 해석에 참고하세요.
- 동일 학년 200명의 측정 결과를 기초로 아래의 방법과 기준을 활용한 규준지향평가를 적용하였음
- 평가 등급은 ㉣ '미흡' -1.5s 미만, '보통' -1.5s 이상 +1.5s 미만, '우수' +1.5s 이상을 기준으로 함

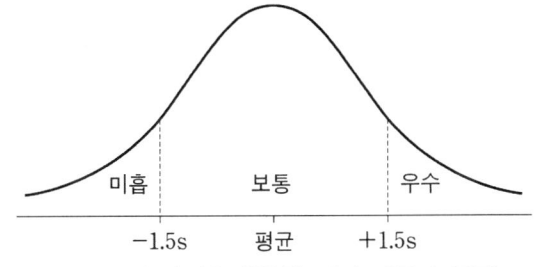

〈표준편차 방법을 활용한 평가 기준과 등급〉

- 측정 항목별 점수 분포는 정규분포를 나타냄
- 백분위는 학생 점수에 해당하는 누적백분율을 의미함

〔작성 방법〕
- 괄호 안의 ㉠에 해당하는 용어를 쓸 것
- 괄호 안의 ㉡에 해당하는 값을 쓸 것
- 괄호 안의 ㉢에 해당하는 등급을 쓰고, 드리블 종목의 평가 등급 분류를 위한 기준 점수 범위들을 밑줄 친 ㉣에 근거하여 순서대로 모두 서술할 것

066 다음의 (가)는 교사들의 대화이고, (나)는 분석 결과이다. 〈작성 방법〉에 따라 순서대로 서술하시오. [4점] 2024

(가) 교사들의 대화

> 윤 교사: 학생들에게 신체활동 참여와 관련하여 흥미로운 수업 자료를 제공하려고요. 신체활동 참여 시간이 에너지 소비량에 미치는 영향의 정도를 확인하고 예측하는 자료를 만들 수 있을까요?
> 진 교사: 회귀분석을 적용해 봅시다. 회귀분석은 두 변인 간의 관계를 설명하고 예측을 위해 필요한 관계식을 산출할 때 유용한 방법입니다. (나)의 분석 결과를 살펴보면, ㉠ 에너지 소비량에 대한 신체활동 참여 시간의 설명력을 확인할 수 있습니다. 또한 회귀식을 통해 에너지 소비량의 값을 추정할 수 있습니다.
> 윤 교사: 회귀식의 정확성은 어떻게 확인하지요?
> 진 교사: 정확성을 나타내는 지표로는 (㉡)을/를 활용합니다. (㉡)은/는 회귀식에 의해 추정된 값과 실제 측정값의 차이인 오차들의 표준편차를 의미하며, 표준편차처럼 해석하여 적용할 수 있습니다. 또한 현장 검사를 통해 준거 검사를 예측하는 예언 타당도의 정확도 지표로도 활용됩니다.

(나) 분석 결과

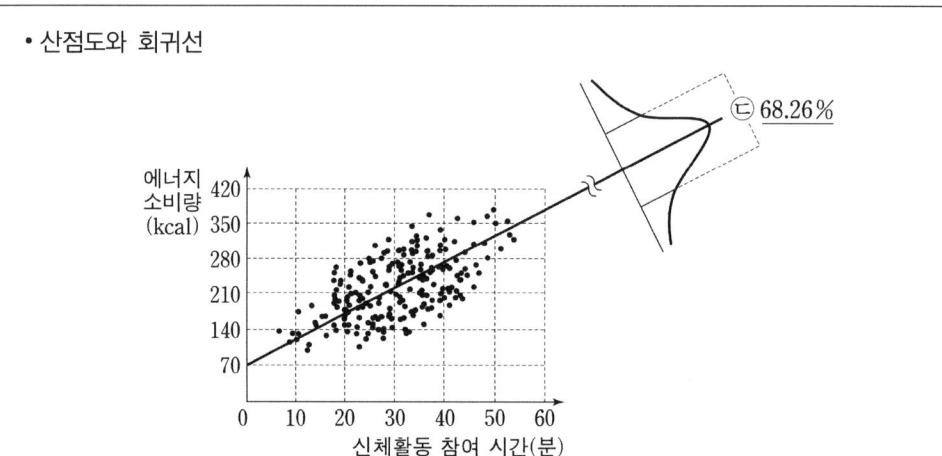

- 산점도와 회귀선 (㉢ 68.26%)

- 회귀분석 결과 요약

모형	비표준 회귀계수	R	(㉡)
상수(절편)	70	0.80	4.00
신체활동 참여 시간	5		

※ 종속 변인: 에너지 소비량

- 참고
  - 분석 결과는 회귀분석의 모든 가정을 만족하였음
  - 정규분포에서 ±1 표준편차는 68.26%에 해당하는 범위임

┌─[**작성 방법**]───┐
• 밑줄 친 ㉠에 해당하는 값(%)을 쓸 것
• 괄호 안의 ㉡에 공통으로 해당하는 용어를 쓸 것
• (나)의 분석 결과를 활용하여 90분의 신체활동 참여 시 에너지 소비량의 추정 값을 쓰고, 추정 값을 기초로 밑줄 친 ㉢에 해당하는 분포의 범위를 서술할 것
└──┘

067 다음은 축구 리프팅 검사에 관한 연구노트이다. 〈작성 방법〉에 따라 순서대로 서술하시오.

[4점] 2024

연구노트 1: 축구 리프팅 검사의 신뢰도 탐색

- 목적: 리프팅 검사의 수행평가 적용을 위해 신뢰도를 확인함

- 신뢰도 추정 방법
  - 운동장에서 리프팅 검사 10회를 시도함
  - 각 시도에 따른 리프팅 성공 개수를 기록함
  - 홀수 차 시도와 짝수 차 시도의 성공 개수를 기초로 상관분석을 적용함

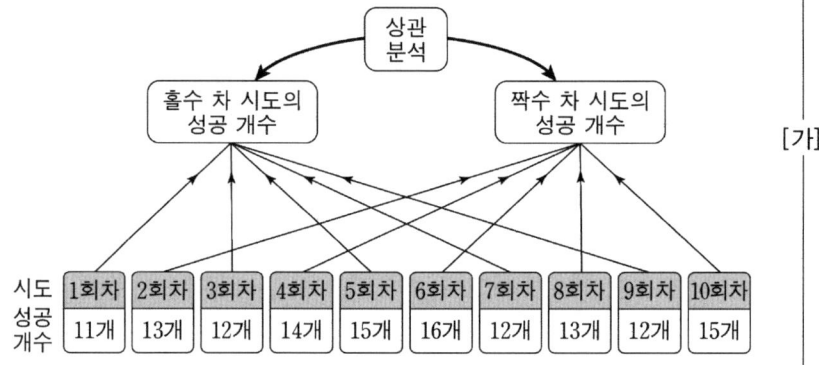

  - 스피어만−브라운(Spearman-Brown)의 예측 공식을 적용하여 전체 검사의 신뢰도를 추정함 [가]

- 결과: 신뢰도 계수는 0.90으로 나타나 신뢰성 있는 검사로 판정됨

- 주의사항: 측정 시 ㉠ 강한 바람이 일부 학생의 리프팅 수행에 영향을 줌. 추후 실내에서 측정하는 것이 바람직함

연구노트 2 : 축구 리프팅 검사의 평가기준 설정

• 목적 : 리프팅 검사의 성취기준 도달 여부 평가를 위해 준거기준을 설정함

• 설계 : 판단-경험적 방법 중 하나인 (ⓒ) 방법을 적용함
 - (ⓒ) 방법 : 교사가 학생의 평소 축구 기능을 고려하여 숙달(50명)과 비숙달(50명) 집단으로 구분하고, 리프팅 검사를 실시하여 얻은 두 집단의 점수 분포 교차점을 성취 기준 점수로 설정함

• 점수 분포 그래프

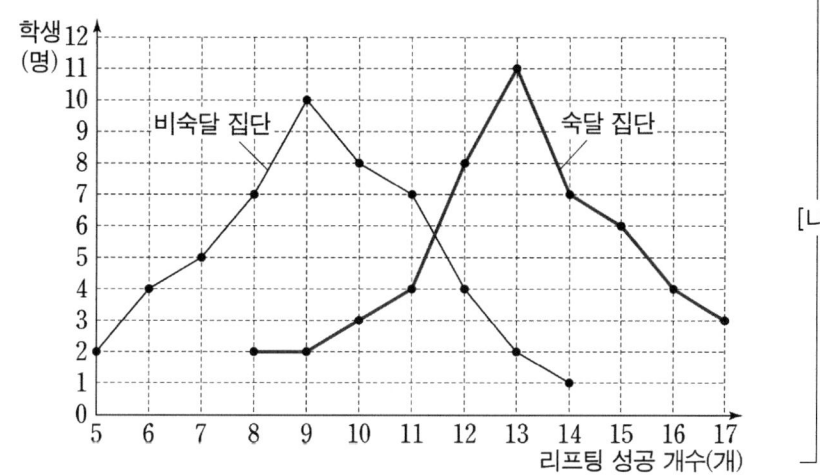

• 분석 : 유관표를 작성하여 분류 정확 확률을 통해 타당성을 검토함

─〔작성 방법〕──────────
• [가]에 해당하는 신뢰도 추정 방법의 명칭을 쓸 것
• 밑줄 친 ㉠에 해당하는 측정오차 유형의 명칭을 쓸 것
• 괄호 안의 ⓒ에 공통으로 해당하는 용어를 쓰고, [나]의 점수 분포 그래프를 활용하여 결정 타당도가 가장 높은 성취 기준 점수의 분류 정확 확률(%)을 서술할 것

068 다음은 체력평가에 대한 교사들의 대화이다. 괄호 안의 ㉠, ㉡에 해당하는 값을 순서대로 쓰시오. [2점] 2025

⟨체력평가 기록 일부⟩

체력 평가요인	순발력		근지구력		심폐지구력	
항목	제자리 멀리뛰기(cm)	스텝 (회)	팔굽혀펴기 (회)	턱걸이 (회)	왕복 오래달리기(회)	오래달리기 －걷기(초)
최○○	250	－	－	10	40	－
김○○	240	－	－	20	35	－
⋮	⋮	⋮	⋮	⋮	⋮	⋮
박○○	245	－	－	5	40	－
평균	230	－	－	20	30	－
표준편차	5	－	－	10	5	－

※ 각 항목은 모두 표준정규분포를 가정함

김 교사 : 김○○ 학생이 순발력과 심폐지구력 중에 어떤 체력이 더 부족한지를 물어봤는데 어떻게 논리적으로 대답해야 할지 잘 모르겠습니다.

최 교사 : 김○○ 학생의 순발력과 심폐지구력 항목의 측정값을 Z점수 또는 T점수로 계산해 보시면 됩니다. T점수로 계산해 보면, 김○○ 학생의 제자리멀리뛰기는 (㉠)(으)로 계산되고, 왕복오래달리기는 60으로 계산됩니다. 따라서 심폐지구력이 순발력보다 상대적으로 부족하다고 할 수 있습니다.

…(중략)…

김 교사 : 학생들의 순발력과 근지구력의 상관이 어떠한지 알아보고 싶습니다. 그래서 우리 반 학생 10명을 대상으로 제자리멀리뛰기 측정값과 턱걸이 측정값을 다음과 같이 Z점수로 정리해 보았습니다.

제자리멀리뛰기(Z점수)	턱걸이(Z점수)
-2	2
0	1
1	0
0	0
0	0
-1	-1
2	1
0	-1
0	-1
0	-1

박 교사 : 수고하셨습니다. 정리하신 값으로 적률 상관계수를 산출한 결과는 (㉡)(으)로 계산됩니다. 순발력과 근지구력의 상관이 거의 없는 것을 알 수 있습니다.

069 다음은 교사들이 나눈 대화와 자료 분석 결과이다. 〈작성 방법〉에 따라 서술하시오. [4점]

2025

(가) 윗몸 일으키기 등급 측정에 대해 교사들이 나눈 대화

> 김 교사 : 우리 학교 학생들의 체력 측정값을 컴퓨터에 입력하면 자동으로 1등급부터 5등급까지 분류됩니다. 저는 이렇게 자동으로 나타나는 등급 분류가 타당하게 이루어진 것인지 궁금합니다. 다음은 남학생 윗몸 일으키기 횟수를 입력하고 나타난 등급 결과입니다.
>
> | 학생 | 윗몸 일으키기(회) | 등급 |
> |---|---|---|
> | 강○○ | 46 | 2 |
> | 박○○ | 19 | 4 |
> | ⋮ | ⋮ | ⋮ |
> | 김○○ | 60 | 1 |
> | 오○○ | 27 | 3 |
> | 김○○ | 29 | 3 |
>
> 박 교사 : 일원분산분석의 모든 기본 가정을 만족하면, ㉠ 등급 집단에 따라 윗몸 일으키기 횟수가 통계적으로 유의한 차이가 나타나는지 비교하여 타당도를 추정할 수 있습니다.
>
> 최 교사 : 1등급 집단부터 5등급 집단까지 차례대로 윗몸 일으키기 횟수의 평균값이 감소해야 합니다. 그리고 등급 집단 간에 통계적으로 유의한 차이가 나타나면, ㉡ 추가적으로 어떤 등급 집단 간에 유의한 차이가 있는지를 검정해야 합니다.

(나) 윗몸 일으키기 자료 분석 결과 및 해석

> ○ 같은 학생들을 대상으로 매달 ○○일에 측정한 값 분석 결과
>
> | 시기 | 평균 | 표준편차 | F(검정통계량) | p(유의확률) |
> |---|---|---|---|---|
> | 3월 | 22.7 | 2.11 | 4.212 | 0.056 |
> | 4월 | 24.9 | 2.38 | | |
> | 5월 | 27.9 | 5.26 | | |
>
> ※ F 검정의 모든 기본 가정은 만족하였음
> ※ 유의 수준은 0.05로 설정하였음
>
> ○ 결과 해석 : ㉢ 시기에 따른 윗몸 일으키기 횟수는 통계적으로 유의한 차이가 없음

─〔작성 방법〕─
- 밑줄 친 ㉠의 방법으로 추정한 타당도 유형의 명칭을 쓸 것
- 밑줄 친 ㉡에 해당하는 분석 방법의 명칭을 쓸 것
- (나)에서 적용한 추리통계 방법의 명칭을 쓰고, 표에 제시된 유의확률에 근거하여 밑줄 친 ㉢의 이유를 서술할 것

한승현
전공체육
기출문제집

전공체육,
문제의 한계를 뛰어넘다!

PART

06

생리학

PART 06 생리학

001 오른쪽 그림은 유산소운동을 실시할 때의 단계별 환기량 변화를 나타내고 있다. 그림에서 A단계의 환기량 변화를 최대하 운동 시와 최대 운동 시로 구분하여 비교하시오. [4점] 2002

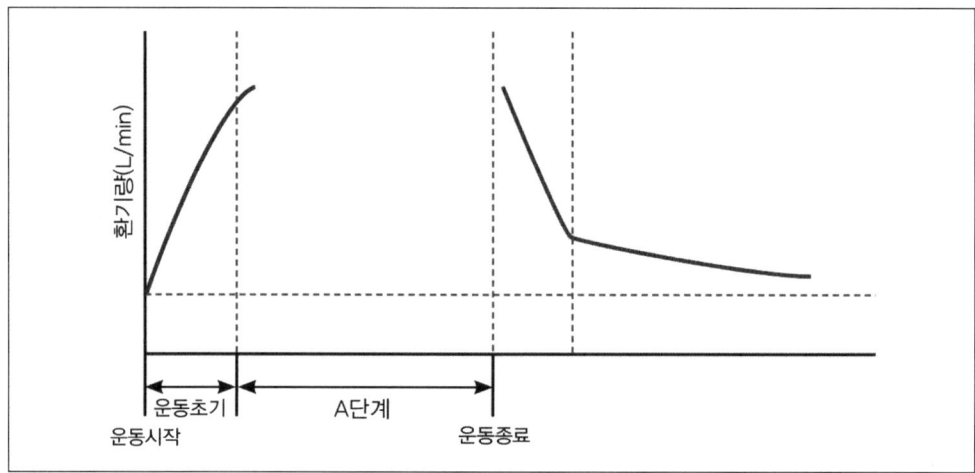

① 최대하 운동 시:

② 최대 운동 시:

002 장기간 운동을 계속하면 동일한 강도의 운동을 하더라도 힘들지 않게 된다. 이는 신체의 각 기관 및 기관계들이 운동에 적응한 결과로 체력이 향상되었음을 의미한다. 장기간 유산소(지구력) 운동이 순환계에 미치는 효과를 안정 시와 최대하 운동 시로 구분하여 다음 각 항목별로 '증가', '감소'로 제시하시오. [6점] 2002

안정 시 [3점]

① 심박수 :

② 1회 박출량 :

③ 좌심실 크기 :

④ 헤모글로빈 수 :

최대하 운동 시 [3점]

① 심박수 :

② 1회 박출량 :

③ 활동근당 혈류량 :

④ 동정맥산소차 :

003 중학생들의 근력을 향상시키기 위하여 체력운동을 실시하고 있다. 이때 교사는 ㉠ 발휘되는 근력은 근력을 결정하는 요인에 따라 그 결과가 달라질 수 있고, ㉡ 근력강화를 위한 트레이닝을 실시하면 근육계에 여러 가지 변화가 나타난다는 사실을 이해해야 한다. 다음 질문에 답하시오. [총 5점] 2003

3-1 밑줄 친 ㉠에서 근력을 결정하는 요인을 3가지만 제시하시오. [2점]

①

②

③

3-2 밑줄 친 ㉡에서 트레이닝에 따른 근육계의 변화를 4가지만 제시하시오. [3점]

①

②

③

④

004 전신지구력을 향상시키기 위하여 오래달리기를 지도할 때, 체육교사는 목표심박수를 이용하여 운동강도를 설정한다. 체력수준이 낮은 18세 여학생을 대상으로 50% 운동강도의 전신지구성 운동을 시키려고 한다. 다음 질문에 답하시오. [총 4점] 2003

4-1 최대심박수를 구하시오. [1점]

4-2 최대예비심박수(maximal heart rate reserve)를 구하시오. 단, 안정 시 심박수는 분당 70회이다. [1점]

4-3 목표심박수 계산 과정을 제시하고 목표심박수를 구하시오. [2점]

① 계산 과정 [1점] :

② 목표 심박수 [1점] :

005 김 교사는 몸에 저장된 포도당(glucose)이 에너지원으로 사용되는 과정을 설명하여 운동 중 근수축과 인체의 생리적 변화에 대해 학생들을 지도하고자 한다. 다음 질문에 답하시오.

[총 5점] 2004

5-1 영희는 포도당이 어떻게 근수축에 필요한 에너지로 변하는지 질문하였다. 이에 김 교사는 포도당 1분자가 에너지로 변환되는 유산소 과정에서 ① (   )을(를) 통해 36ATP로, ② (   )을(를) 통해 2ATP로 총 38ATP(아데노신 삼인산염)가 생성된다고 설명하였다. ①, ②에 알맞은 과정의 명칭을 쓰시오. [2점]

①

②

5-2 김 교사는 인체가 운동 중에도 항상 안정된 생리적 상태를 유지하려는 경향에 대하여 학생들에게 이해시키기 위해 운동 중의 혈장 포도당에 대하여 예를 들어 설명하였다. 운동 중 혈장 내의 포도당을 일정하게 조절하는 호르몬과 그 분비 기관을 각각 3가지만 쓰시오. [3점]

	분비 기관	분비 호르몬
①		
②		
③		

006 다음 글을 읽고 물음에 답하시오. [총 6점] 2004

> 운동을 즐기지 않았던 철수는 2년 전부터 체육교사의 권유로 배드민턴 동아리에 가입하여 운동을 하고 있다. 시작할 당시 친구인 영수와 최선을 다해 시합을 하였지만 승리는커녕 철수는 터질 듯이 심장이 뛰고, 가쁜 숨을 몰아쉬며, 빨리 지치게 되었다. 이후 철수는 체육교사의 지도를 받아 규칙적이고 지속적으로 배드민턴을 연습한 결과 영수와 시합을 하여도 대등한 경기를 펼칠 수 있게 되었으며, 힘은 들지만 여러 차례의 경기를 견딜 수 있는 체력을 갖게 되었다.

6-1 배드민턴을 하면서 철수의 심장은 지구성 운동에 적합한 스포츠 심장이 되었다고 할 수 있다. 철수의 심장 변화를 형태와 기능의 측면에서 설명하고, 철수가 지구성 운동이 아닌 저항성 운동을 했을 경우 나타날 수 있는 심장의 변화를 쓰시오. [3점]

① 형태 [1점] :

② 기능 [1점] :

③ 저항성 운동에 의한 심장의 변화 [1점] :

6-2 철수가 격렬한 운동으로 심장이 터질 듯한 느낌을 받은 것은 혈류량을 증가하기 위한 심혈관의 반응 때문이라 할 수 있다. 인체는 운동 시 혈류량 증가를 위해 혈압이 상승하면 혈류에 대한 저항을 감소시켜 동적항정상태(動的恒定狀態)를 이루려고 한다. 이때 혈류에 영향을 미치는 저항 요인을 3가지만 쓰시오. [3점]

①

②

③

007 흡연은 본인뿐만 아니라 주변 사람들에게도 해를 끼치는데, 담배의 연기에는 약 4천여 종의 독성 물질이 들어있다. 담배 연기에 포함되어 있는 주요 독성 물질들에 대한 다음의 설명을 보고 해당하는 물질을 빈칸에 쓰시오. [3점] 2004

	독성 물질	증상
①		• 혈관을 수축시켜 혈압을 높인다. • 신경을 마비시켜 환각상태에 이르게 한다. • 콜레스테롤을 증가시켜 동맥경화를 유발한다.
②		• 사람의 폐와 치아를 검게 만든다. • 폐암, 위암, 기관지암 등 각종 암의 원인이 된다. • 세포, 장기, 잇몸, 기관지 등을 손상시키고 만성 염증을 유발한다.
③		• 신진대사에 장애를 주고 노화를 촉진한다. • 머리가 아프고 정신이 멍해지는 상태가 나타난다. • 헤모글로빈과 결합하여 산소운반 능력을 저하시킨다.

008 다음은 유산소성 운동 트레이닝의 효과를 알아보기 위한 실험설계를 개괄적으로 제시한 것이다. 사전검사와 비교해 볼 때 아래의 변인들이 사후검사 시점을 기준으로 하여 어떻게 변할 것인지 일반적인 경향을 고려하여 '증가', '불변', '감소' 중의 하나로 답하시오. [6점] 2005

> 1. 사전검사
>   1) 최대운동부하검사 실시
>   2) 최대하운동부하검사 실시
>   : $VO_2\max$의 65%(속도 : 4mph; 경사도 : 2%)로 60분간 트레드밀에서 달리기
> 2. 운동 트레이닝 : 1년, 달리기, $VO_2\max$의 60~80%(점증), 40분/회, 주 4회
> 3. 사후검사
>   1) 최대운동부하검사를 사전검사와 동일한 방법으로 실시
>   2) 최대하운동부하검사도 사전검사와 동일한 방법으로 실시
>   : 트레드밀의 속도와 경사도를 4mph와 2%로 설정

- 안정 시 근육 내 지방 저장량 :

- 최대하운동부하검사 40분 시점에서의 글루카곤 분비량 :

- 최대운동부하검사 직후의 혈중 젖산농도 :

- 최대운동부하검사 완료 시점에서의 심박수 :

- 최대하운동부하검사 후 회복기 중 초과 산소소비량 :

- 최대하운동부하검사 45분 시점에서의 근글리코겐 저장량 :

009 운동 중에 나타나는 정맥혈 회귀(venous return)의 증가는 심근 수축력의 증가와 함께 일회박출량을 증가시키는 요인이다. 운동 중에 정맥혈 회귀가 증가되는 주요 요인으로 정맥 주위 골격근의 수축과 정맥 자체의 수축 이외에 한 가지가 더 있다. 이 한 가지 요인이 운동 중에 정맥혈 회귀를 증가시키는 기전을 3줄 이내로 기술하시오. [3점] 2005

010 응급처치 방법인 'RICE' 지침에 대한 다음 표를 보고 빈칸에 해당하는 처치 목적을 제시하시오.

[2점] 2005

	방법	처치 목적
R	휴식 또는 중단	추가적 상해 및 악화 예방
I	얼음(찜질, 마사지)	( )
C	압박	상해 부위를 붕대 등으로 감싸서 부기 예방, 회복 추진
E	거상 또는 상처 부위 높힘	( )

011 체중 70kg, 나이 15세인 남학생이 러닝머신에서 다음과 같이 달리기 운동을 하였다. 이 학생의 총 운동량과 운동 강도 2가지를 계산 과정과 함께 쓰시오. [3점] 2006

- 러닝머신 속도 : 6km/hr(100m/min)
- 러닝머신 경사도 : 10%
- 운동 시간 : 30분
- 운동 시 항정상태 심박수 : 150
- 안정 시 심박수 : 70

구분	계산 과정	답
총 운동량		(kpm)
운동 강도	①	(kpm/min)
	②	(%HRmax)

012 다음 그림은 건강(웰리스)에 영향을 미치는 요소들을 분류한 것이다. ㉮군에 포함되어야 할 주요 요소 2가지를 쓰고, ㉮군과 ㉯군의 주요 특징을 1줄로 설명하시오. [3점] 2006

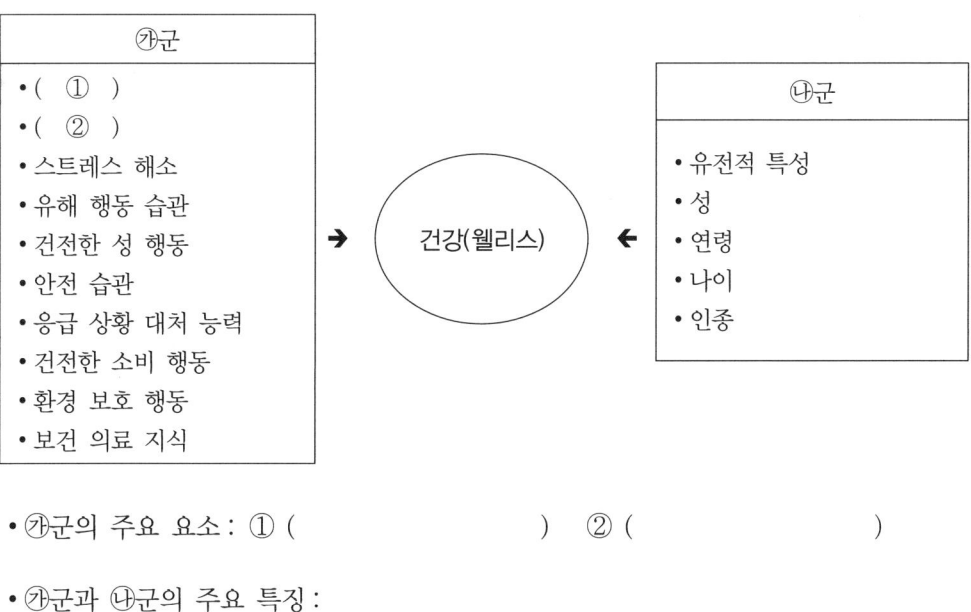

• ㉮군의 주요 요소 : ① (   ) ② (   )

• ㉮군과 ㉯군의 주요 특징 :

013 운동 처방의 기본 요소에는 운동 시간, 운동 빈도, 운동 강도, 운동 형태, 운동 기간이 있다. 이 요소 중 운동 시간과 운동 빈도의 정의를 각각 1줄로 설명하고, %HRmax와 같이 운동 강도를 나타내는 지표 2가지만 쓰시오. [4점] 2007

• 운동 시간(duration)의 정의 :

• 운동 빈도(frequency)의 정의 :

• 운동 강도(intensity)를 나타내는 지표 : ① (   )
　　　　　　　　　　　　　　　　　　　　② (   )

014 건강 체력 요소 중에서 흡연으로 인해 가장 크게 저하되는 건강 체력 요소의 명칭을 쓰고, 그 저하와 가장 밀접한 관련이 있는 니코틴, 타르, 일산화탄소의 특성을 각각 1가지만 쓰시오. [4점] 2007

- 건강 체력 요소의 명칭 :

- 니코틴의 특성 :

- 타르의 특성 :

- 일산화탄소의 특성 :

015 다음 글을 읽고 〈상황 1〉과 〈상황 2〉에서 피로가 나타난 가장 중요한 원인을 각각 1줄로 설명하시오. 그리고 〈상황 3〉에서 나타난 통증의 명칭을 쓰고, 이 통증을 일으킨 근수축의 종류를 구체적으로 쓰시오. [4점] 2008

〈상황 1〉 철수는 육상 경기에서 400m를 전력으로 질주하고 난 뒤 심한 피로감을 느꼈다.
〈상황 2〉 민수는 하프 마라톤에 참가하여 1시간 30분 동안 열심히 달리다가 극심한 피로감을 느껴 중도에 포기하였다.
〈상황 3〉 영수는 높은 산에서 5시간 동안 열심히 걸어 내려왔다. 그날은 별로 아프지 않았는데, 다음 날부터 이틀 동안 걷지 못할 정도로 다리에 매우 심한 통증을 느꼈다.

- 〈상황 1〉의 피로 원인 :

- 〈상황 2〉의 피로 원인 :

- 〈상황 3〉의 통증 명칭 :

- 통증을 일으킨 근수축의 종류 :

016 탄수화물과 지방은 운동 중에 사용되는 주요 에너지원이다. 운동 강도가 탄수화물과 지방의 사용에 미치는 영향을 1줄로 설명하시오. 그리고 아래에 제시된 화학식을 참고하여 탄수화물과 지방의 P/O 비율(산소 1분자당 에너지 생성 비율)의 계산식과 값을 쓰고, 그 값을 토대로 두 가지 에너지원의 효율성을 1줄로 비교하여 설명하시오. [3점] 2008

탄수화물 + $6O_2$ $\rightarrow 6CO_2 + 6H_2O + 38ATP$	지방산 + $23O_2$ $\rightarrow 16CO_2 + 16H_2O + 130ATP$

• 운동 강도의 영향 :

• P/O 비율 계산식과 값(소수점 1자리까지) :

• 효율성 비교 :

017 운동 상해가 발생하는 원인 중 운동하는 사람 자신으로 인하여 발생하는 내적 원인을 2가지 쓰고, 학생이 운동 중 발목을 삐었을 때 교사가 실시할 수 있는 응급 처치 방법을 2가지 쓰시오.
[4점] 2008

• 운동 상해의 내적 원인 : ①
                        ②

• 응급 처치 방법 : ①
                  ②

018 그림을 참조하여 〈보기〉에 제시된 골격근의 수축 단계를 순서대로 바르게 배열한 것은? 2009

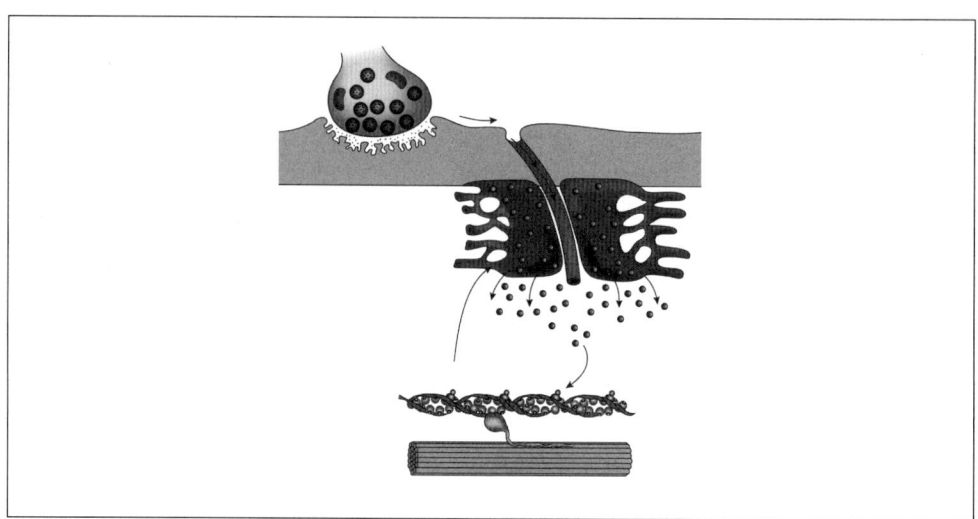

{ 보기 }
ㄱ. 활동전위(action potential)가 가로세관(transverse tubule)을 따라 전도 → 근질세망(sarcoplasmic reticulum)으로부터 칼슘 방출
ㄴ. 미오신 십자형가교(myosin cross-bridge)가 액틴결합부위(actin-binding site)와 강한 결합 → 근수축
ㄷ. 칼슘이 트로포닌(troponin)에 결합 → 액틴결합부위 노출
ㄹ. 운동신경의 활동전위가 운동신경말단(motor end plate)으로 전도 → 연접간격(synaptic cleft)으로부터 아세틸콜린(acetylcholine) 방출 → 근세포막 활동전위 생성
ㅁ. 트로포닌으로부터 칼슘 분리 및 제거 → 근이완

① ㄴ - ㄷ - ㄱ - ㄹ - ㅁ
② ㄹ - ㄱ - ㄷ - ㄴ - ㅁ
③ ㄹ - ㄴ - ㄷ - ㄱ - ㅁ
④ ㅁ - ㄱ - ㄹ - ㄷ - ㄴ
⑤ ㅁ - ㄹ - ㄱ - ㄷ - ㄴ

019 운동 시 증가하는 골격근의 산소요구량을 충족시키는 데 기여하는 요인으로 옳지 <u>않은</u> 것은? 2009

① 심박수 증가 및 심근의 수축력 증가
② 골격근의 소(세)동맥혈관 저항 감소
③ 심장으로 환류(귀환)하는 정맥혈액량 증가
④ 동맥과 정맥혈액의 산소분압(농도) 차이 증가
⑤ 골격근의 모세혈관을 지배하는 교감신경계 활성도 증가

020 운동 중 혈당의 항상성 유지 및 근수축의 에너지원 공급과 관련하여 다음 변인들의 혈중변화와 그에 따른 지방조직에서의 역할에 대한 설명으로 옳지 <u>않은</u> 것은? 2009

	변인	혈중변화	지방조직에서의 역할
①	카테콜라민 (catecholamine)	증가	중성지방의 가수분해 촉진
②	인슐린 (insulin)	감소	지방조직으로의 혈당유입 억제
③	글루카곤 (glucagon)	증가	중성지방의 가수분해 촉진 및 지방조직으로의 혈당유입 억제
④	성장호르몬 (growth hormone)	증가	중성지방의 가수분해 촉진 및 지방조직으로의 혈당유입 억제
⑤	젖산 (lactic acid)	감소	중성지방의 가수분해를 통해 생성된 지방산이 중성지방으로 재합성 촉진

021 철수(체중 70kg)가 체중 조절의 목적으로 다음과 같이 걷기 운동을 실시할 때 순 에너지 소모량(net energy expenditure)을 바르게 계산한 것은? [2.5점] 2009

- 운동강도 = 6 METs
  - MET = 대사당량(metabolic equivalent)
  - 1 MET = 3.5ml/kg/min
- 운동지속시간 = 30분
- 산소 1ℓ의 에너지 당량 = 5kcal
※ 순산소소모량(net VO_2) = 총 산소소모량(gross VO_2) - 안정 시 산소소모량(rseting VO_2)

① 150kcal
② 184kcal
③ 245kcal
④ 280kcal
⑤ 300kcal

022 그림은 과체중 및 비만의 평가와 체중조절 방법을 소개하는 지침서이다. 여기에 들어갈 내용으로 타당성이 낮은 것을 〈보기〉에서 모두 고른 것은? 2009

〈보기〉
ㄱ. 체질량지수 기준표
ㄴ. 심박수-산소섭취량 간 열량 환산표
ㄷ. 허리-엉덩이 비율 기준표
ㄹ. 왕복달리기 평가 기준표
ㅁ. 식품 열량 환산표
ㅂ. 전신반응 평가 기준표
ㅅ. 배근력 평가 기준표

① ㄴ, ㅂ, ㅅ
② ㄹ, ㅂ, ㅅ
③ ㄱ, ㄴ, ㄷ, ㅁ
④ ㄷ, ㄹ, ㅂ, ㅅ
⑤ ㄴ, ㄷ, ㄹ, ㅁ, ㅅ

023 그림과 같이 운동 실천 습관이 서로 다른 광호, 영수, 현구가 동일한 양의 운동(E)을 실시할 때 기대되는 건강 증진 혜택의 정도에 대해 바르게 나타낸 것은? [1.5점] 2009

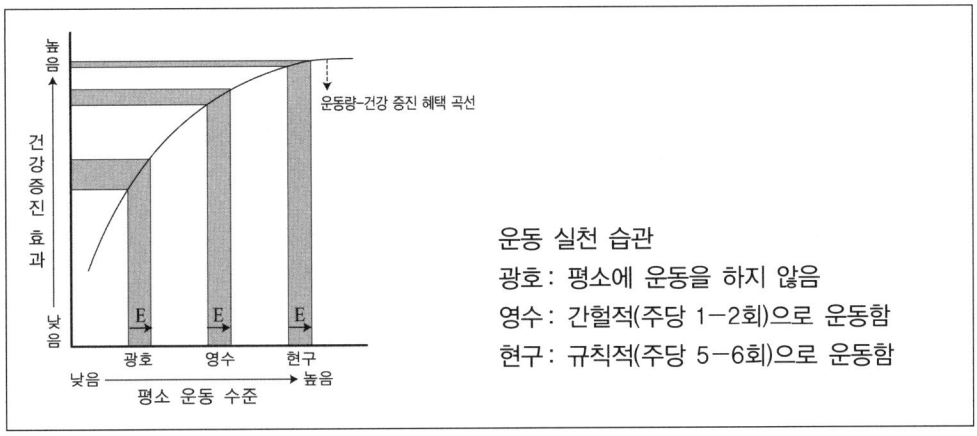

① 광호 〉 영수 〉 현구
② 현구 〉 영수 〉 광호
③ 광호 〉 현구 〉 영수
④ 현구 〉 광호 〉 영수
⑤ 현구 = 광호 = 영수

024 그림은 교문 앞에 설치된 대기 중 오존 농도 표시 전광판이다. 박 교사가 전광판을 보고 실내 체육수업을 결정한 이유로 가장 적절한 것은? [1.5점] 2009

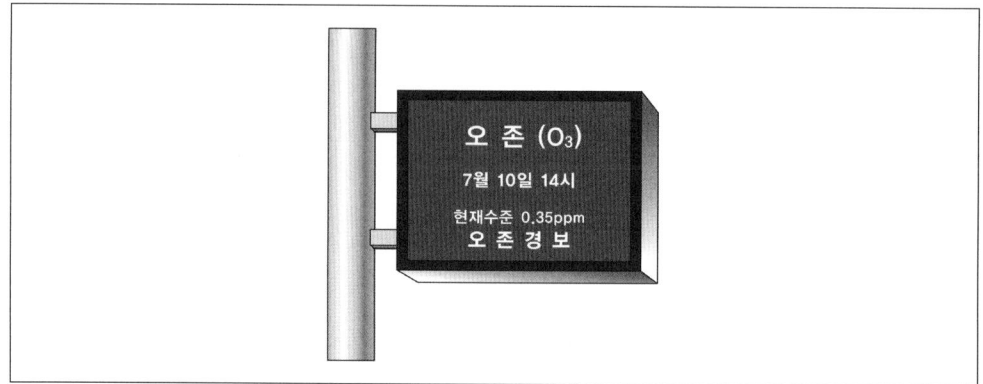

① 오존은 악취가 심하여 구토를 발생시킬 수 있기 때문이다.
② 납 성분을 흡수한 오존은 심한 피부염을 유발할 수 있기 때문이다.
③ 오존은 일산화탄소와 결합하여 간 질환을 유발할 수 있기 때문이다.
④ 오존은 공기 중의 아황산가스와 결합하여 근육 경련을 일으킬 수 있기 때문이다.
⑤ 오존은 이산화질소 및 자외선과 반응하여 눈에 해로운 자극을 줄 수 있기 때문이다.

025 운동 중 근세포 및 혈액의 산-염기 조절에 관여하는 완충계(buffering system)에 관한 설명으로 옳은 것은? [1.5점] 2010

① 운동 시 호흡 작용은 산-염기 조절과는 무관하다.
② 중탄산염 완충계(bicarbonate buffer)는 혈액에만 있다.
③ 인산염 완충계(phosphate buffer)는 혈액 내에 가장 많이 분포한다.
④ 헤모글로빈은 운동 중 산-염기 조절에 가장 중요한 이차 방어선이다.
⑤ 호흡 보상 작용(respiratory compensation)은 산-염기 조절의 이차 방어선이다.

026 그림 (가)와 (나)는 유산소 트레이닝 심혈관계 기능에 미친 영향을 나타낸 것이다. 산소 섭취량과 심박수(heart rate)의 관계 변화 및 혈압 변화를 유도한 생리적 기전에 관한 설명으로 옳지 <u>않은</u> 것은? (단, 생활 습관 및 검사 조건은 동일함) [2.5점] 2010

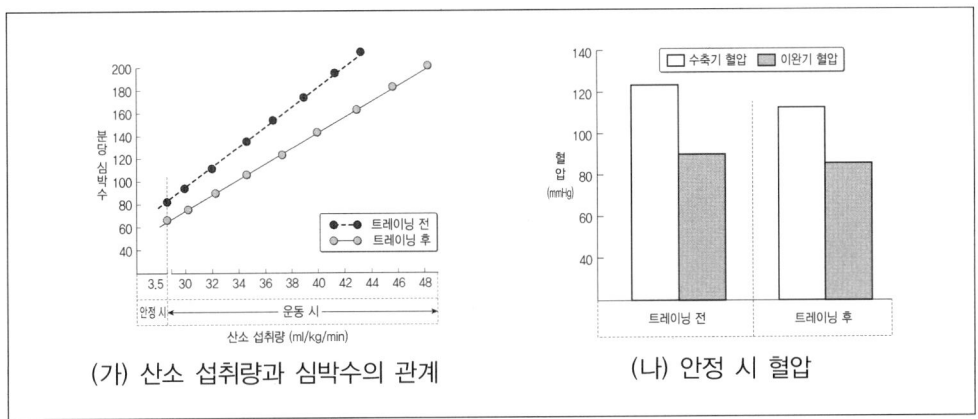

(가) 산소 섭취량과 심박수의 관계 (나) 안정 시 혈압

① 평균 동맥압의 증가로 인해 안정 시 심장의 1회 박출량이 증가했다.
② 운동 심장(athletic heart)으로 인해 산소 섭취량과 심박수의 기울기가 감소하였다.
③ 부교감신경계의 활성도 증가가 안정 시 심박수를 감소시켰다.
④ 심근의 수축력 강화가 운동 중 산소 섭취량과 심박수의 기울기를 감소시켰다.
⑤ 골격근 모세혈관 수의 증가가 운동 중 산소 섭취량과 심박수의 기울기를 감소시켰다.

027 더운 환경에서 유산소 트레이닝을 할 때 나타나는 열 순응(heat acclimation)에 대한 설명으로 옳지 <u>않은</u> 것은? 2010

① 운동 중 발한 시점이 빨라진다.
② 운동 중 발한율이 증가한다.
③ 안정 시 혈장량이 증가한다.
④ 운동 중 땀으로 배출되는 나트륨(Na^+)이 증가한다.
⑤ 근세포의 열상해단백질(heat shock proteins)이 증가한다.

028 운동과 관련된 생리학적 현상에 대한 설명 중 옳지 <u>않은</u> 것은? 2010

① 마라톤 선수가 체중을 줄여야 하는 이유 중의 하나는 인체 대사의 기계적 효율성을 높이기 위함이다.
② 반복적인 스트레칭 운동은 골격근 내 근방추(muscle spindle)의 민감성을 높인다.
③ 운동 강도는 운동 중 골격근의 에너지 제공에 관여하는 탄수화물 대사와 지방대사의 비율을 결정하는 데 가장 중요한 요인이다.
④ 운동 초기 산소 결핍의 정도는 운동선수가 훈련되지 않은 학생에 비해 더 낮다.
⑤ 운동 강도가 같을 때 다리 운동은 팔 운동에 비해 심근 산소 요구량(double product)이 낮다.

029 최대 산소 섭취량의 50% 이상에서 실시하는 운동 중 체수분 조절에 관여하는 호르몬, 분비 기관, 기능을 바르게 연결한 것은? 2010

호르몬	분비 기관	기능
ㄱ. 알도스테론 (aldosterone)	a. 갑상선 (thyroid gland)	㉮ 나트륨(Na^+) 재흡수, 칼륨(K^+) 배출
ㄴ. 옥시토신 (oxytocin)	b. 신장 (kidney)	㉯ 안지오텐신(angiotensin) 활성화
ㄷ. 레닌 (renin)	c. 뇌하수체 (pituitary gland)	㉰ 칼슘(Ca^{++}) 배출
ㄹ. 칼시토닌 (calcitonin)	d. 부신피질 (adrenal cortex)	㉱ 미네랄(mineral) 재흡수
ㅁ. 코티졸 (cortisol)	e. 췌장 (pancreas)	㉲ 칼륨(K^+) 재흡수

① ㄱ － d － ㉮, ㄷ － b － ㉯
② ㄱ － c － ㉯, ㄷ － d － ㉰
③ ㄴ － a － ㉰, ㄹ － c － ㉱
④ ㄷ － b － ㉱, ㄹ － c － ㉲
⑤ ㄷ － e － ㉲, ㅁ － a － ㉮

030 그림은 중학생을 비만도와 체력 수준에 따라 6개 집단으로 나누어 성인병 위험도를 비교한 것이다. 이 그림에 근거한 해석으로 가장 적절한 것은? 2010

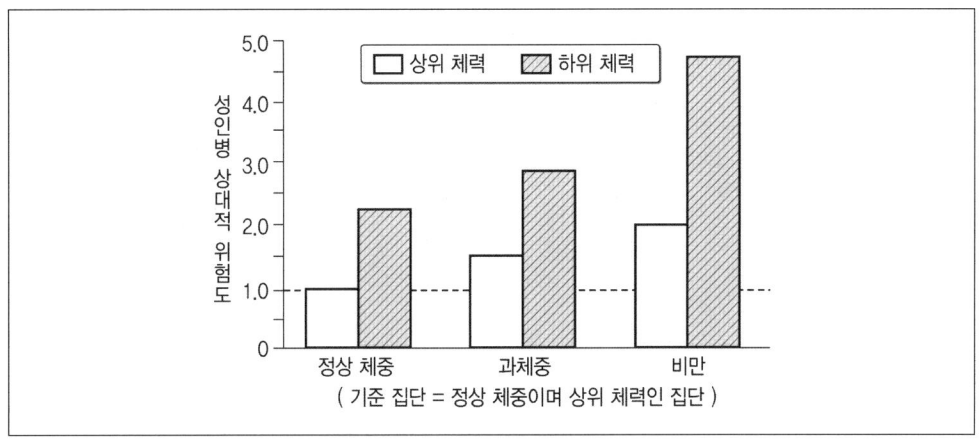

① 비만도가 증가하면 체력이 비례적으로 감소한다.
② 비만 학생이 체력을 향상시키면 비만도가 줄어든다.
③ 비만 학생의 체력과 성인병 위험도는 관련성이 낮다.
④ 성인병 위험도는 비만도와 체력의 상호 작용에 의해 결정된다.
⑤ 비만 학생의 체력 향상도는 정상 체중 학생보다 낮다.

031 체육 수업 중 발목이 삐었을 때의 응급처치 방법으로 적절하지 <u>않은</u> 것은? [1.5점] 2010

① 혈액순환을 원활하게 하기 위해 온찜질을 한다.
② 환부가 빨리 회복되도록 발목의 움직임을 줄인다.
③ 탄력성 붕대를 이용하여 환부를 압박한다.
④ 혈액과 림프의 침윤(infiltration)을 제한하기 위해 냉찜질을 한다.
⑤ 통증을 완화하기 위해 환부를 높인다.

032 그림은 체중 50kg인 사람이 30분간 일정한 강도로 달리기 운동을 실시할 때 나타난 산소소비량의 변화이다. 이에 대한 설명으로 옳은 것은? (단, 산소 1L의 에너지 당량은 5kcal로 가정함) 2011

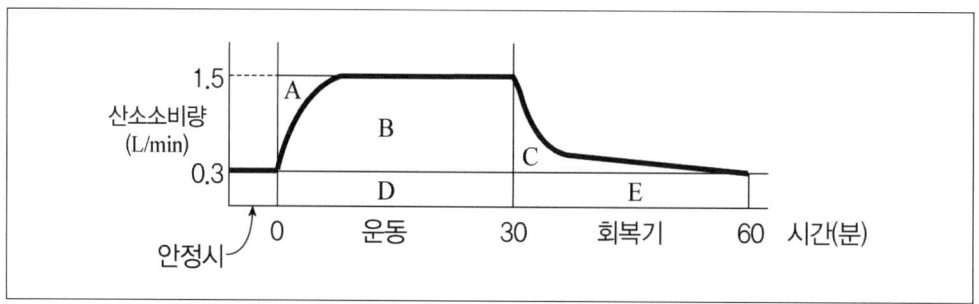

① D 부분과 E 부분의 에너지소비량은 다르다.
② 운동 중 순에너지소비량(net energy expenditure)은 180kcal이다.
③ C 부분은 운동 중에 생긴 체온 및 에피네프린의 변화와 관계없다.
④ 운동 중 항정 상태(steady state)의 산소소비량은 24ml/kg/min이다.
⑤ A 부분에서는 주로 유산소적인 경로를 통하여 ATP가 공급된다.

033 고온(예 : 30℃)에서 땀을 흘리며 일정한 강도로 장시간에 걸쳐 최대하운동을 할 때 나타나는 생리적 반응으로 옳지 않은 것은? 2011

① 활동근에 공급되는 혈류량이 감소되고 지구력이 떨어진다.
② 저온(예 : 15℃)에서 운동할 때와 비교하여 심박출량에 차이가 없다.
③ 뇌하수체 후엽이 자극되어 항이뇨 호르몬(ADH)의 분비가 증가된다.
④ 저온(예 : 15℃)에서 운동할 때와 비교하여 혈중 젖산 농도가 증가된다.
⑤ 피부로 보내는 혈류량을 증가시키기 위하여 심박수와 일회 박출량이 점차 증가된다.

034 그림은 저, 중, 고강도로 운동할 때 나타나는 환기량의 변화를 보여 준다. 운동 중 2~4분 사이에 운동강도별로 환기량의 차이가 나타나는 적절한 이유를 〈보기〉에서 고른 것은? 2011

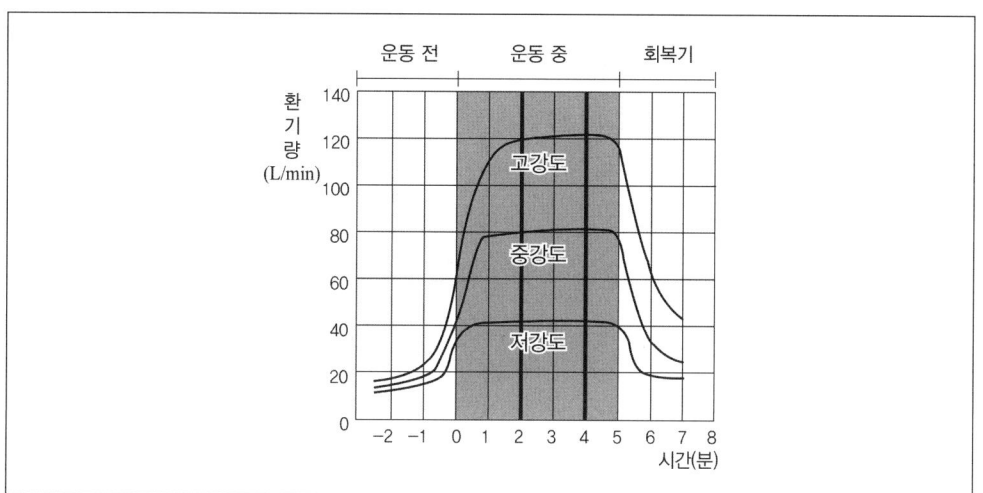

〔 보기 〕
ㄱ. 뇌척수액과 동맥혈 내 H^+ 농도의 차이
ㄴ. 뇌척수액과 동맥혈 내 CO_2 농도의 차이
ㄷ. 대뇌 피질의 수의적 활성화 정도의 차이
ㄹ. 칼륨과 카테콜라민(catecholamine) 농도의 차이
ㅁ. 활동적인 근육으로부터 오는 고유감각적 피드백(proprioceptive feedback)의 차이

① ㄱ, ㄴ   ② ㄱ, ㄷ
③ ㄴ, ㅁ   ④ ㄷ, ㄹ
⑤ ㄹ, ㅁ

035 최대산소섭취량($VO_2\text{max}$)의 측정을 위하여 실시한 점증적 최대운동부하검사가 피검자의 최대 수준까지 수행되었는지 여부를 판단하기 위한 기준으로 옳지 <u>않은</u> 것은? (단, 실제 상황에서 수치는 다소 다를 수 있음) 2011

① 일회박출량이 80ml 이상인 경우
② 호흡교환율(RER)이 1.10 이상인 경우
③ 혈중 젖산 농도가 8mmol/L 이상인 경우
④ 심박수가 최대심박수의 85% 이상인 경우
⑤ 보그(C. Borg)의 6~20 스케일 운동자각도(RPE)가 19 이상인 경우

036 격렬한 운동 직후 정리 운동을 실시하는 이유로 옳지 <u>않은</u> 것은? [1.5점] 2011

① 현기증이 일어나는 것을 예방한다.
② 혈압이 급격히 낮아지는 것을 예방한다.
③ 심박출량이 급격히 감소하는 것을 예방한다.
④ 혈중 젖산이 급격히 감소하는 것을 예방한다.
⑤ 정맥혈 회귀(venous return)의 양이 급격히 감소하는 것을 예방한다.

037 그림은 영희가 건강 증진을 위해 체계적인 운동 프로그램에 참여하기 전에 받은 건강 검진 결과이다. 이 결과에 대한 해석으로 옳지 <u>않은</u> 것은? (단, 제시된 기준치에 근거하여 특정 신체 상태를 판단함) 2011

건강 검진표			
성 명	김영희	날 짜	2010년 10월 23일
항목		측정치	기준치
신체질량지수(BMI)		27	<25
체지방률(%)		25	<30
총콜레스테롤(mg/dl)		245	<200
수축기 혈압(mmHg)		140	<120
이완기 혈압(mmHg)		82	<80
안정 시 혈당(mg/dl)		89	<100
최대산소섭취량(ml/kg/min)		40	>32
칼슘(mg/dl)		5	>8.5

① 영희는 당뇨병 상태이므로 빠르게 걷기 운동을 하는 것이 좋다.
② 영희는 심폐지구력이 우수해 고강도의 유산소 운동을 해도 무방하다.
③ 영희는 고혈압 상태이므로 과도한 저항성 운동을 피하는 것이 좋다.
④ 영희는 골다공증의 가능성이 있기 때문에 접촉성 운동(contact sports)을 피하는 것이 좋다.
⑤ 영희는 비만은 아니지만 과체중 상태와 고콜레스테롤 지혈증 상태이므로 유산소 운동을 하는 것이 좋다.

038 권 교사가 작성한 가정 통신문 (가)~(마)의 내용 중 옳은 것만을 있는 대로 고른 것은? 2012

> ### 가정 통신문
>
> 평소 본교 교육 발전에 대한 관심에 진심으로 감사드립니다.
> 환절기에 따른 감기와 식욕 부진으로 인하여 학생들의 건강이 염려됩니다. 영양소에 대한 올바른 이해를 통하여 알맞은 영양 섭취가 이루어질 수 있도록 안내하오니 많은 관심과 지도 바랍니다.
> 감사합니다.
>
> #### 영양소의 역할 및 기능
>
> (가) 탄수화물은 운동 시 필수 에너지원이고, 근육과 간에 글리코겐 형태로 저장되며 식이 섬유소의 성분 역할을 합니다.
> (나) 지방은 세포막과 신경 섬유의 필수 구성 성분이고, 인체의 주요 기관을 보호하며 체열을 보존해 주는 역할을 합니다.
> (다) 단백질은 신진대사 조절에 필수적이고, 필수 아미노산의 합성에 기여하며 항산화 기능을 합니다.
> (라) 비타민은 체조직의 성장 및 유지에 이용되고, 정상적인 혈액 삼투압을 유지하며 산과 염기의 평형을 위한 완충제 역할을 합니다.
> (마) 무기질은 효소의 구성 성분이며 골격 형성에 관여하고, 신경 및 근육 활동을 보조하여 인체 작용을 조절해 주는 기능을 합니다.

① (가), (나)
② (다), (라)
③ (다), (마)
④ (가), (나), (마)
⑤ (나), (라), (마)

039 김 교사가 수립한 하계 전지훈련 계획서 내용의 일부이다. 해수면 수준과 비교하여 고지 환경에서 나타나는 인체의 생리적 변화로 옳지 <u>않은</u> 것은? [2.5점] 2012

하계 전지훈련 계획서		
훈련 목적	고지 적응 훈련을 통한 경기력 향상
훈련 기간	2010년 ○○월 ○○일~○○월 ○○일(3주)
훈련 장소	해발 1500미터에 위치한 육상 훈련장
훈련 대상	중장거리 선수(남) 5명

- 고지 훈련 시 고려 사항
  - 고지 환경의 특성 : 고도가 높아질수록, 기온이 낮아지고 수증기 함유량이 감소하며 산소 분압이 낮아진다.
- 훈련 계획
  ···(하략)···

① 최대 산소 섭취량이 감소된다.
② 운동 시에 폐환기량이 증가된다.
③ 헤모글로빈의 산소 포화도가 높아진다.
④ 수분의 손실 및 땀의 증발이 증가된다.
⑤ 최대 운동 시에 최대 심박수와 최대 심박출량이 감소된다.

040 건강 상담 일지를 참고하여 남녀 학생에게 처방한 운동 프로그램으로 가장 적절한 것은?

[1.5점] 2012

〈건강 상담 일지〉
- 성명: 최○○
- 성별: 남
- 나이: 17세
- 신장: 170cm
- 체중: 100kg
- 혈압: 150/90mmHg

※ 특이 사항: 비만 체형으로 혈압이 높으며 운동을 싫어함

〈건강 상담 일지〉
- 성명: 김○○
- 성별: 여
- 나이: 17세
- 신장: 170cm
- 체중: 45kg
- 혈압: 125/80mmHg

※ 특이 사항: 마른 체형으로 체력은 약하나 운동에 관심이 있음

	성명	종류	강도	시간	빈도
①	최○○	줄넘기 운동	중	30분 내외	3일/주
	김○○	계단 오르기	저	30분 내외	3일/주
②	최○○	계단 오르기	중	45분 내외	5일/주
	김○○	걷기 운동	중	45분 내외	5일/주
③	최○○	근력 운동	중	60분 내외	3일/주
	김○○	줄넘기 운동	저	30분 내외	5일/주
④	최○○	근력 운동	저	60분 내외	5일/주
	김○○	계단 오르기	중	60분 내외	3일/주
⑤	최○○	걷기 운동	저	45분 내외	3일/주
	김○○	줄넘기 운동	저	30분 내외	3일/주

041 안전사고 발생 시 의료진이 도착하기 전까지 교사가 대처해야 할 초기 응급 처치의 순서를 나타낸 것이다. (가)~(마)에 들어갈 내용을 〈보기〉와 바르게 연결한 것은? [1.5점] 2012

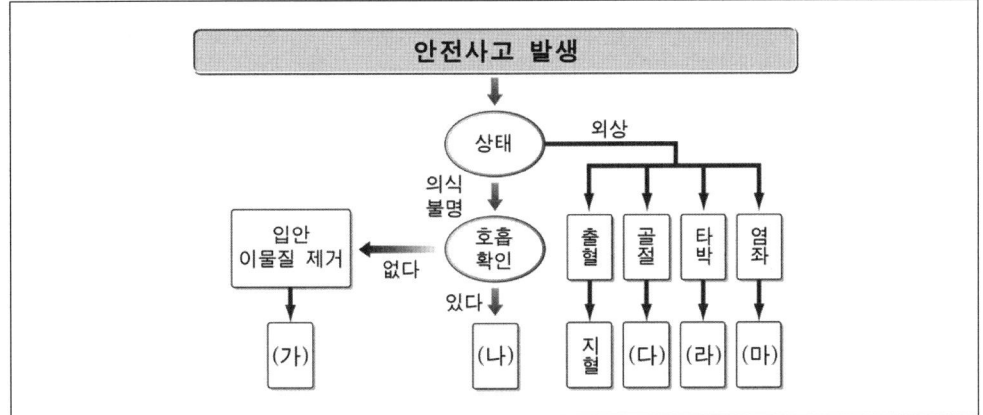

〔보기〕
ㄱ. 부목
ㄴ. 안정
ㄷ. 인공호흡
ㄹ. RICE 처치

	(가)	(나)	(다)	(라)	(마)
①	ㄴ	ㄷ	ㄱ	ㄹ	ㄱ
②	ㄴ	ㄷ	ㄱ	ㄹ	ㄹ
③	ㄷ	ㄴ	ㄱ	ㄹ	ㄹ
④	ㄷ	ㄴ	ㄹ	ㄱ	ㄱ
⑤	ㄷ	ㄴ	ㄹ	ㄱ	ㄹ

042 히스카터(Heath-Carter)의 체형 분류법을 이용한 민수의 체형 변화를 나타낸 것이다. 상담 일지의 (나)와 관련하여 〈보기〉의 괄호에 들어갈 내용으로 옳은 것은? 2012

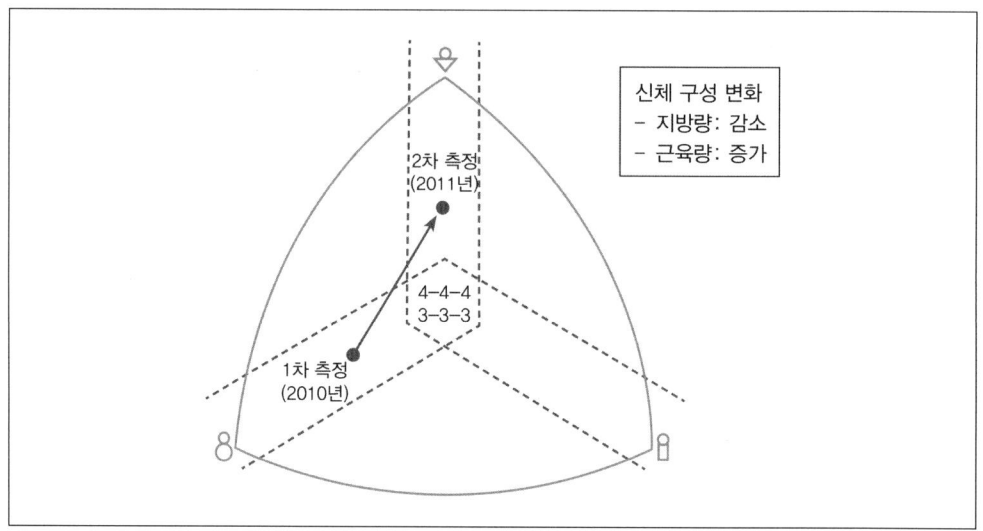

┤ 보기 ├
민수의 체형 값은 (ㄱ)에서 (ㄴ)로, 신체 형태는 (ㄷ)에서 중배엽 성향으로 변화하였다.

	(ㄱ)	(ㄴ)	(ㄷ)
①	2-2-5	2-5-2	내배엽 성향
②	2-2-5	5-2-2	외배엽 성향
③	2-5-2	5-2-2	외배엽 성향
④	5-2-2	2-2-5	내배엽 성향
⑤	5-2-2	2-5-2	내배엽 성향

043 다음은 특정 시대의 신체 활동과 관련된 기원설에 대한 내용이다. (나)의 골격근 수축의 원리 및 기전에 대하여 제시한 것 중 옳은 것을 〈보기〉에서 고른 것은? 2012

((가))의 기원에 관한 설은 크게 두 가지가 있다. 헤라클레스(Heracles)가 엘리스(Elis)의 왕 아우게이아스(Augeas)와의 싸움에서 승리한 뒤 승리를 축하하기 위해 이 대회를 개최하여 기원이 되었다는 설이고, 다른 하나는 펠롭스(Pelops)가 피사의 왕 오이노마오스(Oenomaus)와 벌인 전차 경주에서 승리한 것을 축하하기 위해 개최되었다는 설이다. 이 대회와 관련된 [그림]은 당시 한 청년이 대회를 앞두고 무거운 중량의 운동 기수로 활용된 것으로 보이는 돌로 팔의 근력을 단련하고 있는 모습이다.

{ 그림 }

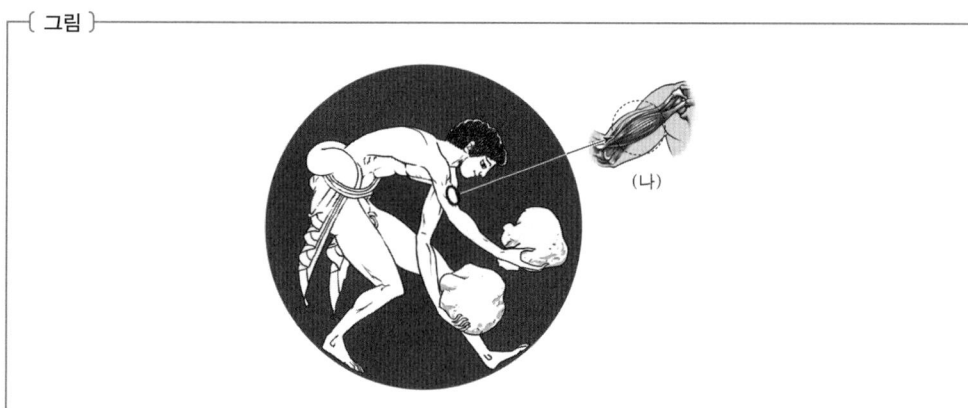

{ 보기 }
ㄱ. 근방추는 근수축 시 과도한 힘을 내지 않도록 조절하는 역할을 한다.
ㄴ. 단일 자극이 주어질 때 근육이 한 번 수축하는 현상을 강축이라고 한다.
ㄷ. 신경 자극이 운동 신경 말단에 이르면 신경 전달 물질인 아세틸콜린이 방출된다.
ㄹ. 가중(summation)이란 역치 이상의 자극에 반응하여 근육이 수축하는 현상을 말한다.
ㅁ. ATPase에 의해 ATP가 ADP와 Pi로 분해되면서 근수축을 위한 에너지가 방출된다.

① ㄱ, ㄴ ② ㄱ, ㄷ
③ ㄴ, ㄹ ④ ㄷ, ㅁ
⑤ ㄹ, ㅁ

044 다음은 ○○중학교 송 교사가 작성한 금연 교육에 대한 교수·학습 지도안이다. (가)~(마) 중 옳은 것만을 있는 대로 고른 것은? 2013

〈교수·학습 지도안〉

대영역	건강활동	지도교사	송○○
주제	흡연의 유해성	대상	중학교 1학년 1반 30명
차시	1/3차시	장소	1-1교실
학습목표	흡연으로 인한 각종 유해성을 이해할 수 있다.		
단계	교수·학습 내용		시간
도입	• 전시 학습 내용 확인: 약물 오·남용 • 동기 유발: 흡연에 의한 질환 관련 동영상 시청 • 본시 학습 목표 확인		5분

전개	1. 담배의 주요 성분과 특성
	  (1) (가) 니코틴: 혈관을 수축시킴으로써 심혈관계에 손상을 초래할 수 있음
	  (2) (나) 타르: 발암물질로 폐암을 일으킬 수 있음
	  (3) (다) 일산화탄소: 무색무취의 기체로 혈액의 산소 운반 능력을 방해함
	2. 흡연의 유형과 피해
	  (1) 직접 흡연: 흡연자가 직접 흡입하는 담배 연기
	  (2) 간접 흡연: 흡연자의 주변인이 흡입하는 담배 연기
	  (3) 흡연의 유해성 비교: (라) 직접 흡연 시 들이마시는 담배 연기가 간접 흡연의 연기보다 더 많은 독성물질을 포함함
	3. 니코틴 중독과 금단 증상
	  (1) 니코틴 중독: 흡연에 대한 신체적·심리적 의존성
	   ① 신체적 의존성: 흡연 내성과 금단 증상
	   ② 심리적 의존성: 흡연 충동과 탐닉
	  (2) (마) 금단 증상: 우울증, 불면증, 불안, 낙담, 분노, 근심, 집중력 증대, 식욕 및 체중 감소 등의 문제 발생
			35분

정리 및 평가	• 사례에 관한 OX 문제 • 음주의 유해성에 대한 차시 예고		5분

① (가), (나), (다)　　② (가), (다), (마)
③ (나), (라), (마)　　④ (가), (나), (다), (라)
⑤ (나), (다), (라), (마)

045 운동 경험이 없는 일반인에 비해 우수한 마라톤 선수의 생리적 특성으로 옳은 것을 〈보기〉에서 고른 것은? 2013

〔 보기 〕
(가) 인체의 산소 운반 능력과 산소 이용 능력이 더 우수하다.
(나) 혈중 젖산역치가 나타나는 상대적 운동 강도(%VO_2max)가 더 낮다.
(다) 최대하 운동 강도에서 에너지 대사의 효율성이 더 높다.
(라) 지근(typeⅠ) 섬유의 비율이 더 높다.
(마) 동일한 운동 강도의 최대하 운동 시 항정 상태(steady state)에서 심박수가 더 높다.

① (가), (나), (다)
② (가), (나), (라)
③ (가), (다), (라)
④ (나), (라), (마)
⑤ (다), (라), (마)

046 다음은 ○○고등학교 체육 시간에 김○○이 '골격근의 글루코오스(glucose) 대사를 포함하는 에너지 대사 과정'에 대해 조사한 내용을 발표하는 장면이다. (가)~(마)에 대한 설명으로 옳은 것을 〈보기〉에서 고른 것은? 2013

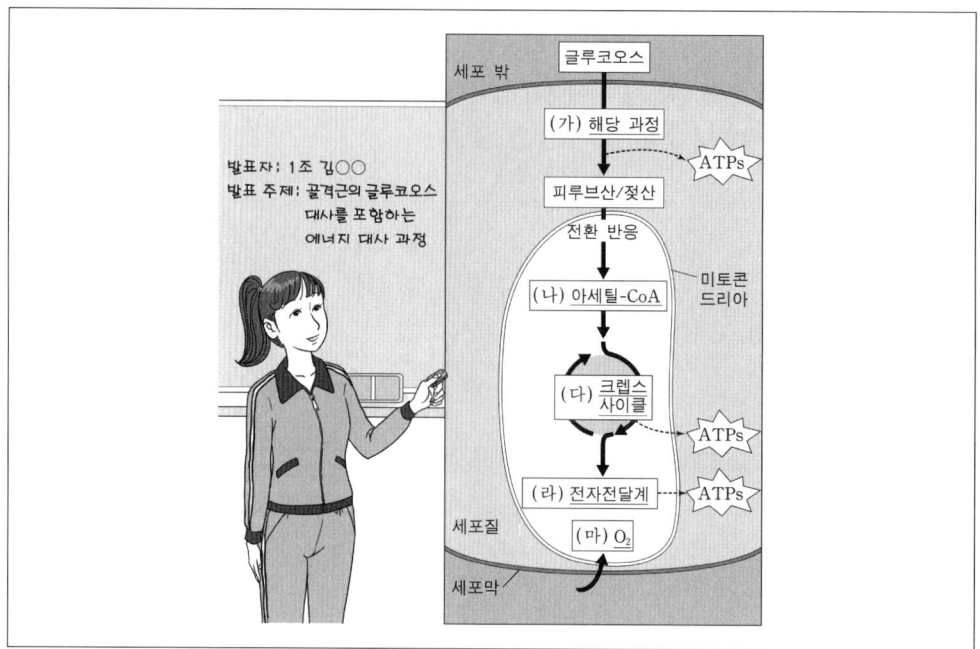

{ 보기 }
ㄱ. (가)에서 운동 강도는 최종산물(피루브산/젖산)을 결정하는 주요 요인 중 하나이다.
ㄴ. (나)는 탄수화물, 지방, 단백질의 분해 과정을 통하여 생성된다.
ㄷ. (다)는 기질(substrate) 수준의 에너지를 생산하는 무산소성 대사 과정이며 이것의 주요 기능은 전자를 제거하는 것이다.
ㄹ. (라)에서는 (가) 혹은 (다) 단계보다 더 적은 양의 ATP가 생성된다.
ㅁ. (마)는 전자전달계의 최종 과정에서 방출되는 수소이온(H^+)과 결합하여 물이 된다.

① ㄱ, ㄴ, ㄷ
② ㄱ, ㄴ, ㄹ
③ ㄱ, ㄴ, ㅁ
④ ㄴ, ㄷ, ㅁ
⑤ ㄷ, ㄹ, ㅁ

047 다음은 학생건강체력검사에서 '낮음' 등급을 받은 황○○(남, 16세)이 운동 프로그램에 참여하는 동안 관찰된 심폐지구력의 변화에 대한 그래프이다. (가)~(마)에 대한 설명으로 옳은 것만을 〈보기〉에서 있는 대로 고른 것은? (단, 운동을 제외한 심폐지구력에 미치는 기타 요인은 고려하지 않음) 2013

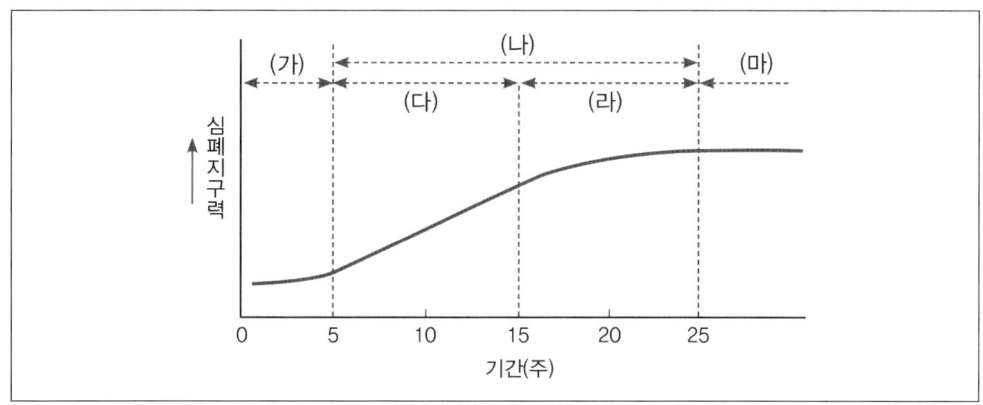

┌─ 보기 ─────────────────────────────────────
ㄱ. (가)에서는 지속적인 운동참여를 위해 운동선호도를 고려하여 운동유형을 결정하는 것이 중요하다.
ㄴ. (나)는 향상단계로서 심폐지구력 향상이 비교적 느리게 일어나는 초기단계와 심폐지구력 향상이 상대적으로 빠르게 일어나는 후기단계로 구분한다.
ㄷ. (다)에서의 심폐지구력은 일반적으로 운동량에 비례하여 증가한다.
ㄹ. (라)에서는 운동시간, 운동빈도, 운동강도를 총체적으로 적절하게 고려하여 운동량을 결정하는 것이 필요하다.
ㅁ. (마)는 심폐지구력 증진의 고원현상이 나타나는 단계로서 향상된 심폐지구력 유지를 위한 전략이 필요하다.
───┘

① ㄱ, ㄴ
② ㄱ, ㄷ, ㅁ
③ ㄴ, ㄷ, ㄹ
④ ㄱ, ㄷ, ㄹ, ㅁ
⑤ ㄴ, ㄷ, ㄹ, ㅁ

048 다음은 교사와 학생이 비만도 검사 결과를 두고 나눈 대화이다. (가)~(라)의 설명으로 옳은 것만을 〈보기〉에서 있는 대로 고른 것은? [1.5점] 2013

> 교사: 어제 측정했던 비만도 검사 결과가 나왔습니다.
> 학생: 선생님, BIA(Bioelectrical Impedance Analysis) 결과가 28로 나왔어요. 그리고 (가) BMI(Body Mass Index) 결과는 20이구요. 모두 비만도를 측정하는 방법인가요?
> 교사: 네, (나) BIA 방법은 인체에 무해한 미세 전류를 이용하여 추정하며, BMI 방법은 간단한 공식으로 비만도를 평가 하는 방법입니다.
> 학생: 가장 정확하다고 알려져 있는 비만도 측정 방법은 어떤 것이 있나요?
> 교사: (다) 수중 체중(underwater weighing) 방법이 있어요. 그러나 물속에 잠수하여야 하기 때문에 학생들을 대상으로 측정하는 것은 쉽지 않아요. 이 밖에 (라) 피부두겹(skinfold) 방법도 비만도 측정에 사용되고 있답니다.
> 학생: 비만도를 측정하는 방법에도 여러 가지가 있군요. 잘 알겠습니다.

―〈보기〉―
ㄱ. (가)는 체지방률 20%를 의미한다.
ㄴ. (나)의 방법으로 측정 시에는 측정 전에 음식과 수분 섭취를 피해야 한다.
ㄷ. (다)는 아르키메데스 원리를 이용하여 신체 밀도를 추정한다.
ㄹ. (라)는 BMI 방법과 비교할 때, 검사자 간 신뢰도가 상대적으로 높다.

① ㄱ
② ㄴ, ㄷ
③ ㄷ, ㄹ
④ ㄱ, ㄴ, ㄷ
⑤ ㄴ, ㄷ, ㄹ

049 운동과 관련된 생리학적 용어나 현상에 대한 설명으로 옳지 않은 것은? 2013

① 심폐 체력의 과학적 지표인 분당최대산소섭취량(VO_2max)은 점진적 운동 부하 검사를 이용하여 측정하고, 최대 심박출량과 최대 동정맥산소차($a-vO_2\ diff$)에 의해 결정된다.
② 스트레칭 운동은 근방추(muscle spindle)의 민감성을 높여 관절의 가동 범위를 증가시키는 것을 목적으로 한다.
③ 웨이트 트레이닝 시 초기 근력 증가는 주로 운동 단위의 동시 발화성과 동원 능력의 향상과 같은 신경 적응 현상에 기인한다.
④ 골지건 기관(Golgi-tendon organ)은 근수축 시 장력(tension)의 변화를 감지함으로써 과도한 장력 발생으로 인한 근파열의 위험을 최소화하는 역할을 한다.
⑤ 훈련자가 비훈련자에 비해 최대하 운동 시 산소 소비량이 항정 상태(steady state)에 도달하는 시간이 더 빠르다.

050 다음 그림은 ○○고등학교 역도부 김○○ 선수가 바(bar)를 잡고 들어올리기 직전에 근력을 증가시키는 연습 장면이다. 이 상황에 적용되는 근력 증가와 관련된 운동생리학의 근력 조절 기전을 2가지만 쓰시오. [2점] 2014

051 다음은 학생건강체력검사(PAPS : Physical Activity Promotion System)에 대한 정 교사와 홍 교사의 대화 내용이다. 밑줄 친 ㉠, ㉡, ㉢에 공통적으로 적용되는 운동처방 요소를 쓰시오. [2점] 2014

> 정 교사 : 학생건강체력검사에서 심폐 체력을 측정하기 위해 왕복오래달리기 검사를 실시하는데, 그 근거가 있나요?
> 홍 교사 : 예, 있습니다. 왕복오래달리기 검사 결과는 산소섭취량은 물론이고 ㉠ <u>교차개념(crossover concept)</u>, ㉡ <u>젖산역치(lactate threshold)</u>, ㉢ <u>혈중젖산축적시점(onset of blood lactate accumulation)</u> 등 운동 에너지대사의 지표와도 연관성이 높기 때문입니다.

052 다음은 김○○ 학생의 점진적 운동 부하 검사 결과이다. 운동 대사의 관점에서 밑줄 친 부분의 의미를 기술하고, 안정 시와 운동 시의 체순환의 혈류 추진력의 차이 값을 구한 다음, 그 차이가 혈류에 미치는 영향을 서술하시오. (단, 검사 결과에 한정하여 답하고, 차이 값은 소수점 이하 첫째 자리에서 반올림함) [5점] 2014

운동 부하 검사 결과
성명 : 김○○   연령 : 16세   성별 : 남

• <u>호흡 교환율(respiratory exchange ratio)</u> = 1.20
• 운동 지속 시간 = 12분
• 안정 시 혈압 = 수축기 120mmHg
            이완기 80mmHg
• 운동 시 혈압 = 수축기 185mmHg
            이완기 85mmHg
• 우심방 압력 = 안정 시 0mmHg
            운동 시 5mmHg

※ 혈류 추진력(driving pressure) : 혈액이 순환계를 통하여 심장으로 되돌아오는 데 필요한 힘

053 다음은 학생들에게 운동과 근육계의 관계에 대해 형성 평가를 한 내용이다. 괄호 안의 ㉠, ㉡에 해당하는 답을 순서대로 쓰시오. [2점] 2015

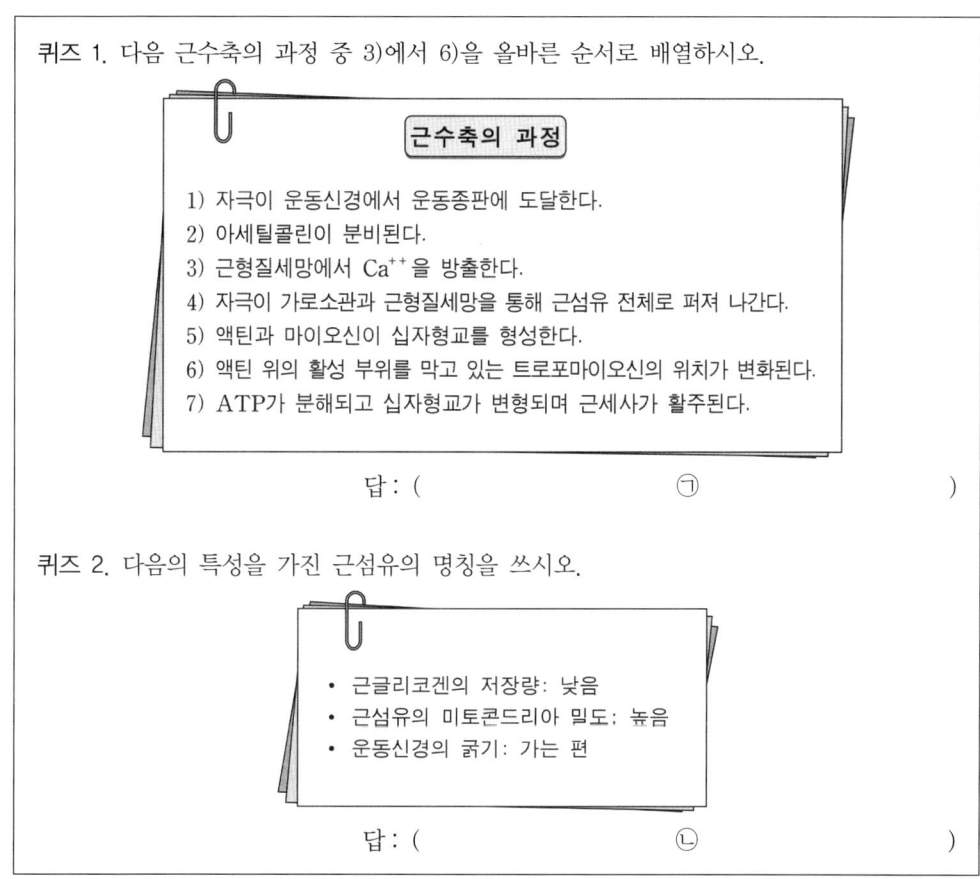

퀴즈 1. 다음 근수축의 과정 중 3)에서 6)을 올바른 순서로 배열하시오.

근수축의 과정

1) 자극이 운동신경에서 운동종판에 도달한다.
2) 아세틸콜린이 분비된다.
3) 근형질세망에서 Ca^{++}을 방출한다.
4) 자극이 가로소관과 근형질세망을 통해 근섬유 전체로 퍼져 나간다.
5) 액틴과 마이오신이 십자형교를 형성한다.
6) 액틴 위의 활성 부위를 막고 있는 트로포마이오신의 위치가 변화된다.
7) ATP가 분해되고 십자형교가 변형되며 근세사가 활주된다.

답 : (㉠)

퀴즈 2. 다음의 특성을 가진 근섬유의 명칭을 쓰시오.

- 근글리코겐의 저장량: 낮음
- 근섬유의 미토콘드리아 밀도: 높음
- 운동신경의 굵기: 가는 편

답 : (㉡)

054 다음은 운동과 호흡·순환계에 대한 교수-학습 지도안의 일부이다. 괄호 안의 ㉠, ㉡에 해당하는 용어를 순서대로 쓰시오. [2점] 2015

단계	교수-학습 활동	시간
도입	• 전시 학습 확인 • 흡연에 따른 호흡·순환계 질환 발생 사례	5분
전개	1. 호흡·순환계의 구조와 기능 …(중략)… 2. 산소-헤모글로빈 해리 곡선의 변화 <운동 중 산소-헤모글로빈 해리 곡선 변화> • 운동 중에 체온이 상승하고 (㉠)이/가 감소하며 PCO_2가 증가하면, 해리 곡선이 우측으로 이동하고 동정맥 산소차가 증가함. 결과적으로 조직에 더 많은 산소를 공급할 수 있음 3. 심장으로의 혈액 환류 • 운동 중에 골격근이 수축할 때 (㉡)이/가 혈액 역류를 막아 심장으로의 혈액 환류를 도움. 따라서 운동 후 회복기에 정리 운동을 하는 것이 급작스러운 혈액 환류 감소를 예방함 4. 흡연에 따른 호흡·순환계의 반응 …(하략)…	40분

055 다음은 교육감배 학교스포츠클럽 농구대회 출전을 준비하는 상황에서 체육 교사 간에 나눈 대화이다. 괄호 안의 ㉠, ㉡에 해당하는 용어를 순서대로 쓰시오. [2점] 2016

> 채 교사 : 송 선생님! 다음 경기에서 우리 팀이 불리할 것 같아요.
> 송 교사 : 무슨 일이 있었나요?
> 채 교사 : 좋은 성적을 내려고 어제 방과 후에 평소보다 강도 높게 연습을 시켰더니 우리 아이들 대다수가 오늘 오후부터 근육에 통증을 호소하네요. 통증의 원인은 무엇인가요?
> 송 교사 : 통증의 원인은 근육 내의 결체조직과 근 단백질의 (㉠), 히스타민 유리 등과 이에 수반되는 (㉡) 반응 때문입니다. 이런 통증을 지연성 근통증이라고 합니다.

056 다음은 학교 홈페이지의 읽기 학습 자료로 제작 중인 내용의 일부이다. 밑줄 친 ㉠의 과정에서 최종적으로 생기는 물질 2가지를 쓰고, ㉡에서 젖산이 제거되는 경로를 (가), (나)에 해당하는 용어를 포함하여 서술하시오. [4점] 2016

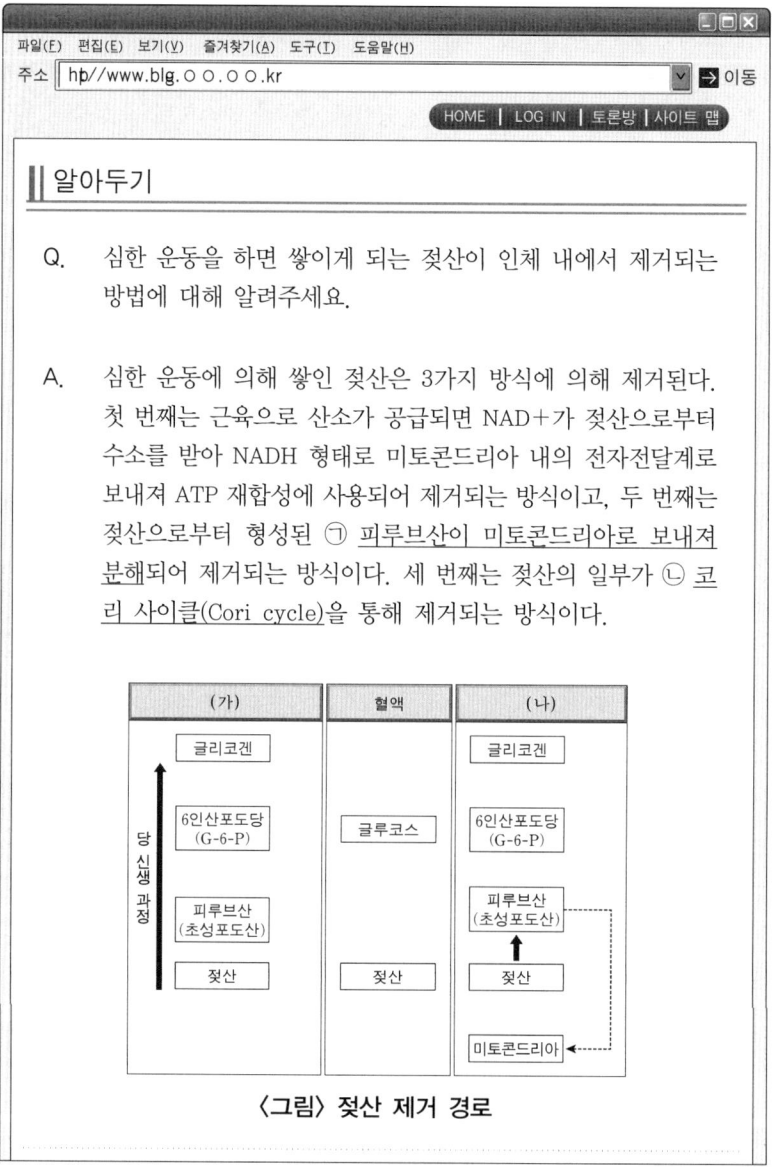

057 다음은 운동과 비만에 대한 체육 수업 상황이다. 부신수질에서 분비되는 호르몬 중 밑줄 친 ㉠의 변화를 일으키는 주요 호르몬 2가지를 쓰고, ㉡의 이유를 서술하시오. [4점] 2016

> 체육 교사 : 오늘은 운동을 통한 비만 예방 및 해소 방법을 알아보겠습니다. 우선, 퀴즈 하나를 내겠습니다. 비만은 체지방이 인체에 과도하게 축적된 경우를 말하는데, 그럼 체지방을 줄이는 데에 효과적인 운동은 어떤 것이 있나요?
> 학   생 : 오래 걷기나 장거리달리기요.
> 체육 교사 : 네. 맞습니다. 중강도 심폐지구력 운동은 ㉠ 유리지방산의 활동을 증대시켜 체지방을 줄이는 데 도움이 된다고 알려져 있어요.
> 학   생 : 선생님, 심폐지구력이 체지방을 감소시키는 데 반해 근육 운동은 체지방을 줄이는 데 도움이 안 된다고 하던데요?
> 체육 교사 : 그렇지 않아요. 근육을 키우는 ㉡ 저항성 트레이닝도 체지방을 줄이는 데 도움이 됩니다.

058 다음은 체력 운동 프로그램에 참여하고 있는 학생들과 이 교사가 나눈 대화 내용이다. 〈작성 방법〉에 따라 순서대로 서술하시오. [4점] 2017

대　석: 선생님, 몸짱인 찬호가 부러워요. 저도 운동을 통해 근육을 크게 만들고 싶어요.
이 교사: 몸짱이 되려면 ㉠ 근육의 횡단 면적을 넓혀야 하는데, 이를 위해서는 강도 높은 근력 운동을 꾸준히 해야 한단다.

…(중략)…

세　형: 선생님, 저는 근육은 좀 있는 편인데, 제자리멀리뛰기 기록이 좋지 않아요. 제자리멀리뛰기 기록을 향상시키려면 어떻게 해야 하나요?
이 교사: 제자리멀리뛰기를 잘하려면 순발력을 향상시켜야 해. 순발력 향상을 위한 트레이닝 방법에는 여러 가지가 있지만 (㉡) 트레이닝을 추천하고 싶어. 이 트레이닝의 명칭은 '측정치를 증가시킨다'라는 의미를 가진 그리스어에서 왔단다. 이 트레이닝은 근육과 건의 탄성 요소를 활성화 할 수 있는 반대 방향으로의 움직임을 포함함으로써 짧은 시간 동안 폭발적인 파워를 발휘할 수 있도록 유도한다. 줄넘기, 연속 점프, 계단 오르기 점프, 지그재그 홉 등이 이 트레이닝에 해당하는 운동이야.

민　수: 이 트레이닝의 특징은 뭐예요?
이 교사: 이 트레이닝의 특징은 연속 점프를 할 때 ㉢ 양발이 지면에 접촉하는 동안 나타나는 장딴지근(비복근)의 수축 형태에서 잘 드러나지.
민　수: 앞으로 열심히 해서 제자리멀리뛰기 기록을 높일게요.

─〈작성 방법〉─
• 밑줄 친 ㉠과 관련 있는 2가지 기전을 제시할 것
• 괄호 안의 ㉡에 해당하는 명칭을 쓰고, 밑줄 친 ㉢의 형태를 순서대로 제시할 것

059 다음은 ○○고등학교 「운동과 건강 생활」 수업 내용 중 운동과 순환계 관련 자료의 일부이다. 괄호 안의 ㉠에 해당하는 명칭과 ㉡에 공통으로 들어갈 명칭을 쓰시오. [2점] 2017

운동과 순환계

(가) 심장의 구조와 기능

(㉠)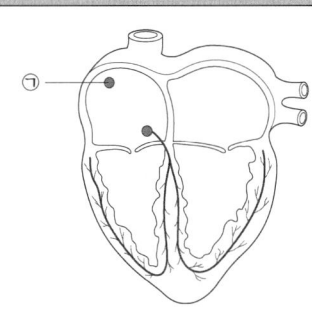
- 우심방에 위치한 심장의 박동 조율기임
- 심방의 탈분극을 유발하며, 심전도의 P파를 발생시킴
- 성인의 경우 일반적으로 안정 시에 분당 60~80회, 최대 운동 시에는 분당 약 200회까지 박동을 유도함

(나) 심장의 자극전도 및 심전도

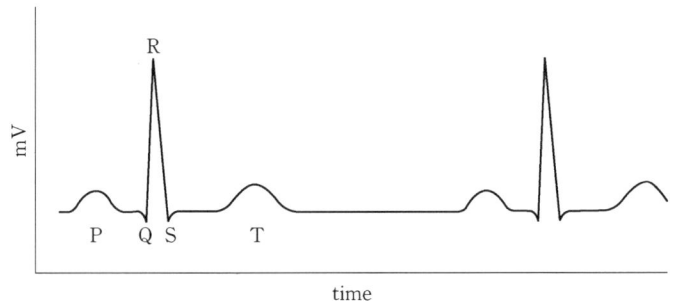
〈안정 시〉

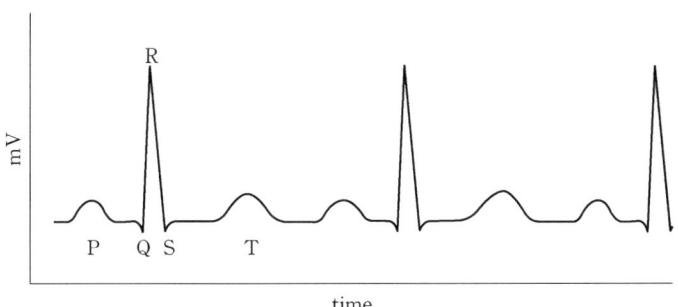
〈운동 중〉

- (㉡)은/는 심실 수축에 의해 발생하는 파형임
- (㉡)이/가 발생하면 동맥에서 박동이 나타남
- 심전도를 판독할 때 (㉡)을/를 이용하여 심박수를 측정함
- 운동 중에는 R-R 간격이 감소하여 심박수가 증가함

…(하략)…

060 다음은 ○○고등학교 「운동과 건강 생활」 수업에서 교사가 작성한 가람이의 체중 조절 프로그램 계획서이다. 〈작성 방법〉에 따라 서술하시오. [4점] 2017

(가) 가람이의 건강 정보

- 성별 : 남
- 나이 : 17세
- 체중 : 63.5kg
- 신장 : 160cm

※ 건강 검진 결과 체지방률, 총콜레스테롤, 혈압, 혈당이 정상 범위보다 약간 높은 수준으로 판정되었음

(나) 가람이의 프로그램 목표

㉠ 식이요법과 운동요법을 규칙적으로 실천하여 체지방률을 감소시킨다.
㉡ 규칙적인 운동을 통해 총콜레스테롤과 고밀도 지단백 콜레스테롤(HDL-C)을 모두 감소시킨다.
㉢ 규칙적인 운동을 통해 수축기와 이완기 혈압을 감소시킨다.
㉣ 규칙적인 운동을 통해 혈당농도를 감소시켜 인슐린 요구도를 증가시킨다.

(다) 가람이의 프로그램 내용 및 방법

○ 현재 에너지섭취량과 에너지소비량 분석 자료
- 1일 에너지섭취량 : 2,000kcal
  주식 500kcal×3식 + 간식 500kcal
- 1일 에너지소비량 : 2,000kcal
  안정 시 대사량 1,500kcal + 활동 에너지소비량 500kcal
- 활동 에너지소비량 : 500kcal
  40분 걷기(5km/hr) 150kcal + 15분 달리기(8.4km/hr) 150kcal + 일상적 활동 200kcal

○ 체중조절 프로그램
- 식습관 프로그램 : 1일 간식 300kcal 줄이기, 주 4일 참여
- 운동 프로그램 : 1일 30분 달리기(8.4km/hr)로 300kcal 추가 소비하기, 주 4일 참여
- 실천 기간 : 10주

○ 체중감량 목표
- 10주 동안 감량할 무게 : (㉤)kg

…(하략)…

〔작성 방법〕
- (나)의 프로그램의 목표 중에서 잘못된 2가지를 찾아 바르게 수정할 것
- 괄호 안의 ㉤에 해당하는 값을 쓸 것(체중 1kg은 8,000kcal의 에너지에 해당한다고 가정하며, 프로그램에서 언급한 내용 이외의 변인은 무시함)

061 다음은 교사와 학생이 운동과 환기량에 대해 나눈 대화의 일부이다. 괄호 안의 ㉠에 들어갈 용어를 쓰고, 폐포 환기량이 큰 학생부터 이름을 순서대로 쓰시오. [2점] 2018

> 교사 : 아래 표는 1회 호흡량, 분당 호흡수 및 분당 환기량의 관계를 알아보기 위해 측정한 자료입니다.
>
> | 학생 이름 | 1회 호흡량 (ml) | 분당 호흡수 (회/분) | 분당 환기량 (ml/min) | (㉠) (ml) | 폐포 환기량 (ml/min) |
> |---|---|---|---|---|---|
> | A | 200 | 30 | 6,000 | 150 | ( ) |
> | B | 400 | 15 | 6,000 | 150 | ( ) |
> | C | 600 | 10 | 6,000 | 150 | ( ) |
>
> 교사 : 분당 환기량이 동일하더라도 얕은 호흡, 중간 호흡, 깊은 호흡에 따라 우리 몸에 공급되는 산소의 양은 차이가 납니다.
>
> 학생 : 선생님, 왜 그런 차이가 생기나요?
>
> 교사 : 호흡 때마다 코, 입, 기도 등 실제로 가스 교환에 관여하지 못하는 (㉠)이/가 있기 때문입니다. 위 표에서 A, B, C의 분당 환기량은 6,000ml/min으로 동일하지만, 호흡 교환에 관여하는 폐포 환기량은 차이가 납니다. 결국 인체에 공급되는 산소의 양도 차이가 납니다.
>
> …(하략)…

062 다음 중 (가)는 운동과 에너지에 관해 설명한 자료의 일부이고, (나)는 호흡 교환율에 관해 교사와 학생이 나눈 대화의 일부이다. 〈작성 방법〉에 따라 순서대로 서술하시오. [4점] 2018

(가)

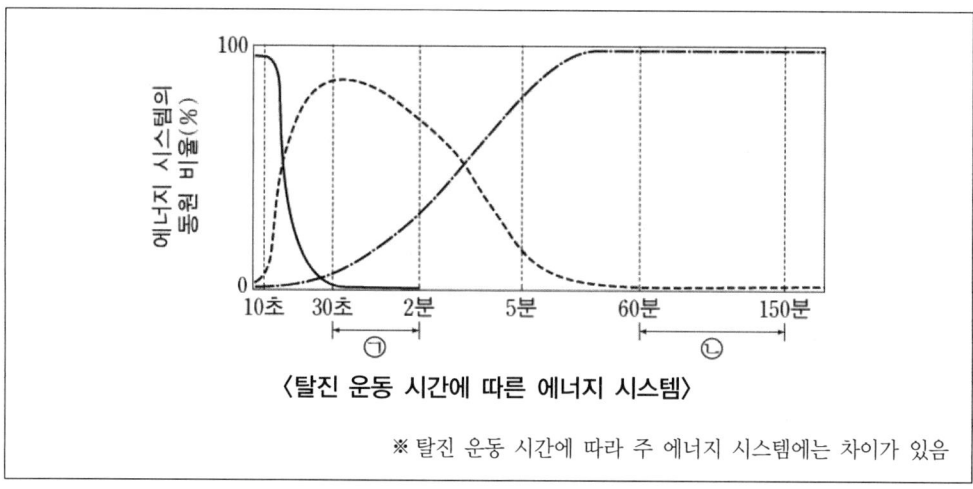

〈탈진 운동 시간에 따른 에너지 시스템〉

※ 탈진 운동 시간에 따라 주 에너지 시스템에는 차이가 있음

(나)

학생: 운동 중에 에너지원이 다른 것을 어떻게 알 수 있지요?
교사: 그것은 ⓒ 호흡 교환율을 통해 알 수 있습니다. 이는 운동 강도에 따라 변화하고, 에너지원에 대한 정보를 제공해 줍니다.
학생: 아. 그렇군요. 호흡 교환율에 대해 더 알고 싶어요.
교사: 호흡 교환율은 세포 내 호흡의 경우 약 0.7에서 1.0 정도입니다. ⓔ 의 수치를 이용하면 운동 중에 사용되는 주 에너지원을 알 수 있습니다.

〔작성 방법〕
- (가)의 ⊙에서 동원되는 3가지 에너지 시스템의 명칭을 기여도가 큰 순서대로 쓰고, 에너지 대사의 측면에서 ⓒ에 나타나는 탈진의 주요 원인을 쓸 것
- 밑줄 친 ⓒ의 정의를 쓰고, 밑줄 친 ⓔ과 관련하여 호흡 교환율이 0.7과 1.0일 때 주 에너지원을 각각 기술할 것

063 유연성 트레이닝에 대한 교사 연수 자료이다. 〈작성 방법〉에 따라 순서대로 서술하시오. [5점]
2018

〈유연성 트레이닝의 종류〉

• 탄성 스트레칭

• 정의 : 스윙, 바운스 등의 반동 동작을 이용함	• 탄성 스트레칭과 관련된 근육의 구조물
	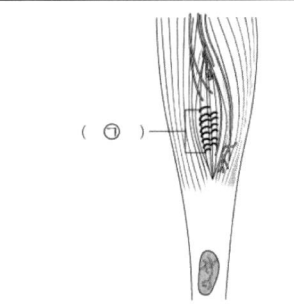 (㉠)

- 위험성 : ㉡ 근육 손상이나 통증을 유발할 수 있다.

• (㉢) 스트레칭
 - 종류 : 유지-이완, 수축-이완 등
 - 적용의 실제 : 유지-이완 기법

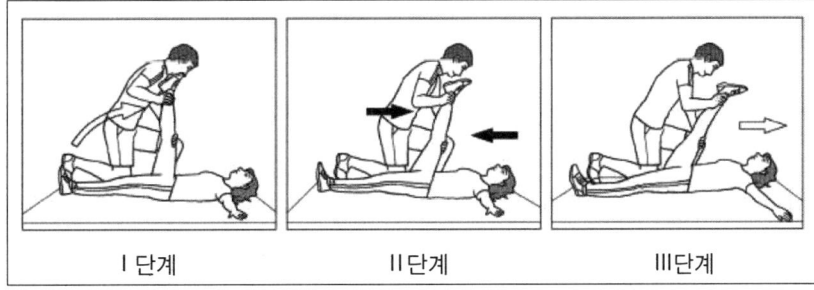

Ⅰ단계   Ⅱ단계   Ⅲ단계

- 주의사항 : 혼자서 실시하기가 어려워 보조자의 도움을 받아야 함
…(하략)…

─〔작성 방법〕─
• 괄호 안의 ㉠에 들어갈 명칭을 쓰고, ㉠의 기능을 기술할 것
• 밑줄 친 ㉡이 발생하는 기전을 기술할 것
• 괄호 안의 ㉢에 들어갈 명칭을 쓰고, 이 방법을 근육계와 신경계의 측면에서 정의할 것(단, ㉢의 명칭은 국문, 영문, 영문 약어 모두 가능함)

064 다음은 학생의 신체 구성 측정 및 조절 계획서이다. 괄호 안의 ㉠에 해당하는 측정법의 명칭을 쓰고, 괄호 안의 ㉡에 알맞은 값을 순서대로 쓰시오(소수점 첫째 자리까지 표시할 것).

[2점] 2019

(가) 신체 구성 측정법
- 피부 두겹법
  - 가슴, 복부, 넙다리, 위팔 등의 피부두겹두께를 측정하여 체지방률을 추정함
- (㉠)
  - 미약한 전류를 인체 조직으로 전도시킴
  - 지방 조직과 제지방 조직의 전도성 차이를 이용하여 체지방률을 추정함
- 수중체중측정법
  - 아르키메데스의 원리를 이용한 측정법임
  - 수중체중을 측정하여야 하므로 현장 적용에 제한이 있음

(나) 신체 구성 조절
- 현재 상태
  - 연령 : 16세
  - 신장 : 170.0cm
  - 체중 : 70.0kg
  - 체지방률 : 28.6%
  - 제지방체중 : 50.0kg
  - 체지방량 : 20.0kg
- 조절 계획
  - 목표 체지방률 : 20.0%
  - 목표 체중 : (㉡)kg
  (단, 제지방체중을 현재와 같이 유지한다고 가정함)

065 다음은 교사와 육상부 주장 민수의 대화이다. 〈작성 방법〉에 따라 순서대로 서술하시오.

[4점] 2019

민수: 저의 10,000m 달리기 기록이 매우 좋아졌어요.
교사: 훈련을 열심히 해서 최대산소섭취량과 ㉠ <u>무산소성 역치</u> 수준이 모두 증가해서 기록이 좋아진 것입니다.
민수: 무산소성 역치에는 어떤 지표가 있나요?
교사: (㉡), (㉢), 혈중젖산축적시점(OBLA) 등이 있습니다. 민수의 운동부하검사 결과와 관련해서 살펴봅시다.

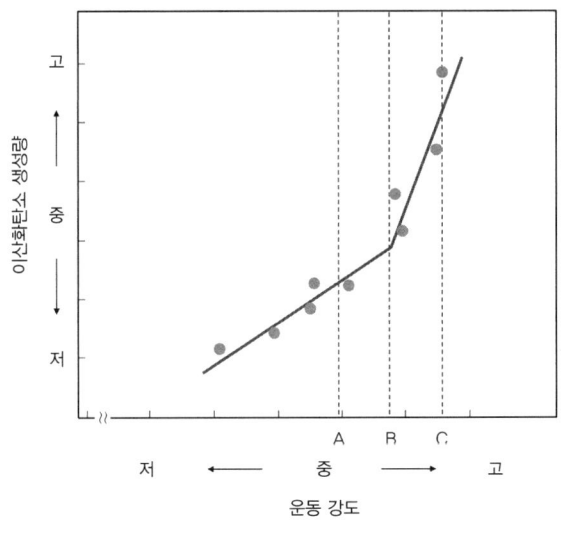

…(중략)…

민수: 적정 트레이닝 강도를 설정할 때 무산소성 역치를 어떻게 적용하나요?
교사: 무산소성 역치 지점(B)의 달리기 속도를 기준으로 하여 트레이닝 목적에 따라 조정해서 적용합니다.
민수: 달리기 속도 이외에 현장에서 사용할 수 있는 좀 더 간편한 운동강도 조절 방법이 있나요?
교사: ㉣ <u>운동 중 힘든 수준에 대한 주관적 신체 피로 정도</u>를 이용하는 방법도 있습니다. 이 것도 정확하게 사용하면 경기력 향상에 도움이 됩니다.

─〔작성 방법〕─
• 에너지 공급의 측면에서 밑줄 친 ㉠을 정의하고, 괄호 안의 ㉡, ㉢에 해당하는 용어를 제시할 것
• 경기 중 최고 기록을 내기 위해 그래프 B 지점의 강도가 A, C 지점의 강도보다 유리한 이유를 달리기 속도와 피로 발현 측면에서 서술할 것
• 보그(G. Borg)가 제시한 개념에 근거하여 밑줄 친 ㉣에 해당하는 용어를 쓸 것

066 다음은 운동 중 근력 발휘 수준과 동원 근섬유 비율에 대한 수업 자료이다. 〈작성 방법〉에 따라 순서대로 서술하시오. [4점] 2019

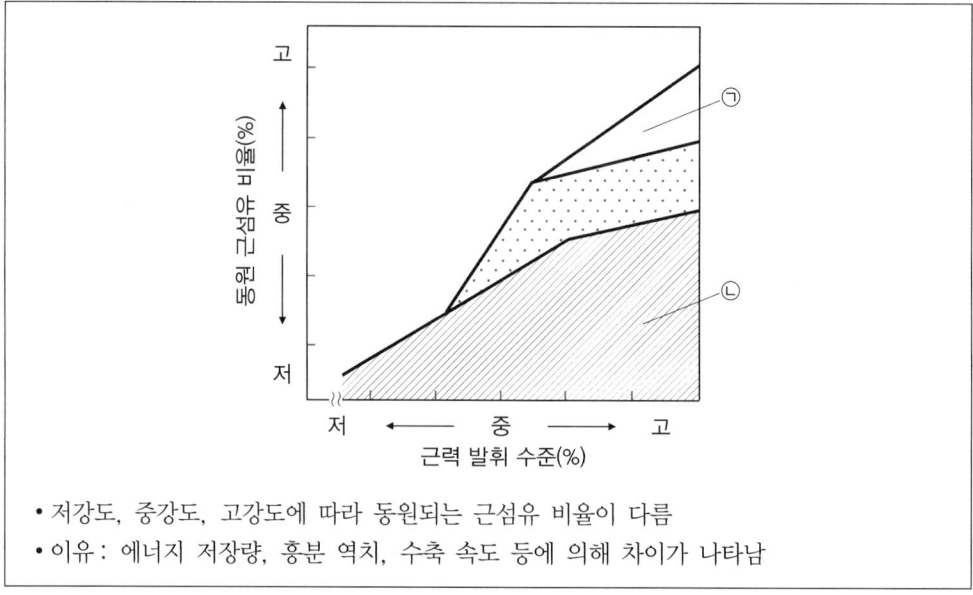

- 저강도, 중강도, 고강도에 따라 동원되는 근섬유 비율이 다름
- 이유: 에너지 저장량, 흥분 역치, 수축 속도 등에 의해 차이가 나타남

┌ 작성 방법 ┐
- ⓒ에 해당하는 근섬유 명칭을 동원 순서와 수축 속도 측면에서 각각 1가지 쓸 것
- 투포환, 마라톤, 800m 달리기를 ⓒ의 비율이 높은 종목부터 낮은 종목 순으로 쓸 것
- ⓒ을 운동 신경의 전도 속도와 모세혈관 밀도의 측면에서 ⊙과 비교하여 기술할 것

067 다음은 체육 수업 중에 교사와 학생이 나눈 대화 내용이다. 〈작성 방법〉에 따라 순서대로 서술하시오. [4점] 2020

> 학생: 선생님, 100미터 전력 질주를 한 직후에는 왜 숨이 찰까요?
> 교사: 좋은 질문이네요. 그 이유에 대해 오래 전부터 학자들이 답을 찾기 위해 노력했습니다. 우선 100미터 달리기와 같이 짧은 시간에 폭발적인 힘을 발휘해야 하는 운동에서는 ATP-PC 시스템이 주로 동원됩니다. 노벨상 수상자이기도 한 ㉠ 힐(A.V. Hill)에 따르면, 그 이유가 전력으로 달릴 때 요구되는 산소의 부족한 부분을 운동 후에 보충하기 때문입니다.
> …(중략)…
> 학생: 마라톤과 같은 지구성 트레이닝의 효과는 무엇인가요?
> 교사: 지구성 트레이닝을 지속적으로 하면 심장이 비대해지는데, 심장의 구조 중 특히 (㉡)의 용적이 커져 심박출량이 증가합니다. 또한 세포 안의 유산소성 대사 공장이라 불리는 (㉢)의 밀도가 높아져서 유산소성 대사를 용이하게 해 줍니다.
> 학생: 그러면 운동선수들이 격렬한 운동을 한 후 가볍게 달리는 이유는 무엇인가요?
> 교사: 그것은 ㉣ 앉아서 쉬는 것보다 가볍게 움직이는 것이 회복에 훨씬 더 도움이 되기 때문입니다.

─〔작성 방법〕─
- 밑줄 친 ㉠에 해당하는 용어를 쓸 것
- 괄호 안의 ㉡, ㉢에 해당하는 명칭을 순서대로 쓸 것
- 밑줄 친 ㉣의 이유를 혈중 젖산의 측면에서 서술할 것

068 다음은 안전 영역의 운동 손상의 예방과 대처에 관한 수업 중 교사와 학생이 나눈 대화 내용이다. 괄호 안의 ㉠, ㉡에 해당하는 내용을 순서대로 쓰시오. [2점] 2020

> 학생 : 농구를 하다가 발목을 삐었을 때 어떻게 해야 하나요?
> 교사 : 발목 염좌와 같이 인대가 손상되었을 때 일차적으로 시행하는 기본적인 응급처치는 RICE 요법입니다.
> 학생 : R은 휴식, I는 얼음찜질, C는 압박입니다. 그런데 E는 생각이 잘 안 나요.
> 교사 : E는 (㉠)입니다.
> 학생 : 선생님, 그런데 염좌 부위에 얼음찜질은 왜 하는 거죠? 열을 식히려는 건가요?
> 교사 : 그 이유도 있지만, 손상 부위의 (㉡), 통증, 염증 완화에 도움이 되기 때문입니다.

069 다음은 교사 대상 스포츠과학 연수 내용이다. 〈작성 방법〉에 따라 순서대로 서술하시오.

[4점] 2020

운동할 때 체내에서 사용하는 연료의 비율은 개인의 운동 능력 및 영양 상태에 따라 다양하게 나타난다. 그러나 운동 강도(% VO_2max)에 따른 연료 소비 비율은 아래의 그래프와 같이 일관되게 교차(X자) 형태로 나타나는데, 이를 연료교차개념(crossover concept)이라 한다.

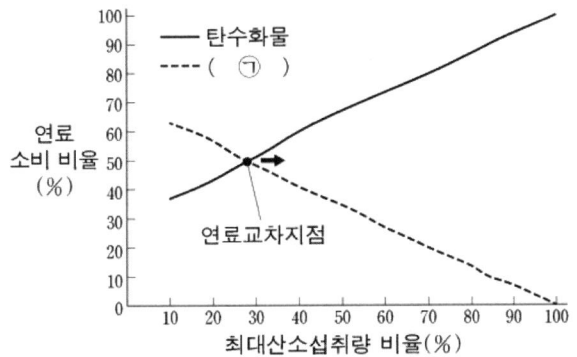

운동 강도가 증가함에 따라 (㉡)의 사용 비율이 증가하고, (㉢)의 분비가 증가하기 때문에 연료 교차가 나타난다. 또한, ㉣ 지구성 능력이 향상되면 연료교차지점(crossover point)이 그래프의 화살표와 같은 오른쪽 방향으로 이동하게 된다.

─〔작성 방법〕─
• 괄호 안의 ㉠에 해당하는 용어를 쓸 것
• 괄호 안의 ㉡에 해당하는 근육 섬유 유형과 괄호 안의 ㉢에 해당하는 호르몬의 명칭을 순서대로 쓸 것
• 밑줄 친 ㉣의 이유를 탄수화물의 소비 측면에서 서술할 것

070 다음은 건강 교육 원격수업 시간에 교사와 학생이 나눈 대화 내용이다. 괄호 안의 ⓒ에 해당하는 명칭을 쓰시오. [1점] 2021

> 학생: 아, 그렇군요. 의사 선생님께서 집에서 쉬면서 경과를 살펴보자고 하셨는데, 운동도 못 하고 집에만 있으려니 벌써부터 우울해지는 것 같아요.
> 교사: 운동이 부족하고 햇빛을 충분하게 쬐지 않으면, 우리 몸의 신경전달물질(neurotransmitter)인 (ⓒ) 수준이 낮아져서 우울 장애가 생길 수 있어요. 또한 이 신경전달물질은 트립토판(tryptophan)에서 합성되는데 운동 기능, 수면, 식욕, 분노 등을 조절하는 역할을 해요.
> 학생: 발목이 다 나은 후에 규칙적으로 운동을 하면 우울함을 극복할 수 있겠네요.
> 교사: 그렇지요. 운동은 우울 장애의 치료뿐만 아니라 예방 효과도 있어요. 운동은 감소된 (ⓒ) 수준을 높일 수 있으니, 집에서라도 발목에 무리가 가지 않는 상체 운동이나 코어운동을 해 보는 게 좋겠어요.

071 다음은 운동 처방과 관련하여 교사와 학생이 나눈 대화 내용이다. 〈작성 방법〉에 따라 순서대로 서술하시오. [4점] 2021

> 교사 : 개인에게 알맞은 운동 계획을 수립하기 위해서는 미국스포츠 의학회(ACSM)에서 제시한 운동 처방의 FITT-VP 원칙을 잘 활용해야 합니다. FITT-VP란 운동 빈도(Frequency), 운동 강도(Intensity), 운동 시간(Time), 운동 유형(Type), (㉠), 진전(Progression)을 말하지요.
> ⋯(중략)⋯
> 학생 : 요즘 제가 유산소 운동인 달리기를 1회 50분씩, 일주일에 3회 하고 있는데요. 뭔가 좀 부족한 것 같은데, 어떻게 해야 할까요?
> 교사 : 그렇다면 전체적으로는 (㉠)을/를 늘려야 하는데, 현재 학생의 경우는 (㉡)을/를 조절하면 되겠네요. 유산소 운동의 (㉡)은/는 최대심박수법, 최대산소섭취량법, 여유심박수법, 운동자각도법 등을 활용해 설정할 수 있지요.
> ⋯(중략)⋯
> 학생 : 선생님, 상체 근력을 기르려면 어떤 운동이 좋을까요?
> 교사 : 덤벨 운동이 좋겠어요. 덤벨 운동을 하면 주동근의 ㉢ 단축성 수축과 신장성 수축이 반복되어 근력을 기를 수 있지요. 이때 근육 수축 속도와 힘 생성 간의 관계를 이해할 필요가 있어요. 예컨대 ㉣ 신장성 수축 시, 주동근의 수축 속도 차이에 따라 주동근이 생성하는 최대 힘의 크기가 어떻게 달라지는지를 알아야 해요.

―〔작성 방법〕―――――――――――――――――――――――――――――――
• 괄호 안의 ㉠에 해당하는 용어와 괄호 안의 ㉡에 해당하는 운동 처방의 요소를 순서대로 쓸 것
• 밑줄 친 ㉢의 현상을 근력 토크와 저항 무게 토크의 상대적 크기로 서술할 것
• 밑줄 친 ㉣에 대한 답을 서술할 것

072 다음은 유산소 지구성 트레이닝에 대해 ○○고등학교 교사와 학생이 나눈 대화 내용이다. 〈작성 방법〉에 따라 순서대로 서술하시오. [4점] 2021

> 현주 : 선생님, 제가 그동안 열심히 운동을 했는데, 어떤 변화가 있는지 궁금해요.
> 교사 : 트레이닝을 꾸준히 해서 현주의 순환계 능력이 많이 좋아졌구나.
> 현주 : 그걸 어떻게 알 수 있어요?
> 교사 : (㉠) 법칙(기전)을 이해하면 너의 트레이닝 효과를 잘 알 수 있어. 연구자의 이름에서 유래한 (㉠) 법칙(기전)은 심실 이완기말 혈액량과 심실 수축력의 관계를 설명하는 것이란다. 이완기말 용량이 증가하면 혈액량이 증가하고, 따라서 심실은 더 늘어나고 심장 근육은 더욱 강력하게 수축할 수 있게 되는 현상을 말하지.
> 현주 : 좀 더 자세히 설명해 주세요.
>
> [현주의 유산소성 지구성 트레이닝 실시 전·후 심혈관계 변화]
>
> | 구분 | 심실이완기말 용량(mL) | (㉡) | 심실수축기말 용량(mL) | 박출계수(%) | 총혈액량(L) |
> |---|---|---|---|---|---|
> | 트레이닝 전 | 90 | 50 | 40 | (?) | 4 |
> | 트레이닝 후 | 95 | 57 | 38 | (㉢) | 4.5 |
>
> 교사 : 다시 말해서, 이완기말 용량이 증가하면 심장 근육이 늘어나고, 이에 따라 수축력이 커져서 (㉡)이/가 증가하게 된단다. (㉡) 증가는 트레이닝 효과의 중요한 증거 중 하나라고 할 수 있지. 또한 박출계수(구출률, ejection fraction)와 총혈액량도 중요하단다.
> 현주 : 박출계수가 무엇인가요?
> 교사 : 박출계수란 심장의 기능적 효율성을 알아보는 지표란다. 너의 트레이닝 후 박출계수는 (㉢)%로 트레이닝 전보다 심장의 효율성이 높아진 걸 알 수 있지.
> 현주 : 제 심장의 기능이 더 좋아졌다는 걸 확실히 알 수 있게 되었네요. 그러면, 총혈액량의 변화에 대해서도 설명해 주세요.
> 교사 : ㉣ 일반적인 경우에는 트레이닝의 긍정적인 효과로 총혈액량이 증가하게 된단다.
> ⋯(하략)⋯

─〔작성 방법〕
- 괄호 안의 ㉠에 해당하는 명칭을 쓸 것
- 괄호 안의 ㉡에 해당하는 용어를 쓰고, 괄호 안의 ㉢에 해당하는 수치를 쓸 것
- 밑줄 친 ㉣의 이유를 적혈구량(적혈구수)과 혈장량의 상대적 기여도 측면에서 서술할 것

073 다음은 건강체력교실에 참여하고 있는 A, B학생의 운동 처방 내용이다. 카보넨(Karvonen) 공식을 활용하여 괄호 안의 ㉠, ㉡에 해당하는 심박수를 쓰고, 밑줄 친 ㉢을 지칭하는 용어를 쓰시오. [2점] 2022

구분	A 학생	B 학생
신체특성 및 심폐기능	성별: 남자 연령: 16세 신장: 168cm 체중: 70kg 체지방률: 25% 체질량지수: $24.8kg/m^2$ 안정 시 심박수: 64회/분 최대 심박수: 204회/분	성별: 여자 연령: 15세 신장: 161cm 체중: 56kg 체지방률: 30% 체질량지수: $21.6kg/m^2$ 안정 시 심박수: 69회/분 최대 심박수: 205회/분
운동목표	심폐지구력 강화	근력 강화
운동유형	유산소 심폐지구력 운동	저항성 운동
운동종목	오래달리기	웨이트 트레이닝
운동강도	• 운동강도비율: 55~60% • 분당 목표 심박수 범위 　: (㉠)~(㉡)	• ㉢ <u>최대 운동 강도</u>의 50~60%
운동시간	50분/일	50분/일
운동빈도	주당 3회	주당 2회
운동기간	16주	16주

074 다음은 신경 세포의 신호 전달 원리와 운동 단위 동원에 대한 설명이다. 〈작성 방법〉에 따라 순서대로 서술하시오. [4점] 2022

- 신경 세포(neuron)에서 신호 전달 시 자극이 약할 때는 아무런 반응이 나타나지 않는다. 시냅스 후 뉴런에서 활동 전위를 생성하기 위해서는 충분한 신호 자극이 필요하나, 개별적인 자극들은 활동 전위를 생성하기에 부족하다.
- ㉠ 가중(summation) 효과에 의해 자극들의 효과가 누적되어 ㉡ 신호 자극이 역치 전압에 도달하면 신경 세포막에 있는 개폐성 나트륨 통로 변화가 일어나 활동 전위가 발생하게 된다. 탈분극 이후 (㉢) 이온은 세포 외부로 확산되며 세포막은 재분극된다.
- 하나의 운동 신경 세포는 여러 개의 근섬유와 연결되어 있으며, 운동 신경 세포와 그 세포에 지배받고 있는 모든 근섬유를 운동 단위(motor unit)라고 한다.
- 일반적으로 운동 단위는 순차적으로 동원된다. ㉣ 가벼운 무게를 들기 위해 처음 근육이 활성화될 때는 작은 운동 단위가 먼저 동원된다. 보다 큰 힘이 요구될 때는 큰 운동 단위가 동원된다. 이는 근 피로를 예방하기 위한 인체의 방어적 기전으로 볼 수 있다.

〔작성 방법〕
- 밑줄 친 ㉠에 해당하는 요인 2가지를 쓰고, 밑줄 친 ㉡에 해당하는 통로의 변화를 서술할 것
- 괄호 안의 ㉢에 해당하는 이온을 쓸 것
- 밑줄 친 ㉣에 해당하는 원리의 명칭을 쓸 것

075 다음은 운동 상황에서의 심박출량을 구하는 공식에 대한 교사 연수 자료이다. 〈작성 방법〉에 따라 순서대로 서술하시오. [4점] 2022

공식	• 심박출량 = 심박수 × 1회 박출량
설명	• 심박수 – 운동 강도가 증가함에 따라 자율신경계 조절에 의해 심박수가 증가한다. – 심박수 증가는 대략 분당 심박수 100회를 기준으로 하여 초기 구간과 후기 구간으로 구분한다. – 심박수 증가 구간에 따라 ㉠ 자율신경계에 의해 조절되는 심박수 증가 기전은 서로 다르다. 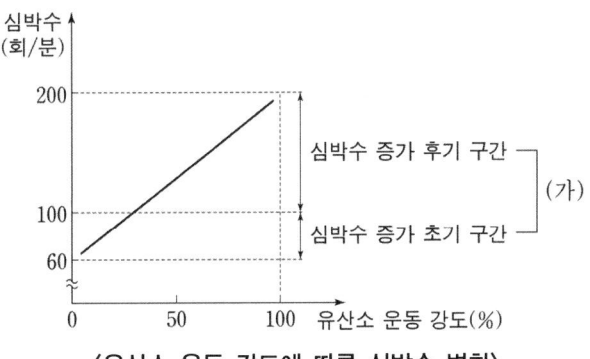 〈유산소 운동 강도에 따른 심박수 변화〉 • 1회 박출량 – 1회 박출량은 심실 이완기 말(심실 수축 직전) 혈액량, 평균 대동맥 혈압, (㉡)의 3가지 요인에 의하여 조절되고 있다. – 운동 중 1회 박출량을 증가시키는 기전 중 하나는 정맥혈 회귀이다. – 정맥혈 회귀는 정맥 수축, 호흡 펌프, 근육 펌프의 3가지 시스템에 의해 조절된다. – 근육 펌프 시스템에서 정맥혈 회귀가 작동하지 않거나 감소할 수 있는 근수축 형태로는 (㉢)이/가 있다.

─〔작성 방법〕─
• 밑줄 친 ㉠에 해당하는 심박수 증가 주요 기전을 (가)와 같이 초기 구간과 후기 구간으로 구분하여 순서대로 서술할 것
• 괄호 안의 ㉡에 해당하는 요인을 쓸 것
• 괄호 안의 ㉢에 해당하는 근수축 형태를 쓸 것

076 다음은 에너지 대사에 대한 교사 연수 자료이다. 〈작성 방법〉에 따라 순서대로 서술하시오.

[4점] 2023

- 근육 세포는 ATP를 저장하는 데 한계가 있으므로, 지속적인 근육 활동을 위해서는 근수축에 필요한 에너지인 ATP가 지속적으로 공급되어야 한다.
- 다음은 운동 지속 시간에 따른 ATP 생산 비율의 변화를 보여주는 그림이다.

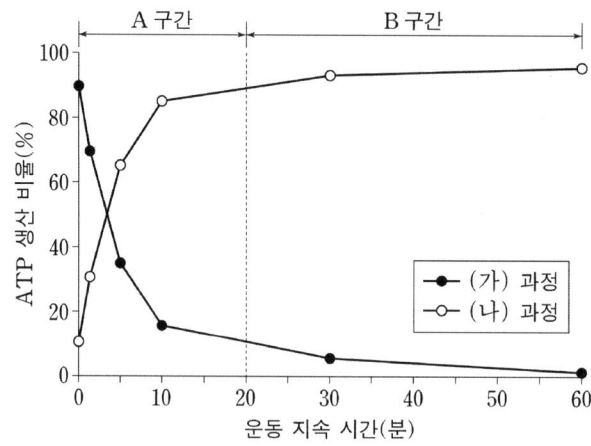

- (가) 과정의 에너지 시스템은 (㉠) 시스템과 해당과정이다. (㉠) 시스템의 속도를 조절하는 효소는 크레아틴 키나아제이며, 해당과정의 속도를 조절하는 효소는 (㉡)이다.
- 모든 에너지 시스템에서 ㉢ ADP의 변화는 속도 조절 효소에 영향을 준다.
- (나) 과정에서는 ㉣ A 구간과 B 구간의 주요 대사 에너지 공급원이 다르다.

┌ 작성 방법 ┐
- 괄호 안의 ㉠에 해당하는 시스템과 ㉡에 해당하는 효소를 순서대로 쓸 것
- 밑줄 친 ㉢에서 ADP의 증가에 따른 속도 조절 효소의 변화를 서술할 것
- 밑줄 친 ㉣에서 설명하는 운동 지속 시간에 따른 주요 대사에너지 공급원을 A, B 구간으로 나누어 순서대로 쓸 것

㉠ 4, ㉡ 90

078 다음은 고온 환경에서의 운동 방법에 대해 교사와 학생이 나눈 대화 내용이다. 〈작성 방법〉에 따라 순서대로 서술하시오. [4점] 2023

> 교사: 오늘 외부 기온이 너무 높아 여러분의 안전을 위해 수업 장소를 운동장에서 체육관으로 변경하게 되었습니다. ㉠ 고온 환경에서 장시간 운동을 할 경우 수분 손실과 함께 심부 체온이 상승하고 심혈관계의 부담은 증가하게 됩니다.
> 학생: 그렇다면 고온 환경에 장시간 노출됐을 경우 발생할 수 있는 열 손상(heat injury)에는 어떠한 것들이 있나요?
> 교사: 먼저 (㉡)이/가 있습니다. (㉡)의 주된 증상은 두통, 혼미, 혼란, 현기증, 무초점 응시, 판단력 상실, 의식 상실 등이 있으며, 체온 조절 시스템이 작동하지 않습니다. 무엇보다, 체온 과다 상승으로 심부 체온이 40℃(104°F)보다 올라가게 됩니다. 학교에서의 응급 처치로는…….
> …(중략)…
> 학생: 선생님, 그러면 고온 환경에서는 운동을 하지 못하나요?
> 교사: 아닙니다. 우리 인체는 항상성을 유지하기 위해 부단히 노력합니다. 고온 환경에 노출되면 인체 내 수분과 전해질이 손실되지만, 우리 인체는 이를 막기 위해 뇌하수체 후엽(뒤엽)에서는 (㉢) 호르몬 분비가 증가하고, (㉣)에서는 알도스테론(aldosterone) 호르몬 분비가 증가합니다. 이들은 체액의 정상적인 나트륨 농도와 수분 보유를 유지하도록 합니다.

〔작성 방법〕
- 밑줄 친 ㉠ 상황에서 나타나는 심장 1회 박출량과 분당 심박수의 변화에 대해 서술할 것
- 괄호 안의 ㉡에 해당하는 명칭을 쓸 것
- 괄호 안의 ㉢, ㉣에 해당하는 명칭을 순서대로 쓸 것

079 다음은 운동의 효과와 당뇨병 예방법에 대한 교사들의 대화이다. [가]에 해당하는 트레이닝 원리의 명칭을 쓰고, 괄호 안의 ㉠에 공통으로 해당하는 용어를 쓰시오. [2점] 2024

> 송 교사 : 2달 전부터 퇴근 후에 조깅을 실시하고 있어요. 요즘에는 조깅할 때 숨도 덜 차고, 더 오랫동안 뛸 수 있어요. 그런데 하체의 근력은 크게 변화하지 않았어요. 왜 그럴까요?
>
> 최 교사 : 그 이유는 트레이닝의 효과가 운동의 형태, 종류, 강도 등에 따라 다르게 나타나기 때문입니다. 규칙적인 조깅과 같은 유산소 트레이닝은 근육의 유산소 대사 능력을 발달시켜 지구력을 향상시켜 주지만, 근력 향상에는 효율적이지 않습니다. 근력을 향상시키기 위해서는 저항성 트레이닝이 더 적합합니다. ⎫[가]
>
> 유 교사 : 저는 얼마 전 실시한 혈액검사 결과 전당뇨 상태라고 진단받았어요. 어떻게 하면 좋을까요?
>
> 최 교사 : 우선 식사량을 줄여야겠네요. 또한 탄수화물 섭취 시에는 (㉠)이/가 낮은 식품 위주로 섭취를 하는 것이 당뇨병을 예방하는 데 도움이 될 수 있습니다. (㉠)은/는 공복 상태에서 50g의 포도당이나 흰 빵 섭취 2시간 후 나타나는 혈액 내 글루코스 반응을 100으로 기준 삼아, 동일한 조건에서 특정 탄수화물 식품 섭취 후 나타나는 혈액 내 글루코스의 반응을 상대적으로 나타낸 값을 뜻합니다.

080 다음은 호흡의 원리와 가스 교환에 대한 교사와 학생의 대화이다. 〈작성 방법〉에 따라 순서대로 서술하시오. 2024

학생: 선생님, 횡격막이 수축하면 흉강의 크기는 어떻게 변하나요?
교사: 직립자세에서 횡격막이 수축하면 흉강의 수직적 크기는 (㉠).
학생: 지난주 병원에서 폐기능 검사를 했는데, 그림 (가)의 결과를 받았어요. 의사선생님께서 폐기능이 정상이라고 하셨어요.
교사: 그래도 틈틈이 운동해서 폐기능을 지금처럼 건강하게 유지하는 것이 좋겠네요.

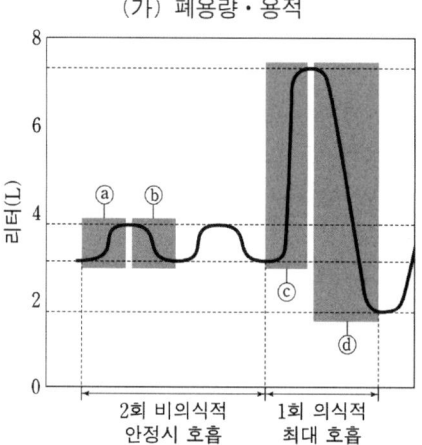

학생: 예전에 폐포와 폐모세혈관 사이(호흡막)에서의 산소와 이산화탄소 교환에 대해서 배웠던 것 같은데, 기억이 안 나요. 다시 설명해 주세요.
교사: 폐포에 도달한 산소는 호흡막을 통해 폐모세혈관으로 확산되고, 체내에서 생성된 이산화탄소는 호흡막을 통해 폐포로 확산됩니다. ㉡ 조직을 통한 가스 확산량은 조직의 면적, 조직의 두께, 가스의 확산상수(계수), 조직의 두 면 사이 가스 분압차이에 의해 영향을 받는다고 알려져 있습니다.

┌〔작성 방법〕
• 괄호 안의 ㉠에 해당하는 내용을 쓸 것
• 그림 (가)의 ⓐ~ⓓ 구간 중, 배가로근(복횡근)의 능동적 수축이 발생하는 구간의 기호를 쓸 것
• 밑줄 친 ㉡에 해당하는 법칙의 명칭을 쓰고, 이 법칙에 근거하여 운동 시 근육에서 산소 사용량이 커짐에 따라 호흡막 조직에서 산소 확산량이 증가하는 이유를 서술할 것

081 다음의 (가)는 운동 시 체온조절 및 체수분에 대한 교사와 학생의 대화이고, (나)는 좌측 심장의 주기(cycle)에 대한 학생들의 발표 내용이다. 〈작성 방법〉에 따라 순서대로 서술하시오. [4점] 2024

(가) 운동 시 체온조절 및 체수분

> 학생 : 무더운 여름 낮에 운동장에서 운동할 때 무엇을 주의해야 하나요?
> 교사 : 높은 습도와 ㉠ 강한 태양의 적외선에 노출되면, 체온이 급격히 오를 수 있다는 점을 주의해야 합니다. 높은 습도는 증발을 통한 열 손실을 감소시켜 체온을 증가시킵니다. 따라서, 무더운 여름에는 가급적 시원한 실내에서 운동하고, 운동 중 선풍기 바람을 자주 쐬어주는 것이 열 손실을 증가시키는 데 도움이 됩니다.
> 학생 : 운동 중 현기증이 느껴지면 어떻게 하나요?
> 교사 : 시원한 곳으로 즉시 이동하고, 수분을 보충해 탈수를 방지해 주어야 합니다. 수분 보충 시 전해질을 함유한 음료가 권장됩니다. 수분 균형은 인체의 항상성 유지에 매우 중요한 요소입니다. 우리가 체지방량, 제지방량을 측정할 때 사용하는 생체전기저항분석법(BIA)에서도 ㉡ 수분의 비율이 활용됩니다.

(나) 심장 주기

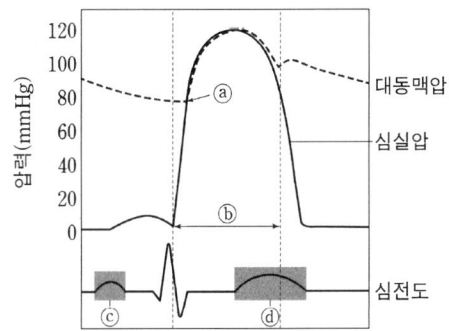

※ 위거스 다이어그램(Wiggers diagram)에서 일부 발췌함

> 철수 : ⓐ 지점에서 대동맥 판막이 열립니다.
> 영희 : ⓑ 구간은 심실에서 이완기(확장기)에 해당합니다.
> 명철 : ⓒ는 심전도에서 P파로 불리며, 심실의 탈분극을 나타냅니다.
> 동진 : ⓓ는 심전도에서 T파로 불리며, 심실의 재분극을 나타냅니다.

─〔작성 방법〕
- (가)에서 밑줄 친 ㉠에 의해 열 획득을 증가시키는 열 교환 과정의 명칭을 쓸 것
- (가)에서 체지방과 제지방의 밑줄 친 ㉡의 차이를 비교하여 서술할 것
- (나)에서 옳지 않은 내용을 제시한 2명의 학생을 찾아 이름을 쓰고, 밑줄 친 내용을 각각 바르게 고쳐 서술할 것

082 다음은 육상 중장거리 경기에 대해 학생과 교수가 나눈 대화이다. 괄호 안의 ㉠에 들어갈 내용을 쓰고, 밑줄 친 ㉡~㉣에서 잘못된 것 1가지를 찾아 바르게 고쳐 쓰시오. [2점]

> 학생: 교수님, 일반인들이 육상 선수들처럼 달릴 경우 젖산이 빠르게 축적되고 근육이 산성화되어 금방 지치지 않나요?
>
> 교수: 네, 맞아요. 그래프를 보면 운동 강도가 높아짐에 따라 젖산 역치(Lactate Threshold)가 나타납니다. 이때 혈액 pH 값은 반대로 낮아집니다. 그래프에서 나타난 젖산 역치 시점은 최대산소섭취량의 50%이며, 또한 교차점 A에 해당하는 운동 강도에서 주로 사용되는 대사 연료(영양소)는 (㉠)입니다.
>
> 학생: 젖산 역치 수준이 중장거리 달리기 선수들의 경기력에 큰 영향을 미치겠네요. 일반인들도 지구력 훈련을 하면 젖산 역치 수준이 달라질 수 있나요?
>
> 교수: 물론입니다. 지구력 훈련으로 유산소 운동 능력이 증가하면 ㉡ 교차점 A가 오른쪽으로 이동합니다. 또한 ㉢ 젖산 역치 시작점이 더 낮은 운동 강도에서 나타나게 되어 결과적으로 ㉣ 지구력 운동 능력과 음영 부분 B의 면적은 비례하게 됩니다.

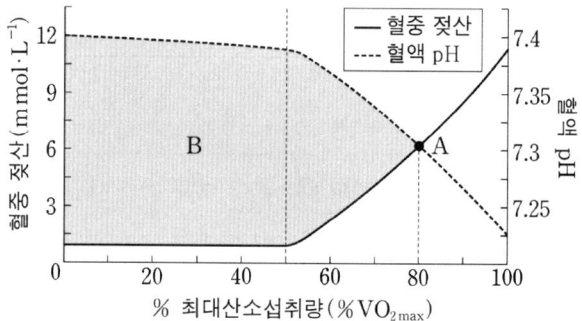

〈운동 강도에 따른 혈중 젖산과 혈액 pH의 변화〉

…(중략)…

> 교수: 다음 시간에는 고강도 운동에 따른 pH 값 감소가 왜 위험한지와 그에 따른 적절한 응급 처치에 대해서 살펴보겠습니다.

083 다음의 (가), (나)는 인체 측정에 대해 교사들이 나눈 대화이다. 〈작성 방법〉에 따라 서술하시오. [4점] 2025

(가) 히스-카터(Heath-Carter) 체형도 일부분에 대한 교사들의 대화

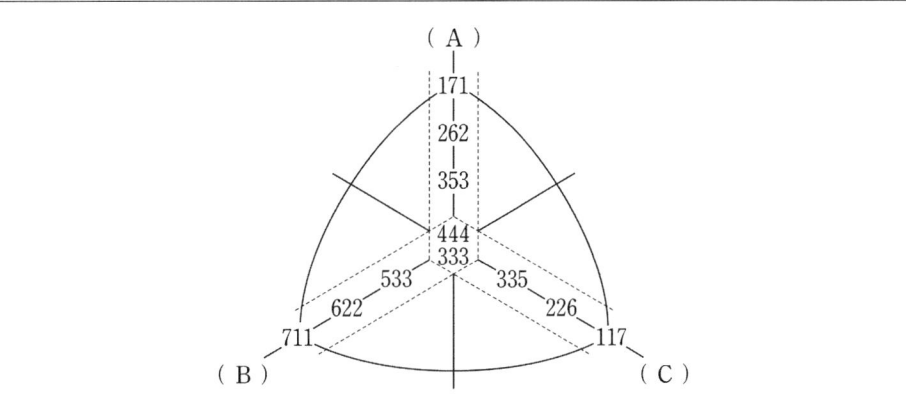

박 교사 : 학생들의 인체를 측정하고 체형과 숫자를 설명해 주기 위해서 히스-카터 체형도를 위와 같이 작성하며 공부하고 있습니다. 간단히 설명해 주실 수 있나요?

김 교사 : 작성하신 그림처럼 크게 세 가지 체형을 기반으로 숫자를 제시합니다. ㉠ 우선 위 모서리에 제시된 171은 중배엽형을 대표하는 숫자입니다. 그리고 표시하신 괄호 안의 A에는 중배엽형 척도에 마지막 숫자로 191을 적으시면 됩니다.

(나) 복부 피하지방 측정 결과에 대한 교사들의 대화

박 교사 : 인체 측정 방법을 배우고 학생들의 복부 피하지방을 캘리퍼 도구를 사용하여 센티미터(cm) 단위로 세 번 측정하였습니다. 그리고 신뢰도 계수와 표준편차를 계산한 결과를 정리하면 다음과 같습니다.

학생	1차	2차	3차
강○○	4.5	5.0	5.0
박○○	3.0	3.0	3.0
최○○	4.0	4.0	3.0
유○○	3.0	3.5	3.0
나○○	4.0	4.0	4.0
전○○	6.0	6.0	6.0
오○○	5.0	4.0	5.0

[결과 정리]
• 신뢰도 계수 =0.96
• 표준편차 =1.0cm

김 교사 : 결과 정리에 제시하신 추정된 신뢰도 계수와 표준편차로 ㉡ 측정의 표준오차를 계산할 수 있습니다. 그리고 측정의 표준오차는 정상적으로 분포될 것으로 가정하고 신뢰구간을 계산할 수 있습니다. 만일 김○○ 학생의 복부 피하지방이 최종 5cm로 측정되었다면, ㉢ 95.44% 신뢰구간은 4.61cm~5.39cm입니다.

【작성 방법】
- 밑줄 친 ㉠의 설명을 근거로 좌측 모서리에 제시된 711에 해당하는 체형의 명칭을 쓰고, 괄호 안의 C에 들어갈 숫자를 쓸 것
- (나)에서 활용된 신뢰도 계수 추정 방법의 명칭을 쓸 것
- (나)의 결과 정리에 제시된 용어를 근거로 밑줄 친 ㉡을 구하는 공식을 쓰고, 김○○ 학생의 68.26% 신뢰구간을 밑줄 친 ㉢과 동일한 형식으로 서술할 것

084 다음은 교사 연수 자료의 일부분이다. 〈작성 방법〉에 따라 서술하시오. [4점] 2025

[운동 및 휴식 중 산소섭취량]

○ 운동 중 에너지 대사 전환
  - 그래프 내 A 시점: 근육 크레아틴인산(PCr)과 산소섭취량(=산소소비량)의 그래프가 교차되는 순간임
  - ㉠ 에너지 대사가 A 시점 전·후로 전환됨
    ※ 전환 시점 전·후의 포스포프룩토키나아제(Phosphofructokinase, PFK) 효소 활성도는 낮음
  - 항정상태(㉡ B 구간): 운동에 필요한 에너지(ATP) 생성을 위해 충분한 산소가 공급되고 있음

○ 운동 후 초과산소섭취(Excess Post-exercise Oxygen Consumption, EPOC) 현상
  - 급격한 고강도 운동
    · 에피네프린과 노르에피네프린 농도 ⓐ 증가
    · 낮은 강도 운동에 비해 산소섭취량 ⓑ 증가, 산소결핍량 ⓒ 감소
    · EPOC 구간 면적 ⓓ 증가
  - EPOC 구간의 대사 작용
    · 크레아틴인산(PCr) ⓔ 분해
    · 포도당 신생합성(젖산이 포도당으로 변환) ⓕ 증가

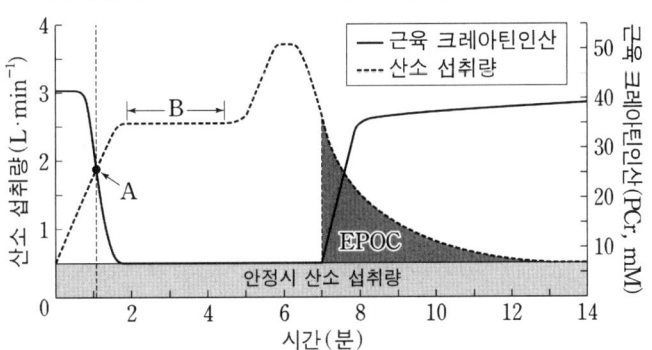

〈산소 섭취량과 근육 크레아틴인산 농도의 변화〉

┌ 작성 방법 ┐
· 밑줄 친 ㉠을 에너지(ATP) 생성시스템 측면에서 서술할 것
· 밑줄 친 ㉡에서 주로 사용되는 대사 연료(영양소)를 쓸 것(단, B 구간의 이산화탄소 생성량 ($\dot{V}CO_2$)은 1.75L·min^{-1}로 가정함)
· 밑줄 친 ⓐ~ⓕ에서 잘못 설명된 것 2가지를 찾아 바르게 고쳐 쓸 것

085 다음은 김○○ 학생의 유산소성 지구력을 평가한 결과 자료이다. 〈작성 방법〉에 따라 서술하시오. [4점] 2025

[자전거 에르고미터 운동부하 검사 결과]

○ 심장 변인

파워(watt)	분당 심박수(bpm)	1회 박출량(mL)
100	100	80
200	150	100
300	200	120

○ 혈액 변인

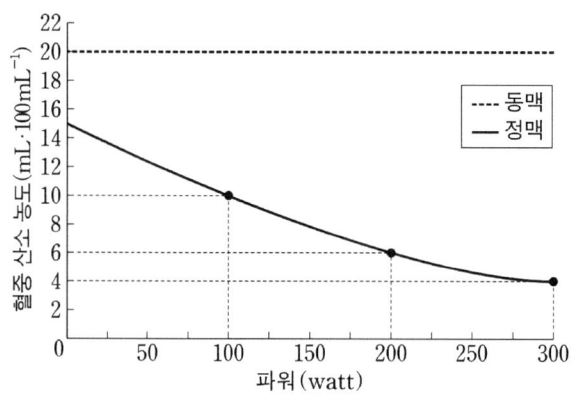

〈파워에 따른 혈중 산소 농도〉

※ 동맥의 혈중 산소 농도는 모든 구간에서 동일

[픽(Fick)의 원리에 따른 산소섭취량($\dot{V}O_2$) 계산]

○ 체중 : 50kg
○ 자전거 에르고미터
  • 운동 시간 : 5분   ⎤
  • 소모된 에너지량(일량) : 60kJ   ⎬ [A]
  ※ 파워(watt, W) : 1W = 1 J·s^{-1} ⎦

…(중략)…

○ [A] 조건에서의 산소 섭취량($\dot{V}O_2$)
  • ㉠ 심박출량(L·min^{-1}) 계산
  • ㉡ 산소섭취량(mL·kg^{-1}·min^{-1}) 계산

[최대산소섭취량의 결정 요인]

○ 유산소성 지구력 훈련 효과: 최대산소섭취량 증가
○ 최대산소섭취량 증가 원인
  • 심실의 ⓒ 1회 박출량 증가로 인한 최대 심박출량 증가
  • 근육의 혈류량 증가
  • 근육 내 모세혈관 밀도 및 미토콘드리아 수 증가

〔작성 방법〕
• 밑줄 친 ㉠, ㉡의 값을 제시된 단위와 함께 순서대로 쓸 것
• 밑줄 친 ㉢의 주원인이 되는 좌심실 내 요인 2가지를 제시하고 각각의 변화를 서술할 것

한승현
전공체육
기출문제집

전공체육,
문제의 한계를 뛰어넘다!

PART

07

체육사
철학윤리

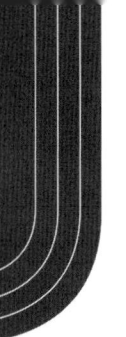

체육사철학윤리

001 격구는 고려시대에 성행되었던 신체 활동이다. 고려시대에 격구를 즐겼던 이유를 2가지만 간략하게 설명하시오. [2점] 2002

①

②

002 실용주의 교육관은 학생의 요구 수용을 통한 적극적 참여 유도가 교육의 필수 요소라고 강조한다. 실용주의자들이 주장하는 체육 수업방법과 교사의 역할에 대해 간략하게 설명하시오.
[4점] 2002

003 일제 강점기에는 일본이 식민지 정책의 일환으로 군국주의 체육을 강요하였다. 이에 대해 우리 민족은 저항운동으로서 체육활동을 전개하였다. 그 당시 일제가 시행한 식민지 체육 정책의 기본 성격을 2가지만 쓰시오. [2점] 2004

①

②

004 근대 올림픽은 쿠베르탱에 의해 고대 그리스의 제전 경기가 부활된 대회이다. 고대 그리스의 제전 경기는 범그리스적인 종교적 제례 행사였는데 헬렌(Hellen)의 후예라는 동족 의식을 고취시켜 그리스 민족통일의 토대를 제공하였다. 제전 경기는 선사시대부터 시작되어 고대 그리스 4대 제전 경기(祭典競技)로 발전하였는데, 이 4대 제전 경기가 개최된 장소를 2가지만 쓰시오. [2점] 2004

①

②

005 자연주의 관점에서의 주요 체육 목표를 개인적 차원과 국가적 차원으로 구분하여 각각 1줄 이내로 기술하시오. [2점] 2005

• 개인적 차원:

• 국가적 차원:

006 전기 아테네 시대, 전기 로마 시대, 후기 로마 시대의 주요 체육 목표를 각각 1줄 이내로 기술하시오. [3점] 2005

• 전기 아테네 시대:

• 전기 로마 시대:

• 후기 로마 시대:

007 '신체의 교육'을 주장하는 본질주의와 '신체를 통한 교육'을 주장하는 진보주의 사이의 논쟁은 체육 교과의 지향에 관한 담론에 있어 큰 흐름을 형성하였다. 본질주의와 진보주의의 기본 입장, 그리고 인간관과 연관된 본질주의에 대한 진보주의의 비판을 각각 2줄 이내로 쓰시오.

[3점] 2006

- 본질주의의 기본 입장 :

- 진보주의의 기본 입장 :

- 인간관과 연관된 본질주의에 대한 진보주의의 비판 :

008 다음은 근대 신체 문화의 전개 양상에 관한 글이다. 우리나라에 유입된 외래 스포츠의 전개 양상과 외래 스포츠의 유입에 따른 우리나라 전통 민속 경기의 2가지 변화 양상을 쓰시오.

[3점] 2006

> 베일(Bale)의 『스포츠 지리학(Sport Geography)』에 따르면, 서구 유럽(제1 세계) 스포츠 문화의 확산은 아시아, 아프리카 등 제3 세계의 신체 문화를 다양한 모습으로 변화시켰다. 그 변화는 전통의 신체 문화(민속 경기)와 외래의 신체 문화(스포츠) 사이에서 충돌, 상호 변용 등으로 나타났다. 이 같은 베일의 주장은, 우리의 경우 태권도, 장치기 등의 전통 신체 문화와 야구, 크리켓 등의 외래 신체 문화에서 확인할 수 있다.

- 외래 스포츠의 전개 양상 :

- 전통 민속 경기의 변화 양상 : ①
　　　　　　　　　　　　　　②

009 다음은 김 교사와 최 교사가 나눈 대화이다. 김 교사의 주장은 진보주의와 본질주의 중에서 어느 관점에 속하는지 쓰고, 진보주의와 본질주의의 차이를 휘트니스(fitness) 측면에서 2줄 이내로 설명하시오. [3점] 2007

> 김 교사 : 나는 체육 교육에서 신체적 목표에 담긴 의미를 다시 생각해야 할 뿐 아니라 그 의미를 더욱 강조해야 한다고 생각해. 왜냐하면 체육 교육은 모든 사람에게 필수적으로 요구되는 신체의 단련과 발달에 바탕을 두고 있기 때문이지.
> 최 교사 : 체육 교육은 체, 지, 덕이 통합된 전인 교육을 추구하고 있기 때문에 체육 교육의 목적 및 목표를 신체 단련과 발달만으로 제한하는 것은 합당하지 않다고 생각해.

- 김 교사의 주장이 속하는 관점 :

- 진보주의와 본질주의의 차이 :

010 체육 및 스포츠 활동을 수량화와 객관화의 관점에서 이해하는 실증주의에 대하여 가장 부정적 태도를 취하는 입장은? [1.5점] 2009

① 합리론(rationalism)
② 경험론(empiricism)
③ 현상학(phenomenology)
④ 행동주의(behaviorism)
⑤ 실용주의(pragmatism)

011 운동기술 수행을 지식의 한 유형으로 주장하는 데 가장 유효한 근거를 제공하는 것은? 2009

① 흄(Hume)의 반성(reflection)
② 플라톤(Platon)의 진지(episteme)
③ 로크(Locke)의 생득관념(innate idea)
④ 라일(Ryle)의 방법적 앎(knowing how to)
⑤ 칸트(Kant)의 선험적 지식(a priori knowledge)

012 체육과 관련하여 데카르트(Descartes)의 심신이원론(dualism)과 상반되는 주장을 〈보기〉에서 모두 고른 것은? 2009

〔 보기 〕
ㄱ. 인간은 신체화된 존재(embodied being)이다.
ㄴ. 운동 지식의 전달은 정신 고유의 역할이다.
ㄷ. 구성주의(constructivism) 체육을 옹호한다.
ㄹ. 지식을 구성하는 하나의 보편적인 기반, 구조가 존재한다.
ㅁ. 신체의 교육(education of the physical)과 신체를 통한 교육(education through the physical) 모두를 부정한다.

① ㄱ, ㄷ
② ㄴ, ㄹ
③ ㄷ, ㅁ
④ ㄱ, ㄴ, ㄹ
⑤ ㄴ, ㄷ, ㅁ

013 조선체육회 주최 대회 중 대한체육회가 전국체육대회의 기점으로 정한 것은? 2009

① 제 1회 전조선정구대회
② 제 1회 전조선야구대회
③ 제 1회 전조선축구대회
④ 제 1회 전조선육상경기대회
⑤ 제 1회 전조선종합경기대회

014 〈보기〉는 교육적 목적으로 신체 활동을 실시하였거나 체육 교사를 양성한 기관들이다. 설립 시기가 빠른 것부터 순서대로 바르게 배열한 것은? 2009

┌─ 보기 ─────────────────────────────────┐
ㄱ. 라 지오코사(La Giocosa)
ㄴ. 보스턴 체조 사범학교(Boston Normal School of Gymnastics)
ㄷ. 팔라에스트라(Palaestra)
ㄹ. 하센하이데 체조장(Hasenheide Turnplatz)
└──────────────────────────────────────┘

① ㄱ - ㄴ - ㄷ - ㄹ
② ㄱ - ㄴ - ㄹ - ㄷ
③ ㄱ - ㄷ - ㄴ - ㄹ
④ ㄷ - ㄱ - ㄴ - ㄹ
⑤ ㄷ - ㄱ - ㄹ - ㄴ

015 19세기 전후 영국에서 나타난 체육 및 스포츠 양상이 <u>아닌</u> 것을 〈보기〉에서 모두 고른 것은? 2009

〔보기〕
ㄱ. 일요일에는 오락을 금지하는 잉글리시 선데이(English Sunday) 전통이 등장하였다.
ㄴ. 주일학교, 초등학교 등에서 체조 중심의 체육이 발달하였다.
ㄷ. 상류층 자제들이 재학하던 퍼블릭 스쿨(public school)은 스포츠 중심의 체육을 실시하였다.
ㄹ. 스포츠 애호 전통은 퍼블릭 스쿨과 옥스브리지(Oxbridge)로 계승되어 다른 나라보다 일찍 스포츠 교육이 이루어졌다.
ㅁ. 귀족을 제외한 하층 계급의 테니스 참여가 금지되었다.

① ㄱ, ㅁ
② ㄴ, ㄹ
③ ㄷ, ㅁ
④ ㄱ, ㄴ, ㄹ
⑤ ㄴ, ㄹ, ㅁ

016 다음 중 논리적 정당화 과정에서 가치 개념을 밝히지 <u>않아도</u> 되는 것은? [1.5점] 2010
① 스포츠는 경쟁 활동이다.
② 스포츠는 자주 할수록 좋다.
③ 스포츠에 참가할 때 규칙을 지켜야 한다.
④ 스포츠 참가의 확대는 공공의 선에 부합한다.
⑤ 스포츠에서 과학의 원리에 충실한 동작은 아름답다.

017 다음의 진술에 반영된 지식 및 신체에 대한 철학적 관점을 〈보기〉에서 고른 것은? 2010

(가) 운동의 과학적 원리를 운동 기능의 연습에 앞서 가르친다.
(나) 스포츠 행위에서의 신체는 지향적 주체(intentional subject)이다.
(다) 운동에 관한 절대적 진리는 없으며, 운동 상황에 적용되는 것이 진리이다.
(라) 운동 기술의 습득은 운동 환경의 변화 결과이다.

〔보기〕
ㄱ. 실용주의(pragmatism)   ㄴ. 행동주의(behaviorism)
ㄷ. 이성주의(rationalism)   ㄹ. 현상학(phenomenology)

	(가)	(나)	(다)	(라)
①	ㄱ	ㄴ	ㄷ	ㄹ
②	ㄴ	ㄷ	ㄹ	ㄱ
③	ㄷ	ㄹ	ㄱ	ㄴ
④	ㄹ	ㄱ	ㄴ	ㄷ
⑤	ㄱ	ㄴ	ㄹ	ㄷ

018 다음은 체육의 교육적 정당화에 관한 대화이다. ㉠~㉣에 대한 해석으로 옳지 않은 것은?

2010

> 갑 : 학교에서 체육을 가르쳐야 하는 이유는 무엇이라고 생각합니까?
> 을 : ㉠ 신체 활동은 체력을 향상시킵니다. 따라서 신체 활동은 좋은 것입니다.
> 갑 : 많은 체육 교사들은 그렇게 믿고 있습니다. 또 다른 이유는 없을까요?
> 을 : ㉡ 다양한 경쟁적 신체 활동은 사회성 함양에 도움이 됩니다.
> 갑 : 저도 동의합니다. 왜냐하면 ㉢ 신체 활동과 건강 증진, 사회성 함양은 경험적 연관이 있기 때문입니다.
> 을 : 그와 함께 ㉣ 신체 활동은 생각과 감정의 표현이라는 점에서 가치가 있다는 주장도 있습니다.

① ㉠과 ㉡은 20세기에 확립된 체육의 정당화 논리이다.
② ㉠은 자연주의 오류(naturalistic fallacy)를 범할 가능성이 있다.
③ ㉡은 스포츠 교육을 정당화하는 논리이다.
④ ㉢은 선험적 정당화(transcendental justification)의 요구에 부합한다.
⑤ ㉣은 무용 교육을 정당화하는 논리이다.

019 세계 각국에서 나타난 근대 학교 체육의 전개 양상으로 옳은 것을 〈보기〉에서 고른 것은?

2010

〈보기〉
ㄱ. 독일 : 1864년 프러시아와의 전쟁 이후 체육 진흥 운동 본격화
ㄴ. 영국 : 제2차 세계대전 이후 체육이 정규 필수 교과가 됨
ㄷ. 미국 : 1860년 이전 대부분의 주에서 체육을 필수 교과로 함
ㄹ. 일본 : 1872년 프랑스 교육 제도 도입 이후 소학교에 체육 활동 도입

① ㄱ, ㄷ
② ㄱ, ㄹ
③ ㄴ, ㄷ
④ ㄴ, ㄹ
⑤ ㄷ, ㄹ

020 영국의 근대 스포츠 형성 및 확산을 뒷받침한 사상의 배경, 명칭, 영향의 연결이 가장 적절한 것은? [1.5점] 2010

021 다음은 일제 강점기 학교 체육의 변화 양상이다. 일어난 순서대로 바르게 배열한 것은? 2010

{ 보기 }
ㄱ. 전국 규모의 중등학교 육상 경기 대회가 시작되었다.
ㄴ. 체조과가 체련과로 바뀌었다.
ㄷ. 학교체조교수요목이 공포되었다.
ㄹ. 조선교육령 시행과 함께 체조 교육이 확대되었다.

① ㄱ - ㄴ - ㄹ - ㄷ ② ㄴ - ㄱ - ㄹ - ㄷ
③ ㄴ - ㄹ - ㄱ - ㄷ ④ ㄹ - ㄱ - ㄷ - ㄴ
⑤ ㄹ - ㄷ - ㄱ - ㄴ

022 다음 체육 교사들의 철학적 관점을 바르게 연결한 것은? [1.5점] 2011

김 교사: 체육 교사는 체력 발달을 위하여 학생들에게 운동을 체계적으로 지도하고 지속적인 훈련을 강조해야 한다고 생각합니다.
이 교사: 학생들에게는 경쟁보다 협동과 자발적 흥미가 중요하며, 과제 수행 시 문제 해결 능력을 발달시키는 학습 과정에 초점을 맞추는 것이 중요하다고 생각합니다.
박 교사: 학생들 자신이 선택한 체육 활동 참여를 통해 자아실현 능력을 기르는 데 목적을 두고 지도하는 것이 중요하다고 생각합니다.

	김 교사	이 교사	박 교사
①	본질주의	진보주의	실존주의
②	본질주의	실존주의	진보주의
③	실존주의	진보주의	본질주의
④	진보주의	실존주의	본질주의
⑤	실존주의	본질주의	진보주의

023 미국 현대 체육 발달의 배경이 된 학자들의 사상과 업적이 바르게 연결된 것은? 2011

	학자	사상	업적
①	서전트 (D. Sargent)	초절주의 (transcendentalism)	애슬래틱 선데이 (Athletic Sunday)
②	앤더슨 (J. Anderson)	강건한 기독교주의	스포츠교육 발달
③	에머슨 (R. Emerson)	생물학적 사고	체육진흥 운동
④	굴릭 (L. Gulick)	계몽주의	의료 체육 발달
⑤	헤더링턴 (C. Hetherington)	진보주의	신체육 전개

024 그림은 특정 시대에 유럽에서 성행했던 스포츠 활동을 보여 준다. 이 시대의 체육 및 스포츠에 대한 설명으로 옳지 <u>않은</u> 것은? 2011

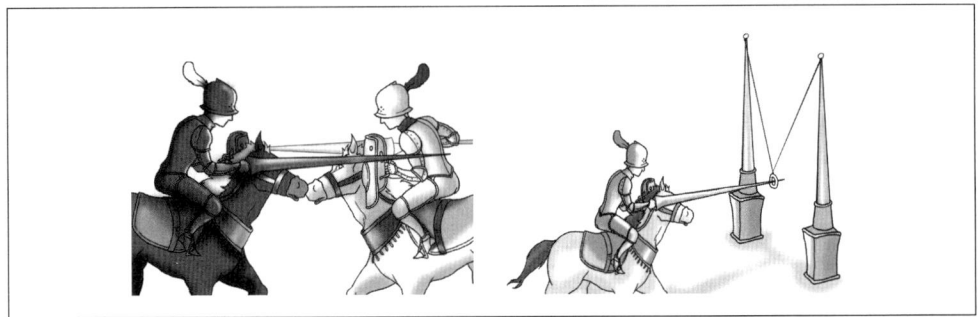

① 서민들의 신체 유희가 철저히 금지되어서 행해지지 않았다.
② 교육기관의 역할을 했던 수도원의 교과목에서 체육이 배제되었다.
③ 왕실에는 스포츠 애호주의가 존재했으며, 왕실의 대표적인 스포츠로 사냥이 있었다.
④ 기사들은 고대 스포츠 문화를 계승하여 근대 스포츠 발달의 기초를 마련하였다.
⑤ 유혈 스포츠에 대한 윤리적 비판 의식과 신체보다는 영혼을 중시하는 금욕주의적 사상이 팽배하였다.

025 올림픽 역사에 대한 설명으로 옳은 것만을 〈보기〉에서 모두 고른 것은? 2011

〔보기〕
ㄱ. 1894년 파리 소르본대학의 국제학술회의에서 쿠베르탱의 제안에 따라 올림픽 부활이 결정되었다.
ㄴ. 제2회 파리 올림픽은 여자 선수가 최초로 출전한 대회였다.
ㄷ. 제7회 앤트워프 올림픽에서 승리보다 참가의 의의를 강조한 올림픽 신조(Olympic Creed)가 채택되었다.
ㄹ. 제15회 헬싱키 올림픽은 우리나라가 정식 국호를 걸고 최초로 참가한 대회였다.
ㅁ. 제20회 뮌헨 올림픽에서 검은 9월단에 의해 11명의 이스라엘 선수들이 사망했다.
ㅂ. 제24회 서울 올림픽은 12년 만에 동서 진영이 함께 참여한 대회였다.

① ㄱ, ㄷ, ㅂ
② ㄴ, ㄹ, ㅂ
③ ㄷ, ㄹ, ㅁ
④ ㄱ, ㄴ, ㅁ, ㅂ
⑤ ㄴ, ㄷ, ㄹ, ㅁ

026 〈보기〉는 광복 이후 우리나라 체육 및 스포츠에 나타난 변화이다. 시대순으로 바르게 배열한 것은? [2.5점] 2011

{ 보기 }
ㄱ. '체력은 국력'이라는 슬로건 하에 국민체육진흥운동이 전개되었다.
ㄴ. 신체육 개념을 기반으로 학교체육 진흥이 시작되었다.
ㄷ. 스포츠 과학화가 진행되었고, 프로 스포츠가 활성화되었다.
ㄹ. 국가주의적인 이념을 토대로 엘리트 스포츠와 사회체육이 전개되었다.

① ㄱ → ㄴ → ㄹ → ㄷ
② ㄴ → ㄱ → ㄹ → ㄷ
③ ㄴ → ㄷ → ㄱ → ㄹ
④ ㄹ → ㄱ → ㄷ → ㄴ
⑤ ㄹ → ㄷ → ㄱ → ㄴ

027 교사들의 신체관과 〈보기〉에 제시된 학자들의 주장을 가장 적절하게 연결한 것은? [1.5점]
2012

김 교사 : 신체가 체험의 주체이기 때문에 다양한 신체 활동은 학생들에게 내적 체험의 기회를 증대해 줄 것이라고 생각합니다.
이 교사 : 움직임은 생각의 영향을 받기 때문에 먼저 움직임의 원인과 결과에 대해 생각하는 시간을 갖는 것이 중요하다고 생각합니다.
박 교사 : 체육 교육은 신체 활동을 통한 심신의 조화로운 발달이라는 가치를 추구하기 때문에 학생들이 움직임을 통해 지각(知覺)할 수 있도록 유도해야 한다고 생각합니다.

{ 보기 }
ㄱ. 플라톤은 정신적인 것이 물질적인 것보다 우월하다는 견해를 가지고 있었다.
ㄴ. 포이어바흐(L. Feuerbach)는 몸의 표현으로 영혼의 모습을 드러낼 수 있다고 주장하였다.
ㄷ. 메를로퐁티(M. Merleau-Ponty)는 인간의 육체는 물질적인 동시에 정신적인 유일의 실재라고 주장하였다.
ㄹ. 데카르트는 실체를 스스로 존재해야 하는 실존의 사물로 보았기 때문에 각각의 실체는 독립적이어야 한다고 주장하였다.

	김 교사	이 교사	박 교사
①	ㄱ	ㄴ	ㄷ
②	ㄴ	ㄱ	ㄷ
③	ㄴ	ㄹ	ㄱ
④	ㄷ	ㄱ	ㄹ
⑤	ㄷ	ㄹ	ㄴ

028 (가)~(라)는 체육 사상이 나타난 시대를 표시한 것이다. 〈보기〉의 내용과 옳게 연결한 것은? 2012

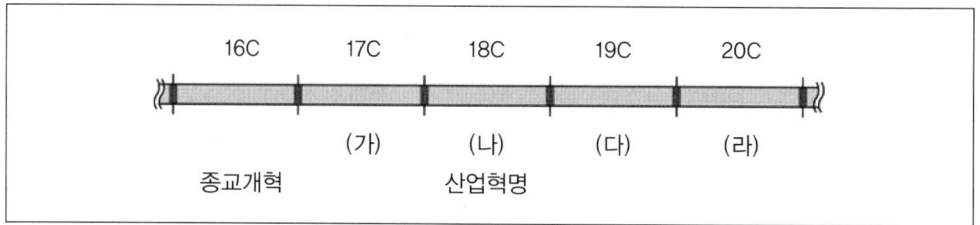

{ 보기 }
ㄱ. 바람직한 행동의 습관화를 위해 지속적인 단련과 훈련의 필요성이 강조되었다.
ㄴ. 남성다운 기독교인의 자질 함양을 위해 각종 스포츠가 체육 활동의 수단으로 채택되기 시작하였다.
ㄷ. 자연적인 환경 속에서 신체 활동을 장려하고 감각적 경험의 기회를 갖는 것이 중요하다는 인식이 출현하였다.
ㄹ. 놀이와 스포츠가 체육의 도구로 적절하다는 인식이 전개되어 유럽식 체조 문화와 생물학적 사고의 한계를 벗어나게 되었다.
ㅁ. 체조 운동가들을 중심으로 국토를 통일하고 민족성을 회복하기 위한 사회 운동이 나타났다.

	(가)	(나)	(다)	(라)
①	ㄱ	ㄴ	ㄷ	ㅁ
②	ㄱ	ㄷ	ㄴ	ㄹ
③	ㄴ	ㄷ	ㅁ	ㄹ
④	ㄴ	ㄹ	ㄷ	ㄱ
⑤	ㄷ	ㄱ	ㅁ	ㄴ

029 다음의 시대적 배경에 부합하는 체육의 역사적 사실을 설명한 내용 중 옳은 것만을 〈보기〉에서 있는 대로 고른 것은? 2012

> 대내적으로 집권층의 갈등과 사회적 혼란이 있었고, 대외적으로 서세동점(西勢東漸)의 세계사적 조류와 일본의 팽창 정책으로 강제로 개항하게 되었다. 이후 조선은 서양 열강들과 수호조약을 체결하였다. 개항은 근대화의 계기가 되었지만 다른 한편으로는 한반도가 열강의 각축장으로 전락하는 계기가 되기도 하였다.

〈 보기 〉
ㄱ. 근대 체육의 태동기에 원산 학사에서는 전통 무술과 정구를 가르쳤다.
ㄴ. 체육('체조'라는 명칭으로)이 소학교 및 중학교에 정식 교과목으로 채택되었다.
ㄷ. 1895년 '교육조서'에는 체육의 중요성을 강조하는 내용이 포함되었다.
ㄹ. 근대 체육의 수용기에 기독교계 사립학교와 관립학교의 정규 교육과정에 서구 스포츠가 편성되었다.
ㅁ. 관립 외국어 학교에서는 체육('체조'라는 명칭으로)이 정식 과목은 아니었으며, 서구 스포츠가 영국과 미국인 교사들을 통해 소개되었다.

① ㄱ, ㄴ
② ㄱ, ㄹ
③ ㄴ, ㄹ
④ ㄴ, ㄷ, ㅁ
⑤ ㄷ, ㄹ, ㅁ

030 체육 문화의 특징 (가)~(라)가 나타난 이유를 〈보기〉에서 찾아 옳게 연결한 것은? [2.5점]

2012

(가) 고대 그리스인들의 올림픽 경기가 쇠퇴하게 되었다.
(나) 로마에서는 유혈 관람 스포츠가 활발하게 행해졌다.
(다) '잉글리시 선데이(English Sunday)'와 같은 전통이 나타났다.
(라) 중세 유럽에서 신체 문화에 대한 인식이 낮아지는 경향이 나타났다.

〈 보기 〉
ㄱ. 기독교를 보호하는 정책이 나타났다.
ㄴ. 중세 유럽에서 금욕주의 사상이 나타났다.
ㄷ. 상업화 경향이 나타났고 승리 지상주의 풍조가 만연했다.
ㄹ. 로마의 체육 문화는 이교도적이면서 비천한 특성을 가지고 있었다.
ㅁ. 로마 정치가들은 시민들의 지지를 얻기 위해 다양한 노력을 하였다.

	(가)	(나)	(다)	(라)
①	ㄱ	ㄴ	ㄹ	ㄷ
②	ㄱ	ㅁ	ㄷ	ㄴ
③	ㄴ	ㄹ	ㅁ	ㄱ
④	ㄷ	ㄱ	ㄴ	ㄹ
⑤	ㄷ	ㅁ	ㄴ	ㄹ

031 다음은 특정 시대의 신체 활동과 관련된 기원설에 대한 내용이다. (가)와 관련된 역사적인 사실을 설명한 내용 중 옳은 것만을 〈보기〉에서 있는 대로 고른 것은? 2012

((가))의 기원에 관한 설은 크게 두 가지가 있다. 헤라클레스(Heracles)가 엘리스(Elis)의 왕 아우게이아스(Augeas)와의 싸움에서 승리한 뒤 승리를 축하하기 위해 이 대회를 개최하여 기원이 되었다는 설이고, 다른 하나는 펠롭스(Pelops)가 피사의 왕 오이노마오스(Oenomaus)와 벌인 전차 경주에서 승리한 것을 축하하기 위해 개최되었다는 설이다. 이 대회와 관련된 [그림]은 당시 한 청년이 대회를 앞두고 무거운 중량의 운동 기수로 활용된 것으로 보이는 돌로 팔의 근력을 단련하고 있는 모습이다.

〔 그림 〕

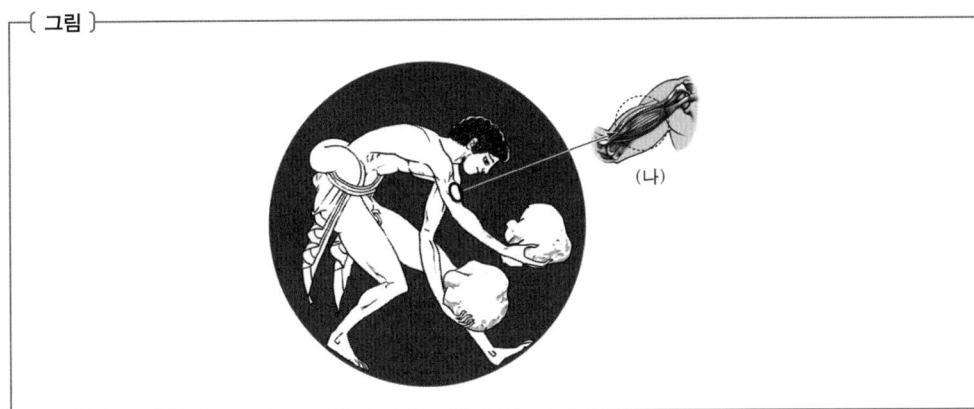

〔 보기 〕
ㄱ. 제7회 대회 때부터 승자에게 올리브 관이 주어졌다.
ㄴ. 5종 경기로 달리기, 멀리뛰기, 투원반, 투창, 레슬링이 행해졌다.
ㄷ. 달리기는 단거리인 돌리코스(dolichos)와 장거리인 스타디온(stadion)이 있었다.
ㄹ. 그리스에 거주하는 남자로 형벌을 받은 적이 없는 사람이면 누구나 참가할 수 있었다.
ㅁ. 전차 경주는 4두 마차 경주인 테트리폰(tethrippon)과 2두 마차 경주인 시노리스(synoris)가 있었다.

① ㄱ, ㄷ
② ㄴ, ㄹ
③ ㄷ, ㅁ
④ ㄱ, ㄴ, ㅁ
⑤ ㄱ, ㄷ, ㄹ, ㅁ

032 다음은 근·현대 체육 사상가들이다. (가)~(라) 사상가들의 업적으로 옳은 것을 〈보기〉에서 고른 것은? [2.5점] 2013

| (가) 맥클라렌(A. Maclaren) | (나) 아모로스(C. Amoros) |
| (다) 코튼(G. Cotton) | (라) 와렌(J. Warren) |

〈보기〉
ㄱ. 운동은 체계적으로 실시해야 한다는 원칙을 제시하였고, 유연성 운동으로 도수체조를 강조하였다.
ㄴ. 과학적인 신체 단련을 강조하였고, 『체육의 체계(A System of Physical Education)』를 출간하였다.
ㄷ. 신체 단련(physical training)이 일반화되어 있던 상황에서 체육(physical education)이라는 용어를 최초로 사용하였다.
ㄹ. 남성다움(manliness)과 팀 스피릿(team spirit)을 기를 수 있는 수단으로 스포츠를 학교 교육에 도입하였다.

	(가)	(나)	(다)	(라)
①	ㄱ	ㄹ	ㄴ	ㄷ
②	ㄴ	ㄱ	ㄹ	ㄷ
③	ㄴ	ㄱ	ㄷ	ㄹ
④	ㄷ	ㄱ	ㄴ	ㄹ
⑤	ㄹ	ㄷ	ㄱ	ㄴ

033 다음은 조선 시대 체육에 대한 내용이다. (가)~(마)에 대한 설명 중 옳은 것을 〈보기〉에서 고른 것은? 2013

> 조선 시대의 과거 제도는 생진과와 문과, 무과, 그리고 잡과로 구분된다. (가) <u>무과(武科)</u>는 세 단계로 시험을 보았다. 조선 시대의 중요한 무예서인 (나) <u>『무예도보통지(武藝圖譜通志)』</u>는 한·중·일 삼국의 140여 종의 서적을 참고하여 1790년에 정조의 명에 의해 완성되었다. 또한 무예의 다양한 기술이 (다) <u>『임원경제지(林園經濟誌)』</u>를 통해서도 소개되었다. 한편 귀족 사회의 민속스포츠로서 행해진 (라) <u>방응(放鷹)</u>은 고려 시대의 것과 유사했다. 민중 사회에서도 장치기, 석전, 씨름, 추천(鞦韆) 등과 같은 유희들이 단오와 같은 각종 축제 행사에서 행해졌으며, (마) <u>활쏘기</u>는 계층 구분 없이 사정(射亭)에서 행해졌다.

─〔보기〕─
ㄱ. (가)는 초시, 이시, 전시로 구분되며, 합격자를 선달이라 하였다.
ㄴ. (나)는 『무예제보(武藝諸譜)』와 『무예신보(武藝新譜)』를 모체로 하였다.
ㄷ. (다)에는 다양한 창술이 소개되었다.
ㄹ. (라)를 위해 매의 사육과 사냥을 담당하는 '응방(鷹坊)'이라는 부서를 두었다.
ㅁ. (마)의 대표적인 경기형태로는 편사(便射)가 있었다.

① ㄱ, ㄴ, ㄷ
② ㄱ, ㄷ, ㅁ
③ ㄴ, ㄷ, ㄹ
④ ㄴ, ㄹ, ㅁ
⑤ ㄷ, ㄹ, ㅁ

034 다음은 스포츠의 역사에 대한 김 교사와 박○○의 대화이다. (가)~(라)에 들어갈 말로 옳은 것은? 2013

> 박 ○○: 선생님, 오늘 배울 테니스는 어떻게 해서 생겨났나요?
> 김 교사: 테니스는 프랑스에서 기원이 되었다고 한다. 지금 현재의 모습으로 만들어진 건 영국의 (가) 가 스파이리스티케(Sphairistiké)라는 이름으로 고안한 뒤에, (나) 에 의해 재조직화되어 오늘에 이르고 있단다.
> 박 ○○: 그런데, 다음에 배울 배구도 영국에서 만들어졌나요?
> 김 교사: 아니란다. 배구는 미국의 모건(W. Morgan)이 테니스와 핸드볼에서 힌트를 얻어 만들었고, 그 당시에는 (다) 라고/이라고 불렀단다. 초기에는 체육 교사들이 신체 단련에는 적합하지 않다고 해서 거부하기도 했지만, (라) 에 의해 조금씩 개선되어 갔고 군대에도 소개되어 점차 해외로 확산되어 갔단다.

	(가)	(나)	(다)	(라)
①	헨리 8세(Henry Ⅷ)	MCC	밴디 볼(bandy ball)	YWCA
②	헨리 8세(Henry Ⅷ)	RMA	밴디 볼(bandy ball)	YWCA
③	헨리 8세(Henry Ⅷ)	RMA	미노네트(minonette)	YMCA
④	윙필드(J. Wingfield)	MCC	미노네트(minonette)	YWCA
⑤	윙필드(J. Wingfield)	MCC	미노네트(minonette)	YMCA

※ MCC(Marylebone Cricket Club), RMA(Royal Military Academy)

035 다음은 영국 스포츠의 프로페셔널리즘에 대해 조사한 보고서이다. (가)~(바)의 내용 중 옳은 것을 고른 것은? 2013

제목 : '영국 스포츠의 프로페셔널리즘'

1. 기원 및 용어의 생성 배경
   - 19세기 중엽까지 (가) '젠틀맨'과 '플레이어'라는 용어가 빈번하게 사용되면서부터 형성된 이데올로기임
   - 신사들이 (나) '페어플레이'와 '스포츠맨십' 등의 용어를 사용하면서 진정한 프로페셔널이라면 신사다운 태도를 유지해야 한다고 생각함

2. 관련된 사건
   - 럭비 연맹(RFU)을 비롯한 몇몇 종목은 아마추어리즘을 고수함
   - (다) 축구 협회(FA)는 1863년 사회적 차별 규정을 제정함

3. 프로페셔널리즘의 영향
   - (라) 19세기 후반 영국에서 관중 스포츠 시대를 주도함
   - (마) 게이트머니 스포츠(gate-money sport) 시대를 주도한 이데올로기임
   - (바) 스포츠가 상류사회로 확산되는 과정에서 나타난 이데올로기로 계급적 갈등을 완화하는 역할을 함

---

① (가), (나), (라)   ② (가), (다), (마)
③ (가), (라), (마)   ④ (나), (다), (바)
⑤ (나), (마), (바)

036 다음은 한국 및 서양 체육사에 나타난 성격이 유사한 야외 심신 수련 활동을 제시한 것이다. 괄호 안의 ㉠, ㉡에 해당하는 명칭을 차례대로 쓰시오. [2점] 2014

구분	내용
(㉠)	• 전인적 인간 육성을 위해 행해졌던 화랑도의 신체 활동 중 하나였다. • 신체적 고행을 통해 신체와 정신의 강화는 물론 영적 힘을 체득하고자 했던 입산 수행과도 연계된 활동이었다. • 금란굴, 삼일포 등 명산대천(名山大川)에서 행해진 기록이 있다. • 신성한 국토를 지켜야 한다는 불국토(佛國土) 사상도 내재된 활동이었다.
반더포겔	• 1890년대 슈테글리츠 김나지움의 피셔(K. Fischer)에 의해 시작되었다. • 달렘의 교회 묘비에 새겨진 시(詩)에서 유래된 명칭이다. • 청소년들이 하이킹이나 야외 캠프 활동을 통해 자유를 추구했던 활동으로, 점차 도보 여행 운동으로 발전했다. • 1911년 프러시아 의회의 법령에 따라 도보 여행자 수용 시설이 생겨나면서 초기 (㉡) 확산의 기반이 되었다.

037 다음은 근·현대 체육의 발달 과정에 관한 설명이다. 밑줄 친 ㉠의 체육사적 의미를 서술하고, ( )안의 ㉡에 해당하는 말을 쓰시오. [5점] 2014

• 근대 유럽 '체조 운동'이 활발하게 전개되었고, 영국에서는 각종 스포츠가 조직화되면서 '학교 및 사회 스포츠 운동'이 일어났다. 그 과정에서 성장했던 신체 문화는 전 세계로 확산되어 현대 체육의 기반이 되었다. 많은 체육 이론가 및 실천가 중에서도 구츠무츠(J. Guts Muths)는 ㉠'청소년을 위한 체조(Gymnastik für die Jugend)'를 출간하였고, 훗날 '근대 체육의 아버지'라는 칭호를 얻게 되었다.

• 1885년 '체육진흥협회(AAPE)'가 창립되면서 미국 체육의 발전은 본격화되었다. 의학을 전공했던 일련의 학자 그룹은 건강 및 체력의 유지 증진에 관심을 집중했고, 체육의 개념은 체조 중심의 '신체 단련(physical training)'이란 의미가 강했다. 20세기 들어 (㉡) 이론과 실용주의(진보주의)의 영향을 받아 학교 체육 프로그램에 점차 스포츠 활동이 늘어나고, '신체육(new physical education)' 개념이 등장하게 되었다. '신체육'은 우드(T. Wood), 헤더링턴(C. Hetherington), 캐시디(R. Cassidy) 등에 의해 체계화되었고, 윌리엄스(J. Williams), 내시(J. Nash)등의 지지를 받아 일반화되었다.

038 다음은 ○○중학교 체육과 연간지도계획에 대한 최 교감과 김 교사의 대화 내용이다. 대화 내용 중에 김 교사가 설명하는 ㉠, ㉡, ㉢에 대해 서술하시오. (단, 대화 내용에 나오는 체육과 교육과정은 '2009 개정 교육과정에 따른 체육과 교육과정'을 의미함) [5점] 2015

최 교감: 연간지도계획은 체육과 교육과정의 내용에 따라 충실히 수립된 것 같습니다. 다만 영역별로 서구식 신체 활동의 비중이 너무 높은 것 같군요.

김 교사: 대안 활동으로 우리나라의 전통 놀이(신체 활동)를 몇 가지 반영하려고 준비 중에 있습니다.

최 교감: 그랬군요. 반영하려는 우리나라 전통 놀이(신체 활동)에는 어떤 것들이 있나요?

김 교사: 다음과 같은 전통 놀이들을 조사해 보았습니다.

우리나라 전통 놀이(신체 활동) 조사표
==============================
도색희(跳索戲), 방응(放鷹), 비연(飛鳶), 수박(手搏),
쌍육(雙六), 인색희(引索戲), 장치기, 저포(樗蒲),
초판희(超板戲), 추천(鞦韆), 축치구(蹴雉毬), 투호(投壺)

최 교감: 조사 내용 중 '투호'는 이미 체육과 교육과정에 신체 활동 활용 예시로 안내된 종목이지요?

김 교사: 네, 그렇습니다. '투호' 외에도 '지구촌 여가' 단원에서 지도할 수 있는 신체 활동 활용 예시 종목이 조사표에 3가지 더 있습니다.

최 교감: 체육과 교육과정에는 줄다리기, 널뛰기, 제기차기 등이 신체 활동 활용 예시로 되어 있는데, 각각 어떤 전통 놀이(신체 활동)가 이와 유사한 활동인지 조사표의 내용에서 2가지만 말씀해 주시겠어요?

김 교사: ㉠ _____

최 교감: 그렇군요. 그럼 '영역형 경쟁' 단원에 적합한 종목도 있나요?

김 교사: 네, 한 가지 있습니다.

최 교감: 그 종목 이름이 무엇인가요? 그리고 어떤 방식으로 경기하는지를 설명해 주시겠어요?

김 교사: ㉡ _____
_____

최 교감: 그 종목이 '영역형 경쟁' 활동에 적합하다고 볼 수 있는 근거로 체육과 교육과정에서는 어떤 특성을 제시하고 있나요?

김 교사: ㉢ _____
_____

039 다음은 근·현대 체육 사조의 특징이다. 〈보기〉의 지시에 따라 서술하시오. [5점] 2015

강건한 기독교주의 (Muscular Christianity)		(ⓒ)	ⓔ 인간 움직임 (Human Movement)
영국	미국		
• 계몽주의적 성향 • ㉠ 애슬레티시즘 (Athleticism)의 종교적 이념 체계 • 남성다움, 힘과 용기, 단결(협동 정신) 등 중시 • 미국 체육에 영향을 줌	• 대학 및 YMCA등에서 체육 활동 장려 • ㉡ 체육 활동을 위한 공원과 운동장 설립의 확산 • 레크리에이션 및 청소년 활동 활성화 • 중등교육을 비롯한 청소년 여가 활동의 수단으로 스포츠 채용	• '실용주의'의 유용성 수용 • '진보주의 교육'의 영향을 받음 • '신체의 교육'에서 '신체를 통한 교육'으로 전환 • 인간의 총체성(지·덕·체) 강조 • 놀이, 게임, 스포츠를 교육의 수단으로 활용	• 라반(R. Laban)의 '움직임 교육의 원리'에 영향을 받음 • 움직임 지식의 요소로서 신체, 노력, 공간, 관계 틀 구성 • 체육 학문화 운동의 계기를 만듦 • 초등학교에서는 교육게임, 교육무용, 교육체조의 3개 영역으로 단원구성

─{ 보기 }─
1) 밑줄 친 ㉠이 갖는 체육사적 의의를 2가지만 쓰시오.
2) 밑줄 친 ㉡과 관련된 운동(movement)의 명칭과 괄호 안의 ⓒ에 해당하는 체육 사조의 명칭을 순서대로 쓰시오.
3) 미국 중등학교 체육 교육에서 밑줄 친 ⓔ의 영향으로 나타난 수업 내용적 측면의 변화를 1가지만 서술하시오.

040 다음은 고려 시대의 무예에 대한 설명이다. 괄호 안의 ㉠, ㉡에 해당하는 무예의 명칭을 순서대로 쓰시오. [2점] 2016

> 고려 시대 무예의 대부분은 삼국 시대에서 계승되었으며, 무인 정신은 충, 효, 의에 기반을 두고 있었다. 고려 시대의 대표적인 무예에 대한 설명은 다음과 같다.
>
> ─────────〈 ㉠ 〉─────────
>
> 이 무예는 비협, 당 등의 기법을 사용하며, 고려 시대에 무인들에게 적극 권장되었던 무예이다. 고려 명종(明宗) 때에는 이것을 서로 겨루게 하여 벼슬을 주기도 하였다. 또한 무인 집권 시대에는 인재 선발의 중요한 수단이었다.
>
> ─────────〈 ㉡ 〉─────────
>
> 이 무예는 고려 시대 6예의 어(御)에 속했으며, 군자의 중요한 덕목 중 하나였다. 중국의 영향을 받아 격구 등과 연계되어 발달하였다. 또한 이 무예는 조선 시대에 발행된 ≪무예도보통지≫에도 그 설명이 나와 있다.

041 다음은 스포츠 규범의 역사적 발달 과정에 대한 설명이다. 괄호 안의 ㉠, ㉡에 해당하는 용어를 순서대로 쓰고, 밑줄 친 ㉢에 해당하는 현대 스포츠의 규범과 목적을 서술하시오. [5점]

2016

> (㉠)은/는 근대 스포츠의 탄생과 밀접한 연관을 가진다. 귀족 및 평민의 여가 활동이었던 놀이와 게임이 스포츠로 제도화된 데에는 공식적인 규칙의 제정이 큰 역할을 하였다. 통일된 규칙을 사용함으로써 평등한 경쟁 조건인 (㉡)의 확립으로 이어졌고, 경기화를 촉진하는 계기가 되었다. 이에 따라 규칙의 준수를 의미하는 (㉠)은/는 스포츠의 중요한 규범으로 간주되기 시작하였다. 스포츠가 단순히 강건한 육체의 단련을 넘어 교육의 수단으로 인식되면서, (㉠)은/는 퍼블릭 스쿨 등의 엘리트 교육기관에서 도덕 훈련의 일환으로 정착되어 갔다. 이런 과정을 통해 (㉠)은/는 진실과 성실의 정신을 바탕으로 경기에 임하는 도덕적 태도와 동일한 의미로 쓰이게 되었다.
>
> 특히, 팀 경기를 중요시하였던 퍼블릭 스쿨은 리더십, 충성심, 협동심, 규율, 솔선 등 젠틀맨에게 요구되었던 덕목의 훈련에서 스포츠를 유용한 도덕 교육의 방법으로 정착시켰다. 팀 정신에 바탕을 둔 희생, 봉사, 책임, 인내, 침착, 절제 등은 스포츠 활동을 통해 얻어지는 훌륭한 덕목이었으며, 시민계급의 도덕을 반영하는 정신적인 미덕이기도 하였다. 이런 역사적 과정을 거쳐 ㉢ 젠틀맨의 스포츠 윤리는 오늘날 대표적인 스포츠 규범으로 자리 잡게 되었다.

042 다음은 전국 학교스포츠클럽 농구 대회 중 발생한 사안에 대해 윤리위원회에서 논의한 내용 중 일부이다. 〈작성 방법〉에 따라 순서대로 서술하시오. [4점] 2017

> 위원장 : 이번 사안을 간단히 말씀드리겠습니다. ○○중학교 학생 A군은 △△중학교와 전국 학교스포츠클럽 농구 대회 결승전 도중, 상대팀 B군이 속공을 시도할 때, 고의적으로 잡아 넘어뜨렸습니다. 넘어진 B군은 손목이 부러지고 뇌진탕 증상이 있어 현재 병원에서 치료를 받고 있습니다. 최근 학교스포츠클럽 대회가 과열되면서 반칙과 폭력 사건이 증가하고 있어 염려가 됩니다. 이와 관련하여 A군의 고의적인 반칙에 대한 징계 여부를 결정하기 위해 윤리위원회를 개최하게 되었습니다.
> C 위원 : B군의 경우는 매우 안타까운 일입니다. 하지만 경기에서 발생하는 반칙은 경쟁 과정에서 불가피한 것입니다. 물론 고의성이 있다고 보이지만, 이 또한 A군이 팀의 우승과 학교의 명예를 위해 최선을 다하는 과정에서 발생한 것으로 징계까지 하는 것은 무리가 있다고 봅니다.
> D 위원 : 하지만, ㉠ 스포츠에 참여하는 사람은 승리나 명예와 상관없이 반드시 규칙을 지켜야 합니다. 스포츠가 올바른 경쟁이 되려면 개인의 일시적인 감정이나 팀의 욕심에 이끌리지 않고 모두가 지켜야 할 법칙으로서 페어플레이를 준수해야 합니다. 이런 관점에서 볼 때, A군의 행위는 비도덕적이므로 징계가 필요합니다.
> E 위원 : 결국 이런 문제가 발생하는 주된 원인은 승리에 대한 과도한 집착이라고 생각합니다. A군의 상황과는 다르지만, ㉡ 학교스포츠클럽에 참가하고 있는 우리 학교의 한 학생은 축구 연습 도중 발목 인대가 파열되는 부상을 입은 데다, 경기 당일에는 감기 몸살도 심했습니다. 대회에 출전해서는 안 되는 몸 상태인데도, 팀의 승리를 위해서라면 자신의 몸이야 어떻게 되든 상관없다며 출전했고, 결국 병원에 입원하게 되었습니다.
> …(하략)…

─〔작성 방법〕─
- 밑줄 친 ㉠과 같은 주장의 근거가 되는 스포츠 윤리 이론의 명칭을 쓰고, 덕 윤리학(Virtue Ethics)을 주장한 매킨타이어(A. MacIntyre)의 '실천(practice)'의 관점에서 이러한 윤리 이론이 실제 학생 교육에서 갖는 한계점 1가지를 기술할 것
- 밑줄 친 ㉡에 해당하는 일탈 행동의 유형을 쓰고, 휴즈와 코클리(R. Hughes & J. Coakley)의 주장에 근거하여 이러한 일탈과 관련 있는 스포츠 규범 1가지를 기술할 것

043 다음은 개화기와 일제 강점기의 체육에 대한 설명이다. 괄호 안의 ㉠에 해당하는 체육 활동의 명칭과 괄호 안의 ㉡에 공통으로 들어갈 체육 단체의 명칭을 순서대로 쓰시오. [2점]
2017

명칭	내용
(㉠)	• 1896년 5월 영어학교가 개최한 우리나라 최초의 근대 운동회임 • 영국인 교사 허치슨(W. Hutchison) 등의 진행으로 실시됨 • 300보 달리기, 600보 달리기, 1350보 달리기, 공 던지기, 멀리뛰기, 높이뛰기, 2인 3각 달리기, 줄다리기 등을 실시함 • 각급 학교에서 운동회를 개최하는 계기가 됨
조선 체육회	• 대한체육회의 전신으로 1920년 7월 창립됨 • 일제가 만든 체육 단체인 (㉡)이/가 주최하는 육상경기 대회에 자극을 받아 민족운동의 일환으로 각종 경기 대회를 개최함 • 1920년 11월 제1회 전조선야구대회를 개최하였고, 이 대회는 오늘날 전국체육대회 통산 횟수의 출발점이 됨 • 1938년 일제의 탄압으로 (㉡)에 흡수, 통합됨

044 다음은 학생이 제출한 학습 과제물의 일부이다. 밑줄 친 내용 중 화랑도와 관련된 잘못된 역사적 사실 2가지를 찾아 바르게 고쳐 쓰시오. [2점] 2018

신체 수련 활동과 화랑도

○○고등학교 ○학년 ○반 ○○번 ○○○

1. 화랑도
우리나라에는 몸과 마음을 함께 수련하는 전인적인 체육 활동이 있었는데 일례로 화랑도의 활동을 들 수 있다.
- 화랑에서 '화(花)'는 미모, '랑(郎)'은 남자를 지칭한다.
- 화랑도는 청소년 단체로서 심신의 수련을 통해 도덕적 인간을 육성하기 위해 <u>법률로 정한 국가 교육 기관</u>이다.
- 신라 진평왕 때 원광법사가 화랑에게 내려준 계율인 <u>세속오계(世俗五戒)</u>는 도의교육(道議教育)의 핵심이었다.
- 화랑도는 규율을 지키고 자연에서 풍류를 즐기며 정신을 수양하는 한편, <u>무예와 각종 신체 활동</u>을 통해 몸을 수련하는 것으로 보아 심신 일체론적 신체관의 성격을 갖고 있다.
- <u>대사례(大射禮)</u>는 명산대천(名山大川)을 돌아다니며 행했던 야외 수련 활동으로서 시와 음악과 신체적 수련 활동을 통해 신체적·정신적 수양을 하던 교육의 한 방법이다.

045 다음은 서구 근대 스포츠를 보급한 YMCA에 관한 읽기 자료의 일부이다. 괄호 안의 ㉠에 들어갈 용어와 ㉡에 들어갈 스포츠 종목을 쓰시오. [2점] 2018

읽기 자료

- 19C 말 미국의 YMCA는 자국의 학교와 지역 사회에 스포츠를 보급하고 확산하는 데 결정적인 역할을 하였다. 그 사상적 토대는 (㉠)였고, 그 핵심 개념은 '남성다움'이었다.
- 미국 YMCA의 중심인물이었던 굴릭(L. Gulick)은 남성다움을 길러 주기 위한 것이 YMCA의 목적이라고 주장하며 자국은 물론 전 세계에 서구 근대 스포츠를 보급하는 데 노력하였다.
- 우리나라는 '황성기독교청년회'를 통해 미국의 YMCA를 접하게 되었으며 이 단체를 통해 서구 근대 스포츠 보급이 활발해졌다.
- 이처럼 서구 근대 스포츠가 빠르게 확산되었던 이유는 일본의 제국주의적 팽창에 저항하던 민족주의 운동과 기독교의 선교 정책 그리고 스포츠 대중화 운동의 영향 때문이었다.

…(중략)…

- 우리나라 YMCA는 구기 운동뿐만 아니라, 육상 경기, 덴마크 체조, 씨름 등 다양한 체육 활동을 전개하였다.
- 우리나라 YMCA의 초대 총무였던 질렛(P. Gillette)은 1907년 '황성기독교청년회' 회원들에게 (㉡)을/를 가르쳤다.
- (㉡)은/는 1916년 미국의 반하트(B. Barnhart)가 YMCA 간사로 취임하고, 1920년 YMCA 회관이 완공된 이후부터 본격적으로 확산되었다.

…(하략)…

046 다음은 '신체 수련 능력'을 기르는 데 적합한 신체 활동 지도를 위해 교과협의회에서 교사들이 나눈 대화 내용이다. 〈작성 방법〉에 따라 순서대로 서술하시오. [4점] 2018

사회자: 2015 개정 체육과 교육과정을 보면, '신체 수련이란 심신 일원의 통합적 관점에서 훈련을 통한 신체의 단련뿐만 아니라 정신 수양을 포함하는 전인적 수련을 의미한다.'라고 설명하고 있습니다. 선생님들께서는 이러한 교육적 관점에 부합되는 내용으로 어떤 신체 활동을 선택하여 지도하고자 하는지와 그 이유를 말씀해 주시기 바랍니다.

최 교사: 저는 요가를 지도하려고 해요. 이 활동을 통해 학생들은 경험의 주체로서 자기 자신을 생동감 있게 알 수 있는 신체 의식을 체험할 수 있을 거예요. 또한, 자세의 교정, 움직임을 통한 공간의 창출, 스트레스 완화, 명상 등과 같은 생동적인 경험을 통해 생물적 기능 또는 신체적 기능을 배우고, 외부 환경과 상호작용하는 생동적 경험을 함으로써 학생들이 심신의 통합적 차원을 깨달을 수 있을 것입니다.

이 교사: 저는 궁도를 지도하려고요. 궁도는 예로부터 정신 수련에 도움이 되는 운동이었죠. 움직임은 생각의 지배를 받기 때문에 먼저 정신 수련을 한 뒤 신체 운동을 하면 교육적 효과가 높을 것입니다. 움직임의 원인과 결과에 대해 먼저 생각하고 활쏘기를 하게 되면 명중률이 높아지기 때문에 정신 수련에 강조점을 두어 지도하려고 합니다.

윤 교사: 저는 태권도를 선택했어요. 인간의 몸은 객체가 아닌 체험의 주체라고 생각합니다. 그래서 저는 태권도를 통해 학생들에게 다양한 신체적 체험을 제공하려고요. 이를 통해 자신과 타인, 공간과 시간, 내적·외적 환경을 종합적으로 경험할 수 있도록 하여 살아있는 주체로서 자신은 물론 타인도 이해할 수 있는 다양한 체험의 기회를 주고자 합니다.

─〔작성 방법〕─
- '심신이원론'의 관점에서 말하고 있는 교사를 쓰고, 그 이유를 해당 교사의 말에 근거하여 서술할 것
- 소매틱 교육(Somatic Education)의 관점에서 말하고 있는 교사를 쓰고, 소매틱스(Somatics)에 대한 한나(T. Hanna)의 정의에 포함되는 요소 3가지 중 2가지를 해당 교사의 말에서 찾아 제시할 것

047 다음은 체육 학술 동아리 학생들이 중세 체육에 대해 작성한 보고서 내용이다. (가), (나), (다)에 공통적으로 해당하는 경기 종목을 쓰고, 밑줄 친 내용에 해당하는 정신을 쓰시오. [2점]

2019

중세 체육, 과거에서 현재를 보다.

김○○, 이○○, 박○○, 장○○

(가)
이 경기는 중세의 대표적 운동 경기 중 하나로서 전쟁터처럼 만든 경기장에서 실제 전쟁을 연상하게 하는 모의전 형태로 진행되었다. 전쟁 시에도 개최되었고, 세례식, 결혼식, 수여식에서는 축제 시합으로 실시되었다.

(나)
11세기 중엽에 프랑스의 마상 시합 트루누아(Tournoi) 경기에서 비롯되었다. 영국에서는 12세기 경 리처드 1세가 프랑스로부터 도입한 이래 12~13세기에는 귀족의 일반적인 관람 유희로 성행하였으며, 토니(Tourney)라는 이름으로 16세기까지 이어졌다.

(다)
경기장 주위에는 텐트와 천막이 설치되었고, 긴장감 넘치는 호전적 음악이 울려 퍼졌다. 마치 전쟁 같은 격렬한 경기가 벌어지면 갑옷과 투구가 햇빛을 받아 번쩍이고, 기마들이 부딪히고 넘어지는 장관이 벌어졌다.

(라)
…(중략)… 말을 탄 전사라는 의미를 지닌 그들은 <u>지배 계급인 귀족 집단의 예의범절을 포함한 행동 규범과 용맹, 충성, 신의, 존중과 같은 중요한 덕목</u>을 기르기 위해 어린 시절부터 다양한 신체 훈련을 받았다. 검술, 승마, 수렵, 수영, 사격(궁술), 서양장기, 작시를 중심으로 한 7예 이외에도 레슬링, 창던지기, 도약운동 등과 같은 다양한 체육 활동에 적극적으로 참여하였다.

048 (가)는 개화기 학교 체육의 특징에 관한 내용이고, (나)는 체육 교과의 명칭 변화에 관한 내용이다. 괄호 안의 ㉠, ㉡에 해당하는 내용을 순서대로 쓰시오. [2점] 2019

(가) 개화기 학교 체육의 특징

> 학교 체육은 (㉠)(이)라는 명칭으로 소학교 및 중학교의 정식 교과로 채택되었다. 구체적 내용은 다음과 같다.
> - 소학교: 소학교규칙대강이 발표되고, 소학교령 제10조에 "(㉠)은/는 신체의 성장을 균제건강(均齊健康)하게 하며, 정신을 쾌활강의(快活剛毅)하게 하고, 겸하여 규율을 지키고 협동의 습관을 기르는 것을 요지로 함."이라고 규정하였다.
> - 중학교: 중학교 관제에 따라 4년 과정인 심상과와 3년 과정인 고등과의 교과로 (㉠)이/가 편성되었다.

(나) 체육 교과의 명칭 변화

> ⋯(중략)⋯
> 미군정기와 교수요목기에 체육 교과의 명칭에 변화가 생겼다. 초등학교에서는 (㉡), 중학교에서는 체육·(㉡), 고등학교에서는 체육으로 변경되었다. 이후 제 1차 교육과정 시기에 초등학교 체육 교과의 명칭은 (㉡), 중·고등학교는 체육으로 변경되었다. 제2차 교육과정 시기에 이르러서야 초·중·고등학교에서 오늘날과 같은 '체육'이라는 통일된 명칭이 사용되었다.

049 (가)는 '스포츠 현장의 윤리적 갈등과 올바른 선택'이라는 주제로 진행된 체육교사 연수 자료이고, (나)는 그와 관련된 체육교사 간의 대화 내용이다. 〈작성 방법〉에 따라 순서대로 서술하시오. [4점] 2019

(가) 연수 자료

○○주말 리그배 전국 중학교 야구대회 결승전

6회 말, 4:3으로 1점을 이기고 있는 상황에서 우리 팀 4번 타자 ○○이가 빈볼(beanball)을 맞고 부상을 당했다. 이에 대한 앙갚음으로 우리 팀 코치 선생님은 투수인 내게 상대방 타자에게 똑같이 빈볼을 던지라고 지시하셨다. ㉠ 만약 내가 빈볼을 던진다면 상대 선수가 부상을 당할 테고, 만약 던지지 않는다면 나는 코치 선생님께 야단을 맞고 우리 팀의 분위기도 저하될 텐데… 이러한 상황에서 난 어떻게 해야 할까?

* 빈볼: 투수가 고의적으로 타자를 겨누어 던지는 투구

(나) 체육교사 간의 대화

A 교사: 스포츠 경기 참가자는 무슨 일이 있더라도 반드시 경기 규칙을 준수해야 합니다. 그건 스포츠 경기 참가자가 지녀야 할 당연한 책무입니다. 그러니 당연히 투수가 빈볼을 던지면 안 되겠지요. 우리는 비겁한 승리 대신 스포츠 정신을 존중하는 것에 더 큰 의미를 부여할 필요가 있습니다.

B 교사: 이 같은 상황에서 ㉡ 투수는 빈볼을 던지기 전에 그 행위가 어떤 가치를 증가시키는지 아니면 감소시키는지에 따라 그 행위의 옳고 그름을 결정해야 합니다. 그렇게 할 때, 투수는 규칙 준수와 반칙 행위 사이에서 어떤 행위를 행할 것인지에 대한 올바른 판단이 가능해질 것입니다.

C 교사: 윤리적 갈등 상황에서 중요한 것은 행위자의 아레테(aretē)입니다. 선수가 지닌 아레테에 따라 실천 행위는 달라집니다. 그래서 빈볼을 던지는 투수의 의무판단보다는 투수가 지닌 (㉢)에 주목해야 합니다. 따라서 스포츠 현장에서 우리는 선수뿐만 아니라 지도자가 아레테를 지닐 수 있도록 교육해야 합니다.

─〔작성 방법〕─
- 밑줄 친 ㉠, ㉡에 공통적으로 적용되는 철학적 근거 내용을 기술할 것
- B 교사가 주장하는 내용의 근거가 되는 스포츠 윤리이론의 명칭을 쓸 것
- 괄호 안의 ㉢에 알맞은 용어를 쓰고, (가)에 제시된 상황에서 투수가 빈볼을 던졌을 경우, C 교사의 관점에서 투수를 판단하는 내용 1가지를 기술할 것

050 다음의 (가)는 스포츠 현장에서 발생한 사건을 다룬 신문 기사 내용이고, (나)는 이에 대해 교사들이 나눈 대화 내용이다. 밑줄 친 ㉠, ㉡에 해당하는 스포츠윤리의 명칭을 순서대로 쓰시오. [2점] 2020

(가) 신문 기사

□□신문　　　　　　　　　　　2012년 ○○월 ○○일

'페이스메이커'는 과연 사라져야 할까?

이번 올림픽에서 A 선수가 금메달을 따는 데 다른 선수가 '페이스메이커(pacemaker)' 역할을 한 게 아니냐는 의혹이 제기된 바 있다. 한 평론가는 "국적이 같다고 해서 둘 이상의 선수가 역할을 나눠, 한 선수가 다른 선수의 메달 획득을 위해 희생양이 되어도 되는가?"라는 질문을 던졌다. 이와 관련하여 한 선수는 "나는 오랫동안 감독의 일방적인 지시에 의해 페이스메이커 역할을 해왔고, 쉬는 시간에도 다른 선수들의 훈련을 도와줘야 했다."고 폭로했다.

(나) 교사들의 대화

조 교사 : '페이스메이커'는 육상이나 빙상 등 일부 레이스(race) 종목에서 보다 나은 기록을 위해 널리 사용되는 전술이며, 한 팀이 서로 협력해 한 선수의 우승을 팀 전체의 결과로 받아들이는 태도입니다.

박 교사 : 어떤 스포츠라도 공정한 상황에서 해야 하고, 공정성은 규칙을 준수하는 것에 기반해야 합니다. ㉠ 개인 스포츠에 참여하는 사람에게는 따라야 할 규칙이 있고, 그 규칙은 어떠한 상황에서도 지켜져야 합니다.

윤 교사 : 스포츠 참여 시 규칙을 어기면서까지 승리에 집착하는 학생들도 있습니다. 규칙에 어긋나지 않는 행동이라도 상대 선수를 위협하는 플레이를 하거나, '페이스메이커'와 같은 역할을 강요하는 학생들에게는 스포츠맨십을 교육할 필요가 있다고 생각합니다.

정 교사 : 맞습니다. 학생들의 스포츠 참여가 단순한 경쟁적 신체 활동에 머물러서는 안 됩니다. 체육수업이야말로 ㉡ 인격 완성에 도움이 되는 다양한 습관들을 체득하게 하는 인성교육의 장으로 활용되어야 할 것입니다.

051 다음은 ○○중학교 체육 교과 협의실의 게시판을 보며 조 교감과 오 교사가 나눈 대화 내용이다. 〈작성 방법〉에 따라 순서대로 서술하시오. [4점] 2020

우리나라의 전통 신체 활동

- 편   력 : 명산대천을 다니며 무예를 익히고 심신을 단련하던 활동
- 각   저 : 두 사람이 맞잡고 힘과 기를 겨루던 경기
- (㉠) : 삼국 시대와 고려 시대에 행해진 매를 이용하던 사냥활동
- (㉡) : 조선 시대에 5인 이상이 한 팀이 되어 승부를 겨루던 활쏘기 경기

…(하략)…

조 교감 : 이번에 협의실 벽면에 게시한 읽기 자료군요. 편력, 사냥, 마술, 궁술, 검술, 수박 등과 같은 신체 활동은 학생이 2015 개정 체육과 교육과정의 교과 역량인 신체 수련 능력을 함양하는 데 좋은 소재가 될 수 있을 것 같네요. 특히, 검술과 각저는 투기 도전 영역 지도에 참고가 되겠네요.

오 교사 : 네 맞습니다. 교감 선생님! 이러한 활동들은 중학교 1~3학년군의 내용 요소 중 하나인 절제를 가르치기에도 적합한 활동들입니다. 그런데, 교감 선생님! ㉢ 교육과정 신체 활동 예시에 없는 활동들이 대부분인데, 이러한 신체 활동들도 체육수업 시간에 지도해도 괜찮다고 알고 있습니다.

조 교감 : 그럼 당연히 괜찮지요. 다만, 교내 교과협의회를 통해 결정해야 하겠지요.

오 교사 : 아 그렇군요. 그렇다면 우선은 택견의 모태가 된 것으로 알려진 (㉣)을/를 가르쳐보고 싶네요. 택견, 태권도, 씨름, 레슬링, 유도, 검도 등은 중학교 1~3학년 신체 활동 예시에 있는 활동이니까요.

〔작성 방법〕
- 괄호 안의 ㉠, ㉡에 해당하는 명칭을 순서대로 쓸 것
- 밑줄 친 ㉢의 근거를 2015 개정 중학교 체육과 교육과정의 '신체 활동 예시'에 제시된 내용에 근거하여 서술할 것
- 괄호 안의 ㉣에 해당하는 명칭을 쓸 것

052 다음은 시대별 체육 사상에 관하여 정리한 김 교사의 수업 자료이다. 〈작성 방법〉에 따라 순서대로 서술하시오. [4점] 2020

시대별 체육 사상	
(가) (㉠) 사상	• 우드(T. Wood), 귤릭(L. Gulick), 헤더링턴(C. Hetherington) 등에 의해 주창됨 • 놀이이론, 강건한 기독교주의 등이 핵심적인 배경이 됨 • 윌리엄스(J. Williams)와 내시(J. Nash)에 의해 현대 체육의 개념이 완성됨
(나) 실학주의 사상	• 베이컨(F. Bacon), 멀케스터(R. Mulcaster), 코메니우스(J. Comenius) 등이 감각적 실학주의를 주창함 • 관념은 감각을 통해 형성된다는 이론이 등장함 • 체육의 교육적 가치를 인식함
(다) (㉡) 사상	• 라반(R. Laban)에 의해 주창된 교육사상임 • 캐시디(R. Cassidy)와 메스니(E. Methney)에 의해 체육의 학문화에 활용됨 • 탐색과 발견의 교육방법으로 제안됨

─〔작성 방법〕─────────────────────
• 괄호 안의 ㉠, ㉡에 해당하는 사상의 명칭을 순서대로 쓸 것
• 괄호 안의 ㉠의 기반이 된 교육사상의 명칭을 쓸 것
• (가), (나), (다)를 과거에서 현재의 순으로 배열하여 서술할 것

053 다음은 근대 체육 문화의 확산 양상에 관한 설명과 그림이다. 〈작성 방법〉에 따라 순서대로 서술하시오. [4점] 2021

> 영국의 스포츠와 독일의 (㉠)은/는 유럽의 신체 문화가 세계로 확산되는 양상을 잘 보여 준다. 영국의 스포츠는 럭비 스쿨이나 이튼 스쿨 등의 (㉡)와/과 옥스브리지(Oxbridge)를 중심으로 하는 교육 체제를 바탕으로 확립되었으며, 제국주의의 팽창에 따라 세계 곳곳으로 퍼져 나갔다.
> 독일 (㉠)의 성립 및 확산은 민족주의를 바탕으로 성장한 사회 계몽가의 교육적 노력과 그들이 처한 정치적 상황의 산물이다.
>
>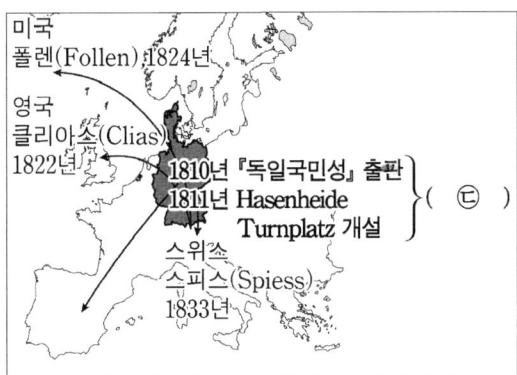
>
> 특히 독일 (㉠)은/는 우리나라에 유입된 후, ㉣ 1895년 '교육조서'의 공포에 뒤따른 법령을 통해 근대 학교 체육의 바탕이 되었다.

─〔작성 방법〕─
- 괄호 안의 ㉠, ㉡에 해당하는 명칭을 쓸 것
- 괄호 안의 ㉢에 해당하는 인물의 이름을 쓸 것
- 밑줄 친 ㉣에 해당하는 법령과 역사적 사건을 서술할 것

054 다음은 인간관을 바탕으로 철학자와 체육학자의 주장 사이의 관계를 표현한 것이다. 〈작성 방법〉에 따라 순서대로 서술하시오. [4점] 2021

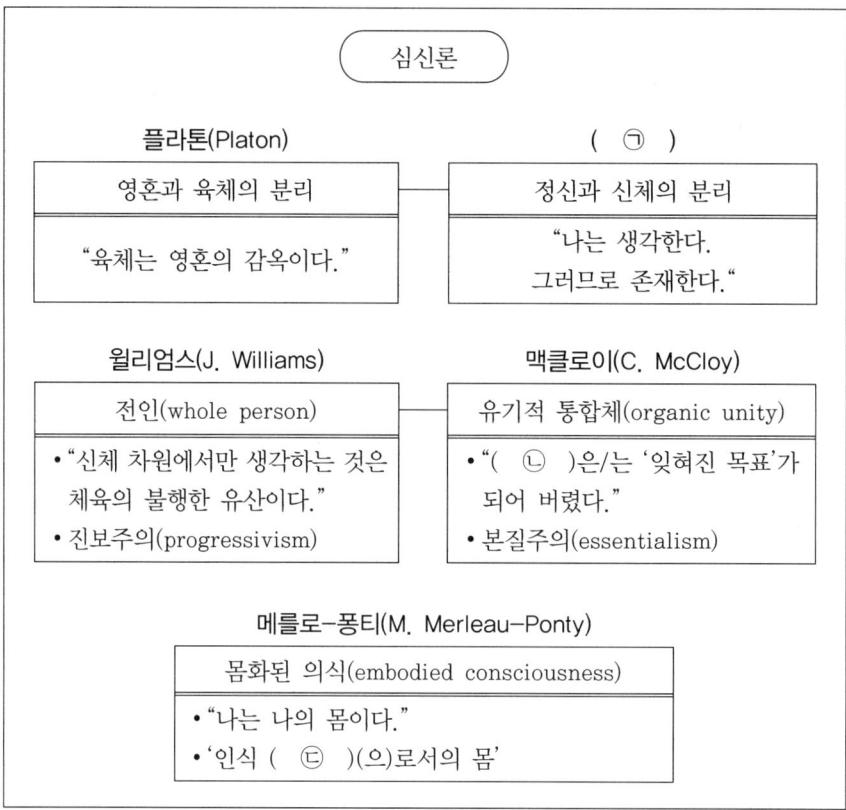

─〔작성 방법〕─
- 괄호 안의 ㉠에 해당하는 철학자의 이름을 쓸 것
- 플라톤과 철학자 ㉠의 심신론에서 마음과 몸의 상호 작용에 관한 견해 차이를 서술할 것
- 괄호 안의 ㉡, ㉢에 해당하는 내용을 순서대로 쓸 것

055 다음은 고대 로마 체육에 관한 내용이다. 괄호 안의 ㉠, ㉡에 해당하는 내용을 순서대로 쓰시오. [2점] 2022

> (가) 치러(O. Zierer)의 저서 『문화와 풍습의 거울』을 보면, 철학자 키케로(M. Cicero)가 친구로부터 받은 한 통의 편지에 다음과 같은 구절이 있다. "너 이번에 아주 끝내 주는 놈들을 샀다고 보면 돼. …(중략)… 그리고 네가 이놈들에게 투자한 금액 정도는 (㉠) 경기에서 애들이 벌어들일 상금으로 금세 뽑아 낼 거라는군." 무기 이름에서 파생된 (㉠) 경기 유형에는 트락커(Thraker), 레티아리어(Retiarier), 삼니텐(Samniten), 세쿠토르(Secutor) 등이 있다.
>
> (나) 일반적으로 식량난이나 폭정이 극에 달하면 내란이 일어난다. 로마 시대의 오락, 즉 볼거리는 식량 못지 않게 통치에 필수 불가결한 요소였다. 로마 공화정 후기와 제정 시대 정치인들은 원형 연무장이나 원형 경기장의 유혈 스포츠를 여흥 거리로 제공하였는데, 이를 통칭하여 (㉡) 쇼(shows)라고 한다. 이처럼 로마 시대의 스포츠는 건전한 체육의 성격을 지닌 것이라기보다는 정치적 성격을 지녔다.
>
> (다) 3차에 걸친 포에니 전쟁으로 카르타고가 멸망한 뒤, 각지에서 몰려드는 프롤레타리아들과 경작지를 빼앗긴 농민들로 인해 로마의 인구가 점점 불어나게 되자 권력의 중심부에서는 이들을 다스리는 일이 한층 심각해졌다. 당시 정치가들이 대중의 불만을 잠재우기 위한 방편으로 제시한 것이 '빵과 서커스'로, 그들은 유혈 스포츠 행사라고 할 수 있는 (㉡) 쇼(shows)를 제공함으로써 정치 권력을 지속하고자 했다.

056 다음의 (가)는 동·서양의 체육, (나)는 조선 시대 체육에 관한 교사 연수 자료 내용이다. 밑줄 친 ㉠, ㉡에 공통으로 포함되는 체육 내용 2가지와 괄호 안의 ㉢에 해당하는 내용을 순서대로 쓰시오. [2점] 2022

> (가) 서양의 중세 기사 교육의 내용은 전쟁, 종교, 사랑에 관한 것이었다. 당시 기사들은 어린 시절부터 신체를 강화하기 위해 다양한 교육을 받았는데, 그중 ㉠ 7예는 기사 체육의 중심이 되었다. 한편, 신라 시대의 화랑들은 ㉡ 6예를 통해 심신을 연마하였다. 조선 시대에 이르러서 6예는 유교의 최고 가치인 인(仁)의 실현을 위한 덕성 함양의 방법으로 군자가 갖추어야 할 교양으로 간주되었다.
> (나) 조선의 유학자들은 활쏘기와 (㉢)을/를 수신(修身)과 치심(治心)을 위한 교육 수단으로 인식했다. 특히 퇴계 이황은 이러한 활동들을 '심평체정(心平體正)'의 수신 방법으로 여겼다.
>
> > 예악(禮樂)은 원래 부드러움과 엄함에서 유래하나니 (㉢)도 그 한 가지 예로 이를 모두 갖추었다네. …(중략)… 활쏘기와 견줄 수 있으니 남자들이 연습한다네. 그 다툼이 군자다우니 볼 만도 하지. 마음은 평안하고 몸은 바르니 꾸밈이 필요할까. 한결같이 마음 한가운데 있으니 스스로 조심하네.
> > ―『증보퇴계전집』 내용 중에서 ―

057 다음은 '철학 사조와 체육'에 관한 교사 연수 자료 내용의 일부이다. 〈작성 방법〉에 따라 순서대로 서술하시오. [4점] 2022

> 실학주의(realism) 교육 사조는 형식보다는 실제, 관념보다는 구체적 사물, 고전 문학보다는 자연과학적 교과, 언어보다는 실천과 행동을 이념으로 하고 있다. 이러한 실학주의 사조는 아리스토텔레스의 사상에 근거를 두고 발전해 왔다.
> 아리스토텔레스의 질료형상론에 따르면, 인간의 영혼은 형상, 신체는 질료에 해당된다. 특히 질료는 어떤 형태로든지 변화될 수 있는 가능태로 보고, 체육을 통해 건강, 신체미, 훌륭한 체격, 경기 능력, 체력 등과 같은 신체의 (㉠)을/를 추구할 수 있다고 보았다.
>
> …(중략)…
>
> 실학주의에서는 주관적인 생각을 멀리하는 대신 객관적인 사물을 강조하고, 감각의 발달이 지식 습득과 이해력 증진에 영향을 미친다고 본다. 감각적 실학주의자들은 과학을 지식의 근본으로 하고, 지식을 모으고 이해하는 데 있어 감각적 지각의 필요성을 주장했다. 특히 감각 기관의 훈련을 강조하고, 체육에 많은 관심을 지녔으며, 놀이·구기·수영 등과 같은 체육 활동을 감각 기관을 촉진하기 위한 중요한 교육 활동으로 보았다. 이러한 주장은 17세기 감각적 실학주의자로 알려진 (㉡)이/가 쓴 저서 *『대교수학』, 『유아학교』 등을 통해 확산되었다. 20세기 초 실학주의 철학 사조는 미국에서 ㉢ 신체 적성(physical fitness)을 중심으로 체육의 개념을 정립하는 데 기여했다. 이때의 체육은 로크(J. Locke)의 단련주의 체육 사상에 근거를 두고, 생리학적·해부학적 기초 위에서 교육자가 피교육자에게 운동을 부과하는 것으로 볼 수 있다. 특히, 그의 저서 『교육에 관한 고찰』에 인용된 ㉣ 유베날리스(D. Juvenalis)의 문장은 오늘날까지 체육의 필요성을 강조한 의미 있는 내용으로 수용되고 있다.
>
> *『대교수학』은 '위대한 교육' 또는 '위대한 교훈'으로, 『유아학교』는 '유희학교'로도 번역됨

─〔작성 방법〕─
- 괄호 안의 ㉠에 해당하는 용어를 쓸 것
- 괄호 안의 ㉡에 해당하는 인물의 이름을 쓸 것
- 밑줄 친 ㉢과 관련된 체육의 개념을 쓰고, ㉣에 해당하는 내용을 서술할 것

058 다음은 우리나라의 무예 역사와 영국 스튜어트 시대의 스포츠에 대해 조사한 학생의 보고서이다. 〈작성 방법〉에 따라 순서대로 서술하시오. [4점] 2023

[우리나라의 무예 역사]

• 삼국 시대의 무예
화랑도가 수행한 신체 활동은 국토를 신성하고 존엄하게 생각하며 목숨을 걸고서라도 지켜내야 한다는 ⓐ 불국토 사상과도 연계되어 있었다. 편력(遍歷)은 화랑도의 교육 방식으로 일종의 야외 활동이었다. 편력은 19세기 말 독일에서 청소년 야외 활동의 하나로 일어난 ⓑ 플레이 그라운드 운동(Playground Movement)과 유사한 것이었다.

• 고려 시대의 무예
고려 시대 무예 교육은 국학의 7재 중 ⓒ 강예재(講藝齋)라는 기관에서 실시하였다. (㉠)은/는 『고려사(高麗史)』에 나오는 맨손 무예로 인재 선발을 위한 기준이 되었다. 1170년 의종이 문신들과 보현원에 행차하여 여흥을 열었는데, 이때 왕은 무인의 무공 실력을 보고자 오병(㉠)을/를 하도록 명하였다. 대장군 이소응이 젊은 병사와 오병(㉠)을/를 겨루었고 패하였다. 그러자 젊은 문신 한뢰가 대장군 이소응의 뺨을 때리며 비웃었다. 이 광경을 보던 정중부와 이의방 등이 선동하여 반란을 일으켰는데 이것이 '무신의 난'이다.

• 조선 시대의 무예
조선 시대에 무인 등용을 위해 실시한 무과 제도는 ⓓ 초시, 복시, 전시의 3단계로 진행되었다. 무인 양성을 위한 공식적인 교육 기관인 훈련원(訓鍊院)은 무예의 수련, 병서의 습독, 군사의 시재(試才) 등을 담당하였다.

[영국 스튜어트 시대의 스포츠]
스튜어트 시대 영국 스포츠의 두 가지 큰 흐름 중 하나는 스코틀랜드의 제임스 6세가 영국을 통합하여 제임스 1세로 등극하면서, ⓛ 스코틀랜드의 스포츠가 잉글랜드로 확산되었다는 것이다. 다른 하나는 정치, 사회, 종교적인 이유로 스포츠 활동의 장려와 금지가 공존하는 현상이 반복되었다는 것이다. 구체적으로 살펴보면 청교도들은 일요일 스포츠 활동 금지를 주장하였고, 국교인 성공회를 따르는 왕당파들의 지지를 얻은 제임스 1세는 ⓒ 일요일 스포츠 활동을 권장하는 포고령을 통해 스포츠 활동을 장려하였다.

[작성 방법]
• 괄호 안의 ㉠에 공통으로 해당하는 명칭을 쓰고, 밑줄 친 ⓛ과 관련된 스포츠 중 해안가에서 목동들의 유희로 시작된 종목을 쓸 것
• 밑줄 친 ⓒ에 해당하는 명칭을 쓸 것
• 밑줄 친 ⓐ~ⓓ 중 옳지 않은 것을 1가지 찾아 바르게 고쳐 서술할 것

059 다음은 '신체 수련 능력'을 기르는 데 적합한 신체 활동 지도를 위해 교과 협의회에서 교사들이 나눈 대화 내용이다. 〈작성 방법〉에 따라 순서대로 서술하시오. [4점] 2023

> 김 교사 : 저는 이번 학기에 '신체 수련 능력'을 기르는 데 적합한 신체 활동으로 씨름을 지도하려고요. 씨름은 우리 고유의 민속 스포츠로 삼국 시대에는 (㉠)(이)라고 했어요. 씨름은 몸이 지각하는 주체이자 지각당하는 대상임을 체험할 수 있는 종목이죠. 씨름은 상대방과 샅바를 맞잡고 겨루며 스스로의 움직임을 통해 자신의 몸을 지각하고 상대의 힘도 느끼며 다양한 체험을 할 수 있죠. 이런 과정에서 자신과 타인을 이해할 수 있는 다양한 체험의 기회를 주고자 합니다.
>
> 박 교사 : 저는 국궁을 지도하려고요. 국궁은 육예(六藝) 중 (㉡)에 해당되는 신체 활동으로 정신 수련에 좋은 운동이죠. 움직임은 생각의 지배를 받기 때문에 먼저 정신 수련을 한 뒤 신체 활동을 하면 교육적 효과가 높을 것입니다. 국궁을 잘할 수 있는 신체적·정신적 기술을 이론적으로 익혀 생각을 먼저 한 후 움직이면 더 잘할 수 있기에 정신 수련에 강조점을 두어 지도하려고 합니다.
>
> 이 교사 : 저는 유도를 선택했어요. 올림픽 종목인 유도는 신체 수련 능력을 향상시키는 데 적합한 운동이라고 생각합니다. 저는 유도에 관한 지식이 전혀 없는 학생들에게 유도 기술의 다양한 활동을 체험하게 하는 데 초점을 두고자 합니다. 특히 유도 동작의 미묘한 차이를 몸을 통해 느끼고, 겨루기를 통해 상대의 능력과 전략을 파악하며, 자신의 장단점을 보완하고 깨우치는 과정에서 유도에 관한 지식을 형성할 것이라고 생각합니다. 이러한 저의 생각은 로크(J. Locke)의 『인간 오성론』의 지식 습득에 관한 주장에서도 잘 나타납니다. 결국 지식은 감각과 (㉢)을/를 통해 형성됩니다.

─〔작성 방법〕─
- 괄호 안의 ㉠, ㉡에 해당하는 명칭을 순서대로 쓸 것
- 괄호 안의 ㉢에 해당하는 용어를 쓸 것
- '심신일체론'의 관점에서 말하고 있는 교사를 쓰고, 그 근거를 해당 교사의 말에서 찾아 서술할 것

060 다음은 근현대 학교체육의 발달에 관한 교수와 교사들의 대화이다. 〈작성 방법〉에 따라 순서대로 서술하시오. [4점] 2024

ⓐ 미국체육진흥협회(AAAPE)를 창립해 체육의 발달과 전문화를 꾀한 인물로 앤더슨(W. Anderson), 히치콕(E. Hitchicock), 서전트(D. Sargent) 등이 있다고 알고 있는데요. 그들이 지향한 체육의 과학적 접근은 건강을 중시하는 사조와 ㉠ 어떠한 사고(思考)를 바탕으로 한 것인지요?

김 교사

교수
당시 미국은 도시화가 급속히 진행되면서 건강에 대한 관심이 고조되는 시기였기에 건강을 중시하는 사조가 확산되었고, 학자들은 진화론과 관련된 이론들을 바탕으로 체육의 학문적 존립과 체육 활동의 효과를 과학적으로 증명하려는 노력을 하게 되었습니다. [가]

학교체육 발달 과정에서 체육의 사회문화적 기능에 대한 내용이 흥미롭습니다. 특히 영국 학교체육의 목적은 시사성이 높다고 생각합니다. 애슬레티시즘(athleticism)이 지향한 목적 중 도덕적인 관점에서의 목적은 구체적으로 무엇이었나요? 또한 영국 스포츠의 확산 배경에 대해 조금 더 설명 부탁드립니다.

최 교사

교수
애슬레티시즘은 종교적, 정치적 목적 이외에, 도덕적인 측면에서 (㉡)을/를 육성하는 데 목적이 있었습니다. 영국의 교육자들은 스포츠를 인격 훈련의 지렛대로 생각했던 것이죠. 오늘날 스포츠가 세계화된 배경에는 영국의 애슬레티시즘의 영향이 큽니다. ⓑ 애슬레티시즘의 등장으로 학교 현장에 스포츠가 도입되어 학생들의 건강한 신체육성에 기여하였습니다.

미국 체육은 ⓒ 진보주의 사상의 영향으로 체육의 개념이 혁신적으로 변화하게 되었다고 알고 있습니다. 다시 말해서 ㉢ 과거의 개념에서 새로운 개념으로의 변화를 의미하는 것이죠.

박 교사

─〔작성 방법〕─
- 밑줄 친 ㉠에 해당하는 사고의 명칭을 [가]에 근거하여 쓰고, 괄호 안의 ㉡에 해당하는 명칭을 쓸 것
- 밑줄 친 ⓐ~ⓒ를 시대순(과거 → 현재)으로 배열하여 쓸 것
- 밑줄 친 ㉢에서 새로운 개념으로의 변화를 과거의 개념과 비교하여 서술할 것

061 다음은 우리나라 학교체육 발전에 대해 교수와 예비 교사가 나눈 대화이다. 밑줄 친 ㉠에 해당하는 스포츠 윤리 이론을 쓰고, 괄호 안의 ㉡에 해당하는 용어를 쓰시오. [2점] 2024

> 예비 교사 : 교수님, 이번 아시안게임에서 우리나라 선수들이 뛰어난 기량으로 많은 메달을 따는 것을 보고 기분이 좋았습니다. 이렇게 우리나라 선수들의 기량이 높은 이유는 무엇인가요?
>
> 교   수 : 그 이유 중 하나는 국가 차원에서 엘리트 체육을 적극 육성하는 정책을 펼쳤기 때문입니다. 특히, 1960년대 들어서 정부는 '체력은 국력'이라는 슬로건 아래 우수 선수를 육성해 국위를 선양하는 것을 목표로 학교에서 우수 선수를 발굴 및 육성하는 교기육성제도를 만들어 시행하게 됩니다. 하지만 이 제도는 지나친 경쟁을 야기해 학생선수들이 학업에 소홀하게 된다는 지적을 받았습니다.
>
> 예비 교사 : ㉠ 저는 과거 학생선수 시절 운동선수이기 이전에 학생으로서 학업에 충실하는 것이 마땅하다고 생각하였습니다. 그래서 실적을 위해 학업보다는 운동을 더 많이 하라는 주위의 권유에도 불구하고 수업에 열심히 참여하였습니다. 하지만 어떤 선수들은 팀의 성적이나 학교의 명예 때문에 운동에 매진하느라 학업에 소홀하게 되는 경우도 있더라고요. 그렇다면 학생선수의 학습권 보장을 위해 어떠한 노력을 하고 있나요?
>
> 교   수 : 학생선수들은 운동선수이자 학생으로서 학업에 충실해야 하지만, 운동선수라는 인식이 더 강하여 운동에만 전념하는 경우가 있습니다. 이로 인해 학생선수의 수업 결손과 학력저하라는 문제가 발생합니다. 이러한 문제를 해결하기 위해 정부에서는 '학교장은 학생선수가 일정 수준의 학력 기준에 도달하지 못한 경우에는 별도의 기초학력보장 프로그램을 운영하여 (㉡)이/가 보장될 수 있도록 노력하여야 하며, 필요할 경우 경기대회 출전을 제한할 수 있도록' 법으로 규정하고 있습니다.

062 다음은 서양 사상가들의 주장이다. 〈작성 방법〉에 따라 순서대로 서술하시오. [4점] 2024

(가) 우리의 정신은 신체활동을 통해 개화될 수 있고 인간의 신체와 정신은 서로 상호보완적인 관계로 함께 진보한다. 도시는 인류의 무덤이기에 복잡한 도시의 해로운 공기에서 잃어버린 활력을 탁 트인 시골의 자연에서 되찾아야 한다. 특히 어린이들에게는 체력발달 이외에도 (㉠)의 경험을 가지게 해야 한다. 그 (㉠)은/는 생각의 원료에 해당하기 때문이다.

(나) 육체는 그 발생에 있어서 정신에 선행한다. 인간의 정신은 (㉠)적인 경험을 통해 자연 세계의 진리를 발견할 수 있다. 고로 영혼은 육체 없이 존재할 수 없고 또 그 자체가 육체 자신일 수도 없으며, 지적인 개발에 앞서 신체의 단련이 선행되어야 한다. 이러한 적절한 신체활동은 중용의 원리를 실천하는 것이라 할 수 있다.

(다) 놀이와 같은 적절한 신체적 활동은 신체적, 정신적 성장에 꼭 필요한 것이다. 신체활동은 건강을 유지시켜주고 체력을 강화하며, (㉠)의 발달을 촉진시킴은 물론 정신에 활기를 불어넣어 줄 수 있다. 놀이는 건강하고 활발한 신체를 만들어줄 뿐 아니라 (㉠)을/를 통해 주위 환경에서 사물을 구별할 수 있는 훌륭한 교육매체가 된다.

(라) 행복을 얻기 위해서는 영혼과 육체의 완벽함이 요구되며, 완전한 행복을 위해서 건강한 신체가 요구된다. 지성은 부분적으로 육체에 의존하고 지적인 자산은 마음에 의존할지라도 (㉠)적인 힘에도 의존할 수 있다. 건강한 정신과 건전한 육체 모두 인간이 소유해야 할 바람직한 성질의 것이다.

─〔작성 방법〕─
- (가)를 주장한 사상가를 쓸 것
- 괄호 안의 ㉠에 공통으로 해당하는 용어를 쓸 것
- (나)~(라) 중, 스콜라 철학을 집대성한 사상가의 주장을 찾아 기호를 쓰고, 이 사상가의 신체관이 중세 유럽의 신체관과 어떤 차이가 있는지를 종교적인 관점에서 서술할 것

063 다음은 올림픽경기대회의 역사에 관한 교사 연구과제 내용의 일부분이다. 〈작성 방법〉에 따라 서술하시오. [4점] 2025

[올림픽경기대회의 과거와 현재]

…(상략)…

III. 근대 올림픽경기대회와 특징
  (가) 스톡홀름올림픽
   • 올림픽대회 공식종목 지정
   • 전자계측과 사진판독 시도
   • 아마추어 규정 엄격 적용
  (나) 앤트워프올림픽
   • 오륜기(Olympic Flag) 최초 게양
   • 선수 선서(Athletes' Oath)의 전통 시작
   • ㉠ 올림픽대회 표어(motto) 소개 : 프랑스 앙리 디동(H. Didon) 신부가 학생들의 럭비 훈련에 사용하였던 내용 채택
  (다) 런던올림픽
   • 각국 올림픽위원회(National Olympic Committee) 단위로 참가
   • 국명의 알파벳 순서에 따라 개회식 입장
   • 42.195km 거리의 마라톤 경기 처음 시행
   • 올림픽 신조(Olympic Creed) 출현 : ㉡ 미국과 영국의 과열 경쟁을 두고 미국의 탈봇(E. Talbot) 주교는 "올림픽대회에서 중요한 것은 승리가 아니라 참가하는 것이다." …(중략)…

IV. 올림픽 제전의 시사점
  ❖ 고대 : 평화추구
   • 에케케이리아(Ekecheiria) : '신의 평화'
    고대 올림픽 제전 시 평화를 유지하기 위해 올림픽 휴전(Olympic Truce)을 시행하여 그 누구도 물건이나 영토를 침범하지 못하고, 각지에서 여행하는 참가자들의 신변 안전을 보장하며 이를 어길 경우에 신성모독의 죄를 지은 것으로 간주
  ❖ 근대 : 전쟁과 갈등
   • 스포츠 냉전(The Cold War of Sport)
    1912년 이후 소련이 올림픽에 처음으로 복귀한 (㉢) 경기대회는 전 세계적으로 동·서 이데올로기 대립이 점차 고조되는 상황에서 개최된 대회로 미국과 소련의 냉전 상태가 올림픽에서도 발생

〔작성 방법〕
• 밑줄 친 ㉠의 내용을 서술할 것
• 밑줄 친 ㉡을 비유적으로 표현한 용어를 쓰고, (가)~(다)를 시대순(과거 → 현재)으로 배열하여 쓸 것
• 괄호 안의 ㉢에 들어갈 명칭을 쓸 것

064 다음은 동·서양 체육사에 관한 내용이다. 괄호 안의 ㉠, ㉡에 해당되는 명칭을 순서대로 쓰시오. [2점] 2025

■ 고대 그리스올림픽 제전

고대 도시국가가 형성되면서 도시마다 신을 기리기 위한 축제가 창설되었고, 이는 제전 경기의 시초가 되었다. 기원전 6세기 축제들은 순수한 지역성을 초월하여 시작되었으며, 그중에서도 그리스 중부에 위치한 델피 신전에서 시작된 (㉠) 제전은 다음의 신화와 관련된다.

> 그리스를 가로질러 델피에 도착한 아폴론은 오랫동안 사람들에게 공포의 대상이었던 피톤(Python)이라고 불리는 큰 뱀을 화살로 쏘아서 죽였다. 이로써 아폴론은 활을 가지고 생의 첫 번째 승리를 거두는 동시에 델피를 파괴적인 오염으로부터 해방시키게 되었다. 이를 기념하기 위하여 (㉠) 제전 경기가 창설되었다.

■ 조선 시대의 무예 교육

고려 시대 기마술 능력은 군자의 중요한 덕목 중 하나였다.
…(중략)…
고려 시대 기마술은 중국의 영향을 받아 (㉡), 격구 등과 연계되어 발달하였고, 조선 후기에 와서는 무예로 정착하였다. 당시 정조의 명에 의해서『무예제보』의 6기(技)와『무예신보』의 18기(技)를 발전시켜 24기(技)의 무예를 종합적으로 다룬『무예도보통지』가 편찬되었다.
'무예(武藝)'는 무(武)에 대한 기예를 뜻하고, '도보(圖譜)'는 그림을 통해 설명하고 계통에 따라 분류한 것을 의미하며, '통지(通志)'는 종합서를 뜻한다. 총 4권 4책으로 구성된『무예도보통지』는 조선시대 대표적인 무예서로서 (㉡)와/과 관련된 내용은 제4권 마지막에 기록되어 있다.

065
다음은 체육대회를 앞두고 개최한 ○○ 고등학교 〈체육대회위원회〉의 회의 내용이다. 〈작성 방법〉에 따라 서술하시오. [4점] 2025

> 신○○ 학생 : 체육대회를 앞두고 회의를 시작하겠습니다. 오늘 회의에서는 학생들에게 가장 인기가 높은 반별 축구 경기와 관련하여 의견을 나누고자 합니다. 이번 대회 우승 팀에게는 제7회 스포츠클럽대항전에 학교 대표로 출전할 수 있는 자격이 주어집니다. 그러다 보니 벌써부터 경쟁 분위기가 과열되고 있습니다. 공정한 경기 진행을 위해서 어떻게 해야 할까요?
>
> 윤○○ 학생 : 아무래도 반별 경쟁이 치열하다 보니 심판의 판정이 매우 중요합니다. 작년 체육대회에서는 심판의 편파 판정 때문에 판정 시비가 빈번하게 일어났습니다. 축구 경기는 주로 오프사이드나 핸드볼 파울, 패널티 구역 안에서의 헐리우드 액션, 그리고 상대의 공격을 저지하는 위험한 태클 등과 관련해서 판정 시비가 발생합니다. ┘[가]
>
> 김○○ 학생 : 심판 판정뿐만 아니라 성공적인 체육대회를 위해서는 무엇보다도 학생들 스스로가 페어플레이를 몸소 실천하는 것이 중요하다고 생각합니다. ⊙ 작년 체육대회 우승팀이었던 2-3반 선수들은 경기 결과만을 중시한 나머지 위험하고 과격한 몸싸움이 상대팀 사기를 저하시키는 좋은 반칙이라고 해서 우리를 실망시키기도 했습니다.
>
> 신○○ 학생 : 맞습니다. 단지 승리만을 위한 축구 경기가 아니라 학생들에게 배려심이나 단결력 등을 함양할 수 있는 분위기를 조성하고, 이를 장려할 수 있도록 신경 써야 할 것 같습니다. 그 밖에 추가적으로 고려해야 할 게 있을까요?
>
> 윤○○ 학생 : 지난 회의에서는 축구 경기의 가장 기본적인 조건과 관련된 규칙을 만들었습니다. ⓒ 축구 경기 장소는 후문 운동장에서, 출전 선수는 각 팀 9명으로 구성하고 심판은 3명, 경기 시간은 전·후반 각각 30분으로 하는 것으로 만들었습니다. 또한 경기 기량의 향상이나 선수 보호 차원에서 참가 선수 전원이 축구화를 착용하는 것으로 정했습니다. 그럼, 새로 제정한 규칙은 언제부터 적용하는 것이 좋을까요? ┘[나]
>
> 신○○ 학생 : 체육대회 의결기구인 〈체육대회위원회〉에서 제정한 규칙은 이번 체육대회부터 적용하여 시행하도록 결정하겠습니다.

┌〔작성 방법〕
- [가]의 심판 판정과 관련하여 칸트(I. Kant)의 정언명령을 서술할 것
- 밑줄 친 ⊙을 설명하는 윤리이론의 명칭을 쓸 것
- [나]의 내용과 관련된 규칙의 명칭을 쓰고, 코클리(J. Coakley)의 주장에 근거하여 밑줄 친 ⓒ에 해당하는 스포츠 제도화 과정의 명칭을 쓸 것

**한승현
전공체육
기출문제집**

전공체육,
문제의 한계를 뛰어넘다!

PART

08

역학

PART 08 역학

001 테니스 서브나 스매싱에서 공의 속도를 빠르게 하기 위해서는 팔을 어떻게 하여 스윙하는 것이 유리한지 속도, 회전반경, 각속도의 관계를 이용하여 설명하시오. (단, 신체분절이나 테니스 라켓의 각속도와 길이는 일정하다고 가정) [2점] 2002

002 체육 수업내용에는 유도나 레슬링처럼 안정성을 높여야 유리한 운동도 있지만 100m 달리기의 출발 자세와 같이 불안정한 상태가 유리한 운동도 있다. 운동 시 불안정성을 극대화하는 방법을 간략하게 설명하시오. [4점] 2002

① 무게(체중) [1점] :

② 기저면 크기 [1점] :

③ 무게중심의 높이 [1점] :

④ 기저면과 무게중심선의 관계 [1점] :

003 스포츠 상황에서 나타나는 물체의 관성에 대한 다음 질문에 답하시오. [총 4점] 2003

3-1 선운동과 각운동에서 관성의 크기를 결정하는 요인을 각각 제시하시오. [2점]

① 선운동 [1점] :

② 각운동 [1점] :

3-2 관성의 크기에 관계없이 정지하고 있는 물체를 운동하게 하거나, 운동하고 있는 물체를 더 큰 속도로 움직이게 하기 위해서는 물체에 외력(external force)이 가해져야 한다. 물체에 외력이 가해지면 가속도가 발생하는데, 이때 발생하는 가속도와 힘의 관계를 설명하시오. [1점]

3-3 뉴턴의 선운동법칙 중에서 3-2번에 적용되는 법칙의 명칭을 쓰시오. [1점]

004 인체지레와 관련된 다음 질문에 답하시오. [총 5점] 2003

4-1 지레의 3요소인 힘, 지렛대, 축에 대응하는 인체지레의 각 요소를 쓰시오. [1점]

① 힘:

② 지렛대:

③ 축:

4-2 지레의 종류별로 힘점, 저항점(작용점), 축의 상대적 위치를 설명하시오. [3점]

① 제1종 지레 [1점]:

② 제2종 지레 [1점]:

③ 제3종 지레 [1점]:

4-3 운동을 할 때 가장 많이 나타나는 인체지레의 종류를 쓰시오. [1점]

005 피겨 스케이팅 선수가 빙판 위에 서서 회전하고 있다. 이 선수는 ① 회전을 빠르게 하고자 할 때, 또는 ② 회전을 느리게 하고자 할 때, 주로 팔과 다리를 이용하여 동작을 조절한다. ①, ②를 위한 팔과 다리 동작의 변화와 회전운동의 원리를 쓰시오. [4점] 2004

	팔과 다리의 동작	회전운동의 원리
①		
②		

006 순발력은 최단 시간에 최대의 힘을 발휘하는 능력으로 근력과 스피드에 좌우된다. 순발력을 기르기 위한 방법에는 ① 바벨이나 덤벨과 같은 기구를 이용하여 신체 각 부위의 근육에 부하를 주어 운동하는 방법과 ② 체중을 이용하여 연속적으로 점프하며 신장성 반사근 수축에 의해 근육의 힘을 기르는 운동 방법 등이 있다. ①, ②에 알맞은 훈련 방법을 쓰시오. [2점]
2004

①
②

007 멀리뛰기에서 신체가 도약하면 전신은 전 방향(시계 방향)의 각운동량 값을 갖고 공중으로 올라가게 된다. 공중에 떠 있는 동안 전신의 균형을 유지하기 위하여 옆의 그림과 같이 팔과 다리를 시계 방향으로 교차시켜 회전한다고 했을 때, 그 이유를 '운동역학적(kinetic) 원리'를 이용하여 3줄 이내로 설명하시오.

[4점] 2005

008 높이뛰기의 발구르기 상황에서, 후경 자세(신체를 뒤로 기울인 상태)로 진입한 후 똑바로 일으켜 세우는 동작과 팔을 흔드는 동작은 서로 다른 방법으로 충격량을 증가시킬 수 있다. '운동역학적(kinetic) 원리'를 이용하여 두 가지 동작에 의해 충격량이 증가되는 이유를 각각 2줄 이내로 기술하고, 충격량 관계식을 제시하시오. [5점] 2005

• 후경 자세에서 일으켜 세우는 동작에 의한 증가 이유 :

• 팔 동작에 의한 증가 이유 :

• 관계식 :

009 팔굽혀펴기에서 팔을 펴는 동작(그림 ㉮)을 할 때와 팔을 굽히는 동작(그림 ㉯)을 할 때, 주관절(elbow joint)의 운동 형태·근수축 형태·주동근을 쓰고, 각 동작의 근수축 형태의 특성과 그 특성이 서로 다른 이유를 각각 1줄로 쓰시오. [5점] 2006

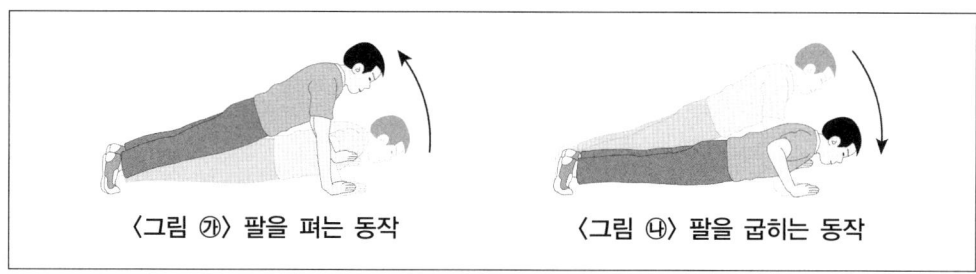

〈그림 ㉮〉 팔을 펴는 동작   〈그림 ㉯〉 팔을 굽히는 동작

	주관절 운동 형태	근수축 형태	주동근

- 팔을 펴는 동작(그림 ㉮) : (   ) (   ) (   )
- 팔을 굽히는 동작(그림 ㉯) : (   ) (   ) (   )
- 근수축 형태의 특성 :
- 특성이 서로 다른 이유 :

010 야구공을 멀리 칠 수 있는 방법을 근력·근수축 속도·근 파워의 상호 관계 이론과 신체 분절의 운동량 전이 이론을 적용하여 각각 3줄 이내로 설명하시오. [4점] 2006

- 근력·근수축 속도·근 파워의 상호 관계 :
- 신체 분절의 운동량 전이 :

011 골프공의 딤플(공 표면에 파인 홈)은 골프공을 보다 멀리 보내기 위해 만들어진 것이다. 딤플이 만들어진 이유를 항적(wake)·표면 항력·형태 항력·전체 항력을 포함하여 설명하시오. [3점] 2006

012 다음과 같이 바벨을 올릴 때(그림 1)와 내릴 때(그림 2) 수축하는 견관절(shoulder joint)의 주동근 명칭을 쓰고, 그 주동근의 근수축 특성을 등장성(isotonic) 근수축 형태 중에서 골라 각각 쓰시오. [4점] 2007

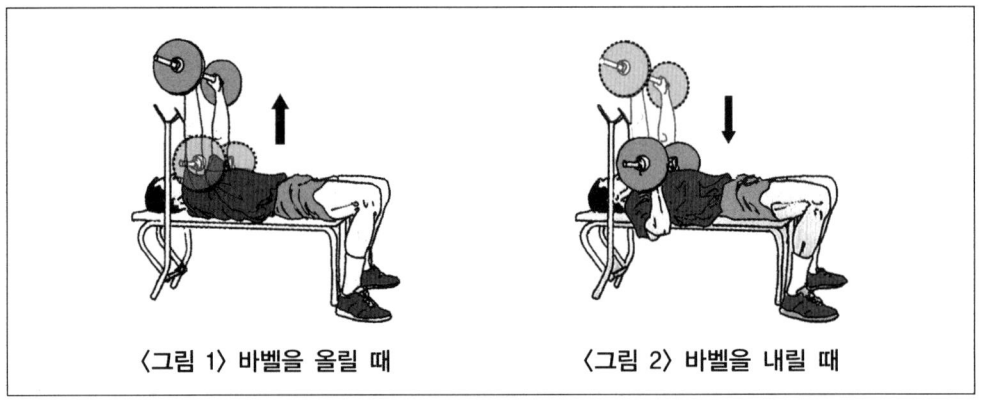

〈그림 1〉 바벨을 올릴 때 　　　　〈그림 2〉 바벨을 내릴 때

　　　　　　　　　　　　　　　주동근의 명칭　　　　　　근수축 특성
• 바벨을 올릴 때(그림 1) : (　　　　　　　) (　　　　　　　　　)

• 바벨을 내릴 때(그림 2) : (　　　　　　　) (　　　　　　　　　)

013 다음과 같은 상황에서 코너킥으로 직접 골을 넣기 위해서는 오른발 인프런트 킥으로 공에 회전(spin)을 주어야 한다. 이때 공이 휘는 현상을 설명하는 원리의 명칭을 쓰고, 해당 원리를 아래 그림의 상황을 고려하여 3줄 이내로 설명하시오. [3점] 2007

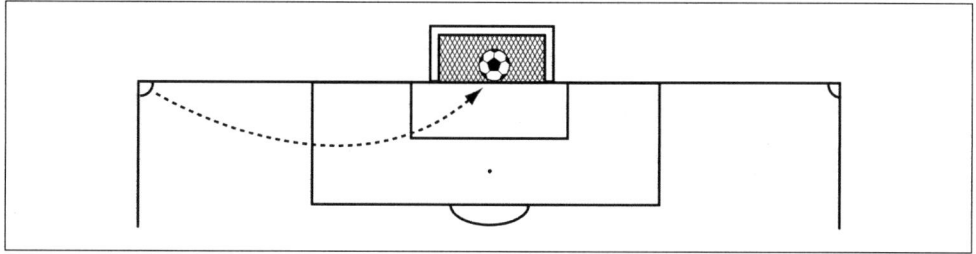

• 원리의 명칭 :

• 원리의 설명 :

014 철봉에서 몸이 360도 회전하는 대차돌기(giant swing)를 효율적으로 하기 위해 상승할 때와 하강할 때 변형해야 하는 몸의 동작과 그 이유를 각각 1줄로 설명하시오. [4점] 2007

• 상승할 때 변형해야 하는 몸의 동작 :
                     이유 :

• 하강할 때 변형해야 하는 몸의 동작 :
                     이유 :

015 다음 글을 읽고 물음에 답하시오. 〈상황 1〉에서 ㉠과 ㉡의 이유를 유체 저항의 원리에 따라 각각 1줄로 설명하시오. 그리고 〈상황 2〉에서 나타난 차이를 설명하는 데 가장 적합한 법칙의 명칭을 쓰고, 그 차이가 나타나는 이유를 2줄 이내로 설명하시오. [4점] 2008

> 〈상황 1〉 ㉠ 스키 활강 선수가 슬로프를 하강할 때는 상체를 최대한 숙여야 하는 반면, ㉡ 수상 스키 선수가 물 위에서 스키를 탈 때는 상체를 세워야 한다.
> 〈상황 2〉 테니스의 포핸드 스트로크를 할 때 지면에 서서 공을 치면, 점프하여 공중에서 치는 것보다 공을 더 멀리 보낼 수 있다. (단, 발의 위치를 제외한 나머지 조건은 동일한 것으로 가정함)

- ㉠의 이유:

- ㉡의 이유:

- 〈상황 2〉의 차이를 설명하는 데 가장 적합한 법칙:

- 〈상황 2〉의 이유:

016 다음 그림은 앞공중돌기를 하는 동안 각관성의 법칙과 관련된 주요 변인의 변화 양상을 보여 주고 있다. 그림의 변인 ①과 ②의 명칭을 쓰고, A 부분에서 다리를 굽혀 상체 쪽으로 당기면서 몸을 웅크리는 이유를 각관성의 법칙에 따라 2줄 이내로 설명하시오. [3점] 2008

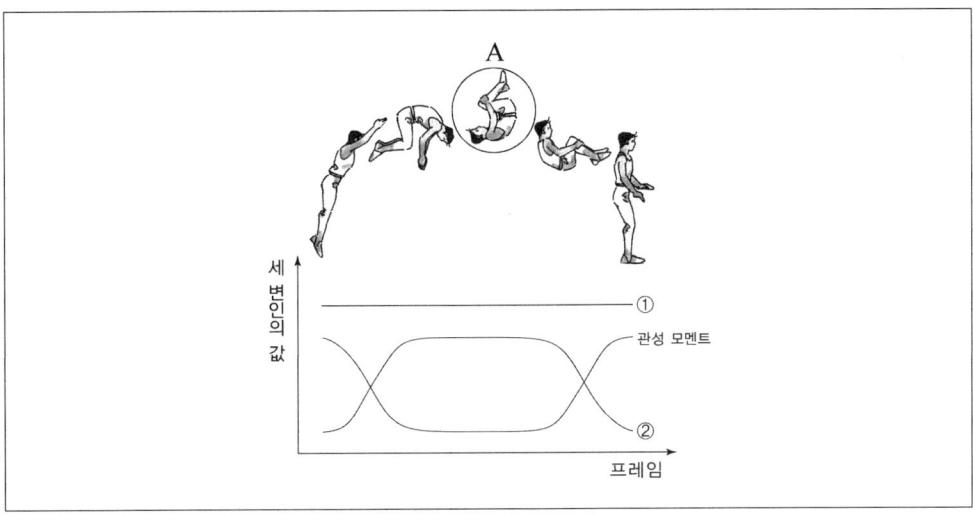

- 변인 ①의 명칭 :
  변인 ②의 명칭 :

- 이유 :

017 각 종목의 운동기술 수행 시 적용되는 운동역학적 원리를 설명한 것으로 옳지 않은 것은? [1.5점] 2009

① 단거리 달리기 출발 시에는 힘의 작용-반작용 법칙이 적용된다.
② 유도에서 안정적인 자세를 취하려면 기저면을 넓히고 몸의 중심을 낮춘다.
③ 곡선 주로를 달리는 선수에게 작용하는 관성은 선수를 밖으로 밀어내는 역할을 한다.
④ 트램펄린에서 점프를 할 때 무게중심이 트램펄린과 수직인 위치에 있지 않으면 회전이 발생한다.
⑤ 핸드볼 공격수의 페인트 동작과 같이 방향을 빠르게 전환하거나 속도를 높일 때는 마찰력이 작아야 유리하다.

018 그림과 같이 하프 스쾃(half squat) 동작의 앉는 자세에서 무릎관절의 운동형태, 주동근의 명칭, 주동근의 수축형태를 바르게 제시한 것은? 2009

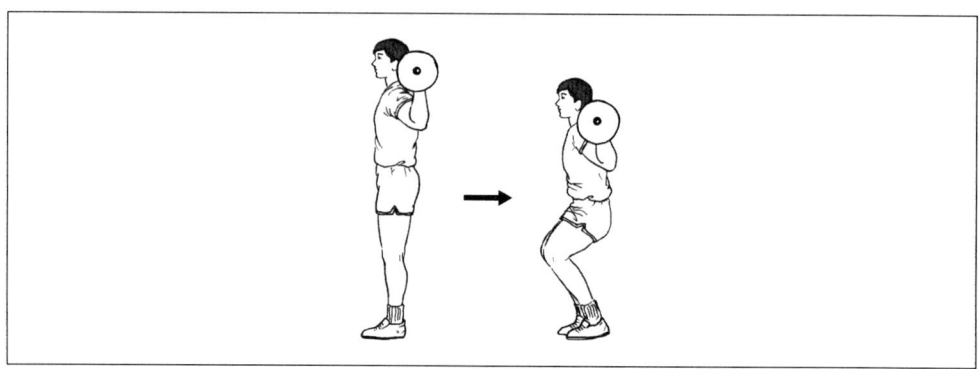

	무릎관절의 운동 형태	주동근의 명칭	주동근의 수축형태
①	굴곡	대퇴사두근	등장성
②	굴곡	대둔근	등장성
③	신전	대퇴사두근	등척성
④	굴곡	대둔근	등척성
⑤	신전	대퇴사두근	등장성

019 그림과 같이 팔 젓기 동작에 작용하는 힘 A, B, C에 대한 설명으로 옳은 것은? 2009

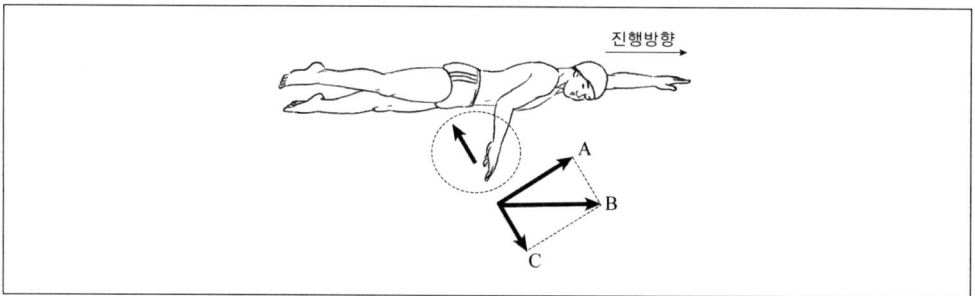

① A는 항력으로 추진력을 방해하는 힘이다.
② B는 팔 젓기에 의해 발생되는 추진력이다.
③ B는 팔 젓기에 의해 발생되는 항력이다.
④ C는 팔 젓기에 의한 실제 추진력이다.
⑤ C는 양력으로 몸을 뜨게 하는 힘이다.

020 그림과 같이 윗몸일으키기 기구를 (가)에서 (나)로 변경할 때 힘이 더 드는 이유를 〈보기〉에서 모두 고른 것은? 2009

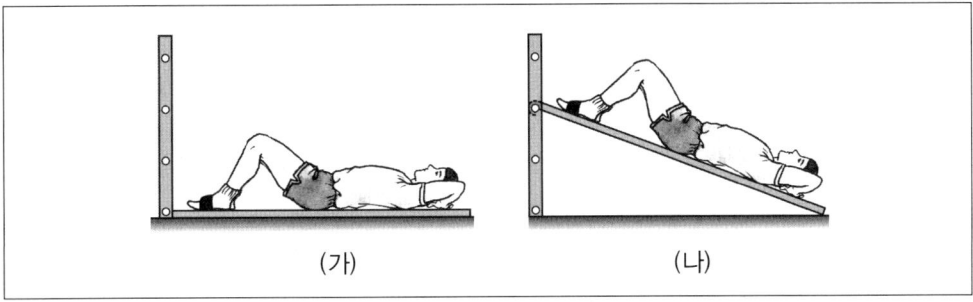

(가)　　　　　　　　　(나)

── 보기 ──
ㄱ. 관성의 변화
ㄴ. 무게중심의 상승거리 증가
ㄷ. 중력의 크기 변화
ㄹ. 무게중심의 가동범위 증가
ㅁ. 사용 근육근의 변화

① ㄱ, ㄴ　　　　　　　② ㄴ, ㄹ
③ ㄱ, ㄷ, ㅁ　　　　　④ ㄴ, ㄷ, ㄹ
⑤ ㄱ, ㄴ, ㄹ, ㅁ

021 〈보기〉는 체육 교사가 학생들의 질문에 대해 운동역학적 개념에 기초하여 답한 것이다. 교사의 답변 중 옳은 것을 〈보기〉에서 모두 고른 것은? 2010

―〔 보기 〕――
ㄱ. 학생: 인체의 움직임이 비효율적인 이유는 무엇입니까?
   교사: 배드민턴 하이클리어 동작을 예로 들면, 저항팔이 힘팔보다 길어서 저항을 극복하는 데 힘이 많이 들기 때문에 비효율적이지. 이는 2종 지레의 원리 때문이야.
ㄴ. 학생: 테니스 라켓 줄을 70파운드로 맸을 때보다 50파운드로 맸을 때 공이 더 멀리 날아가는 이유는 무엇인가요?
   교사: 동일한 조건이라면, 50파운드로 매는 것이 70파운드로 매는 것보다 줄의 탄성이 커서 공을 더 멀리 보낼 수 있기 때문이야.
ㄷ. 학생: 오른팔로 배구 스파이크를 할 때 오른팔이 귀에 스칠 정도로 높게 뻗어야 하는 이유는 무엇입니까?
   교사: 동일한 조건이라면, 팔을 위로 쭉 뻗으면 어깨 축에서 손까지의 거리가 늘어나 선속도를 높이는 효과가 있지.
ㄹ. 학생: 자전거로 가파른 언덕을 올라갈 때 뒷바퀴의 기어를 직경이 큰 것으로 바꾸는 이유는 무엇입니까?
   교사: 톱니바퀴의 직경이 커지면 토크 효과가 증가하기 때문이야.

① ㄱ, ㄷ
② ㄴ, ㄷ
③ ㄱ, ㄴ, ㄷ
④ ㄱ, ㄴ, ㄹ
⑤ ㄴ, ㄷ, ㄹ

022 그림은 1명의 육상 선수가 8m/s, 6m/s, 3m/s로 달리기를 할 때 1주기(왼발 착지부터 다음 왼발 착지까지) 동안의 왼쪽 무릎관절 각도의 변화를 나타낸 것이다. 이에 대한 설명으로 옳지 <u>않은</u> 것은? [2.5점] 2010

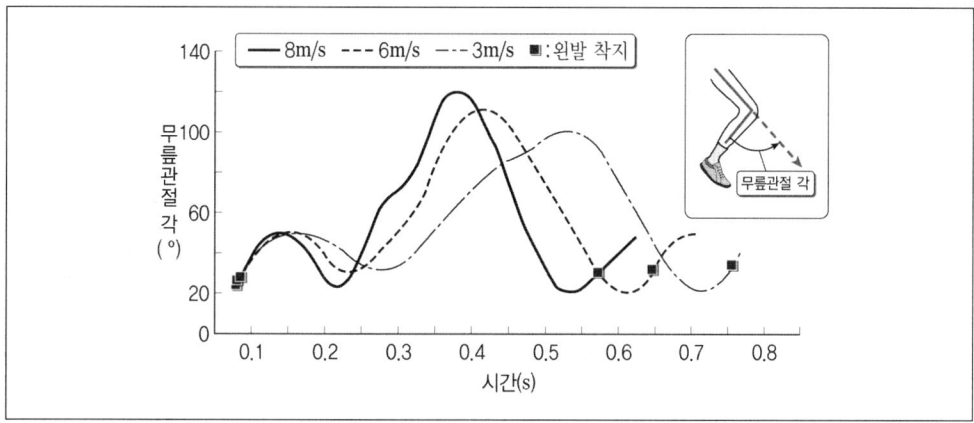

① 무릎관절 각이 커지면 보폭이 커진다.
② 각속도가 증가하면 선속도는 감소한다.
③ 속도가 증가하면 최대 무릎관절 각이 커진다.
④ 1주기의 시간이 단축되면 속도가 증가한다.
⑤ 무릎관절의 가동 범위가 커지면 각속도가 증가한다.

023 그림은 뜀틀(5단)에서 무릎을 펴고 착지할 때에 발에 가해지는 충격량을 나타내고 있다. 동일한 조건하에서 무릎을 굽히면서 착지할 경우 충격량 변화에 관한 역학적 원리로 옳은 것을 〈보기〉에서 모두 고른 것은? 2010

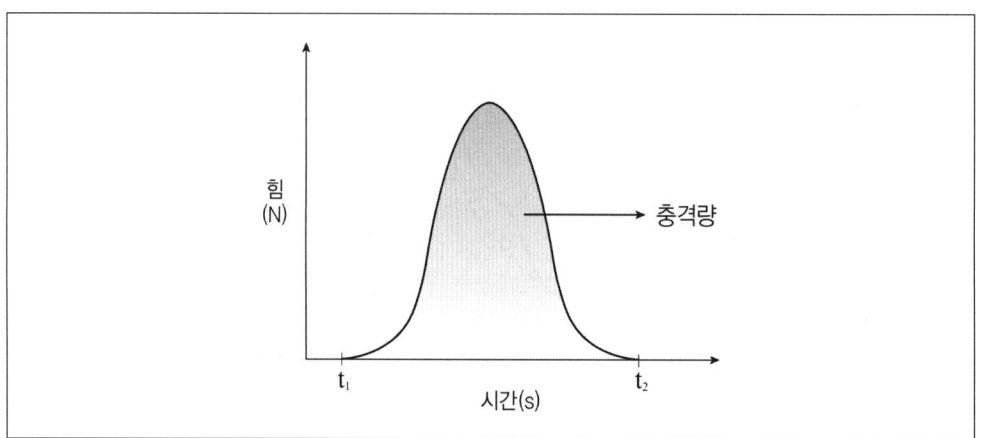

〈보기〉
ㄱ. 충격량은 가해지는 힘의 크기와 힘이 작용하는 시간($t_2 - t_1$)을 곱한 것이다.
ㄴ. 충돌 전후의 운동량의 차이는 충격량보다 작다.
ㄷ. 무릎을 굽히면서 착지하면 힘의 작용 시간이 짧아진다.
ㄹ. 충격력은 시간이 짧을수록 작다.
ㅁ. 두 동작의 충격량은 동일하다.
ㅂ. 무릎을 굽히면서 착지하면 편 상태로 착지할 때보다 충격력이 작아진다.

① ㄱ, ㅁ, ㅂ
② ㄴ, ㄷ, ㅂ
③ ㄴ, ㄹ, ㅂ
④ ㄱ, ㄴ, ㄷ, ㅁ
⑤ ㄷ, ㄹ, ㅁ, ㅂ

024 그림은 피겨스케이팅의 트리플 러츠 점프의 연속 동작이다. 동작에 대한 역학적 설명으로 옳지 <u>않은</u> 것은? (단, 점프 후 다른 조건들은 고려하지 않음) 2010

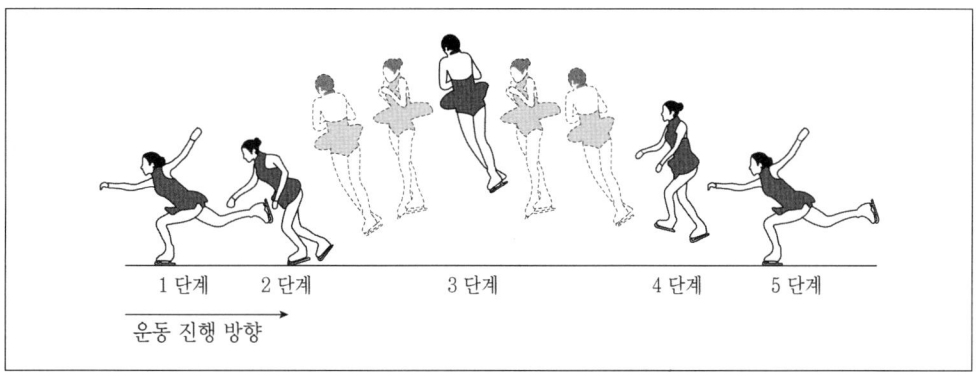

① 1단계 : 팔다리의 동작을 크게 하여 운동량을 키운다.
② 2단계 : 양팔을 위로 빠르게 들어 올려 무게중심을 높인다.
③ 3단계 : 팔을 신체 중심축으로 모아 관성모멘트를 증가시킨다.
④ 4단계 : 팔을 벌려 각속도를 감소시킨다.
⑤ 5단계 : 무릎관절과 고관절을 적절히 굽혀 안정성을 증가시킨다.

025 그림은 테니스에서 그라운드 스트로크를 할 때 라켓으로 공을 타격(impact)하는 순간을 보여준다. B는 A에 비해 공이 라켓에 접촉되어 있는 시간이 더 길다. 이에 대한 설명으로 옳은 것을 〈보기〉에서 고른 것은? (단, t1 < t2 외의 조건은 모두 동일한 것으로 가정함) 2011

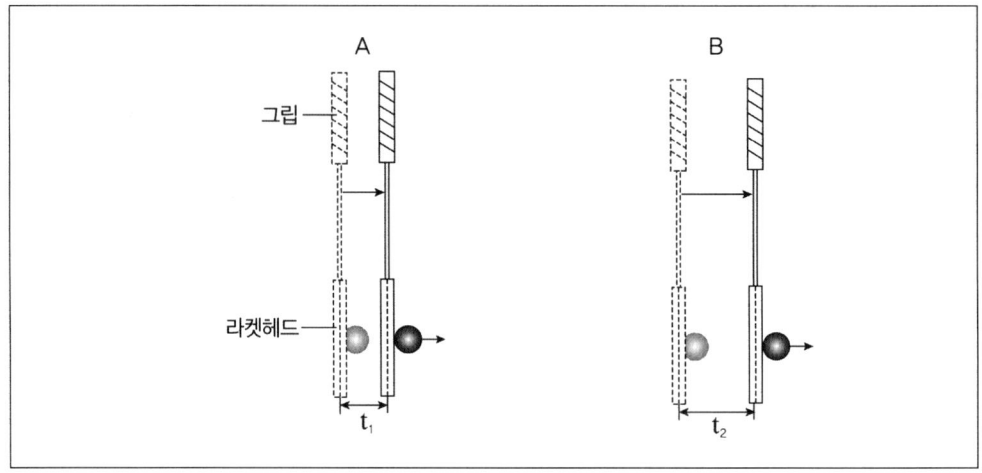

〈 보기 〉
ㄱ. 라켓이 공에 가한 선충격량은 A와 B가 동일하다.
ㄴ. 타격 후에 날아가는 공의 선속도는 A와 B가 다르다.
ㄷ. 타격 후에 날아가는 공이 가지는 선운동량은 B가 A보다 크다.
ㄹ. 선충격량을 크게 하기 위해서는 힘이 작용되는 시간과 힘을 곱한 값이 커져야 한다.
ㅁ. 공기저항을 무시한다면, A와 B 모두 타격 후에 날아가는 공의 수평속도와 수직속도는 공이 지면에 닿을 때까지 일정하다.

① ㄱ, ㄴ, ㄷ ② ㄱ, ㄷ, ㅁ
③ ㄴ, ㄷ, ㄹ ④ ㄴ, ㄹ, ㅁ
⑤ ㄷ, ㄹ, ㅁ

026 그림은 철봉의 대차돌기를 보여 준다. 이에 대한 설명으로 옳은 것은? (단, 분절 길이와 분절 간의 상대 각도는 각 구간에 관계없이 일정한 것으로 가정함) 2011

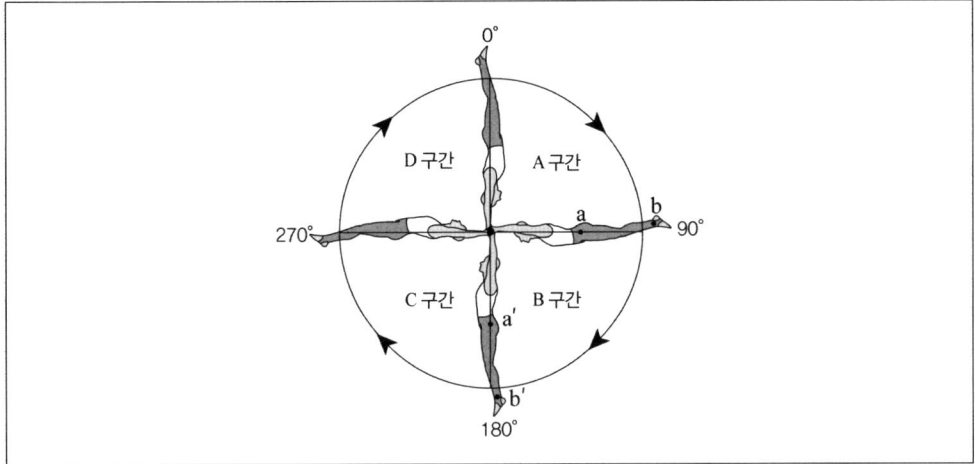

① 선수가 A, B, C, D 구간을 거쳐 한 바퀴를 돌았다면, 회전한 후의 각변위는 360°이다.
② 선수가 시계 방향으로 회전하고 있기 때문에 각속력은 음(-)의 수치가 된다.
③ B 구간에서 특정 부위의 위치 변화(a ⇒ a', b ⇒ b')를 고려하면, a'과 b'의 선속도는 다르다.
④ 시간 경과에 따라 각속도의 변화로 나타날 수 있는 각가속도는 스칼라량에 포함된다.
⑤ 90° 지점과 180° 지점에서 b와 b'의 각속도가 동일하다면, B 구간에서 발생된 각가속도는 1이다.

027 그림은 동일한 사람이 두 가지 형태의 팔굽혀펴기인 A 동작과 B 동작을 수행하는 상황이다. 이에 대한 설명으로 옳은 것은? (단, W(W')는 무게중심에 작용하는 무게(weight)이고, $d_w(d_w')$는 모멘트팔이라고 가정함) [2.5점] 2011

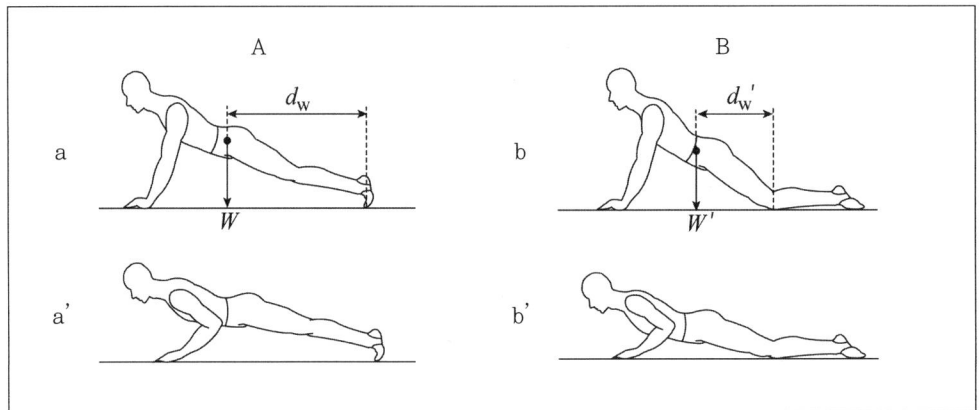

① A 동작보다 B 동작이 수행하기 더 어렵다.
② 팔꿈치관절을 기준으로 할 때, a ⇒ a'의 운동은 신전이다.
③ a ⇒ a'의 운동을 일으키는 상완의 주동근은 상완이두근이다.
④ b' ⇒ b의 운동을 일으키는 주동근에서는 신장성(원심성) 수축이 발생한다.
⑤ A 동작에서 무게(W)에 의해 발생되는 토크는 그 무게와 d_w를 곱한 값이다.

028 [그림]은 수평으로 날아오는 공을 글러브(A)와 맨손(B)으로 받아 정지시켰을 때 공에 작용하는 힘과 변위를 나타내고 있다. 이에 대한 설명으로 옳은 것만을 〈보기〉에서 있는 대로 고른 것은? (단, $S_A < S_B$이고, 공이 닿는 순간의 속도와 공의 질량은 A와 B가 동일함)

2012

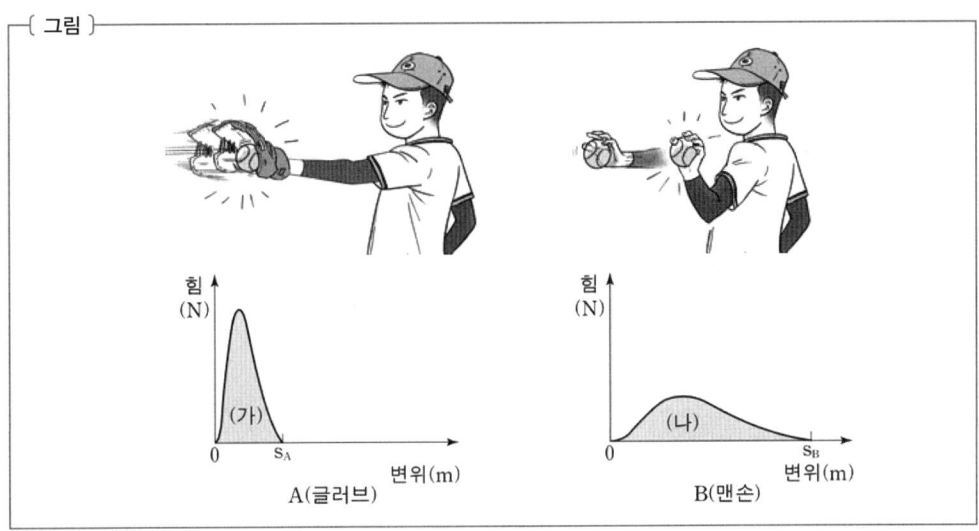

〔보기〕
ㄱ. 변화된 공의 운동량은 A와 B가 같다.
ㄴ. 변화된 공의 선운동 에너지는 A와 B가 같다.
ㄷ. 공에 작용한 힘의 평균값은 A와 B가 같다.
ㄹ. 곡선 아래의 면적 (가)와 (나)는 충격량을 의미한다.

① ㄱ, ㄴ ② ㄱ, ㄹ
③ ㄴ, ㄷ ④ ㄴ, ㄹ
⑤ ㄱ, ㄴ, ㄹ

029 김 교사는 학생들의 평형성 증진을 위해 평균대 수업을 하였다. 학생의 질문에 대한 김 교사의 답변으로 옳지 <u>않은</u> 것은? [1.5점] 2012

{ 보기 }
학   생: 평균대를 걸을 때 중심을 잃고 떨어지는 건 왜 그렇죠?
김 교사: (ㄱ) 신체 중심의 수직선이 기저면을 벗어날 때 회전축에 대해 발생하는 회전력 때문입니다. (ㄴ) 이때, 회전축은 바닥을 접촉하고 있는 모든 신체 부위의 각 점들로 둘러싸인 기저면의 중심점을 통과합니다.
학   생: 평균대를 걸을 때 양팔을 옆쪽으로 쭉 펴라고 한 것은 왜 그렇죠?
김 교사: (ㄷ) 관성모멘트를 크게 하여 안정성을 깨뜨리는 회전운동에 대한 저항을 증가시키기 위해서입니다.
학   생: 안정성은 어떤 경우에 높아지나요?
김 교사: (ㄹ) 신체 중심이 낮을수록, 신체 중심의 수직선이 기저면의 중앙에 가까울수록 안정성은 높아집니다.
학   생: 운동할 때는 안정성이 높아야 좋겠네요?
김 교사: (ㅁ) 항상 그렇지는 않아요. 100m 달리기에서는 빠른 출발을 위해 의도적으로 불안정한 자세를 만들기도 합니다.

① ㄱ
② ㄴ
③ ㄷ
④ ㄹ
⑤ ㅁ

030 박 교사는 대구 세계 육상 선수권 대회의 자료 화면을 이용하여 육상의 역학적 원리를 설명하였다. 박 교사의 설명으로 옳은 것만을 〈보기〉에서 있는 대로 고른 것은? 2012

(가)   (나)   (다)   (라)   (마)

〔 보기 〕
ㄱ. (가) 도움닫기에서의 운동 에너지는 장대가 휘면서 탄성 에너지로 변환된다.
ㄴ. (나) 공기 저항을 무시할 경우, 도약 후 공중에서는 신체 중심의 이동 경로를 변화시킬 수 없다.
ㄷ. (다) 곡선 안쪽으로 몸을 기울이면 곡선 안쪽으로의 지면 반작용력이 증가한다.
ㄹ. (라) 공중에서 팔다리를 강하게 휘젓는 것은 전신의 전체 운동량을 증가시키기 위해서이다.
ㅁ. (마) 창의 속도를 증가시키기 위해서는 몸통, 상완, 전완, 손의 최대 회전 속도가 동시에 발생하도록 하는 것이 효과적이다.

① ㄱ, ㄷ
② ㄴ, ㄹ
③ ㄱ, ㄴ, ㄷ
④ ㄱ, ㄷ, ㄹ
⑤ ㄱ, ㄴ, ㄷ, ㅁ

031 체육 교사가 학생의 배드민턴 동작을 관찰하고 지도할 내용을 기록하였다. (가)~(마)의 지도 내용과 관련된 역학적 원리의 설명으로 옳지 않은 것은? [2.5점] 2012

이름: 김○○
종목: 배드민턴   동작: 오버헤드 스트로크

관찰 내용	지도 내용
머리 뒤에서 타격한다.	(가) 보다 앞쪽에서 타격하여 라켓이 충분히 가속되도록 한다.
뒤로 물러나면서 타격한다.	(나) 뒤에서 앞으로 한 발 대딛으며 타격한다.
처음부터 엉덩이가 뒤로 빠져 있다.	(다) 상체를 뒤로 젖힌 후 허리의 반동을 이용하여 몸통을 빠르게 회전시킨다.
팔의 스윙과 타격하는 순간 라켓의 속력이 낮다.	(라) 팔꿈치 관절을 충분히 굽혀 빠르게 스윙하고, (마) 타격하는 순간에는 팔을 완전히 편다.

① (가) 물체의 운동량 변화는 물체에 작용된 힘과 그 힘이 작용된 시간의 곱으로 결정된다.
② (나) 분절의 속도는 신체 중심의 속도와 신체 중심에 대한 분절의 상대 속도의 곱으로 결정된다.
③ (다) 몸통을 가속하였다가 감속하게 되면 몸통의 각운동량이 팔로 전이된다.
④ (라) 인체의 질량 분포를 회전축에 가깝게 하면 회전 관성이 작아진다.
⑤ (마) 각속도가 일정할 때 회전하는 물체의 선속도는 회전 반경의 길이에 비례한다.

032 오른발로 지면을 박찬 후 왼발로 착지하기 전까지의 허들 경기 공중 동작(A-B)에서 일정하게 유지되는 것만을 〈보기〉에서 있는 대로 고른 것은? (단, 공기 저항은 무시함) 2012

┌─ 보기 ┐
ㄱ. 전신의 선운동량
ㄴ. 신체 중심의 가속도
ㄷ. 신체 중심의 시간당 수직 이동 변위
ㄹ. 신체 중심의 시간당 수평 이동 변위

① ㄱ, ㄴ ② ㄴ, ㄷ
③ ㄴ, ㄹ ④ ㄱ, ㄴ, ㄹ
⑤ ㄴ, ㄷ, ㄹ

033 다음은 축구의 인스텝 롱 킥 동작에서 차는 다리의 엉덩 관절과 무릎 관절의 각도 변화를 나타낸 각도-각도(angle-angle) 다이어그램이다. 이 각도의 변화를 연습 전과 후로 비교한 설명 중 옳지 <u>않은</u> 것은? 2013

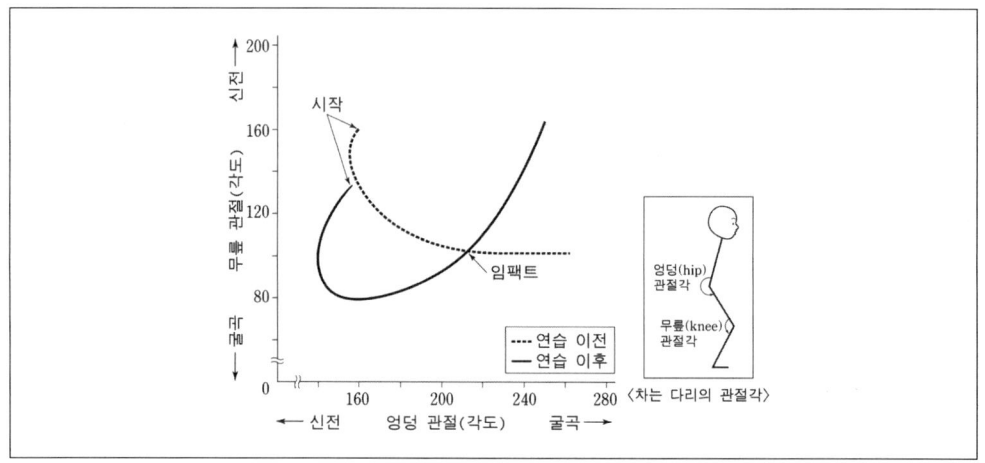

① 무릎 관절의 가동 범위가 연습 이전보다 연습 이후 증가했다.
② 공을 찬 이후, 무릎 관절의 신전이 연습 이전보다 연습 이후 증가했다.
③ 공을 찬 이후, 엉덩 관절의 신전이 연습 이전보다 연습 이후 증가했다.
④ 킥 동작 시, 차는 다리를 뒤로 했을 때 무릎 관절의 굴곡과 엉덩 관절의 신전은 연습 이전보다 연습 이후 증가했다.
⑤ 킥 동작 시, 차는 다리를 뒤로 했을 때 엉덩 관절이 최대로 신전된 시점에서의 무릎 관절 굴곡은 연습 이전보다 연습 이후 증가했다.

034 다음은 다이빙 동작을 (가)~(마)로 구분한 그림과 설명이다. 〈보기〉의 질문 ㄱ~ㄹ에 대한 답으로 옳은 것은? 2013

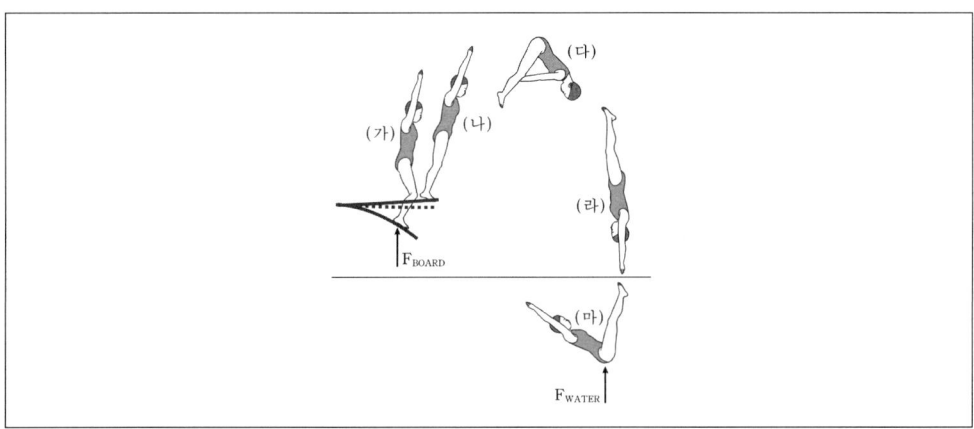

(가) 다이빙 선수가 보드를 아래로 밀어 보드가 최대로 구부러진 시점
(나) 다이빙 선수의 발이 보드를 떠나는 시점. 이때 보드는 위로 약간 구부러졌다가 다시 정지함
(다) 다이빙 선수의 신체 질량 중심이 가장 높은 지점에 이른 시점
(라) 다이빙 선수가 입수하는 시점
(마) 다이빙 선수가 물 안에서 정지하는 시점

※ 여기서 보드의 질량은 다이빙 선수의 질량보다 작고, 다이빙 선수에게 작용하는 외부적인 힘은 다이빙 선수의 체중, (가)-(나)에서 보드가 가하는 윗방향의 힘(F_{BOARD}), (라)-(마)에서 물이 가하는 윗방향의 힘(F_{WATER})이다.

─[보기]─
ㄱ. (가)~(마) 중, 가장 큰 운동 에너지가 나타난 시점은?
ㄴ. (가)~(마) 중, 가장 큰 변형 에너지가 나타난 시점은?
ㄷ. (가)-(나)에서 F_{BOARD}가 다이빙 선수에게 수행한 일의 형태는?
ㄹ. (라)-(마)에서 F_{WATER}가 다이빙 선수에게 수행한 일의 형태는?

	ㄱ	ㄴ	ㄷ	ㄹ
①	(나)	(가)	양의 일	음의 일
②	(나)	(가)	양의 일	양의 일
③	(나)	(마)	음의 일	양의 일
④	(라)	(가)	양의 일	양의 일
⑤	(라)	(가)	양의 일	음의 일

035~036 그래프는 수직 점프 시, 시간에 따른 발목의 족저굴곡 각도, 각속도, 각가속도의 변화를 나타낸 것이다. (단, 여기서 양의 값은 족저굴곡(plantarflexion)을, 음의 값은 배측굴곡(dorsiflexion)을 의미함)

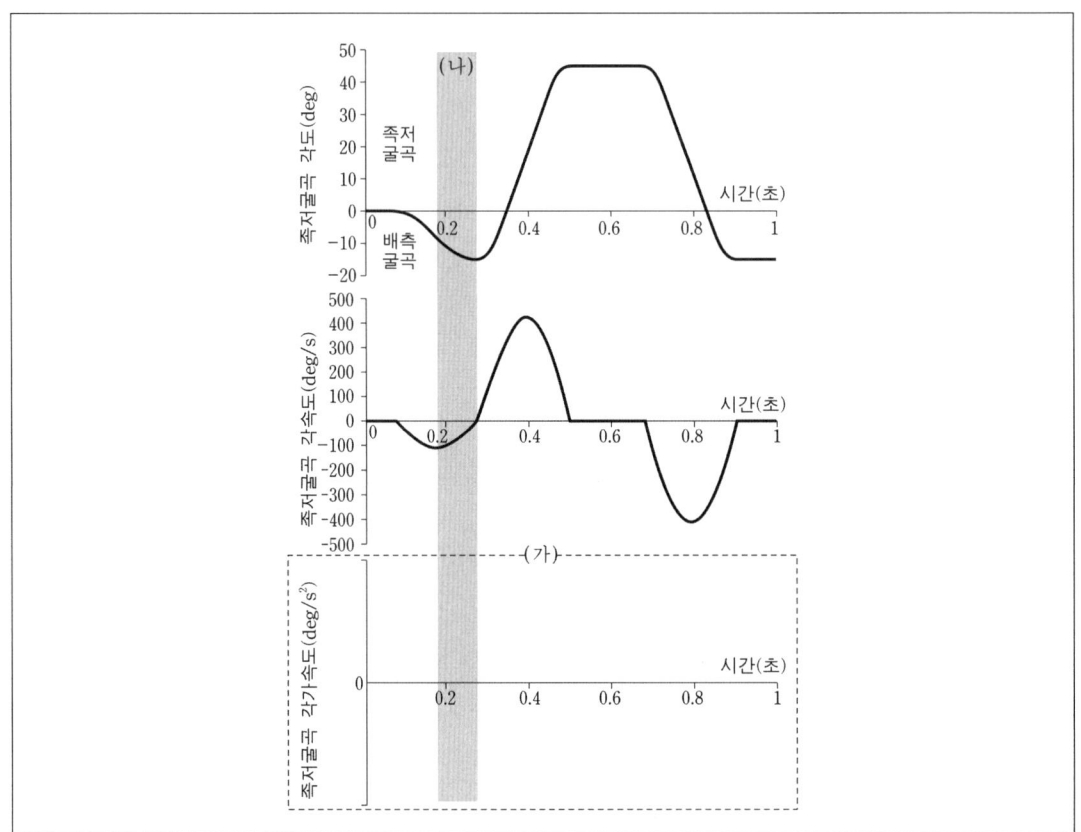

035 점선 상자 (가) 안에 들어갈 그래프로 옳은 것은? (단, 각가속도의 변화 양상만을 추정한다.)

[1.5점] 2013

① 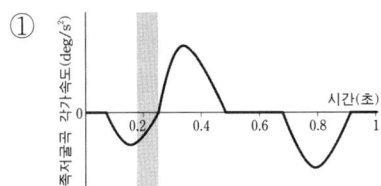   ②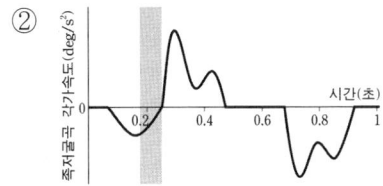

③ 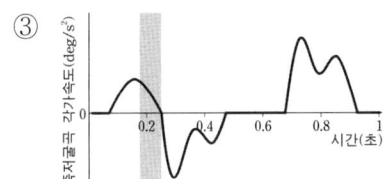   ④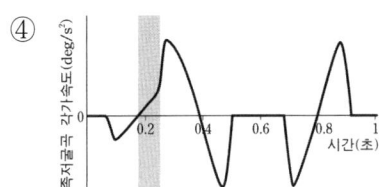

⑤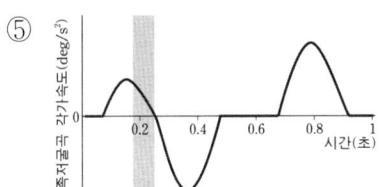

036 그래프의 그림자 상자 (나)에 대한 〈보기〉의 설명에서 ㄱ~ㄷ에 들어갈 말로 옳은 것은? 2013

{ 보기 }
- (나) 구간은 동작의 (ㄱ)국면이다.
- (나) 구간에서 (ㄱ) 동작을 생성하는 근육은 (ㄴ)이다.
- (나) 구간에서 (ㄴ)의 수축 형태는 (ㄷ)수축이다.

	ㄱ	ㄴ	ㄷ
①	제동(braking)	족저굴곡근	신장성(eccentric)
②	제동(braking)	배측굴곡	단축성(concentric)
③	추진(propulsive)	배측굴곡	단축성(concentric)
④	추진(propulsive)	배측굴곡	신장성(eccentric)
⑤	추진(propulsive)	족저굴곡근	단축성(concentric)

037 다음은 피겨 스케이팅 회전 동작을 나타내는 설명이다. 〈보기〉의 내용 중 옳은 것만을 있는 대로 고른 것은? 2013

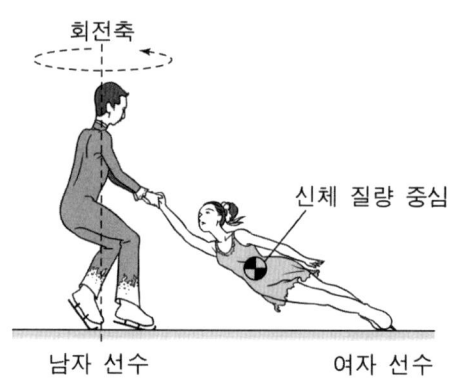

※ 그림은 남자 선수를 회전축으로 하여 여자 선수가 회전축과 자신의 신체 질량 중심의 거리를 일정하게 유지하며 회전하는 것을 나타낸다.
(단, 두 선수 모두 반시계 방향으로 회전하지만, 각가속도는 시계 방향이다.)

─{ 보기 }─
ㄱ. 회전할수록 여자 선수의 각속도는 감소한다.
ㄴ. 회전할수록 여자 선수의 신체 질량 중심의 구심(radial) 가속도는 감소한다.
ㄷ. 만약 각속도가 같다면, 여자 선수의 신체 질량 중심이 회전축으로부터 멀어질수록, 구심 가속도는 감소하게 된다.
ㄹ. 여자 선수 신체 질량 중심의 접선(tangential) 가속도는 신체 질량 중심의 선속도와 반대 방향으로 작용한다.

① ㄱ, ㄴ
② ㄴ, ㄷ
③ ㄱ, ㄴ, ㄷ
④ ㄱ, ㄴ, ㄹ
⑤ ㄱ, ㄷ, ㄹ

038 그래프는 축구 킥 동작 시, 무릎 관절의 신전 토크와 관절 파워를 나타낸 것이다. 〈보기〉의 내용 중 옳은 것을 고른 것은? [2.5점] 2013

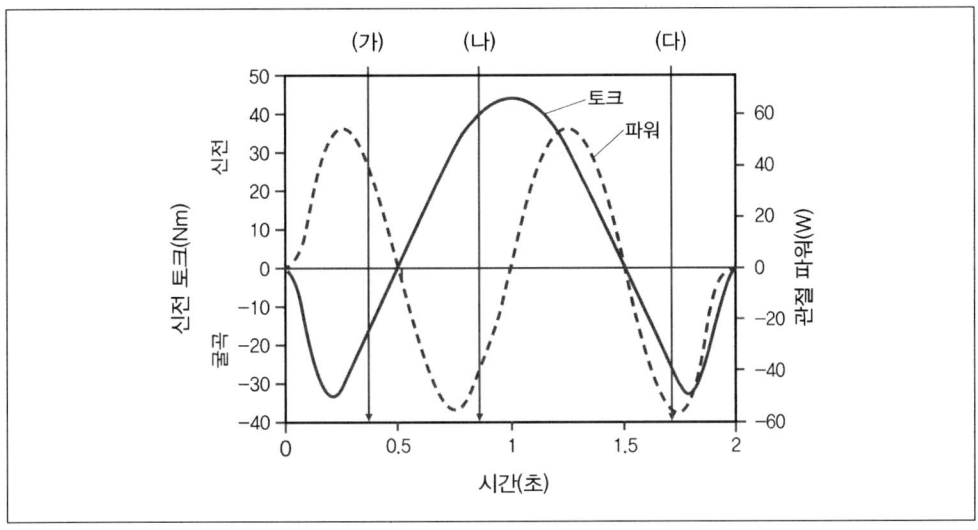

―〈 보기 〉―
ㄱ. 시점 (가)에서 주된 활동을 하는 근육은 무릎의 굴곡근이다.
ㄴ. 시점 (나)에서 주된 활동을 하는 무릎의 근육은 신장성 수축을 한다.
ㄷ. 시점 (나)에서 무릎 관절은 신전한다.
ㄹ. 시점 (다)에서 무릎 관절은 굴곡한다.

① ㄱ, ㄴ ② ㄱ, ㄷ
③ ㄴ, ㄷ ④ ㄴ, ㄹ
⑤ ㄷ, ㄹ

039 다음은 ○○고등학교 스포츠과학 수업 시간에 이○○ 선수의 신문 기사 사진을 보고 나눈 대화 내용이다. ( ) 안에 들어갈 용어를 쓰시오. (단, 공기 저항은 무시하고 빙판은 수평이라고 가정함. 또한 무게중심의 수직가속도는 0m/s^2임) [2점] 2014

민　　수 : 선생님, 곡선주로에서 왜 속력을 많이 낼 수 없나요?
김 교사 : 속도의 크기가 커지면 원심력이 커지기 때문이지.
민　　수 : 원심력이 커지면 어떤 일이 발생하나요?
김 교사 : 원심력이 빙면의 최대마찰력보다 크면 바깥으로 미끄러지지.
민　　수 : 혹시 순간 구심 가속도만 알아도 선수가 바깥으로 미끄러지는지 알 수 있나요?
김 교사 : 그럼. 순간 구심 가속도 크기가 빙면 마찰계수와 ( )의 곱보다 크면 선수가 바깥으로 미끄러지지.
민　　수 : 아! 그래서, 곡선주로에서 선수들이 속력을 마음껏 낼 수 없군요.

040 다음은 대퇴사두근(quadriceps femoris)과 햄스트링(hamstring)을 주동근으로 하는 레그 프레스(leg press) 운동에 대한 설명이다. 괄호 안의 ㉠에 해당하는 그림의 기호와 ㉡에 해당하는 관절명을 차례대로 쓰시오. (단, 그림 A와 B는 동일인이며, 원판의 무게(W)와 높이는 같음) [2점] 2014

> 동일 근육군이라도 자세에 따라 근부하(muscle load) 정도가 달라진다. 원판을 수직으로 밀어 올릴 때, 그림 A와 B 중에서 (㉠)의 자세는 (㉡)관절의 회전축에서 무게(W) 작용선에 이르는 모멘트암(moment arm)이 더 길기 때문에 햄스트링에 더 많은 근부하를 줄 수 있다.
>
>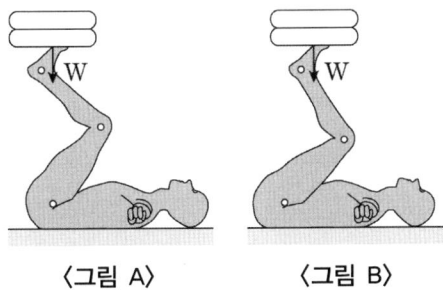
>
> 〈그림 A〉   〈그림 B〉

041 다음은 최 교사가 김○○ 학생의 '다리 벌려 뛰기' 동작을 평가한 보고서이다. 〈표 2〉의 분석 내용에서 틀린 문장 3가지를 찾아 각각 바르게 고치시오. (단, 공기 저항을 무시하고, 반시계 방향을 양(+)의 방향으로 함. 그리고 발구름 직후 각운동량은 $-20 kg \cdot m^2/s$ 이고, 뜀틀 반력에 의한 각충격량은 $25 kg \cdot m^2/s$ 임) [5점] 2014

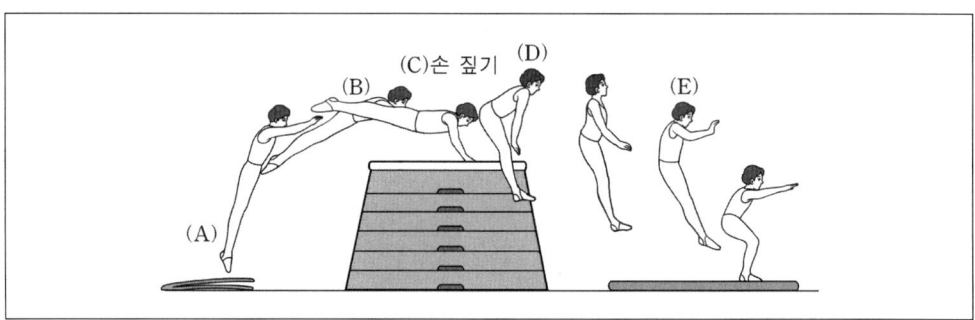

[분석 보고서]
〈표 1〉 학생 정보

항목	내용
성명/연령	김○○/15세
키	150cm
몸무게	40kg중

〈표 2〉 운동역학적 분석

항목	분석 내용
(A)~(B) 공중 구간	• 중력은 편심력(이심력)으로 작용하고, 각운동량과 선운동량이 모두 보존됨 • 무게중심의 수평속도는 (A)와 (B)시점에서 동일함 • 중력을 제외한 외력이 작용하지 않음
(C)	• 팔꿈치를 펴는 것이 충격력 증가에 도움이 됨 • 무게중심은 뜀틀 반력 작용선보다 진행 방향의 앞쪽에 있음
(D)~(E) 공중 구간	• (D)에서 순간 각속도는 4.5rad/s임 ※ 단, (D) 시점에서 자이레이션 반경(radius of gyration)은 0.5m로 가정함

042 다음은 농구 수업 중에 김 교사가 지민이와 나눈 대화 내용이다. 괄호 안의 ㉠에 해당하는 용어를 쓰고, ㉡에 해당하는 값을 쓰시오. (단, 소수점 둘째 자리에서 반올림함) [2점] 2015

> 지　　민 : 선생님. 드리블을 하는데 농구공이 생각보다 훨씬 높게 튀는 것 같아요. 농구공에 얼굴을 맞을 뻔 했어요. 티볼 공은 농구공처럼 이렇게 높게 튀어 오르지 않았는데요.
> 김 교사 : 그 이유는 지면에 대한 두 물체의 반발계수가 다르기 때문이지. 지면에 대한 농구공의 반발계수가 티볼공의 반발계수보다 크기 때문에 더 높게 튀어 오른단다. 충돌하는 두 물체의 반발계수는 충돌 전후 (㉠)의 비율의 절대값으로 결정되지.
> 지　　민 : 이 방법으로 반발계수를 알아내기는 좀 어려울 것 같아요. 다른 방법으로 알아낼 수는 없나요?
> 김 교사 : 지면에 대한 충돌 전후의 높이를 이용하는 방법이 있지. 농구공을 1m 높이에서 수직으로 낙하시켜 보자. 지면과 충돌한 후에 튀어 오른 공의 최고 높이를 측정해 보고 선생님한테 알려주렴.
> 　　　　　　　　　　　…(중략)…
> 지　　민 : 농구공이 튀어 오른 최고 높이가 64cm이었어요.
> 김 교사 : 그렇다면 지면에 대한 농구공의 반발계수는 (㉡)(이)란다. 그 이유는……

043 다음은 ○○고등학교 학생이 스포츠 과학 수업 시간에 수직 점프 동작에 대해 발표한 내용의 일부이다. 밑줄 친 ㉠~㉣ 중 잘못된 것을 모두 골라 바르게 고쳐 쓰시오. [5점] 2015

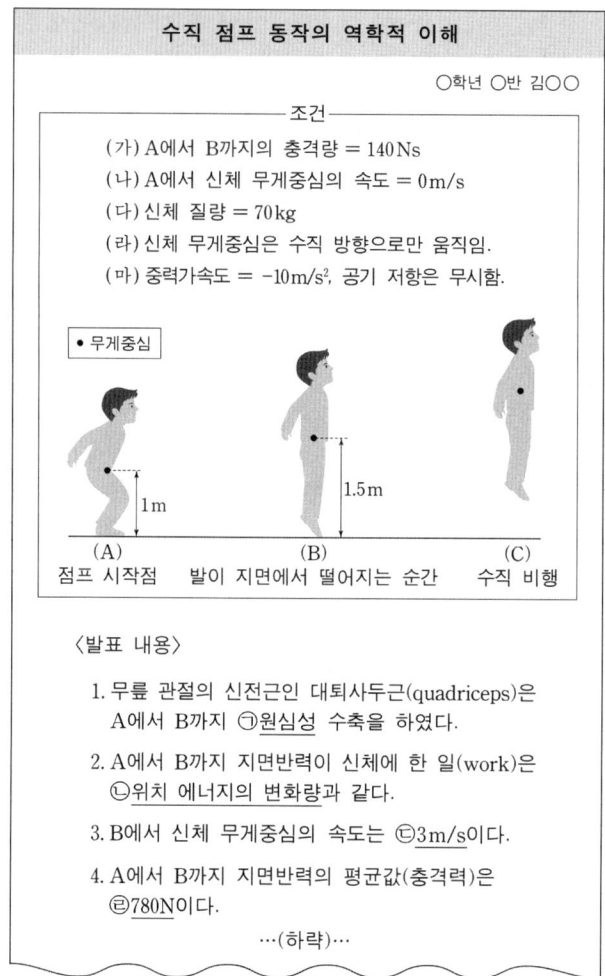

044 다음은 김 교사와 수민이가 운동 프로그램 구성에 대해 나눈 대화 내용이다. 괄호 안의 ㉠에 들어가야 할 운동 처방의 요소 3가지를 쓰고, 〈표 1〉에서 음영으로 처리된 ㉡의 의미를 서술하시오. 괄호 안의 ㉢, ㉣에 해당하는 값과 풀이 과정을 각각 순서대로 쓰시오. (단, 소수점 첫째 자리에서 반올림함) [5점] 2015

김 교사 : 효과적인 운동을 하기 위해서는 운동 처방의 원리를 적용하는 것이 중요해요.
수 민 : 운동 프로그램을 구성할 때 고려해야 할 운동 처방의 요소에는 어떤 것이 있나요?
김 교사 : 운동 처방의 요소에는 운동 강도, 운동량, 운동 단계진행, (㉠)의 6가지가 있습니다.
수 민 : 선생님, 웨이트 트레이닝을 하려고 하는데, 중량 설정을 어떻게 하는 것이 좋은가요?
김 교사 : 우선 최대 근력(1RM)을 알아야 합니다. 그러나 최대 근력은 직접 측정하기 어렵습니다. 따라서 〈표 1〉을 이용하면 최대 근력을 추정할 수 있습니다.
수 민 : 제가 어제 벤치 프레스에서 40kg의 중량을 최대 8회까지 반복했습니다. 저의 벤치 프레스 최대 근력(1RM)은 얼마가 되나요?
김 교사 : 〈표 1〉의 관계를 적용하면 수민이의 최대 근력(1RM)은 (㉢)kg이 됩니다.
수 민 : 만약 제가 벤치 프레스를 8~12RM으로 하려면 중량은 어느 정도로 하는 것이 좋을까요?
김 교사 : 수민이는 (㉣)~40kg의 중량으로 운동하는 것이 좋습니다. 약간의 차이는 발생할 수 있지만 다른 동작에서도 이 원리를 활용하여 중량을 결정할 수 있습니다.

〈표 1〉 최대 근력(1RM)의 백분율과 반복 횟수의 관계

최대 근력(1RM) 백분율	반복 횟수
100	1
95	2
93	3
90	4
87	5
85	**6** ← ㉡
83	7
80	8
77	9
75	10
73	11
70	12

- 이 표의 수치는 연령과 근육군에 따라 약간의 차이가 발생할 수 있음
- 참고 문헌에 따른 백분율 차이는 무시함(±0.5~2%)

045 다음은 100m 달리기 수업을 준비하는 과정에서 교사들이 나눈 대화이다. ㉠에 해당하는 두 주자의 출발점의 위치 차이와 ㉡의 상황에서 두 주자의 구심력 차이를 단위와 함께 순서대로 쓰고, ㉢의 이유를 역학적으로 설명하시오. (단, 소수점 둘째 자리에서 반올림함) [4점]

2016

김 교사 : 그림처럼 점선의 곡선 주로 반지름을 20m와 22m로 하고 곡선 주로가 끝나는 지점에서 20m거리에 결승선이 있는 100m 트랙을 만들었는데, 안쪽 레인과 바깥쪽 레인의 거리를 같게 하려고 ㉠ 주자 A보다 주자 B의 출발점을 앞에 위치시켰습니다.

이 교사 : 트랙 만드시느라 수고 많으셨네요. 두 레인의 거리(점선의 길이)는 같지만, 반경이 다른 곡선 주로를 달리기 때문에 조건이 조금 다를 수도 있겠네요. ㉡ 질량이 44kg인 두 주자가 점선의 곡선 주로를 10m/s으로 달린다고 가정한다면, 안쪽 레인의 주자 A가 바깥쪽 레인의 주자 B보다 구심력이 크기 때문에 불리합니다. 그리고 ㉢ 곡선 주로를 빠르게 달리려면 구심력을 만들기 위해 몸을 레인 안쪽 방향으로 기울인 자세로 달려야 합니다.

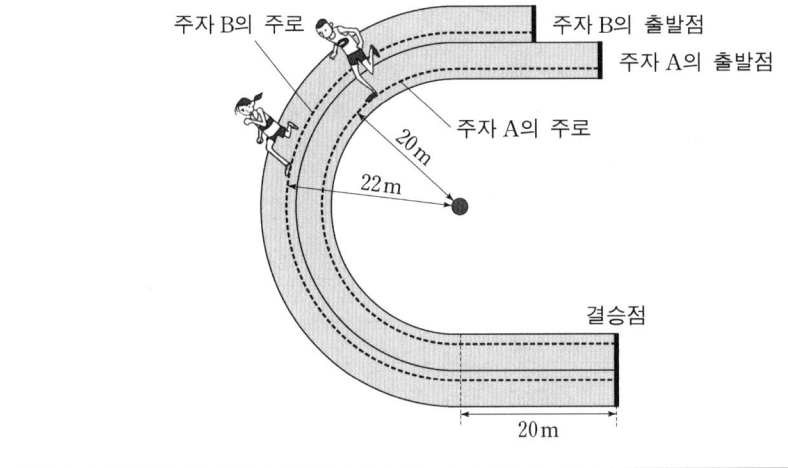

046 다음은 김 교사가 학생들에게 효율적인 달리기 자세를 운동역학적으로 설명하기 위해 준비한 자료이다. ㉠, ㉡을 계산하여 순서대로 쓰고, 자세 B가 자세 A보다 유리한 이유를 각운동량 개념을 이용해 설명하시오. [4점] 2016

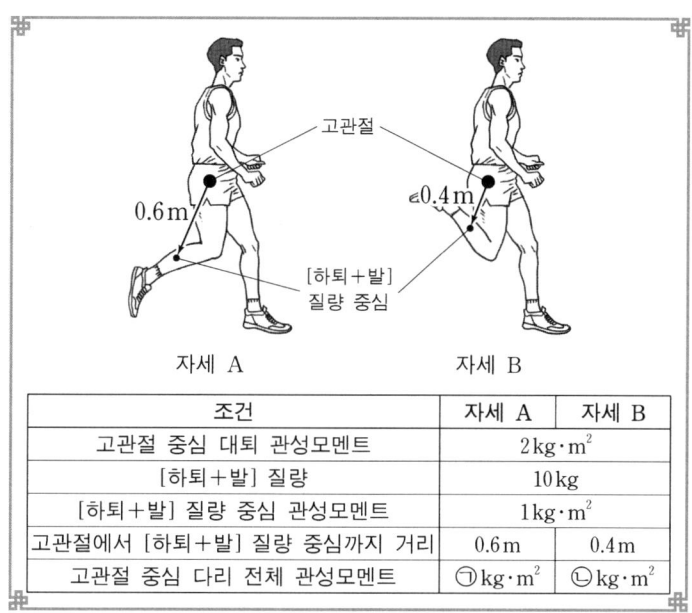

조건	자세 A	자세 B
고관절 중심 대퇴 관성모멘트	$2\,kg \cdot m^2$	
[하퇴+발] 질량	$10\,kg$	
[하퇴+발] 질량 중심 관성모멘트	$1\,kg \cdot m^2$	
고관절에서 [하퇴+발] 질량 중심까지 거리	$0.6\,m$	$0.4\,m$
고관절 중심 다리 전체 관성모멘트	㉠$kg \cdot m^2$	㉡$kg \cdot m^2$

047 다음은 축구 수업 중에 교사와 학생이 나눈 대화 내용이다. 괄호 안의 ㉠, ㉡에 해당하는 값을 순서대로 쓰시오. [2점] 2016

학생: 선생님, 공을 드리블하며 앞에 있는 수비수를 제치려면 어떻게 해야 하죠?
교사: 드리블하다가 급격히 방향과 속도를 바꾸는 커팅(cutting) 동작을 하면 수비수는 관성 때문에 수비하기가 어려워진단다.
학생: 커팅 동작에 대해 더 자세히 알려주세요.
교사: 가속도와 그 가속도를 만드는 힘에 대해 이해해야 한단다. 그림과 같이 공격수가 골대를 향해 12시 방향으로 1m/s의 속도로 달려가다가, 수비수를 따돌리기 위해 속도를 0.1초 만에 10시 방향으로 2m/s의 크기로 바꾸는 커팅 동작을 할 경우, 이 선수의 가속도는 (㉠)시 방향으로 $17.3m/s^2$이 된다. 이러한 가속도는 (㉡)시 방향의 지면반력(ground reaction force)을 통해 만들어진단다.

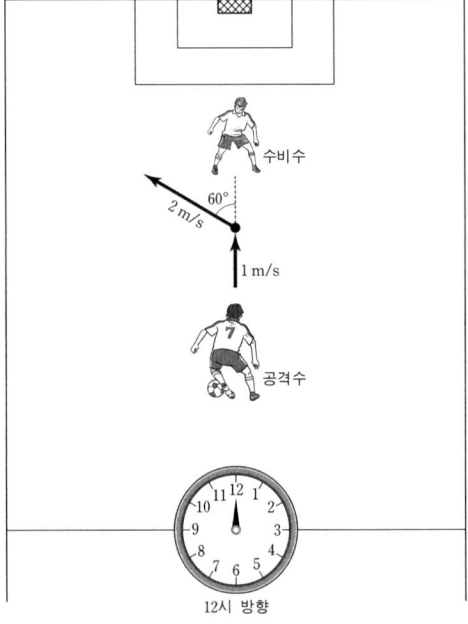

048 다음은 수상 안전 교육에서 누워 뜨기를 배우면서 체육 교사와 학생이 나눈 대화이다. 〈작성 방법〉에 따라 순서대로 서술하시오. [4점] 2017

> 교사 : 우리 몸을 떠받쳐 주는 부력을 잘 이용하면 힘들이지 않고 오랫동안 물에 떠 있을 수 있어. 우선 누워 뜨기를 배워 보자. 힘을 빼고 편안히 누워 봐.
> 학생 : (양팔을 몸통에 붙인 자세로 누워 뜨기를 하다가 일어서며) 선생님, 다리 쪽이 내려가면서 몸 전체가 회전하네요.
>
>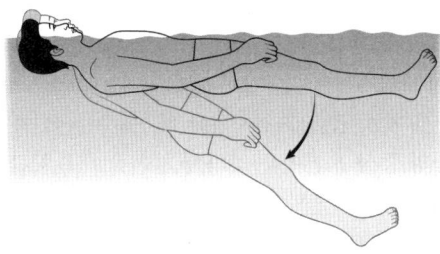
>
> 교사 : 그건 ⊙ <u>몸에 회전력이 작용하기 때문인데</u>, ⓒ <u>팔다리의 자세를 바꾸면 그러한 현상을 해결할 수 있어</u>. 그럼 몸이 회전하지 않고 균형을 유지하면서 누워 뜨기 자세를 유지할 수 있을 거야.
> 학생 : (교사의 자세 교정 설명을 따라 하면서) 아 정말 그러네요. 하지만 물도 차갑고 긴장이 되어서 그런지 몸이 굳는 것 같아요.
> 교사 : 그럼 호흡을 깊고 느리게 하며 ⓒ <u>천장의 한 지점을 바라보면서 집중해 보자</u>. 어때? 물에 닿는 몸의 차가운 느낌이 사라지고 긴장이 좀 풀리지?

─〔작성 방법〕─
• 그림을 참고하여 밑줄 친 ⊙의 역학적 이유를 인체에 작용하는 힘의 측면에서 제시할 것
• 밑줄 친 ⓒ에 해당하는 방법을 1가지 제시할 것

049 다음의 (가)는 축구 수업 중 교사와 주훈이가 나눈 대화이다. 〈작성 방법〉에 따라 순서대로 서술하시오. [4점] 2017

(가) 축구 수업 중 교사와 주훈이의 대화

주훈 : 어제 축구 중계에서 프리킥을 한 공이 휘어지며 골인되는 장면은 정말 환상적이었어요. 공의 궤적이 왜 휘어지나요?
교사 : 축구공이 회전하며 날아갈 때, 공 주위에 압력 차이가 발생해 '마그누스(Magnus) 힘'이라고 하는 (㉠)이/가 작용하기 때문이야.
주훈 : 그럼, 공이 날아가면서 휘어지게 하려면 어떻게 차야 하나요?
교사 : 공의 측면을 차서 공을 회전시켜야 해. 예를 들어 인프런트 킥으로 공의 중심 오른쪽을 강하게 차면 〈그림〉처럼 ㉡ 공은 날아가면서 왼쪽으로 휘어지게 되지.
주훈 : 멋진 프리킥 골을 위해 열심히 연습해야겠어요.

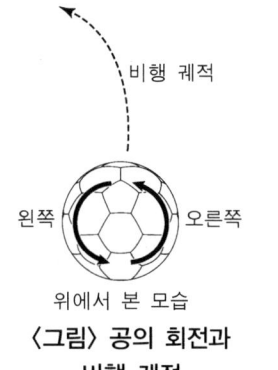

〈그림〉 공의 회전과 비행 궤적

〔작성 방법〕
- 괄호 안의 ㉠에 들어갈 용어를 쓸 것
- 〈그림〉을 참고하여 밑줄 친 ㉡의 이유를 공의 오른쪽과 왼쪽의 공기 흐름의 속력과 압력을 비교하여 제시할 것

050 다음의 (가)는 직선 트랙을 달리는 육상 선수가 한 발을 딛는 동안 작용한 전후 방향의 수평 지면반력을 나타낸 그래프이고, (나)는 이와 관련한 달리기 동작의 분석 결과이다. 괄호 안의 ㉠에 해당하는 값과 괄호 안의 ㉡에 해당하는 방향을 순서대로 쓰시오. (단, 공기 저항은 무시하고 진행 방향을 양(+)의 방향으로 함) [2점] 2017

(가) 달리기 동작에 작용한 지면반력

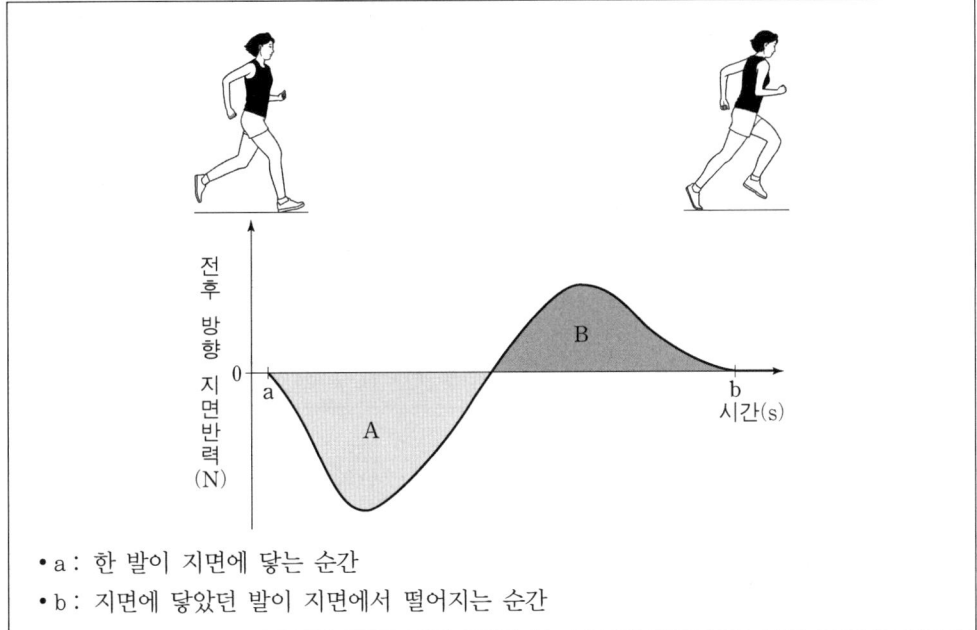

- a : 한 발이 지면에 닿는 순간
- b : 지면에 닿았던 발이 지면에서 떨어지는 순간

(나) 달리기 동작의 분석 결과

- 선수의 질량 : 50kg
- a 시점에서 선수의 전후 방향 수평 속도 : 5m/s
- A영역의 면적 : -40N·s
- B 영역의 면적 : 30N·s
- b 시점에서 선수의 전후 방향 수평 속도 : (㉠)m/s
- 전체 구간(a-b)의 평균 가속도의 방향 : (㉡)

051 다음은 배드민턴 스트로크 동작의 과학적 원리에 대한 수업 장면이다. 〈작성 방법〉에 따라 순서대로 서술하시오. [4점] 2017

> 학생: 저는 라켓을 힘껏 휘두르는데도 셔틀콕이 멀리 날아가지 않아요.
> 교사: 스트로크의 강도는 여러 가지 요인에 의해 결정되지만, 특히 임팩트 순간 라켓의 (㉠) 이/가 큰 영향을 미친단다. (㉠)은/는 질량과 선속도의 곱으로 결정되는데, 무거운 라켓을 사용하면 질량을 높일 수 있지만 선속도가 감소할 수 있다는 점을 고려해야 해.
> 학생: 그럼 선속도를 높이기 위해서는 어떻게 해야 하나요?
> 교사: 회전 운동하는 물체의 선속도는 회전 속도(각속도)와 (㉡)이/가 클수록 증가하지. 배드민턴 스트로크의 경우 포워드 스윙 구간의 초기에 ㉢ <u>회전 속도를 증가시키고</u>, 임팩트 순간에 가까워질 때 (㉡)을/를 최대한 증가시키는 것이 임팩트 순간의 선속도를 높일 수 있는 효과적인 방법이야.
> — 교사의 시범과 설명 —
> 교사: 그리고 체중을 앞으로 이동하며 신체 중심의 전진 속도를 이용하는 것도 선속도를 높이는 데 큰 도움이 된단다.
> — 교사의 시범과 설명 —

─〔작성 방법〕─
- 괄호 안의 ㉠에 공통으로 들어갈 용어와 괄호 안의 ㉡에 공통으로 들어갈 용어를 순서대로 쓸 것
- 밑줄 친 ㉢을 위한 동작 방법을 쓰고, 역학적 이유를 제시할 것(단, 동작 방법은 팔, 손, 라켓의 움직임에 한정하여 제시하고, 라켓의 길이와 라켓을 잡는 위치는 동일하다고 가정함)

052 다음은 특수체육 활동 중 휠체어 보행의 운동역학적 원리를 설명하는 자료의 일부이다. 밑줄 친 ㉠에 해당하는 운동의 형태를 쓰고, 밑줄 친 ㉡, ㉢을 나타내는 공통 용어를 쓰시오.

[2점] 2018

〈휠체어 보행의 운동역학적 원리〉

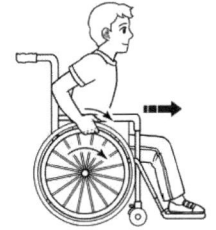

- 휠체어를 앞으로 이동시키려면 손으로 바퀴를 힘차게 밀어야 한다. 그러면 바퀴는 ㉠ <u>구르면서 나아간다</u>.

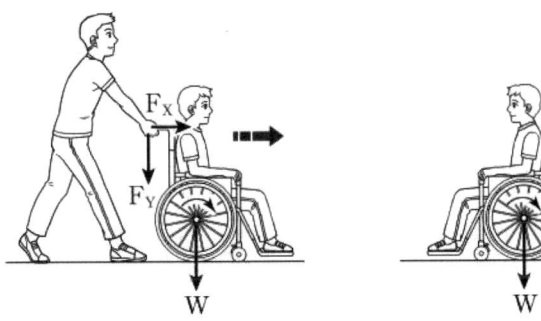

W = 휠체어와 앉은 사람의 무게
Fx = 밀거나 당기는 팔의 수평력
Fy = 밀거나 당기는 팔의 수직력

○ 휠체어를 앞으로 밀며 나아갈 때 ㉡ <u>수직으로 W와 Fy를 합한 힘</u>이 휠체어 접촉면에 작용한다.
○ 휠체어를 뒤로 당기며 나아갈 때 ㉢ <u>수직으로 W에서 Fy를 뺀 힘</u>이 휠체어 접촉면에 작용한다.
…(하략)…

053 다음은 볼링 기술에 대하여 교사와 혜수가 나눈 대화이다. 〈작성 방법〉에 따라 순서대로 서술하시오. (단, 혜수와 현수는 오른손잡이이고, 공의 각속도는 수직축 방향만 존재함) [4점] 2018

혜수 : 선생님. 저는 12시 방향으로만 공을 보내는데, 현수는 회전을 걸어서 10시나 11시 방향으로 공을 굴러가게 해요. 현수와 저의 공이 동일한 크기의 선속도로 핀에 부딪치는데 현수 공이 더 힘차게 핀을 넘어뜨려요. 왜 그런거죠?

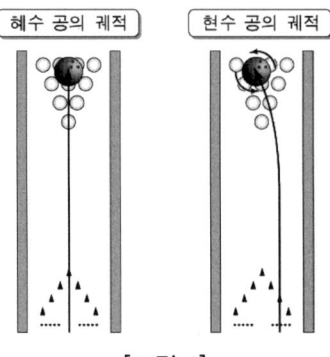

[그림 1]

교사 : 그것은 ㉠ <u>현수가 굴린 공의 운동에너지가 더 크기 때문이지.</u>
…(중략)…

혜수 : 아, 그렇구나. 듣고 보니 이해가 되네요. 질문이 하나 더 있어요. ㉡ <u>물리량에는 스칼라와 벡터라는 것이 있다던데 운동에너지는 어디에 속하나요?</u> 항상 궁금했어요.

교사 : 좋은 질문이구나. 운동에너지는 …(중략)…

혜수 : 이해했어요. 선생님, 그렇다면 현수처럼 공에 회전을 걸려면 손목을 이렇게 돌리면 되나요?
(왼손으로 오른쪽 상완을 고정한 채 오른쪽 전완만 돌림)

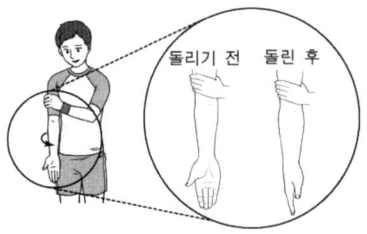

[그림 2]

교사 : 네가 보인 것은 손목관절 회전이 아니고 팔꿈치 부위에 있는 2가지 관절 중에서 ㉢ <u>노자관절(요척관절)의 움직임이야.</u> 그렇게 하면 오른손잡이의 공은 대체로 레인의 왼쪽 방향으로 구르게 된단다.

─〔작성 방법〕─
• 밑줄 친 ㉠의 이유를 운동 형태에 따른 운동에너지 차원에서 서술할 것
• 밑줄 친 ㉡에 대한 답을 쓰고, 그 이유를 서술할 것
• [그림 2]를 보고 밑줄 친 ㉢에 해당하는 해부학적 용어를 제시할 것(신·구 용어 모두 허용함)

054 다음은 K 학생의 태권도 앞차기와 돌려차기 동작을 분석한 자료의 일부이다. 〈작성 방법〉에 따라 순서대로 서술하시오. [4점] 2018

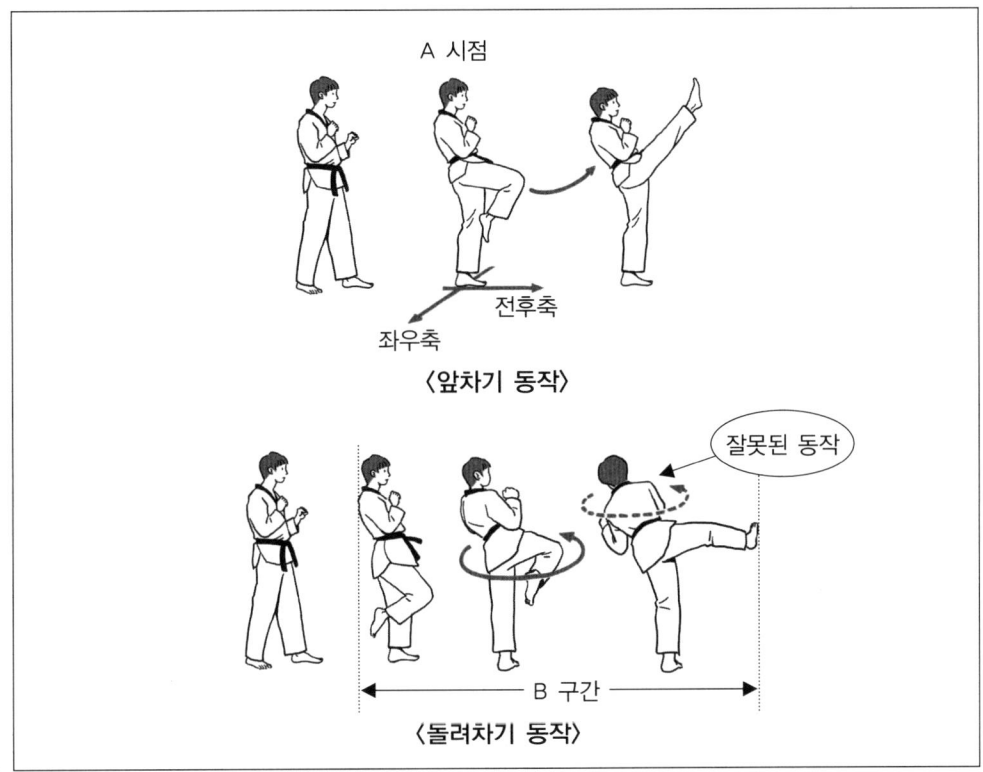

항목	앞차기	돌려차기
차는 다리의 주요 운동면	전후면	수평면(또는 대각선면)
차는 다리의 하지 관절 운동	준비 자세로부터 • 엉덩관절(고관절) : 굽힘 • 무릎관절(슬관절) : 굽힘 후 폄	준비 자세로부터 • 엉덩관절(고관절) : 굽힘과 벌림 • 무릎관절(슬관절) : 굽힘 후 폄
잘못된 동작	(생략)	• ㉠ 몸의 균형을 잡지 못하고 상체와 하체가 차는 방향으로 과도하게 돌아감

─〔작성 방법〕─
• 정적인 상태에서 관성모멘트와 회전 안정성의 관계를 서술할 것
• 앞차기 동작의 A 시점에서 전후축(관상면)과 좌우축(전후면)의 회전 안정성에 가장 큰 영향을 미치는 요인을 제시할 것(단, 무게 중심선이 발 중심을 통과함)
• 밑줄 친 ㉠을 해결하기 위한 팔 동작과 몸통 동작을 각각 1가지씩 서술할 것(단, 돌려차기의 B 구간 차기는 수평면상에서 이루어짐)

055 다음은 고등학교 역도선수 A, B의 인상 동작에 대한 운동(역)학적 분석을 실시한 결과이다. 괄호 안의 ㉠에 해당하는 수치와 ㉡에 해당하는 용어를 순서대로 쓰시오. [2점] 2019

A, B 선수의 인상 동작 운동(역)학적 자료

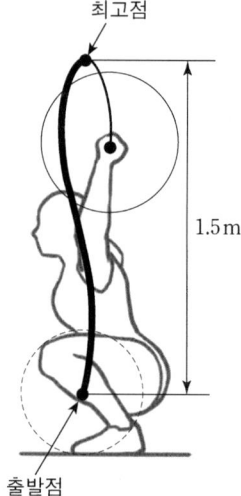

- 바벨 무게 : 100kg
- 출발점에서 바벨이 최고점에 있을 때까지 바벨의 수직이동 거리 : 1.5m(두 선수가 같음)
- 바벨을 출발점에서 최고점까지 들어 올릴 때 소요된 시간 : A 선수 = 0.5초, B 선수 = 0.75초
  (단, 중력가속도는 $10m/s^2$이라고 가정함. 두 선수의 체중은 동일함)
- 파워 비교
  A, B 선수가 인상 동작 시 수행한 파워(power, 일률)의 차이는 (㉠)와트(watt)임
- 파워 향상을 위한 훈련 방향
  파워가 낮은 선수가 파워를 향상시키기 위해서는 다음과 같은 훈련이 필요함
  - 힘을 증가시키는 훈련
  - (㉡)을/를 증가(향상)시키는 훈련
  - 힘과 (㉡)을/를 증가(향상)시키는 훈련
    (단, ㉡은 물리량임)

056 (가), (나)는 100m 달리기 전력 질주 구간의 운동 역학적 요인과 지면반력 측정 결과 자료이다. 〈작성 방법〉에 따라 순서대로 서술하시오. [4점] 2019

(가) 100m 달리기 전력 질주 구간의 운동 역학적 요인

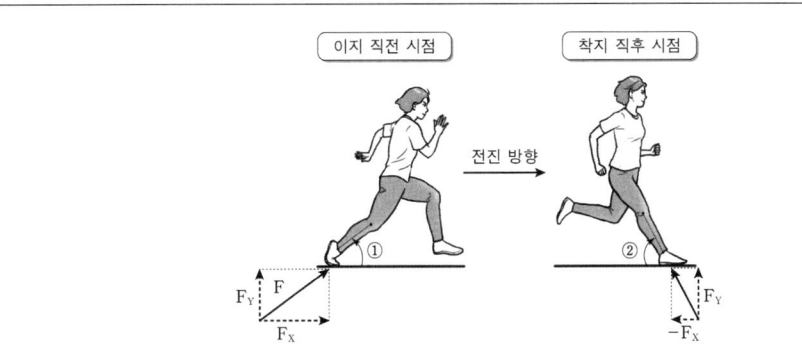

- 이지 직전의 추진 동작
  - 지면반력의 이해 : 빠른 단거리 달리기를 할 때, ㉠ 지면을 차고 나가는 동작을 통해 추진력이 생성되고, 지면을 차고 나가는 힘의 크기나 적용 방향이 추진력과 밀접한 관계가 있다는 것을 이해해야 한다.
  - 추진력 발생을 위한 중요 요인 : 빠른 단거리 달리기를 수행하기 위해서는 ①의 각도를 최대한 작게 하여 (㉡) 방향으로 지면을 세게 밀어야 한다.
- 착지 시 제동 동작
  - 제동력 감소를 위한 중요 요인 : ㉢ 각도 ②를 최대한 증가시켜 착지하는 기술이 필요하다.

(나) 지면반력의 수평성분 충격력에 대한 결과표

다음은 A, B 학생이 이지 직전의 추진 동작, 착지 시 제동 동작을 수행하면서 나타난 지면반력의 수평성분 충격력에 대한 분석 결과표이다.

학생 \ 충격력	이지 직전의 추진력(N)	착지 시 제동력(N)
A	1,250	1,000
B	1,500	1,350

(단, 두 학생의 체중은 같고, 추진 및 제동 관련 충격량은 결과표의 충격력과 비례함)

─〔작성 방법〕─
- 밑줄 친 ㉠에 해당하는 뉴턴(I. Newton)의 3번째 법칙을 쓰고, 괄호 안의 ㉡에 해당하는 단어를 쓸 것
- 밑줄 친 ㉢에 의해 나타나는 효과를 충격력 측면에서 서술할 것(단, 전력 질주 구간에서 제동과 관련하여 충격력은 충격량과 비례함)
- 100m 달리기 전체 구간에서, A학생이 B학생보다 더 빨리 달렸다고 가정했을 때, (나)를 근거로 그 이유를 기술할 것

057 (가)는 학생과 체육교사가 스키 점프 경기장에서 나눈 대화이고, (나)는 A선수 스키 점프 결과 분석표이다. 〈작성 방법〉에 따라 순서대로 서술하시오. [4점] 2019

(가) 스키 점프 경기장에서 나눈 대화 내용

> 학   생: 선생님! 스키 점프에서 경기력에 가장 크게 영향을 미치는 구간은 어느 곳인가요?
> 체육교사: 그 구간은 공중 동작을 취하는 구간이고, 경기력 결정에 큰 영향을 미치게 됩니다.
> 학   생: 공중 동작 구간에서 특별히 중요한 기술이 있나요?
> 체육교사: 스키 선수가 도약 후 더 멀리 날아가기 위해서는 양력을 적절하게 만들어 낼 수 있어야 합니다. 인체의 주축과 공기의 흐름 방향 사이에서 이루는 각인 (㉠)을/를 변화시켜 양력을 증가시킬 수 있는 기술이 중요합니다. 이것은 ㉡ <u>유체 속에서 양력이 발생되는 원리</u>를 적용하는 기술이지요.

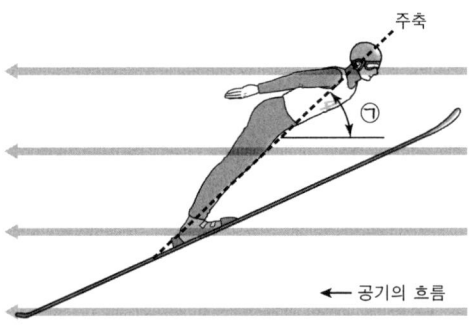

(나) A선수 스키 점프 결과 분석표

차시	(㉠)(도)	양력(N)	항력(N)	양력/항력
1차	40	45	20	2.25
2차	42	100	42	2.30
3차	46	120	47	2.55
4차	48	130	50	2.60
5차	49	131	60	2.18

(단, 항력, 양력을 제외한 모든 조건은 동일함)

┌─ 작성 방법 ─
• 괄호 안의 ㉠에 해당하는 용어를 쓸 것
• 밑줄 친 ㉡과 관련된 원리의 명칭을 제시하고, 개념을 서술할 것
• (나)를 근거로 A선수가 최고의 동작수행을 한 차시를 제시하고, 그 이유를 서술할 것

058 다음은 휠체어 추진 동작의 원리를 알아 본 교사의 탐구 자료이다. 〈작성 방법〉에 따라 순서대로 서술하시오. [4점] 2020

휠체어 추진 동작의 원리

휠체어 육상 선수가 손바닥과 휠체어 손잡이(handrim) 표면 사이의 마찰력을 이용해 질주하고 있을 때 작용하고 있는 힘과 동작의 원리를 알아보면 다음과 같다.

- 휠체어 제원
  - 손잡이 반지름(바퀴의 회전축에서 손잡이 표면까지의 거리) : 0.5m
  - 바퀴 반지름(바퀴의 회전축에서 바퀴 표면까지의 거리) : 0.7m

- 손바닥과 손잡이 표면 사이의 마찰계수
  - 정지마찰계수(coefficient of static friction) : 0.5
  - 운동마찰계수(coefficient of kinetic friction) : 0.4

- 손잡이와 함께 회전하는 손의 속도와 가속도
  - 휠체어 바퀴가 10rad/s의 각속도로 회전하는 순간, 손바닥이 손잡이와 접촉하고 있다면 손의 접선속도(tangential velocity)의 크기는 (㉠)m/s이고, 구심가속도(radial acceleration)의 크기는 (㉡)m/s²임(단, 손잡이 표면과 손의 질량 중심 사이의 거리는 0으로 가정)

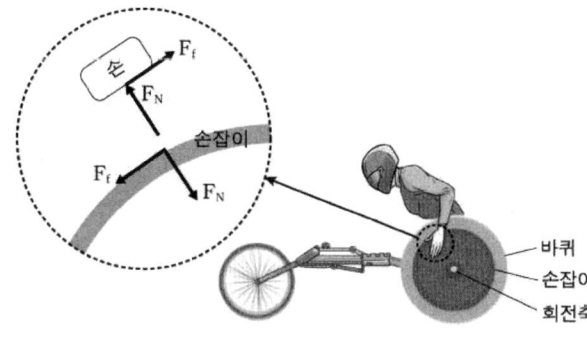

┌─〔작성 방법〕─
- 손바닥이 손잡이에서 미끄러지지 않은 상태를 유지하면서 100N의 마찰력(F_f)을 발생시키기 위해 선수의 손이 손잡이에 가해야 할 최소한의 수직항력(F_N) 크기를 풀이 과정과 함께 제시할 것
- 괄호 안의 ㉠, ㉡에 해당하는 값을 순서대로 쓸 것

059 다음은 교사가 고속으로 동영상을 촬영할 수 있는 스마트폰을 이용하여 수직 점프 시 신체 질량중심(Center of Mass ; COM)의 수직 속도를 측정한 내용이다. 괄호 안의 ㉠, ㉡에 해당하는 값을 순서대로 쓰시오. [2점] 2020

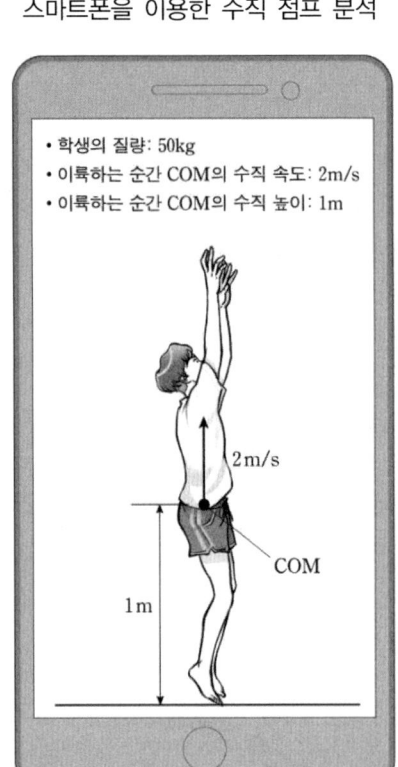

스마트폰을 이용한 수직 점프 분석
- 학생의 질량: 50kg
- 이륙하는 순간 COM의 수직 속도: 2m/s
- 이륙하는 순간 COM의 수직 높이: 1m

수직 점프를 하는 동안 이 학생의 신체질량중심의 최고 높이는 지면으로부터 (㉠)m이고, 최대 운동에너지는 (㉡)J이다. (단, 이륙 시 신체질량중심 높이는 지면으로부터 1m, 중력 가속도의 크기는 $10m/s^2$, 이륙 후에는 중력 이외에 작용하는 모든 외력은 무시한다.)

060 다음은 농구공 패스 동작을 운동역학적으로 분석하는 과정이다. 〈작성 방법〉에 따라 순서대로 서술하시오. [4점] 2020

그림과 같이 철수는 정면에 있는 영희로부터 받은 공을 연속 동작으로 다시 영희에게 패스하고 있다. 질량이 0.5kg인 농구공이 철수의 손에 닿는 순간의 수평 선속도는 −10m/s였고(A), 잠시 정지했다가(B), 철수의 손에서 떠났다(C). A에서 C까지의 소요 시간은 0.2초, 이 기간 동안 철수의 손이 공에 가한 평균 수평 힘의 크기는 50N, 방향은 그림의 V_{ball}과 같다.

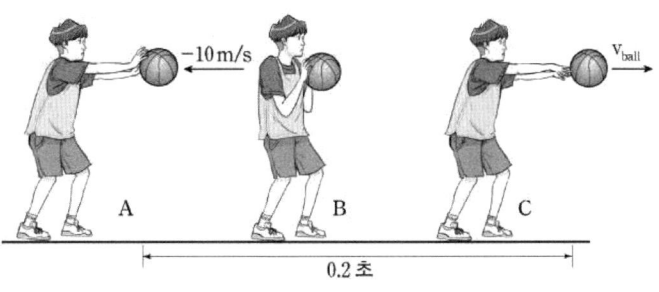

─〔작성 방법〕──
- 공이 손에 닿아 있는 동안 철수의 손이 공에 가한 수평 선충격량(linear impulse) 크기를 풀이 과정과 함께 제시할 것
- 위에서 계산한 수평 선충격량을 이용해 철수의 손에서 공이 떠날 때의 수평 선속도(V_{ball}) 크기를 풀이 과정과 함께 제시할 것

061 다음은 건강 교육 원격수업 시간에 교사와 학생이 나눈 대화 내용이다. 괄호 안의 ㉠에 해당하는 관절 운동 용어를 쓰시오. [1점] 2021

학생: 선생님. 제가 며칠 전 동네에서 조깅을 하다가 발목을 겹질렸어요. 발목이 아프고 붓기가 있어서 병원에 갔는데요. 족관절 (㉠) 염좌(sprain)라고 하는데, 그게 뭐예요?

교사: 족관절 (㉠) 염좌는 다음의 그림처럼 발목이 꺾이면서 주로 발목 바깥쪽 인대에 손상이 있는 경우를 말하는데, 발목 부위에서 발생하는 손상 중에서 가장 흔한 유형 중의 하나지요.

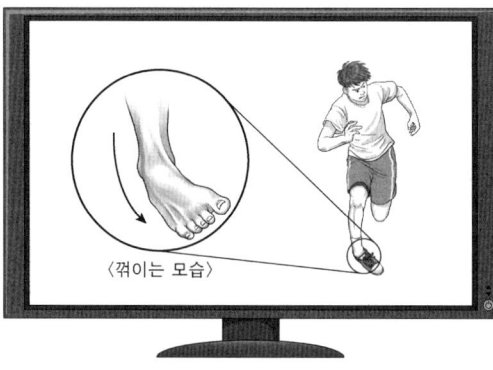

〈꺾이는 모습〉

062 다음은 ○○고등학교 장애학생 선수의 근기능 검사에 대해 교사와 학생이 나눈 대화 내용이다. 〈작성 방법〉에 따라 순서대로 서술하시오. [4점] 2021

교사: 〈그림 1〉과 같은 등속성 운동 장비(isokinetic machine)로 근기능 수준을 알 수 있는 (㉠)을/를 측정할 수 있어요.

학생: 그럼, 〈그림 2〉에서 무엇을 알 수 있나요?

교사: 각속도와 (㉠)의 관계를 알 수 있지요. 그리고 각속도와 (㉠)을/를 알면 (㉡)을/를 계산할 수 있어요. 예를 들면, 각속도가 90°/s일 때, 180W를 얻었어요. 이때, (㉡)의 값은 $\frac{(㉢)}{\pi}$이고, 단위는 (㉣)이지요. (단, π는 원주율)

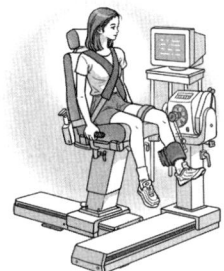
〈그림 1〉 등속성 운동 검사

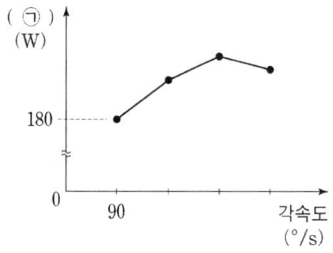
〈그림 2〉 검사 결과 그래프

─〔작성 방법〕─
- 괄호 안의 ㉠에 해당하는 용어를 쓸 것
- 〈그림 2〉를 해석하여 각속도와 ㉠의 관계를 정성적으로 서술할 것
- 괄호 안의 ㉡에 해당하는 용어를 쓰고, 괄호 안의 ㉢에 해당하는 수치와 괄호 안의 ㉣에 해당하는 단위를 순서대로 쓸 것

063 다음은 체육 교과 협의회에서 유도의 기술 분석에 대해 교사들이 나눈 대화 내용이다. 괄호 안의 ㉠, ㉡에 해당하는 용어를 순서대로 쓰시오. [2점] 2021

> 이 교사: 유도의 받다리 기술을 운동역학적으로 분석하려면 어떤 과정을 거쳐야 하나요?
>
>
>
> 〈유도 받다리 기술〉
>
> 김 교사: 우선 분석하려는 물체를 주변과 분리해 놓고, 그 물체에 작용하는 모든 외력과 토크를 간략히 표현한 그림인 (㉠)을/를 그립니다.
>
>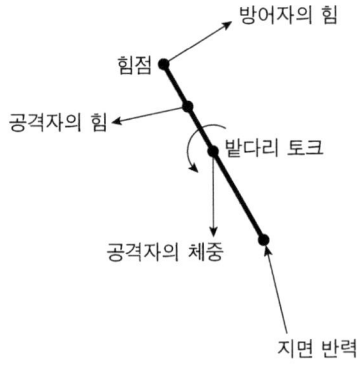
>
> …(중략)…
>
> 이 교사: 공격자가 쓰는 힘과 토크에 맞서서 잘 방어하려면, 방어자는 어느 방향으로 힘을 주어야 하나요?
> 김 교사: 방어자는 토크를 최대로 발휘하는 방향으로 힘을 주어야 합니다. 그 방향으로 힘을 주면 (㉡)이/가 가장 커지기 때문에 토크는 최대가 됩니다. (단, 힘의 크기는 동일함)

064 다음은 학교스포츠클럽 대회 이후 김 교사가 작성한 축구 기술 분석 일지이다. 〈작성 방법〉에 따라 순서대로 서술하시오. [4점] 2021

- A 상황 – 코너킥

  민수가 오른쪽 코너킥 상황에서 공을 오른발로 감아 찼다. 평면으로 볼 때 공은 골 에어리어로 휘어져 날아갔고, 골대 정면을 향해 달려가는 현수의 이마 전면에 수직으로 부딪혔다. 현수는 정면으로 헤딩하였으나 공은 왼쪽 골대를 살짝 벗어났다.

  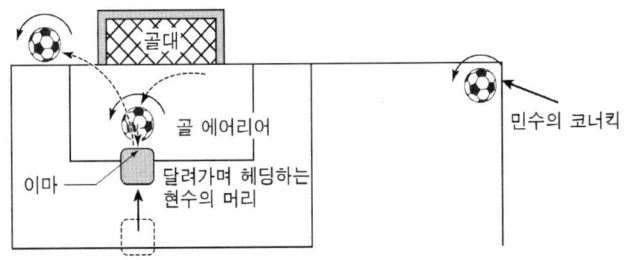

  〈코너킥과 헤딩 상황의 2차원 평면도〉

- 헤딩(충돌) 순간의 운동역학적 상세 분석

  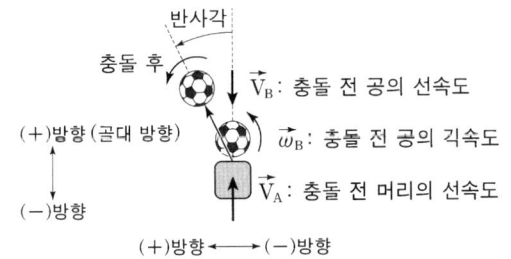

  〈충돌 전·후 공과 반사각의 평면도〉

※ 반사각: 충돌 후 이마에서 공이 되튀는 각도임. 충돌 면의 수직선에서 반시계 방향으로 정의되며, 충돌 후 충돌 면(이마의 면)에 대한 공의 수직과 수평 속도 성분에 영향을 받음

┌─ 가정 ─
- 모든 움직임은 2차원 평면 운동이고, 완전 탄성 충돌임
- 현수의 머리와 몸은 하나의 물체로, 그 질량은 공의 질량보다 매우 커서 머리의 회전과 수평 방향의 움직임은 무시함
- 현수의 머리는 정사각형 모양의 평면임
- 충돌 과정에서 접촉 시간은 매우 짧고, 이후 공의 미끄러짐은 없음

다음 시합을 대비하여 미리 몇 가지 질문을 적어 보았다.

(가) A 상황에서 충돌 전에 현수의 머리 선속도($\vec{V_A}$)만 빨라졌다면, 머리를 기준으로 충돌 전에 머리로 날아오는 공의 상대속도 크기는 어떻게 달라졌을까? (단, 다른 조건들은 동일함)

(나) (가)에서 충돌 후 반사각은 어떻게 달라졌을까?

(다) A 상황에서 충돌 전에 머리로 날아오는 공의 각속도($\vec{\omega_B}$)만 빨라졌다면, 충돌 후 공의 수평 속도는 어떻게 달라졌을까? (단, 다른 조건들은 동일함)

─〔작성 방법〕─
- (가)에서 상대속도를 벡터식으로 표현하고, (가)의 질문에 대한 답을 서술할 것
- (나)의 질문에 대한 답을 서술할 것
- (다)의 질문에 대한 답을 서술할 것

065 다음은 '자전거와 스포츠 과학'에 대해 교사들이 나눈 대화 내용이다. 〈작성 방법〉에 따라 순서대로 서술하시오. [4점] 2022

> 장 교사 : 사이클 벨로드롬 경기장에서 트랙에 경사가 있는 이유가 무엇일까요?
> 나 교사 : 안정적인 주행을 위한 것입니다. 그림은 평지에서 곡선주로를 주행하는 정면 모습입니다. 자전거가 지면을 누르는 힘(F)에 대한 반작용력의 수평 성분력이 ㉠ 마찰력입니다. 이때 마찰력의 크기가 최대 정지 마찰력보다 작아야 자전거가 경기장 바깥쪽 방향으로 미끄러지지 않고 곡선 주로를 주행할 수 있습니다. 만약 벨로드롬과 같은 경사면에서 곡선주로를 주행한다면, 이 마찰력의 크기가 작아져 평지보다 더 안정적인 주행이 됩니다.
> 장 교사 : 그렇군요! 곡선 주로를 주행할 때 경기장 안쪽으로 몸을 기울이는 이유는 무엇인가요?
> 나 교사 : 그림과 같이 지면과 닿아 있는 지점을 축으로 ㉡ 원심력에 의해 발생하는 ㉢ 토크를 상쇄시키기 위해서입니다.

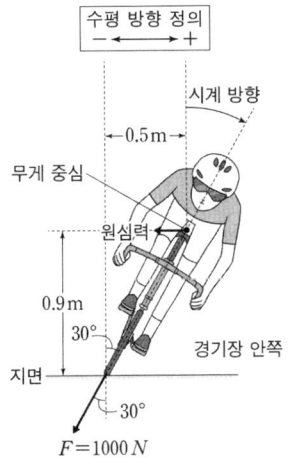

〈평지 곡선 주로를 주행하는 정면 모습〉

─〔작성 방법〕
- 밑줄 친 ㉠에 해당하는 값을 방향과 단위를 포함해서 쓸 것
  (단, sin30° = 0.5, cos30° = 0.9로 가정함)
- 밑줄 친 ㉡에 해당하는 값을 방향과 단위를 포함해서 쓸 것
  (단, sin30° = 0.5, cos30° = 0.9로 가정함)
- 밑줄 친 ㉢에 해당하는 값과 풀이 과정을 방향과 단위를 포함해서 서술할 것
  (단, sin30° = 0.5, cos30° = 0.9로 가정함)

066 다음은 부채를 들고 평균대운동을 하는 모습이다. 괄호 안의 ㉠에 해당하는 값을 단위와 함께 쓰고, 괄호 안의 ㉡에 해당하는 방향을 쓰시오. [2점] 2022

[부채의 회전 안정성을 이용한 균형 잡기]
- 원리 : 부채를 회전축으로부터 최대한 멀리 위치시키면 관성모멘트가 증가해 회전 안정성이 높아진다.
- 부채 질량 : 0.25kg
- 부채 질량 중심(A)을 지나는 전후축에 대한 부채 관성 모멘트 : 0.01kg·m²
- 그림에서 몸의 회전 중심(C)을 지나는 전후축에 대한 부채 관성 모멘트는 (㉠)이다.

[부채의 공기 저항을 이용한 균형 잡기]
- 원리 : 몸이 기울어질 때 부채로 항력을 발생시켜 균형을 잡는다.
- 그림과 같이 몸이 시계 방향으로 쓰러지는 것을 보상하기 위해 부채를 든 팔은 (㉡) 방향으로 회전해야 한다. (단, 부채를 든 팔은 팔의 회전 중심(B)을 지나는 전후축에 대한 회전 운동만 한다고 가정함)

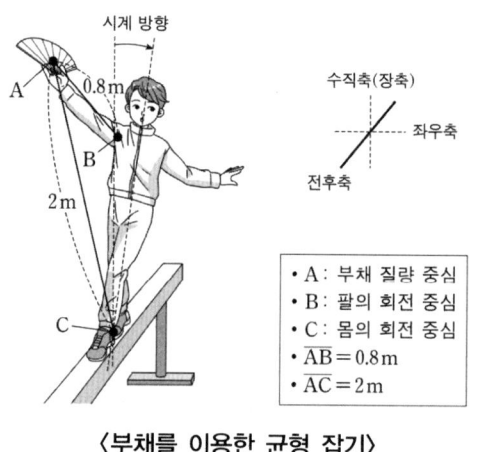

- A : 부채 질량 중심
- B : 팔의 회전 중심
- C : 몸의 회전 중심
- $\overline{AB} = 0.8m$
- $\overline{AC} = 2m$

⟨부채를 이용한 균형 잡기⟩

067 다음은 '던지기의 과학적 원리'에 대한 설명이다. 〈작성 방법〉에 따라 순서대로 서술하시오.

[4점] 2022

- 투사체는 45°로 던질 때 가장 멀리 날아간다. 이때 다음 2가지 조건을 모두 만족해야 한다. 첫 번째는 공기 저항이 없어야 하며, 두 번째는 (㉠). 그런데 실제로 창, 포환, 해머, 원반 등을 던질 때는 앞서 이야기한 2가지 조건이 성립하지 않기 때문에 45°보다 작은 각도로 던져야 멀리 날아간다.
- 투사체의 비행 궤적에 영향을 미치는 수평 방향 바람은 다음 5가지 상황으로 구분하여 생각할 수 있다.

상황	바람 방향	바람 크기	
①	+	$|\vec{v}_{수평}|$와 같음	
②	+	$|\vec{v}_{수평}|$보다 작음	(가)
③	+	$|\vec{v}_{수평}|$보다 큼	
④	0	0m/s	
⑤	−	0m/s보다 큼	

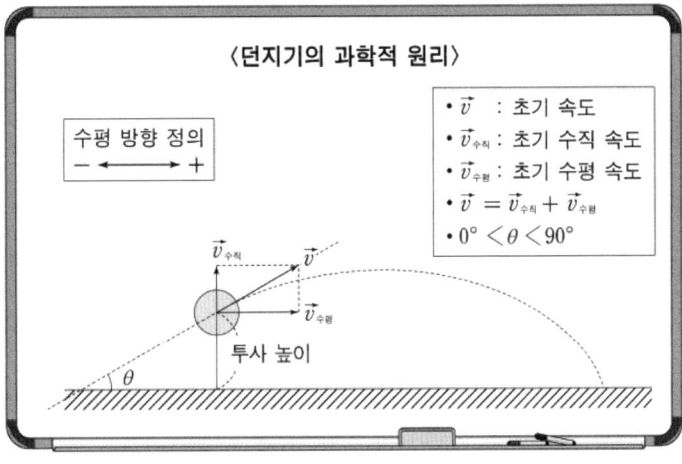

─〔작성 방법〕
- 괄호 안의 ㉠에 해당하는 조건을 서술할 것
- (가)의 5가지 상황(①~⑤) 중에서 투사체가 '+' 방향으로 가장 멀리 나가는 상황부터 순서대로 쓸 것(단, 수평 방향 바람 속도 이외에 모든 조건이 동일함)
- (가)의 ③ 상황에서 '투사체에 대한 바람의 수평 방향 상대 속도'의 방향과 '투사체에 작용하는 수평 방향 항력'의 방향을 순서대로 서술할 것(단, 수평 방향 바람 속도 이외에 모든 조건이 동일함)

068 다음은 고등학교 체육탐구 수업 시간에 교사와 학생들이 나눈 대화 내용이다. 〈작성 방법〉에 따라 순서대로 서술하시오. [4점] 2023

교 사: 지금까지 배운 지레 원리를 스포츠 상황에 적용해 보겠습니다. 아래 그림은 조정 싱글스컬 종목입니다. 노 젓기 동작은 몇 종 지레에 해당할까요?
A 학생: 물에 잠긴 '노 물갈퀴(blade)' 부분을 축으로 보면, '노 손잡이'는 '힘점', '배와 노의 연결 부위'가 작용점(저항점)이기 때문에 저는 (㉠) 지레라고 생각합니다.
B 학생: 저는 (㉡) 지레라고 생각합니다. '배와 노의 연결 부위'가 축이고, 사람이 '노 손잡이'를 당기거나 미는 힘에 의해 물에 잠긴 '노 물갈퀴'에 저항이 발생한다고 생각합니다.
교 사: 두 학생 모두 지레 원리에 대해 잘 이해했군요.

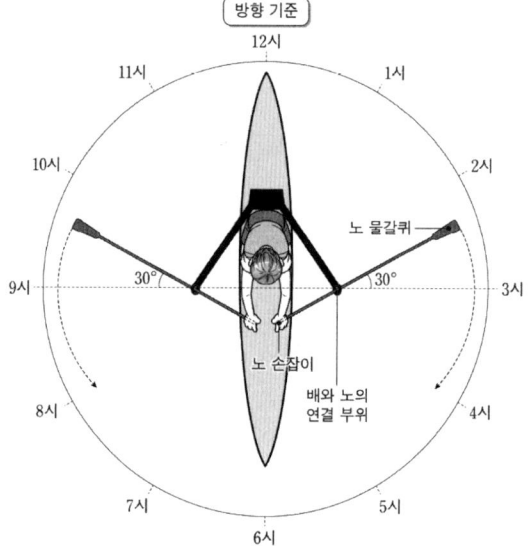

※ 물의 흐름과 방향키는 고려하지 않음
※ 양쪽 노는 '배와 노의 연결 부위'를 축으로 대칭으로 움직이며, 모든 조건(노를 당기거나 미는 힘과 타이밍, 노의 형태와 질량 등)이 동일함

〔작성 방법〕
• 괄호 안의 ㉠에 해당하는 지레의 종류를 쓰고, 해당 지레의 특성을 힘과 거리의 측면에서 서술할 것
• 괄호 안의 ㉡에 해당하는 지레의 종류를 쓰고, 해당 지레에서 사람이 '노 손잡이'를 당길 때 물이 양쪽 '노 물갈퀴'에 작용하는 두 작용력(저항력)의 합력 방향과 배의 이동 방향을 순서대로 서술할 것(단, 방향은 위 그림의 '방향 기준'에 근거할 것)

069 다음은 배구 서브의 과학적 원리에 대한 설명이다. 괄호 안의 ㉠에 해당하는 양력 방향과 괄호 안의 ㉡에 해당하는 명칭을 순서대로 쓰시오. [2점] 2023

- 배구에서 서브를 강하게 넣을 경우 공이 상대 코트 뒤로 나갈 가능성이 높아진다. 하지만 공에 톱스핀(top spin)을 걸면 마그누스 효과(magnus effect)로 인해 코트 안으로 들어갈 가능성이 높아진다.
- 아래 그림은 톱스핀 서브를 한 공이 네트를 넘어간 이후 상황이다. 그림과 같이 톱스핀이 걸린 공이 4시 방향으로 이동 중일 때 양력은 (㉠)시 방향으로 작용한다.

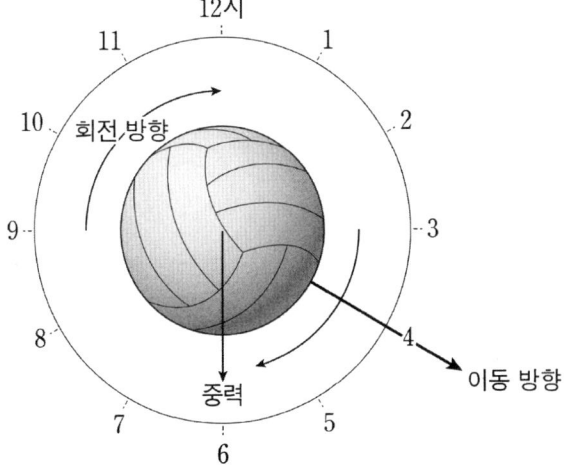

- 유체 속을 빠르게 이동하는 배구공에는 일반적으로 이동 방향의 반대편에 유체 흐름의 한 종류인 (㉡)이/가 발생 한다. 이때 (㉡)에 의해 압력이 낮은 지역이 생성되어 공의 속도가 감소하게 되는 것이다.

070

다음은 하체 근력 향상을 위한 학습 활동 계획안의 일부이다. 〈작성 방법〉에 따라 순서대로 서술하시오. [4점] 2023

- 수업 주제: 다양한 스쿼트(squat)을 통한 하체 근력 향상 훈련
- 과제 활동: 3가지 스쿼트를 수준에 맞게 수행한다.

과제	수행내용
점프스쿼트	• 체중 이용 • 동작 '시작'부터 '이지 순간(점프 시 발이 지면에서 떨어지는 순간)'까지 인체 질량 중심 수직 이동 거리: 0.5m • 동작 '시작'부터 '끝'까지 인체 질량 중심 수직 이동 거리: (㉠)m • 동작 '시작'부터 '이지 순간'까지 소요 시간: 1초 • '이지 순간' 인체 질량 중심 수직 속도: +1m/s
중량스쿼트	• 체중과 배낭 무게 이용 • 동작 '시작'부터 '끝'까지 인체(배낭 포함) 질량 중심점 수직 이동 거리: 0.5m • 동작 '시작'부터 '끝'까지 소요 시간: 1초
프리스쿼트	• 체중 이용 • 동작 '시작'부터 '끝'까지 인체 질량 중심점 수직 이동 거리: 0.5m • 동작 '시작'부터 '끝'까지 소요 시간: 1초

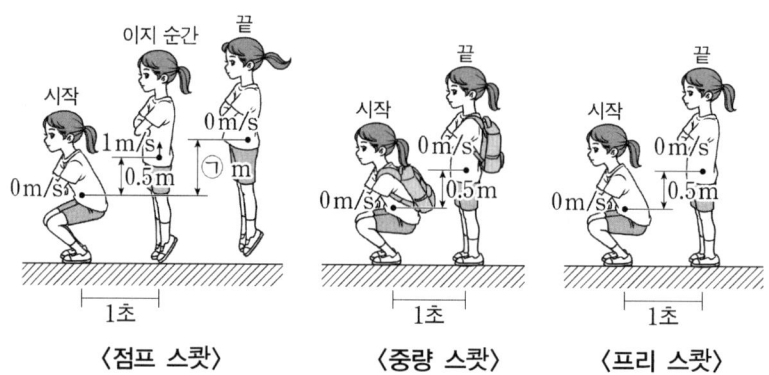

〈점프 스쿼트〉 〈중량 스쿼트〉 〈프리 스쿼트〉

- 인체 질량: 40kg
- 배낭 질량: 5kg
- 중력 가속도: $-10m/s^2$
- 공기 저항은 무시하고, 중력 반대 방향을 양(+)의 방향으로 함

─〔작성 방법〕─
- 괄호 안의 ㉠에 해당하는 값을 쓸 것
- 프리 스쿼트을 할 때 평균수직지면반력 크기를 단위와 함께 쓸 것
- 중량 스쿼트을 할 때 사람이 한 일(work)의 양을 단위와 함께 쓰고, 3가지 스쿼트 과제를 초기 1초 동안 사람이 한 일률(power)이 가장 높은 과제부터 가장 낮은 과제까지 순서대로 서술할 것

071 다음은 웨어러블 기기의 스포츠 적용에 대해 체육 교사가 발표한 자료이다. 괄호 안의 ⊙에 해당하는 운동학 용어를 쓰고, 밑줄 친 ⓒ과 ⓒ에 해당하는 번호를 그림 (나)에서 찾아 순서대로 쓰시오. [2점] 2024

GPS 기기를 활용한 위치 추적

- 축구 경기에서 선수들이 착용하여 주목을 받음
- GPS센서를 착용하여 인공위성의 도움으로 실시간 위치 추적이 가능함
- 주어진 시간 동안에 이동한 (⊙)을/를 측정하여 계산하면 움직인 속력을 알 수 있음

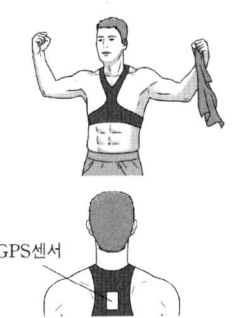
GPS센서

스마트워치의 보빈도 산출(시계는 오른 손목에 착용)

- 시계에 탑재된 가속도 측정 센서를 활용함
- 그림 (가)에서 오른팔 흔들기의 1주기(period)는 보행의 2보(steps)임
- 그림 (나)는 보행 시 손목의 연속적인 전후 방향 가속도 패턴임
- 그림 (가)에서 팔 흔들기 ⓒ 주기의 시작과 ⓒ 주기의 끝 시점은 그림 (나)에서 반복되는 시간 구간임
※ 시작 시점의 오른 손목은 전후 방향 움직임에서 가장 뒤쪽에 위치함
- 가속도 패턴에서 주기의 횟수를 알면 보빈도의 산출이 가능함

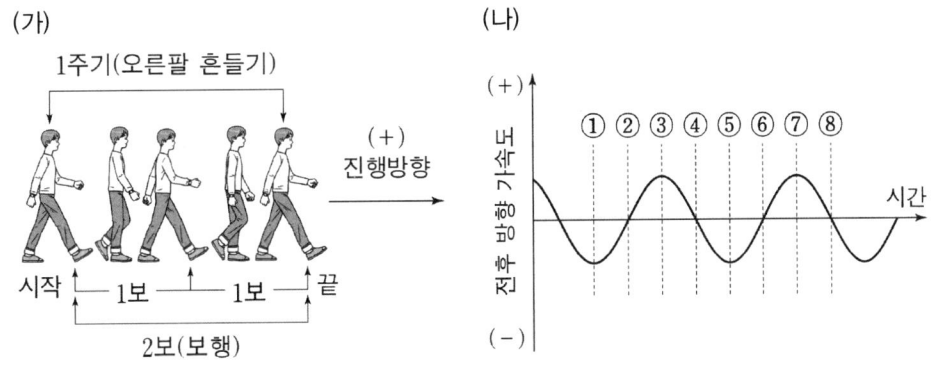

072 다음은 체육 교사가 준비한 교사 연수 자료이다. 〈작성 방법〉에 따라 순서대로 쓰시오.

[4점] 2024

- 제목: 팔 동작의 변화로 수직 스쾃 점프 수행력 향상하기
- 과제: 수직 스쾃 점프
  - 동일한 학생에게 3가지 팔 동작 조건에서 최대한 높이 뛰도록 요구함
 * 수직 스쾃 점프(vertical squat jump): 스쾃 자세에서 반동(counter-movement) 없이 위로 뛰는 점프

(가) 3가지 다른 점프의 시작과 이륙 시점에서의 자세 비교

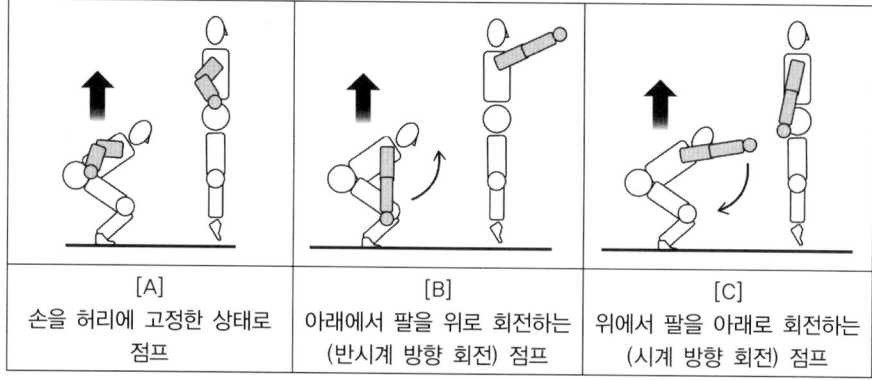

[A]	[B]	[C]
손을 허리에 고정한 상태로 점프	아래에서 팔을 위로 회전하는 (반시계 방향 회전) 점프	위에서 팔을 아래로 회전하는 (시계 방향 회전) 점프

※ 단, 팔꿈치 각도는 고정된 것으로 가정하고, 팔 자세를 제외한 모든 자세는 3가지 점프에서 동일함. 이륙 시점은 발이 지면에서 떨어지는 시점임

(나) 점프의 시작과 함께 팔 회전이 가속되는 동안의 변화
- [B]에서 ⊙ 팔 회전은 몸통에 시계 방향의 토크를 발생시키고, [C]에서는 몸통에 반시계 방향의 토크를 발생시킴
- 팔 회전으로 발생한 몸통 토크는 ⓒ 수직 지면반력과 하지 ⓒ 주동근의 수축 속도에 순간적으로 영향을 미침

…(하략)…

┌ 작성 방법 ┐
- 그림 (가)의 [A]~[C] 중 이륙 시점의 무게중심이 지면에서 가장 높은 것부터 순서대로 쓸 것
- (나)에서 밑줄 친 ⊙에 해당하는 뉴턴의 운동법칙을 쓸 것
- 그림 (가)의 [B]와 [C]의 차이를 (나)의 밑줄 친 ⓒ과 ⓒ 측면에서 각각 서술할 것

073 다음은 교사가 작성한 동작 분석 자료이다. 〈작성 방법〉에 따라 순서대로 서술하시오. [4점]

2024

- 주제 : 손 짚고 물구나무서기의 이륙 자세 분석
- 목적 : 물구나무서기 실패의 원인을 찾고 개선함

(가) 교정 후 자세 변화

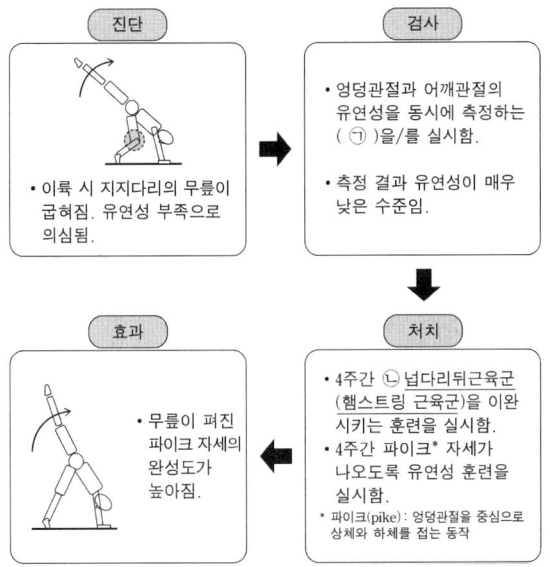

(나) 지지다리가 이륙할 때 무게중심 위치의 차이

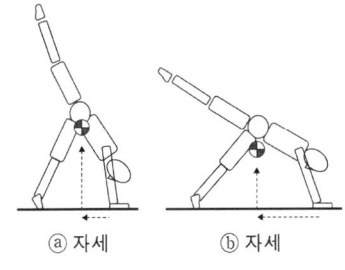

- 이륙 전 자세는 2종 지레임
- 이륙할 때 펴진 지지다리의 굴곡각이 달라서 ⓐ 자세와 ⓑ 자세의 수직과 수평의 무게중심 위치가 다름

('●'는 무게중심 위치임. 단, 2가지 자세에서 수행자는 동일함)

(다) 성공과 실패 동작의 차이

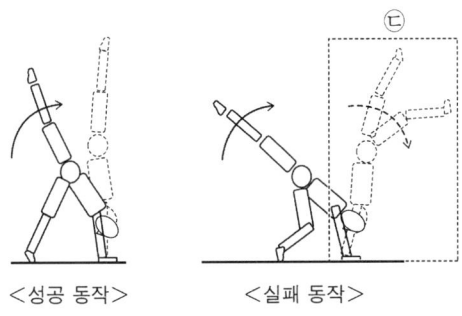

※ 양(+) 회전 방향은 반시계 방향임

─⟨작성 방법⟩─
- (가)에서 괄호 안의 ㉠에 해당하는 '학생건강체력평가시스템(PAPS)'의 필수 검사 항목 1가지를 쓸 것
- (가)에서 밑줄 친 ㉡의 수축으로 발생하는 엉덩관절과 무릎관절의 움직임을 각각 순서대로 쓸 것
- (나)에서 ⓑ 자세의 저항력 모멘트암을 ⓐ 자세와 비교하여 쓰고, (다)의 그림 ㉢에서 토크의 합(알짜 토크)을 서술할 것

074 다음은 재사용이 가능한 테니스공 선별 방법에 대한 설명이다. 괄호 안의 ㉠에 들어갈 용어를 쓰고, 밑줄 친 ㉡에 근거하여 테니스공 ⓐ~ⓕ 중 재사용이 가능한 공을 모두 쓰시오. [2점]

2025

[재사용 가능 테니스공 선별 방법]

○ 목적 : 재사용이 가능한 테니스공 선별
○ 이론
  - 반발계수(복원계수) = $\left|\dfrac{\text{충돌 직후 상대 속도}}{\text{충돌 직전 상대 속도}}\right|$
  - 반발계수의 크기에 따른 충돌의 형태
    • (㉠) 충돌 : 반발계수가 0인 충돌
    • ○○ 충돌 : 반발계수가 0보다 크고 1보다 작은 충돌
    • ○○ 충돌 : 반발계수가 1인 충돌
○ 방법
  - 재사용이 가능한 테니스공 반발계수 선정
    ※ ㉡ 재사용 가능 기준 : 반발계수 0.7 이상 0.8 이하
  - 테니스공을 1m 높이에서 자유 낙하하여 리바운드 높이를 측정
    ※ 공기 저항은 무시함
  - 재사용 가능 기준에 포함된 테니스공 선별

〈테니스공 리바운드 높이 측정 결과〉

테니스공	리바운드 높이	선별 결과
–	0.45m	사용 가능 / 불가능(○)
ⓐ	0.50m	사용 가능 / 불가능
ⓑ	0.55m	사용 가능 / 불가능
ⓒ	0.60m	사용 가능 / 불가능
ⓓ	0.65m	사용 가능 / 불가능
ⓔ	0.70m	사용 가능 / 불가능
ⓕ	0.80m	사용 가능 / 불가능

075 다음은 체력 관리 운동에 대한 설명이다. 〈작성 방법〉에 따라 서술하시오. [4점] 2025

[백 익스텐션(Back Extension)]

○ 동작 설명
- 하체를 기구에 고정하고 허리를 편 채 상체를 아래로 숙였다가 들어 올린다.
  (ⓐ → ⓑ → ⓐ)
- 동작은 천천히 수행하며, 과신전되지 않도록 한다.
  ※ 고관절 중심을 지나는 좌우축을 회전축으로 전후면(saggital plane)상의 움직임만 일어난다고 가정함
  ※ 양(+) 회전 방향은 반시계 방향임
  ※ 인체 질량: 50kg
  ※ 상체 질량: 20kg
  ※ 중력가속도: 10m/s²
  ※ 고관절 중심부터 상체 무게 중심까지의 거리: 0.5m

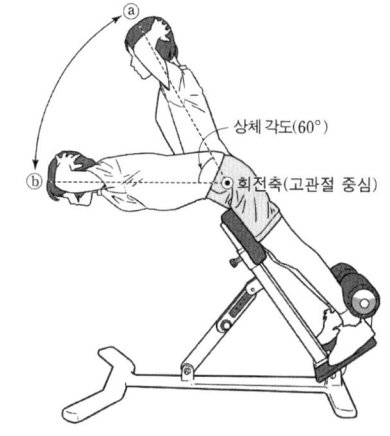

〈백 익스텐션 동작〉

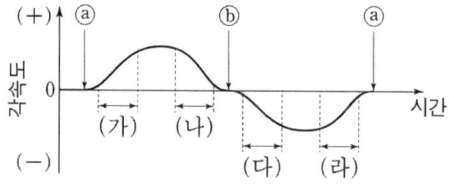

〈시간에 따른 상체 각속도〉

─[작성 방법]─
- ⓐ 위치에서 평형 상태를 유지하고 있을 때 상체에 작용하는 '알짜 힘(net force)'과 고관절 중심에 작용하는 알짜 토크(net torque)'의 값을 단위와 함께 순서대로 쓸 것(단, 인체 분절은 강체로 가정함)
- (가)~(라) 구간 중 대둔근(큰볼기근)의 단축성(concentric) 수축이 이뤄지는 구간을 제시하고, 각 구간에 해당하는 상체의 각가속도 방향을 순서대로 서술할 것

076 다음은 체육 수업에서 교사와 학생이 나눈 대화 일부이다. 〈작성 방법〉에 따라 서술하시오.

[4점] 2025

학생: 선생님, 친구들과 야구를 하면서 도루를 두 번이나 실패했어요. 한 번은 슬라이딩을 너무 길게 해서 아웃을 당했고, 다른 한 번은 슬라이딩 거리가 짧아 아웃을 당했습니다. 어떻게 하면 도루를 성공할 수 있을까요? 슬라이딩을 하지 않고 뛰어가는 게 좋을까요?

교사: 슬라이딩을 하지 않고 뛰어가면 관성 때문에 멈추기가 어려워져서 2루를 지나칠 가능성이 높습니다. 그래서 보통 도루 할 때에는 슬라이딩을 시도합니다. 슬라이딩 초기 수평 속도와 마찰력을 알면 슬라이딩이 멈출 때까지의 ㉠ 시간(s)과 ㉡ 거리(m)를 계산할 수 있어요.

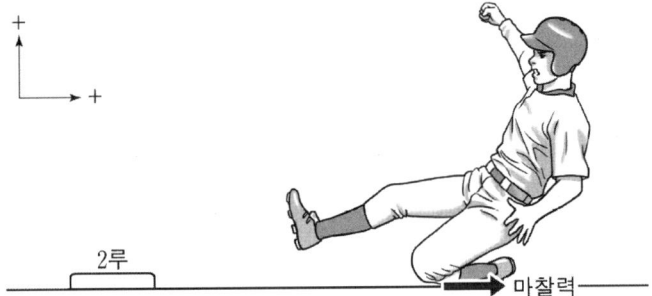

※ 야구 선수 질량: 50kg
※ 슬라이딩 초기 수평 속도: −6m/s
※ 중력 가속도: −10m/s²
※ 운동마찰계수: 0.6, 정지마찰계수: 0.8
※ 슬라이딩 후 정지할 때까지 수직지면반력, 체중, 마찰력 이외의 외력은 작용하지 않으며, 수직지면반력의 크기는 체중과 동일한 것으로 가정함
※ 인체 운동은 질점 운동으로 가정함

┌〔작성 방법〕
• 밑줄 친 ㉠의 값과 풀이 과정을 단위와 함께 서술할 것
• 밑줄 친 ㉡의 값과 풀이 과정을 단위와 함께 서술할 것

**한승현
전공체육
기출문제집**

전공체육,
문제의 한계를 뛰어넘다!

정답 및
해설

PART 01 교과교육학

001 · 2002

정답 ① 스포츠퍼슨십
② 페어플레이
③ 협동심
④ 태도
⑤ 참여
⑥ 감상

체크포인트
• Bloom의 인지적, 정의적 영역의 목표
• Harrow의 심동적 영역의 목표

002 · 2002

정답 ① 계속 발전성의 원리
② 최소 필요량의 원리
③ 지역성의 원리
④ 시대성의 원리
⑤ 사회와 개인 융화의 원리

체크포인트 문제에서 설명하고 있는 원리의 명칭을 연결할 수 있어야 한다.

003 · 2002

정답 ① 1인 연습 : 자신이 혼자서 거울을 보거나 비디오 녹화를 하는 방법으로 교수기능을 개선하는 방법
② 동료 교수 : 소집단의 동료들로 모의 수업장면을 만들어 교수기능을 연습하는 방법
③ 마이크로티칭 : 제한된 범주 내에서 한 가지 구체적 내용으로, 소수의 학생을 대상으로 연습하는 방법
④ 현장에서의 소집단 교수 : 학생 수를 보통 5~10명으로 줄인 다음 10~20분 단위의 수업을 소집단 학생들에게 가르치는 방법

체크포인트 (빈출) 교수기능 연습법 7가지를 구분할 수 있어야 한다.

004 · 2002

정답 ① 가치 정향 : 생태통합 중심사조
② 개념틀의 명칭 : 목표 과정 개념 틀(PPCF)
③ 개념틀의 특징 : 23개의 목표는 7개의 범주로 구분되고, 7개의 과정은 3개의 범주로 구분되어 있다.

체크포인트 원천, 사조, 모형의 관계를 이해하고 모형에서 제시하는 개념틀을 기억해야 한다.

005 · 2002

정답 ① 학습 목표 : 개인차를 고려하여 다양하게 설정한다.
② 학습 활동 : 학생들의 흥미와 요구를 반영하여 다양하게 구성한다.
③ 수업 시설 및 용기구 : 학생들의 수준과 특성을 고려하여 변형할 수 있다.
④ 학생 조직 : 학생들의 수준을 고려하여 다양하게 조직한다.

체크포인트 신 교육과정에서의 교수학습 방법 및 유의사항을 파악한다.

006 · 2002

정답 ① 피드백 제공은 많을수록 좋다.
② 일반적 피드백보다 구체적 피드백이 효과적이다.
③ 즉각적인 피드백이 지연된 피드백보다 효과적이다.
④ 교정적 피드백이 부정적 피드백보다 효과적이다.
⑤ 언어적 피드백이나 비언어적 피드백 중 하나만 제시하는 것보다 두 가지 형태를 결합한 피드백 제공이 도움이 된다.
⑥ 숙련된 학습자는 피드백 횟수가 적어도 정보를 얻을 수 있지만, 피드백 정보가 구체적으로 제공되어야 한다.
⑦ 초보 학습자에게는 학습동기를 유발하고, 그들의 노력을 인정할 수 있는 모든 피드백이 필요하다.

체크포인트 수업 관찰 도구를 통해 보여주는 피드백 제공의 문제점을 Metzler의 피드백 제공 수칙 7가지 가운데서 골라 쓸 수 있어야 한다.

007　　2002

정답 ① 구체적인 목표 설정
② 측정 가능한 목표
③ 도전적인 목표
④ 성취 가능한 목표
⑤ 적절한 목표
⑥ 시간을 정해둔 목표
⑦ 목표 설정 과정에 학습자 참여

체크포인트 Vealey의 목표설정 SMART를 기억해 두자.

008　　2003

정답 ① 특징 : 선택중심 교육과정으로 구성되어 있다.
② 일반 선택 과목 : 체육, 운동과 건강

체크포인트 신 교육과정에서 학년(군)의 특징과 과목명을 필수로 알아야 한다.

009　　2003

정답 ① 가치 정향 : 내용숙달 중심사조
② 각 모형의 단점 : 움직임분석모형은 지나치게 인지적 영역에 치우치고, 체력교육모형은 지나치게 심동적 영역에 치우친다.

체크포인트 각 모형에서 강조하는 가치 정향을 정확하게 알고 있어야 한다.

010　　2003

정답
10-1. 의사결정자가 누구인가
10-2. 유도발견형 스타일
10-3. 확산발견형 스타일

체크포인트 (빈출) 수업 상황을 보고 교수 스타일을 구분할 수 있어야 한다.

011　　2003

정답 ① 동료교수 : 교사의 교수기능 책임을 동료 학생에게 이양하는 학습 전략
② 팀티칭 : 두 명 이상이 협력하여 학생들을 가르치는 전략
③ 공통적인 장점 : 즉각적이고 개별적인 피드백 제공이 가능하다.

체크포인트 교수학습 전략들의 특징을 기억해 두자.

012　　2003

정답
12-1. 학생의 책무성
12-2. 동시적 처리

체크포인트 (빈출) Kounin, Ornstein의 학습자 관리전략, 교수기술은 절대 놓쳐서는 안 된다.

013　　2003

정답 ① 교사연구의 명칭 : 현장개선 연구
② 연구절차 : 문제파악 및 개선계획 마련 – 실행 – 관찰 – 반성

체크포인트 (빈출) 현장개선 연구의 의미, 연구 절차를 알아야 한다.

014　　2003

정답
14-1. 낮다.
14-2. 높다.
14-3. 높다.
14-4. 낮다.

체크포인트 실제성은 제7차 교육과정의 핵심개념이다.

015　2004

정답 ① 게임 소개: 수행될 게임의 분류 및 개관에 대해 설명한다.
② 게임 이해: 게임의 역사와 전통을 가르쳐 줌으로써 게임에 대한 학생의 흥미를 진작시킨다.
③ 전술 이해: 주요한 전술 문제들을 게임 상황에서 제시함으로써 학생의 전술인지를 발달시킨다.
④ 전술 지식의 적용: 전술적 지식의 적용 시기와 방법에 대한 인식을 학생에게 가르치기 위해서 게임유사 학습활동을 활용한다.
⑤ 기술 연습: 게임유사 활동을 통해서 전술적 지식과 기능 수행을 결합시키기 시작한다.
⑥ 실제 게임 수행: 학생은 전술 및 기능 지식의 결합으로 능숙한 수행이 이루어지도록 한다.

체크포인트 전술게임 모형의 수업 단계의 순서와 각 단계별 특징을 알아두어야 한다.

016　2004

정답 A: 가치적 피드백
B: 모호한 피드백
C: 중립적 피드백
D: 교정적 피드백

체크포인트 피드백의 명칭과 유형을 구분할 수 있어야 한다.

017　2004

정답 ①: 적극적 감독
②: 피드백 제공
③: 과제의 수정

체크포인트 적극적 감독의 목적이 출제될 수 있다.

018　2004

정답 ① 규칙은 짧고 명확하여야 한다.
② 규칙은 학생의 연령수준에 적합한 언어나 기호로 전달한다.
③ 내용 범주가 5~8개 사이여야 전달하기 쉽고 학생들이 기억하기 쉽다.
④ 가능하면 긍정적인 어법으로 진술한다. 그러나 긍정적인 예와 부정적인 예가 모두 제공되어야 한다.
⑤ 수업 규칙은 학교의 규칙과 일관성을 띠고 있어야 한다.
⑥ 강제적으로 부과할 수 없는, 또는 그럴 의사가 없는 규칙을 만들지 않는다.
⑦ 규칙을 개발할 때 학생의 의견을 반영한다.

체크포인트 Kounin과 Ornstein의 학습자 관리전략, 예방적 수업운영 방법을 알아야 한다.

019　2004

정답 ① 학습자의 운동수행을 향상시킬 수 있어야 한다.
② 학습자의 운동능력을 고려해 최대한의 연습기회를 제공해야 한다.
③ 모든 학습자의 수준에 적합해야 한다.
④ 가능한 한 심동적·인지적·정의적 교육목표를 통합해야 한다.

체크포인트 학습경험 선정 기준을 파악해 두자.

020　2005

정답 ① 발달단계 모형: 자아실현 중심사조
② 체력교육 모형: 내용숙달 중심사조
③ 한계점: 심동적·인지적·정의적 영역의 고른 발달을 추구하지 못한다.

체크포인트 체육수업 모형의 가치 정향과 특징들을 파악하고 있어야 한다.

021　2005

정답 • 방법 1: 교과 내 통합
전략 1: 운동 기능과 학문적 개념의 통합
전략 2: 운동 기능과 인지적 기능의 통합, 운동 기능과 정의적 영역의 통합
• 방법 2: 교과 간 통합
전략 1: 접속형
전략 2: 공유형, 동업형

체크포인트 Fogarty, Monshen의 통합 방법을 알고 있어야 한다.

022 2005

정답 • 티칭 스타일의 명칭 : 포괄형 스타일
• 공통점 : 학생들의 다양한 수준을 고려한 수준별 수업이 가능하다.

체크포인트 (빈출) 체육 교수 스타일 구분

023 2005

정답 • 개념 : 높은 성공률을 보이며 학습과제에 참여한 시간
• 이유 : 다양한 난이도를 제공함으로써 모든 학생들은 높은 성공률을 보이며 학습 과제에 참여할 수 있다.

체크포인트 (빈출) 실제학습시간의 개념, 실제학습시간에 포함된 요소, 확보 방안을 알고 있어야 한다.

024 2005

정답 • 박 교사의 과제 설계 방식 특징 : 동일한 거리에서 넘어야 하는 허들의 개수를 달리하여 난이도를 다양하게 설정했다.
• 과제 설계 방식의 사례 : 허들의 높이를 다르게 하여 난이도를 다양하게 설정한다.

체크포인트 난이도를 구성하는 과제의 내적 요소와 외적 요소를 구분하여 파악해야 한다.

025 2005

정답 • 수업 모형의 명칭 : 동료교수 모형
• 영희의 역할 : 동료교사
학습 영역의 1순위 : 인지적 영역

체크포인트 (빈출) 수업 모형과 학습 영역 간 우선순위, 학습 선호도가 자주 출제된다.

026 2005

정답 • 가장 큰 영향을 준 수업 모형의 명칭 : 직접교수 모형
• 가장 큰 영향을 준 수업 모형의 특징 : 교사가 모든 의사결정권을 갖고 행사한다.

체크포인트 (빈출) 수업 모형과 학습 영역 간 우선순위, 학습 선호도가 자주 출제된다.

027 2005

정답 • 두 가지 과제 구조 전략의 명칭 : Jigsaw, TGT
• 두 번째 과제 구조 전략의 주요 장점 : 기능 수준이 낮은 학생도 팀을 위해 공헌할 수 있다.

체크포인트 (빈출) 협동학습 모형에 적용되는 전략과 특징을 파악해 두어야 한다.

028 2005

정답 • 자기통제(자기조절) 피드백 정보제공 방식의 개념 : 교사로부터의 일방적인 정보 제공이 아닌 학습자의 요구와 상태에 따른 교사와 학습자 간의 상호적인 의사 전달 과정을 통하여 정보가 제공된다.
• 자기통제(자기조절) 피드백 정보제공 방식의 장점 : 학습자 스스로 인지 전략을 세워 능동적으로 학습과제에 참여한다. 학생과 교사의 상호작용을 높일 수 있다.

체크포인트 자기통제 피드백의 개념과 장점을 기억해 두자.

029 2005

정답 • ⓐ의 의미 : 서브 시 높이 뜨지 않도록 하여 실제 경기에서 활용할 수 있도록 조치했다.
• ⓑ의 의미 : 5점 지역에 가까운 미스 지역은 실제경기에서 상대방의 리턴을 유도할 수 있으므로 1점을 부여했다.
• 수행평가적 특징 : 실제 경기에서 활용할 수 있도록 실제성을 확보했다. 서브를 넣을 수 있는 방법에 그치지 않고 실제 경기에서 사용할 수 있는 능력을 평가한다.

체크포인트 수행평가의 의미와 실제성의 의미를 이해해 두자.

030 2006

정답 • 김 교사의 교육과정 사조 : 내용숙달 중심사조
• 박 교사의 교육과정 사조 : 학습과정 중심사조
• 체육 교육과정 모형의 명칭 : 움직임분석 모형
• 교사의 역할 :
① 개념적 지식의 전달
② 지식활용을 돕는 과제개발
③ 타 교과 영역과의 연계
④ 발달단계에 적합한 학습과제의 준비

체크포인트 (빈출) 사조, 모형과의 관계, 교사의 역할을 알고 있어야 한다.

031 2006

[정답] • ㉮의 명칭과 개념 : 구성화. 학습한 움직임을 개인적으로 독특한 운동 설계 방식과 결합하거나, 운동 수행자에게 새로운 움직임 유형을 고안하는 것
• ㉯의 명칭과 개념 : 인지화. 움직이는 동안 신체 관련성과 자아를 인지하는 것

체크포인트 (빈출) 목표과정 개념틀(PPCF) 완벽하게 암기하기

032 2006

[정답] • 교육과정 유형 : (나선형) 교육과정
• 장점 : 체계적 지식 습득이 용이하고 지식의 전이가 높다.
• 단점 : 전인교육에 소홀해지고 깊은 계열성으로 인한 학업 격차가 심해진다.

체크포인트 나선형(학문중심) 교육과정은 일반교육학에서도 다룰 수 있으므로 관심 있게 정리하자.

033 2006

[정답] • 2가지 시간 : ㉮ (과제참여시간)
㉯ (실제학습시간)
• ㉮와 ㉯의 관계 : 실제학습시간은 높은 성공률을 보이며 과제에 참여한 시간이므로 과제참여시간은 실제학습 시간을 포함하고 있다.

체크포인트 (빈출) 체육 수업에 사용된 시간들과 실제학습시간 확보 방안을 알고 있어야 한다.

034 2006

[정답] • 3차시 통합 전략 : 운동 기능과 학문적 개념의 통합
• 5차시 통합 전략 : 운동 기능과 정의적 영역의 통합

체크포인트 Fogarty, Monshen의 통합 방식을 알고 있어야 한다.

035 2006

[정답] • 문제점 : 창조 중심의 교수 스타일만 옳다고 생각하고 있다.
• 개선 방향 : 다양한 교수 스타일을 섭렵하여 상황에 맞는 최적의 교수 스타일을 적용할 수 있어야 한다.

체크포인트 모스톤의 체육 교수 스타일에 적용되는 패러다임의 전환 3가지를 알아두자.

036 2006

[정답] • 수업 모형 : 직접교수 모형
• 티칭 스타일 : 지시형 스타일
• 목적 ① : 정확한 수행
② : 일관된 수행
③ : 안전한 수행

체크포인트 (빈출) 교수 스타일과 수업 모형 구분하기 필수

037 2006

[정답] • 교사의 질문 : 크라우칭 스타트는 육상의 어떤 종목에서 사용하는 스타트법인가요?
• 목표 수준의 명칭 : 평가
• 근거 : 중심선과 기저면의 역학적 원리를 바탕으로 철수의 스타트 자세에 대해 가치 판단을 내리고 있다.

체크포인트 인지적, 정의적, 심동적 영역의 목표 수준 파악하기

038 2006

[정답] • 2가지 지식 범주 : ㉮ (내용 지식)
㉯ (수업방법지식 - 내용 교수법 지식)
• 지식 개념의 적용 : 농구의 역사, 규칙, 경기 방법 등에 대해 알고 있는 지식
• 지식 개념의 적용 : 특정 학생들에게 농구 단원을 지도할 수 있는 방법에 대한 지식

체크포인트 (빈출) 슐만(Shulman)의 교사 지식과 메츨러(Metzler)의 3수준 교사 지식은 지속적으로 출제되고 있다.

039   2006

[정답] • 명제적 지식과 연관된 문장의 번호 : ㉠, ㉣
• 방법적 지식과 연관된 문장의 번호 : ㉡, ㉢
• 방법적 지식과 연관되는 체육 영역 : 체육 실기 영역

[체크포인트] 지식 유형 분류

040   2007

[정답] • 사조 : 자아실현 중심사조
• 원천 : 학생
• 모형의 명칭 : 발달단계 모형

[체크포인트] (빈출) 원천, 사조, 모형과의 관계를 정확히 알고 있어야 한다.

041   2007

[정답] • ㉮의 통합 전략 : 운동 기능과 정의적 영역의 통합
• ㉯의 통합 전략 : 운동 기능과 인지적 기능의 통합

[체크포인트] Fogarty, Monshen의 통합 방식을 알고 있어야 한다.

042   2007

[정답] • 최 교사가 작성한 단원 계획안의 단점 : 단편적인 운동 기능만 가르치고 경기 기능은 가르치지도 평가하지도 않는다.
• 박 교사가 도입한 수업 모형의 명칭 : 스포츠교육 모형
특징 : ① (시즌)　　② (팀 소속)
③ (공식 경기)　　④ (결승 행사)
⑤ (기록 보존)　　⑥ (축제화)

[체크포인트] (빈출) 스포츠교육 모형의 목적, 특징 등이 자주 출제되고 있다.

043   2007

[정답] • 스테이션 ㉮의 티칭 스타일 명칭 : 상호학습형 스타일
목적 : 자기 짝과 함께 상호 관계 속에서 학습하며, 교사가 제공한 수행기준에 준하여 짝에게 피드백을 제공한다.
• 스테이션 ㉯의 티칭 스타일 명칭 : 연습형 스타일
목적 : 교사가 개개인에게 과제를 스스로 연습할 수 있는 시간을 제공하고, 피드백을 개별적으로 제공해 준다.
• 스테이션 ㉰의 티칭 스타일 명칭 : 자기점검형 스타일
목적 : 과제를 수행하고 학습자 스스로 자신의 과제수행을 점검한다.
• 스테이션 ㉱의 티칭 스타일 명칭 : 포괄형 스타일
목적 : 과제에 참여하고 과제를 수행할 수 있는 난이도를 선택하고 자신의 활동을 스스로 점검하는 것을 배운다.

[체크포인트] (빈출) 체육 교수 스타일 구분은 필수적으로 묻는다.

044   2007

[정답] • ㉮의 질문 : 드리블을 할 때 수비수가 가까이 있다면 시선을 어디에 두어야 할까요?
• ㉯ 질문의 명칭 : 수렴형 질문
• ㉰ 질문의 명칭 : 가치형 질문
정의 : 취사선택, 태도, 의견 등을 묻는 형태의 질문

[체크포인트] 질문의 유형을 묻는 문제도 종종 출제되고 있다.

045   2007

[정답] • 김 교사가 사용한 기록법 명칭 : 사건기록법
개선점 : 개인에 대한 피드백 제공을 늘려야 한다. 부정적 피드백을 줄이고 긍정적 피드백 제공을 늘려야 한다. 구체적 피드백 제공을 늘려야 한다.
• 박 교사가 사용한 기록법 명칭 : 동간기록법
개선점 : 대기, 이동, 비과제 참여 비율을 줄이고 과제참여 비율을 늘려야 한다.

[체크포인트] (빈출) 교수사정 도구의 명칭과 특징은 자주 출제된다.

046 2008

[정답]
- 박 교사의 한계점 : 학생들의 수준, 흥미 등을 고려하지 않고 무조건 남·여학생을 섞어서 편성해야 한다고 생각하고 있다.
- 강 교사의 모둠 편성 방식의 문제점 : 수준에 대한 고려 없이 남학생과 여학생을 분리하여 팀을 편성했다.
- 최 교사의 모둠 편성 방식의 특징 : 남·여학생을 섞어서 흥미와 기능 수준이 유사한 모둠으로 편성했다.

[체크포인트] 교육과정에서 제시하고 있는 수준별 모둠 편성에 대한 내용을 관심 있게 살펴보아야 한다.

047 2008

[정답]
- 체육 교육과정의 모형 : 움직임분석 모형
- 체육 교육과정의 가치 정향 : 내용숙달 중심사조 + 학습과정 중심사조
- ㉠ 방향 차원의 목표 : 농구의 드리블을 전, 후, 좌, 우로 이동할 수 있다.
- ㉡ 수준 차원의 목표 : 농구의 드리블을 높고 낮게 하며 이동할 수 있다.

[체크포인트] 각 모형에서 제시하고 있는 개념틀을 이해하고 있어야 한다.

048 2008

[정답]
- 올바르게 활용한 교사 : 정 교사
이유 : 교수자와 학습자의 역할이해를 통한 기능 습득에 적합한 동료교수 모형을 활용하고 있다.
- 수업 모형의 명칭 : 탐구수업 모형
- 교수 스타일의 명칭 : 유도발견형 스타일
- 이유 : 발문을 통한 이해와 적용을 위해서는 탐구수업 모형이나 유도발견형 스타일을 활용해야 한다.

[체크포인트] (빈출) 수업 모형과 교수 스타일 적용은 매해 빠지지 않고 출제된다.

049 2008

[정답]
- 개별화지도 모형의 주제 : 학습 진도는 학생이 결정한다(가능한 한 빨리, 필요한 만큼 천천히).
- ㉠의 명칭 : 개인 학습지
- 장학의 명칭 : 동료 장학
- 장학 내용의 문제점 : 장학을 담당하는 동료교사가 개별화지도 모형에 대한 지식 없이 직접교수 모형 측면에서만 조언을 해주고 있다.

[체크포인트] 각 모형의 주제와 특징, 장학의 유형을 기억해 두자.

050 2008

[정답]
- ⟨가⟩의 명칭 : 1인 연습법
특징 : 자신이 혼자 거울을 보거나 비디오 녹화하는 방법으로 교수기능을 개선하는 방법
- ⟨나⟩의 명칭 : 동료교수법
특징 : 소집단의 동료들로 모의 수업장면을 만들어 교수기능을 연습하는 것
- ⟨다⟩의 명칭 : 마이크로티칭
특징 : 제한된 범주 내에서 한 가지 구체적 내용으로, 소수의 학생을 대상으로 연습하는 방법

[체크포인트] 교수기능 연습법과, 단계, 장학을 묻는 문제가 자주 출제되고 있다.

051 2008

[정답]
- 김 교사의 인간관 : 심신이원론
수업 목표 : 심동적 영역
- 최 교사의 인간관 : 심신일원론
수업 목표 : 인지적 영역

[체크포인트] 신체관을 비교하여 구분해 두자.

052　2008

정답
- 신체 활동의 명칭 : 체조
- 당시 신체 활동을 통해 이루고자 했던 목표 : ① 애국심 고취 ② 체력증진
- 관련성이 깊은 체육 사조 : 본질주의
- 중점적으로 추구하는 체육과의 교육목표 : ① 체력증진 ② 운동 기능 향상

체크포인트 독일체육의 특징을 파악해 두어야 한다.

053　2009

정답 ⑤

해설 ⑤ 폐쇄 기능의 교수에 필요한 학습 단서의 선택은 동작 자체의 수행에 중점을 두어야 한다.

체크포인트 학습 단서의 구분과 활용을 알아두어야 한다.

054　2009

정답 ④

해설 ㄹ(1차 교육과정) - ㄴ(2차 교육과정) - ㄱ(3차 교육과정) - ㄷ(5차 교육과정)

체크포인트 교육과정의 변천을 반드시 알아두어야 한다.

055　2009

정답 ⑤

해설 ① A, B 유형에서는 학습자가 과제의 종류와 수행시간을 선택한다.
② C 유형에서는 과제마다 난이도를 다르게 제공하게 되면 과제진척의 문제가 발생한다.
③ D 유형은 각 스테이션마다 동일한 과제를 제시하면 이동시간만 증가하게 된다.
④ 4개 유형은 스테이션마다 연습식 스타일뿐만 아니라 다른 스타일에서도 효과적으로 활용될 수 있다.

체크포인트 스테이션의 4가지 종류를 알아둘 필요가 있다.

056　2009

정답 ⑤

해설 ① 모든 팀에게 동일한 학습 과제와 연습 시간을 주며, 팀 점수는 팀원의 개별 점수를 합하여 만든다. (STAD)
② 각 팀에서 1등, 2등, 3등 4등 점수를 받은 학생은 다른 팀의 같은 등수인 학생의 점수와 비교한다. (TGT)
③ 팀원은 스스로 또는 다른 팀원의 도움을 받으면서 과제를 연습하고, 다른 팀원이 과제 수행 결과를 평가한다. (TAI)
④ 각 팀원은 전문가 집단을 구성하여 학습 내용을 익히고 난 후 자신의 팀으로 돌아가 다른 팀원을 가르친다. (GI)
⑤ 교사의 체계적인 계획과 지도에 의해 학생들이 서로 짝을 이루어 역할을 교대하면서 상대방의 학습을 돕는다. (동료교수 모형, 상호학습형 스타일에 대한 설명이다.)

체크포인트 (빈출) 협동학습 모형의 전략의 종류와 활용 방법을 알아두어야 한다.

057　2009

정답 ④

해설 ㄴ. F~K 스타일군에서는 가변적인 학습 주제, 개념, 원리, 전략으로의 지식이 주제로 선정될 수 있다.
ㄹ. H 스타일에서 학습자는 특정 문제에 대한 다양한 설계, 해답, 반응을 발견하는 역할을 한다.
ㅁ. A~J 스타일군에서 학습자는 신체적, 사회적, 인지적, 도덕적 발달의 경로에서 독특하게 영향을 받는다.

체크포인트
- 스펙트럼의 필요성 4가지를 반드시 암기해야 한다.
- 스타일의 명칭뿐만 아니라 알파벳으로도 기억해야 한다.
- 각 스타일의 특징은 매해 출제된다고 생각해 두어야 한다.

058 2009

정답 ③

해설

	교과내용 목표	행동 목표
①	지정된 관찰자와 수행자의 역할을 반복함으로써 교과내용을 자기 것으로 소화해 낼 수 있다. (상호학습형)	자신의 과제수행을 확인할 수 있는 평가 기준을 사용하며, 과제수행에 대한 정직성을 유지한다. (자기점검형)
②	과제를 스스로 연습할 수 있으며, 이를 통하여 내용을 학습하고 내재화할 수 있다. (연습형)	그룹의 기준에 맞추어 단체정신을 강화하며, 모두 일체가 되는 모습을 보인다. (지시형)
④	제시된 모델을 빠르게 모방할 수 있으며, 정확하고 정밀하게 수행할 수 있다. (지시형)	9가지 의사결정을 실시해 봄으로써 학습자의 독자성을 초보적 수준에서 경험한다. (연습형)
⑤	과제를 독립적으로 수행할 수 있으며, 자신의 과제 수행에 대한 오류를 수정할 수 있다. (자기점검형)	동료와 함께 피드백을 주고받는 방법과 사회적인 태도를 학습한다. (상호학습형)

체크포인트 (빈출) 각 스타일의 두 가지 목표(내용 목표, 행동 목표)는 기본적으로 알아야 한다.

059 2009

정답 ① 김 교사 : 응용 과제, 이 교사 : 확대 과제, 박 교사 : 세련 과제

체크포인트 (빈출) 링크의 과제발달은 해마다 출제된다고 생각해 두어야 한다.

060 2009

정답 ②

해설 ㄱ. 사건기록법으로는 지속성을 알 수 없다.
ㄴ. 교정적 피드백 제공을 늘려야 한다.
ㄹ. 부정적 피드백을 줄여야 한다.
ㅁ. 문제와 직접 관련은 없으나 Siedentop은 사회적 행동 제지 시 단호해야 한다고 주장하고 있다.

체크포인트 (빈출) 교수사정 도구의 명칭과 특징을 파악해야 한다.

061 2009

정답 ②

해설 ㄱ - 유형화, ㄴ - 인지화, ㄷ - 적용화, ㄹ - 다양화, ㅁ - 세련화, ㅂ - 즉흥화

체크포인트 (빈출) 목표과정 개념틀(PPCF)을 정확하게 암기해 두어야 한다.

062 2009

정답 ③ ㄱ - 조직화, ㄴ - 인격화, ㄷ - 가치화, ㄹ - 감수, ㅁ - 반응

체크포인트 딱 한 번 출제된 문제이다. 단시간에 소화가 가능하므로 섭렵해 두어야 한다.

063 2009

정답 ①

해설 ① 학생의 성취도를 높이뛰기 기록 위주로 평가하려고 한다. (질적 평가도 고려하고 있음)

체크포인트 문제에서 제시하고 있는 교수학습 목표, 활동, 평가의 일관성을 반드시 체크해 두어야 한다.

064 2009

정답 ④

해설 ㄱ. 해설서에 제시된 내용이 적합하지 않다는 고민을 말하고 있는데 그대로 해보라는 쓸데없는 소리를 하고 있다.
ㄹ. 학교 현장의 자율성은 생각도 하지 말라는 뜻인가?

체크포인트 교육과정의 해석, 실행, 개선에 대한 의미를 알아두어야 한다.

065 2010

정답 ②

체크포인트 • 교수학습 전략을 구분해 두어야 한다.
• 교수사정 도구의 구분과 특징을 파악해 두어야 한다.

066　2010

정답 ③

해설 ㉠ 환경 지식, ㉡ 내용 교수법 지식, ㉢ 교육과정 지식

체크포인트 (빈출) 슐만(Shulman)의 교사지식, 메츨러(Metzler)의 3수준 지식은 지속적으로 출제된다.

067　2010

정답 ②

해설 ㉡ 체육 교사가 핸드볼 슛을 가르칠 때 회전능률의 개념을 함께 가르치는 방법은 운동 기능과 과학적 원리를 통합하는 접속형 통합의 방식으로, 움직임교육 모형에서 활용할 수 있다.

체크포인트 통합의 의미와 종류를 반드시 체크해 두어야 한다.

068　2010

정답 ⑤

해설 ㄱ. 문제의 제시 - ㄴ. 문제에 대한 유도 설명 - ㄷ. 분석, 평가, 논의를 위한 발표 - ㄹ. 문제의 규명 - ㅁ. 최종 해답의 규명 및 정교화

체크포인트 틸라선(Tillotson)의 문제 해결 5단계의 단계별 특징과 순서를 반드시 기억해야 한다.

069　2010

정답 ②

체크포인트 각 수업 모형의 수업주도성 프로파일을 반드시 기억해야 한다.

070　2010

정답 ③

해설 ① 기록 보존
② 공식 경기
④ 결승 행사
⑤ 축제화

체크포인트 (빈출) 스포츠교육 모형의 목적, 특징 등은 계속 반복 출제되고 있다.

071　2010

정답 ③ ㉠ : 신호 간섭, ㉡ : 적극적 연습, ㉢ : 2단계

체크포인트 (빈출) Ornstein & Levin, Siedentop, Kounin의 학습자 관리전략, Hellison의 책임감 발달 단계 역시 지속적으로 출제되고 있으므로 반드시 섭렵해 두어야 한다.

072　2010

정답 ④

해설 ㉠ 지시형 과제활동 중 결정군 → 연습형 과제활동 중 결정군
㉡ 연습형 과제활동 후 결정군 → 상호학습형 과제활동 후 결정군
㉢ 포괄형 과제활동 중 결정군 → 유도발견형 과제활동 중 결정군
㉣ 수렴형 과제활동 후 결정군 → 확산발견형 과제활동 후 결정군
㉤ 확산발견형 과제활동 중 결정군 → 자기설계형 과제활동 중 결정군

체크포인트 과제활동 전·중·후 결정 권한의 변화는 반드시 다시 물어볼 수 있는 문제이므로 확실하게 파악하고 있어야 한다.

073　2010

정답 ①

해설 ① 경기 분석 능력에 대한 평가는 포함되어 있지 않다.
② 2개조 경기 시 나머지 1개 조가 심판과 기록을 함으로써 상호평가 방식을 활용했음을 알 수 있다.
③ 경기 예절 실천 횟수와 세트 득실을 기록함으로써 양적평가를 활용했음을 알 수 있다.
④ 5차시에 걸쳐 리그전을 수행하면서 기록을 남겼으므로 학습의 과정을 평가했음을 알 수 있다.
⑤ 경기예절 실천 횟수와 경기 결과를 기록하고 총점을 산출함으로써 경기 수행 능력을 평가했음을 알 수 있다.

체크포인트 주어진 표를 꼼꼼하게 읽고 기술하는 연습이 필요하다.

074 2010

정답 ④

해설 ㄱ. STAD 전략의 모습은 보이지 않는다.
ㄴ. 기본 춤사위 연습의 집단별 연습을 직소 전략을 통해 수행하고 있다.
ㄷ. 다양한 난이도 과제를 제시하는 포괄형 스타일의 모습은 보이지 않는다.
ㄹ. 질문 및 차시 예고에서 확산형 질문을 활용하고 있다.
ㅁ. 기본 춤사위 연결 동작연습과 평가에서 상호학습형 스타일을 활용하여 교사가 제시한 기준에 따라 동료 간 즉각적인 피드백을 제공하도록 하고 있다.

체크포인트 교수학습 과정 안에 제시된 수업 상황을 정확하게 파악하는 것이 중요하다.

075 2010

정답 ④

해설 ㄱ. 교육청 수준
ㄴ. 국가 수준
ㄷ. 교사 수준 - 단원 전체
ㄹ. 학교 수준
ㅁ. 교사 수준 - 각 차시별 세부사항

체크포인트 교육과정 (문서) 수준을 파악하고 있어야 한다.

076 2011

정답 ②

해설 (가) 3차 교육과정 - 학문중심 교육과정
(나) 5차 교육과정 - 중등학교에 체력운동 신설
(다) 7차 교육과정

체크포인트 교육과정 변천의 특징과 시기 순 나열 문제가 가끔 출제되고 있다.

077 2011

정답 ④

해설 (가) - ㄴ - 움직임분석 모형
(나) - ㄷ - 스포츠교육 모형
(다) - ㄱ - 개인의미 모형

체크포인트 원천, 사조, 체육 교육과정과의 관계 그리고 교사의 역할이 지속적으로 출제되고 있다.

078 2011

정답 ①

해설 ㄱ. 심동적 영역
ㄴ. 심동적 영역
ㄷ. 심동 혹은 인지적 영역
ㄹ. 인지적 영역
ㅁ. 인지적 영역
ㅂ. 심동적 영역

체크포인트 수업 모형별 학습 영역의 최우선 순위, 학습 선호도는 반드시 알고 있어야 한다.

079 2011

정답 ①

해설 저는 요즘 청소년들의 체력이 저하되고 있는 것이 안타깝습니다. 체력의 요소와 이를 증진할 수 있는 운동 방법을 정확히 아는 것이 중요한데, 요즘 청소년들은 이를 잘 모르고 있는 것 같습니다. (체력발달을 강조하고 있으므로 체력교육 모형) 평소 우리 학생들이 체력 운동을 많이 힘들어하니 올해는 제가 체력 증진프로그램 모듈을 만들어서 학생들이 스스로 운동할 수 있도록 지도하려고 합니다. (개별화지도 모형) 특히, 작년에는 학급 인원이 너무 많아서 학생의 체력 차이를 고려하지 못했는데, 이번에는 이를 해결할 방법을 찾아야겠습니다. (학생들의 다양한 체력 수준을 고려하고 있으므로 포괄형 스타일)

체크포인트 (빈출) 원천, 사조, 체육교육 모형의 관계, 수업 모형과 수업 스타일의 특징을 파악해야만 한다.

080　2011

정답 ⑤

해설 문제에서 제시된 수업 스타일은 유도발견형 스타일이다.
① 교사는 주도적으로 수렴형 질문을 설계해야 한다.
② 질문이 집단에게 주어졌을 때, 누군가의 정답이 드러나게 되면 나머지 학생들의 사고과정이 종료되므로 1:1 상황에서 더욱 효과적이다.
③ 교사는 학생의 답에 대해 지속적인 피드백을 통해 상호작용을 하게 된다.
④ 주제는 사전에 모르는 것이어야 한다.
⑤ 지시형 스타일처럼 모든 과제 활동 전, 중, 후에 교사가 의사결정에 참여한다. ($T - T_L - T_L$)

체크포인트 똑같은 문제가 두 번(2011년, 2019년) 출제된다. 각 스타일 적용 시 주요 특징들을 파악해 두어야 한다.

081　2011

정답 ④

해설 ㉠ 조건: 5가지 줄넘기 동작 중 3가지 동작, 수락기준: 순서대로 각각 30회 이상씩 연속적으로, 행동: 실시할 수 있다.
㉡ 확산형 질문에 해당한다.
㉢ 환경적 조건이 변하지 않으므로 폐쇄 기능에 해당한다.
㉣ 본시 학습에는 직접적인 도움이 되지 않지만 필요한 교사 행동이므로 간접기여 행동에 해당한다.
㉤ 수업을 촬영하여 영상을 통해 선배 교사에게 지도를 받는다고 하므로 동료장학에 해당한다. - 영상을 스스로 분석하겠다고 하면 자기장학에 해당함

체크포인트
• Mager의 학습목표 진술 요소, ABCD 법칙을 정리해 두자.
• Baird의 발문의 유형 4가지를 기억해 두자.
• Gentile의 운동기능 분류 기준과 유형은 자주 출제되고 있다.
• 수업 중 교사행동 3가지 유형은 2011년도에 딱 한번 출제되었다. 다시 나올 수 있으므로 3가지를 정확하게 구분해 두자.
• 장학의 유형은 종종 출제되고 있다. 주는 점수이므로 실수를 하지 않으면 된다.

082　2011

정답 ③

해설 ① 적절한 드리블 시간이 증가했다.
② 대기 시간과 이동 시간이 감소되었다.
③ 운동 참여 시간 - 드리블 연습은 20분으로 동일하다.
④ 과제 이탈 시간이 감소되었으므로 참여 시간은 증가했다.
⑤ 장학의 궁극적 목표는 실제학습시간의 증가이므로 장학의 효과가 나타났다고 볼 수 있다.

체크포인트 체육 수업에서 사용되는 시간의 종류와 깔때기 효과를 알아두자.

083　2011

정답 ⑤

해설

연수 일정	연수 내용
1주차	교육 목적 지식
2주차	내용 지식
3주차	수업 방법 지식
4주차	수업 방법 지식
5주차	수업 방법 지식
6주차	내용 지식
7주차	교육 환경 지식

체크포인트 Shulman의 교사 지식과 Metzler의 3수준 교사 지식은 필수로 알아야 한다.

084　2011

정답 ④

해설 ㉠ Fogarty의 교과 내 통합
㉡ 수렴형 질문
㉢ 가치적 - 구체적 피드백
㉣ 신호 간섭

체크포인트
• Fogarty, Monshen의 교과통합방식을 알고 있어야 한다.
• 수렴형 발문과 확산형 발문을 구분하는 문제는 자주 출제되고 있다.
• 피드백 유형 분류 9가지를 기억해 두자.
• 운영 행동과 지도 행동을 구분하는 기준을 정확하게 파악해 두자. (두 차례 출제됨)
• Kounin, Ornstein & Levin, Siedentop의 학습자 관리 전략 암기는 필수!

085 2012

정답 ④

해설 (가) 면접법, (나) 프로젝트법, (다) 관찰법, (라) 포트폴리오

체크포인트 수행평가 방법을 묻는 문제가 가끔 출제되고 있다.

086 2012

정답 ①

해설

	가치 정향	수업 모형
김 교사	사회개혁 중심사조	TPSR 모형
문 교사	학습과정 중심사조	탐구수업 모형
한 교사	생태통합 중심사조	협동학습 모형

ㄱ. 김 교사의 가치 정향 : 사회개혁 중심사조
ㄴ. 문 교사의 가치 정향 : 자아실현 중심사조
ㄷ. 한 교사의 가치 정향 : 내용숙달 중심사조
ㄹ. 김 교사의 수업 모형 : 협동학습 모형
ㅁ. 문 교사의 수업 모형 : 탐구수업 모형
ㅂ. 한 교사의 수업 모형 : 개별화지도 모형

체크포인트
• (빈출) 원천, 사조, 모형의 관계, 교사의 역할이 계속 출제된다.
• (빈출) 체육수업 모형의 구분과 특징을 파악해야만 한다.

087 2012

정답 ⑤

체크포인트 (빈출) 평가에 적용되는 일반적인 원리, 교육과정 문서에서 제시하고 있는 평가방법 및 유의사항은 반드시 알아두어야 한다.

088 2012

정답 ③

해설 (가) 영상 (나) 언어적 상징
(다) 시범 (라) 직접경험
ㄱ. X
ㄷ. X

체크포인트 데일(E. Dale)의 경험의 원추는 전공에서 딱 한번 출제되었다. 다시 출제될 수 있으므로 반드시 기억해 두자.

089 2012

정답 ①

해설 (가) 확장 (나) 확장 (다) 정보 (라) 응용 (마) 세련

체크포인트 (빈출) 링크(Rink)의 과제발달은 지속적으로 출제된다. 반드시 암기 필수

090 2012

정답 ④

해설

	김 교사	이 교사
발전 1단계	연습식 스타일	유도발견형 스타일
발전 2단계	스포츠교육 모형	전술 게임 모형

체크포인트 (빈출) 체육 교수 스타일과 체육수업 모형의 구분과 특징은 매해 출제된다.

091 2012

정답 ①

해설 ① (가) - 긍정적, 외재적 피드백에 해당한다.

체크포인트 피드백의 종류가 가끔 출제된다.

092 2012

정답 ⑤

해설 ㄱ. 학기 초에는 옳고, 학기 중에는 옳지 않다.

체크포인트 체육 수업의 효과성과 효율성을 위한 다양한 각도에서의 접근을 이해하고 있어야 한다.

093 2012

정답 ②

해설 운영 행동 - ㄱ, ㄷ, ㅁ
지도 행동 - ㄴ, ㄹ, ㅂ, ㅅ

체크포인트 운영 행동과 지도 행동을 구분하는 문제가 다시 출제될 수 있다.

094 2013

정답 ④

해설 (가) 임상 장학
(나) 동료 장학
(다) 자기 장학
ㄴ. 문제가 있다면 초임뿐만 아니라 경력교사도 대상이 된다.
ㄷ. 결과를 행정가에게 제공할 필요는 없다.

체크포인트 장학의 종류와 특징이 가끔 출제된다.

095 2013

정답 ⑤

해설 김 교사 : 문서적 수준, 내용숙달 중심사조
이 교사 : 실천적 수준, 자아실현 중심사조
박 교사 : 실천적 수준, 학습과정 중심사조

체크포인트
• 교육과정 수준을 묻는 문제가 가끔 출제된다.
• 사조를 묻는 문제는 자주 출제되고 있다.

096 2013

정답 ④

해설 (가) 창조보다 모사를 강조한다.
(다) 지적 수준은 짝을 구성하는 기준에 포함시켜서는 안 된다.
(바) 연습형 스타일에서 적용되는 회상 기법에 대한 설명이다.

체크포인트 (빈출) 체육 교수 스타일의 특징을 파악해 두는 것은 필수이다.

097 2013

정답 ④

해설 ㄱ. (가)와 관련해 '2009 개정 교육과정에 따른 체육과 교육과정'의 영역형 경쟁 활동에서는 팀의 공동목표를 위해 스스로의 역할에 책임을 다하는 '페어플레이' 정신을 내용 요소로 제시하고 있다.
ㄴ. (나)의 체육수업 모형은 '전술 게임 모형(tactical games model)'이며, 게임을 변형할 때에는 대표성과 과장성을 반드시 포함해야 한다.

체크포인트
• 교육과정 문서에서 제시하고 있는 내용 요소를 모두 암기해야 한다.
• 전술 게임 모형에서 모의 활동에 포함해야 할 두 가지 요소인, 대표성과 과장성의 개념이 다시 출제될 것이다.
• 슐만(Shulmnan)의 교사 지식은 단골출제문제이다.
• 브로피(Brophy)의 동기유발 전략 3수준은 반드시 알아야 한다.
• 단서의 종류 역시 가끔 출제되고 있다.

098 2013

정답 ②

해설 (가) 루브릭은 평가 기준을 공유하는 것이므로 피드백으로 제공해줄 수 있다.
(라) 정의적 영역과 같이 기준의 모호함에서 오는 객관도를 확보하기 위해서 만든 평가 도구가 루브릭이다.

체크포인트 루브릭을 만드는 절차를 기억해 두자.

099 2013

정답 ③

해설 ㄱ. (가)는 현장개선 연구이다.
ㄷ. (나)는 실행 단계로 특별한 처치과정 없이 있는 그대로의 수업을 실행한다.
ㄹ. 반성 단계에 대한 설명이다.

체크포인트 현장개선 연구의 개념과 절차를 묻는 문제가 가끔 출제되고 있다.

100

정답 ㉠ : 20
㉡ : 기준 수업시수
㉢ : 학년 군

체크포인트 개정 교육과정 총론의 내용은 반드시 암기해 두어야 한다.

101 2014

정답 (가) : 자기설계형 스타일
(나) : 자기점검형 스타일

체크포인트 체육 교수 스타일을 구분하는 문제는 해마다 빠지지 않고 출제된다.

102 2014

정답 ㉠ : 동아리 활동
㉡ : 선택권
㉢ : 순증

체크포인트 개정 체육과 교육과정 문서의 내용을 반드시 암기해야 한다.

103 2014

정답 ㉠ : Jigsaw
㉡ : TGT
잘못 적용된 부분 : 출석번호 순으로 5개 모둠으로 편성 → 진단평가를 통해 집단 내 이질적, 집단 간 동질적 모둠으로 편성
이유 : 집단 내 이질적 모둠 구성으로 집단 내의 협동을 유도하고, 집단 간 동질적 모둠 구성으로 집단 간 경쟁을 유도한다.

체크포인트 (빈출) 협동학습 모형의 전략, 기본 개념 등이 자주 출제되고 있다.

104 2015

정답 ㉠ : 타임아웃
㉡ : 보상손실

체크포인트 (빈출) Siedentop의 학습자 관리전략은 단골로 출제되는 문제이다.

105 2015

정답 ㉠ : 내용 지식
㉡ : 지도 방법 지식
㉢ : 수업 방법 지식(내용 교수법 지식)
A 교육청 : 명제적 지식
B 교육청 : 상황적 지식

체크포인트 (빈출) Shulman의 교사 지식, Metzler의 3수준 교사 지식은 올해도 출제될 것이다.

106 2015

정답 1) ㉠ : 과제 간 발달, ㉡ : 과제 내 발달
2) ㉢ : 시각
3) ① 학생의 사전학습 경험 및 발달 특성 분석
② 시설 및 용기구 확보

체크포인트 (빈출) Rink의 과제발달은 자주 출제된다.

107 2015

정답 1) ① 학생 집단의 다양성 : (나)에 나타난 학생의 학습 유형 특성 분석
② 복합적인 교육목표 : (가)에 나타난 복합적인 단원 목표
③ 통합적인 수업 구조의 필요성 : (다) 단원교수학습 내용에서 1, 2차시는 지시형, 5차시는 포괄형, 6차시는 상호학습형을 적용하고 있다.
2) 학습에 대한 태도에 따라 참여적/회피적
동료나 교사에 대한 시각에 따라 협력적/경쟁적
수업절차에 대한 반응에 따라 독립적/의존적

체크포인트 • 스펙트럼이 필요한 이유가 두 번 출제되었으므로 반드시 4가지를 기억해야 한다.
• 라이크먼과 그레이샤(S. Reichman & A. Grasha)가 제시한 학습 선호 분류 기준은 언제든 다시 나올 것이다.

108 2015

정답 1) ㉠ : 뚜렷하고 선명한 상을 떠올릴 수 있게 하고(선명도) 성공장면을 떠올릴 수 있게 한다.(조절력)
㉡ : 인지루틴(사고체계를 일정하게 유지하는 것), 행동루틴(행동체계를 일정하게 유지하는 것)
2) ㉢ : 신체활동 내용의 학습과 개인적 사회적 책임감의 학습을 분리하지 않는 것
㉣ : 학교 현장에서 배운 책임감을 학교 밖에서도 실천할 수 있도록 하는 것
㉤ : 학생들이 자신의 삶에서 통제 가능한 많은 부분들을 광범위하게 자성적으로 인지하고 실천하도록 배우는 것

체크포인트
• 선명도와 조절력의 개념을 묻는 문제가 다시 출제될 수 있다.
• TPSR 모형의 주제를 묻는 문제가 두 번(2009년, 2020년) 출제되었다.

109 2016

정답 ㉠ : 상규적 활동의 구조화
㉡ : 요약 단서

체크포인트 (빈출) Kounin의 예방적 수업 운영, 학습단의 종류가 자주 출제되고 있다.

110 2016

정답 ㉠ : 대용 보상
㉡ : 학생 : 김○○ (서명)

체크포인트 (빈출) Siedentop의 학습자 관리전략은 자주 출제되고 있으므로 반드시 정리해 두어야 한다.

111 2016

정답 하 교사의 가치 정향 : 내용숙달 중심사조
교육목표 : 농구 기술을 능숙하게 발휘할 수 있다.
내용 : 패스 기술과 캐치 기술

체크포인트 (빈출) 원천, 사조, 체육 교육과정 모형의 관계는 지속적으로 출제되고 있다.

112 2016

정답 ㉠ : 자기점검형 스타일
㉡ : 포괄형 스타일
공통점 : 자신의 과제 수행을 직접 평가한다.
차이점 : 포괄형 스타일은 과제 난이도 수준을 학생이 스스로 선택한다.

체크포인트 (빈출) 교수 스타일의 구분과 특징을 묻는 문제는 계속 출제되고 있다.

113 2016

정답 ㉠ : 기술 연습, 전술적 의사결정을 위해 게임과 연관하여 지도한다.
㉡ : 변형게임, 대표성과 과장성을 포함하여 구성해야 한다.

체크포인트 (빈출) 전술게임 모형은 자주 출제된다.

114 2016

정답 수업 모형 : 학생이 학습 내용을 가장 효과적으로 학습할 수 있도록 교사가 선택하고 활용할 수 있는 포괄적이며 일관성 있는 지도계획이다.
박 교사의 문제점 : 직접교수 모형 한 가지를 모든 수업에 적용하고 있다.
정 교사의 문제점 : 단원 전체에 대한 지도계획인 모형의 개념을 이해하지 못하고 한 차시 수업에서의 목표달성만 고려하고 있다.
박 교사 해결방안 : 다양한 수업 모형을 섭렵하여 가장 효과적이고 효율적으로 학습할 수 있는 모형을 적용할 수 있어야 한다.
정 교사 해결방안 : 단원 전체를 계획하고 목표를 달성할 수 있도록 노력해야 한다.

체크포인트 수업 모형과 관련한 문제는 매해 출제되고 있다.

115 2017

정답 ㉠ : 확산형 질문
㉡ : 외재적 피드백

체크포인트
• 질문의 유형을 구분하는 문제가 종종 출제되므로 Baird의 발문 유형을 기억해 두자.
• 피드백 유형 구분 기준 9가지를 기억해 두자.

116 2017

정답

구분 \ 순위	1위	2위	3위
㉠ 게임 참여 점수	정민(16)	선욱(15)	민서(12)
㉡ 게임 수행 점수	민서(65%)	정민(54.2%)	선욱(49%)

㉠ : 정민, 선욱, 민서
㉡ : 민서, 정민, 선욱

체크포인트 GPAI를 활용한 게임 참여점수와 게임 수행점수 산출법을 알아야 한다.

117 2017

정답 ㉠ : 경기방법과 전략
개인차를 고려한 수준별 평가
㉡ : 과제체계 내 타협
㉢ : 과제체계 간 타협, 운영과제를 잘 지키면 사회적 행동과제를 허용해주는 전략을 사용하고 있다.

체크포인트
• 개정 교육과정 문서의 평가 방법 및 유의사항은 언제든 출제될 수 있다.
• Siedintop의 체육수업 생태는 언제든 다시 출제될 수 있다.

118 2017

정답 ㉠ : 학습자의 연습 수행 동안 개인교사의 지속적인 관찰과 즉각적인 피드백을 제공받을 수 있다.
1) 내용 선정 : 교사가 내용과 순서를 완전히 조정한다.
4) 학습 진도 : 개인 교사와 함께 학습자는 각 연습을 시작할 시기와 지속 시간을 결정한다.
친한 친구끼리 짝을 구성한다.
친하지 않은 친구끼리 짝을 구성한다.
교사는 수행자와 관찰자를 관찰하고 개인교사와 상호작용을 시작한다.

체크포인트 체육수업 모형의 주도성 프로파일을 반드시 암기해 두자.

119 2018

정답 ㉠ : 적극적 연습
㉡ : 세련형 과제

체크포인트 (빈출) Siedintop의 학습자 관리전략, Rink의 과제발달은 매해 출제될 것이다.

120 2018

정답 ㉠ : 스크리미지
㉡ : 리드업 게임

체크포인트 전술게임 모형에서 활용하는 학습 활동들을 알아두어야 한다.

121 2018

정답 (가) : 사건기록법, 긍정적, 부정적 피드백과 칭찬, 역정의 발생빈도를 누가적으로 기록한다.
㉠ : 과잉세분화(집단세분화), 수업운영 시간이 증가하게 된다.

체크포인트
• (빈출) 교수사정 도구의 종류와 특징을 반드시 기억해 두어야 한다.
• Kounin의 예방적 수업운영은 자주 출제되고 있다.

122 2018

정답 (B) : 2007 개정 교육과정 − (A) : 2009 개정 교육과정 − (C) : 2015 개정 교육과정
㉠ : 체육의 본질, 체육과 과학, 체육과 진로
C : 성취기준은 내용체계의 학년별 내용요소와 기능이 융합한 형태이다.

체크포인트 개정 교육과정의 특징과 내용 요소들을 알아두어야 한다.

123 2018

정답 ㉠ : 심폐소생술, 심폐소생술의 중요성과 원리를 탐색할 수 있는 실제 사례 분석과 심폐소생술에 대한 실습을 중심으로 교수학습활동이 이루어지도록 한다.
㉡ : 운동과 건강(운동 손상의 유형과 특성, 안전한 운동 환경)

체크포인트 개정 교육과정의 내용 요소를 암기해 두어야 한다.

124　2018

정답 ㉠ : 실천적 수준, 단원계획안, 교수학습 과정안
㉡ : 팀원간의 긍정적인 상호의존, 일대일의 발전적인 상호작용, 개인의 책무성, 대인관계와 소집단 인간관계 기술, 팀 반성
㉢ : 교육과정 지식
㉣ : 특정 학생에게 어느 교과나 주제를 특정한 상황에서 지도할 수 있는 방법에 대한 지식
㉤ : 실천행위 중 반성, 실천행위 후 반성

체크포인트
- 의사결정 수준에 따른 교육과정 분류를 기억해 두자.
- 협동학습 모형의 주요 특징들을 기억해 두자.
- 슐만의 교사지식은 계속 출제되고 있다.
- 숀의 반성 유형과 현장연구의 개념, 절차를 기억해 두자.

125　2019

정답 ㉠ : 초기곤란단계
㉡ : 1인 연습법

체크포인트 교수기능 발달단계와 교수기능 연습법 역시 종종 출제되고 있다.

126　2019

정답 중년기 : 사회개혁 중심사조, 숙련기 : 자아실현 중심사조
㉠ : 교사에 의해서 직접적으로 제시된다.
㉡ : 교사에 의해서 문서, 매체 등을 활용하여 직접적으로 제시된다.
㉢ : 도전 과제

체크포인트
- (빈출) 원천, 사조, 모형의 관계를 알아두어야 한다.
- (빈출) 수업 모형별 수업 주도성 프로파일과 주요 특징은 자주 출제되고 있다.

127　2019

정답 〈상황1〉 : 행동계약
〈상황2〉 : 공유형, 한 가지 유사한 기능이나 개념을 통하여 두 개 이상의 교과영역 내용을 통합하는 방법
㉠ : 신호간섭, ㉡ : 긴장완화

체크포인트
- (빈출) Siedentop의 학습자 관리전략은 지속적으로 출제되고 있다.
- Fogarty의 통합방식은 종종 출제된다.
- (빈출) Ornstein & Levine의 학습자 관리전략은 자주 출제되고 있다.

128　2019

정답 (A) : 유도발견형 스타일
(C) : 탐구수업 모형, 인지적 영역
㉠ : 교사는 수행자와 관찰자를 관찰하고 관찰자와 의사소통을 한다. 관찰자는 과제기준과 수행자의 운동수행을 관찰하고 수행자에게 피드백을 제공하고 교사와 의사소통을 한다. 수행자는 운동수행을 하고 관찰자로부터 피드백을 제공받는다.
(나) 수렴적인 질문을 제공했다.

체크포인트 (빈출) 체육 교수 스타일과 수업 모형의 구분, 주요 특징들을 반드시 파악해 두어야 한다.

129　2019

정답 ㉠ : 신체수련능력
㉡ : 학생들의 수준을 고려해 다양한 집단을 편성함으로써 모든 학습자들의 성공기회를 보장한다. 여러 집단에 대한 한 명의 교사보다 여러 명의 교사가 함께 지도할 때 보다 높은 비율의 피드백 제공이 보장된다.
㉢ : 운동 기능, 학습 유형
㉣ : 특정집단을 선호하는 교사와 그 집단과의 상호작용, 선입관이나 편견이 있는 언어 사용
㉤ : 포트폴리오

체크포인트 개정 교육과정 문서상의 내용을 꼼꼼하게 파악해 두어야 한다.

130　2020

정답 ㉠ : 과정
㉡ : 응용과제
㉢ : 진이
㉣ : 정과외 체육활동과 연계한 교수학습

체크포인트
- 개정 교육과정의 주요 특징 암기하기
- Rink의 과제발달은 항상 출제된다.
- 체육수업 모형의 주제는 반드시 기억해 두어야 한다.
- 개정 교육과정 문서상의 교수학습의 방향은 반드시 출제되는 문제이다.

131 2020

정답 ㉠: 확산발견형 스타일
㉡: 창조
㉢: 포괄형 스타일, T − L − L

체크포인트 • (빈출) 교수 스타일 구분은 항상 출제되는 문제이다.
• (빈출) 과제활동 전, 중, 후 결정군은 자주 출제되고 있다.

132 2020

정답 ㉠: 완전학습 지향 과제전개
㉡: 내용 교수법 지식(수업 방법 지식)
㉢: 운동예절
㉣: 모둠별로 내용을 공유하고 각 기능별 전문가가 된다.

체크포인트 • Metzler의 과제 전개 전략의 두 가지의 장단점이 출제될 수 있다.
• (빈출) Shulman의 교사 지식은 해마다 출제된다.
• (빈출) 개정 교육과정의 내용 요소는 반드시 암기해 두어야 한다.
• (빈출) 협동학습 전략의 명칭과 특징도 자주 출제되고 있다.

133 2020

정답 ㉠: 창의적 체험활동
㉡: 상황파악(사태파악, 상황이해)
㉢: 지속시간 기록법, 대기, 이동, 교구 설치 및 정리 등의 수업운영 시간을 감소시키고 과제 참여 시간을 증가시킨다.

체크포인트 • 개정 교육과정의 주요 내용을 알아두어야 한다.
• (빈출) Kounin의 예방적 수업운영 전략은 자주 출제된다.
• (빈출) 교수사정 도구의 명칭과 특징은 자주 출제된다.

134 2020

정답 ㉠: 경쟁
㉢: 직접 체험 활동
㉣: 간접 체험 활동
㉤: 정의 − 인지 − 심동

체크포인트 • 수업 모형의 학습 선호도는 종종 출제된다.
• 개정 교육과정의 교수학습의 방향 요소는 새로운 교육과정으로 개정되어도 늘 출제된다.
• 수업 모형의 학습 영역 간 우선 순위도 종종 출제되고 있다.

135 2021

정답 ㉠: 직접 교수
㉡: 최초활동의 통제

체크포인트 • (빈출) 수업 모형 구분은 해마다 출제된다.
• Siedentop의 수업운영 효율성 증진을 위한 교수 기술은 처음 출제되었다.

136 2021

정답 ㉠: 완전교수
㉡: 스테이션
㉢: 일반적 피드백보다 구체적 피드백이 더 효과적이므로 구체적 피드백 제공비율을 늘려야 한다.
지연된 피드백보다 즉각적 피드백이 더 효과적이므로 즉각적 피드백 제공비율을 늘려야 한다.

체크포인트 • 완전교수사정 모델의 도식을 기억해 두자.
• 피드백 제공수칙은 외우는 것보다 문제 상황에서 찾아서 연결하는 것이 중요하다.

137 2021

정답 ㉠: 신체 표현
㉡: 의사소통하기
㉢: 영역의 특성과 학습 주제를 고려하지 못하고 있다.
(가): 자기주도적 교수학습 환경 조성

체크포인트 • 개정 교육과정의 주요 내용을 파악해 두어야 한다.
• 개정 교육과정의 내용 요소 중 기능 요소도 암기해 두어야 한다.
• 개정 교육과정의 교수학습 방향, 교수학습의 방향 요소는 필수로 암기해야 한다.

138 2021

정답 (나) : 가이던스 기법
문제점 : 가이던스에 지나치게 의존하여 내적 감각 피드백을 활용하지 못하게 된다.

체크포인트 가이던스 기법은 다시 출제될 수 있다.

139 2021

정답 ㉠ : 기능연습
㉡ : 학습 활동의 침해

체크포인트
• 전술게임 모형은 자주 출제된다. 주요 특징들을 반드시 파악해 두자.
• Kounin의 수업 흐름을 방해하는 교사행동은 종종 출제되고 있다.

140 2021

정답 ㉠ : 협동학습
㉡ : 개별화지도

체크포인트 (빈출) 수업 모형의 학습 선호도는 자주 출제되고 있다.

141 2021

정답 ㉠ : 기술 수행하기
㉡ : 제자리로 돌아오기
검사도구의 양호도 추정법 : 재검사 신뢰도
(가) : 루브릭

체크포인트
• GPAI의 구성 요소와 게임 참여 점수와, 게임 수행점수 산출법을 알고 있어야 한다.
• 검사도구의 양호도 추정법들을 구분할 수 있어야 한다.
• 루브릭 제작 절차가 출제될 수 있다.

142 2021

정답 ㉠ : 교과내용, 학생, 사회
(가) : 내용숙달 중심사조, 교과내용
㉡ : 단원 계획이 각 학습 활동에 대한 모든 계획을 포함하기 때문이다.

체크포인트
• (빈출) 원천, 사조, 모형의 관계는 자주 출제된다.
• 수업 모형의 주요 특징들을 반드시 파악해 두어야 한다.

143 2022

정답 ㉠ : 실제학습시간
(가) : 동료교수 모형
㉡ : 개인교사, 교사에 의해 매우 직접적으로 이루어진다.

체크포인트
• 실제학습시간의 개념을 가끔 물어보고 있다.
• 실제학습시간 확보방안까지 파악해 두어야 한다.
• 체육수업모형별 수업 주도성 프로파일을 정확하게 파악하고 있어야 한다.

144 2022

정답 ㉠ : 학습과정 중심사조
㉡ : 생태통합 중심사조
㉢ : 공간
㉣ : 수렴형 사고
㉤ : 확산형 사고

체크포인트
• (빈출) 원천, 사조, 모형과의 관계는 자주 출제되고 있다.
• 수렴형 사고와 확산형 사고를 묻는 문제가 종종 출제되고 있다.

145 2022

정답 ㉠ : 개인의 책무성
(가) : TAI
(나) : STAD
(가) : 인지적 영역
(나) : 심동적 영역

체크포인트 (빈출) 협동학습 모형의 특징과 전략들은 자주 출제된다.

146 2022

[정답] (가): 학습자 특성
(나): 교육환경
㉠: 영역형
㉡: 학습활동의 재구성

체크포인트 • (빈출) Shulman의 교사 지식은 계속 출제되므로 반드시 기억해 두자.
• 개정 교육과정 문서상의 용어는 반드시 정확하게 외워야 한다.
• 개정 교육과정 문서상의 교수학습 활동계획은 반드시 파악해 두어야 한다.

147 2022

[정답] ㉠: 집단적 시간표집법
㉡: 동시적 처리
㉢: 위반행동 발생 시 게임활동에 참여할 수 없도록 한다.
㉣: 위반행동 발생 시 농구대회 출전권을 박탈시킨다.

체크포인트 • 교수사정 도구의 명칭과 특징을 반드시 기억해 두자.
• (빈출) Kounin의 예방적 수업운영 전략은 자주 출제된다.
• Siedentop의 행동수정 기법을 반드시 알아두어야 한다.

148 2022

[정답] ㉠: 숙달접근 목표
㉡: 수행접근 목표

체크포인트 엘리엇과 맥그리거(A. Elliot & H. McGregor)의 성취 목표 이원 분류를 파악해 두자.

149 2023

[정답] ㉠: 매 학기
㉡: 2

체크포인트 개정 교육과정의 체육과 각론의 주요 특징은 자주 출제된다.

150 2023

[정답] ㉠: 개인적 발달
㉡: 공간지각
㉢: 창조
순서: ㉥ - ㉣ - ㉧ - ㉤

체크포인트 PPCF를 완벽하게 암기해 두어야 한다.

151 2023

[정답] ㉠: 경기 기능, ㉡: 과학적 원리
㉢: 유도설명
(가) 내용 선정: 교사가 직접 결정한다.
과제제시: 교사가 질문을 통해 직접적으로 제시한다.

체크포인트 • 개정 체육과 교육과정 문서상의 내용을 반드시 알아두어야 한다.
• Tillotson의 문제 해결 과정은 다시 출제될 수 있다.
• 모형별 수업주도성 프로파일은 자주 출제되고 있고, 수험생들이 매우 까다롭게 여기는 부분이다. 완벽하게 암기해 두어야 한다.

152 2023

[정답] ㉠: 초기 곤란단계
㉡: 개방, ㉢: 질적 향상
㉣: 행동계약

체크포인트 • 교수기능 발달단계가 종종 출제되고 있다.
• (빈출) Siedentop의 학습자 관리전략은 자주 출제된다.

153 2023

[정답] ㉠: 기록 보존
㉡: 선수로서의 평가, ㉢: 팀워크
내용 선정: ① 교사가 종목 선정 후 정보제공
② 교사의 범주 제시에 따른 학생의 스포츠 종목 선정

체크포인트 • (빈출) 스포츠 교육모형의 특성은 자주 출제된다.
• (빈출) 모형별 수업주도성 프로파일은 자주 출제된다.

154   2023

[정답] ㉠ : 2
㉡ : 연습형(교사 - 학생 - 교사)
㉢ : 상호학습형(교사 - 수행자 - 관찰자)
㉣ : 기록

[체크포인트] • Hellison의 책임감 발달단계를 수치로도 기억해 두어야 한다.
• (빈출) 체육 수업 스타일의 의사결정 권한은 자주 출제되고 있다.

155   2024

[정답] ㉠ : 2025
㉡ : 생태형 스포츠

[체크포인트] 개정 교육과정 문서는 빈틈없이 외우는 것이 좋다.

156   2024

[정답] A : 일관성 있는 상호작용
㉠, ㉡ : ㉠ - 수업내용 지도 행동에 초점, ㉡ - 수업 운영 행동에 초점
㉢ : 디지털 기술을 활용한 효율적 교수학습
㉣ : 학습자 수준을 고려한 맞춤형 평가

[체크포인트] (빈출) 개정 교육과정 문서는 빈틈없이 외우는 것이 좋다.

157   2024

[정답] ㉠ : 상호작용적, 간접적
옳지 않은 것 : ⓓ - 독립적
㉡ : 수렴발견형

[체크포인트] (빈출) 체육 교수 스타일 문제는 매해 쉬지 않고 출제된다.

158   2024

[정답] 학습 영역 : 심동적 영역
㉠ : 환경요인

[체크포인트] (빈출) 체육수업 모형 역시 매해 출제된다.

159   2024

[정답] 옳지 않은 것 : ⓑ - 난이도에 대해 스스로 점검
㉠ : 모사
㉡ : 창조
교수 스타일 : 자기 설계형 스타일
옳지 않은 것 : ⓔ - 학습자는 자신의 수준을 고려하여 학습 주제를 결정함

[체크포인트] (빈출) 체육 교수 스타일 문제는 꼼꼼하게 알아 두어야 한다.

160   2024

[정답] ㉠ : 자기주도성
㉡ : 134시간에서 102시간으로 감소
㉢ : 스포츠 문화, 스포츠 과학
학점 배당기준 : 기본학점 2학점, 1학점 감축 편성 가능

[체크포인트] (빈출) 개정 교육과정 문서는 꼼꼼하게 외우자.

161   2024

[정답] (가) : 박교사 - 최교사 - 김교사
㉠ : 핸드폰 게임을 하지 않을 때 칭찬한다.
㉡ : 집단 경각
㉢ : 명확한 과제 제시

[체크포인트] (빈출) 수업 운영과 관련한 내용들을 잘 정리해 두어야 한다.

162 2025

정답 기호 순서 : ⓓ - ⓐ - ⓒ - ⓑ
㉠ : 적응하기
㉡ : 기술실행하기

체크포인트 (빈출) 수업 모형 적용의 구체적인 내용들을 상기해 두어야 한다.

163 2025

정답 [A] : ⓑ 수용 - 실천 - 지속 순 → 시도 - 적용 - 구성 순으로
ⓒ : 가치를 내면화하여 실천하는 것 → 신체활동 역량을 기르는 것
단원의 운영 항목 : 학습자 수준을 고려한 교수학습 활동의 다양화
시기순 : ㉢ - ㉣ - ㉠ - ㉡

체크포인트 개정 교육과정 암기의 중요성!

164 2025

정답 ㉠ : 지시형 스타일
㉡ : 가치형 발문
행동기대 : 유도발견형 - 행동기대 없음, 수렴발견형 - 행동기대 있음
ⓐ~ⓒ : ⓒ - 답을 찾지 못하는 학생에게 정답을 알려주지 말아야 한다.

체크포인트 (빈출) 수업 스타일에 대한 꼼꼼한 공부가 필요하다.

165 2025

정답 주도성 : ㉠ - 교사주도, ㉡ - 학생주도
㉢ : 구성주의
가치 정향 : 내용숙달 중심사조
학습 효과성 저해요인 : 계열적이지 않은 구조의 기능들로 과제를 설정한다.

체크포인트 (빈출) 수업 모형의 수업 주도성 프로파일을 잘 암기해 두자.

166 2025

정답 운영 가능 여부 : A - 불가능(기준 수업 시수 감축 불가능), B - 가능(기준 수업시수 증가 가능)
㉠ : 현대표현
개선해야 할 내용 : ⓒ - 심동적 영역의 평가 → 심동, 인지, 정의적 영역의 평가

체크포인트 (빈출) 개정 교육과정 문서를 외우자.

167 2025

정답 ㉠ : 출석 점검 시간의 절약
㉡ : 준거적 과정
㉢ : 효과적인 주의집중 기술 활용
㉣ : 과제체계 간 타협(학습지도 과제체계에 협조하기 위해 사회적 행동 과제체계를 허용하고 있다.)

체크포인트 (빈출) 기출문제의 반복이다.

PART 02 심리학

001   2002

정답
- 지도자 행동 유형(3점) : ① 규정된 행동
② 실제 행동
③ 선호된 행동
- 지도자 행동 유형 간의 관계(2점) : 세 가지 행동 유형이 일치할수록 구성원들의 수행력과 만족도는 높아진다.

002   2003

정답
2-1. ① 성공경험
② 대리경험
③ 언어적 설득
④ 생리적·정서적 각성
2-2. ① 긴장
② 우울
③ 분노
④ 피로, 혼돈

체크포인트
- (빈출) Bandura의 자기효능감 이론은 자주 출제된다.
- Morgan의 빙산형 프로파일은 종종 출제되고 있다.

003   2004

정답
3-1. ① 심박수가 빨라진다.
② 손발이 떨린다.
③ 손에서 땀이 난다.
④ 호흡이 가빠진다.
2-2. ① 점진적 이완
② 체계적 둔감화
③ 바이오피드백
④ 호흡법

체크포인트 불안의 종류와 불안 감소 기법을 정리해 두자.

004   2006

정답
㉮ (광의 - 외적주의)
㉯ (광의 - 내적주의)
㉰ (협의 - 내적주의)
㉱ (협의 - 외적주의)

체크포인트 (빈출) Nideffer의 주의집중 유형은 자주 출제된다.

005   2007

정답 ① 성공경험
② 대리경험
③ 언어적 설득
④ 생리적·정서적 각성

체크포인트 Bandura의 자기효능감 이론은 자주 출제된다.

006   2007

정답
- 〈그림 1〉의 심상 유형 명칭 : 외적 심상
개념 : 3인칭 시점에서 상을 떠올려보는 것이다.
- 〈그림 2〉의 심상 유형 명칭 : 내적 심상
개념 : 1인칭 시점에서 상을 떠올려보는 것이다.

체크포인트 심상의 종류를 묻는 문제는 다시 출제될 수 있다.

007   2008

정답
- 지도자의 특성(리더십 스타일) : 과제지향 리더
- 효과적인 이유 : 지도자와 구성원의 관계가 좋고, 과제의 구조가 명확하며, 지도자의 지위권한이 막강한 상황적 호의성이 좋기 때문이다(고통제상황).

체크포인트 Fiedler의 리더십 유관성 모델이 다시 출제될 때가 되었다.

정답 및 해설 **593**

008   2009

정답 ④ 환경적 자극 제공이 운동참여율 증가에 긍정적인 영향을 미친다.

체크포인트 단순한 그래프 해석 문제이다.

009   2009

정답 ③ 수행 루틴(performance routine)

체크포인트 루틴의 구성요소를 파악해 두어야 한다.

010   2010

정답 ⑤ (가) 노력 (나) 과제 성향

체크포인트
- (빈출) 와이너의 귀인 이론은 자주 출제되고 있다.
- (빈출) Nicholls의 성취목표 성향 이론도 자주 출제되고 있다. 두 가지 성향 구분은 필수이다.

011   2010

정답 ②

해설 ① 운동 기능이 낮은 학생의 경우 인지 불안을 낮추어 준다.
③ 과거에 최고 기록을 보였을 때의 불안 수준을 찾아 유지하게 한다(ZOF).
④ 과도한 불안으로 수행이 급격하게 추락하면 완전히 이완시켜서 다시 시도하게 한다.
⑤ 불안을 긍정적으로 해석하여 불쾌한 감정을 유쾌한 감정으로 바꾸게 한다(전환이론).

체크포인트 (빈출) 불안과 운동수행에 관한 이론들은 자주 출제되고 있다.

012   2010

정답 ④ (가) 운동 자결성 (나) 외적 동기

체크포인트 프로차스카와 디클레멘테의 '행동 변화의 통합 이론 모형'의 단계와 행동 변화에 영향을 미치는 세 가지 요인을 반드시 기억해 두자.

013   2011

정답 ③ 훈련 절차 : 교육 – 측정 – 구성 – 습득 – 연습 – 수정

체크포인트 훈련 절차를 기억하고 각 단계별 특징을 파악해야 한다.

014   2011

정답 ②

해설 (가)는 각성 수준이 낮을 때 최고의 수행을 보임을 설명하고 있다.
(나)는 인지불안 수준을 설명하고 있다.
(다)는 b 그래프를 설명하고 있다.

체크포인트 (빈출) 불안과 운동 수행의 관계를 설명하는 이론들은 자주 출제되고 있다.

015   2011

정답 ②

해설 ㄱ. 자결성 증가
ㄴ. 무동기
ㄷ. 유능성 증가
ㄹ. 자결성 감소
ㅁ. 유능성 감소

체크포인트 데시(E. Deci)와 라이언(R. Ryan)의 인지 평가 이론은 반드시 다시 출제된다.

016   2012

정답 ②

해설 ㄱ. 광의 – 내적
ㄴ. 협의 – 외적
ㄷ. 협의 – 내적
ㄹ. 광의 – 외적

체크포인트 (빈출) 니드퍼(R. Nideffer)의 주의집중 유형은 자주 출제되고 있다.

017 2012

정답 ④

해설 ㄱ. (가) 심상
ㄴ. (나) 인지 재구성
ㄷ. (다) 점진적 이완
ㄹ. (라) 바이오피드백

체크포인트 심상의 종류와 기법을 반드시 알아두어야 한다.

018 2012

정답 ①

해설 (가) 사회 응집성
(나) 과제 응집성
(다) 과제 응집성
(라) 사회 응집성
(마) 사회 응집성

체크포인트 팀의 응집력 구분은 쉽게 해결하면 된다.

019 2013

정답 ②

체크포인트 (빈출) 와이너의 귀인 이론 3차원을 반드시 기억해 두자.

020 2013

정답 ②

해설 (가) 집단 환경 – 독특성
(나) 집단 구조 – 역할명료성
(다) 집단 과정 – 의사소통
(라) 집단 과정 – 협동

체크포인트 캐론(V. Carron) 등의 팀 구축(team building) 모형은 반드시 다시 출제된다.

021

정답 ㉠ : 소진
㉡ : 탈진

022 2014

정답 ㉠ : 의사결정 균형
㉡ : 관심

체크포인트 단계적 변화 모형의 단계와 구성 요소를 묻는 문제가 다시 출제될 것이다.

023 2015

정답 ㉠ : 활력
㉡ : 러너스 하이

체크포인트 Morgan의 빙산형 프로파일이 종종 출제된다.

024 2016

정답 민재 : 외적 규제, 수정 : 확인 규제
중재 전략 : 축구에 대해 흥미를 느끼고 해볼 만한 가치가 있다고 느낄 수 있도록 쉽고 다양한 경험을 하게 한다(동기지향성). 축구에 관련된 자부심을 느낄 수 있도록 성공적인 경험을 할 수 있도록 한다(지각된 유능성). 축구에 성공과 실패에 관한 책임감을 인식할 수 있도록 결정권한들을 부여한다(통제감).

체크포인트 Hater의 유능성동기이론의 3가지 구성 요소를 반드시 기억해 두어야 한다. 다시 출제될 때가 되었다.

025 2016

정답 ㉠ : 불안, ㉡ : 이완
A : 개인의 기술 수준에 맞도록 과제 난이도를 낮춰준다.
C : 개인의 기술 수준에 맞도록 과제 난이도를 높여준다.

체크포인트 (빈출) 몰입 이론은 자주 출제되고 있다.

026 2017

정답 ㉠ : 외적, 불안정적, 통제 불가능
㉡ : 내적, 불안정적, 통제 가능

체크포인트 (빈출) Weiner의 귀인 이론은 자주 출제된다. 다시 출제될 때가 되었다.

027   2017

정답 3단계 : 준비
차이 : 2단계에서는 실이 더 많다고 인식하고 3단계에서는 득실이 비슷하다고 인식한다.
중재 전략 : 성공경험, 대리경험, 언어적 설득, 생리적·정서적 각성

체크포인트 변화단계 이론이 다시 출제될 때가 되었다. 구성 요소까지 기억해야 한다.

028   2017

정답 분류 기준 : 폭, 방향
ⓒ : 협의 외적주의

체크포인트 (기출) Nideffer의 주의집중 유형은 자주 출제되고 있다.

029   2017

정답 ⓒ : 전환이론, 감정 상태에 따라서 각성을 다르게 해석할 수 있다.

체크포인트 (빈출) 불안과 운동 수행의 관계를 설명하는 이론은 자주 출제된다.

030   2018

정답 (가) 신체불안 : ②, ④, ⑥
인지불안 : ①, ③, ⑤
㉠ 자생훈련, ㉡ : 따뜻함을 느낌

체크포인트 불안 종류를 구분해야 하고 불안 감소기법들을 알아두어야 한다.

031   2019

정답 A, B, C : 최적수행지역이론(ZOF)
D : 카타스트로피 이론

체크포인트 (빈출) 불안과 운동 수행의 관계를 설명하는 이론은 자주 출제된다.

032   2019

정답 동기 분위기 : 숙달중시 분위기, 과제목표 성향
㉠ : 심상을 통해서 실제 운동을 할 때와 유사한 전기 자극이 발생하여 운동 수행이 향상된다.
ⓒ : 체계적 둔감화

체크포인트 심상의 효과를 설명하는 이론을 알아두자.

033   2019

정답 ㉠ : 페인팅 효과
조건 : ① 첫 번째 자극과 두 번째 자극 간 시간차가 적절해야 한다.(60~100ms)
② 사용 빈도를 랜덤하게 해야 한다.
㉣ : 무선연습을 하게 되면 구획연습보다 수행에서는 효과가 낮지만 학습에서는 효과가 더 높게 나타난다.
㉤ : ① 운동 프로그램 계획 시 의견 반영하기
② 운동 방해요인을 극복 가능하도록 운동 일정 세우기
③ 날씨나 시설 제약을 덜 받도록 조치하기
④ 하루 일정에 운동을 공식적으로 포함시키기

체크포인트 • 페인팅 효과를 높이기 위한 방법이 다시 출제될 수 있다.
• (빈출) 무선연습과 구획연습은 자주 출제된다.
• 계획된 행동 이론은 가끔 출제되고 있다.

034   2020

정답 ㉠ : 권위(Authority)
ⓒ : 시간(Time)

체크포인트 TARGET 전략은 다시 출제될 수 있다.

035   2020

정답 ㉠ : 상태 스포츠 자신감
ⓒ : 언어적 설득
ⓒ : 전환이론, 감정 상태에 따라서 불안을 흥분으로 전환할 수 있다.

체크포인트 • Vealy의 스포츠 자신감 이론이 다시 출제될 때가 되었다.
• (빈출) Bandura의 자기효능감 이론은 자주 출제된다.
• (빈출) 불안과 운동 수행의 관계를 설명하는 이론은 자주 출제된다.

036　2021

정답 (가) : 의무감 규제

체크포인트 Deci와 Ryan의 자기결정 이론은 종종 출제되고 있다.

037　2021

정답 (가) : 단서유용가설
㉠ : 카타스트로피 이론
(나) : 인지 불안 수준이 낮을 때이다.
(다) : 인지 불안 수준이 높을 때이다.
㉡ : 인지 불안 수준이 높을 때 운동 수행은 신체적 각성에 따라 점점 향상되다가 갑자기 추락하는 현상이 발생한다.

체크포인트 (빈출) 불안과 운동 수행의 관계를 설명하는 이론은 자주 출제된다.

038　2022

정답 ㉠ : 구획연습
㉡ : 무선연습, 맥락간섭
㉢ : Ⓐ-불안, ㉣ : Ⓓ-몰입
이유 : 개인의 기술 수준과 과제 난이도가 일치했다.

체크포인트
- (빈출) 무선연습과 구획연습은 자주 출제된다.
- (빈출) 불안과 운동 수행의 관계를 설명하는 이론은 자주 출제된다.

039　2023

정답 ㉠ : 반응전제
㉡ : 선명도
(가) : 체계적 둔감화
㉢ : 상태불안 수준을 낮출 수 있다.

체크포인트
- 심리훈련 단계를 잘 기억해 두자.
- (빈출) 불안과 운동 수행의 관계를 설명하는 이론은 자주 출제된다.

040　2023

정답 ㉠ : 인지평가 이론
㉡ : 외적 규제
㉢ : 행동통제인식
㉣ : 의도가 행동에 직접적인 영향을 미친다.

체크포인트
- 인지평가 이론은 출제 빈도가 점점 늘어나고 있다.
- 계획된 행동 이론은 종종 출제되고 있다.

041　2024

정답 (가) : 최적수행지역이론
㉠ : 시각운동 행동시연

체크포인트 (빈출) 각성과 운동 수행을 설명하는 이론들은 지속적으로 출제되고 있다.

042　2024

정답 (가) : 관심단계
㉠ : 불쾌
㉡ : 유쾌
ⓐ, ⓑ : 운동 종료 20분 후 유쾌한 감정이 더 커진다.
㉢ : 대리경험

체크포인트 (빈출) 프로차스카와 디클라멘테의 이론에서 출제될 부분이 더 남아있다.

043　2025

정답 ㉠ : 삼중부호 이론(트리플코드 이론)
㉡ : 회복탄력성 스포츠 자신감
㉢ : 광의외적 주의전략(상황에 따른 재빠른 평가)

체크포인트 (빈출) 니데퍼의 주의유형에 관심을 갖자.

PART 03 운동학습과 제어

001　2003

정답
1-1. ① 순행 전이
② 역행 전이
1-2. ① 적극적 전이
② 소극적 전이
③ 제로전이
1-3. ① 과제 간의 유사성
② 연습방법
③ 선행학습에 대한 연습량
④ 처리과정의 유사성

체크포인트 전이의 종류와 미치는 영향을 기억해 두자.

002　2005

정답 • 요소 1 : 과제의 복잡성
개념 : 과제의 정보처리 요구의 정도와 해당 기술에 필요한 하위요소의 수
• 요소 2 : 과제의 조직성
개념 : 운동 기술을 구성하고 있는 요소 간의 관련성

체크포인트 전습법과 분습법 선택 시 고려사항을 알아야 한다.

003　2006

정답 • 운동학습 단계 : 자유도 고정 단계 – 자유도 풀림 단계 – 반작용 활용 단계
• 이론의 명칭 : 다이나믹 시스템 이론

체크포인트 여러 학자들의 운동학습 단계를 잘 정리해 두자.

004　2008

정답 • 운동 과제의 특성 : ① 과제의 복잡성이 높다.
② 과제의 조직성이 낮다.

체크포인트 전습법과 분습법 선택 시 고려사항을 알아야 한다.

005　2009

정답 ③

해설 ③ 도식 이론(schema theory)에서의 재인도식은 피드백 정보를 통하여 잘못된 동작을 평가하고 수정하며 느린 움직임을 조절하기 위하여 동원된다.

체크포인트 (빈출) 운동행동과 관련된 이론은 자주 출제되고 있다.

006　2009

정답 ②

해설 ② 백분율 점수는 33.3%이다.

체크포인트 절대파지 점수, 상대파지 점수는 다시 출제될 수 있으므로 반드시 기억해 두자.

007　2010

정답 ①

해설 ② 피드백의 절대 빈도를 낮출 수 있다.
③ 피드백의 지연 간격을 늘릴 수 있다.
④ 피드백에 의존하는 경향을 낮출 수 있다.
⑤ 서브 동작의 협응에 관한 정보는 수행지식에 해당하므로 제공할 수 없다.

체크포인트 • 절대 빈도와 상대 빈도 산출 방식을 알고 있어야 한다.
• 결과지식과 수행지식을 구분해야 한다.

008　2011

정답 ⑤

해설 ⑤ 젠타일(A. Gentile)의 고정화 및 다양화 단계에서는 폐쇄 운동을 일관적으로 수행할 수 있도록 고정화시킨다.

체크포인트 (빈출) 학자들의 운동학습 단계는 자주 출제된다.

009　2012

정답 ②

해설 (나) 개방 운동 기술을 의미한다.
(다) 구획연습을 통해 맥락간섭 효과를 감소시켜야 한다.
(라) 분습법을 실시하려고 한다.

체크포인트
- 전습법, 분습법 선택 시 고려사항을 알아두어야 한다.
- 무선연습과 구획연습을 구분하고 그 효과를 알아두어야 한다.

010　2013

정답 ④

해설 ㄱ. 학습 초기의 과제 간 부적 전이 때문이다.

체크포인트 전이의 종류를 기억해 두자.

011　2014

정답 ㉠ : 제어변수
㉡ : 비선형성의 원리
㉢ : 걷기 동작에서 속도가 느릴 때의 동작이 일정 속도 이상으로 빨라질 때 협응구조의 안정성이 깨져서 전혀 다른 달리기 폼으로 급격하게 바뀐다.

체크포인트 다이나믹 시스템 이론에서 제시하고 있는 협응의 제한 요소 3가지와, 2가지 원리를 반드시 기억해야 한다.

012　2015

정답 ㉠ : 수행지식, ㉡ : 숙달목표

체크포인트 수행지식과 결과지식을 구분하고 있어야 한다.

013　2016

정답 연습 방법 : 구획연습
㉠ : 맥락간섭

체크포인트 (빈출) 구획연습과 무선연습을 구분하는 문제가 자주 출제되고 있다.

014　2018

정답 운동 기술 유형 : 개방 운동 기술
목표성향 유형 : 과제목표 성향

체크포인트
- 환경의 안정성에 따른 운동 기술 분류를 종종 묻고 있다.
- 과제목표 성향과 자기목표 성향을 구분해야 한다.

015　2018

정답 ㉠ : 구획연습
㉡ : 동일요소설
㉢ : 공간차단기법
시각단서의 중요도 : 배 - 다리 - 공 - 어깨

체크포인트
- (빈출) 구획연습과 무선연습을 구분하는 문제가 자주 출제되고 있다.
- 시각차단기법의 종류를 기억해야 한다.

016　2020

정답 ㉠ : 수용범위를 벗어났을 때 피드백을 제공한다.
㉠ 상대 빈도 : 60%
㉡ 상대 빈도 : 20%
㉢ : 시상

체크포인트
- (역)수용범위 결과지식의 개념을 이해하고 있어야 한다.
- 피드백 제공의 상대 빈도와 절대 빈도를 이해하고 있어야 한다.
- 일반화된 운동프로그램 이론의 불변 매개 변수와 가변 매개 변수를 구분하여 기억해야 한다.

017　2021

정답 ㉠ : 안정상태 조절조건, 동작 간 가변성 있음

체크포인트 Gentile의 2차원 운동 기술 분류를 알고 있어야 한다.

018 2022

[정답] ㉠: 피츠의 법칙
㉡: 타이밍

[체크포인트]
• 피츠의 법칙을 알고 있어야 한다.
• 타이밍 전략을 알고 있어야 한다.

019 2023

[정답] ㉠: 고원
㉡: 도식

[체크포인트] 정보처리 관점에서의 운동학습 이론을 알고 있어야 한다.

020 2024

[정답] ㉠: 주의 분리
㉡: 다이나믹 시스템 이론
㉢: 상변이현상, 자유도 수 증가, 자유도 수 감소

[체크포인트] (빈출) 정보처리 이론과 다이나믹 시스템 이론에 대해서 잘 알아두자.

021 2025

[정답] ㉠: 어포던스
㉡: 선택반응시간

[체크포인트] 운동제어와 관련한 기본 개념들에 익숙해지면 된다.

PART 04 사회학

001 (2003)

정답

핫 매체스포츠	쿨 매체스포츠
① 스포츠의 정의성: 높다	① 수용자의 감각 참여성: 높다
② 수용자의 감각 몰입성: 낮다	② 경기자 행동경로의 확산 정도: 높다
③ 경기장의 확산 정도: 낮다	③ 경기 진행 속도: 높다

체크포인트 맥루한의 대중매체 이론은 종종 출제되고 있다.

002 (2004)

정답 ① 놀이: 일정한 규칙 없이 이루어지는 자유로운 유희활동이며, 게임과는 달리 엄격한 규칙이 없는 허구적·비생산적·쾌락적 성격을 지닌 자발적인 활동이다.
② 게임: 놀이와 마찬가지로 허구성·분리성·미확정성·비생산성·쾌락성 등을 동반하는 활동으로서 일정한 규칙과 기준을 둔 경쟁적 활동이며, 신체적 기능이나 전술·확률 등에 의해 결과가 결정되는 놀이의 한 형태이다.
③ 스포츠: 놀이나 게임보다 한층 체계가 잡혀 고도로 조직화된 경쟁적인 신체 활동의 총체이다.
④ 레크리에이션: 생활 속에서 쌓인 심신의 피로를 풀고 새로운 힘을 북돋우기 위해 여가 시간에 행해지는 창조적이고 건설적인 활동이다.

체크포인트 옛날 문제이다. 요즘의 출제 경향과 맞지 않다. 개념보다는 특징을 잘 기억해 둘 필요가 있다.

003 (2004)

정답 ① 강화
② 코칭
③ 관찰학습

체크포인트 (빈출) 스포츠사회화 과정을 설명하는 이론들은 자주 출제되고 있다.

004 (2004)

정답
4-1. ① 지위의 분화 → ② 지위의 서열화 → ③ 평가 → ④ 보수 부여
4-2. ① 고래성 ② 사회성

체크포인트 스포츠 계층 형성 과정과 사회계층의 특성은 자주 출제된다.

005 (2005)

정답 • 개념: 사회적 태만현상
• 극복 방안: 개인노력 확인, 개인 공헌 강조, 사회적 태만 허용 상황 규정, 선수와 대화하기

체크포인트 (빈출) 사회적 태만현상은 자주 출제되는 문제이다.

006 (2005)

정답 • 순기능: 전인 육성
• 특징: 일정 수준의 성적을 유지해야 운동에 참여할 수 있는 규칙을 적용하여 학업을 촉진하고, 스포츠를 통해 스포츠맨십, 리더십 등 긍정적인 가치를 가르쳐 사회화를 촉진하고, 일탈을 예방하고 부정적 감정을 치유하여 정서를 순화한다.

체크포인트 스포츠의 교육적 순기능과 역기능을 잘 정리해 두자.

007 (2005)

정답 • 부정적인 영향: 교육목표 결핍, 부정행위 조장, 편협된 인간 육성
• 이론: 갈등 이론

체크포인트 스포츠사회학의 거시적, 미시적 이론이 종종 출제되고 있다.

008　2006

정답 • 스포츠의 정치적인 역할에 대한 관점:
① 사회 통합 촉진
② 대중에 대한 사회 통제
③ 국가적 위광의 획득
• 스포츠와 정치의 결합 방법: 상징, 동일시, 조작

체크포인트 (빈출) 스포츠와 정치의 결합 방법은 자주 출제되고 있다.

009　2006

정답 • 스포츠사회학 이론의 명칭: 구조기능주의
• 사회적 근원: ① 가정에서의 전통적 성역할 사회화
② 학교에서의 차별적 성역할 강화
③ 문화적 전통
④ 대중매체의 편향적 보도
⑤ 역할모형의 희소성

체크포인트 스포츠사회학 이론이 종종 출제된다.

010　2007

정답 • 4가지 놀이 유형: ① 아곤 ② 아레아 ③ 미미크리 ④ 이링크스
• 스포츠 경기가 속하는 놀이 유형: 아곤
• 스키가 속하는 놀이 유형: 이링크스

체크포인트 (빈출) Caillois의 놀이 분류가 자주 출제되고 있다.

011　2007

정답 • 〈상황 1〉에 나타난 근대 스포츠의 특성: 합리화(근대 스포츠의 규칙은 수단과 목적 간에 논리적 관계가 존재한다는 점에서 합리적이다.)
• 〈상황 2〉에 나타난 근대 스포츠의 특성: 전문화(현대 스포츠에서는 다방면에 기량이 우수한 경우보다 한 분야의 전문성을 높게 평가한다.)
• 〈상황 3〉에 나타난 근대 스포츠의 특성: 기록 추구(근대 스포츠는 기록을 세우고 이를 극복하는 것을 강조한다.)

체크포인트 (빈출) Guttmann의 근대 스포츠 특성이 자주 출제되고 있다.

012　2007

정답 • 현재 위의 동아리가 처한 단계의 명칭: 격동
특징: 이견이 제시되어 갈등이 발생한다.
• 바로 다음 단계의 명칭: 규범
특징: 갈등이 해소되고 질서가 유지된다.

체크포인트 (빈출) Tuckman의 스포츠 집단 발달 과정이 자주 출제되고 있다. 진자모형과 주기모형도 함께 살펴보아야 한다.

013　2007

정답 • 영희의 참가 유형 명칭: 정의적 참가
개념: 특성 선수나 팀에 대해 감정적 표출을 하게 된다.

체크포인트 (빈출) Kenyon의 스포츠 참가 유형, 참가 형태가 자주 출제되고 있다.

014　2008

정답 • 사회 이동 현상의 유형 ①: 개인이동
②: 상승이동, 세대 내 이동
• 사회적 희소가치: ① 권력 ② 재산 ③ 타인으로부터의 반응

체크포인트 스포츠 계층 형성 과정과 계층이동 유형이 종종 출제된다.

015　2008

정답 • 특정 조건: 환경이 유사할 때
• 결정 요인: ① 참여의 정도
② 참여의 자발성
③ 사회적 관계
④ 사회화 주관자의 위신과 위력
⑤ 참여자의 개인 및 사회적 특성

체크포인트 (기출) Snyder의 스포츠를 통한 사회화에 있어서 전이를 결정짓는 요소가 종종 출제되고 있다.

016 2009
정답 ③ 사회적 요인 : 경기의 중요도,
스포츠의 특성 : 불확실성
체크포인트 사회적 요인은 상식이고, 중요한 부분은 스포츠의 특성이다. 아울러 놀이, 게임의 특성까지 함께 파악해 두어야 한다.

017 2009
정답 ①
해설 ② Snyder의 스포츠를 통한 사회화의 전이에 영향을 미치는 요소 가운데 참여자의 개인적 특성에 해당한다.
③ Snyder & Spreitzer의 스포츠 개입의 요소 가운데 외적 만족에 해당한다.
④ 스포츠를 통한 사회화에 대한 설명이다.
⑤ 사회화 주관자의 위력과 위광의 영향을 받게 된다.
체크포인트 (빈출) 스포츠사회화 과정 전부를 정확하게 파악해야 한다.

018 2009
정답 ③ (가) 구조적 역기능,
(나) 긴장
체크포인트 (빈출) Merton의 아노미 이론은 자주 출제되고 있다.

019 2009
정답 ③
해설 ㄱ. 지위의 서열화
ㄴ. 보수부여
ㄷ. 지위의 분화
ㄹ. 평가
체크포인트 스포츠 계층 형성 과정이 다시 출제될 시기가 되었다. 반드시 준비하자.

020 2010
정답 ③
해설 ① (가)는 스포츠 참가 유형의 분류 기준에 따르면 행동적 참가 또는 이차적 직접참가이다.
② (나)는 스포츠에 있어서 세대 내 상승이동이다.
④ (라)와 같이 운동선수의 능력 및 팀 기여도에 따른 차별적 보상 체계를 지지하는 스포츠 계층 이론은 구조기능주의이다.
⑤ (마)의 의사 종교적 행위 중 주물에 해당한다.
체크포인트 • Kenyon의 스포츠 참가 유형이 자주 출제된다.
• 계층이동 역시 종종 출제되고 있다.
• 스포츠 계층 형성과정도 종종 출제되고 있다.
• 구조기능주의와 갈등이론 역시 자주 출제된다.
• 의사 종교적 행위 4가지 유형은 다시 출제될 때가 되었다.

021 2010
정답 ③
해설 ㄱ. 핫(hot) 스포츠매체는 메시지의 정의성이 높기 때문에 이를 수용하는 스포츠 팬은 낮은 감각의 참여와 몰입 상태로 스포츠를 간접적으로 즐긴다.
ㅁ. 쿨 매체 스포츠 유형으로는 주로 동적이며 수비 측과 공격 측이 구분되지 않는 단체 경기의 스포츠 종목이 많다.
체크포인트 (빈출) 맥루한의 대중매체 이론은 종종 출제된다. 다시 출제될 때가 되었다.

022 2010
정답 ②
해설 ㄱ. 사회적 결속 충성심
ㄴ. 관계없음
ㄷ. 부정적 불안감의 회피
ㄹ. 관계없음
ㅁ. 외적 만족
체크포인트 스나이더(Snyder)와 스프라이처(Spreitzer)의 스포츠 개입의 요소 역시 다시 출제될 때가 되었다. 반드시 암기해 두자.

023 2010

정답 ④

해설 (가) : 급진주의
(나) : 사회주의
(다) : 자유주의

체크포인트 제시된 주장을 보고 페미니즘과 연결할 수 있어야 한다.

024 2011

정답 ②

해설 ① 메이어(K. Meier)는 놀이가 필수적으로 강요되지 않는 활동이며, 타인과의 관계 개선에 도움이 된다고 설명하였다.
③ 호이징가(J. Huizinga)는 놀이가 일상의 생활과 분리된 공간과 시간에서 행해지는 특성이 있다고 주장하였다.
④ 노바크(M. Novak)는 인간이 놀이에 몰입하게 되는 이유를 놀이가 현실적이면서 내재적인 특성을 갖고 있기 때문이라고 설명하였다.
⑤ 피아제(J. Piaget)는 놀이가 인간의 외적 동기에 의해 비롯되며, 인간의 정신적 발달에 따라 더욱 복잡한 구조를 띤다고 설명하였다.

체크포인트 놀이와 관련한 여러 학자들의 주장을 잘 정리해 두어야 한다.

025 2011

정답 ③ 사회학 이론 : 갈등이론, 변화된 영역 : 스포츠의 조직

체크포인트 ・(빈출) 사회학의 거시, 미시 이론들을 묻는 문제가 종종 출제된다.
・(빈출) 상업화로 인한 스포츠의 변화영역이 자주 출제되고 있다.

026 2011

정답 ⑤

해설 ㄱ. 수행 ㄴ. 규범
ㄷ. 격동 ㄹ. 형성

체크포인트 (빈출) 선형모형, 진자모형, 주기모형 모두 알아두어야 한다.

027 2011

정답 ④

해설 ㉠은 스포츠 일탈 중 긍정적 일탈에 해당한다.
㉡은 스포츠 폭력의 원인 중 스포츠 팀의 구조적 속성과 가장 관련이 높다.
㉢은 스미스(M. Smith)가 분류한 관중 행동 유형 중 무쟁점성 관중 행동에 해당한다.

체크포인트 (빈출) 일탈, 집합 행동, 폭력의 유형은 자주 출제되는 부분이다.

028 2012

정답 ①

해설 ㄴ. (나)는 차별교제 이론으로 설명된다.
ㄷ. (다)는 사회주의 페미니즘으로 설명된다.

체크포인트 (빈출) 리더십 이론, 일탈 관련 이론, 페미니즘은 자주 출제되고 있다.

029 2012

정답 ①

해설 ㄱ. (가)에서 남북 체육 교류는 스포츠가 국제이해 및 평화증진을 위한 도구로 활용되고 있음을 보여주는 사례이다.
ㄷ. (다)에서 맥루한(M. McLuhan)의 매체 이론을 스포츠에 적용할 경우, 축구는 정의성(definition)은 낮고 관람자의 감각 참여성이 높은 쿨(Cool) 스포츠이다.
ㄹ. (라)에서 대중 매체가 스포츠 경기 방송을 통하여 관중에게 흥미를 제공하는 것은 대중매체의 정의적 기능을 의미한다.

체크포인트 ・(빈출) 국제정치에서 스포츠의 이용은 자주 출제된다.
・(빈출) 스포츠와 정치의 결합 3가지는 자주 출제된다.
・(빈출) 맥루한의 대중매체 이론도 자주 출제되고 있다.
・분류 기준을 정확히 파악해 두자.
・대중매체 이론 중 개인차 이론은 가끔 출제된다.

030　2012

정답 ②

해설

특성	구체적 사례
사회성	감독이 되기 위해서는 기능뿐만 아니라, 운동 경력, 인격 등과 같은 특성이 요구됨
다양성	미국의 경우 1900년대 초까지 흑인은 권투를 제외한 프로 스포츠 참가가 불가능하였으나, 현대 사회에서는 선수의 노력 여하에 따라 사회적 상승이동이 가능함
영향성	우리나라의 경우 상류층은 골프, 하류층은 걷기에 참여하는 비율이 상대적으로 높음
고래성	중세 시대에는 귀족과 상급 계층이 주로 스포츠 활동에 참가하였으나, 오늘날에는 누구나 참가할 수 있음
보편성	여러 나라에서 인기 스포츠와 비인기 스포츠로 구분되며, 스포츠 종목 내에서도 체중 및 능력에 따라 '급'이 구분됨

체크포인트 Tumin의 스포츠 계층의 특성 5가지를 상황과 연결할 수 있어야 하며 그 예시들까지도 파악하고 있어야 한다.

031　2012

정답 ⑤

해설 ⑤ ㅁ에서 민수의 행동은 일차적 일탈 참가에 해당된다.

체크포인트 • 스포츠 참가 수준이 가끔 출제된다.
• 스포츠사회화를 설명하는 사회학습이론이 종종 출제되고 있다.
• 마쓰다의 스포츠를 통한 태도 형성의 6가지 요인을 순서대로 기억해 두자. 반드시 다시 출제된다.
• (빈출) 머튼의 아노미 이론이 자주 출제되고 있다.
• 케년의 스포츠 참가 형태를 기억해 두자.

032　2012

정답 ⑤

해설 ㄷ. 언어적 설득
ㄹ. 성공 경험
ㅁ. 대리 경험
ㅂ. 생리적·정서적 각성

체크포인트 (빈출) 반듀라의 자기효능감 이론은 자주 출제되고 있다.

033　2013

정답 ②

해설 (가) : 아레아
(나) : 아곤
(다) : 아곤
(라) : 미미크리

체크포인트 카이와의 놀이 분류는 자주 출제된다. 놀이에 잠재된 두 가지 속성(파이디아, 루두스)도 파악해 두자.

034　2013

정답 ④

해설 (다)는 스나이더(E. Snyder)와 스프라이처(E. Spreitzer)의 스포츠 개입의 정도 중 '투자의 자발성'에 해당된다.

체크포인트 • (빈출) 스포츠사회화 과정 전체를 알아두어야 한다.
• 스나이더(E. Snyder)와 스프라이처(E. Spreitzer)의 스포츠 개입의 요소, 정도, 형태 모두를 파악해 두고 있어야 한다.

035　2013

정답 ①

해설 (다) 상업주의는 선수의 동작, 재능, 노력, 탁월성 등의 심미적 가치보다는 위험, 과감성, 스타일 등의 영웅적 가치에 대한 중요도를 증가시킨다.
(라) 스포츠는 제도적 특성 때문에 보수적인 성향을 지니며 현 질서를 변화시키지 않으려는 경향이 있다.

체크포인트 상업주의로 인한 스포츠의 변화 영역은 반드시 다시 출제된다.

036 2013

정답 ⑤

해설 (가) '혁신'은 문화적 행동 목표를 수용하지만, 이를 성취하기 위한 수단은 거부하는 행위이다. 이의 예로는 고의적 경기 규칙 위반과 담합에 의한 승부 조작 등이 있다.
(나) '동조'는 문화적으로 규정된 성공적인 목표와 그 목표를 성취하기 위한 수단을 모두 수용하는 행위이다. 이의 예로는 규칙 허용 범위 내에서의 지연작전이나 파울 작전 등이 있다.

체크포인트 (빈출) 머튼의 아노미 이론은 자주 출제되고 있다.

037 2013

정답 ③

해설 (가) ○ - 자유주의 페미니즘에 해당된다.
(다) ×

체크포인트 성차별과 페미니즘의 종류를 파악해 두자.

038 2013

정답 ③

해설 ㄹ. (라)는 스미스(M. Smith)의 스포츠 관중 행동 유형을 적용하여 분류할 경우 쟁점성 관중 행동에 해당된다.

체크포인트 • (빈출) 스포츠와 정치의 결합방법 3가지 (상징, 동일화, 조작)가 자주 출제된다.
• 스미스의 관중 행동 유형 분류가 종종 출제되고 있다.

039 2014

정답 ㉠ : 지향
㉡ : 참여

체크포인트 이 문제는 다시 출제되지 않으므로 기억하지 않아도 무방하다.

040 2014

정답 ㉠ : 제도화
㉡ : 경기기술의 정형화

체크포인트 스포츠의 특성과 코클레의 제도화 과정이 종종 출제되고 있다.

041 2014

정답 (가) : 수렴이론
(나) : 경계폭력

체크포인트 • (빈출) 집합행동 이론이 자주 출제된다.
• (빈출) 스미스의 폭력 유형을 잘 구분해 두자.

042 2014

정답 정수 : 사회 계층에 따라서도 불평등은 존재한다고 생각해. 우리나라의 경우, 골프는 상류층이 하류층에 비해 상대적으로 많이 참가하고 있다는 사실을 어느 조사에서 본 적이 있어. 그래서 부르디외(P. Bourdieu)의 자본 개념을 적용할 때 스포츠는 문화(체화된) 자본으로 분류되지.
영수 : 종목 간 불평등도 만만치 않은 것 같아. 대부분의 나라에는 인기 스포츠와 비인기 스포츠가 존재하지. 그리고 일반적으로 인기 종목의 선수들이 비인기 종목 선수들에 비해 연봉도 높은 편이지. 이는 스포츠 계층의 특성 중 보편성이라고 할 수 있어.

체크포인트 • 부르디외의 자본 개념을 반드시 구분해 두자. 다시 출제될 것이다.
• 투민의 스포츠 계층의 특성도 다시 출제된다.

043 2015

정답 ㉠ : 격동
㉡ : 수행

체크포인트 (빈출) 터크만의 집단발달의 선형모형은 자주 출제된다.

044 2015

정답 1) ㉠ : 호혜조직, ㉡ : 사업조직
2) ㉢ : 의례주의, 목표는 거부하고 수단은 수용한다.

체크포인트 • 블라우와 스콧(P. Blau & W. Scott)의 스포츠 조직 유형이 가끔 출제된다.
• (빈출) 머튼의 아노미 이론은 자주 출제되고 있다.

045 2016

정답 ㉠ : 수량화, 경기자의 기록은 표준화된 도구에 의해 측정되며 이는 시간, 거리, 점수 등 측정 가능한 숫자로서 표현된다.
㉡ : 전문화, 현대 스포츠에서는 다방면에 기량이 우수한 경우보다 한 분야의 전문성을 높게 평가한다.

체크포인트 (빈출) 구트만의 근대 스포츠 특성은 자주 출제되고 있다.

046 2016

정답 ㉠ : 핫매체, 정의성 상태가 높아서 수용자는 낮은 감각참여와 몰입성을 갖는다.
㉡ : 쿨매체, 정의성 상태가 낮아서 수용자는 높은 감각참여와 몰입성을 갖는다.

체크포인트 (빈출) 맥루한의 대중매체 이론은 자주 출제되고 있다.

047 2017

정답 ㉠ : 이데올로기 및 체제선전의 수단, 국가연주, 국가 간 순위 경쟁, 국기게양
㉡ : 1972년 뮌헨올림픽
㉢ : 외교적 항의
㉣ : 남북한 동시입장

체크포인트 • (빈출) 국제정치에서 스포츠의 이용을 반드시 기억해 두자.
• 올림픽 대회의 주요 특징을 잘 정리해 두자.

048 2017

정답 이론적 관점 : 상징적 상호작용론
한계점 : 사회 구성원들 간의 상호작용에 초점을 맞추어 사회 전체의 구조적 문제까지는 다루지 않는다.
전이에 영향을 미치는 요인 : 참여의 정도, 참여의 자발성, 사회적 관계, 사회화 관계의 위신과 위력, 참여자의 개인적·사회적 특성

체크포인트 • (빈출) 스포츠 사회학 이론을 묻는 문제는 자주 출제된다. 한계점까지 파악해 두자.
• Snyder의 스포츠를 통한 사회화에 있어서 전이의 일반적 특성은 종종 출제되고 있다.

049 2018

정답 ㉠ : 불확실성
제도 : 신인 드래프트 제도, 보류조항
㉡ : 전문화

체크포인트 • 놀이, 게임, 스포츠의 특성은 반드시 기억해 두자.
• 우리나라 프로팀의 스포츠 제도들이 가끔 출제된다.
• (빈출) Guttman의 근대 스포츠의 특성은 자주 출제된다.

050 2018

정답 ㉠ : 상업주의 스포츠
발전하기 위한 조건 : 자본주의 시장경제 체제, 인구밀도가 높은 대도시, 자본의 집중, 소비문화의 발전 정도
지향성의 변화 : ㉡ 심미적 가치에서 ㉢ 영웅적 가치로의 이동

체크포인트 (빈출) 스포츠의 상업화로 인한 변화를 반드시 기억해 두자.

051 2019

정답 조직의 특성 : 기록과 통계의 중요성
중요성 : 조직의 효율성 및 우수성을 측정하는 데 정확한 자료가 된다.
유사한 조직과의 비교가 가능하다.
㉠ : 법인적 수준
㉡ : 임무의 일반화

체크포인트 다시 출제될 수 있으므로 스포츠 조직의 특성 3가지를 반드시 기억해 두자.

052 2019

정답 ㉠ : 사회화
㉡ : 분극화
㉢ : 갈등
젠더(성) 불평등 발생 원인 : 참여 기회가 제한되었기 때문이다.
㉣ : 급진주의
해결 방안 : 모두가 함께 참여할 수 있는 새로운 형태의 스포츠를 창안해야 한다.

체크포인트 • 젠더 역할의 사회화와 갈등을 잘 기억해 두자.
• (빈출) 페미니즘 관점은 자주 출제되고 있다.

053 2020

정답 ㉠ : 과시적
㉡ : 사회

체크포인트 Bourdieu의 자본 개념이 다시 출제될 것이다.

054 2020

정답 ㉠ : 절대론적, 강력한 처벌이 뒤따른다.
㉡ : 유사범죄 폭력
㉢ : 구조기능주의

체크포인트 (빈출) 일탈과 관련한 내용들은 자주 출제되고 있다.

055 2020

정답 ㉠ : 관료화
㉡ : 자본주의 스포츠 또한 승리라는 목표를 달성하기 위한 효율적인 수단으로서 전문화가 필연적이다.
㉢ : FA
㉣ : 한 팀의 연봉 상한선 제한

체크포인트 (빈출) Guttman의 근대 스포츠 특성은 자주 출제된다.

056 2021

정답 ㉠ : 링겔만
㉡ : 사회적 태만

체크포인트 (빈출) 링겔만 효과(사회적 태만 효과)는 자주 출제되고 있다.

057 2021

정답 ㉠ : 혁신
민수 일탈 이론 : 사회통제 이론
내적 요소 : 정정당당한 경쟁을 통해 승리를 추구하는 것
수미 일탈 이론 : 낙인 이론

체크포인트 • (빈출) 머튼의 아노미 이론은 자주 출제된다.
• (빈출) 일탈과 관련한 이론은 자주 출제되고 있다.

058 2021

정답 ㉠ : 도피적 욕구
㉡ : 정의성 상태가 낮아서 높은 수준의 감각 참여성과 감각 몰입성을 요구한다.
(가) : 경기 결과의 불확실성, 선수의 탁월한 기량

체크포인트 • (빈출) 맥루한의 대중매체 이론은 자주 출제되고 있다.
• (빈출) 상업화로 인한 스포츠의 변화를 반드시 기억해 두자.

059 2021

정답 ㉠ : 열정적인
(가) : 규범단계
㉡ : 일차적 일탈 참가
(나) : 대용보상체계

체크포인트 • (빈출) 스포츠 교육 모형은 자주 출제된다.
• (빈출) Tuckman의 선형모형은 자주 출제된다.

060 2022

정답 ㉠ : 상호의존성
㉡ : 선순환

체크포인트
- Eitzen과 Sage가 제시한 스포츠의 정치적 속성 5가지를 반드시 기억해 두자. 다시 출제된다.
- 스포츠 육성모델 3가지 역시 다시 출제될 것이다.

061 2022

정답 ㉠ : 아레아
㉡ : 미미크리
㉢ : 행동의 조직적・합리적 측면 강조
(가) : 공격 – 승인명제
일탈 이론 : 낙인 이론

체크포인트
- **(빈출)** Caillois와 놀이 분류는 자주 출제된다.
- 교환 이론 역시 다시 출제될 수 있다.

062 2022

정답 ㉠ : 공격적 폭도
㉡ : 순환적 반작용
㉢ : 부가가치
㉣ : 사회구조적, 문화적 선행요건

체크포인트 군중 유형과 특성, 집합 행동과 관련한 이론을 잘 정리해 두자.

063 2022

정답 ㉢ : 기술 연습
㉣ : 스트레스 유발 상황을 설정하고 연습한다.

체크포인트 Smith의 스트레스 관리 훈련 단계를 기억해 두자.

064 2023

정답 ㉠ : 성 역할 분극화
㉡ : 브라이튼

체크포인트 성 역할 분극화는 2020년 이후 다시 출제되었다.

065 2023

정답 ㉠ : 청중
㉡ : 공식적
㉢ : 참여의 자발성
㉣ : 역할 갈등

체크포인트
- Kemper의 준거집단 이론은 언제든 다시 출제된다.
- Thorton의 특정 역할로 사회화되기 위한 4단계 경험을 기억해 두자.
- Coaklery가 제시한 스포츠 일탈의 원인은 다시 출제된다.

066 2023

정답 ㉠ : 아파르트헤이트
㉡ : 체화된(아비투스적) 문화 자본
㉢ : 세대 내 수직(상승) 이동
㉣ : 세방화

체크포인트
- Bourdieu의 자본개념이 다시 출제되었다.
- **(빈출)** 사회이동 유형은 자주 출제되고 있다.

067 2024

정답 (가) : 문명화 과정
(나) : 신체소외
㉠ : 보편적 접근법
ⓐ : 최소한의 선수들 권익보호

체크포인트
- 지속적으로 출제되는 스포츠 현상들의 개념 문제에 대비하기 위해 폭 넓은 교재 파악이 필요하다.
- 프로스포츠의 제도가 다시 출제되었다.

068 2024

정답 ㉠ : 평등화
㉡ : 모든 참가 종목에서 성평등이 이루어졌다.
(가) : 행동적 참가
(나) : 집합표상(기계적 연대, 유기적 연대, 집합표상)

체크포인트 **(빈출)** 올림픽의 역사는 거의 매해 출제되고 있다.

069   2025

정답 ㉠ : 명시적
㉡ : 잠재적
㉢ : 감각 참여성이 낮다. 감각 몰입성이 낮다.
[A] : 관찰학습
[B] : 표출적 군중

체크포인트 • **(빈출)** 대중매체와 관련한 다른 이론들을 철저히 준비해 두어야 한다.
• **(빈출)** 집합행동을 설명하는 새로운 이론들을 알아두자.

070   2025

정답 ㉠ : 극복스포츠
㉡ : 규정규범
(가) : 진자모형
(나) : 심미적 가치에서 영웅적 가치로의 이동

체크포인트 • **(빈출)** 출제되었던 내용들이 반복 출제되고 있다.
• **(빈출)** 기본에 충실해야 할 필요성이 강조된다.

071   2025

정답 (가) : 사회응집력
㉠ : 자기목적적 경험
㉡ : 정서적 불안 조성 – 부정적 관계, 외향성 – 긍정적 관계
(나) : 심미적 가치에서 영웅적 가치로의 이동

체크포인트 운동실천 이론들을 섭렵해두자.

PART 05 측정평가

001   2002

정답 ① 신뢰도의 개념 : 오차 없는 일관된 측정
② 신뢰도 추정법의 명칭 : 재검사 신뢰도
③ 신뢰도 추정법에 대한 설명 : 동일한 검사를 동일한 대상에게 두 번 측정하여 상관관계로 신뢰도를 추정하는 방법

체크포인트 신뢰도, 타당도, 객관도의 개념을 이해하자.

002   2002

정답 ① 교육의 책임성 강조
② 학생들 사이의 건전한 분위기 조성

체크포인트 (빈출) 준거지향검사와 규준지향검사를 구분하는 문제가 자주 출제된다.

003   2003

정답
3-1. 측정 단위가 서로 다르기 때문이다.
3-2. 표준점수로 변환하여 합산한다.

체크포인트 표준점수의 종류와 산출 공식을 알아두어야 한다.

004   2003

정답
4-1. 심폐지구력
4-2. 공인타당도
4-3. 준거지향 평가

체크포인트 타당도 추정방법의 종류를 알아두자.

005   2003

정답 ① : 내용
② : 행동

체크포인트 이원목적 분류표의 구성 요소를 묻는 간단한 문제이다. 내용타당도 확보 방안으로 기억해 두어야 한다.

006   2004

정답
6-1.

	척도의 종류	변인(변수)의 예
①	명명척도	성별, 국가, 등번호
②	서열척도	순위, 메달
③	동간척도	해, 온도, IQ
④	비율척도	시간, 거리, 체중

6-2.
① : 교사 평가
② : 학생 평가

체크포인트 척도의 성질과 종류, 예를 반드시 기억해 두자.

007   2005

정답 공통점 : 평균, 중앙치, 최빈치는 집단 ㉮와 ㉯가 똑같다.
차이점 : 분산은 ㉮보다 ㉯가 더 크다.

체크포인트
• 집중경향치의 종류, 특성, 용도를 기억해 두자.
• 분산의 개념을 반드시 이해하고 있어야 한다.

008　2005

[정답] • 오차 1의 영향 : 바람의 영향으로 기록이 달라질 수 있으므로 신뢰도에 문제가 있다.
• 오차 2의 영향 : 50m 달리기가 아닌 49m 달리기를 한 것이므로 타당도에 문제가 있다.
• 오차 3의 영향 : 초시계를 누르는 시간이 달라지므로 객관도의 문제가 있다.

[체크포인트] 신뢰도, 타당도, 객관도의 의미를 이해하자.

009　2006

[정답] • 검사 자체(속성) 요인 : 교사의 패스
이유 : 패스가 일정하지 않을 경우 검사 점수가 달라질 수 있다.
• 검사 환경(조건) 요인 : 검사의 장소
이유 : 장소가 달라지면(운동장, 체육관) 검사 점수가 달라질 수 있다.

[체크포인트] 신뢰도의 개념을 이해하고 신뢰도를 확보할 수 있는 방안들을 생각해 두어야 한다.

010　2006

[정답] 여학생의 상체 근지구력이 남학생보다 낮아서 여학생들에게 턱걸이 검사를 시행하게 되면 변별력이 떨어져 타당한 상체 근지구력을 평가하기 어렵게 되기 때문이다.

[체크포인트] 변별력과 타당도의 관계를 생각해 보자.

011　2006

[정답] • 분석 결과 : 드리블과 슈팅은 우수군과 일반군은 유의한 차이가 있고 패스 검사는 유의한 차이가 없다.
• 평정 척도 평가(분석 결과 해석) : 드리블과 슈팅은 유의한 차이가 있으므로 타당한 검사방법이라고 볼 수 있으나 패스검사는 유의한 차이가 없으므로 삭제하거나 수정해서 사용해야 한다.
• 항목 수정 방향 : 패스검사를 타당한 검사가 될 수 있도록(유의확률값이 0.05보다 작도록) 수정해서 사용해야 한다.

[체크포인트] 두 집단 간 차이검증 방법을 이해해야 한다.

012　2007

[정답] ① 단원 목표의 항목과 평가의 항목이 일치하지 않는다.
② 단원 목표에서 심동적, 인지적, 정의적 영역의 목표를 설정했으나 평가는 심동적 영역에서만 이루어지고 있다.
③ 단원 목표에서 농구 경기를 계획했으니 단편 기능만 평가하고 있다.

[체크포인트] 특히 개정 체육과 교육과정에서 제시하고 있는 평가의 방향 요소는 반드시 알아두어야 한다.

013　2007

[정답] • 특징 : ① 총괄평가뿐만 아니라 형성평가를 포함해서 실시하고 있다.
② 단편 기능만 평가하지 않고 다양한 기능과 경기수행 능력까지 평가하고 있다.
• 장점 : ① 평가의 신뢰도를 확보했다.
② 평가의 타당도를 확보했다.

[체크포인트] 신뢰도와 타당도를 이해하고 있어야 한다.

014　2007

[정답] • 두 평가 도구(목표물)의 차이점 : 유 교사의 표적 점수가 세분화되어 있다.
• 유 교사가 사용한 평가 도구의 장점 : 보다 높은 슛의 정확성을 평가할 수 있다.
양호도의 명칭 : 타당도

[체크포인트] 타당도의 개념을 이해해야 한다.

015　2007

[정답] • 평가 방법(전략) : ① 평가자 수를 3명에서 5명으로 늘렸다.
② 최고점과 최하점을 버리고 나머지 3명의 점수만 반영했다.
• 이유 : 보다 높은 객관도를 확보하기 위함이다.

[체크포인트] 객관도의 개념을 이해해야 한다.

016 2008

[정답]
- 홍 교사의 검사법: 준거지향 검사
- 최 교사의 검사법: 규준지향 검사
- 교육관의 비교: 홍 교사 (발달적 교육관), 최 교사 (선발적 교육관)
- 학생들의 관계 비교: 홍 교사 (협동), 최 교사 (경쟁)

[체크포인트] (빈출) 준거지향 검사와 규준지향 검사를 비교하는 문제가 자주 출제된다.

017 2008

[정답]
- 평가 영역: 정의적 영역
- 강 교사가 실시한 평가의 문제점: 정의적 영역의 평가가 출석과 복장에 한정되어 있다.
- 타당도의 명칭: 내용타당도
- 평가 계획 시 작성해야 할 양식의 명칭: 이원목적 분류표

[체크포인트] 내용타당도를 확보하기 위해 이원목적 분류표를 활용해야 함을 다시 물을 수 있다.

018 2008

[정답]
- 검사 결과 비교: 평균치는 A와 B 학급이 동일하다. 표준편차는 A 학급보다 B 학급이 더 크다. A 학급은 정상분포곡선, B학급은 정적 편포를 보인다.
- 수준별 수업이 필요한 학급: B 학급
- 수준별 수업이 필요한 이유: 표준편차가 더 큰 이질적 집단이기 때문이다.

[체크포인트] 집중경향치와 분산을 이용하여 두 집단을 비교할 수 있어야 한다.

019 2008

[정답]
- 문제점: 동일한 학생에 대한 평가자들의 검사 점수 간 상관이 너무 낮다.
- 예방법 ① 평가 기준 측면: 루브릭을 활용하여 평가 기준을 공유해야 한다.
② 검사자 측면: 사전에 평가 기준에 대한 합의가 이루어져야 한다.

[체크포인트] 객관도의 개념을 이해하고, 루브릭 제작 절차까지 알아두어야 한다.

020 2009

[정답] ③

[체크포인트] 합격 후 학교 현장에 가서 이와 같은 오류를 범하지 말라는 문제이다.

021 2009

[정답] ④

[해설] 김 교사는 일관되게 점수를 높게 주는 것일 뿐 타당도가 높다고는 말할 수 없다.

[체크포인트] 객관도의 개념을 이해해 두자.

022 2009

[정답] ④

[체크포인트] 교수학습과 평가의 일관성을 기억해 두어야 한다.

023 2010

[정답] ③

[해설] ㄱ. 50m 달리기 등수는 서열척도에 해당하므로 동간의 개념이 없다.
ㄴ. 표준화된 검사는 동간척도에 해당한다.
ㄷ. 오래달리기 기록은 비율척도에 해당하므로 가감승제가 모두 가능하다.
ㄹ. 축구 포지션에 대한 코딩은 명목척도에 해당하므로 연산이 불가능하다.

[체크포인트] 척도의 성질 3가지, 척도의 종류 4가지를 기억해 두자.

024 · 2010

정답 ⑤

체크포인트 독립표본 t검정과 종속(대응)표본 t검정을 구분해 두자.

025 · 2010

정답 ⑤

체크포인트 Z점수, T점수의 공식을 기억해 두자.

026 · 2011

정답 ④

교사	평가 내용	농구의 과학적 원리	공구 경기의 전략	경기 감상 능력	경기 분석 능력	리더십과 팔로우십
④ 최 교사		○	○	○	×	○

체크포인트 문제에서 주어진 내용을 해석하는 수준의 문제이다.

027 · 2011

정답 ⑤

해설 ① 지난 월요일과 수요일 수업 중 시험에서 형성평가를 실시하고 있음을 알 수 있다.
② 서브 15개가 최고 점수 기준이라는 점에서 양적 평가를 실시하고 있음을 알 수 있다.
③ 3월에 나누어준 평가 기준에서 평가 계획표를 미리 작성했음을 알 수 있다.
④ 서브 15개 중 13개 이상 성공하면 높은 점수를 받을 수 있다는 점에서 준거 지향 평가를 실시하고 있음을 알 수 있다.
⑤ 경기는 잘 하는데 시험 때는 실력 발휘를 못해서 점수가 낮다는 점에서 실제성을 고려하지 않고 평가하고 있음을 알 수 있다.

체크포인트 평가의 기본 원리를 파악해 두자.

028 · 2011

정답 ⑤

체크포인트 개정 체육과 교육과정에서 제시하고 있는 평가의 방향 요소는 반드시 파악해야 한다.

029 · 2011

정답 ③

해설 ① 독립변인의 요인(factor)은 2개(운동 참여 여부, 성별)이다. (수준은 운동 참여, 비참여, 남학생, 여학생 4개 수준이다.)
② 종속변인은 제자리멀리뛰기 기록으로, 이것은 비율 척도에 해당한다.
④ 36명을 선정했으므로 추리통계를 실시해야 한다.
⑤ 운동 참여 여부와 성별 요인 두 개이므로 이원량 분석을 통해 검증해야 한다.

체크포인트 이원량 분석의 요인과 수준을 파악해 두자.

030 · 2011

정답 ⑤

해설 ① 김 교사 시험의 점수가 높으므로 항상 더 쉽다.
② 3차시에는 김 교사 시험의 변별력이 더 크다.
③ 김 교사 시험의 점수가 더 높으므로 김 교사 시험이 더 쉽다.
④ 정 교사 시험의 변별력이 더 크다.

체크포인트 (빈출) 변별도 개념과 계산 문제가 자주 출제되고 있다.

031 · 2012

정답 ⑤ (가) : ㄷ, (나) : ㄹ

체크포인트 타당도의 종류와 개념을 이해해 두자.

032 · 2012

정답 ③

체크포인트 객관도에 영향을 미치는 요인을 파악하고, 객관도를 확보하기 위한 루브릭 제작에 대해 알아두자.

033   2012

정답 ①

해설

개인 측정 결과	은희	Z점수	지숙	Z점수	유리	Z점수	은혜	Z점수
왕복 오래 달리기(회)	68	2.6	66	2.2	67	2.8	70	3.0
사이드 스텝(회)	44	3.3	41	2.3	47	4.3	42	2.7

상위 2.5%의 면적비율에 해당하는 Z점수는 1.96이다. 따라서 Z점수가 1.96이상인 학생을 선발하면 된다.

체크포인트 표준(Z)점수와 면적비율의 의미를 파악해 두자. 이 문제를 보면 주요 면적비율에 해당하는 Z점수를 기억해야 할 필요성이 보인다.

034   2013

정답 ②

해설 (가)의 일치도: 40
(나)의 일치도: 13
(다)의 일치도: 23
(라)의 일치도: 32

체크포인트 일치도, 합치도의 개념과 공식을 기억해 두자.

035   2013

정답 ③

체중(kg)	하키 훈련시간	에너지 소비량(kcal)	다음 날 훈련 강도
60	2시간	960	일반 강도

해설 에너지 소비량: 1kcal × 60kg × 2hour × 8mets = 960kcal

$Z = (960 - 800) / 100 = 1.6$

체크포인트 에너지 소비량 산출 방식은 반드시 알아두어야 한다. 단위를 잘 파악해 두자.

036   2013

정답 ①

해설 ① r = .52는 상관을 나타내고 있으며 52% 관련은 결정계수를 해석한 것이다.

체크포인트 상관의 크기와 방향의 개념을 이해하고 있어야 한다.

037   2013

정답 ①

해설 ㄱ. (가)는 무선 할당배정을 계획하고 있다.
ㄴ. 리커트 척도는 서열척도이다.
ㅁ. 두 집단 간 차이 검증이므로 독립 t검정을 적용하여 분석해야 한다.

체크포인트
• 표본추축 방법을 구분하여 알고 있어야 한다.
• 척도의 종류를 구분하자.
• 양방검증과 일방검증의 차이를 이해하고 영가설 설정 방법을 알아두어야 한다.
• 독립 t검정과 종속(대응) t검정을 구분해 두자.

038   2014

정답 ㉠: 결정
㉡: 4

체크포인트 결정계수의 개념을 이해해야 한다.

039   2014

정답 65.56

체크포인트 Z점수와 면적비율을 활용한 상대적 서열 구분을 알아두어야 한다.

040   2014

정답 ㉠: 일치도가 0.4로 두 검사 간 신뢰도가 너무 낮게 산출된다.
㉡: 성취기준을 8점에서 6점으로 수정한다.
㉢: 준거지향 검사
㉣: 규준지향 검사

체크포인트
• 일치도, 합치도의 개념을 이해하고 산출 방식을 알고 있어야 한다.
• (빈출) 준거지향 검사, 규준지향 검사는 자주 출제되고 있다.

041 2014

정답 ㉠ : 5x + 100
㉡ : 550

체크포인트 회귀방정식을 이해하고 있어야 한다.

042 2015

정답 ㉠ : 진점수
㉡ : 진점수분산
㉢ : 천장효과 때문에 숙련자들의 향상폭이 상대적으로 적다.
㉣ : 사전검사에서 최선을 다하지 않을 것이다.

체크포인트
- 고전검사 이론을 이해하고 있어야 한다.
- 향상도 평가의 개념과 문제점은 다시 출제될 수 있다.

043 2016

정답 ㉠ : 적률
㉡ : 등위차

체크포인트
- 상관계수의 종류를 이해하고 있어야 한다.
- 상관계수의 크기와 방향의 개념을 이해해야 한다.

044 2016

정답 ㉠ : 중앙치
㉡ : 사분편차

체크포인트 집중경향치와 분산의 종류를 알아야 한다.

045 2016

정답 신뢰도 : A모둠에 대한 B모둠과 C모둠의 평가가 너무 달라 점수 차이가 컸다.
해결방안 : 루브릭을 활용하여 평가기준을 공유한다.
타당도 : 황 교사가 전술이해도를 제대로 평가하지 못하고 있다.
해결방안 : GAPI를 활용한다.

체크포인트 신뢰도와 타당도의 개념을 이해해야 한다.

046 2017

정답
- 1% : 검정통계량은 5.13이고 임계값은 6.63이다.
의사결정 : 검정통계량이 임계값보다 작기 때문에 영가설을 채택한다.
- 5% : 검정통계량은 5.13이고 임계값은 3.84이다.
의사결정 : 검정통계량이 임계값보다 크기 때문에 영가설을 기각하고 상대가설을 채택한다.

체크포인트 검정통계량과 임계값, 통계적 의사결정의 관계를 이해해야 한다.

047 2017

정답 오래달리기 − 걷기 : 15.87
제자리멀리뛰기 : 3.59

체크포인트 (빈출) Z점수와 면적비율을 활용한 상대적 서열을 찾을 수 있어야 한다.

048 2017

정답 ㉠ : 변별도
㉡ : 추측도

체크포인트 문항난이도, 문항변별도, 문항추측도를 이해하고 계산해 낼 수 있어야 한다.

049 2018

정답 ㉠ : 0.75
㉡ : 0.6

체크포인트 문항난이도, 변별도의 개념과 공식을 기억해 두자.

050 2018

정답 (가) 독립t검정
경기력 변인 : 공격 리바운드 성공 횟수 − 2점 슛 성공 횟수 − 3점 슛 성공 횟수
(나) 학생3 − 학생1 − 학생2

체크포인트
- 독립t검정과 종속t검정을 구분하는 문제가 종종 출제된다.
- 유의수준의 의미를 기억해 두자.
- 일치도, 합치도 계산을 이해해야 한다.

051 2019

정답 ㉠: 서열척도
㉡: 비율척도
㉢: T점수

체크포인트 • 척도의 종류를 기억해 두자.
• Z점수와 T점수 공식은 반드시 알아야 한다.

052 2019

정답 ㉠: 준거지향
㉡: 5

체크포인트 • (빈출) 준거지향 검사와 규준지향 검사를 구분하는 문제가 자주 출제된다.
• 일치도, 합치도의 개념을 이해해야 한다.

053 2019

정답 • (나) 학습 태도
• (다) 최빈치, 중앙치, 평균
• (다) A반: 급첨, B반: 정적 편포
• 수준별 수업이 더 필요한 반: B반
이유: 분산이 더 큰 이질적 집단이기 때문이다.

체크포인트 • 변별도의 개념을 이해하고 있어야 한다.
• 분포 모양에 따른 중심경향값의 상대적 위치를 기억해 두자.
• 분산의 종류와 의미를 기억해야 한다.

054 2020

정답 ㉠: 규준지향 검사
㉡: 변별도

체크포인트 • (빈출) 준거지향검사와 규준지향 검사를 구분하는 문제가 자주 출제된다.
• 변별도의 개념과 공식을 기억해 두자.

055 2020

정답 ㉠: 편차점수
㉡: 0
이유: 편차점수의 합은 언제나 0이 되기 때문이다.
㉢: 신뢰도
㉣: 공인타당도

체크포인트 • 편차점수의 개념을 이해하고 있어야 한다.
• 신뢰도와 공인타당도를 이해하고 있어야 한다.

056 2020

정답 A범위: $-$, 부적 상관을 의미한다.
이유: 저체중과 정상체중 범위에서는 부적 상관, 과체중과 비만 범위에서는 정적 상관을 나타내고 있어 전체 구간에서는 서로 상쇄되기 때문이다.
비율척도의 특성: 가감승제가 가능하다.

체크포인트 • 상관의 크기, 방향의 의미를 이해하고 있어야 한다.
• 척도의 성질과 종류, 그 예를 기억하고 있어야 한다.

057 2021

정답 ㉠: 31
㉡: 측정의 표준오차

체크포인트 • Z점수와 면적비율의 의미를 이해하고 있어야 한다.
• 측정의 표준오차를 계산할 수 있어야 한다.

058 2021

정답 ㉠: 내용타당도
㉡: 턴오버, 결정계수: 0.81
㉢: 구인타당도

체크포인트 • 상관의 크기와 의미를 이해하고 있어야 한다.
• 결정타당도의 의미를 이해하고 있어야 한다.
• 구인타당도의 의미를 이해하고 있어야 한다.

059　2021

정답 ⓒ : 회피
ⓔ : p값(0.01)이 유의수준(0.05)보다 작기 때문이다.
ⓜ : 조절 변인

체크포인트
- 유의수준의 의미와 영가설 설정 방식을 알고 있어야 한다.
- 변인의 종류를 기억해 두자.

060　2022

정답 ㉠ : 경기방법
ⓛ : 상위집단과 하위집단의 능력 차이를 구별해주는 정도
ⓒ : 과학적 원리, 0.2

체크포인트 문항변별도의 개념을 이해하고 있어야 한다.

061　2022

정답 ㉠ : 반성
ⓛ : 총괄
ⓒ : 종속t검정
왕복오래달리기

체크포인트
- 시기별 평가의 종류를 기억해 두자.
- 종속t검정과 독립t검정을 구분하는 문제가 종종 출제되고 있다.

062　2022

정답 ㉠ : 81
ⓛ : 0.55
ⓒ : 경험적
ⓔ : 판단적, 전문가의 판단에 의존하는 방법

체크포인트
- 결정계수의 개념을 이해하고 있어야 한다.
- 일치도, 합치도의 개념과 공식을 기억해야 한다.

063　2023

정답 ㉠ : 신뢰도
ⓛ : 상관

체크포인트
- 신뢰도, 객관도, 타당도의 개념을 이해하고 있어야 한다.
- 상관의 크기와 방향의 의미를 이해하고 있어야 한다.

064　2023

정답 ㉠ : 악력
ⓛ : 사분편차
ⓒ : 변이
가장 큰 종목 : 왕복오래달리기(30%),
가장 작은 종목 : 제자리 멀리뛰기(10%)

체크포인트
- 점수분포 모양과 집중경향치의 관계를 이해하고 있어야 한다.
- 변이계수의 개념과 공식을 알고 있어야 한다.

065　2023

정답 ㉠ : T점수
ⓛ : 97.5
ⓒ : 보통
ⓔ : 미흡(71점 미만), 보통(71점 이상 89점 미만), 우수(89점 이상)

체크포인트 Z점수와 T점수의 공식을 이해하고 있어야 한다.

066　2024

정답 ㉠ : 64%
ⓛ : 추정의 표준오차
에너지 소비량 추정 값 : 520
ⓒ : 516~524

체크포인트 (빈출) Z점수와 T점수의 공식을 이해하고 있어야 한다.

067   2024

정답 [가] : 반분검사 신뢰도
㉠ : 비체계적 오차(신뢰도에 영향)
㉡ : 준거집단 활용법
[나] : 12점(0.82)

체크포인트 평가도구의 양호도에 대해서 잘 알아두자.

068   2025

정답 ㉠ : 70
㉡ : -0.1

체크포인트 변형점수들에 대해서 알고 있어야 한다.

069   2025

정답 ㉠ : 구인타당도(집단차이검증)
㉡ : 사후검정
통계 방법 : 반복측정 변량분석
㉢ : 유의확률이 유의수준보다 크기 때문

체크포인트 추리통계 방법과 분석 방법에 대해서 알아두어야 한다.

PART 06 생리학

본문_372p

001
2002

정답 ① 최대하 운동 시: 운동 종료 시까지 일정하게 유지된다.
② 최대 운동 시: 운동 종료 시까지 상승한다.

체크포인트 동적 항정상태의 개념을 이해해 두자.

002
2002

정답

	안정 시	최대하 운동 시
	① 심박수: 감소	① 심박수: 감소
	② 1회 박출량: 증가	② 1회 박출량: 증가
	③ 좌심실 크기: 증가	③ 활동근당 혈류량: 감소
	④ 헤모글로빈 수: 증가	④ 동정맥산소차: 증가

체크포인트 트레이닝의 효과를 안정 시, 최대하 운동 시, 최대 운동 시로 구분하여 기억해야 한다.

003
2003

정답
3-1. ① 동원된 운동단위의 형태와 숫자
② 근육의 초기 길이
③ 운동단위의 신경자극 특성
3-2. ① 근섬유 수, 크기 증가
② 근글리코겐 저장량 증가
③ 힘줄, 인대, 건 강화
④ 근섬유당 모세혈관 밀도 증가

체크포인트 • 근력을 결정하는 요인을 기억해 두자.
• 트레이닝으로 인한 근육계의 변화를 기억해 두자.

004
2003

정답
4-1. 최대심박수: 202회(220 − 18)
4-2. 최대예비심박수: 132회(202 − 70)
4-3. ① 계산 과정: $132 \times 0.5 + 70$
② 목표 심박수: 136회

체크포인트 카보넨 공식을 이용한 목표심박수 계산 공식을 반드시 기억해 두자.

005
2004

정답
5-1. ①: 전자전달계
②: 해당과정
5-2.

	분비 기관	분비 호르몬
①	뇌하수체전엽	성장호르몬
②	췌장	글루카곤
③	갑상선	티록신

체크포인트 • 해당 과정과 유산소 과정에서 ATP 생성 숫자를 다시 물을 수 있다.
• 혈중 포도당 농도 유지와 관련한 호르몬을 다시 물을 수 있다.

006
2004

정답
6-1. ① 형태: 좌심실강 크기의 증가
② 기능: 1회 박출량 증가
③ 저항성 운동에 의한 심장의 변화: 심근층 두께의 증가
6-2. ①: 혈관의 길이
②: 혈액의 점도
③: 혈관의 직경

체크포인트 • 트레이닝을 통한 심장의 변화를 기억해 두자.
• 혈류에 영향을 미치는 요인들을 기억해 두자.

007　　2004

[정답] ① : 니코틴
② : 타르
③ : 일산화탄소

[체크포인트] (빈출) 담배의 유해성분은 자주 출제되고 있다.

008　　2005

[정답] • 안정 시 근육 내 지방 저장량 : 증가
• 최대하운동부하검사 40분 시점에서의 글루카곤 분비량 : 감소
• 최대운동부하검사 직후의 혈중 젖산농도 : 증가
• 최대운동부하검사 완료 시점에서의 심박수 : 불변
• 최대하운동부하검사 후 회복기 중 초과 산소소비량 : 감소
• 최대하운동부하검사 45분 시점에서의 근글리코겐 저장량 : 증가

[체크포인트] 트레이닝의 효과를 계통별로 기억해 두자.

009　　2005

[정답] 호흡에 의한 펌프 작용
흡기 시 횡격막의 하강은 흉강을 크게 하여 압력을 감소시키고 복부의 압력 증가로 인해 아래쪽의 정맥혈이 심장부위로의 환류를 돕는다.

[체크포인트] (빈출) 정맥혈 회귀 증가와 관련한 문제는 자주 출제되고 있다.

010　　2005

[정답]

	방법	처치 목적
R	휴식 또는 중단	추가적 상해 및 악화 예방
I	얼음 (찜질, 마사지)	(환부를 차갑게 하여 부종과 통증 예방)
C	압박	상해 부위를 붕대 등으로 감싸서 부기 예방, 회복 추진
E	거상 또는 상처 부위 높임	(혈액의 흐름을 감소시켜 부종 예방)

[체크포인트] RICE 요법은 가끔 출제되고 있다.

011　　2006

[정답]

구분	계산과정	답
총 운동량	70kg×100m×30min×0.1	21,000(kpm)
운동 강도	① 21,000kpm ÷ 30min	700(kpm/min)
	② {(220 − 15) − 70} × X + 70 = 150	59.2(%HRmax)

[체크포인트] 운동량, 파워, 운동 강도 결정 공식은 반드시 기억해야 한다.

012　　2006

[정답] • ㉮군의 주요 요소 : ① (운동 부족)
② (과잉 섭취)
• ㉮군과 ㉯군의 주요 특징 :
㉮군 − 변화시킬 수 없는 후천적 요인
㉯군 − 변화시킬 수 없는 선천적 요인

[체크포인트] 간단하게 체크해 두자.

013　　2007

[정답] • 운동 시간(duration)의 정의 : 하루의 운동 지속시간
• 운동 빈도(frequency)의 정의 : 주당 운동 일수
• 운동 강도(intensity)를 나타내는 지표 :
① (VO_2max)　② (운동자각도)
③ OBLA　④ RM

[체크포인트] 운동 강도의 지표들을 기억해 두자.

014　　2007

[정답] • 건강 체력 요소의 명칭 : 심폐지구력
• 니코틴의 특성 : 환각상태, 혈관수축, 동맥경화 유발
• 타르의 특성 : 발암물질
• 일산화탄소의 특성 : 산소운반능력 저하

[체크포인트] (빈출) 담배의 유해성분이 자주 출제된다.

015   2008

정답
- 〈상황 1〉의 피로 원인 : 젖산의 축적
- 〈상황 2〉의 피로 원인 : 근글리코겐의 고갈
- 〈상황 3〉의 통증 명칭 : 지연성 근통증
- 통증을 일으킨 근수축의 종류 : 신장성 수축

체크포인트 근피로의 원인과 지연성 근통증은 종종 출제되고 있다.

016   2008

정답
- 운동 강도의 영향 : 운동 강도가 낮을 때는 지방, 운동 강도가 높을 때는 탄수화물의 사용비율이 더 많다.
- P/O 비율 계산식과 값(소수점 1자리까지) : 탄수화물(38/6 = 6.3) 지방(130/23 = 5.7)
- 효율성 비교 : 탄수화물은 6.33, 지방은 5.65로 지방의 에너지원 효율성이 더 좋다.

체크포인트 호흡교환율을 기억해 두자.

017   2008

정답
- 운동 상해의 내적 원인 : ① 준비운동 부족 ② 무리한 동작 ③ 기술 부족 ④ 과도한 운동
- 응급 처치 방법 : ① 냉각 ② 거상

체크포인트 RICE 요법을 잘 알아두자.

018   2009

정답 ②

해설

1	ㄹ. 운동신경의 활동전위가 운동신경말단(motor end plate)으로 전도 → 연접간격(synaptic cleft)으로부터 아세틸콜린(acetylcholine) 방출 → 근세포막 활동전위 생성
2	ㄱ. 활동전위(action potential)가 가로세관(transverse tubule)을 따라 전도 → 근질세망(sarcoplasmi creticulum)으로부터 칼슘 방출
3	ㄷ. 칼슘이 트로포닌(troponin)에 결합 → 액틴결합부위 노출
4	ㄴ. 미오신 십자형가교(myosin cross-bridge)가 액틴결합부위(actin-binding site)와 강한 결합 → 근수축
5	ㅁ. 트로포닌으로부터 칼슘 분리 및 제거 → 근이완

체크포인트 (빈출) 근세사 활주설은 자주 출제되고 있다. 과정을 순서대로 잘 기억해 두어야 한다.

019   2009

정답 ⑤

해설 ⑤ 골격근의 산소요구량을 충족시키기 위해서 교감신경계가 활성화되는데, 교감신경계는 심부혈관을 수축하게 하므로 운동 중 교감신경계의 활성도는 감소되어야 한다. 게다가 모세혈관은 자율신경계의 지배를 받지 않는다.

체크포인트 운동에 적응하기 위한 자율신경계의 변화를 파악해 두어야 한다.

020   2009

정답 ⑤

체크포인트 운동 중 혈당 유지와 관련된 부분을 기억해 두자.

021   2009

정답 ②

해설 $3.5ml \times 70kg \times 30min \times 5Mets$
$= 36,750ml(36.75L)$
$36.57L \times 5Kcal = 183.75Kcal$

체크포인트
- (빈출) 운동 중 순에너지소비량은 자주 출제되고 있다.
- [운동 중 순산소소비량 × 산소 1L의 에너지 당량]을 기억해 두자.

022   2009

정답 ②

해설 ㄹ. 운동 능력과 관련
ㅂ. 운동 능력과 관련
ㅅ. 운동 능력과 관련

체크포인트 체질량지수 산출 공식을 알고 있어야 하며, 체질량 지수로 비만을 평가할 때 발생할 수 있는 문제점을 파악하고 있어야 한다.

023 2009
정답 ①

해설 동일한 운동을 실시했을 때 평소 운동 수준에 따라 건강 증진 효과가 달라짐을 보여주는 그래프를 해석하면 되는 간단한 문제이다.

체크포인트 전형적인 그래프 해석 문제이다. X축 변인과 Y축 변인부터 살피는 습관을 가져야 한다.

024 2009
정답 ⑤

체크포인트 오존과 관련한 상식 수준의 문제이다.

025 2010
정답 ⑤

해설 ① 운동 시 호흡 자용은 2차 방어선에 해당한다.
② 중탄산염 완충계(bicarbonate buffer)는 근세포 내부에도 존재한다.
③ 인산염 완충계(phosphate buffer)는 근세포 내부에 존재한다.
④ 예전에는 틀리고 지금은 맞는 말이다.

체크포인트 • 파워운동 생리학 10판에서 1차 방어선과 2차 방어선이 달라졌다.
• 1차 방어선: 세포 내, 2차 방어선: 세포 외, 호흡

026 2010
정답 ①

해설 ① 평균 동맥압의 감소로 인해 안정 시 심장의 1회 박출량이 증가했다.

체크포인트 • 심박출량과 심박수 1회 박출량과의 관계를 파악해 두자.
• 트레이닝 후 심장과 자율신경계의 변화를 알아두어야 한다.

027 2010
정답 ④

해설 ④ 운동 중 땀으로 배출되는 나트륨(Na^+)이 감소한다.

체크포인트 • 탈수 현상을 방지하기 위해 땀으로 배출되는 나트륨은 감소하게 된다.
• 열순응 문제는 언제든 다시 출제될 수 있다.

028 2010
정답 ②

해설 ② 반복적인 스트레칭 운동은 골격근 내 근방추(muscle spindle)의 민감성을 낮춘다.

체크포인트 근방추와 골지건기관의 역할이 종종 출제되고 있다.

029 2010
정답 ①

호르몬	분비 기관	기능
ㄱ. 알도스테론 (aldosterone)	d. 부신피질 (adrenal cortex)	㉮ 나트륨(Na^+) 재흡수, 칼륨(K^+) 배출
ㄷ. 레닌(renin)	b. 신장(kidney)	㉯ 안지오텐신 (angiotensin) 활성화

체크포인트 운동 중 탈수 방지를 위한 두 가지 호르몬은 매우 중요하게 살펴보아야 한다.

030 2010
정답 ④

체크포인트 전형적인 그래프 해석 문제이다.

031   2010
정답 ①
해설 ① 온찜질은 회복 단계에서 할 일이다.
체크포인트 RICE 처치 방법을 알아두어야 한다.

032   2011
정답 ②
해설 ① D 부분과 E 부분의 에너지소비량은 같다.
③ 체온 증가와 카테콜라민은 빠른 회복기와 느린 회복기 모두 해당된다.
④ 운동 중 항정 상태(steady state)의 산소소비량은 30ml/kg/min이다.
⑤ A 부분에서는 주로 무산소적인 경로를 통하여 ATP가 공급된다.
체크포인트
• EPOC를 단계별로 기억해 두어야 한다.
• 운동 중 순에너지소비량 공식을 반드시 기억해 두어야 한다.

033   2011
정답 ⑤
해설 ⑤ 피부로 보내는 혈류량을 증가시키기 위하여 심박수는 증가하고 일회 박출량은 점차 감소된다.
체크포인트 고온에서 장시간 운동을 할 때 혈장량 감소로 인한 변화를 정리해 두자.

034   2011
정답 ①
해설 ㄷ. 운동 전과 운동 중의 차이
ㄹ. 고강도 운동에서만 반응
ㅁ. 고강도 운동에서만 반응
체크포인트 다시 출제될 수 있으므로 잘 기억해 둘 필요가 있다.

035   2011
정답 ①
해설 ① 정상 성인 남성의 안정 시 1회 박출량은 약 70ml
체크포인트 나머지 4개의 지표를 기억해 두자.

036   2011
정답 ④
해설 ④ 혈중 젖산이 급격히 감소하는 것을 예방한다.
(혈중 젖산을 제거하기 위한 준비 운동)
체크포인트 간단한 문제는 가볍게 보길 추천한다.

037   2011
정답 ①
해설 ① 안정 시 혈당이 100 이하의 기준치에 적합하므로 영희를 당뇨병 상태라고 볼 수 없다.
체크포인트 항목별 수치 해석과 관련한 문제이다. 문제에서 제시되는 조건을 잘 파악해보는 습관이 필요하다.

038   2012
정답 ④
해설 (다) 비타민은 신신대사 조절에 필수적이고, 필수 아미노산의 합성에 기여하여 항산화 기능을 합니다.
(라) 단백질은 체조직의 성장 및 유지에 이용되고, 정상적인 혈액 삼투압을 유지하며 사과 염기의 평형을 위한 완충제 역할을 합니다.
체크포인트 영양소의 역할과 기능은 가볍게 주는 문제로 출제되었다.

039   2012
정답 ③
해설 ③ 헤모글로빈의 산소 포화도가 낮아진다.
체크포인트 고지 환경의 특성을 이해하면, 인체에 미치는 영향을 쉽게 알 수 있다.

040 2012

정답

	성명	종류	강도	시간	빈도
⑤	최○○	걷기 운동	저	45분 내외	3일/주
	김○○	줄넘기 운동	저	30분 내외	3일/주

체크포인트 체중과 혈압, 특이 사항을 보면 쉽게 처방할 수 있는 문제이다.

041 2012

정답

(가)	(나)	(다)	(라)	(마)
③ 인공호흡	안정	부목	RICE	RICE

체크포인트 RICE 방법을 기억해 두자.

042 2012

정답 ⑤

체크포인트 체형값이 결정되는 방식을 기억해 두어야 한다.

043 2012

정답 ④

해설 ㄱ. 골지건기관은 근수축 시 과도한 힘을 내지 않도록 조절하는 역할을 한다.
ㄴ. 단일 자극이 주어질 때 근육이 한 번 수축하는 현상을 단축이라고 한다.
ㄹ. 탈분극이란 역치 이상의 자극에 반응하여 근육이 수축하는 현상을 말한다.

체크포인트 • 근방추와 골지건기관의 역할을 기억해 두자.
• 가중의 방식을 기억해 두자.

044 2013

정답 ①

해설 (라) 식접 흡연 시 들이마시는 담배 연기가 간접 흡연의 연기보다 더 많은 독성물질을 포함함(필터 때문에 직접 흡연보다 간접 흡연이 더 많은 독성물질을 포함함)
(마) 금단 증상: 우울증, 불면증, 불안, 낙담, 분노, 근심, 집중력 감소, 식욕 및 체중 감소 등의 문제 발생

체크포인트 담배의 독성물질은 가끔 출제된다.

045 2013

정답 ③

해설 (나) 혈중 젖산역치가 나타나는 상대적 운동 강도 ($\%VO_2\max$)가 더 높다.
(마) 동일한 운동 강도의 최대하 운동 시 항정 상태(steady state)에서 심박수가 더 낮다.

체크포인트 (빈출) 트레이닝의 효과는 자주 출제되는 문제이다. 안정 시, 최대하 운동 시, 최대 운동 시로 구분하여 반드시 정리해 두어야 한다.

046 2013

정답 ③

해설 ㄷ. (다)는 기질(substrate) 수준의 에너지를 생산하는 유산소성 대사 과정이며 이것의 주요 기능은 전자를 제거하는 것이다.
ㄹ. (라)에서는 (가) 혹은 (다) 단계보다 더 많은 양의 ATP가 생성된다.

체크포인트 에너지 생성체계는 반드시 파악해 두어야 한다. ATP 생성 숫자도 중요하게 다루자.

047 2013

정답 ④

해설 ㄴ. (나)는 향상단계로서 심폐지구력 향상이 비교적 빠르게 일어나는 초기단계와 심폐지구력 향상이 상대적으로 느리게 일어나는 후기단계로 구분한다.

체크포인트 전형적인 그래프 해석 문제이다.

048 2013
정답 ②
해설 ㄱ. 키에 대한 체중의 비율이 20%인 것이다.
ㄹ. (라)는 BMI 방법과 비교할 때, 검사자 간 신뢰도가 상대적으로 낮다. (측정 부위에 따라 달라지므로)
체크포인트 BMI 공식을 기억해 두자.

049 2013
정답 ②
해설 ② 스트레칭 운동은 근방추(muscle spindle)의 민감성을 낮추어 관절의 가동 범위를 증가시키는 것을 목적으로 한다.
체크포인트
- 최대산소 섭취량 결정 요인을 기억해 두자.
- 근방추, 골지건기관의 역할을 기억해 두자.

050 2014
정답 ①: 동원된 운동단위의 형태와 숫자
②: 근육의 초기 길이
③: 운동단위의 신경자극 특성
체크포인트 근력조절기전은 다시 출제될 수 있다. 반드시 기억해 두자.

051 2014
정답 운동 강도
체크포인트 운동처방 요소들이 출제될 수 있다.

052 2014
정답 의미: 대부분 탄수화물을 사용하여 매우 강도 높은 운동을 수행했다.
안정 시 혈류추진력: 93.2mmHg
운동 시 혈류추진력: 130mmHg
안정 시 혈류추진력보다 운동 시 혈류추진력이 더 커서 혈액순환이 훨씬 원활해진다.
체크포인트 혈압과 혈류추진력, 혈류에 영향을 미치는 요인들까지 정리해 두어야 한다.

053 2015
정답 ㉠: 4 - 3 - 6 - 5
㉡: 지근섬유
체크포인트
- (빈출) 근세사 활주설이 다시 출제될 때가 되었다.
- (빈출) 근섬유의 특징을 묻는 문제가 자주 출제된다.

054 2015
정답 ㉠: PH
㉡: 판막
체크포인트 헤모글로빈 해리 곡선이 출제될 때가 되었다.

055 2016
정답 ㉠: 손상
㉡: 염증
체크포인트 (빈출) 지연성 근통증은 자주 출제되고 있다.

056 2016
정답 ㉠: 이산화탄소, 물
㉡: 근세포에서 생성된 젖산은 혈액을 타고 간으로 이동하여 당신생과정을 거쳐 글리코겐으로 재합성된다.
체크포인트 운동 강도에 따른 해당 과정의 최종 산물을 묻는 문제가 출제될 수 있다.

057 2016
정답 ㉠: 에피네프린, 노르에피네프린
㉡: 기초대사량을 증가시킨다.
체크포인트 호르몬의 역할과 분비 기관을 잘 기억해 두자.

058 2017
정답 ㉠: 근섬유 수 증가, 근섬유 크기 증가
㉡: 플라이오 매트릭
㉢: 신장성 수축 - 아모티제이션 단계 - 단축성 수축
체크포인트 트레이닝의 종류를 가끔 묻는다.

059 2017

정답 ㉠ : 동방결절
㉡ : QRS파

체크포인트 심전도와 분극 형태를 연결하여 묻는 문제가 출제될 수 있다.

060 2017

정답 ㉡ 규칙적인 운동을 통해 총콜레스테롤과 저밀도 지단백 콜레스테롤(LDL-C)을 모두 감소시킨다.
㉣ 규칙적인 운동을 통해 혈당농도를 감소시켜 인슐린 요구도를 감소시킨다.
㉤ : 3

체크포인트 에너지 소비량 추정 방법은 반드시 이해해 두어야 한다.

061 2018

정답 ㉠ : 사강 환기량
폐포 환기량 순서 : C - B - A

체크포인트 1회 호흡량, 분당 호흡 수, 분당 환기량의 관계를 잘 기억해 두자.

062 2018

정답 ㉠ : ATP-PC, 유산소 과정, 해당 과정
㉡ : 근글리코겐 고갈
㉢ : 이산화탄소 생성에 대한 산소소비량의 비율
㉣ : 0.7일 때 - 지방, 1.0일 때 - 탄수화물

체크포인트 시간에 따른 에너지 생성체계와 사용 에너지원의 관계를 잘 파악해야 한다.

063 2018

정답 ㉠ : 근방추, 근육의 길이에 대한 정보를 제공하여 지나친 신전에 의한 근육의 부상을 예방한다.
㉡ : 탄성 스트레칭을 하게 되면 근방추가 근육의 길이에 대한 정보를 전달하여 추외근 섬유의 수축으로 부상을 예방하기 전에 지나친 신전으로 인해 근육이 손상될 수 있다.
㉢ : PNF, 주동근의 등척성 수축을 통해 골지건기관의 반사를 촉진하여 주동근의 이완과 길항근의 수축을 유도하고 주동근과 길항근의 기능적 범위가 증가하여 운동수행력이 향상된다.

체크포인트 근방추와 골지건기관의 역할에 대해 잘 알아두자.

064 2019

정답 ㉠ : 생체전기 저항법
㉡ : 62.5

체크포인트 신체 구성 측정법의 종류가 가끔 출제된다.

065 2019

정답 ㉠ : 운동 강도가 증가함에 따라 유산소에너지 대사에서 무산소에너지 대사로 전환되는 지점
㉡ : 환기역치
㉢ : 젖산역치
B 지점의 강도가 유리한 이유 : B 지점은 혈중젖산축적지점으로 A 지점의 강도로 달리게 되면 최고 기록을 낼 수 없게 되고, C 지점의 강도로 달리게 되면 젖산이 축적되어 피로 때문에 완주를 보장할 수 없게 된다. 따라서 젖산으로 인한 피로를 예방하면서 최고 속도를 낼 수 있는 B 지점의 강도로 달리는 것이 중요하다.
㉣ : 운동자각도

체크포인트 • 운동 강도의 지표들을 살펴볼 필요가 있다.
• 젖산 축적으로 인한 운동수행능력 저하의 기전을 알아두자.

066 2019

정답 ⓒ : 지근섬유, 가장 먼저 동원되고 수축 속도는 느리다.
ⓒ의 비율 : 마라톤, 800m, 투포환
비교 : 지근섬유는 type Ⅱx형보다 신경의 전도 속도는 느리고 모세혈관 밀도는 높다.

체크포인트 (빈출) 근섬유의 종류와 특성은 자주 묻는 문제이다.

067 2020

정답 ㉠ : EPOC
ⓒ : 좌심실
ⓒ : 미토콘드리아
㉣ : 안정성 회복보다 운동성 회복에서 젖산제거비율이 더 높다.

체크포인트 EPOC의 단계별 산소소비량 증가의 원인을 기억해 두자.

068 2020

정답 ㉠ : 거상
ⓒ : 부종 예방

체크포인트 • (빈출) RICE 요법은 자주 출제되고 있다.

069 2020

정답 ㉠ : 지방
ⓒ : 속근섬유
ⓒ : 카테콜라민
㉣ : 보다 높은 운동 강도에서도 지방을 에너지원으로 사용하게 되므로 초기 탄수화물 절약효과가 발생한다.

체크포인트 • (빈출) 연료교차점의 개념이 2년 연속 출제된다. (골라서 공부를 해서는 안 된다.)
• (빈출) 트레이닝의 효과를 계통별로 기억해 두자.

070 2021

정답 ⓒ : 세로토닌

체크포인트 단순 암기로 해결하자.

071 2021

정답 ㉠ : 운동량(Volume)
ⓒ : 운동 강도
ⓒ : 근력 토크가 저항무게 토크보다 더 크기 때문이다.
㉣ : 신장성 운동은 주동근의 수축 속도를 빠르게 할수록 주동근의 신장성 수축력이 커진다.

체크포인트 미국 스포츠 의학회(ACSM)에서 제시한 운동처방요소(FITT – VP)를 기억해 두자.

072 2021

정답 ㉠ : 프랭크 스탈링
ⓒ : 1회 박출량
ⓒ : 60
㉣ : 일반적인 상황에서는 헤마토 크리트값 45% 수준을 유지하면서 적혈구 수와 혈장량이 증가한다.

체크포인트 심박출량과 1회 박출량, 심박수의 관계를 기억해 두자.

073 2022

정답 ㉠ : 141
ⓒ : 148
ⓒ : 1RM

체크포인트 운동 강도 설정 방식은 종종 묻는 문제이다.

074 2022

정답 ㉠ : 시간가중, 공간가중
ⓒ : 개방된다.
ⓒ : 칼륨
㉣ : 크기의 원리

체크포인트 신경 세포의 신경 자극 전달 기전을 잘 기억해 두자.

075   2022

정답 ㉠ : 초기 구간에서는 부교감신경의 제어 감소, 후기 구간에서는 교감신경계의 활성화로 심박수가 증가된다.
㉡ : 심실 수축력
㉢ : 등척성 수축

체크포인트 1회 박출량 결정 요인은 반드시 기억해 두어야 한다.

076   2023

정답 ㉠ : ATP - PC
㉡ : PFK(인산과당분해효소)
㉢ : 효소가 자극되어 활성도가 증가한다.
㉣ : A - 탄수화물, B - 지방

체크포인트 에너지 생성체계별 효소와 자극/억제 물질을 기억해 두어야 한다.

077   2023

정답 ㉠ : 4
㉡ : 90

체크포인트 운동을 통한 에너지 소비량 계산 방법은 이해가 먼저이다.

078   2023

정답 ㉠ : 1회 박출량은 감소되고 분당 심박수는 증가한다.
㉡ : 열사병
㉢ : 항이뇨
㉣ : 부신피질

체크포인트 탈수 방지를 위한 두 가지 호르몬은 매우 중요하므로 반드시 기억해 두어야 한다.

079   2024

정답 (가) : 특이성의 원리
㉠ : 혈당지수

체크포인트 (빈출) 트레이닝의 원리는 자주 출제되고 있다.

080   2024

정답 ㉠ : 증가한다.
(가) : ⓓ
㉡ : 픽크의 법칙, 분압차 증가로 인한 산소 확산량 증가

체크포인트 탈수 방지를 위한 두 가지 호르몬은 매우 중요하므로 반드시 기억해 두어야 한다.

081   2024

정답 ㉠ : 복사
㉡ : 체지방의 수분 비율이 제지방보다 많다.
(나) : 영희 - ⓑ 이완기 → 수축기, 영철 - ⓒ 심실의 탈분극 → 심방의 탈분극

체크포인트 (빈출) 스포츠 지도사에서 출제되었던 열손실(혹은 열획득)이 출제되었다. 매해 스포츠 지도사, 건강운동관리사에서 출제되는 문제들을 파악해 두어야 한다.

082   2025

정답 ㉠ : 탄수화물
㉡ : 더 낮은 강도에서 → 더 높은 강도에서

체크포인트 (빈출) 젖산 역치, 연료 교차점, 대사 연료를 묻는 문제가 자주 출제되고 있다.

083   2025

정답 ㉠ : 내배엽
C : 119
(나) : 급내상관계수
㉡ : 표준편차 √1 - 신뢰도계수
㉢ : 4.81~5.19

체크포인트 기출문제의 반복이다.

084　　　　　　　　　　　　　　　2025

정답 ㉠: A 이전 - ATP, PC 시스템, A 이후 - 유산소 시스템
㉡: 지방
㉢: 감소 → 증가
㉣: 분해 → 합성

체크포인트 (빈출) 생리학의 모든 문제가 어렵지 않다.

085　　　　　　　　　　　　　　　2025

정답 ㉠: 15L/min
㉡: 42ml/kg/min
㉢: 심근층 두께의 증가 - 수축력 증가, 좌심실강 크기의 증가 - 심실이완기말 확장량 증가

체크포인트 (빈출) 생리학에서 계산을 해야 하는 문제는 단위에 집중하면 쉬워진다.

PART 07 체육사철학윤리

001   2002
정답 ① 군사훈련의 수단이었기 때문이다.
② 귀족들의 오락 및 여가활동이었기 때문이다.
체크포인트 격구와 관련한 문제가 종종 출제되고 있다.

002   2002
정답 종합적성을 기르는 방향을 지향하여 학생들의 흥미와 요구를 반영하는 수업내용을 선정하고 스스로 학습할 수 있도록 교사는 조력자의 역할을 담당하게 된다.
체크포인트 철학적 관점에서의 체육 수업방법과 교사의 역할을 이해해야 한다.

003   2004
정답 ① 학교체육의 자주성 박탈
② 민족주의적 운동경기 탄압
체크포인트 일제 식민지 체육의 특징을 정리해 두어야 한다.

004   2004
정답 ① 올림피아
② 델포이, 코린트, 네미아
체크포인트 고대 그리스 4대 제전 경기의 장소, 주신, 기간, 수여된 상을 모두 기억해야 한다.

005   2005
정답 • 개인적 차원 : 정신과 신체의 조화로운 발달
• 국가적 차원 : 신체훈련과 건전한 레크리에이션 활동을 통해 국가에 충성심을 지닌 시민 양성
체크포인트 체육의 목표는 어느 부분에서든 중요하게 체크해 두어야 한다.

006   2005
정답 • 전기 아테네 시대 : 심신이 조화롭게 발달된 전인 육성
• 전기 로마 시대 : 건강한 신체, 용기 있고 강인한 군대 육성
• 후기 로마 시대 : 전기 체육의 목적에 대중의 오락적 성격이 부가된 모습
체크포인트 각 시대별 체육의 목적을 정리해 두어야 한다.

007   2006
정답 • 본질주의의 기본 입장 : 신체의 교육 강조, 신체적성 목표
• 진보주의의 기본 입장 : 신체를 통한 교육 강조, 종합적성 목표
• 인간관과 연관된 본질주의에 대한 진보주의의 비판 : 본질주의는 심신이원론적 관점으로 정신과 신체를 분리하고 지나치게 심동적 영역을 강조하여 다양한 교육목표를 달성하지 못한다.
체크포인트 신체육의 등장 배경을 이해하고 있어야 한다.

008   2006
정답 • 외래 스포츠의 전개 양상 : 순수체육으로 보급되었으나 일본에 저항하는 민족운동으로 전개되었다.
• 전통 민속 경기의 변화 양상 : ① 경기 요소를 가미하여 계승 발전
② 융합의 실패로 쇠퇴
체크포인트 우리나라에 유입된 서구 스포츠의 전개 양상과 종목들이 종종 출제된다.

009 2007

정답 • 김 교사의 주장이 속하는 관점: 본질주의
• 진보주의와 본질주의의 차이: 진보주의는 종합적 성을 강조하여 심동적·인지적·정의적 영역의 고른 발달을 추구하고 본질주의는 신체적성을 강조하여 심동적 영역의 발달을 추구한다.

체크포인트 항존주의, 본질주의, 진보주의의 기본 입장을 이해하고 있어야 한다.

010 2009

정답 ③

해설 후설(E. Husserl)에 의해 창시된 철학운동. 실증주의에 반대하며 세계가 의식에 나타나는 그 자체를 '현상'이라고 하고, 이렇게 주어진 현상의 보편적인 특징과 조건들을 탐구하는 철학이다.

체크포인트 여러 철학적 입장들을 정리해 두어야 한다.

011 2009

정답 ④

해설 ① 철학의 의미는 "일상을 반성케 하여 이따금 생활 태도를 교정하는 것"에 지나지 않는다. 철학이 불완전한 인간의 지식을 받아들이고, 겸손하고 반성하는 자세로 삶을 성찰하게 하는 학문이다.
② 영구불멸의 실재가 바로 진지이다. 관념론을 주장했다.
③ 백지설: 인간은 생득관념을 지니지 않고 태어난다.
④ 명제적 앎: 방법을 아는 것, 방법적 앎: 방법을 수행할 줄 아는 것
⑤ 경험 이전(선천적)에 갖고 있는 지식

체크포인트 라일(Ryle)의 지식 유형은 두 번(2006년, 2009년) 출제되었다.

012 2009

정답 ① ㄱ. 인간은 신체화된 존재(embodied being)이다.
ㄷ. 구성주의(constructivism) 체육을 옹호한다.

체크포인트 인간관과 관련한 철학자들을 구분해서 기억해둘 필요가 있다.

013 2009

정답 ② 제1회 전조선야구대회(1920년)

체크포인트 조선체육회의 생성과 변천을 살펴보아야 한다.

014 2009

정답 ⑤

해설 ㄱ. 라 지오코사(La Giocosa) - 기쁨의 집, 기숙학교: 15세기
ㄴ. 보스턴 체조 사범학교(Boston Normal School of Gymnastics) - 미국 최초 체육교사 양성기관: 1861년 (19세기)
ㄷ. 팔라에스트라(Palaestra) - 아테네 교육기관: BC 3C
ㄹ. 하센하이데 체조장(Hasenheide Turnplatz) - 독일 체조운동 보급: 1811년(19세기)

체크포인트 역사 문제가 까다로운 것은 연도별로 기억해야 할 필요성 때문이다.

015 2009

정답 ①

해설 ㄱ. 16세기
ㅁ. 16세기

체크포인트 체육 및 스포츠 양상을 시대별로 구분해 둘 필요가 있다.

016 2010

정답 ①

해설 ① 사실적 개념에 해당한다.

체크포인트 사실적 판단과 가치적 판단을 구분하고 있으면 된다.

017　2010

정답

	(가)	(나)	(다)	(라)
③	ㄷ	ㄹ	ㄱ	ㄴ

해설　(가) 이성주의
(나) 현상학
(다) 실용주의
(라) 행동주의

체크포인트　철학적 관점들을 정리해 두어야 한다.

018　2010

정답　④

해설　④ ×, 선험 = 경험 이전

체크포인트　선험주의(초월주의)의 입장을 정리해 두자.

019　2010

정답　④

해설　ㄱ. 덴마크: 1864년 프러시아와의 전쟁 이후 체육 진흥 운동 본격화
ㄷ. 미국: 1910년 이전 대부분의 주에서 체육을 필수 교과로 함

체크포인트　시기별, 국가별로 학교 체육의 전개 양상을 정리해 두자.

020　2010

정답　②

해설　스포츠 참여의 사회적 차별 – 아마추어리즘 – 영국 스포츠의 세계적 확산
참고) 근로자 계급의 스포츠 참여 – 프로페셔널리즘 – 플레이어의 등장

체크포인트　영국 스포츠의 발달과 세계화 배경을 정리해 두자.

021　2010

정답　⑤

해설　ㄱ: 체조교수요목의 개편기
ㄴ: 체육통제기
ㄷ: 체조교수요목 제정과 개정기
ㄹ: 조선교육령 공포기

체크포인트　일제 강점기 학교 체육의 시기별 변화는 반드시 다시 출제된다.

022　2011

정답　①

해설　김 교사: 본질주의, 이 교사: 진보주의, 박 교사: 실존주의

체크포인트　철학적 입장을 정리해 두어야 한다.

023　2011

정답

	학자	사상	업적
⑤	헤더링턴 (C. Hetherington)	진보주의	신체육 전개

체크포인트　(빈출) 미국 현대 체육의 발달 배경은 자주 출제된다. 반드시 기억해 두자.

024　2011

정답　①

해설　① 암흑기인 중세 초기부터 서민 사이에 핸드볼, 볼링, 크리켓 등 다양한 놀이가 존재했다.

체크포인트　중세 시대 체육의 양상을 알아두어야 한다.

025 2011

정답 ④

해설 ㄷ. 제10회 LA 올림픽에서 승리보다 참가의 의의를 강조한 올림픽 신조(Olympic Creed)가 채택되었다.
ㄹ. 제14회 런던 올림픽은 우리나라가 정식 국호를 걸고 최초로 참가한 대회였다.

체크포인트 올림픽 역사는 언제든 출제될 수 있으므로 특징적인 대회는 반드시 정리해 두어야 한다.

026 2011

정답 ②

해설 ㄱ : 박정희
ㄴ : 광복 직후
ㄷ : 전두환
ㄹ : 박정희

체크포인트 우리나라 체육 및 스포츠 변화 양상을 알아두어야 한다.

027 2012

정답

	김 교사	이 교사	박 교사
⑤	ㄷ	ㄹ	ㄴ

해설 김 교사 : 메를로 퐁티 – 심신일체론
이 교사 : 데카르트 – 심신이원론
박 교사 : 포이어바흐 – 심신일원론

체크포인트 철학자들의 인간관을 구분해서 정리해 두어야 한다.

028 2012

정답 ②

해설 (가) 17C : 단련주의 – ㄱ
(나) 18C : 자연주의 – ㄷ
(다) 19C : 민족주의 – ㄴ, ㅁ
(라) 20C : 진보주의 – ㄹ

체크포인트 시기별 철학적 관점과 체육의 흐름을 파악해 두어야 한다.

029 2012

정답 ④

해설 ㄱ. 근대 체육의 태동기에 원산 학사에서는 병서와 사격 과목을 가르쳤다.
ㄹ. 근대 체육의 수용기에 기독교계 사립학교와 관립학교의 정과외 활동으로 서구 스포츠가 편성되었다.

체크포인트 개화기 체육의 특징과 흐름을 정리해 두어야 한다.

030 2012

정답 ⑤ (가) – ㄷ
(나) – ㅁ
(다) – ㄴ
(라) – ㄹ

체크포인트 시기별 체육문화의 특징과 원인을 정리해 두자. 다시 출제될 것이다.

031 2012

정답 ④

해설 (가) : 고대 올림픽
ㄷ. 달리기는 단거리인 스타디온(stadion)과 장거리인 돌리코스(dolichos)가 있었다.
ㄹ. 순수한 그리스 혈통의 남자로서 신벌이나 형벌을 받은 적이 없어야 하고, 엘리스의 역원이 지덕체를 겸비했다고 인정된 자, 그리고 10개월 이상 연습한 자들만 참가했다.

체크포인트 고대 올림픽은 하나의 카테고리로 반드시 정리해 두자. 출제될 가능성이 높다.

032 2013

정답 ② ㄱ. 아모로스 – (나)
ㄴ. 맥클라렌 – (가)
ㄷ. 와렌 – (라)
ㄹ. 코튼 – (다)

체크포인트 체육 사상가들의 주장과 업적을 정리해 두자.

033　　2013

정답 ④

해설 ㄱ. (가)는 초시, 복시, 전시로 구분되며, 합격자를 선달이라 하였다.
ㄷ. (다)에는 다양한 궁술이 소개되었다.

체크포인트 (빈출) 조선 시대 체육은 자주 출제되고 있다.

034　　2013

정답 ⑤

(가) 윙필드(J. Wingfield)
(나) MCC
(다) 미노네트(minonette)
(라) YMCA

체크포인트 스포츠 종목별 역사를 알아두자.

035　　2013

정답 ③

해설 (나) '페어플레이'와 '아마추어' 등의 용어를 사용하면서 진정한 프로페셔널이라면 신사다운 태도를 유지해야 한다고 생각함
(다) 축구 협회(FA)는 1863년 사회적 차별 규정을 철폐함

체크포인트 • 페어플레이와 스포츠맨십, 아마추어리즘을 구분해야 한다.
• 스포츠맨십이라는 용어의 변천을 물을 수 있으므로 정리해 두자.

036　　2014

정답 ㉠: 편력
㉡: 유스호스텔

체크포인트 화랑도의 신체 활동을 알고 있어야 한다.

037　　2014

정답 ㉠: 체육의 필요성과 목표를 설명하였으며, 체육이 신체적·정신적 균형을 이룬 인간상의 구현을 위한 중요한 과목으로 자리매김하는 데 큰 영향을 미쳤다.
㉡: 놀이

체크포인트 구츠무츠의 저서와 그 의미를 기억해 두어야 한다.

038　　2015

정답 ㉠ 줄다리기 - 인색희, 널뛰기 - 초판희, 제기차기 - 축치구
㉡ 장치기. 여러 사람이 편을 갈라 공, 나무토막 등을 긴 막대로 쳐서 상대편 골대에 넣는 경기
㉢ 영역형 경쟁은 팀의 공동 목표를 추구하면서 경기 규정과 관습을 존중하며 공정하게 경기할 수 있는 다양한 상황을 제시하고 다른 사람과 상호 작용을 하며 문제를 해결한다.

체크포인트 (빈출) 우리나라 전통 신체 활동의 종류와 방법을 알고 있어야 한다.

039　　2015

정답 ㉠: 스포츠교육의 촉진제 역할을 했다. 체육에 새로운 이념과 목적 개념을 부여했다.
㉡: 플레이 그라운드 운동
㉢: 신체육
㉣: 탐색과 발견을 교육방법으로 제시하고 수업은 비경쟁적으로 성취감을 얻을 수 있는 방향으로 운영된다.

체크포인트 • 애슬레티시즘의 개념을 알고 있어야 한다.
• 신체육 등장 배경을 알고 있어야 한다.

040　　2016

정답 ㉠: 수박(희)
㉡: 기마(말타기)

체크포인트 고려시대 무예는 종종 출제되고 있다.

041 2016

정답 ㉠ : 페어플레이
㉡ : 스포츠맨십

체크포인트
• 페어플레이와 스포츠맨십을 구분해야 한다.
• 스포츠맨십의 발달 과정을 정리해 두어야 한다.

042 2017

정답 ㉠ : 의무론적 윤리 체계
한계점 : 모든 학생들에게 적용되는 보편적 원리를 제시하기 어렵다.
㉡ : 과잉동조, 인내규범

체크포인트
• 윤리 이론들의 기본입장과 한계를 알아두어야 한다.
• 규범의 동조의 정도에 따른 일탈 유형을 구분해 두어야 한다.

043 2017

정답 ㉠ : 화류회 ㉡ : 조선체육협회

체크포인트
• 서구스포츠의 유입 배경과 종목들을 알고 있어야 한다.
• 조선체육회의 탄생부터 대한체육회로의 변천 과정을 알고 있어야 한다.

044 2018

정답 ① : 법률로 정한 국가 교육 기관 – 촌락 공동체의 청소년 단체로서 반민반관의 성격
② : 대사례 – 편력

체크포인트 화랑도 체육은 종종 출제된다.

045 2018

정답 ㉠ : 강건한 기독교주의 ㉡ : 농구

체크포인트 YMCA가 우리나라에 들어온 명칭과 활동들은 중요하게 정리해 두어야 한다.

046 2018

정답 심신이원론 : 이 교사. 움직임은 생각의 지배를 받기 때문에 먼저 정신 수련을 한 뒤 신체 운동을 하면 교육적 효과가 높을 것입니다.
소매틱 교육 : 최 교사. 신체적 기능, 외부 환경

체크포인트
• 인간관과 관련한 주장들을 구분할 수 있어야 한다.
• 학자들을 구분하여 정리해 두자.

047 2019

정답 종목 : 토너먼트
해당하는 정신 : 기사도

체크포인트 중세 체육 문제가 종종 출제되고 있다.

048 2019

정답 ㉠ : 체조 ㉡ : 보건

체크포인트
• 개화기, 일제 강점기 체육의 흐름을 잘 정리해 두자.
• 교육과정 변천이 가끔 출제되고 있다.

049 2019

정답 ㉠, ㉡ 철학적 근거 : 최대 다수의 최대 행복
B 교사 윤리이론 : 결과론적 윤리체계
㉢ : 덕성 판단
C 교사의 관점 : 빈볼을 던지는 것은 유덕한 행위가 아니므로 행해서는 안 된다.

체크포인트 윤리이론의 기본 입장을 알고 있어야 한다.

050 2020

정답 ㉠ : 의무론적 윤리체계
㉡ : 덕론적 윤리체계

체크포인트 윤리이론의 기본 입장을 알고 있어야 한다.

051   2020

정답 ㉠ : 방응
㉡ : 편사
㉢ : 신체 활동은 교육과정의 목적에 근거하여 선택하되, 학교의 교육여건을 고려하여 다른 영역의 신체활동 예시나 새로운 신체활동을 선택할 수 있다.
㉣ : 수박

체크포인트 (빈출) 우리나라 전통 신체 활동의 종류가 자주 출제된다.

052   2020

정답 ㉠ : 신체육
㉡ : 움직임교육
㉠의 기반이 된 교육사상 : 진보주의
순서 배열 : (나) - (가) - (다)

체크포인트 체육 사상의 흐름을 정리해 두어야 한다.

053   2021

정답 ㉠ : 체조
㉡ : 퍼블릭 스쿨
㉢ : 얀
㉣ : 소학교령이 반포되고 학교에 체조가 정식 교과로 채택된다.

체크포인트 영국과 독일의 스포츠 발달을 기억해 두자.

054   2021

정답 ㉠ : 데카르트
견해 차이 : 플라톤 - 영혼을 위해 신체를 단련해야 한다(정신 우위).
데카르트 - 정신과 신체는 완전히 분리되어 서로 상호 작용하지 않는다.
㉡ : 신체(단련)
㉢ : 주체

체크포인트 철학자들의 인간관을 구분하여 정리해 두어야 한다.

055   2022

정답 ㉠ : 검노(검투사)
㉡ : 그레꼬로만

체크포인트 로마 시대 체육이 종종 출제되고 있다.

056   2022

정답 ㉠, ㉡ 궁도(궁술, 활쏘기), 마술(말타기)
㉢ : 투호

체크포인트 (빈출) 우리나라 전통 신체 활동은 중요하게 다뤄야 한다.

057   2022

정답 ㉠ : 탁월성
㉡ : 코메니우스
㉢ 관련 체육의 개념 : 신체의 교육
㉣ : 건강한 신체에 건전한 정신이 깃든다.

체크포인트 철학 사조와 체육은 종종 출제되고 있다.

058   2023

정답 ㉠ : 수박
㉡ : 골프
㉢ : 합법적인 스포츠에 관한 포고
ⓑ : 반더포겔

체크포인트 우리나라 무예의 역사는 반드시 체크해 두어야 한다.

059   2023

정답 ㉠ : 각저
㉡ : 사
㉢ : 반성(성찰)
김 교사 : 씨름은 몸이 지각하는 주체이자 지각당하는 대상임을 체험할 수 있는 종목이다.

체크포인트 (빈출) 우리나라 전통 신체 활동은 자주 출제된다.

060 2024

정답 ㉠ : 생물학적 사고
㉡ : 신사도 함양
시대순 : ⓑ – ⓐ – ⓒ
㉢ : 신체의 교육에서 신체를 통한 교육

체크포인트 (빈출) 기출문제의 반복 수준이다.

061 2024

정답 ㉠ : 의무론적 윤리체계
㉡ : 최저학력제

체크포인트 (빈출) 기출문제의 반복 수준이다.

062 2024

정답 (가) : 루소
㉠ : 감각
스콜라 철학 집대성 사상가 : (라) – 토마스아퀴나스
관점 : 금욕주의적 사고 반대로부터의 탈피

체크포인트
- (나) : 아리스토텔레스
- (다) : 피아제
- 각 철학자들의 주장을 정리해두어야 할 필요가 있다.

063 2025

정답 ㉠ : 보다 빠르게, 보다 높게, 보다 힘차게
㉡ : 세퍼즈 부시 전투
시대순 : 다(1908) – 가(1912) – 나(1920)
㉢ : 헬싱키

체크포인트 올림픽의 역사가 자주 출제된다.

064 2025

정답 ㉠ : 피티아
㉡ : 마술

체크포인트 (빈출) 기출문제의 반복이다.

065 2025

정답 [가] : 공정하게 판정하라
㉠ : 결과론적 윤리체계
[나] 규칙 : 구성적 규칙
㉡ : 규칙의 표준화

체크포인트 (빈출) 기출문제의 반복이다.

PART 08

역학

001 2002

정답 선속도는 회전반경과 각속도의 곱으로 결정된다. 따라서 스윙을 할 때 팔을 구부려 각속도를 최대로 키우고 임팩트 시 팔을 곧게 펴서 회전반경을 길게 하여 공의 속도를 빠르게 할 수 있다.

체크포인트 선속도, 각속도, 회전반경의 관계를 알고 있어야 한다.

002 2002

정답 ① 무게(체중): 가벼워야 한다.
② 기저면 크기: 좁아야 한다.
③ 무게중심의 높이: 높아야 한다.
④ 기저면과 무게중심선의 관계: 무게중심이 기저면의 가장자리에 위치하도록 한다.

체크포인트 안정성을 결정짓는 요소들을 이해하고 있으면 된다.

003 2003

정답
3-1. ① 선운동: 질량, 속도
② 각운동: 관성모멘트, 각속도
3-2. 힘이 가해졌을 때 발생하는 가속도는 물체의 질량에는 반비례하고 가해진 힘의 크기에는 비례한다.
3-3. 가속도의 법칙

체크포인트 관성을 이해하고 운동상태에 따른 관성의 크기를 결정하는 요인을 정리해 두자.

004 2003

정답
4-1. ① 힘: 해당 근육의 착점
② 지렛대: 뼈
③ 축: 관절의 위치

4-2. ① 제1종 지레: 축을 중앙으로 힘점과 저항점(작용점)이 양쪽에 위치한다.
② 제2종 지레: 저항점(작용점)을 중앙으로 축과 힘점이 양쪽에 위치한다.
③ 제3종 지레: 힘점을 중앙으로 축과 저항점(작용점)이 양쪽에 위치한다.
4-3. 3종 지레

체크포인트 지레의 종류와 득실에 대해서 이해하고 있어야 한다.

005 2004

정답

	팔과 다리의 동작	회전운동의 원리
①	몸에 가깝게 붙인다.	관성모멘트가 작아져 각속도가 빨리진다.
②	넓게 벌린다.	관성모멘트가 커져 각속도가 느려진다.

체크포인트 각운동량 보존의 법칙을 기억해 두자.

006 2004

정답 ①: 웨이트 트레이닝
②: 플라이오 메트릭 트레이닝

체크포인트 트레이닝의 종류를 기억해 두자.

007 2005

정답 발구름 직후 발생한 상체의 시계방향 각운동량을 팔과 다리로 전이시키기 위해서 팔과 다리를 시계방향으로 회전시킴으로써 안정적인 자세로 착지를 준비한다.

체크포인트 각운동량 전이의 개념을 이해해 두자.

008 2005

정답
- 후경 자세에서 일으켜 세우는 동작에 의한 증가 이유 : 작용시간이 증가하여 충격량이 증가한다.
- 팔 동작에 의한 증가 이유 : 보다 빠른 이륙 속도를 얻을 수 있다($F \cdot t = m \cdot v$).
- 관계식 : 충격량 = 충격력 × 작용시간

체크포인트 충격량을 산출하는 방법을 반드시 알아두어야 한다.

009 2006

정답

	주관절 운동 형태	근수축 형태	주동근
팔을 펴는 동작(그림 ㉮) :	(신전)	(등장성 수축)	(상완삼두근)
팔을 굽히는 동작(그림 ㉯) :	(굴곡)	(등장성 수축)	(상완삼두근)

- 근수축 형태의 특성 : ㉮ – 단축성 수축, ㉯ – 신장성 수축
- 특성이 서로 다른 이유 : 내력(근력)과 외력(체중)의 대소 관계가 다르기 때문이다.

체크포인트 (빈출) 주관절 운동 형태, 근수축 형태, 근수축 형태의 특성, 근수축 형태의 특성이 다른 이유를 반드시 정리해 두자.

010 2006

정답
- 근력·근수축 속도·근 파워의 상호 관계 : 근 파워는 근력과 근수축 속도의 곱이므로 근력과 근수축 속도를 모두 증가시킬 수 있도록 한다.
- 신체 분절의 운동량 전이 : 허리 – 몸통 – 어깨 – 팔꿈치 – 손목의 순서로 회전을 하게 되면 허리부터 손목까지 신체 분절의 운동량이 전이되므로 순차적인 가속의 효과를 얻을 수 있다.

체크포인트 파워의 공식과 신체 분절 운동량 전이의 개념을 이해하고 있어야 한다.

011 2006

정답 딤플로 인해 표면적이 넓어져 표면 항력은 증가하지만, 골프공 표면에 난류경계층이 형성되어 항적 지역이 감소된다. 이로 인해 형태 항력은 감소된다. 표면 항력의 증가분보다 형태 항력의 감소분이 더 커서 전체 항력은 줄어들기 때문에 골프공을 보다 멀리 보낼 수 있게 된다.

체크포인트 항적, 표면 항력, 형태 항력 등의 개념을 이해하고 있어야 한다.

012 2007

정답

	주동근의 명칭	근수축 특성
바벨을 올릴 때 (그림 1) :	(대흉근)	(등장성 수축)
바벨을 내릴 때 (그림 2) :	(대흉근)	(등장성 수축)

체크포인트 근수축 특성과 근수축 형태의 특성, 특성이 다른 이유를 정리해 두자.

013 2007

정답
- 원리의 명칭 : 마그누스의 원리
- 원리의 설명 : 공의 오른쪽을 차게 되면 회전이 오른쪽에서 왼쪽으로 발생하여 오른쪽의 속도는 느려지고 왼쪽의 속도는 빨라진다. 베르누이 정리에 의해 오른쪽의 압력은 높아지고 왼쪽의 압력은 낮아지게 된다. 따라서 마그누스의 힘이 오른쪽에서 왼쪽으로 가해져 공은 왼쪽으로 휘어지게 된다.

체크포인트 베르누이 정리와 마그누스의 원리를 이해하고 있어야 한다.

014　　2007

[정답] • 상승할 때 변형해야 하는 몸의 동작 : 고관절 견관절을 굴곡시킨다.
이유 : 모멘트 팔을 감소시켜 중력에 의한 감속토크를 줄인다.
• 하강할 때 변형해야 하는 몸의 동작 : 고관절 견관절을 신전시킨다.
이유 : 모멘트 팔을 증가시켜 중력에 의한 가속토크를 늘린다.

[체크포인트] 토크의 공식을 알고 있어야 한다.

015　　2008

[정답] • ㉠의 이유 : 횡단면적을 줄여 형태항력과 상방양력을 감소시켜 선속도를 증가시킨다.
• ㉡의 이유 : 횡단면적을 늘려 상방양력을 추진력으로 이용한다.
• 〈상황 2〉의 차이를 설명하는 데 가장 적합한 법칙 : 작용 반작용의 법칙
• 〈상황 2〉의 이유 : 지면을 밀어낼 때 발생하는 반작용력을 공에 가하는 추가적인 힘으로 이용할 수 있으므로 더 멀리 보낼 수 있게 된다.

[체크포인트] • 횡단면적과 유체마찰력의 관계를 알아야 한다.
• 뉴턴의 운동법칙을 이해하고 있어야 한다.

016　　2008

[정답] • 변인 ①의 명칭 : 각운동량
• 변인 ②의 명칭 : 각속도
• 이유 : 외적 토크가 작용하지 않는 공중구간에서 각운동량은 일정하게 보존되고, 관성모멘트와 각속도는 반비례 관계에 있다. 회전반경을 줄여 관성모멘트를 감소시키면 각속도가 증가하여 보다 많은 회전을 할 수 있게 된다.

[체크포인트] 각운동량 보존의 법칙을 알고 있어야 한다.

017　　2009

[정답] ⑤

[해설] ⑤ 핸드볼 공격수의 페인트 동작과 같이 방향을 빠르게 전환하거나 속도를 높일 때는 마찰력이 커야 유리하다.

[체크포인트] 다양한 종목에서 보이는 운동역학적 원리는 언제든 출제될 수 있다.

018　　2009

[정답]

	무릎관절의 운동 형태	주동근의 명칭	주동근의 수축형태
①	굴곡	대퇴사두근	등장성

[체크포인트] (빈출) 관절 운동 형태, 주동근, 주동근의 수축형태, 근수축 형태의 특성이 자주 출제된다.

019　　2009

[정답] ②

[해설] ① A에 대한 수평성분력이 추진력이다.
② B는 항력에 대한 수평성분력이다.
③ B는 팔 젓기에 의해 발생되는 추진력이다.
④ B가 실제 추진력이다.
⑤ A가 양력으로 작용한다.

[체크포인트] '생체역학의 현장적용'에서 제시된 그림과 설명을 잘 파악해 두어야 한다. 다시 출제될 부분이다.

020　　2009

[정답] ②

[해설] ㄱ. 관성은 변하지 않았다.
ㄴ. 그림 (나)에서 상승거리가 더 증가했음을 알 수 있다.
ㄷ. 중력의 크기는 변하지 않았다.
ㄹ. 그림 (나)에서 무게중심의 가동범위가 증가했음을 알 수 있다.
ㅁ. 사용 근육근은 동일하다.

[체크포인트] 토크를 결정하는 요소들을 파악해 두어야 한다 ($T = F \cdot d$).

021 2010

정답 ⑤

ㄱ. 학생: 인체의 움직임이 비효율적인 이유는 무엇입니까?
교사: 배드민턴 하이클리어 동작을 예로 들면, 저항팔이 힘팔보다 길어서 저항을 극복하는 데 힘이 많이 들기 때문에 비효율적이지. 이는 3종 지레의 원리 때문이야.

체크포인트 (빈출) 지레의 원리와 득실 비교는 자주 출제되고 있다.

022 2010

정답 ②

해설 ② 각속도가 증가하면 선속도는 증가한다.

체크포인트 각속도와 선속도의 관계를 이해하고 있어야 한다($v = rw$).

023 2010

정답 ①

해설 ㄴ. 충돌 전후의 운동량의 차이는 충격량과 같다.
ㄷ. 무릎을 굽히면서 착지하면 힘의 작용 시간이 길어진다.
ㄹ. 충격력은 시간이 짧을수록 크다.

체크포인트 (빈출) 충격량이 일정할 때, 충격력과 작용 시간의 관계를 이해해야 한다.

024 2010

정답 ③

해설 ③ 3단계: 팔을 신체 중심축으로 모아 관성모멘트를 감소시킨다.

체크포인트 (빈출) 각운동량 보존의 법칙을 알고 있어야 한다.

025 2011

정답 ③

해설 ㄱ. 라켓이 공에 가한 선충격량은 A보다 B가 더 크다.
ㅁ. 공기저항을 무시한다면, A와 B 모두 타격 후에 날아가는 공의 수평속도는 일정하고 수직속도는 공이 지면에 닿을 때까지 일정하게 변화한다.

체크포인트 사투사된 투사체의 초속도를 수직성분 속도와 수평성분 속도로 분해하여 이해하고 있어야 한다.

026 2011

정답 ③

해설 ① 선수가 A, B, C, D 구간을 거쳐 한 바퀴를 돌았다면, 회전한 후의 각변위는 0°이다.
② 선수가 시계 방향으로 회전하고 있기 때문에 각속도는 음(−)의 수치가 된다.
④ 시간 경과에 따라 각속도의 변화로 나타날 수 있는 각가속도는 벡터량에 포함된다.
⑤ 90° 지점과 180° 지점에서 b와 b'의 각속도가 동일하다면, B 구간에서 발생된 각가속도는 0이다.

체크포인트 벡터와 스칼라를 구분하는 문제는 종종 출제되고 있다.

027 2011

정답 ⑤

해설 ① A 동작보다 B 동작이 수행하기 더 쉽다.
② 팔꿈치관절을 기준으로 할 때, a ⇒ a'의 운동은 굴곡이다.
③ a ⇒ a'의 운동을 일으키는 상완의 주동근은 상완삼두근이다.
④ b' ⇒ b의 운동을 일으키는 주동근에서는 단축성(구심성) 수축이 발생한다.

체크포인트 • 관절의 운동 형태, 주동근, 근수축 형태의 특성은 자주 묻는 문제이다.
• 토크의 개념과 공식을 알아두자($T = F \cdot d$).

028   2012

정답 ①

해설 ㄷ. 공에 작용한 힘의 평균값은 A가 B보다 크다.
ㄹ. 곡선 아래의 면적 (가)와 (나)는 일량을 의미한다.

체크포인트 충격량과 일량의 개념을 정확하게 파악해야 한다.

029   2012

정답 ②

해설 (ㄴ) 이때, 회전축은 바닥을 접촉하고 있는 모든 신체 부위의 각 점들로 둘러싸인 기저면의 중심점을 벗어납니다.

체크포인트 안정과 관련된 요소들을 이해하자.

030   2012

정답 ③

해설 ㄹ. (라) 공중에서 팔다리를 강하게 휘젓는 것은 전신의 전체 각운동량을 팔과 다리로 전이시켜 안정적인 착지를 준비하기 위해서이다.
ㅁ. (마) 창의 속도를 증가시키기 위해서는 몸통, 상완, 전완, 손의 최대 회전 속도가 순차적으로 발생하도록 하는 것이 효과적이다.

체크포인트 (빈출) 각 종목별로 나타나는 운동역학적 원리의 적용은 자주 출제되는 문제이다.

031   2012

정답 ②

해설 ② (나) 분절의 속도는 신체 중심의 속도와 신체 중심에 대한 분절의 상대 속도의 합으로 결정된다.

체크포인트 (빈출) 각 종목별로 나타나는 운동역학적 원리의 적용은 자주 출제되는 문제이다.

032   2012

정답 ③

해설 ㄱ. 전신의 선운동량 : 수직성분의 속도가 달라지기 때문에 선운동량 역시 달라진다.
ㄷ. 신체 중심의 시간당 수직 이동 변위 : 일정하게 변화한다.

체크포인트 사투사된 투사체의 초속도를 수직성분 속도와 수평성분 속도로 분해하여 이해하고 있어야 한다.

033   2013

정답 ③

해설 ③ 공을 찬 이후, 엉덩 관절의 굴곡이 연습 이전보다 연습 이후 증가했다.

체크포인트 전형적인 그래프 해석 문제이다.

034   2013

정답 ⑤

해설 ㄱ. (라) : 속도가 가장 빠르기 때문이다.
ㄴ. (가) : 탄성에너지가 최대이다.
ㄷ. 방향이 같으므로 +이다.
ㄹ. 방향이 다르므로 − 이다.

체크포인트 • 운동 에너지를 이해하고 있어야 한다(mv).
• 양, 음의 일을 규정하는 기준을 알아야 한다.

035   2013

정답 ④

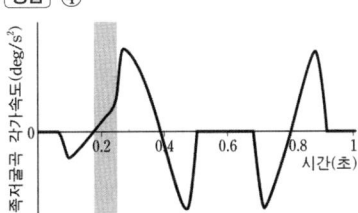

체크포인트 각속도와 각가속도의 관계를 이해해야 한다.

036 2013

[정답]

① ㄱ 제동(braking)   ㄴ 족저굴곡근   ㄷ 신장성(eccentric)

[체크포인트] 동작과 관절운동 형태, 근수축 형태의 특성에 영향을 미치는 원인을 알고 있어야 한다.

037 2013

[정답] ④

[해설] ㄷ. 만약 각속도가 같다면, 여자 선수의 신체 질량 중심이 회전축으로부터 멀어질수록, 구심 가속도는 증가하게 된다.

[체크포인트] 각운동 상황에서 구심 가속도, 접선 속도, 선속도의 관계를 알고 있어야 한다.

38 2013

[정답] ①

[해설] ㄷ. 시점 (나)에서 무릎 관절은 굴곡한다.
ㄹ. 시점 (다)에서 무릎 관절은 신전한다.

[체크포인트] 각운동에서의 파워 = 토크 × 각속도의 관계를 알고 있어야 한다.

039 2014

[정답] 중력가속도

[체크포인트] 구심력($\frac{mv^2}{r}$), 구심 가속도($\frac{v^2}{r}$), 마찰력($\mu \times mg$)의 공식을 알고 있어야 한다.

040 2014

[정답] ㉠: 그림 B
㉡: 고

[체크포인트] 토크의 공식을 이해하고 있어야 한다.

041 2014

[정답] • 중력은 향심력(구심력)으로 작용하고, 각운동량은 보존되고 선운동량은 감소된다.
• 무게중심은 뜀틀 반력 작용선보다 진행 방향의 뒤쪽에 있음
• (D)에서 순간 각속도는 0.5rad/s임

[체크포인트] • 각운동량 보존의 법칙을 이해하고 있어야 한다.
• 투사체의 수평성분력과 수직성분력을 이해하고 있어야 한다.
• 각운동량, 각충격량의 공식을 알고 있어야 한다.

042 2015

[정답] ㉠: 상대속도
㉡: 0.8

[체크포인트] 반발(탄성)계수 공식을 알고 있어야 한다.

043 2015

[정답] ㉠: 구심성(단축성)
㉡: 역학적 에너지
㉢: 2m/s
㉣: 980N

[체크포인트] • 충격량 공식을 알고 있어야 한다.
• 일량의 공식을 알고 있어야 한다.
• 역학적 에너지 보존의 법칙을 알고 있어야 한다.

044 2015

[정답] ㉠: 운동 빈도, 운동 시간, 운동 형태
㉡: 6회 반복할 수 있는 무게는 최대 근력(1RM)의 85%이다.
㉢: 50
㉣: 35

풀이과정: ㉢ - 40:80 = X:100
㉣ - 50 × 0.7

[체크포인트] • 미국 스포츠 의학회에서 제시한 운동처방요소(FITT - VP)를 알고 있어야 한다.
• 비율을 이용하여 RM을 산출할 수 있어야 한다.
• RM 공식을 이용하여 계산하는 문제가 출제될 수 있다.

45 ──────────── 2016

[정답] ㉠ : 6.3m
㉡ : 20N
㉢ : 원심력을 상쇄시키기 위해서

[체크포인트] 구심력의 공식을 이해하고 있어야 한다.

046 ──────────── 2016

[정답] ㉠ : 6.6
㉡ : 4.6
이유 : 고관절을 중심으로 한 다리 전체 관성모멘트가 작으므로 각운동량에 따른 회전관성이 작아서 하지의 회전이 더 쉽다.

[체크포인트] 관성모멘트 공식을 알고 있어야 한다.

047 ──────────── 2016

[정답] ㉠ : 9
㉡ : 9

[체크포인트]
• 벡터의 합을 이해하고 있어야 한다.
• 지면반력의 의미를 이해하고 있어야 한다.

048 ──────────── 2017

[정답] ㉠ : 중력의 중심과 부력의 중심이 일치하지 않기 때문이다.
㉡ : 두 팔을 머리 뒤로 뻗어서 부력의 중심과 중력의 중심을 일치시킨다.

[체크포인트] 공중에서의 회전과 수중에서의 회전을 이해하고 있어야 한다.

049 ──────────── 2017

[정답] ㉠ : 양력
㉡ : 오른쪽의 유속은 느려지고 왼쪽의 유속은 빨라진다. 베르누이 정리에 의해서 오른쪽의 압력은 높아지고 왼쪽의 압력은 낮아지게 되어 마그누스의 힘은 오른쪽에서 왼쪽으로 작용하여 공은 왼쪽으로 휘어진다.

[체크포인트] 베르누이 정리와 마그누스 원리를 이해해야 한다.

050 ──────────── 2017

[정답] ㉠ : 4.8
㉡ : −

[체크포인트] 충격량(운동량의 변화량) 공식을 알고 있어야 한다.

051 ──────────── 2017

[정답] ㉠ : 운동량
㉡ : 회전 반경
㉢ : 팔을 구부린다. 회전 반경이 작아지면 관성모멘트가 감소하여 빠른 회전을 할 수 있게 된다.

[체크포인트]
• 운동량 공식을 알고 있어야 한다.
• 관성모멘트의 개념을 알고 있어야 한다.

052 ──────────── 2018

[정답] ㉠ : 복합운동
㉡, ㉢ : 수직항력

[체크포인트]
• 운동 형태의 종류를 이해하고 있어야 한다.
• 수직항력의 개념을 알고 있어야 한다.

053 ──────────── 2018

[정답] ㉠ : 선운동 에너지와 각운동 에너지가 합해지기 때문
㉡ : 스칼라. 방향 없이 크기만 존재하므로
㉢ : 회내

[체크포인트]
• 선운동 에너지와 각운동 에너지를 이해하고 있어야 한다.
• 스칼라와 벡터를 이해하고 있어야 한다.
• 해부학적 용어를 알고 있어야 한다.

054　2018

[정답] • 정적인 상태에서 관성모멘트와 회전 안정성의 관계 : 관성모멘트가 크면 회전에 대한 저항이 크기 때문에 회전 안정성이 커지는 비례관계에 있다.
• A시점 회전 안정성에 영향을 미치는 요인 : 자이레이션 반경
㉠ : 팔은 차는 방향의 반대 방향으로, 몸통은 같은 방향으로 회전시킨다.

[체크포인트] • 관성모멘트의 개념을 알고 있어야 한다.
• 회전 안정성에 영향을 미치는 요인을 알고 있어야 한다.

055　2019

[정답] ㉠ : 1000
㉡ : 속도

[체크포인트] 일량과 파워의 공식을 알고 있어야 한다.

056　2019

[정답] ㉠ : 작용 - 반작용의 법칙
㉡ : 진행 반대
㉢ : 각도 ②가 커지면 $-F_x$의 크기가 감소되어 진행 반대 방향으로의 충격력(충격량)이 감소되기 때문에 제동력이 감소된다.
A학생의 추진력과 제동력의 차이가 더 작기 때문에 진행 방향의 수평성분력이 더 크다.

[체크포인트] • 뉴턴의 운동법칙을 알고 있어야 한다.
• 벡터의 분해를 이해하고 있어야 한다.

057　2019

[정답] ㉠ : 양각
㉡ : 베르누이 정리
개념 : ㉡ 밀도가 일정할 때, 유속과 유압은 반비례 관계에 있다.
최고의 동작수행 차시 : 4차시. 양력효율지수(양력/항력)가 가장 높기 때문이다.

[체크포인트] • 베르누이 정리를 알고 있어야 한다.
• 양력효율지수의 의미를 알고 있어야 한다.

058　2020

[정답] 수직항력의 크기 : 100N×0.5 = 200 ∴ 200N
㉠ : 5
㉡ : 50

[체크포인트] • 마찰력 공식을 알고 있어야 한다.
• 접선속도의 개념과 공식을 알고 있어야 한다.
• 구심가속도의 공식을 알고 있어야 한다.

059　2020

[정답] ㉠ : 1.2
㉡ : 100

[체크포인트] 역학적 에너지 보존의 법칙을 이해하고 있어야 한다.

060　2020

[정답] 선충격량 : I = 50N×0.2 ∴ 10Ns
수평 선속도 : 10Ns = 0.5(v - -10) ∴ 10m/s

[체크포인트] • 충격량 공식을 알고 있어야 한다.
• 충격량과 운동량의 변화량의 관계를 알아야 한다.

061　2021

[정답] ㉠ : 내번

[체크포인트] 해부학적 용어를 알고 있어야 한다.

062　2021

[정답] ㉠ : 파워
정성적 서술 : 최대의 파워를 발휘하는 이상적인 각속도가 존재한다.
㉡ : 토크
㉢ : 360
㉣ : Nm

[체크포인트] 파워와 토크, 각속도의 관계를 알아야 한다.

063
2021

정답 ㉠ : 자유체도(free body diagram)
㉡ : 모멘트팔

체크포인트 토크의 개념을 알고 있어야 한다.

064
2021

정답 (가) : $\vec{V_A} - -\vec{V_B}$, 충돌 전의 상대속도가 증가한다.
(나) : 감소
(다) : 증가

체크포인트
• 탄성계수 공식을 알고 있어야 한다.
• 고정면에 대한 사각충돌을 알고 있어야 한다.

065
2022

정답 ㉠ : 500N
㉡ : −500N
㉢ : T = −500N × 0.9m = −450Nm

체크포인트
• 벡터의 수직성분력과 수평성분력을 알고 있어야 한다.
• 토크의 개념을 알고 있어야 한다.

066
2022

정답 ㉠ : $1.01 kgm^2$
㉡ : 시계

체크포인트
• 관성모멘트 공식을 알고 있어야 한다.
• 작용 반작용의 법칙을 알고 있어야 한다.

067
2022

정답 ㉠ : 투사점과 낙하점의 높이가 같아야 한다.
순서 : ③ − ① − ② − ④ − ⑤
상대 속도의 방향 : +
항력의 방향 : +

체크포인트 사투사된 투사체의 수평속도와 수직속도를 알고 있어야 한다.

068
2023

정답 ㉠ : 2종 지레 − 힘에서 이득, 거리에서는 손해
㉡ : 1종 지레
두 작용력의 합력 방향 : 12시
배의 이동 방향 : 12시

체크포인트 지레의 종류와 득실에 대해 알고 있어야 한다.

069
2023

정답 ㉠ : 7
㉡ : 난류

체크포인트 베르누이 정리와 마그누스의 힘을 알아야 한다.

070
2023

정답 ㉠ : 0.55
평균수직지면반력 : 400N
일의 양 : 225J
일률 순서 : 중량 − 점프 − 프리

체크포인트 일량과 파워를 알고 있어야 한다.

071
2024

정답 ㉠ : 거리
㉡, ㉢ : 3, 7

체크포인트 보폭, 보빈도, 보속의 관계를 알고 있어야 한다.

072
2024

정답 (가) : B − A − C
㉠ : 작용 반작용의 법칙
B, C : 주동근 수축속도와 힘은 반비례관계

체크포인트 (빈출) 뉴턴의 운동법칙을 잘 알아두자.

073 2024

[정답] ㉠ : 앉아 윗몸 앞으로 굽히기
㉡ : 엉덩관절 – 신전, 무릎관절 – 굴곡
(나) : ⓐ < ⓑ
㉢ : 시계방향의 토크가 반시계방향의 토크보다 커서 시계방향의 알짜 토크가 발생한다.

체크포인트 근육과 관절의 운동유형을 알고 있어야 한다.

074 2025

[정답] ㉠ : 완전 비탄성
㉡ : ⓐ, ⓑ, ⓒ

체크포인트 (빈출) 기출문제의 반복이다.

075 2025

[정답] ⓐ : 알짜 힘 – 0N, 알짜 토크 – 0Nm
단축성 수축 : (다), (라)
각가속도 방향 : (가)+, (나)−, (다)−, (라)+

체크포인트 토크의 개념을 명확히 알고 있으면 된다.

076 2025

[정답] ㉠ : $F = 0.6 \times 500$, $300 \times t = 0 - (-300)$
∴ $t = 1s$
㉡ : $300 \times s = 1/2 \times 50\{0 - (-36)\}$ ∴ $s = 3m$

체크포인트 충격량과 마찰력 공식으로부터 유도될 수 있다.

MEMO

한승현 전공체육
기출문제집

초판인쇄 | 2025. 5. 2. **초판발행** | 2025. 5. 9. **편저자** | 한승현
발행인 | 박 용 **발행처** | (주)박문각출판 **등록** | 2015년 4월 29일 제2015-000104호
주소 | 06654 서울특별시 서초구 효령로 283 서경 b/d **팩스** | (02)584-2927
전화 | 교재 문의 (02)6466-7202, 동영상 문의 (02)6466-7201

저자와의
협의하에
인지생략

이 책의 무단 전재 또는 복제 행위는 저작권법 제136조에 의거, 5년 이하의 징역 또는 5,000만원 이하의 벌금에 처하거나 이를 병과할 수 있습니다.

ISBN 979-11-7262-814-7
정가 42,000원